国家统计局贸易外经统计司 编
Compiled by
Department of Trade and External Economic Relations Statistics,
National Bureau of Statistics, People's Republic of China

2012
中国贸易外经统计年鉴
CHINA TRADE AND EXTERNAL ECONOMIC STATISTICAL YEARBOOK

中国统计出版社
China Statistics Press

图书在版编目(CIP)数据

中国贸易外经统计年鉴. 2012 / 国家统计局贸易外经统计司编.
—北京 : 中国统计出版社, 2012.8
ISBN 978-7-5037-6642-8

Ⅰ. ①中… Ⅱ. ①国… Ⅲ. ①对外贸易-统计资料-中国-2012-年鉴-汉-英 Ⅳ. ①F752-54

中国版本图书馆 CIP 数据核字(2012)第 192123 号

中国贸易外经统计年鉴-2012
2012 China Trade and External Economic Statistical Yearbook

作　　者/国家统计局贸易外经统计司
责任编辑/马　平
封面设计/李雪燕
出版发行/中国统计出版社
通信地址/北京市西城区月坛南街 57 号　邮政编码/100826
办公地址/北京市丰台区西三环南路甲 6 号 邮政编码/100073
电　　话/邮购(010)63376909 书店(010)68783171
网　　址/http://csp.stats.gov.cn
印　　刷/北京联兴盛业印刷股份有限公司
经　　销/新华书店
开　　本/880×1230mm　1/16
字　　数/1340 千字
印　　张/43
版　　别/2012 年 9 月第 1 版
版　　次/2012 年 9 月第 1 次印刷
定　　价/380.00 元　　Price:380.00yuan (RMB)

如有印装差错，由本社发行部调换。

《中国贸易外经统计年鉴-2012》
编辑委员会

2012 CHINA TRADE AND EXTERNAL ECONOMIC STATISTICAL YEARBOOK
Editorial Staff

Adviser: Ma Jiantang

Editor-in-Chief: Xu Yifan

Associate Editor-in-Chief: Song Yuezheng Yan Jianhui

Editorial Director: Lin Tao Wang Kechen

Editorial Staff: (in order of the number of strokes the Chinese character of the surname)

Mao Xiaomei Wang Guiluan Wang Zhi Long Ling

Lu Shan Ye Sheng Shen Junli Liu Xiaoyan Liu Xuling

Chen Qunlin Du Yan Li Min Yan Xianpu Zhang Min

Luo Weihua Meng Hao Yang Zhuang Zheng Yunyu

Hu Chunlin Zhao Zeyong Yuan Yan Cui Xiaohong

Executive Editor: Ma Ping

English Translator: She Jingxong

编辑说明

一、《中国贸易外经统计年鉴-2012》是一部全面反映中国国内贸易、对外经济贸易和旅游业发展情况的资料性年刊。本年鉴收录了2011年中国国内消费品市场、批发和零售业、住宿和餐饮业、对外经济贸易与合作和国内、国际旅游的主要统计数据,以及分省、自治区、直辖市和一些重要历史年份的相关统计数据。

二、本年鉴正文内容分为9个部分:1. 综合篇;2. 消费品市场篇;3. 批发和零售业篇;4. 住宿和餐饮业篇;5. 国际收支篇;6. 对外贸易篇;7. 外资篇;8 对外合作篇;9. 旅游篇。为便于读者使用,本年鉴对所用略语和主要统计指标的含义、统计范围和统计方法作了简要说明。

三、本年鉴中所涉及的全国性统计数据,均未包括香港、澳门特别行政区和台湾省数据。

四、本年鉴所列对外经济贸易和旅游统计资料由国家统计局贸易外经司根据商务部、海关总署、国家外汇管理局、公安部、国家旅游局、国家工商行政管理总局等部门的资料加工整理,由于各部门职能不同,统计口径、范围和方法亦有所不同,因此书中有些数据可能不一致,使用统计数据时请参看附录。

五、本年鉴表中所使用的度量衡单位,均为国际统一标准计量单位。

六、年鉴表中的“空格”表示该项统计指标数据不足本表最小单位数、不详或无该项数据;“#”表示其中的主要项;“*”或“①”表示本表下有注释。

七、年鉴中没有标明年份的数据均为2011年的数据。

PREFACE

I. *2012 China Trade and External Economic Statistical Yearbook* reflects the situation of China in the development of the domestic and foreign trade, the external economic transactions and the tourism synthetically. The yearbook covers the main data of the domestic trade, the foreign trade, the external economic transactions and the tourism of China in 2011, and embodies the data from national level and all the provinces, autonomous regions and municipalities. It also lists the time series relative data of important indicators by years.

II. The yearbook contains the following 9 chapters: 1. Integration; 2. Consumer Goods Market; 3. Wholsale and Retail Trades; 4. Hotels and Catering Services; 5. Balance of Payments; 6. Foreign Trade; 7. Foreign Capital; 8. International Cooperation; 9. Tourism. In addition, Explanatory Notes on Main Statistical Indicators are provided at the end of book.

III. The national data in the book do not include that of Hongkong Special Administrative Region, Macao Special Administrative Region and Taiwan Province.

IV. The major sources of data except these in the domestic trade are the regular statistical reporting forms provided by sectors such as the Ministry of Public Security, the Ministry of Commerce, the General Administration of Customs, the State Administration for Industry & Commerce, the National Tourism Administration, the State Administration of Foreign Exchange. The book is edited by the Department of Trade and External Economic Relation Statistics of the National Bureau of Statistics. Since the functions of sectors mentioned above are different, the requirement, the scope, the calculating specification and the method of statistics are not in the same, and some of the figures may not be in conformity. Readers who want to use the data please consult the explanatory note.

V. The units of measurement used in this yearbook are internationally standard measurement units.

VI. Notations used in the yearbook: (blank space) indicates that the figure is not large enough to be measured with the smallest unit in the table, or data are unknown or are not available; "#" indicates a major breakdown of the total; and " * " or "①" indicates footnotes at the end of the table.

VII. The data belong to 2011 in the table of without year in the yearbook.

目　录

CONTENTS

第 1 篇　综合篇

Integration

第 2 篇　消费品市场篇

Consumer Goods Market

第3篇 批发和零售业篇

Wholesale And Retail Trades

第4篇　住宿和餐饮业篇

Hotels And Catering Services

第 5 篇　国际收支篇

Balance Of Payments

第 6 篇　对外贸易篇

Foreign Trade

第7篇　外资篇

Foreign Capital

第8篇　对外合作篇

International Cooperation

第9篇　旅游篇

Tourism

综合篇

INTEGRATION

第1篇

1-1 国内生产总值指数

Indices of Gross Domestic Product

（不变价,上年=100；Constant Price，Preceding Year=100）

年份 Year	国民总收入 Gross National Income	国内生产总值 Gross Domestic Product	第一产业 Primary Industry	第二产业 Secondary Industry	第三产业 Tertiary Industry	#批发与零售业 Wholesale and Retail Trades	人均国内生产总值 Per Capita GDP
1978	111.7	111.7	104.1	115.0	113.8	123.1	110.2
1979	107.6	107.6	106.1	108.2	107.9	108.7	106.1
1980	107.8	107.8	98.5	113.6	106.0	98.1	106.5
1981	105.2	105.2	107.0	101.9	110.4	129.5	103.9
1982	109.2	109.1	111.5	105.6	113.0	99.3	107.5
1983	111.1	110.9	108.3	110.4	115.2	121.2	109.3
1984	115.3	115.2	112.9	114.5	119.3	124.7	113.7
1985	113.2	113.5	101.8	118.6	118.2	133.5	111.9
1986	108.5	108.8	103.3	110.2	112.0	109.4	107.2
1987	111.5	111.6	104.7	113.7	114.4	114.7	109.8
1988	111.3	111.3	102.5	114.5	113.2	111.8	109.5
1989	104.2	104.1	103.1	103.8	105.4	89.3	102.5
1990	104.1	103.8	107.3	103.2	102.3	94.7	102.3
1991	109.1	109.2	102.4	113.9	108.9	105.2	107.7
1992	114.1	114.2	104.7	121.2	112.4	110.5	112.8
1993	113.7	114.0	104.7	119.9	112.2	108.6	112.7
1994	113.1	113.1	104.0	118.4	111.1	108.2	111.8
1995	109.3	110.9	105.0	113.9	109.8	108.2	109.7
1996	110.2	110.0	105.1	112.1	109.4	107.6	108.9
1997	109.6	109.3	103.5	110.5	110.7	108.8	108.2
1998	107.3	107.8	103.5	108.9	108.4	106.5	106.8
1999	107.9	107.6	102.8	108.1	109.3	108.7	106.7
2000	108.6	108.4	102.4	109.4	109.7	109.4	107.6
2001	108.1	108.3	102.8	108.4	110.3	109.1	107.5
2002	109.5	109.1	102.9	109.8	110.4	108.8	108.4
2003	110.6	110.0	102.5	112.7	109.5	109.9	109.3
2004	110.4	110.1	106.3	111.1	110.1	106.6	109.4
2005	110.7	111.3	105.2	112.1	112.2	113.0	110.7
2006	113.3	112.7	105.0	113.4	114.1	119.5	112.0
2007	114.6	114.2	103.7	115.1	116.0	120.2	113.6
2008	109.8	109.6	105.4	109.9	110.4	115.9	109.1
2009	108.9	109.2	104.2	109.9	109.6	112.1	108.7
2010	109.8	110.4	104.3	112.3	109.8	114.3	109.9
2011	109.5	109.2	104.5	110.6	108.9	112.9	108.7

1-2 国内生产总值构成

Composition of Gross Domestic Product

(当年价，Current Price)

年 份 Year	国内生产总值 Gross Domestic Product (%)	第一产业 Primary Industry	第二产业 Secondary Industry	第三产业 Tertiary Industry	#批发与零售业 Wholesale and Retail Trades
1978	100	28.2	47.9	23.9	6.6
1979	100	31.3	47.1	21.6	4.9
1980	100	30.2	48.2	21.6	4.3
1981	100	31.9	46.1	22.0	4.7
1982	100	33.4	44.8	21.8	3.2
1983	100	33.2	44.4	22.4	3.3
1984	100	32.1	43.1	24.8	5.0
1985	100	28.4	42.9	28.7	8.9
1986	100	27.2	43.7	29.1	8.3
1987	100	26.8	43.6	29.6	8.8
1988	100	25.7	43.8	30.5	9.9
1989	100	25.1	42.9	32.0	9.0
1990	100	27.1	41.3	31.6	6.8
1991	100	24.5	41.8	33.7	8.4
1992	100	21.8	43.4	34.8	8.9
1993	100	19.7	46.6	33.7	8.0
1994	100	19.8	46.6	33.6	7.8
1995	100	19.9	47.2	32.9	7.9
1996	100	19.7	47.5	32.8	7.9
1997	100	18.3	47.5	34.2	8.0
1998	100	17.6	46.2	36.2	8.2
1999	100	16.5	45.8	37.7	8.4
2000	100	15.1	45.9	39.0	8.2
2001	100	14.4	45.1	40.5	8.3
2002	100	13.7	44.8	41.5	8.3
2003	100	12.8	46.0	41.2	8.2
2004	100	13.4	46.2	40.4	7.8
2005	100	12.1	47.4	40.5	7.6
2006	100	11.1	47.9	40.9	7.6
2007	100	10.8	47.3	41.9	7.9
2008	100	10.7	47.4	41.8	8.3
2009	100	10.3	46.2	43.4	8.5
2010	100	10.1	46.7	43.2	8.9
2011	100	10.1	46.8	43.1	9.3

1-3 三次产业贡献率

Share of the Contributions of the Three Strata of Industry to the Increase of GDP

（按不变价格计算，Data in this table are calculated at constant prices）

年 份 Year	国内生产总值 Gross Domestic Product (%)	第一产业 Primary Industry	第二产业 Secondary Industry	#工 业 Industry	第三产业 Tertiary Industry
1990	100	41.7	41.0	39.7	17.3
1991	100	7.1	62.8	58.0	30.1
1992	100	8.4	64.5	57.6	27.1
1993	100	7.9	65.5	59.1	26.6
1994	100	6.6	67.9	62.6	25.5
1995	100	9.1	64.3	58.5	26.6
1996	100	9.6	62.9	58.5	27.5
1997	100	6.8	59.7	58.3	33.5
1998	100	7.6	60.9	55.4	31.5
1999	100	6.0	57.8	55.0	36.2
2000	100	4.4	60.8	57.6	34.8
2001	100	5.1	46.7	42.1	48.2
2002	100	4.6	49.7	44.4	45.7
2003	100	3.4	58.5	51.9	38.1
2004	100	7.8	52.2	47.7	39.9
2005	100	5.6	51.1	43.4	43.3
2006	100	4.8	50.0	42.4	45.2
2007	100	3.0	50.7	44.0	46.3
2008	100	5.7	49.3	43.4	45.0
2009	100	4.5	51.9	40.0	43.6
2010	100	3.8	56.8	48.5	39.3
2011	100	4.9	53.5	46.3	41.6

注：产业贡献率指各产业增加值增量与GDP增量之比。

Note: Share of the three industries refers to the proportion of the increment of every industrial value added to the increment of GDP.

1-4 三大需求对国内生产总值增长的贡献率和拉动

Share and Contribution of the Three Components of GDP by Expenditure Approach to the Growth of GDP

(按不变价格计算，Data in value terms in this table are calculated at constant prices)

年 份 Year	最终消费支出 Final Consumption Expenditure		资本形成总额 Gross Capital Formation		货物和服务净出口 Net Exports of Goods and Services	
	贡献率 Share (%)	拉动(百分点) Contribution (percentage points)	贡献率 Share (%)	拉动(百分点) Contribution (percentage points)	贡献率 Share (%)	拉动(百分点) Contribution (percentage points)
1978	39.4	4.6	66	7.7	-5.4	-0.6
1979	87.3	6.6	15.4	1.2	-2.7	-0.2
1980	71.8	5.6	26.4	2.1	1.8	0.1
1981	93.4	4.9	-4.3	-0.2	10.9	0.5
1982	64.7	5.9	23.8	2.2	11.5	1.0
1983	74.1	8.1	40.4	4.4	-14.5	-1.6
1984	69.3	10.5	40.5	6.2	-9.8	-1.5
1985	85.5	11.5	80.9	10.9	-66.4	-8.9
1986	45.0	4.0	23.2	2.0	31.8	2.8
1987	50.3	5.8	23.5	2.7	26.2	3.1
1988	49.6	5.6	39.4	4.5	11.0	1.2
1989	39.6	1.6	16.4	0.7	44.0	1.8
1990	47.8	1.8	1.8	0.1	50.4	1.9
1991	65.1	6.0	24.3	2.2	10.6	1.0
1992	72.5	10.3	34.3	4.9	-6.8	-1.0
1993	59.5	8.3	78.6	11.0	-38.1	-5.3
1994	30.2	4.0	43.8	5.7	26.0	3.4
1995	44.7	4.9	55.0	6.0	0.3	
1996	60.1	6.0	34.3	3.4	5.6	0.6
1997	37.0	3.4	18.6	1.7	44.4	4.2
1998	57.1	4.4	26.4	2.1	16.5	1.3
1999	74.7	5.7	23.7	1.8	1.6	0.1
2000	65.1	5.5	22.4	1.9	12.5	1
2001	50.2	4.2	49.9	4.1	-0.1	
2002	43.9	4.0	48.5	4.4	7.6	0.7
2003	35.8	3.6	63.2	6.3	1.0	0.1
2004	39.5	4.0	54.5	5.5	6.0	0.6
2005	38.7	4.4	38.5	4.3	22.8	2.6
2006	40.4	5.1	43.6	5.5	16.0	2.1
2007	39.6	5.6	42.5	6.0	17.9	2.6
2008	44.1	4.2	46.9	4.5	9.0	0.9
2009	49.8	4.6	87.6	8.1	-37.4	-3.5
2010	43.1	4.5	52.9	5.5	4.0	0.4
2011	50.8	4.7	53.3	4.9	-4.1	-0.4

注：1.三大需求指支出法国内生产总值的三大构成项目，即最终消费支出、资本形成总额、货物和服务净出口。
2.贡献率指三大需求增量与支出法国内生产总值增量之比。
3.拉动指国内生产总值增长速度与三大需求贡献率的乘积。

Note: a) Three components of GDP by expenditure approach are final consumption expenditure, gross capital formation and net exports of goods and services.
b) Contribution share of the three components refers to the proportion of the increment of the each component of GDP to the increment of GDP.
c) Contribution of the three components refers to the growth rate of GDP multiplies the constribution share of the three components.

1-5 人口数及构成

Population and Its Composition

单位：万人

Unit: 10000 persons

年份 Year	年底人口数 Total Population (year-end)	按性别分 by Sex				按城乡分 by Residence			
		男 Male		女 Female		城镇 Urban		乡村 Rural	
		人口数 Population	比重(%) Structure	人口数 Population	比重(%) Structure	人口数 Population	比重(%) Structure	人口数 Population	比重(%) Structure
1978	96259	49567	51.49	46692	48.51	17245	17.92	79014	82.08
1980	98705	50785	51.45	47920	48.55	19140	19.39	79565	80.61
1985	105851	54725	51.7	51126	48.3	25094	23.71	80757	76.29
1989	112704	58099	51.55	54605	48.45	29540	26.21	83164	73.79
1990	114333	58904	51.52	55429	48.48	30195	26.41	84138	73.59
1991	115823	59466	51.34	56357	48.66	31203	26.94	84620	73.06
1992	117171	59811	51.05	57360	48.95	32175	27.46	84996	72.54
1993	118517	60472	51.02	58045	48.98	33173	27.99	85344	72.01
1994	119850	61246	51.1	58604	48.9	34169	28.51	85681	71.49
1995	121121	61808	51.03	59313	48.97	35174	29.04	85947	70.96
1996	122389	62200	50.82	60189	49.18	37304	30.48	85085	69.52
1997	123626	63131	51.07	60495	48.93	39449	31.91	84177	68.09
1998	124761	63940	51.25	60821	48.75	41608	33.35	83153	66.65
1999	125786	64692	51.43	61094	48.57	43748	34.78	82038	65.22
2000	126743	65437	51.63	61306	48.37	45906	36.22	80837	63.78
2001	127627	65672	51.46	61955	48.54	48064	37.66	79563	62.34
2002	128453	66115	51.47	62338	48.53	50212	39.09	78241	60.91
2003	129227	66556	51.50	62671	48.50	52376	40.53	76851	59.47
2004	129988	66976	51.52	63012	48.48	54283	41.76	75705	58.24
2005	130756	67375	51.53	63381	48.47	56212	42.99	74544	57.01
2006	131448	67728	51.52	63720	48.48	58288	44.34	73160	55.66
2007	132129	68048	51.50	64081	48.50	60633	45.89	71496	54.11
2008	132802	68357	51.47	64445	48.53	62403	46.99	70339	53.01
2009	133450	68647	51.44	64803	48.56	64512	48.34	68938	51.66
2010	134091	68748	51.30	65343	48.70	66978	49.90	67113	50.10
2011	134735	69068	51.30	65667	48.70	69079	51.30	65656	48.70

1-6 居民消费价格指数和商品零售价格指数

Consumer Price Indices and Retail Price Indices

(上年价格=100，Preceding Year=100)

年份 Year	居民消费价格指数 Consumer Price Index	城市 Urban Areas	农村 Rural Areas	商品零售价格指数 Retail Price Index	城市 Urban Areas	农村 Rural Areas
1978	100.7	100.7		100.7		
1979	101.9	101.9		102.0		
1980	107.5	107.5		106.0		
1981	102.5	102.5		102.4		
1982	102.0	102.0		101.9		
1983	102.0	102.0		101.5		
1984	102.7	102.7		102.8		
1985	109.3	111.9	107.6	108.8		
1986	106.5	107.0	106.1	106.0		
1987	107.3	108.8	106.2	107.3		
1988	118.8	120.7	117.5	118.5		
1989	118.0	116.3	119.3	117.8		
1990	103.1	101.3	104.5	102.1		
1991	103.4	105.1	102.3	102.9		
1992	106.4	108.6	104.7	105.4		
1993	114.7	116.1	113.7	113.2		
1994	124.1	125.0	123.4	121.7	120.9	122.9
1995	117.1	116.8	117.5	114.8	113.5	116.4
1996	108.3	108.8	107.9	106.1	105.8	106.4
1997	102.8	103.1	102.5	100.8	100.8	100.7
1998	99.2	99.4	99.0	97.4	97.4	97.6
1999	98.6	98.7	98.5	97.0	97.0	97.1
2000	100.4	100.8	99.9	98.5	98.5	98.5
2001	100.7	100.7	100.8	99.2	98.9	99.6
2002	99.2	99.0	99.6	98.7	98.5	99.1
2003	101.2	100.9	101.6	99.9	99.6	100.5
2004	103.9	103.3	104.8	102.8	102.1	104.2
2005	101.8	101.6	102.2	100.8	100.5	101.4
2006	101.5	101.5	101.5	101.0	100.9	101.4
2007	104.8	104.5	105.4	103.8	103.3	104.9
2008	105.9	105.6	106.5	105.9	105.5	106.7
2009	99.3	99.1	99.7	98.8	98.7	99.0
2010	103.3	103.2	103.6	103.1	102.8	103.6
2011	105.4	105.3	105.8	104.9	104.7	105.5

1-7 城乡居民人民币储蓄存款

Savings Deposit in Urban and Rural Areas

单位：亿元
Unit:100 million yuan

年 份 Year	年底余额 Outstanding Amount			年增加额 Increased Amount		
	总 计 Total	定 期 Time Deposits	活 期 Demand Deposits	总 计 Total	定 期 Time Deposits	活 期 Demand Deposits
1978	210.6	128.9	81.7	29.0	17.2	11.8
1980	395.8	304.9	90.9	114.8	138.5	-23.7
1985	1622.6	1225.2	397.4	407.9	324.3	83.6
1989	5196.4	4215.4	981.0	1374.2	1366.9	7.3
1990	7119.6	5909.4	1210.2	1935.1	1700.9	234.2
1991	9244.9	7634.9	1610.0	2125.3	1725.5	399.8
1992	11757.3	9445.0	2312.3	2512.4	1810.1	702.3
1993	15203.5	12108.3	3095.2	3446.2	2663.3	782.9
1994	21518.8	16838.7	4680.1	6315.3	4730.4	1584.9
1995	29662.3	23778.3	5884.1	8143.5	6939.6	1203.9
1996	38520.8	30873.2	7647.6	8858.6	7095.0	1763.6
1997	46279.8	36226.7	10053.1	7759.0	5353.5	2405.4
1998	53407.5	41791.6	11615.9	7127.7	5564.8	1562.8
1999	59621.8	44955.1	14666.7	6214.4	3163.5	3050.8
2000	64332.4	46141.7	18190.7	4710.6	1186.6	3524.0
2001	73762.4	51434.9	22327.6	9430.1	5293.2	4136.9
2002	86910.7	58788.9	28121.7	13148.2	7354.1	5794.1
2003	103617.7	68498.7	35119.0	16707.0	9709.7	6997.3
2004	119555.4	78138.9	41416.5	15937.7	9640.2	6297.6
2005	141051.0	92263.5	48787.5	21495.6	14124.7	7370.9
2006	161587.3	103011.4	58575.9	20544.0	10777.3	9766.7
2007	172534.2	104934.5	67599.7	10946.9	1923.1	9023.8
2008	217885.4	139300.2	78585.2	45351.2	34365.7	10985.5
2009	260771.7	160230.4	100541.3	42886.4	20930.2	21956.1
2010	303302.5	178413.9	124888.6	42530.8	18183.5	24347.3
2011	343635.9			40333.4		

1-8 城镇居民家庭基本情况

Basic Conditions of Urban Households

项　　目	Item	1990	1995	2000	2009	2010	2011
调查户数(户)	**Number of Households Surveyed (household)**	**35660**	**35520**	**42220**	**65506**	**65607**	**65655**
平均每户家庭人口(人)	**Average Household Size (person)**	**3.50**	**3.23**	**3.13**	**2.89**	**2.88**	**2.87**
平均每户就业人口(人)	**Average Number of Employed Persons Per Household (persons)**	**1.98**	**1.87**	**1.68**	**1.49**	**1.49**	**1.48**
平均每户就业面(%)	**Proportion of Employment per Household (%)**	**56.57**	**57.89**	**53.67**	**51.56**	**51.74**	**51.57**
平均每一就业者负担人数(包括就业者本人)(人)	**Number of Dependents per Employee(Including the Employee Himself or Herself)(person)**	**1.77**	**1.73**	**1.86**	**1.94**	**1.93**	**1.94**
平均每人全部年收入(元)	**Per Capita Annual Income (yuan)**	**1516.21**	**4279.02**	**6295.91**	**18858.1**	**21033.4**	**23979.2**
工薪收入	Income of Wages and Salaries	1149.70	3390.21	4480.50	12382.10	13707.70	15411.90
经营净收入	Net Business Income	22.50	72.62	246.24	1528.70	1713.50	2209.70
财产性收入	Income from Properties	15.60	90.43	128.38	431.80	520.30	649.00
转移性收入	Income from Transfer	328.41	725.76	1440.78	4515.50	5091.90	5708.60
#可支配收入	Disposable Income	1510.16	4282.95	6279.98	17174.70	19109.40	21809.80
平均每人消费性支出(元)	**Per Capita Annual Consumption Expenditures (yuan)**	**1278.89**	**3537.57**	**4998.00**	**12264.60**	**13471.50**	**15160.90**
食　品	Food	693.77	1771.99	1971.32	4478.50	4804.70	5506.30
衣　着	Clothing	170.90	479.20	500.46	1284.20	1444.30	1674.70
家庭设备用品及服务	Household Appliances and Service	108.45	263.36	374.49	786.90	908.00	1023.20
医疗保健	Health Care and Medical Services	25.67	110.11	318.07	856.40	871.80	969.00
交通通信	Transport and Communications	40.51	183.22	426.95	1682.60	1983.70	2149.70
教育文化娱乐服务	Education, Cultural and Recreation Services	112.26	331.01	669.58	1472.80	1627.60	1851.70
居住	Residence	60.86	283.76	565.29	1228.90	1332.10	1405.00
杂项商品与服务	Miscellaneous Goods and Services	66.57	114.92	171.83	474.20	499.20	581.30
平均每人消费性支出构成(人均消费性支出=100)	**Composition of Per Capita Annual Consumption Expenditures (%)**						
食　品	Food	54.25	50.09	39.44	36.52	35.67	36.32
衣　着	Clothing	13.36	13.55	10.01	10.47	10.72	11.05
家庭设备用品及服务	Household Appliances and Service	10.14	7.44	7.49	6.42	6.74	6.75
医疗保健	Health Care and Medical Services	2.01	3.11	6.36	6.98	6.47	6.39
交通通信	Transport and Communications	1.20	5.18	8.54	13.72	14.73	14.18
教育文化娱乐服务	Education, Cultural and Recreation Services	11.12	9.36	13.40	12.01	12.08	12.21
居住	Residence	6.98	8.02	11.31	10.02	9.89	9.27
杂项商品与服务	Miscellaneous Goods and Services	0.94	3.25	3.44	3.87	3.71	3.83

注：1.本表为城镇居民家庭收支抽样调查资料。

2.从2002年起，城镇住户调查对象由原来的非农业人口改为城市市区和县城关镇区常住人口

Note: a) Data from the table is obtained from the sample survey on income and expenditures of urban households.

b) Since 2002,the objects of urban households survey are permanent residents and county towns.

1-9 农村居民家庭基本情况

Basic Conditions of Rural Households

项　目	Item	2000	2002	2008	2009	2010	2011
调查户数(户)	**Number of Households Surveyed (household)**	**68116**	**68190**	**68190**	**68190**	**68190**	**73630**
调查户人口(人)	**Number of Residents Surveyed (person)**						
常住人口	Number of Permanent Residents in the Households Surveyed	286162	281674	273695	271403	269676	
平均每户常住人口	Average Number of Permanent Residents Per Household	4.20	4.13	4.01	3.98	3.95	3.90
平均每户整半劳动力	Average Number of Full/Semi Labour Force Per Household	2.76	2.76	2.85	2.85	2.85	2.78
平均每个劳动力负担人口(含本人)	Average Number of Dependents per Employee (including the laborer himself or herself)	1.52	1.50	1.41	1.40	1.39	1.40
平均每人年收入(元)	**Per Capita Annual Income (yuan)**						
总收入(元)	Total Income (yuan)	3146.21	3448.62	6700.69	7115.60	8119.50	9833.10
工资性收入	Income from Wages and Salaries	702.30	840.22	1853.73	2061.30	2431.10	2963.40
家庭经营收入	Income from Household Operations	2251.30	2380.51	4302.08	4404.00	4937.50	5939.80
财产性收入	Income from Properties	45.04	50.68	148.08	167.20	202.20	228.60
转移性收入	Income from Transfers	147.60	177.21	396.79	483.10	548.70	701.40
现金收入(元)	Cash Income (yuan)	2381.60	2712.95	5736.99	6270.20	7088.80	8638.50
工资性收入	Income from Wages and Salaries	700.41	839.17	1850.58	2057.80	2427.90	2959.70
家庭经营收入	Income from Household Operations	1498.81	1653.65	3370.48	3590.80	3955.40	4810.40
财产性收入	Income from Properties	38.89	47.65	126.95	148.40	168.30	185.80
转移性收入	Income from Transfers	143.49	172.48	388.99	473.20	537.20	682.60
平均每人年支出(元)	**Per Capita Annual Expenditures (yuan)**						
总支出(元)	Total Expenditure (yuan)	2652.42	2923.60	5915.67	6333.90	6991.80	8641.60
家庭经营费用支出	Expenditure for Household Operations	654.27	731.01	1704.53	1700.10	1915.60	2431.10
购置生产性固定资产	Purchase of Productive Fixed Assets	63.90	85.50	161.58	201.00	193.30	265.80
税费支出	Taxes and Fees	95.52	78.70	11.59	10.10	8.60	11.70
生活消费支出	Expenses on Household Consumption	1670.13	1834.31	3660.68	3993.50	4381.80	5221.10
现金支出(元)	Cash Expenditure (yuan)	2140.37	2437.72	5257.89	5694.80	6307.40	7984.90
家庭经营费用支出	Expenditure for Household Operations	544.49	617.41	1550.99	1554.60	1757.60	2269.20
生活消费支出	Expenses on Household Consumption	1284.74	1467.62	3159.40	3504.80	3859.30	4733.40
平均每人年纯收入(元)	**Per Capita Annual Net Income (yuan)**	**2253.42**	**2475.63**	**4760.62**	**5153.20**	**5919.00**	**6977.30**
工资性收入	Income from Wages and Salaries	702.30	840.22	1853.73	2061.30	2431.10	2963.40
家庭经营纯收入	Income from Household Operations	1427.27	1486.54	2435.56	2526.80	2832.80	3222.00
财产性收入	Income from Properties	45.04	50.68	148.08	167.20	202.20	228.60
转移性收入	Income from Transfers	78.81	98.19	323.24	398.00	452.90	563.30

注：本表为农村住户抽样调查资料。

Note: Data from this table is obtained from the sample surveys on rural households.

消费品市场篇

CONSUMER GOODS MARKET

第 2 篇

2-1 历年社会消费品零售总额
Total Retail Sales of Consumer Goods

年 份 Year	社会消费品零售总额(亿元) Total Retail Sales of Consumer Goods (100 million yuan)	比上年增长(%) Increase Over the Previous Year (%)
1952	276.8	
1963	604.5	0.1
1964	638.2	5.6
1965	670.3	5.0
1966	732.8	9.3
1967	770.5	5.1
1968	737.3	-4.3
1969	801.5	8.7
1970	858.0	7.0
1971	929.2	8.3
1972	1023.3	10.1
1973	1106.7	8.2
1974	1163.6	5.1
1975	1271.1	9.2
1976	1339.4	5.4
1977	1432.8	7.0
1978	1558.6	8.8
1979	1800.0	15.5
1980	2140.0	18.9
1981	2350.0	9.8
1982	2570.0	9.4
1983	2849.4	10.9
1984	3376.4	18.5
1985	4305.0	27.5
1986	4950.0	15.0
1987	5820.0	17.6
1988	7440.0	27.8
1989	8101.4	8.9
1990	8300.1	2.5
1991	9415.6	13.4
1992	10993.7	16.8
1993	14270.4	29.8
1994	18622.9	30.5
1995	23613.8	26.8
1996	28360.2	20.1
1997	31252.9	10.2
1998	33378.1	6.8
1999	35647.9	6.8
2000	39105.7	9.7
2001	43055.4	10.1
2002	48135.9	11.8
2003	52516.3	9.1
2004	59501.0	13.3
2005	68352.6	14.9
2006	79145.2	15.8
2007	93571.6	18.2
2008	114830.1	22.7
2009	132678.4	15.5
2010	156998.4	18.3
2011	183918.6	17.1

2-2 各地区社会消费品零售总额

Total Retail Sales of Consumer Goods by Region

单位：亿元

Unit:100 million yuan

地　区	Region	2006	2007	2008	2009	2010	2011
北　京	Beijing	3295.3	3835.2	4645.5	5309.9	6229.3	6900.3
天　津	Tianjin	1383.1	1650.6	2078.7	2430.8	2860.2	3395.1
河　北	Hebei	3435.7	4053.8	4991.1	5764.9	6821.8	8035.5
山　西	Shanxi	1635.4	1953.3	2421.1	2809.0	3318.2	3903.4
内蒙古	Inner Mongolia	1628.6	1964.0	2463.0	2855.3	3384.0	3991.7
辽　宁	Liaoning	3471.6	4097.8	5032.4	5812.6	6887.6	8095.3
吉　林	Jilin	1697.6	2038.3	2549.2	2957.3	3504.9	4119.8
黑龙江	Heilongjiang	2029.0	2386.2	2928.3	3401.8	4039.2	4750.1
上　海	Shanghai	3375.2	3873.3	4577.2	5173.2	6070.5	6814.8
江　苏	Jiangsu	6706.2	7985.9	9905.1	11484.1	13606.8	15988.4
浙　江	Zhejiang	5358.0	6271.3	7533.3	8622.3	10245.4	12028.0
安　徽	Anhui	2056.5	2451.9	3045.2	3527.8	4197.7	4955.1
福　建	Fujian	2717.6	3212.3	3866.7	4481.0	5310.0	6276.2
江　西	Jiangxi	1448.2	1718.9	2142.0	2484.4	2956.2	3485.1
山　东	Shandong	7217.1	8607.5	10658.8	12363.0	14620.3	17155.5
河　南	Henan	3932.6	4690.3	5815.4	6746.4	8004.2	9453.6
湖　北	Hubei	3461.1	4115.8	5109.7	5928.4	7013.9	8275.2
湖　南	Hunan	2869.4	3419.2	4222.6	4913.7	5839.5	6884.7
广　东	Guangdong	9194.3	10731.3	12986.6	14891.8	17458.4	20297.5
广　西	Guangxi	1620.3	1932.7	2395.8	2790.7	3312.0	3908.2
海　南	Hainan	313.4	370.9	463.2	537.5	639.3	759.5
重　庆	Chongqing	1431.5	1711.1	2147.1	2479.0	2938.6	3487.8
四　川	Sichuan	3472.5	4105.6	4944.8	5758.7	6810.1	8044.6
贵　州	Guizhou	710.0	858.2	1075.2	1247.3	1482.7	1751.6
云　南	Yunnan	1204.8	1422.5	1764.7	2051.1	2542.4	3000.1
西　藏	Tibet	90.0	112.6	130.0	156.6	185.3	219.0
陕　西	Shaanxi	1542.4	1837.3	2317.1	2699.7	3195.7	3790.0
甘　肃	Gansu	729.5	854.4	1023.6	1183.0	1394.5	1648.0
青　海	Qinghai	182.6	212.6	259.7	300.5	350.8	410.5
宁　夏	Ningxia	202.5	239.5	295.4	339.3	403.6	477.6
新　疆	Xinjiang	733.2	857.5	1041.5	1177.5	1375.1	1616.3

2-3 各地区社会消费品零售总额构成

Total Retail Sales of Consumer Goods by Region

单位：亿元

Unit:100 million yuan

地区	Region	社会消费品零售总额 Total Retail Sales of Consumer Goods	城市 City			乡村 Village
				城区 Urban	镇区 Town	
全　国	**National Total**	**183918.6**	**159551.6**	**125419.5**	**34132.1**	**24367.0**
北　京	Beijing	6900.3	6789.6	6434.7	354.8	110.8
天　津	Tianjin	3395.1	3227.1	2836.9	390.2	168.0
河　北	Hebei	8035.5	6159.1	4031	2128.1	1876.4
山　西	Shanxi	3903.4	3188.5	2181.9	1006.6	714.9
内蒙古	Inner Mongolia	3991.7	3495.0	2703.1	791.9	496.7
辽　宁	Liaoning	8095.3	7537.7	6545.3	992.4	557.7
吉　林	Jilin	4119.8	3673.8	3208	465.8	446.0
黑龙江	Heilongjiang	4750.1	4218.9	3382.1	836.8	531.2
上　海	Shanghai	6814.8	6346.8	5938.1	408.7	468.1
江　苏	Jiangsu	15988.4	14342.8	11408.3	2934.5	1645.6
浙　江	Zhejiang	12028.0	10557.6	7664.2	2893.4	1470.4
安　徽	Anhui	4955.1	4115.7	2889.5	1226.2	839.5
福　建	Fujian	6276.2	5622.6	4545.4	1077.2	653.6
江　西	Jiangxi	3485.1	2886.8	1764.4	1122.5	598.2
山　东	Shandong	17155.5	13854.9	10422.1	3432.8	3300.6
河　南	Henan	9453.6	7821.7	5288.1	2533.6	1631.9
湖　北	Hubei	8275.2	7003.7	5954.9	1048.8	1271.5
湖　南	Hunan	6884.7	6230.2	4248	1982.2	654.5
广　东	Guangdong	20297.5	17399.7	15401.8	1997.9	2897.8
广　西	Guangxi	3908.2	3427.5	2284.5	1143.1	480.7
海　南	Hainan	759.5	686.2	555.5	130.6	73.4
重　庆	Chongqing	3487.8	3317.1	2334.4	982.8	170.7
四　川	Sichuan	8044.6	6495.6	4973	1522.5	1549.0
贵　州	Guizhou	1751.6	1439.2	1134.6	304.6	312.4
云　南	Yunnan	3000.1	2602.6	1950.2	652.3	397.5
西　藏	Tibet	219.0	179.0	113.8	65.2	40.0
陕　西	Shaanxi	3790.0	3345.2	2421.5	923.7	444.8
甘　肃	Gansu	1648.0	1323.0	992.1	330.9	325.0
青　海	Qinghai	410.5	357.4	277.9	79.6	53.0
宁　夏	Ningxia	477.6	436.5	309.7	126.7	41.1
新　疆	Xinjiang	1616.3	1470.2	1224.5	245.7	146.1

2-4　亿元以上商品交易市场基本情况
Basic Statistics on Commodity Exchange Markets of Transaction Value over 100 Million Yuan

市　场	Market	市场数量(个) Number of Markets (unit)	摊位数(个) Number of Booths (unit)	营业面积(万平方米) Operational Area (10000 sq.m)	成交额(亿元) Turnover (100 million yuan)	批　发 Wholesale Value	零　售 Retail Value
总　计	**Total**	**5075**	**3334787**	**26234.5**	**82017.3**	**69390.8**	**12626.5**
综合市场	**Integrated Markets**	**1368**	**1173555**	**5899.6**	**16102.8**	**12335.4**	**3767.4**
生产资料综合市场	Production Comprehensive Markets	57	54428	734.2	1367.3	1301.5	65.8
工业消费品综合市场	Industrial Consumable Comprehensive Markets	314	439732	2145.6	5439.7	4118.0	1321.7
农产品综合市场	Farm Produce Comprehensive Markets	702	429245	1779.5	6325.1	4595.7	1729.4
其他综合市场	Other Comprehensive Markets	295	250150	1240.4	2970.7	2320.3	650.4
专业市场	**Special Markets**	**3707**	**2161232**	**20334.9**	**65914.4**	**57055.4**	**8859.0**
生产资料市场	Production Markets	764	285028	6548.4	26808.1	26005.9	802.2
农业生产用具市场	Agricultural Production Equipment Markets	19	5216	147.7	166.4	166.4	
农用生产资料市场	Agricultural Production Markets	35	6353	111.8	176.5	174.8	1.7
煤炭市场	Coal and Charcoal Markets	18	2353	701.8	723.8	720.2	3.6
木材市场	Wood Markets	59	18897	552.6	594.2	594.2	
建材市场	Building Material Markets	210	91258	1592.7	1528.8	888.7	640.1
化工材料及制品市场	Chemical Materials and Products Markets	41	18760	206.0	2623.4	2623.4	
金属材料市场	Metal Materials Markets	289	95844	2658.5	18201.7	18201.7	
机械设备市场	Mechanical Equipments Markets	51	25895	288.4	610.8	516.5	94.3
其他生产资料市场	Others	42	20452	289.1	2182.4	2119.9	62.5
农产品市场	Farm Produce Markets	1020	563645	4158.7	12595.3	11829.7	765.5
粮油市场	Grain and Oil Markets	111	41288	425.8	1437.0	1371.6	65.4
肉禽蛋市场	Meat, Poultry and Eggs Markets	114	30009	242.7	895.2	756.5	138.7
水产品市场	Aquatic Products Markets	157	99622	478.0	2739.0	2567.6	171.4
蔬菜市场	Vegetables Markets	313	228107	1536.9	3264.5	3191.9	72.6
干鲜果品市场	Dried and Fresh Melons and Fruits Markets	147	65041	587.9	1888.8	1863.9	24.9
棉麻土畜、烟叶市场	Cotton, Local & Livestock Products, and Tobacco Markets	34	21297	458.2	908.4	850.7	57.8
其他农产品市场	Others	144	78281	429.1	1462.3	1227.5	234.7
食品、饮料及烟酒市场	Food, Beverages, Tobacco and Liquor Markets	159	84576	476.6	1503.9	1309.4	194.4
食品饮料市场	Food and Beverages Markets	55	29945	169.8	392.0	294.6	97.3
茶叶市场	Tea Markets	27	11437	76.2	191.3	174.2	17.1
烟酒市场	Tobacco and Liquor Markets	13	4728	21.4	83.7	53.2	30.4
其他食品饮料及烟酒市场	Others	64	38466	209.2	836.9	787.3	49.6

2-5 亿元以上商品交易市场摊位分类情况

Classification of Booths of Commodity Exchange Markets of Transaction Value over 100 Million Yuan

单位：亿元

Unit: 100 million

类别	Classification	摊位数（个） Number of Booths (unit)	成交额（亿元） Turnover (100 million yuan)	批发 Wholesale Value	零售 Retail Value
总计	**Total**	**3334787**	**82017.3**	**69390.8**	**12626.5**
1.食品、饮料、烟酒类	Food, Beverages, Tobacco and Liquor	1093817	20630.6	17788.3	2842.3
(1)食品类	Food	1001723	18935.5	16327.4	2608.1
#粮油类	Grain and Oil	88667	2631.3	2387.0	244.3
肉禽蛋类	Meat,Poultry and Eggs	134630	2679.6	1857.9	821.7
水产品类	Aquatic Products	156584	3788.8	3167.8	621.0
蔬菜类	Vegetables	425897	5238.7	4687.0	551.6
干鲜果品类	Dried and Fresh Melons and Fruits	155291	3822.6	3582.3	240.3
(2)饮料类	Beverages	48964	891.8	794.7	97.2
(3)烟酒类	Tobacco and Liquor	43130	803.3	666.3	137.0
2.服装鞋帽、针、纺织品类	Clothing, Shoes, Hats and Textiles	940241	12632.2	11068.8	1563.4
(1)服装类	Shoes and Hats	571265	5433.1	4448.0	985.1
(2)鞋帽类	Footgear, Hats	146792	1387.7	1105.4	282.3
(3)针、纺织品类	Knitwear and Textiles	222184	5811.4	5515.5	295.9
3.化妆品类	Cosmetics	28889	274.1	209.2	64.8
4.金银珠宝类	Gold,Silver and Jewelry	15911	407.4	331.1	76.3
5.日用品类	Articles for Daily Use	183087	2823.0	2292.0	531.0
#洗涤用品类	Washing Articles	43063	449.4	393.1	56.3
儿童玩具类	Children Toys	30624	320.3	274.6	45.8
6.五金、电料类	Hardware & Electrical Materials	106198	1800.2	1528.1	272.1
7.体育、娱乐用品类	Sports & Recreational Articles	12407	156.3	122.3	34.0
8.书报杂志类	Newspapers and Magazines	5377	75.0	58.3	16.7
9.电子出版物及音像制品类	E-journal and Video Products	9170	184.6	143.6	41.1
10.家用电器和音像器材类	Household Appliances and Video Equipments	35434	781.3	558.6	222.7
11.中西药品类	Traditional Chinese and Western Medicine	27529	850.5	808.1	42.4
#西药类	Western Medicine	1307	30.9	22.3	8.7
中草药及中成药类	Traditional Chinese	25171	783.1	753.3	29.8
12.文化办公用品类	Cultural and Official Goods	62948	1218.8	537.1	681.7
13.家具类	Furniture	84760	1556.4	825.4	731.0
14.通讯器材类	Communication Appliances	26443	264.0	138.3	125.7
15.煤炭及制品类	Coal and Related Products	2832	825.5	820.1	5.4
16.木材及制品类	Wood and Wooden Products	29721	811.2	760.3	50.9
17.石油及制品类	Petroleum and Related Products	1150	1866.6	1864.6	2.0
18.化工材料及制品类	Raw Chemical Materials and Related Products	36018	2984.0	2960.5	23.5
#化肥类	Fertilizer	4194	119.1	110.8	8.4
19.金属材料类	Metal Materials	102650	18277.4	18232.9	44.5
20.建筑及装潢材料类	Building and Decoration Materials	224602	3837.9	2470.8	1367.1
21.机电产品及设备类	Mechanical & Electrical Products	53582	1356.9	1188.0	169.0
#农机类	Agricultural Machinery	5340	179.6	163.8	15.8
22.汽车类	Automobile	67765	5226.9	1922.3	3304.6
23.种子饲料类	Seed and Feedstuff	7497	133.7	127.5	6.2
24.棉麻类	Cotton and Hemp	5681	572.6	566.7	6.0
25.其他类	Others	171078	2470.1	2068.0	402.1

2-6 各地区亿元以上商品交易市场基本情况
Basic Statistics on Commodity Exchange Markets of Transaction Value over 100 Million Yuan by Region

年份 Year	地区 Region	市场数量(个) Number of Markets (unit)	摊位数(个) Number of Booths (unit)	营业面积(万平方米) Operational Area (10000 sq.m)	成交额(亿元) Turnover (100 million yuan)	批发 Wholesale Value	零售 Retail Value
	2000	3087	2115115	8261.6	16358.9	11648.0	4710.9
	2001	3273	2200662	9397.3	17719.1	12562.5	5156.5
	2002	3258	2190814	10313.2	19840.0	15450.9	4389.2
	2003	3265	2148866	10984.0	21514.5	16832.6	4681.9
	2004	3365	2229818	12477.5	26102.7	21116.9	4985.8
	2005	3323	2248803	13140.8	30020.9	24544.2	5476.7
	2006	3876	2527987	18072.3	37137.5	29679.9	7457.5
	2007	4121	2681630	19814.6	44085.1	35871.5	8213.6
	2008	4567	2839070	21225.2	52458.0	43120.0	9337.9
	2009	4687	2994781	23230.3	57963.8	48308.2	9655.5
	2010	4940	3193365	24832.3	72703.5	60954.9	11748.6
	2011	5075	3334787	26234.5	82017.3	69390.8	12626.5
北京	Beijing	140	116505	737.7	2547.8	1703.1	844.7
天津	Tianjin	77	51119	523.1	2565.8	2460.6	105.2
河北	Hebei	278	306369	2670.4	4430.6	4112.8	317.7
山西	Shanxi	40	29966	253.9	497.9	468.6	29.3
内蒙古	Inner Mongolia	74	38503	677.4	715.9	538.7	177.2
辽宁	Liaoning	221	180547	813.8	3795.4	3147.2	648.2
吉林	Jilin	66	55911	308.9	643.3	385.1	258.2
黑龙江	Heilongjiang	97	64752	357.2	937.9	734.0	203.9
上海	Shanghai	180	75387	761.3	6789.9	6377.3	412.6
江苏	Jiangsu	575	346988	3027.6	14007.3	12087.2	1920.1
浙江	Zhejiang	730	431884	2876.1	13099.7	10957.2	2142.5
安徽	Anhui	135	94122	909.1	2190.9	1942.5	248.5
福建	Fujian	159	55039	333.7	1540.1	1101.1	438.9
江西	Jiangxi	95	64818	359.4	1317.2	1136.1	181.1
山东	Shandong	555	364551	3650.0	7424.0	6475.5	948.5
河南	Henan	178	126929	1052.8	2030.3	1662.3	367.9
湖北	Hubei	176	81416	561.5	1459.1	1080.2	378.9
湖南	Hunan	313	182225	967.1	2488.6	1693.9	794.7
广东	Guangdong	370	193857	2025.4	5105.8	4416.5	689.3
广西	Guangxi	91	69123	437.2	1071.0	850.8	220.2
海南	Hainan	8	4459	9.4	18.1	3.6	14.5
重庆	Chongqing	129	85298	621.6	2987.3	2438.9	548.4
四川	Sichuan	112	102610	583.4	1516.8	1223.5	293.3
贵州	Guizhou	33	20086	119.4	370.5	345.7	24.9
云南	Yunnan	55	55050	390.9	733.6	597.8	135.8
西藏	Tibet						
陕西	Shaanxi	39	28389	101.3	270.3	173.9	96.3
甘肃	Gansu	43	30351	225.6	419.0	387.3	31.7
青海	Qinghai	9	6000	51.9	38.2	34.3	3.8
宁夏	Ningxia	29	20868	302.8	226.3	193.0	33.4
新疆	Xinjiang	68	51665	524.4	778.7	662.0	116.8

批发和零售业篇

WHOLESALE AND RETAIL TRADES

第3篇

3-1-1 限额以上批发和零售业企业基本情况

Basic Conditions of Enterprises above Designated Size of Wholesale and Retail Trades

项 目	Item	法人单位数 (个) Number of Corporation Enterprises (unit)	年末从业人数 (人) Engaged Persons at the Year-end (person)
总 计	**Total**	**125223**	**9010604**
一、批发业	**Wholesale Trade**	**66752**	**3734886**
#国有控股	State-controlled Enterprises	7197	1144121
(一)按登记注册类型分	**by Type of Registration**		
1.内资企业	**Domestic Funded Enterprises**	**63170**	**3222606**
国有企业	State-owned Enterprises	3936	603078
集体企业	Collective-owned Enterprises	1030	63513
股份合作企业	Cooperative Enterprises	353	20388
联营企业	Joint Ownership Enterprises	130	9248
国有联营企业	State Joint Ownership Enterprises	51	2346
集体联营企业	Collective Joint Ownership Enterprises	20	1545
国有与集体联营企业	Joint State-collective Enterprises	24	1457
其他联营企业	Other Joint Ownership Enterprises	35	3900
有限责任公司	Limited Liability Corporations	16530	963745
国有独资公司	State Sole Funded Corporations	536	65675
其他有限责任公司	Other Limited Liability Corporations	15994	898070
股份有限公司	Share-holding Corporations Ltd.	1675	399594
私营企业	Private Enterprises	37980	1103740
私营独资企业	Private-funded Enterprises	2306	67191
私营合伙企业	Private Partnership Enterprises	509	12888
私营有限责任公司	Private Limited Liability Corporations	33918	973481
私营股份有限公司	Private Share-holding Corporations Ltd.	1247	50180
其他企业	Other Enterprises	1536	59300
2.港、澳、台商投资企业	**Enterprises with Funds from Hongkong, Macao and Taiwan**	**1261**	**185083**
合资经营企业	Joint-venture Enterprises	211	30538
合作经营企业	Cooperative Enterprises	20	5927
独资经营企业	Enterprises with Sole Investment	997	136614
投资股份有限公司	Share-holding Corporations Ltd. with Investment	31	11611
其他港澳台商投资企业	Other Enterprises with Funds from Hongkong, Macao and Taiwan	2	393
3.外商投资企业	**Foreign Funded Enterprises**	**2321**	**327197**
中外合资经营企业	Joint-venture Enterprises	372	38881
中外合作经营企业	Cooperative Enterprises	23	3649
外资企业	Enterprises with Sole Foreign Investment	1881	277815
外商投资股份有限公司	Share-holding Corporations Ltd. with Foreign Investment	40	6514
其他外商投资企业	Other Foreign Funded Enterprises	5	338

3-1-1 续表 1 Continued 1

项 目	Item	法人单位数 (个) Number of Corporation Enterprises (unit)	年末从业人数 (人) Engaged Persons at the Year-end (person)
(二)按国民经济行业分	**by Sector**		
农畜产品批发	Wholesale of Farm Produce and Livestock Products	2565	139843
食品、饮料及烟草制品批发	Wholesale of Food, Beverages and Tobaccos	5496	694840
米、面制品及食用油批发	Wholesale of Rice, Flour and Edible Oil	1038	68433
肉、禽、蛋及水产品批发	Wholesale of Meal, Fowls, Eggs and Aquatic Products	611	58060
饮料及茶叶批发	Wholesale of Beverages and Teas	1122	134330
烟草制品批发	Wholesale of Tobaccos	617	251706
纺织、服装及日用品批发	Wholesale of Textiles, Garments and Daily Consumer Articles	6685	446027
服装批发	Wholesale of Garments	1883	174252
鞋帽批发	Wholesale of Shoes and Hats	494	38450
文化、体育用品及器材批发	Wholesale of Culture, Sports Appliances and Equipments	1463	112088
文具用品批发	Wholesale of Stationeries	497	16739
体育用品批发	Wholesale of Sporting Goods	120	9507
图书批发	Wholesale of Books	211	30624
医药及医疗器材批发	Wholesale of Medicines and Medical Appliances	3834	349719
西药批发	Wholesale of Western Medicine	2267	212181
中药材及中成药批发	Wholesale of Chinese Traditional Medicine and Medicinal Materials	885	93272
矿产品、建材及化工产品批发	Wholesale of Mineral Products, Building Materials and Chemical Products	30249	1105296
煤炭及制品批发	Wholesale of Coal and Related Products	4349	169329
石油及制品批发	Wholesale of Petroleum and Related Products	3095	422760
金属及金属矿批发	Wholesale of Metal Materials	11667	219485
建材批发	Wholesale of Building Materials	3229	84123
化肥批发	Wholesale of Chemical Fertilizer	1251	58056
农药批发	Wholesale of Pesticides	148	6759
机械设备、五金交电及电子产品批发	Wholesale of Machinery, Hardware and Electronic Equipment	12295	732653
汽车、摩托车及零配件批发	Wholesale of Motor Vehicles, Motorcycles and Parts	2198	129341
家用电器批发	Wholesale of Household Electrical Appliances	1201	162696
计算机、软件及辅助设备批发	Wholesale of Computer, Software and Assistant Appliances	1479	65393
通讯及广播电视设备批发	Wholesale of Communication, Radios and Televisions Equipments	515	61721
贸易经纪与代理	Trade Broker and Agency	973	42912
其他批发	Other Wholesale not Classified Elsewhere	3192	111508

3-1-1 续表 2 Continued 2

项 目	Item	法人单位数(个) Number of Corporation Enterprises (unit)	年末从业人数(人) Engaged Persons at the Year-end (person)	年末零售营业面积(平方米) Business Area of Retail Trade at the Year-end (㎡)
二、零售业	**Retail Trade**	**58471**	**5275718**	**212277805**
#国有控股	State-controlled Enterprises	5194	872535	46135857
(一)按登记注册类型分	**by Type of Registration**			
1.内资企业	**Domestic Funded Enterprises**	**56779**	**4613019**	**181994424**
国有企业	State-owned Enterprises	3010	307192	10455277
集体企业	Collective-owned Enterprises	2493	127542	4253038
股份合作企业	Cooperative Enterprises	589	39713	1592286
联营企业	Joint Ownership Enterprises	240	11614	358700
国有联营企业	State Joint Ownership Enterprises	79	5086	132380
集体联营企业	Collective Joint Ownership Enterprises	61	2926	73770
国有与集体联营企业	Joint State-collective Enterprises	53	1459	53978
其他联营企业	Other Joint Ownership Enterprises	47	2143	98572
有限责任公司	Limited Liability Corporations	16210	1804741	70043359
国有独资公司	State Sole Funded Corporations	236	22697	1273185
其他有限责任公司	Other Limited Liability Corporations	15974	1782044	68770174
股份有限公司	Share-holding Corporations Ltd.	1991	548056	34862457
私营企业	Private Enterprises	30122	1645674	56291619
私营独资企业	Private-funded Enterprises	5870	183497	6022703
私营合伙企业	Private Partnership Enterprises	874	34312	1135530
私营有限责任公司	Private Limited Liability Corporations	22032	1327644	46021265
私营股份有限公司	Private Share-holding Corporations Ltd.	1346	100221	3112121
其他企业	Other Enterprises	2124	128487	4137688
2.港、澳、台商投资企业	**Enterprises with Funds from Hongkong, Macao and Taiwan**	**791**	**287466**	**14581338**
合资经营企业	Joint-venture Enterprises	203	65846	2644740
合作经营企业	Cooperative Enterprises	36	8815	179702
独资经营企业	Enterprises with Sole Investment	520	188183	10636168
投资股份有限公司	Share-holding Corporations Ltd. with Investment	26	4051	201221
其他港澳台商投资企业	Other Enterprises with Funds from Hongkong, Macao and Taiwan	6	20571	919507
3.外商投资企业	**Foreign Funded Enterprises**	**901**	**375233**	**15702043**
中外合资经营企业	Joint-venture Enterprises	293	165870	8055750
中外合作经营企业	Cooperative Enterprises	50	20421	517069
外资企业	Enterprises with Sole Foreign Investment	531	183246	6959229
外商投资股份有限公司	Share-holding Corporations Ltd. with Foreign Investment	21	4597	133338
其他外商投资企业	Other Foreign Funded Enterprises	6	1099	36657

3-1-1 续表 3 Continued 3

项 目	Item	法人单位数（个） Number of Corporation Enterprises (unit)	年末从业人数（人） Engaged Persons at the Year-end (person)	年末零售营业面积（平方米） Business Area of Retail Trade at the Year-end (m²)
（二）按国民经济行业分	**by Sector**			
综合零售	Integrated Retail	10559	2332920	103250976
百货零售	Retail of General Merchandise	4759	1023497	59565601
超级市场零售	Retail of Supermarkets	4340	1178236	40108854
食品、饮料及烟草制品专门零售	Special Retail of Food, Beverages and Tobaccos	3226	203098	5767429
粮油零售	Retail of Cereal and Oil	519	26554	2297722
肉、禽、蛋及水产品零售	Retail of Meat, Poultry and Eggs	447	31539	656266
饮料及茶叶零售	Retail of Beverages and Teas	792	36143	926516
烟草制品零售	Retail of Tobaccos	352	17298	192776
纺织、服装及日用品专门零售	Special Retail of Textiles, Garments and Daily Consumer Articles	3232	346139	8349054
服装零售	Retail of Garments	1741	231558	6340223
文化、体育用品及器材专门零售	Special Retail of Culture, Sports Appliances and Equipments	2943	189812	3969294
体育用品零售	Retail of Sporting Goods	96	12266	264388
图书零售	Retail of Books	1487	103342	2724347
医药及医疗器材专门零售	Special Retail of Medicines and Medical Appliances	3352	345262	5619657
药品零售	Retail of Medicines	2881	332919	5483446
汽车、摩托车、燃料及零配件专门零售	Special Retail of Motor Vehicles, Motorcycles, Fuel and Parts	21131	1140085	55089738
汽车零售	Retail of Motor Vehicles	14479	818953	31713989
机动车燃料零售	Retail of Automotive Fuels	4528	274012	21886670
家用电器及电子产品专门零售	Special Retail of Household Electric Appliances and Electronic Products	8189	475146	14790616
家用电器零售	Retail of Household Electric Appliances	4731	331443	13346981
计算机、软件及辅助设备零售	Retail of Computer, Software and Assistant Appliances	2312	74856	707684
通信设备零售	Retail of Communication Equipments	752	59075	648637
五金、家具及室内装修材料专门零售	Special Retail of Hardware, Furniture and Decoration Materials	3132	130195	9429084
无店铺及其他零售	Non-shop and Other Retails	2707	113061	6011957
邮购及电子销售	Distribution of Post and E-commerce	106	26615	145829
（三）按零售业态分	**by Mode of Business Operation**			
有店铺零售	Store-based Retailing	58043	5222642	211974258
超市	Supermarket	4846	681878	22260955
大型超市	Hypermarket	1922	824622	29551062
百货店	Department Store	5160	919088	54961764
专业店	Speciality Store	26566	1537971	57905394
专卖店	Exclusive Shop	16011	969404	33391298
无店铺零售	Non-Store Selling	428	53076	303547

3-1-2 各地区限额以上批发业企业基本情况

Basic Conditions of Enterprises above Designated Size of Wholesale Trade by Region

地区	Region	批发业 Wholesale Trade		# 国有控股 State-controlled Enterprises	
		法人单位数 (个) Number of Corporation Enterprises (unit)	年末从业人数 (人) Engaged Persons at the Year-end (person)	法人单位数 (个) Number of Corporation Enterprises (unit)	年末从业人数 (人) Engaged Persons at the Year-end (person)
全　国	**National Total**	**66752**	**3734886**	**7197**	**1144121**
北　京	Beijing	5811	356063	838	94749
天　津	Tianjin	3353	84888	358	23033
河　北	Hebei	1260	120815	161	35610
山　西	Shanxi	911	83353	313	51392
内蒙古	Inner Mongolia	663	39289	101	17543
辽　宁	Liaoning	2897	93292	276	34509
吉　林	Jilin	385	26380	114	14708
黑龙江	Heilongjiang	716	48112	168	29091
上　海	Shanghai	5521	373258	515	57099
江　苏	Jiangsu	7399	320993	378	72167
浙　江	Zhejiang	8670	313163	320	57343
安　徽	Anhui	1096	94095	198	36932
福　建	Fujian	2828	124165	285	27441
江　西	Jiangxi	483	51985	105	29238
山　东	Shandong	5270	281458	316	71455
河　南	Henan	1978	143399	341	67066
湖　北	Hubei	1340	108244	220	46784
湖　南	Hunan	866	62856	149	26697
广　东	Guangdong	7687	464058	714	98975
广　西	Guangxi	855	58760	116	24764
海　南	Hainan	301	19466	30	2804
重　庆	Chongqing	1623	102108	226	36767
四　川	Sichuan	1724	85983	212	28503
贵　州	Guizhou	347	45204	103	32988
云　南	Yunnan	944	67184	131	34166
西　藏	Tibet	12	2754	8	884
陕　西	Shaanxi	469	60380	136	34771
甘　肃	Gansu	295	23646	82	9983
青　海	Qinghai	86	8983	24	6104
宁　夏	Ningxia	193	10704	40	5783
新　疆	Xinjiang	769	59848	219	34772

3-1-3 各地区限额以上批发业企业基本情况(按登记注册类型分)

Basic Conditions of Enterprises above Designated Size of Wholesale Trade by Region and Type of Registration

地区	Region	内资企业 Domestic Funded Enterprises		国有企业 State-owned Enterprises	
		法人单位数(个) Number of Corporation Enterprises (unit)	年末从业人数(人) Engaged Persons at the Year-end (person)	法人单位数(个) Number of Corporation Enterprises (unit)	年末从业人数(人) Engaged Persons at the Year-end (person)
全国	**National Total**	**63170**	**3222606**	**3936**	**603078**
北京	Beijing	5454	248169	235	19521
天津	Tianjin	3019	71806	168	13550
河北	Hebei	1255	120414	88	20476
山西	Shanxi	904	82451	213	37625
内蒙古	Inner Mongolia	661	39213	78	11943
辽宁	Liaoning	2795	88857	158	18996
吉林	Jilin	379	25815	97	11367
黑龙江	Heilongjiang	712	47572	119	20012
上海	Shanghai	3942	181241	211	16660
江苏	Jiangsu	7215	271281	223	24396
浙江	Zhejiang	8558	304599	138	13043
安徽	Anhui	1077	88674	94	19850
福建	Fujian	2731	114270	183	18427
江西	Jiangxi	474	48143	71	20198
山东	Shandong	5173	267753	220	31638
河南	Henan	1970	142677	224	45754
湖北	Hubei	1308	101950	159	38374
湖南	Hunan	855	61732	86	15932
广东	Guangdong	7171	382916	391	48957
广西	Guangxi	848	57981	66	11044
海南	Hainan	287	18044	22	2513
重庆	Chongqing	1597	98675	122	18734
四川	Sichuan	1702	83125	128	19053
贵州	Guizhou	344	44622	70	25400
云南	Yunnan	932	66136	61	23935
西藏	Tibet	12	2754	8	884
陕西	Shaanxi	463	60009	97	23313
甘肃	Gansu	292	23446	54	7719
青海	Qinghai	84	8530	18	3057
宁夏	Ningxia	191	10186	22	2163
新疆	Xinjiang	765	59565	112	18544

3-1-3 续表 1 Continued 1

地区	Region	集体企业 Collective-owned Enterprises 法人单位数(个) Number of Corporation Enterprises (unit)	集体企业 Collective-owned Enterprises 年末从业人数(人) Engaged Persons at the Year-end (person)	股份合作企业 Cooperative Enterprises 法人单位数(个) Number of Corporation Enterprises (unit)	股份合作企业 Cooperative Enterprises 年末从业人数(人) Engaged Persons at the Year-end (person)
全 国	**National Total**	**1030**	**63513**	**353**	**20388**
北 京	Beijing	56	1420	66	1790
天 津	Tianjin	50	1170	23	934
河 北	Hebei	41	2606	6	732
山 西	Shanxi	46	5675	6	225
内蒙古	Inner Mongolia	6	195	3	31
辽 宁	Liaoning	44	1536	13	308
吉 林	Jilin	2	49		
黑龙江	Heilongjiang	12	798	6	1680
上 海	Shanghai	59	2963	12	939
江 苏	Jiangsu	62	2123	24	2821
浙 江	Zhejiang	44	1728	20	446
安 徽	Anhui	15	998	4	116
福 建	Fujian	34	1298	8	180
江 西	Jiangxi	10	407	9	265
山 东	Shandong	124	9103	25	1075
河 南	Henan	129	14555	10	511
湖 北	Hubei	25	1462	18	2863
湖 南	Hunan	10	502	7	1347
广 东	Guangdong	102	5540	34	1214
广 西	Guangxi	21	910	4	150
海 南	Hainan			1	28
重 庆	Chongqing	20	1153	17	1145
四 川	Sichuan	29	1953	14	540
贵 州	Guizhou	8	321	3	185
云 南	Yunnan	31	1200	9	279
西 藏	Tibet				
陕 西	Shaanxi	14	996	6	416
甘 肃	Gansu	8	715	2	60
青 海	Qinghai	1	28	1	6
宁 夏	Ningxia	1	39	1	18
新 疆	Xinjiang	26	2070	1	84

3-1-3 续表 2 Continued 2

地 区	Region	联营企业 Joint Ownership Enterprises		有限责任公司 Limited Liability Corporations	
		法人单位数 (个) Number of Corporation Enterprises (unit)	年末从业人数 (人) Engaged Persons at the Year-end (person)	法人单位数 (个) Number of Corporation Enterprises (unit)	年末从业人数 (人) Engaged Persons at the Year-end (person)
全 国	**National Total**	**130**	**9248**	**16530**	**963745**
北 京	Beijing	2	37	1696	125005
天 津	Tianjin	10	114	560	20017
河 北	Hebei	1	31	448	30590
山 西	Shanxi			211	22697
内蒙古	Inner Mongolia	1	5	205	9585
辽 宁	Liaoning	2	41	599	18509
吉 林	Jilin			99	6189
黑龙江	Heilongjiang	1	88	212	13019
上 海	Shanghai	19	988	650	52211
江 苏	Jiangsu	10	371	965	58942
浙 江	Zhejiang	7	95	1616	85961
安 徽	Anhui			383	24100
福 建	Fujian	11	263	951	40809
江 西	Jiangxi	2	129	189	14766
山 东	Shandong	8	870	1053	65927
河 南	Henan	4	444	695	34470
湖 北	Hubei	4	696	409	22350
湖 南	Hunan	2	17	221	17804
广 东	Guangdong	34	4639	2569	127930
广 西	Guangxi	1	29	197	11740
海 南	Hainan			187	12329
重 庆	Chongqing	5	218	639	37114
四 川	Sichuan	1		667	30304
贵 州	Guizhou			191	14547
云 南	Yunnan	4	167	244	13792
西 藏	Tibet			3	1208
陕 西	Shaanxi	1	6	218	22052
甘 肃	Gansu			110	7243
青 海	Qinghai			44	2103
宁 夏	Ningxia			45	1795
新 疆	Xinjiang			254	18637

地区	Region	股份有限公司 Share-holding Corporations Ltd. 法人单位数(个) Number of Corporation Enterprises (unit)	股份有限公司 Share-holding Corporations Ltd. 年末从业人数(人) Engaged Persons at the Year-end (person)	私营企业 Private Enterprises 法人单位数(个) Number of Corporation Enterprises (unit)	私营企业 Private Enterprises 年末从业人数(人) Engaged Persons at the Year-end (person)
全 国	**National Total**	**1675**	**399594**	**37980**	**1103740**
北 京	Beijing	85	8807	3314	91589
天 津	Tianjin	32	1954	1994	31737
河 北	Hebei	73	44534	571	20568
山 西	Shanxi	16	1228	388	13922
内蒙古	Inner Mongolia	27	6090	298	9467
辽 宁	Liaoning	73	12240	1855	36049
吉 林	Jilin	14	1761	143	5949
黑龙江	Heilongjiang	33	5301	299	5868
上 海	Shanghai	54	16342	2912	88188
江 苏	Jiangsu	156	51840	5664	127780
浙 江	Zhejiang	148	51697	6556	150702
安 徽	Anhui	56	18357	500	23147
福 建	Fujian	47	5265	1397	43699
江 西	Jiangxi	30	5895	150	5488
山 东	Shandong	126	38875	3293	104637
河 南	Henan	108	17107	762	28326
湖 北	Hubei	64	9849	576	23715
湖 南	Hunan	45	4819	455	20006
广 东	Guangdong	155	30163	3731	157693
广 西	Guangxi	42	13197	495	20038
海 南	Hainan	9	540	52	2165
重 庆	Chongqing	65	14051	635	22954
四 川	Sichuan	76	6809	748	23560
贵 州	Guizhou	14	2048	52	1717
云 南	Yunnan	53	7715	485	17840
西 藏	Tibet			1	662
陕 西	Shaanxi	22	8248	94	4714
甘 肃	Gansu	18	2521	96	4973
青 海	Qinghai	4	2590	13	532
宁 夏	Ningxia	10	3075	107	3024
新 疆	Xinjiang	20	6676	344	13031

3-1-3 续表 4 Continued 4

地 区	Region	港、澳、台商投资企业 Enterprises with Funds from Hongkong, Macao and Taiwan		外商投资企业 Foreign Funded Enterprises	
		法人单位数 (个) Number of Corporation Enterprises (unit)	年末从业人数 (人) Engaged Persons at the Year-end (person)	法人单位数 (个) Number of Corporation Enterprises (unit)	年末从业人数 (人) Engaged Persons at the Year-end (person)
全 国	**National Total**	**1261**	**185083**	**2321**	**327197**
北 京	Beijing	102	18065	255	89829
天 津	Tianjin	100	4591	234	8491
河 北	Hebei	2	272	3	129
山 西	Shanxi	4	817	3	85
内 蒙 古	Inner Mongolia	1	75	1	1
辽 宁	Liaoning	22	2019	80	2416
吉 林	Jilin	2	162	4	403
黑 龙 江	Heilongjiang	3	490	1	50
上 海	Shanghai	421	57339	1158	134678
江 苏	Jiangsu	86	16477	98	33235
浙 江	Zhejiang	50	4859	62	3705
安 徽	Anhui	9	990	10	4431
福 建	Fujian	59	5359	38	4536
江 西	Jiangxi	6	3532	3	310
山 东	Shandong	28	8017	69	5688
河 南	Henan	4	589	4	133
湖 北	Hubei	14	4296	18	1998
湖 南	Hunan	5	882	6	242
广 东	Guangdong	294	50973	222	30169
广 西	Guangxi	6	735	1	44
海 南	Hainan	10	1039	4	383
重 庆	Chongqing	9	648	17	2785
四 川	Sichuan	8	956	14	1902
贵 州	Guizhou	1	233	2	349
云 南	Yunnan	8	972	4	76
西 藏	Tibet				
陕 西	Shaanxi	2	255	4	116
甘 肃	Gansu	2	121	1	79
青 海	Qinghai	1	162	1	291
宁 夏	Ningxia			2	518
新 疆	Xinjiang	2	158	2	125

3-1-4 各地区限额以上批发业企业基本情况(按国民经济行业分)

Basic Conditions of Enterprises above Designated Size of Wholesale Trade by Region and Sector

地 区	Region	农畜产品批发 Wholesale of Farm Produce and Livestock Product		食品、饮料及烟草制品批发 Wholesale of Food, Beverages and Tobaccos	
		法人单位数 (个) Number of Corporation Enterprises (unit)	年末从业人数 (人) Engaged Persons at the Year-end (person)	法人单位数 (个) Number of Corporation Enterprises (unit)	年末从业人数 (人) Engaged Persons at the Year-end (person)
全 国	**National Total**	**2565**	**139843**	**5496**	**694840**
北 京	Beijing	86	4447	398	40521
天 津	Tianjin	51	1106	150	7858
河 北	Hebei	87	4429	98	16454
山 西	Shanxi	40	2450	89	12924
内蒙古	Inner Mongolia	97	5343	60	8634
辽 宁	Liaoning	145	3961	225	16788
吉 林	Jilin	137	7828	45	6448
黑龙江	Heilongjiang	102	7619	74	12421
上 海	Shanghai	37	1676	313	37134
江 苏	Jiangsu	231	8438	371	36470
浙 江	Zhejiang	119	3393	470	46562
安 徽	Anhui	77	5526	165	31271
福 建	Fujian	50	2074	251	31087
江 西	Jiangxi	21	4221	66	16805
山 东	Shandong	304	12794	495	58442
河 南	Henan	235	21172	210	40779
湖 北	Hubei	118	8741	176	26143
湖 南	Hunan	60	3173	97	19582
广 东	Guangdong	136	4980	727	83265
广 西	Guangxi	25	1533	90	13786
海 南	Hainan	4	52	31	3014
重 庆	Chongqing	46	2627	210	19382
四 川	Sichuan	78	3040	314	27947
贵 州	Guizhou	4	119	55	25201
云 南	Yunnan	35	1480	111	25014
西 藏	Tibet	1	39	5	767
陕 西	Shaanxi	21	1080	57	13864
甘 肃	Gansu	25	959	50	7048
青 海	Qinghai			10	1226
宁 夏	Ningxia	10	373	17	2183
新 疆	Xinjiang	183	15170	66	5820

地 区	Region	纺织、服装及日用品批发 Wholesale of Textiles, Garments and Daily Consumer Articles		文化、体育用品及器材批发 Wholesale of Culture, Sports Appliances and Equipments	
		法人单位数 (个) Number of Corporation Enterprises (unit)	年末从业人数 (人) Engaged Persons at the Year-end (person)	法人单位数 (个) Number of Corporation Enterprises (unit)	年末从业人数 (人) Engaged Persons at the Year-end (person)
全 国	**National Total**	**6685**	**446027**	**1463**	**112088**
北 京	Beijing	402	40429	300	21296
天 津	Tianjin	113	6100	48	2280
河 北	Hebei	20	2296	3	472
山 西	Shanxi	14	1263	7	1001
内 蒙 古	Inner Mongolia	7	978	7	416
辽 宁	Liaoning	147	5245	41	1202
吉 林	Jilin	9	337	4	610
黑 龙 江	Heilongjiang	30	1053	8	346
上 海	Shanghai	679	90071	149	10555
江 苏	Jiangsu	1039	59226	97	10318
浙 江	Zhejiang	1967	72403	226	7492
安 徽	Anhui	61	8537	25	1510
福 建	Fujian	587	25604	56	1925
江 西	Jiangxi	33	848	5	196
山 东	Shandong	233	21253	59	7164
河 南	Henan	68	3788	29	2154
湖 北	Hubei	69	4223	14	5947
湖 南	Hunan	35	2940	23	2097
广 东	Guangdong	920	74919	264	24776
广 西	Guangxi	31	2664	13	877
海 南	Hainan	16	764	7	633
重 庆	Chongqing	48	5107	13	4964
四 川	Sichuan	80	4939	20	206
贵 州	Guizhou	6	283	17	922
云 南	Yunnan	23	711	10	467
西 藏	Tibet				
陕 西	Shaanxi	15	6869	6	494
甘 肃	Gansu	5	540	2	597
青 海	Qinghai	2	30	1	336
宁 夏	Ningxia	2	258	4	188
新 疆	Xinjiang	24	2349	5	647

3-1-4 续表 2 Continued 2

地区	Region	医药及医疗器材批发 Wholesale of Medicines and Medical Appliances		矿产品、建材及化工产品批发 Wholesale of Mineral Products, Building Material and Chemical Products	
		法人单位数 (个) Number of Corporation Enterprises (unit)	年末从业人数 (人) Engaged Persons at the Year-end (person)	法人单位数 (个) Number of Corporation Enterprises (unit)	年末从业人数 (人) Engaged Persons at the Year-end (person)
全 国	**National Total**	**3834**	**349719**	**30249**	**1105296**
北 京	Beijing	366	28538	1904	61606
天 津	Tianjin	77	6325	1936	35169
河 北	Hebei	104	11499	750	44707
山 西	Shanxi	46	4662	593	54924
内蒙古	Inner Mongolia	28	2270	366	18362
辽 宁	Liaoning	172	8847	1475	37813
吉 林	Jilin	53	3124	83	5340
黑龙江	Heilongjiang	64	4973	289	17042
上 海	Shanghai	203	34583	2154	62465
江 苏	Jiangsu	157	30453	3937	103067
浙 江	Zhejiang	231	20160	3911	98290
安 徽	Anhui	138	10571	342	18148
福 建	Fujian	117	8339	1155	26181
江 西	Jiangxi	68	11569	138	12457
山 东	Shandong	187	18406	3042	114306
河 南	Henan	125	12460	945	45681
湖 北	Hubei	157	11483	497	34588
湖 南	Hunan	104	10325	330	15577
广 东	Guangdong	622	42957	3041	112792
广 西	Guangxi	66	5375	420	23031
海 南	Hainan	108	10420	70	1631
重 庆	Chongqing	127	12497	763	37432
四 川	Sichuan	261	16060	626	18263
贵 州	Guizhou	43	4010	152	10067
云 南	Yunnan	87	8394	514	22890
西 藏	Tibet	2	1125		
陕 西	Shaanxi	37	4041	243	27548
甘 肃	Gansu	33	2473	129	8827
青 海	Qinghai	10	583	54	5971
宁 夏	Ningxia	9	434	93	5105
新 疆	Xinjiang	32	2763	297	26016

3-1-4 续表 3 Continued 3

地 区	Region	机械设备、五金交电及电子产品批发 Wholesale of Machinery, Hardware and Electronic Equipment		贸易经纪与代理 Trade Broker and Agency	
		法人单位数 (个) Number of Corporation Enterprises (unit)	年末从业人数 (人) Engaged Persons at the Year-end (person)	法人单位数 (个) Number of Corporation Enterprises (unit)	年末从业人数 (人) Engaged Persons at the Year-end (person)
全 国	**National Total**	**12295**	**732653**	**973**	**42912**
北 京	Beijing	2191	149739	73	5135
天 津	Tianjin	573	19067	69	1105
河 北	Hebei	163	39472	7	184
山 西	Shanxi	96	4722	3	140
内 蒙 古	Inner Mongolia	81	2835	3	27
辽 宁	Liaoning	614	16110	10	1198
吉 林	Jilin	46	2558	1	12
黑 龙 江	Heilongjiang	117	3719	10	252
上 海	Shanghai	1361	98958	236	16938
江 苏	Jiangsu	1038	60870	101	2035
浙 江	Zhejiang	1302	56647	106	1274
安 徽	Anhui	196	14214	8	124
福 建	Fujian	396	20940	49	2256
江 西	Jiangxi	74	4630	2	31
山 东	Shandong	668	39567	45	1524
河 南	Henan	271	14272	2	38
湖 北	Hubei	249	13311	10	2070
湖 南	Hunan	137	7437	5	78
广 东	Guangdong	1413	92780	203	7561
广 西	Guangxi	164	10537	8	145
海 南	Hainan	45	2345		
重 庆	Chongqing	314	16539	4	396
四 川	Sichuan	285	12003	7	145
贵 州	Guizhou	59	4325		
云 南	Yunnan	125	6720	2	112
西 藏	Tibet	4	823		
陕 西	Shaanxi	79	5886	1	25
甘 肃	Gansu	44	2696		
青 海	Qinghai	9	837		
宁 夏	Ningxia	46	1804		
新 疆	Xinjiang	135	6290	8	107

3-1-4 续表 4 Continued 4

地区	Region	其他批发 Other Wholesale not Classified Elsewhere	
		法人单位数（个） Number of Corporation Enterprises (unit)	年末从业人数（人） Engaged Persons at the Year-end (person)
全国	**National Total**	**3192**	**111508**
北京	Beijing	91	4352
天津	Tianjin	336	5878
河北	Hebei	28	1302
山西	Shanxi	23	1267
内蒙古	Inner Mongolia	14	424
辽宁	Liaoning	68	2128
吉林	Jilin	7	123
黑龙江	Heilongjiang	22	687
上海	Shanghai	389	20878
江苏	Jiangsu	428	10116
浙江	Zhejiang	338	6942
安徽	Anhui	84	4194
福建	Fujian	167	5759
江西	Jiangxi	76	1228
山东	Shandong	237	8002
河南	Henan	93	3055
湖北	Hubei	50	1738
湖南	Hunan	75	1647
广东	Guangdong	361	20028
广西	Guangxi	38	812
海南	Hainan	20	607
重庆	Chongqing	98	3164
四川	Sichuan	53	3380
贵州	Guizhou	11	277
云南	Yunnan	37	1396
西藏	Tibet		
陕西	Shaanxi	10	573
甘肃	Gansu	7	506
青海	Qinghai		
宁夏	Ningxia	12	359
新疆	Xinjiang	19	686

3-1-5 各地区限额以上零售业企业基本情况

Basic Conditions of Enterprises above Designated Size of Retail Trade by Region

地区	Region	零售业 Retail Trade 法人单位数(个) Number of Corporation Enterprises (unit)	零售业 Retail Trade 年末从业人数(人) Engaged Persons at the Year-end (person)	#国有控股 State-controlled Enterprises 法人单位数(个) Number of Corporation Enterprises (unit)	#国有控股 State-controlled Enterprises 年末从业人数(人) Engaged Persons at the Year-end (person)
全国	**National Total**	**58471**	**5275718**	**5194**	**872535**
北京	Beijing	2870	332939	412	76237
天津	Tianjin	867	94723	128	21608
河北	Hebei	1683	191428	97	18842
山西	Shanxi	1533	130032	224	25768
内蒙古	Inner Mongolia	933	90639	77	18924
辽宁	Liaoning	2625	212499	186	37064
吉林	Jilin	850	84194	59	11689
黑龙江	Heilongjiang	937	89924	109	12145
上海	Shanghai	1629	286485	341	73897
江苏	Jiangsu	4865	437365	254	33848
浙江	Zhejiang	3324	296461	277	29363
安徽	Anhui	2201	180049	189	29263
福建	Fujian	2210	177865	159	24419
江西	Jiangxi	876	78806	45	10236
山东	Shandong	6809	496419	363	60712
河南	Henan	4248	297313	456	46419
湖北	Hubei	2609	248554	291	77378
湖南	Hunan	1988	175452	217	37663
广东	Guangdong	5139	529545	380	91031
广西	Guangxi	1004	84952	115	12556
海南	Hainan	284	22998	19	3260
重庆	Chongqing	1807	150871	110	42525
四川	Sichuan	2696	169713	127	18954
贵州	Guizhou	547	43527	80	8155
云南	Yunnan	1154	97967	118	11445
西藏	Tibet	47	4137	14	1982
陕西	Shaanxi	1409	148514	158	15945
甘肃	Gansu	521	45508	97	8438
青海	Qinghai	96	10354	8	1480
宁夏	Ningxia	219	22897	26	2071
新疆	Xinjiang	491	43588	58	9218

3-1-6 各地区限额以上零售业企业基本情况(按登记注册类型分)

Basic Conditions of Enterprises above Designated Size of Retail Trade by Region and Type of Registration

地 区	Region	内资企业 Domestic Funded Enterprises		国有企业 State-owned Enterprises	
		法人单位数 (个) Number of Corporation Enterprises (unit)	年末从业人数 (人) Engaged Persons at the Year-end (person)	法人单位数 (个) Number of Corporation Enterprises (unit)	年末从业人数 (人) Engaged Persons at the Year-end (person)
全 国	**National Total**	**56779**	**4613019**	**3010**	**307192**
北 京	Beijing	2713	261630	115	9908
天 津	Tianjin	807	71716	63	12259
河 北	Hebei	1671	185319	66	9959
山 西	Shanxi	1524	127923	173	13916
内蒙古	Inner Mongolia	929	89948	48	12454
辽 宁	Liaoning	2548	190849	113	10802
吉 林	Jilin	838	80028	21	2645
黑龙江	Heilongjiang	921	83638	83	5243
上 海	Shanghai	1447	197939	130	15398
江 苏	Jiangsu	4733	334806	140	11633
浙 江	Zhejiang	3218	265337	82	6385
安 徽	Anhui	2141	165826	86	10064
福 建	Fujian	2123	145911	74	5823
江 西	Jiangxi	856	75405	28	1947
山 东	Shandong	6715	476348	282	29213
河 南	Henan	4213	286390	378	33659
湖 北	Hubei	2564	229710	204	18763
湖 南	Hunan	1948	159417	141	12073
广 东	Guangdong	4817	417100	185	30588
广 西	Guangxi	985	81807	87	4850
海 南	Hainan	277	21028	11	1351
重 庆	Chongqing	1775	132414	49	6137
四 川	Sichuan	2632	148041	60	9489
贵 州	Guizhou	532	39682	61	4004
云 南	Yunnan	1127	89326	76	6182
西 藏	Tibet	46	4119	13	1965
陕 西	Shaanxi	1367	132804	111	11127
甘 肃	Gansu	518	43993	69	3688
青 海	Qinghai	95	10346	5	1364
宁 夏	Ningxia	218	22810	22	1338
新 疆	Xinjiang	481	41409	34	2965

3-1-6 续表 1 Continued 1

地 区	Region	集体企业 Collective-owned Enterprises		股份合作企业 Cooperative Enterprises	
		法人单位数 (个) Number of Corporation Enterprises (unit)	年末从业人数 (人) Engaged Persons at the Year-end (person)	法人单位数 (个) Number of Corporation Enterprises (unit)	年末从业人数 (人) Engaged Persons at the Year-end (person)
全 国	**National Total**	**2493**	**127542**	**589**	**39713**
北 京	Beijing	71	3334	61	1246
天 津	Tianjin	41	2000	10	1595
河 北	Hebei	92	4759	26	5467
山 西	Shanxi	80	4455	5	207
内 蒙 古	Inner Mongolia	7	425	5	168
辽 宁	Liaoning	95	3223	19	243
吉 林	Jilin	41	826	8	2100
黑 龙 江	Heilongjiang	28	1170	21	1322
上 海	Shanghai	57	2980	13	394
江 苏	Jiangsu	112	4648	34	2629
浙 江	Zhejiang	62	3067	22	473
安 徽	Anhui	27	3211	20	2654
福 建	Fujian	74	2708	7	367
江 西	Jiangxi	13	501	19	1103
山 东	Shandong	398	23830	54	5166
河 南	Henan	691	31829	39	2635
湖 北	Hubei	123	13583	24	1627
湖 南	Hunan	35	2161	26	1228
广 东	Guangdong	183	5614	38	2054
广 西	Guangxi	34	1915	5	146
海 南	Hainan	1	20		
重 庆	Chongqing	22	1467	32	1143
四 川	Sichuan	53	2241	29	1536
贵 州	Guizhou	7	87	4	149
云 南	Yunnan	32	1858	39	1991
西 藏	Tibet	1	150		
陕 西	Shaanxi	91	4399	17	1227
甘 肃	Gansu	19	961	9	551
青 海	Qinghai	1	22	1	14
宁 夏	Ningxia	1	15	1	180
新 疆	Xinjiang	1	83	1	98

地　区	Region	联营企业 Joint Ownership Enterprises 法人单位数(个) Number of Corporation Enterprises (unit)	联营企业 Joint Ownership Enterprises 年末从业人数(人) Engaged Persons at the Year-end (person)	有限责任公司 Limited Liability Corporations 法人单位数(个) Number of Corporation Enterprises (unit)	有限责任公司 Limited Liability Corporations 年末从业人数(人) Engaged Persons at the Year-end (person)
全　国	**National Total**	**240**	**11614**	**16210**	**1804741**
北　京	Beijing	8	268	924	126110
天　津	Tianjin	7	214	218	30543
河　北	Hebei	2	46	576	72403
山　西	Shanxi	3	90	369	33606
内蒙古	Inner Mongolia			357	34328
辽　宁	Liaoning	5	210	612	64972
吉　林	Jilin			246	36205
黑龙江	Heilongjiang	3	77	299	29127
上　海	Shanghai	50	1096	446	97334
江　苏	Jiangsu	11	598	877	108621
浙　江	Zhejiang	18	330	904	105978
安　徽	Anhui	4	90	684	69452
福　建	Fujian	8	251	662	62882
江　西	Jiangxi	2	51	290	30676
山　东	Shandong	23	2058	1398	174848
河　南	Henan	14	962	969	100900
湖　北	Hubei	5	203	850	75488
湖　南	Hunan	4	405	296	40903
广　东	Guangdong	45	3386	1876	193205
广　西	Guangxi			279	30917
海　南	Hainan			193	14645
重　庆	Chongqing	9	586	513	43383
四　川	Sichuan	10	421	840	58649
贵　州	Guizhou	1	43	256	20911
云　南	Yunnan	1	68	288	31108
西　藏	Tibet	1	87	9	677
陕　西	Shaanxi	6	74	551	71729
甘　肃	Gansu			198	17835
青　海	Qinghai			38	6173
宁　夏	Ningxia			63	8029
新　疆	Xinjiang			129	13104

3-1-6 续表 3 Continued 3

地区	Region	股份有限公司 Share-holding Corporations Ltd. 法人单位数(个) Number of Corporation Enterprises (unit)	股份有限公司 Share-holding Corporations Ltd. 年末从业人数(人) Engaged Persons at the Year-end (person)	私营企业 Private Enterprises 法人单位数(个) Number of Corporation Enterprises (unit)	私营企业 Private Enterprises 年末从业人数(人) Engaged Persons at the Year-end (person)
全　国	**National Total**	**1991**	**548056**	**30122**	**1645674**
北　京	Beijing	53	46541	1481	74223
天　津	Tianjin	13	2543	416	20673
河　北	Hebei	87	16982	762	70681
山　西	Shanxi	51	15660	781	54754
内蒙古	Inner Mongolia	53	7620	390	28244
辽　宁	Liaoning	64	28257	1598	82068
吉　林	Jilin	51	12400	398	22866
黑龙江	Heilongjiang	47	13435	386	29975
上　海	Shanghai	41	19113	693	60184
江　苏	Jiangsu	142	32529	3336	170442
浙　江	Zhejiang	76	24859	2047	123832
安　徽	Anhui	84	13724	1135	60858
福　建	Fujian	51	10224	1138	56060
江　西	Jiangxi	49	11113	426	28454
山　东	Shandong	222	60860	3923	155249
河　南	Henan	230	25802	1800	83822
湖　北	Hubei	100	55117	1104	54943
湖　南	Hunan	102	28275	1287	71730
广　东	Guangdong	123	39312	2143	130837
广　西	Guangxi	53	11048	473	27218
海　南	Hainan	7	1107	51	3226
重　庆	Chongqing	55	15358	975	59993
四　川	Sichuan	106	20550	1471	53114
贵　州	Guizhou	16	4408	177	9754
云　南	Yunnan	31	3923	587	39684
西　藏	Tibet	3	73	18	1161
陕　西	Shaanxi	49	12021	471	26870
甘　肃	Gansu	17	6766	186	12789
青　海	Qinghai	7	655	39	1868
宁　夏	Ningxia	4	2423	125	10806
新　疆	Xinjiang	4	5358	305	19296

3-1-6 续表 4 Continued 4

地区	Region	港、澳、台商投资企业 Enterprises with Funds from Hongkong, Macao and Taiwan 法人单位数(个) Number of Corporation Enterprises (unit)	港、澳、台商投资企业 年末从业人数(人) Engaged Persons at the Year-end (person)	外商投资企业 Foreign Funded Enterprises 法人单位数(个) Number of Corporation Enterprises (unit)	外商投资企业 年末从业人数(人) Engaged Persons at the Year-end (person)
全　国	**National Total**	**791**	**287466**	**901**	**375233**
北　京	Beijing	62	19426	95	51883
天　津	Tianjin	25	11617	35	11390
河　北	Hebei	1	207	11	5902
山　西	Shanxi	5	1097	4	1012
内蒙古	Inner Mongolia	3	261	1	430
辽　宁	Liaoning	38	10062	39	11588
吉　林	Jilin	5	2506	7	1660
黑龙江	Heilongjiang	11	3756	5	2530
上　海	Shanghai	93	29870	89	58676
江　苏	Jiangsu	66	50991	66	51568
浙　江	Zhejiang	52	12761	54	18363
安　徽	Anhui	22	5921	38	8302
福　建	Fujian	36	16529	51	15425
江　西	Jiangxi	7	711	13	2690
山　东	Shandong	41	9551	53	10520
河　南	Henan	11	7544	24	3379
湖　北	Hubei	23	7654	22	11190
湖　南	Hunan	23	7126	17	8909
广　东	Guangdong	166	51230	156	61215
广　西	Guangxi	13	2624	6	521
海　南	Hainan	3	319	4	1651
重　庆	Chongqing	16	13147	16	5310
四　川	Sichuan	25	7461	39	14211
贵　州	Guizhou	7	1085	8	2760
云　南	Yunnan	14	2789	13	5852
西　藏	Tibet			1	18
陕　西	Shaanxi	16	10207	26	5503
甘　肃	Gansu	2	519	1	996
青　海	Qinghai	1	8		
宁　夏	Ningxia			1	87
新　疆	Xinjiang	4	487	6	1692

3-1-7 各地区限额以上零售业企业基本情况(按国民经济行业分)

Basic Conditions of Enterprises above Designated Size of Retail Trade by Region and Sector

地区	Region	综合零售 Integrated Retail		食品、饮料及烟草制品专门零售 Special Retail of Food, Beverages and Tobaccos	
		法人单位数 (个) Number of Corporation Enterprises (unit)	年末从业人数 (人) Engaged Persons at the Year-end (person)	法人单位数 (个) Number of Corporation Enterprises (unit)	年末从业人数 (人) Engaged Persons at the Year-end (person)
全国	**National Total**	**10559**	**2332920**	**3226**	**203098**
北京	Beijing	231	127076	120	14947
天津	Tianjin	117	39926	39	4176
河北	Hebei	440	115032	33	1273
山西	Shanxi	290	45278	83	4871
内蒙古	Inner Mongolia	121	26462	24	1205
辽宁	Liaoning	326	110664	120	4756
吉林	Jilin	177	43746	47	2091
黑龙江	Heilongjiang	203	41322	28	943
上海	Shanghai	251	140383	105	12804
江苏	Jiangsu	777	214371	358	14451
浙江	Zhejiang	413	110329	87	8930
安徽	Anhui	520	96013	125	6417
福建	Fujian	392	64926	218	13451
江西	Jiangxi	172	36768	21	2543
山东	Shandong	1251	238604	442	19149
河南	Henan	1388	145410	185	11035
湖北	Hubei	527	127652	270	16707
湖南	Hunan	426	78327	86	4782
广东	Guangdong	685	180395	248	13361
广西	Guangxi	192	36520	30	3647
海南	Hainan	44	6135	9	417
重庆	Chongqing	207	55947	133	21853
四川	Sichuan	444	78227	191	4759
贵州	Guizhou	85	13584	22	629
云南	Yunnan	232	31085	101	6592
西藏	Tibet	6	1123	4	369
陕西	Shaanxi	395	79540	54	3862
甘肃	Gansu	118	19770	24	2053
青海	Qinghai	14	4650	1	26
宁夏	Ningxia	36	10057	4	640
新疆	Xinjiang	79	13598	14	359

3-1-7 续表 1 Continued 1

地区	Region	纺织、服装及日用品专门零售 Special Retail of Textiles, Garments and Daily Consumer Articles 法人单位数(个) Number of Corporation Enterprises (unit)	纺织、服装及日用品专门零售 年末从业人数(人) Engaged Persons at the Year-end (person)	文化、体育用品及器材专门零售 Special Retail of Culture, Sports Appliances and Equipments 法人单位数(个) Number of Corporation Enterprises (unit)	文化、体育用品及器材专门零售 年末从业人数(人) Engaged Persons at the Year-end (person)
全国	**National Total**	**3232**	**346139**	**2943**	**189812**
北京	Beijing	263	41341	253	17356
天津	Tianjin	59	5867	51	3657
河北	Hebei	71	8645	29	3831
山西	Shanxi	89	10464	106	4841
内蒙古	Inner Mongolia	49	7919	46	2156
辽宁	Liaoning	166	9019	141	7067
吉林	Jilin	64	4849	60	2915
黑龙江	Heilongjiang	66	8293	69	5305
上海	Shanghai	167	40136	121	14431
江苏	Jiangsu	243	12605	286	15246
浙江	Zhejiang	147	21667	162	10254
安徽	Anhui	86	7082	83	4676
福建	Fujian	120	14298	57	2521
江西	Jiangxi	34	2944	21	4194
山东	Shandong	366	18252	293	15812
河南	Henan	289	16067	179	13355
湖北	Hubei	152	16917	131	6836
湖南	Hunan	83	7957	140	5333
广东	Guangdong	277	50286	216	21984
广西	Guangxi	25	1819	67	3116
海南	Hainan	9	1177	22	1018
重庆	Chongqing	110	7638	50	5033
四川	Sichuan	154	9906	52	1554
贵州	Guizhou	20	1957	44	1372
云南	Yunnan	17	2026	59	5246
西藏	Tibet	1	18	3	136
陕西	Shaanxi	62	10638	95	5317
甘肃	Gansu	12	1225	60	2056
青海	Qinghai	4	1189	3	213
宁夏	Ningxia	6	848	21	626
新疆	Xinjiang	21	3090	23	2355

3-1-7 续表 2 Continued 2

地 区	Region	医药及医疗器材专门零售 Special Retail of Medicines and Medical Appliances		汽车、摩托车、燃料及零配件专门零售 Special Retail of Motor Vehicles, Motorcycles, Fuel and Parts	
		法人单位数 (个) Number of Corporation Enterprises (unit)	年末从业人数 (人) Engaged Persons at the Year-end (person)	法人单位数 (个) Number of Corporation Enterprises (unit)	年末从业人数 (人) Engaged Persons at the Year-end (person)
全 国	**National Total**	**3352**	**345262**	**21131**	**1140085**
北 京	Beijing	342	16160	745	57327
天 津	Tianjin	31	3203	306	26596
河 北	Hebei	65	8069	627	34257
山 西	Shanxi	69	6826	583	41220
内蒙古	Inner Mongolia	43	3568	476	35027
辽 宁	Liaoning	171	18925	1019	39035
吉 林	Jilin	55	4419	262	18628
黑龙江	Heilongjiang	88	10894	297	11905
上 海	Shanghai	90	14914	592	32909
江 苏	Jiangsu	268	27550	1856	88108
浙 江	Zhejiang	179	18547	1662	92376
安 徽	Anhui	122	12583	674	31169
福 建	Fujian	89	7101	778	47981
江 西	Jiangxi	45	7227	340	13457
山 东	Shandong	328	30173	2352	95232
河 南	Henan	206	21332	1102	53054
湖 北	Hubei	189	14074	666	37098
湖 南	Hunan	116	15547	645	41527
广 东	Guangdong	274	31124	2142	142890
广 西	Guangxi	55	8797	377	19194
海 南	Hainan	3	1216	129	8692
重 庆	Chongqing	120	10310	639	26026
四 川	Sichuan	133	7922	1083	46062
贵 州	Guizhou	32	4616	241	16656
云 南	Yunnan	65	17172	485	26610
西 藏	Tibet			28	2212
陕 西	Shaanxi	67	9590	479	23436
甘 肃	Gansu	37	5525	192	11462
青 海	Qinghai	14	1351	46	2093
宁 夏	Ningxia	20	2027	89	6089
新 疆	Xinjiang	36	4500	219	11757

地 区	Region	家用电器及电子产品专门零售 Special Retail of Household Electric Appliances and Electronic Products		五金、家具及室内装修材料专门零售 Special Retail of Hardware, Furniture and Decoration Materials		无店铺及其他零售 Non-shop and Other Retails	
		法人单位数(个) Number of Corporation Enterprises (unit)	年末从业人数(人) Engaged Persons at the Year-end (person)	法人单位数(个) Number of Corporation Enterprises (unit)	年末从业人数(人) Engaged Persons at the Year-end (person)	法人单位数(个) Number of Corporation Enterprises (unit)	年末从业人数(人) Engaged Persons at the Year-end (person)
全 国	**National Total**	**8189**	**475146**	**3132**	**130195**	**2707**	**113061**
北 京	Beijing	551	32477	138	9568	227	16687
天 津	Tianjin	84	6877	56	2002	124	2419
河 北	Hebei	331	16600	56	2022	31	1699
山 西	Shanxi	171	8131	75	3408	67	4993
内 蒙 古	Inner Mongolia	99	6733	38	6063	37	1506
辽 宁	Liaoning	351	16775	196	3726	135	2532
吉 林	Jilin	100	5873	37	784	48	889
黑 龙 江	Heilongjiang	116	9540	29	992	41	730
上 海	Shanghai	103	17113	100	6837	100	6958
江 苏	Jiangsu	646	49453	254	7787	177	7794
浙 江	Zhejiang	483	28838	67	1831	124	3689
安 徽	Anhui	422	14347	92	5647	77	2115
福 建	Fujian	322	18085	139	4764	95	4738
江 西	Jiangxi	183	9679	30	1264	30	730
山 东	Shandong	836	39893	538	27084	403	12220
河 南	Henan	539	24832	226	7759	134	4469
湖 北	Hubei	423	19555	153	5282	98	4433
湖 南	Hunan	305	13148	102	3529	85	5302
广 东	Guangdong	579	63945	332	9165	386	16395
广 西	Guangxi	202	9132	15	342	41	2385
海 南	Hainan	48	3554	7	394	13	395
重 庆	Chongqing	300	13881	199	7156	49	3027
四 川	Sichuan	439	15435	123	3013	77	2835
贵 州	Guizhou	83	4219	7	106	13	388
云 南	Yunnan	137	6677	24	1401	34	1158
西 藏	Tibet	4	262			1	17
陕 西	Shaanxi	156	10586	82	4539	19	1006
甘 肃	Gansu	52	2562	8	283	18	572
青 海	Qinghai	9	586			5	246
宁 夏	Ningxia	36	2101	3	138	4	371
新 疆	Xinjiang	79	4257	6	3309	14	363

3-2-1 限额以上批发和零售业企业商品购、销、存情况

项　　目	Item	商品购进额 Total Purchases Value	# 进口 Imports
总　　计	**Total**	**3281602574**	**272306914**
一、批发业	**Wholesale Trade**	**2660771635**	**253838451**
#国有控股	State-controlled Enterprises	1182997235	88082833
(一)按登记注册类型分	**by Type of Registration**		
1.内资企业	**Domestic Funded Enterprises**	**2346321332**	**160260092**
国有企业	State-owned Enterprises	523670734	28173160
集体企业	Collective-owned Enterprises	19553043	1676621
股份合作企业	Cooperative Enterprises	8093914	248195
联营企业	Joint Ownership Enterprises	5280586	388990
国有联营企业	State Joint Ownership Enterprises	2172652	257476
集体联营企业	Collective Joint Ownership Enterprises	308628	
国有与集体联营企业	Joint State-collective Enterprises	1794601	3064
其他联营企业	Other Joint Ownership Enterprises	1004705	128449
有限责任公司	Limited Liability Corporations	814734498	80937453
国有独资公司	State Sole Funded Corporations	98641586	11243459
其他有限责任公司	Other Limited Liability Corporations	716092911	69693994
股份有限公司	Share-holding Corporations Ltd.	319696805	12976221
私营企业	Private Enterprises	629021692	34491484
私营独资企业	Private-funded Enterprises	22511012	380358
私营合伙企业	Private Partnership Enterprises	7815785	196125
私营有限责任公司	Private Limited Liability Corporations	576269144	32437828
私营股份有限公司	Private Share-holding Corporations Ltd.	22425751	1477174
其他企业	Other Enterprises	26270060	1367967
2.港、澳、台商投资企业	**Enterprises with Funds from Hongkong, Macao and Taiwan**	**81955476**	**17045423**
合资经营企业	Joint-venture Enterprises	14760132	1132117
合作经营企业	Cooperative Enterprises	1092452	1594
独资经营企业	Enterprises with Sole Investment	64585714	15895056
投资股份有限公司	Share-holding Corporations Ltd. with Investment	1451774	16656
其他港澳台商投资企业	Other Enterprises with Funds from Hongkong, Macao and Taiwan	65404	
3.外商投资企业	**Foreign Funded Enterprises**	**232494828**	**76532937**
中外合资经营企业	Joint-venture Enterprises	57768364	4537357
中外合作经营企业	Cooperative Enterprises	10271578	36925
外资企业	Enterprises with Sole Foreign Investment	163558404	71798637
外商投资股份有限公司	Share-holding Corporations Ltd. with Foreign Investment	862126	155758
其他外商投资企业	Other Foreign Funded Enterprises	34356	4259

Total Purchases, Sales and Inventory of Enterprises above Designated Size of Wholesale and Retail Trades

单位：万元

Unit: 10000 yuan

商品销售额 Total Sales Value	#出口 Exports	期末商品库存额 Inventory (year-end)
3605258987	**177950264**	**249793231**
2887010131	**177409164**	**183289843**
1258538375	53453925	78381271
2517171562	**151550888**	**154566479**
569649317	22165893	35737598
20821920	1226745	2261087
8629296	308877	720131
6150637	457383	363201
2634982	166371	141937
421512	70484	32495
1864700	73670	100822
1229443	146858	87946
864851131	60095006	57161086
101594975	4945503	9793407
763256156	55149504	47367679
336879099	13733195	16075188
680274127	52388943	40653616
24903761	1172463	1344196
8275044	497037	238795
622075226	48866279	36844386
25020097	1853164	2226239
29916035	1174845	1594571
95030527	**7208942**	**9448587**
15882675	311142	929380
1201850	14861	15251
76154511	6866089	8308267
1722101	16850	195612
69389		76
274808042	**18649334**	**19274777**
63647131	3042428	2896199
10765102	4492	113062
198994311	15303485	16078555
1353335	298691	185442
48163	238	1519

项目	Item	商品购进额 Total Purchases Value	# 进口 Imports
(二)按国民经济行业分	**by Sector**		
农畜产品批发	Wholesale of Farm Produce and Livestock Products	47657547	6839703
食品、饮料及烟草制品批发	Wholesale of Food, Beverages and Tobaccos	191825998	6037759
米、面制品及食用油批发	Wholesale of Rice, Flour and Edible Oil	27593439	2626518
肉、禽、蛋及水产品批发	Wholesale of Meal, Fowls, Eggs and Aquatic Products	9792012	432478
饮料及茶叶批发	Wholesale of Beverages and Teas	25897975	1037933
烟草制品批发	Wholesales of Tobaccos	94296308	427494
纺织、服装及日用品批发	Wholesale of Textiles, Garments and Daily Consumer Articles	134313660	13266425
服装批发	Wholesale of Garments	48680789	4746050
鞋帽批发	Wholesale of Shoes and Hats	8971495	793639
文化、体育用品及器材批发	Wholesale of Culture, Sports Appliances and Equipments	33232076	2130075
文具用品批发	Wholesale of Stationeries	9756244	895841
体育用品批发	Wholesale of Sporting Goods	2043275	384889
图书批发	Wholesale of Books	5147620	91393
医药及医疗器材批发	Wholesale of Medicines and Medical Appliances	94512477	7284907
西药批发	Wholesale of Western Medicine	65718637	3591489
中药材及中成药批发	Wholesale of Chinese Traditional Medicine and Medicinal Materials	19377653	673146
矿产品、建材及化工产品批发	Wholesale of Mineral Products, Building Materials and Chemical Products	1661808005	115061062
煤炭及制品批发	Wholesale of Coal and Related Products	213642171	6823971
石油及制品批发	Wholesale of Petroleum and Related Products	524178198	23653671
金属及金属矿批发	Wholesale of Metal Materials	636438284	54853291
建材批发	Wholesale of Building Materials	81850230	7505437
化肥批发	Wholesale of Chemical Fertilizer	34065195	1393804
农药批发	Wholesale of Pesticides	2184727	322363
机械设备、五金交电及电子产品批发	Wholesale of Machinery, Hardware and Electronic Equipment	392261541	81028110
汽车、摩托车及零配件批发	Wholesale of Motor Vehicles, Motorcycles and Parts	119030256	34035869
家用电器批发	Wholesale of Household Electrical Appliances	70280317	10294499
计算机、软件及辅助设备批发	Wholesale of Computer, Software and Assistant Appliances	44541997	11262233
通讯及广播电视设备批发	Wholesale of Communication, Radios and Televisions Equipments	31669114	1701000
贸易经纪与代理	Trade Broker and Agency	35411524	10222767
其他批发	Other Wholesale not Classified Elsewhere	69748808	11967644

单位：万元
Unit: 10000 yuan

商品销售额 Total Sales Value	#出口 Exports	期末商品库存额 Inventory (year-end)
49976507	1355330	12991008
236753159	5868755	21592722
29334312	1339991	6988462
10810595	1835359	447121
32758779	498029	2832110
124655934	445179	8470713
159187048	60101131	10518254
58885311	24062237	4137145
10995696	5398922	765080
36328701	2963550	5269679
10428116	588955	620501
2515159	691648	213852
5379701	43700	1154901
104650725	2268347	9484698
71585989	1604316	6101813
21653307	215078	1944957
1734697154	37265530	83340919
226398533	1000421	9101897
544488103	5247172	17651670
657852995	14106567	37238888
87633636	3968983	4694506
34720255	1181227	5531353
2717185	398072	446061
450236214	47242929	33242265
143920740	6028668	9920764
77860292	6737971	5853696
48409931	3182605	2542373
35520863	1625169	2250200
39953221	10810634	2293124
75227403	9532957	4557174

项 目	Item	商品购进额 Total Purchases Value	# 进 口 Imports
二、零售业	**Retail Trade**	**620830938**	**18468463**
#国有控股	State-controlled Enterprises	140187101	1859415
(一)按登记注册类型分	**by Type of Registration**		
1.内资企业	**Domestic Funded Enterprises**	**542314080**	**13469916**
国有企业	State-owned Enterprises	45334825	565936
集体企业	Collective-owned Enterprises	11455135	21919
股份合作企业	Cooperative Enterprises	3224616	5998
联营企业	Joint Ownership Enterprises	2150990	3512
国有联营企业	State Joint Ownership Enterprises	1132679	2138
集体联营企业	Collective Joint Ownership Enterprises	298204	
国有与集体联营企业	Joint State-collective Enterprises	433348	1374
其他联营企业	Other Joint Ownership Enterprises	286759	
有限责任公司	Limited Liability Corporations	202266237	5685253
国有独资公司	State Sole Funded Corporations	2688996	131059
其他有限责任公司	Other Limited Liability Corporations	199577241	5554194
股份有限公司	Share-holding Corporations Ltd.	84601628	474542
私营企业	Private Enterprises	180124076	6216353
私营独资企业	Private-funded Enterprises	18013783	188198
私营合伙企业	Private Partnership Enterprises	3103602	7025
私营有限责任公司	Private Limited Liability Corporations	148936016	5618938
私营股份有限公司	Private Share-holding Corporations Ltd.	10070674	402191
其他企业	Other Enterprises	13156572	496404
2.港、澳、台商投资企业	**Enterprises with Funds from Hongkong, Macao and Taiwan**	**33395124**	**3209368**
合资经营企业	Joint-venture Enterprises	8853832	856667
合作经营企业	Cooperative Enterprises	3217801	
独资经营企业	Enterprises with Sole Investment	18614959	2260460
投资股份有限公司	Share-holding Corporations Ltd. with Investment	423659	92242
其他港澳台商投资企业	Other Enterprises with Funds from Hongkong, Macao and Taiwan	2284873	
3.外商投资企业	**Foreign Funded Enterprises**	**45121735**	**1789179**
中外合资经营企业	Joint-venture Enterprises	20374772	579725
中外合作经营企业	Cooperative Enterprises	2358220	396
外资企业	Enterprises with Sole Foreign Investment	21474811	1202053
外商投资股份有限公司	Share-holding Corporations Ltd. with Foreign Investment	785464	7006
其他外商投资企业	Other Foreign Funded Enterprises	128468	

3-2-1 Continued 2

单位：万元
Unit: 10000 yuan

商品销售额 Total Sales Value	#出 口 Exports	期末商品库存额 Inventory (year-end)
718248855	**541101**	**66503388**
176299380	101873	11975131
622051697	**512931**	**57830612**
54040961	48534	3773948
12853673	3876	801779
3943342		549613
2536384		199360
1395503		119383
335333		27996
470497		26198
335050		25784
226742421	162058	24156357
2843099		863564
223899322	162058	23292793
109900041	60971	6513803
196730732	229771	20506075
19892091	20519	1501758
3425956	223	295187
162650118	206984	17799789
10762568	2045	909341
15304142	7720	1329677
41225885	**1798**	**4115961**
11434739	564	1006893
3971229		150680
22937973	1234	2721308
604232		87323
2277712		149757
54971274	**26373**	**4556816**
27201929	2704	1795121
2933977	421	228892
23921251	23247	2447922
791495		66443
122621		18438

3-2-1 续表 3

项 目	Item	商品购进额 Total Purchases Value
(二)按国民经济行业分	**by Sector**	
综合零售	Integrated Retail	159735136
百货零售	Retail of General Merchandise	83939049
超级市场零售	Retail of Supermarkets	67156469
食品、饮料及烟草制品专门零售	Special Retail of Food, Beverages and Tobaccos	16512857
粮油零售	Retail of Cereal and Oil	4603997
肉、禽、蛋及水产品零售	Retail of Meat, Poultry and Eggs	2317863
饮料及茶叶零售	Retail of Beverages and Teas	2819349
烟草制品零售	Retail of Tobaccos	1922461
纺织、服装及日用品专门零售	Special Retail of Textiles, Garments and Daily Consumer Articles	20948013
服装零售	Retail of Garments	13894768
文化、体育用品及器材专门零售	Special Retail of Culture, Sports Appliances and Equipments	15540843
体育用品零售	Retail of Sporting Goods	769500
图书零售	Retail of Books	7388807
医药及医疗器材专门零售	Special Retail of Medicines and Medical Appliances	25580924
药品零售	Retail of Medicines	24190955
汽车、摩托车、燃料及零配件专门零售	Special Retail of Motor Vehicles, Motorcycles Fuel and Parts	298592089
汽车零售	Retail of Motor Vehicles	205386948
机动车燃料零售	Retail of Automotive Fuels	86749450
家用电器及电子产品专门零售	Special Retail of Household Electric Appliances and Electronic Products	54961395
家用电器零售	Retail of Household Electric Appliances	37474180
计算机、软件及辅助设备零售	Retail of Computer, Software and Assistant Appliances	11380317
通信设备零售	Retail of Communication Equipments	4733956
五金、家具及室内装修材料专门零售	Special Retail of Hardware, Furniture and Decoration Materials	13960943
无店铺及其他零售	Non-shop and Other Retails	14998739
邮购及电子销售	Distribution of Post and E-commerce	4893141
(三)按零售业态分	**by Mode of Business Operation**	
有店铺零售	Store-based Retailing	610745234
超市	Supermarket	30943949
大型超市	Hypermarket	56382544
百货店	Department Store	80308366
专业店	Speciality Store	235677775
专卖店	Exclusive Shop	177919544
无店铺零售	Non-Store Selling	10085704

3-2-1 Continued 3

单位：万元
Unit: 10000 yuan

# 进 口 Imports	商品销售额 Total Sales Value	#出 口 Exports	期末商品库存额 Inventory (year-end)
1196723	193278363	73439	17697700
840582	108278844	66548	8360265
319283	75416341	299	8612910
132346	19074834	21039	2051597
3676	5137797	2187	574794
38	2755043	16196	151384
11487	3325618	187	436743
100310	2319053		311910
911259	26326476	100441	4330197
626164	17268606	39195	2704158
782382	16964202	39650	4749757
3718	941385	7755	295071
136967	7405838	2046	2172252
211193	28476972	786	3143876
30864	26752993	670	2949892
14279724	339634962	198107	26744759
13924385	217705528	170036	21878518
165457	114736401	5552	3548121
415217	60104764	33922	5481198
48536	41474687	16497	3619899
42107	12061884	11303	973505
16911	5175876	5334	669749
105019	16649059	27269	1101518
434602	17739225	46449	1202786
3274	5276544		375284
18368391	707631515	516581	65542241
119357	35104894	2962	4384417
28521	63691304	41	7248489
1209102	103070048	85562	7385164
5601347	273064742	145825	23299568
10819553	198117475	193589	20436011
100072	10617341	24520	961147

3-2-2 各地区限额以上批发业企业商品购、销、存情况

Total Purchases, Sales and Inventory of Enterprises above Designated Size of Wholesale Trade by Region

单位：万元

Unit: 10000 yuan

地区	Region	商品购进额 Total Purchases Value	#进口 Imports	商品销售额 Total Sales Value	#出口 Exports	期末商品库存额 Inventory (year-end)
全国	**National Total**	**2660771635**	**253838451**	**2887010131**	**177409164**	**183289843**
北京	Beijing	364666532	72224589	392618963	15481714	36906106
天津	Tianjin	162244926	8940596	169440086	4116064	7707701
河北	Hebei	57748982	970450	63218139	728682	2571191
山西	Shanxi	56065655	503440	61008768	322338	3630353
内蒙古	Inner Mongolia	19626959	1130557	20702911	421612	2435372
辽宁	Liaoning	115198409	4195651	122616750	2617152	5061428
吉林	Jilin	14558853	827947	16136011	127411	920224
黑龙江	Heilongjiang	31139649	9286020	33241761	1165389	2606972
上海	Shanghai	369314096	64259975	400050004	27657836	23865984
江苏	Jiangsu	240191627	14053154	269459128	19777745	13103407
浙江	Zhejiang	226978200	17285562	250440869	36312425	13049666
安徽	Anhui	44955201	3097139	49907334	2237574	2786874
福建	Fujian	85175005	8791445	93035615	12668438	6465937
江西	Jiangxi	13227870	57954	17623008	673454	867496
山东	Shandong	122427513	7585065	139251742	7088653	7042403
河南	Henan	52419894	882201	52606212	1485855	5937190
湖北	Hubei	63963293	3255816	70909502	1140061	3528553
湖南	Hunan	30439711	183048	28761822	721075	2189654
广东	Guangdong	303399149	27562758	320133246	34308941	17826355
广西	Guangxi	26549949	355222	25449966	562670	2150582
海南	Hainan	11360681	471942	12007608	283503	557465
重庆	Chongqing	50640889	1002815	57907248	2254086	2737729
四川	Sichuan	40217331	1360649	48315639	1351034	4894181
贵州	Guizhou	11349466	194294	13248327	677586	1284056
云南	Yunnan	35292228	1489227	40007222	1592317	4781536
西藏	Tibet	332570		419977		41460
陕西	Shaanxi	37814744	677650	41056162	864362	1585062
甘肃	Gansu	19286787	7965	21168389	54566	1683375
青海	Qinghai	4240025	214	5586939	78486	256187
宁夏	Ningxia	5756284	48345	5762863	53165	470282
新疆	Xinjiang	44189157	3136763	44917921	584973	4345063

3-2-2 续表 Continued

国有控股

State-controlled Enterprises

单位：万元

Unit: 10000 yuan

地 区	Region	商品购进额 Total Purchases Value	#进口 Imports	商品销售额 Total Sales Value	#出口 Exports	期末商品库存额 Inventery (year-end)
全 国	**National Total**	**1182997235**	**88082833**	**1258538375**	**53453925**	**78381271**
北 京	Beijing	228202503	38329804	233538334	11919170	22316368
天 津	Tianjin	94409408	2492868	97334671	2503623	3397945
河 北	Hebei	25422357	262608	28223305	115028	785947
山 西	Shanxi	42834198	247755	46551562	119007	1805878
内蒙古	Inner Mongolia	7620209	152034	8084311	81516	1802673
辽 宁	Liaoning	79966178	2405521	84090422	509277	2817184
吉 林	Jilin	10920754	630947	12035659	54466	634924
黑龙江	Heilongjiang	20315826	8032216	21707138	64573	1604841
上 海	Shanghai	123757806	7452252	127607150	8479640	5946686
江 苏	Jiangsu	50023110	2646937	59567250	7357994	3144399
浙 江	Zhejiang	38348295	2741271	46097078	3119273	2779251
安 徽	Anhui	19383446	2472413	22302669	878164	1285310
福 建	Fujian	36391617	5435620	39618742	2796290	2734176
江 西	Jiangxi	7691766	37589	11509096	225814	492360
山 东	Shandong	31564110	2003883	37502782	1795930	1487335
河 南	Henan	28057017	657952	26664579	838146	4422924
湖 北	Hubei	42598329	3148485	47367752	597685	1500461
湖 南	Hunan	18131591	125205	15089173	313496	1184747
广 东	Guangdong	119217777	4367781	120646490	9203205	4211732
广 西	Guangxi	15277288	35175	13369944	38351	964275
海 南	Hainan	2103259	1221	2371597	12796	101452
重 庆	Chongqing	15992357	151394	19035458	417799	954130
四 川	Sichuan	17430623	821947	20746436	359329	2484744
贵 州	Guizhou	7560341	22709	9284425	80263	896548
云 南	Yunnan	19664309	208319	23310640	719997	3148210
西 藏	Tibet	270206		308362		36179
陕 西	Shaanxi	24028713	268700	25926057	758295	929433
甘 肃	Gansu	14643300	4704	16065127	33096	1251834
青 海	Qinghai	3339876	214	4330447		187347
宁 夏	Ningxia	3835328	11952	3753499		310208
新 疆	Xinjiang	33995341	2913361	34498221	61703	2761773

3-2-3 各地区限额以上批发业企业商品购、销、存情况（按登记注册类型分）

Total Purchases, Sales and Inventory of Enterprises above Designated Size of Wholesale Trade by Region and Type of Registration

内资企业 单位：万元

Domestic Funded Enterprises Unit: 10000 yuan

地区	Region	商品购进额 Total Purchases Value	#进口 Imports	商品销售额 Total Sales Value	#出口 Exports	期末商品库存额 Inventery (year-end)
全国	**National Total**	**2346321332**	**160260092**	**2517171562**	**151550888**	**154566479**
北京	Beijing	291805426	44316360	299750729	14233197	29111824
天津	Tianjin	150535167	4303529	156843787	3791834	6075410
河北	Hebei	57431855	970450	62881693	728682	2565553
山西	Shanxi	55964580	503440	60906776	304751	3620011
内蒙古	Inner Mongolia	19610419	1130557	20687181	421612	2434562
辽宁	Liaoning	113852003	3866438	120980313	2494083	4930678
吉林	Jilin	12660700	827947	14036700	127411	874019
黑龙江	Heilongjiang	30911360	9286020	32999285	1165389	2605813
上海	Shanghai	240155595	17775750	250148254	13198773	12716947
江苏	Jiangsu	214727079	11434737	240981378	19283193	11616694
浙江	Zhejiang	221097095	16278709	243917215	35747058	12718605
安徽	Anhui	43576667	3094641	47930258	2218995	2604901
福建	Fujian	77317919	8502024	82860814	12535240	5778344
江西	Jiangxi	13103233	57954	17308880	509590	855176
山东	Shandong	118833153	7399907	134633524	6600502	6725343
河南	Henan	52227533	882201	52374780	1485855	5925694
湖北	Hubei	61586932	3247630	68287364	1129792	3075301
湖南	Hunan	30186857	171500	28452375	700009	2181038
广东	Guangdong	265881468	18220029	278941330	27666018	13775388
广西	Guangxi	26413740	353572	25305967	562670	2140505
海南	Hainan	11055609	336614	11618344	163140	545535
重庆	Chongqing	42573865	407324	49148807	1252319	2421943
四川	Sichuan	39082345	1338301	47041755	1336082	4859694
贵州	Guizhou	11324435	194294	13210224	677586	1282702
云南	Yunnan	35128167	1489227	39816620	1585098	4776063
西藏	Tibet	332570		419977		41460
陕西	Shaanxi	35857143	677650	38686447	864362	1558258
甘肃	Gansu	19279299	7965	21148949	51025	1682069
青海	Qinghai	4094311	214	5432669	78486	255999
宁夏	Ningxia	5736431	48345	5717739	53165	470211
新疆	Xinjiang	43978378	3136763	44701431	584973	4340741

3-2-3 续表 1 Continued 1

国有企业 单位：万元

State-owned Enterprises Unit: 10000 yuan

地区	Region	商品购进额 Total Purchases Value	#进口 Imports	商品销售额 Total Sales Value	#出口 Exports	期末商品库存额 Inventery (year-end)
全国	**National Total**	**523670734**	**28173160**	**569649317**	**22165893**	**35737598**
北京	Beijing	37077505	11368551	37698881	2810725	3672409
天津	Tianjin	71543664	1658765	73762679	1089056	2109220
河北	Hebei	17503713	260035	19685962	86288	449494
山西	Shanxi	22041963	184	25083598	24460	904649
内蒙古	Inner Mongolia	5494414	128127	5990179	81140	1240921
辽宁	Liaoning	17348259	1905950	19026003	147938	1389954
吉林	Jilin	3739086	307133	4550391	26178	458167
黑龙江	Heilongjiang	9136367	21323	10245724	30061	931235
上海	Shanghai	65977053	3134991	67403882	3074224	3162510
江苏	Jiangsu	17469233	1354644	22605663	4477007	1790614
浙江	Zhejiang	13910176	363996	16617127	1272452	944440
安徽	Anhui	5060774	5396	6951458	20273	522692
福建	Fujian	15068804	524465	16381147	1356038	1007074
江西	Jiangxi	5824686	30530	7272918	100047	374397
山东	Shandong	17711266	1422173	20844724	1219509	1002827
河南	Henan	11898374	44218	13743916	150484	3742812
湖北	Hubei	36581796	3017904	39952777	496370	1041825
湖南	Hunan	9978684	90232	7312880	180926	735684
广东	Guangdong	64068973	2107857	67902163	3736343	2263340
广西	Guangxi	5977309	4072	4967442	6781	292205
海南	Hainan	1638467		1893716	10554	89094
重庆	Chongqing	7612247	458	10018130	107053	418679
四川	Sichuan	10939735	57799	12877691	323714	1097472
贵州	Guizhou	6378368	22709	7812305	80263	840475
云南	Yunnan	14115421	182211	16224170	686624	2485787
西藏	Tibet	270206		308362		36179
陕西	Shaanxi	15012206	76486	16208904	524901	676294
甘肃	Gansu	3751603	4704	4781499	13281	235579
青海	Qinghai	1789341	214	2716859		43108
宁夏	Ningxia	454991		571490		56827
新疆	Xinjiang	8296052	78033	8236677	33206	1721638

3-2-3 续表 2 Continued 2

集体企业
Collective-owned Enterprises

单位：万元
Unit: 10000 yuan

地 区	Region	商品购进额 Total Purchases Value	#进 口 Imports	商品销售额 Total Sales Value	#出 口 Exports	期末商品库存额 Inventery (year-end)
全 国	**National Total**	**19553043**	**1676621**	**20821920**	**1226745**	**2261087**
北 京	Beijing	815069	298665	757608		179359
天 津	Tianjin	706605	42814	727406	480	20840
河 北	Hebei	380510		449890		22821
山 西	Shanxi	632034	2680	789226	2680	57183
内 蒙 古	Inner Mongolia	88403		104029		1019
辽 宁	Liaoning	332916		367733		25768
吉 林	Jilin	17764		19125		2213
黑 龙 江	Heilongjiang	1030033	5186	1099716		112966
上 海	Shanghai	1151190	4621	1229143	1946	79756
江 苏	Jiangsu	1041575	37502	1291156	10670	133349
浙 江	Zhejiang	1118108	137402	1158758	211882	200968
安 徽	Anhui	176163		193388		4299
福 建	Fujian	414996		459472	57606	65187
江 西	Jiangxi	31246		33660		5071
山 东	Shandong	3970518	1013020	4223475	723461	160113
河 南	Henan	1905140		1978914		56133
湖 北	Hubei	556161	6608	546647	10404	174597
湖 南	Hunan	108148		119820		9245
广 东	Guangdong	1350951	116218	1378471	143867	164004
广 西	Guangxi	165364	6163	168472		13429
海 南	Hainan					
重 庆	Chongqing	724196		771677	17225	209643
四 川	Sichuan	1646568		1658792	40975	261539
贵 州	Guizhou	106164		127409		12366
云 南	Yunnan	162056	5744	169004	3220	22227
西 藏	Tibet					
陕 西	Shaanxi	122647		135158		5014
甘 肃	Gansu	102919		108523		11938
青 海	Qinghai	3371		3294		93
宁 夏	Ningxia	35206		32417		9424
新 疆	Xinjiang	657023		719537	2330	240527

3-2-3 续表 3 Continued 3

股份合作企业 单位：万元

Cooperative Enterprises Unit: 10000 yuan

地区	Region	商品购进额 Total Purchases Value	#进口 Imports	商品销售额 Total Sales Value	#出口 Exports	期末商品库存额 Inventery (year-end)
全国	**National Total**	**8093914**	**248195**	**8629296**	**308877**	**720131**
北京	Beijing	843274	18813	867151	11159	50666
天津	Tianjin	308932		345645	41315	40881
河北	Hebei	90270		151739		4073
山西	Shanxi	308225		279378		59567
内蒙古	Inner Mongolia	9814		9400		853
辽宁	Liaoning	75517		80820		4108
吉林	Jilin					
黑龙江	Heilongjiang	851975		856160	2073	23294
上海	Shanghai	912479	185798	927994	95547	74553
江苏	Jiangsu	1346883	15044	1304797	39182	189406
浙江	Zhejiang	229521	2589	236580	188	15669
安徽	Anhui	72013		72129		538
福建	Fujian	95643		102129	41404	7571
江西	Jiangxi	77299		84895		2943
山东	Shandong	278401		290771	4395	15238
河南	Henan	78241		92432		3324
湖北	Hubei	689282	4967	910273	15011	46097
湖南	Hunan	750899		862890	23229	88763
广东	Guangdong	349245	20973	391798	24430	15482
广西	Guangxi	18354		18603		1044
海南	Hainan	1250		3254		449
重庆	Chongqing	480677		482907		37446
四川	Sichuan	67361	9	99161		4414
贵州	Guizhou	7669		8099	3664	1071
云南	Yunnan	41161	3	47051	2356	7064
西藏	Tibet					
陕西	Shaanxi	43454		46884		1533
甘肃	Gansu	30744		36145		7889
青海	Qinghai	1460		1428		500
宁夏	Ningxia	4345		4924	4924	30
新疆	Xinjiang	29529		13861		15667

联营企业　　　　单位：万元

Joint Ownership Enterprises　　　　Unit: 10000 yuan

地　区	Region	商品购进额 Total Purchases Value	#进口 Imports	商品销售额 Total Sales Value	#出口 Exports	期末商品库存额 Inventory (year-end)
全　国	**National Total**	**5280586**	**388990**	**6150637**	**457383**	**363201**
北　京	Beijing	25028	8716	25501	6927	3445
天　津	Tianjin	181273		182712		6117
河　北	Hebei	48575		49940		
山　西	Shanxi					
内蒙古	Inner Mongolia	5464	1944	5506	375	
辽　宁	Liaoning	11400		12384	14	1333
吉　林	Jilin					
黑龙江	Heilongjiang	67073		68211		1517
上　海	Shanghai	1487119	6802	1581813	66097	115631
江　苏	Jiangsu	376855	62352	408331	3185	14944
浙　江	Zhejiang	332718	110357	386755	161464	23018
安　徽	Anhui					
福　建	Fujian	217745	7049	224672	27206	43385
江　西	Jiangxi	10434		8944		3412
山　东	Shandong	184504		195844	11707	5594
河　南	Henan	36169		58267	26763	2635
湖　北	Hubei	397004		397236		6710
湖　南	Hunan	3855		6369		126
广　东	Guangdong	1080724	191769	2302907	153645	124096
广　西	Guangxi	1406		1551		70
海　南	Hainan					
重　庆	Chongqing	80748		100627		810
四　川	Sichuan	6300		6503		1571
贵　州	Guizhou					
云　南	Yunnan	117455		123372		8521
西　藏	Tibet					
陕　西	Shaanxi	2739		3192		266
甘　肃	Gansu					
青　海	Qinghai					
宁　夏	Ningxia					
新　疆	Xinjiang					

3-2-3 续表 5 Continued 5

有限责任公司
Limited Liability Corporations

单位：万元
Unit: 10000 yuan

地区	Region	商品购进额 Total Purchases Value	#进口 Imports	商品销售额 Total Sales Value	#出口 Exports	期末商品库存额 Inventery (year-end)
全国	**National Total**	**814734498**	**80937453**	**864851131**	**60095006**	**57161086**
北京	Beijing	179176509	29163111	183195917	9145241	19845397
天津	Tianjin	35609569	1090246	37720011	1202657	1870722
河北	Hebei	17452247	582290	18295541	277141	883527
山西	Shanxi	22191598	317256	23060231	149399	928317
内蒙古	Inner Mongolia	5268068	304027	5553798	280519	601475
辽宁	Liaoning	18292949	639059	19146808	835832	1164231
吉林	Jilin	2950205	489561	3143426	63146	214982
黑龙江	Heilongjiang	12936486	8179346	13476095	793486	801714
上海	Shanghai	70187104	8571182	72145146	4762158	3851065
江苏	Jiangsu	60435180	5985284	65505652	6147515	2249292
浙江	Zhejiang	74336727	5802419	80829207	11368646	4094584
安徽	Anhui	13395910	626515	14561057	782086	962519
福建	Fujian	25750445	3053436	27595703	4784705	1940931
江西	Jiangxi	4908330	25698	5188057	303310	317933
山东	Shandong	40742755	3089701	46083050	2226300	2140369
河南	Henan	19429239	678555	20439248	1049415	956579
湖北	Hubei	10919508	177688	12020568	420167	811490
湖南	Hunan	8030954	38908	8586063	233121	419979
广东	Guangdong	95447634	6930991	102527285	13272421	5183599
广西	Guangxi	6427200	56628	6829743	119571	518669
海南	Hainan	8033205	249396	8250825	119665	373188
重庆	Chongqing	20654485	316372	22084075	692136	1029476
四川	Sichuan	16133465	1217572	20243909	364665	2341238
贵州	Guizhou	3346170	70290	3611440	33671	208154
云南	Yunnan	8729665	310273	8551144	68724	1267273
西藏	Tibet	57160		107256		4435
陕西	Shaanxi	10460116	226717	11775879	297550	506633
甘肃	Gansu	3534007		3868111	20141	312299
青海	Qinghai	663125		927556	78486	39613
宁夏	Ningxia	1441285	25370	1451681	14681	67309
新疆	Xinjiang	17793199	2719564	18076652	188452	1254096

3-2-3 续表 6 Continued 6

股份有限公司 单位：万元

Share-holding Corporations Ltd. Unit: 10000 yuan

地　区	Region	商品购进额 Total Purchases Value	#进口 Imports	商品销售额 Total Sales Value	#出口 Exports	期末商品库存额 Inventery (year-end)
全　国	**National Total**	**319696805**	**12976221**	**336879099**	**13733196**	**16075188**
北　京	Beijing	32944363	1506149	34049064	1319712	2188487
天　津	Tianjin	3232666	115055	3381534	347029	78822
河　北	Hebei	6965583	3591	7782239	136354	420757
山　西	Shanxi	2642498	56109	2688787		276066
内蒙古	Inner Mongolia	1827023	20157	1754705		239937
辽　宁	Liaoning	55631566	300387	58009563	358136	890375
吉　林	Jilin	3919071		4055860	4175	24536
黑龙江	Heilongjiang	2277049	65991	2324395	48802	146838
上　海	Shanghai	23295953	1159623	24360183	1068123	1123738
江　苏	Jiangsu	33549967	591588	38381943	2315221	2217555
浙　江	Zhejiang	19341528	2219123	25144743	2584066	1208084
安　徽	Anhui	14531102	2284893	15201968	1056294	399505
福　建	Fujian	12821385	3248234	13279764	1187145	1133099
江　西	Jiangxi	260283	1701	2631721	2998	58017
山　东	Shandong	8341278	85028	10422368	112148	345181
河　南	Henan	11235342	32087	7684543	13404	610388
湖　北	Hubei	2548520		3637693	26156	157495
湖　南	Hunan	4639788	771	4013697	63010	274106
广　东	Guangdong	20023196	471909	23480459	2216315	822223
广　西	Guangxi	6777755	1863	6035744	83651	566802
海　南	Hainan	386349	66308	412855	10313	15833
重　庆	Chongqing	4697497	40	5381526		272939
四　川	Sichuan	1638208	1112	1929359	86644	253655
贵　州	Guizhou	1067844	101296	1213317	559987	177849
云　南	Yunnan	2770768	32150	4462542	124004	128682
西　藏	Tibet					
陕　西	Shaanxi	8428217	345877	8533448		255433
甘　肃	Gansu	10551531		10983003		970699
青　海	Qinghai	1553992		1654075		163988
宁　夏	Ningxia	2749142		2538777	4358	229854
新　疆	Xinjiang	11047344	265179	11449224	5151	424246

私营企业 单位：万元
Private Enterprises Unit: 10000 yuan

地区	Region	商品购进额 Total Purchases Value	#进口 Imports	商品销售额 Total Sales Value	#出口 Exports	期末商品库存额 Inventery (year-end)
全国	**National Total**	**629021692**	**34491484**	**680274127**	**52388943**	**40653616**
北京	Beijing	40923678	1952354	43156608	939434	3172062
天津	Tianjin	36974171	1351172	38693204	1079722	1861711
河北	Hebei	14636652	124535	16101684	228900	761495
山西	Shanxi	7839240	127211	8650018	128212	1329621
内蒙古	Inner Mongolia	4607322	651366	4860297	58779	279380
辽宁	Liaoning	21734782	1014630	23843674	1148285	1405174
吉林	Jilin	1125681	31253	1334052	31942	143808
黑龙江	Heilongjiang	4393999	1012111	4712918	274313	566159
上海	Shanghai	76000137	4681475	81272006	4127013	4249910
江苏	Jiangsu	97841360	3363477	108618106	6152204	4927467
浙江	Zhejiang	111709392	7642825	119401117	20120444	6218116
安徽	Anhui	9972196	173981	10513329	346675	682841
福建	Fujian	21395467	1582172	22961157	4700369	1453461
江西	Jiangxi	1760237	26	1840842	82355	90064
山东	Shandong	42018879	1577006	45383339	2128831	2794001
河南	Henan	7335619	127342	8047322	245732	527654
湖北	Hubei	8928752	35587	9797600	152982	723192
湖南	Hunan	6075432	39095	6831292	124117	588030
广东	Guangdong	72299252	8289673	77952604	7960555	5037681
广西	Guangxi	6716641	278662	6927330	313633	722915
海南	Hainan	787408	11815	847872	6223	37596
重庆	Chongqing	7465311	31774	9266503	378946	410303
四川	Sichuan	8405667	61809	9933843	520084	845705
贵州	Guizhou	377890		396847		38481
云南	Yunnan	7876625	201396	8718805	699215	778820
西藏	Tibet	5204		4359		846
陕西	Shaanxi	1598220	28569	1787103	41911	109452
甘肃	Gansu	1264475	3261	1320489	17603	139310
青海	Qinghai	75077		92612		7346
宁夏	Ningxia	1034530	22975	1101423	29201	104254
新疆	Xinjiang	5842397	73934	5905771	351263	646764

3-2-3 续表 8 Continued 8

其他企业 单位：万元

Other Enterprises Unit: 10000 yuan

地 区	Region	商品购进额 Total Purchases Value	#进口 Imports	商品销售额 Total Sales Value	#出口 Exports	期末商品库存额 Inventery (year-end)
全 国	**National Total**	**26270060**	**1367967**	**29916035**	**1174845**	**1594571**
北 京	Beijing					
天 津	Tianjin	1978287	45476	2030596	31576	87098
河 北	Hebei	354305		364698		23388
山 西	Shanxi	309023		355537		64608
内蒙古	Inner Mongolia	2309910	24936	2409268	799	70978
辽 宁	Liaoning	424613	6411	493328	3878	49736
吉 林	Jilin	908894		933846	1970	30313
黑龙江	Heilongjiang	218378	2064	216067	16654	22092
上 海	Shanghai	1144561	31257	1228087	3665	59785
江 苏	Jiangsu	2666026	24846	2865730	138210	94067
浙 江	Zhejiang	118926		142928	27916	13726
安 徽	Anhui	368509	3856	436929	13666	32508
福 建	Fujian	1553435	86668	1856770	380767	127637
江 西	Jiangxi	230719		247844	20879	3340
山 东	Shandong	5585553	212979	7189953	174151	262020
河 南	Henan	309410		330138	57	26171
湖 北	Hubei	965910	4876	1024570	8703	113896
湖 南	Hunan	599097	2495	719363	75605	65106
广 东	Guangdong	2655493	90640	3005643	158443	164963
广 西	Guangxi	329712	6184	357082	39035	25371
海 南	Hainan	208930	9096	209823	16385	29375
重 庆	Chongqing	858704	58680	1043362	56959	42647
四 川	Sichuan	245042		292497		54100
贵 州	Guizhou	40331		40806		4305
云 南	Yunnan	1315017	757450	1520531	955	77689
西 藏	Tibet					
陕 西	Shaanxi	189543		195879		3633
甘 肃	Gansu	44021		51179		4357
青 海	Qinghai	7946		36845		1352
宁 夏	Ningxia	16933		17027		2514
新 疆	Xinjiang	312834	53	299709	4573	37801

港、澳、台商投资企业
Enterprises with Funds from Hongkong, Macao and Taiwan

单位：万元
Unit: 10000 yuan

地区	Region	商品购进额 Total Purchases Value	#进口 Imports	商品销售额 Total Sales Value	#出口 Exports	期末商品库存额 Inventory (year-end)
全国	**National Total**	**81955476**	**17045423**	**95030527**	**7208942**	**9448587**
北京	Beijing	7638603	926612	8915842	136458	1243968
天津	Tianjin	5034411	637838	5290808	20971	572684
河北	Hebei	22507		26332		451
山西	Shanxi	72281		70970		6640
内蒙古	Inner Mongolia	15801		14991		810
辽宁	Liaoning	400794	81224	473431	15912	38156
吉林	Jilin			81308		95
黑龙江	Heilongjiang	68062		72476		91
上海	Shanghai	31814611	8649824	38105113	2289702	3087814
江苏	Jiangsu	6866959	756732	8601091	183119	748769
浙江	Zhejiang	2181935	149337	2558522	157621	81201
安徽	Anhui	111066	81	111609	14861	2148
福建	Fujian	2326974	214668	2563161	74383	224324
江西	Jiangxi	109792		128014	642	3984
山东	Shandong	1152852	34509	1869605	380257	209416
河南	Henan	58387		68430		6290
湖北	Hubei	1337182		1487087		338692
湖南	Hunan	188643	10896	240283	21066	8020
广东	Guangdong	15771611	5423549	17446934	3785079	2658472
广西	Guangxi	55749	1650	62002		5830
海南	Hainan	231126	129901	270187	120214	6812
重庆	Chongqing	5543209	28602	5525465	1500	185544
四川	Sichuan	283738		317809		11521
贵州	Guizhou	21547		21112		554
云南	Yunnan	122188		149821	3617	3909
西藏	Tibet					
陕西	Shaanxi	328961		347656		
甘肃	Gansu	3952		15830	3541	564
青海	Qinghai	22355		22355		24
宁夏	Ningxia					
新疆	Xinjiang	170179		172285		1805

3-2-3 续表 10 Continued 10

外商投资企业
Foreign Funded Enterprises

单位：万元
Unit: 10000 yuan

地区	Region	商品购进额 Total Purchases Value	#进口 Imports	商品销售额 Total Sales Value	#出口 Exports	期末商品库存额 Inventery (year-end)
全国	**National Total**	**232494828**	**76532937**	**274808042**	**18649334**	**19274777**
北京	Beijing	65222503	26981618	83952392	1112059	6550314
天津	Tianjin	6675347	3999230	7305492	303258	1059608
河北	Hebei	294620		310114		5186
山西	Shanxi	28795		31021	17587	3701
内蒙古	Inner Mongolia	740		740		
辽宁	Liaoning	945612	247988	1163006	107157	92594
吉林	Jilin	1898153		2018003		46110
黑龙江	Heilongjiang	160227		170001		1068
上海	Shanghai	97343890	37834401	111796637	12169361	8061223
江苏	Jiangsu	18597589	1861685	19876659	311433	737944
浙江	Zhejiang	3699170	857516	3965132	407745	249860
安徽	Anhui	1267468	2417	1865466	3718	179825
福建	Fujian	5530112	74753	7611641	58815	463269
江西	Jiangxi	14845		186114	163223	8336
山东	Shandong	2441509	150648	2748613	107893	107644
河南	Henan	133974		163002		5205
湖北	Hubei	1039178	8187	1135051	10270	114560
湖南	Hunan	64212	652	69164		597
广东	Guangdong	21746070	3919180	23744982	2857844	1392495
广西	Guangxi	80461		81997		4247
海南	Hainan	73945	5427	119078	149	5118
重庆	Chongqing	2523816	566888	3232976	1000267	130242
四川	Sichuan	851248	22347	956074	14952	22965
贵州	Guizhou	3484		16991		800
云南	Yunnan	41873		40782	3602	1565
西藏	Tibet					
陕西	Shaanxi	1628640		2022060		26804
甘肃	Gansu	3537		3610		742
青海	Qinghai	123359		131916		164
宁夏	Ningxia	19853		45124		72
新疆	Xinjiang	40601		44205		2518

3-2-4 各地区限额以上批发业企业商品购、销、存情况（按国民经济行业分）

Total Purchases, Sales and Inventory of Enterprises above Designated Size of Wholesale Trade by Region and Sector

农畜产品批发 单位：万元

Wholesale of Farm Produce and Livestock Products Unit: 10000 yuan

地区	Region	商品购进额 Total Purchases Value	#进口 Imports	商品销售额 Total Sales Value	#出口 Exports	期末商品库存额 Inventory (year-end)
全国	**National Total**	**47657547**	**6839703**	**49976507**	**1355330**	**12991008**
北京	Beijing	8159896	3930340	8793208	40909	1462309
天津	Tianjin	395645	66016	413381	16283	264824
河北	Hebei	1763919	94658	1882428		146675
山西	Shanxi	305312		267022	6020	79579
内蒙古	Inner Mongolia	1708722		1728363	4728	234955
辽宁	Liaoning	2143945	69081	2246374	126126	249544
吉林	Jilin	2071142	323814	2135933	37378	449702
黑龙江	Heilongjiang	2025888	32820	2155387	10080	518036
上海	Shanghai	1502134	324812	1541096	131293	448007
江苏	Jiangsu	2902498	57881	3158499	15662	699129
浙江	Zhejiang	1569455	258152	1711517	193163	221439
安徽	Anhui	958016	94541	952706	89926	324232
福建	Fujian	790540	107668	859397	69529	255422
江西	Jiangxi	254753		287182		72565
山东	Shandong	3879472	245712	4116469	99930	361614
河南	Henan	2978785	6869	2963335	28585	3206663
湖北	Hubei	1819703		2043526	2478	559669
湖南	Hunan	722895	8541	795317	19064	118930
广东	Guangdong	2344457	185340	2573506	269653	270014
广西	Guangxi	194176		206503	30206	70209
海南	Hainan	36561		35644		2864
重庆	Chongqing	598804	2374	655087	32993	34229
四川	Sichuan	741500	22347	843318	41458	281789
贵州	Guizhou	17099		17542		1029
云南	Yunnan	935190	744501	1041184	22234	58048
西藏	Tibet	4995		4995		484
陕西	Shaanxi	118409		137364	18008	42286
甘肃	Gansu	181852		173043	14609	38302
青海	Qinghai					
宁夏	Ningxia	37967		37537		16112
新疆	Xinjiang	6493819	264239	6199644	35016	2502348

3-2-4 续表 1 Continued 1

食品、饮料及烟草制品批发　　单位：万元

Wholesale of Food, Beverages and Tobaccos　　Unit: 10000 yuan

地 区	Region	商品购进额 Total Purchases Value	#进口 Imports	商品销售额 Total Sales Value	#出口 Exports	期末商品库存额 Inventery (year-end)
全 国	**National Total**	**191825998**	**6037759**	**236753159**	**5868755**	**21592722**
北 京	Beijing	15873868	1363014	17371848	228040	3157758
天 津	Tianjin	5442901	284239	5911771	114999	414684
河 北	Hebei	3427808	11054	4752583	22702	289942
山 西	Shanxi	3144902	17102	4094472	27140	295412
内蒙古	Inner Mongolia	2522564	276	3165006	5003	200564
辽 宁	Liaoning	4160214	122714	5207306	101342	356989
吉 林	Jilin	1507585		1858548		157052
黑龙江	Heilongjiang	3057770	16436	3752434	78731	660505
上 海	Shanghai	12815831	1230971	15603312	306325	1464758
江 苏	Jiangsu	10916863	176700	14258973	274508	1041965
浙 江	Zhejiang	15850847	401917	19338807	982472	921349
安 徽	Anhui	5986526	288400	7385541	230050	624042
福 建	Fujian	10809766	323085	12715626	1038130	896241
江 西	Jiangxi	2341505		3515948	988	253912
山 东	Shandong	14223209	234900	17685925	356086	1512077
河 南	Henan	6232020	20614	8188136	24088	816440
湖 北	Hubei	7091512	10038	8726787	54789	365483
湖 南	Hunan	5837614	21137	7447484	67041	515395
广 东	Guangdong	21646726	1438135	26041415	1520542	1762936
广 西	Guangxi	3364812	2229	4079948	59920	266875
海 南	Hainan	1707546	5909	1957085	546	97082
重 庆	Chongqing	5140427	4071	7508259	54893	279122
四 川	Sichuan	7477419	25567	9867088	91327	1166702
贵 州	Guizhou	4880278		5884001	74545	785623
云 南	Yunnan	9643451	35968	11771640	97507	2569565
西 藏	Tibet	259233		304185		35473
陕 西	Shaanxi	2696386		3546030		206812
甘 肃	Gansu	1189800	1300	1758168	2600	128521
青 海	Qinghai	626348		758340		15561
宁 夏	Ningxia	383400		520836		42504
新 疆	Xinjiang	1566870	1983	1775659	54442	291380

纺织、服装及日用品批发 单位：万元

Wholesale of Textiles, Garments and Daily Consumer Articles Unit: 10000 yuan

地 区	Region	商品购进额 Total Purchases Value	#进口 Imports	商品销售额 Total Sales Value	#出口 Exports	期末商品库存额 Inventery (year-end)
全 国	**National Total**	**134313660**	**13266425**	**159187048**	**60101131**	**10518254**
北 京	Beijing	5252359	1266595	5944757	815387	1008704
天 津	Tianjin	3134399	161854	4083599	1066976	189175
河 北	Hebei	338123	5861	358249	88690	24546
山 西	Shanxi	117268		148095	2047	22418
内蒙古	Inner Mongolia	206287		205750		2205
辽 宁	Liaoning	1395765	62340	1671874	623860	133216
吉 林	Jilin	64946		89128	11277	14792
黑龙江	Heilongjiang	931010	65394	1094264	759256	30172
上 海	Shanghai	19250153	3595063	24564606	6829360	2582539
江 苏	Jiangsu	20922439	2896831	27589882	9944457	1604654
浙 江	Zhejiang	31902217	1918082	34961554	19278436	1793806
安 徽	Anhui	2374906	10433	3115629	759716	192400
福 建	Fujian	13071228	1303743	14264893	6533096	513909
江 西	Jiangxi	226339	4769	291847	196315	9456
山 东	Shandong	5999999	225266	7195138	1493634	443461
河 南	Henan	976345	100566	1162574	264702	68699
湖 北	Hubei	634819	9002	851849	213344	83844
湖 南	Hunan	468867	3441	530145	113890	54060
广 东	Guangdong	22757807	1555044	26147459	9993155	1346209
广 西	Guangxi	267883	2008	306782	94416	34031
海 南	Hainan	250204	1303	255600	47381	16855
重 庆	Chongqing	549153	5207	694512	42013	92391
四 川	Sichuan	1362432	32735	1538422	631120	154823
贵 州	Guizhou	56676		57512		6665
云 南	Yunnan	235012	542	358447	180685	13100
西 藏	Tibet					
陕 西	Shaanxi	1243749		1322116		24449
甘 肃	Gansu	43969	3261	64617		17010
青 海	Qinghai	26091		27620	25188	2351
宁 夏	Ningxia	20327	13419	20930	14022	288
新 疆	Xinjiang	232889	23667	269200	78709	38031

文化、体育用品及器材批发
Wholesale of Culture, Sports Appliances and Equipments

单位：万元
Unit: 10000 yuan

地区	Region	商品购进额 Total Purchases Value	#进口 Imports	商品销售额 Total Sales Value	#出口 Exports	期末商品库存额 Inventery (year-end)
全国	**National Total**	**33232076**	**2130075**	**36328701**	**2963550**	**5269679**
北京	Beijing	7753201	234662	8221223	368988	1325400
天津	Tianjin	282278	2462	403143	25068	75962
河北	Hebei	125865		115943	4870	12025
山西	Shanxi	360145	19110	392032	24059	35000
内蒙古	Inner Mongolia	329635	47465	334361	246496	4826
辽宁	Liaoning	240206	101	275241	26612	42494
吉林	Jilin	81402		77566		22474
黑龙江	Heilongjiang	135505		131042		14315
上海	Shanghai	7108601	894096	7450498	147484	859164
江苏	Jiangsu	2431282	25334	2660581	261884	449845
浙江	Zhejiang	3266472	215765	3487241	719022	361233
安徽	Anhui	434245	84938	479828	28140	42030
福建	Fujian	449580	10640	491816	175663	41135
江西	Jiangxi	36959		42547		2342
山东	Shandong	2366109	5458	3255690	146621	209045
河南	Henan	480894	66	510987	31533	54812
湖北	Hubei	761481		707427	239	255780
湖南	Hunan	397895		447535	22429	59224
广东	Guangdong	4408253	589979	4971578	710813	977495
广西	Guangxi	139188		142567	1619	10203
海南	Hainan	113533		115891	3682	20943
重庆	Chongqing	207056		288398		130877
四川	Sichuan	333734		350182		37117
贵州	Guizhou	211905		209209		43477
云南	Yunnan	254054		249357	15953	95311
西藏	Tibet					
陕西	Shaanxi	164721		175772	2375	34869
甘肃	Gansu	118419		103680		19542
青海	Qinghai	14709		15484		4453
宁夏	Ningxia	27751		27680		1933
新疆	Xinjiang	196998		194201		26355

3-2-4 续表 4 Continued 4

医药及医疗器材批发

Wholesale of Medicines and Medical Appliances

单位：万元

Unit: 10000 yuan

地　区	Region	商品购进额 Total Purchases Value	#进口 Imports	商品销售额 Total Sales Value	#出口 Exports	期末商品库存额 Inventory (year-end)
全　国	**National Total**	**94512477**	**7284907**	**104650725**	**2268347**	**9484698**
北　京	Beijing	9137699	1505000	10040810	245140	1406874
天　津	Tianjin	2421908	18902	2647044	103137	157489
河　北	Hebei	3546694	11049	3709567	41842	247476
山　西	Shanxi	746120		923044		77507
内蒙古	Inner Mongolia	300262	12	307993	166	24693
辽　宁	Liaoning	3560631	141723	3822386	57740	289711
吉　林	Jilin	664987	110	722175	2666	67988
黑龙江	Heilongjiang	928678	283	1063896	1176	82099
上　海	Shanghai	11732083	2835085	13145732	290704	1605228
江　苏	Jiangsu	5830692	624961	6913537	235802	483581
浙　江	Zhejiang	7814155	607911	8506340	437876	762598
安　徽	Anhui	4827870	52835	5355295	124643	342021
福　建	Fujian	2032300	10485	2201436	3846	157208
江　西	Jiangxi	1601845	1701	1673443	52716	115464
山　东	Shandong	5076922	44417	5450038	15099	368338
河　南	Henan	3580762	15475	3747510		282704
湖　北	Hubei	2485846	10335	2692307	14107	291257
湖　南	Hunan	1833999	2	2305864		215273
广　东	Guangdong	12341712	1026258	13414347	459086	1187765
广　西	Guangxi	732374	2821	780952	6698	61279
海　南	Hainan	924826	119002	1108570	4040	77146
重　庆	Chongqing	3437130	160435	3645058	72526	207256
四　川	Sichuan	4184770	70110	4943470	57209	561494
贵　州	Guizhou	635015		668780		50648
云　南	Yunnan	1881124	19185	1936896	38011	180297
西　藏	Tibet	38570		82220		853
陕　西	Shaanxi	1384701	321	1796960	201	80740
甘　肃	Gansu	306462	3404	437341	3917	36614
青　海	Qinghai	18043		49345		2883
宁　夏	Ningxia	43306		47624		4498
新　疆	Xinjiang	460990	3085	510747		55720

矿产品、建材及化工产品批发　　　　　　　　　　　　　　　　　　　　　　　　　　　　　单位：万元

Wholesale of Mineral Products, Building Materials and Chemical Products　　　　　　　　　　Unit: 10000 yuan

地　区	Region	商品购进额 Total Purchases Value	#进口 Imports	商品销售额 Total Sales Value	#出口 Exports	期末商品库存额 Inventery (year-end)
全　国	**National Total**	**1661808005**	**115061062**	**1734697154**	**37265530**	**83340919**
北　京	Beijing	212315827	29853575	214656884	6761674	17315340
天　津	Tianjin	127261191	3456282	131171868	1828515	4394015
河　北	Hebei	42164701	788343	45688902	305653	1264510
山　西	Shanxi	49882606	337389	53518976	222758	2972904
内蒙古	Inner Mongolia	13750222	1077186	14114856	138668	1902498
辽　宁	Liaoning	95276635	2729889	99533258	665741	3137656
吉　林	Jilin	7981666	452524	8646941	69462	136086
黑龙江	Heilongjiang	22206915	8877874	22976250	185318	1136974
上　海	Shanghai	207028877	18049552	212349556	5211451	8489429
江　苏	Jiangsu	156342217	8328458	168755020	3695405	5587697
浙　江	Zhejiang	139125943	12030875	149510713	5463721	7335148
安　徽	Anhui	19773777	2154635	21822515	228649	702875
福　建	Fujian	44522130	5361550	46974336	1936702	3146047
江　西	Jiangxi	6537836	51485	9258068	164021	301162
山　东	Shandong	69796411	4838879	76783266	1638736	2934001
河　南	Henan	31405376	689300	28885504	938095	990928
湖　北	Hubei	37602900	325305	41104358	176806	1265221
湖　南	Hunan	18348469	71576	14247769	375672	952432
广　东	Guangdong	184708541	9536321	186394726	4876870	8924731
广　西	Guangxi	19387538	330114	17302949	203026	1394382
海　南	Hainan	5470541	340734	5674158	165656	183907
重　庆	Chongqing	21681507	151107	24723441	185708	1081547
四　川	Sichuan	20750132	1161404	24416014	191241	2183715
贵　州	Guizhou	3994946	179461	4812341	572830	294108
云　南	Yunnan	17547158	429606	20059903	227799	1375482
西　藏	Tibet					
陕　西	Shaanxi	30071087	635840	31790433	555694	1008659
甘　肃	Gansu	16545963		17521375	33441	1300766
青　海	Qinghai	3378580	214	4449663	53298	220401
宁　夏	Ningxia	4691589	17720	4500717	29861	329285
新　疆	Xinjiang	32256724	2803866	33052395	163059	1079015

机械设备、五金交电及电子产品批发 单位：万元

Wholesale of Machinery, Hardware and Electronic Equipment Unit: 10000 yuan

地 区	Region	商品购进额 Total Purchases Value	#进 口 Imports	商品销售额 Total Sales Value	#出 口 Exports	期末商品库存额 Inventery (year-end)
全 国	**National Total**	**392261541**	**81028110**	**450236214**	**47242929**	**33242265**
北 京	Beijing	99353269	31638212	120803260	5777200	9911694
天 津	Tianjin	13694020	4547963	14665744	513217	1822999
河 北	Hebei	6055324	57260	6307210	164338	574781
山 西	Shanxi	900928	6912	1031089	8085	100474
内蒙古	Inner Mongolia	730167		760609	18600	60509
辽 宁	Liaoning	7165566	999288	8461918	968936	704775
吉 林	Jilin	2149077	51500	2559305	802	64910
黑龙江	Heilongjiang	1290862	145413	1474261	101842	131384
上 海	Shanghai	88369563	30478879	99612573	10329223	6355250
江 苏	Jiangsu	30086560	1630771	34167796	4400852	2907458
浙 江	Zhejiang	21558053	1063001	26165242	8311988	1358248
安 徽	Anhui	7544298	411037	7558288	741478	463793
福 建	Fujian	6526006	397806	7911078	717617	1059873
江 西	Jiangxi	1299755		1585098	256973	77464
山 东	Shandong	17209698	1287891	20524491	3051365	886949
河 南	Henan	6011898	46190	6278148	187300	453122
湖 北	Hubei	4346349	200565	5484393	214006	493742
湖 南	Hunan	2171724	52888	2278557	80160	212413
广 东	Guangdong	39578092	7155884	43757278	8296329	2754725
广 西	Guangxi	1993654	5423	2136657	60835	293701
海 南	Hainan	1467385	2050	1524222	56519	65443
重 庆	Chongqing	18041108	678346	19283774	1830039	872093
四 川	Sichuan	4891795	48101	5753515	305366	464575
贵 州	Guizhou	1502758	14833	1546771	30210	97148
云 南	Yunnan	2253022	42608	2142210	350409	347929
西 藏	Tibet	29772		28577		4650
陕 西	Shaanxi	2055487	40718	2200614	256660	181239
甘 肃	Gansu	815910		1028473		129664
青 海	Qinghai	176254		286487		10539
宁 夏	Ningxia	383868	210	395361	4358	67965
新 疆	Xinjiang	2609320	24363	2523217	208226	312759

贸易经纪与代理
Trade Broker and Agency

单位：万元
Unit: 10000 yuan

地　区	Region	商品购进额 Total Purchases Value	#进口 Imports	商品销售额 Total Sales Value	#出口 Exports	期末商品库存额 Inventery (year-end)
全　国	**National Total**	**35411524**	**10222767**	**39953221**	**10810634**	**2293124**
北　京	Beijing	2668774	1095175	3023335	671591	274760
天　津	Tianjin	630901	89074	811912	239852	50049
河　北	Hebei	73194	2226	112063	98093	1530
山　西	Shanxi	318986	122927	331945	32229	32729
内蒙古	Inner Mongolia	11990	3675	12200	739	679
辽　宁	Liaoning	691086	55955	712340	41889	116483
吉　林	Jilin	2400		2330		220
黑龙江	Heilongjiang	74978	18140	89574	25614	11657
上　海	Shanghai	9894912	3777532	12540228	2825086	1020859
江　苏	Jiangsu	1425992	120811	1609998	664969	49381
浙　江	Zhejiang	726349	122856	826317	635531	15191
安　徽	Anhui	22798	321	45679	33858	2223
福　建	Fujian	1639361	83751	1716603	1119292	93561
江　西	Jiangxi	3084		4079		122
山　东	Shandong	970965	466600	990403	97471	187102
河　南	Henan	8166		9215	2885	959
湖　北	Hubei	8874980	2700571	8950015	464294	165416
湖　南	Hunan	37620	292	41321	10963	433
广　东	Guangdong	6146884	1363786	6895470	3225959	215627
广　西	Guangxi	78209	1925	82997	61121	2645
海　南	Hainan					
重　庆	Chongqing	50556	1274	53238	35914	5114
四　川	Sichuan	55289	385	57250	22172	1937
贵　州	Guizhou					
云　南	Yunnan	924659	191094	938793	437797	39556
西　藏	Tibet					
陕　西	Shaanxi	26891	771	31424	31424	3322
甘　肃	Gansu					
青　海	Qinghai					
宁　夏	Ningxia					
新　疆	Xinjiang	52500	3627	64493	31893	1568

3-2-4 续表 8 Continued 8

其他批发
Other Wholesale not Classified Elsewhere

单位：万元
Unit: 10000 yuan

地 区	Region	商品购进额 Total Purchases Value	#进口 Imports	商品销售额 Total Sales Value	#出口 Exports	期末商品库存额 Inventery (year-end)
全 国	**National Total**	**69748808**	**11967644**	**75227403**	**9532957**	**4557174**
北 京	Beijing	4151640	1338016	3763640	572785	1043269
天 津	Tianjin	8981684	313804	9331623	208017	338505
河 北	Hebei	253353		291193	2493	9705
山 西	Shanxi	289387		302093		14332
内蒙古	Inner Mongolia	67110	1944	73773	7212	4443
辽 宁	Liaoning	564360	14560	686052	4906	30560
吉 林	Jilin	35649		44085	5827	6999
黑龙江	Heilongjiang	488043	129661	504654	3373	21831
上 海	Shanghai	11611942	3073984	13242404	1586911	1040751
江 苏	Jiangsu	9333084	191409	10344843	284206	279698
浙 江	Zhejiang	5164708	667003	5933139	290216	280655
安 徽	Anhui	3032766		3191853	1115	93259
福 建	Fujian	5334093	1192717	5900432	1074563	302540
江 西	Jiangxi	925794		964795	2441	35011
山 东	Shandong	2904729	235943	3250322	189710	139816
河 南	Henan	745647	3122	860804	8666	62861
湖 北	Hubei	345703		348841		48140
湖 南	Hunan	620627	25171	667830	31856	61495
广 东	Guangdong	9466679	4712012	9937469	4956534	386855
广 西	Guangxi	392116	10701	410612	44829	17257
海 南	Hainan	1390085	2944	1336439	5679	93227
重 庆	Chongqing	935150		1055481		35101
四 川	Sichuan	420261		546380	11142	42029
贵 州	Guizhou	50790		52171		5358
云 南	Yunnan	1618558	25722	1508792	221923	102250
西 藏	Tibet					
陕 西	Shaanxi	53314		55450		2687
甘 肃	Gansu	84412		81692		12956
青 海	Qinghai					
宁 夏	Ningxia	168077	16996	212178	4924	7698
新 疆	Xinjiang	319048	11934	328367	13629	37887

3-2-5 各地区限额以上零售业企业商品购、销、存情况

Total Purchases, Sales and Inventory of Enterprises above Designated Size of Retail Trade by Region

单位：万元

Unit: 10000 yuan

地区	Region	商品购进额 Total Purchases Value	#进口 Imports	商品销售额 Total Sales Value	#出口 Exports	期末商品库存额 Inventery (year-end)
全国	**National Total**	**620830938**	**18468463**	**718248855**	**541101**	**66503388**
北京	Beijing	53585737	1197482	59507710	12681	5789539
天津	Tianjin	15073571	260551	16344560	15649	1158593
河北	Hebei	15335591	68277	16852735	455	1747887
山西	Shanxi	13049378	183162	16785786		1417896
内蒙古	Inner Mongolia	12284276	194982	14286750	2039	1492834
辽宁	Liaoning	23716628	1163362	28763323	11956	2986167
吉林	Jilin	8302129	107321	11751215		926475
黑龙江	Heilongjiang	9078046	64763	11300265	1614	1333436
上海	Shanghai	38200736	2748685	44623631	53344	4755236
江苏	Jiangsu	52690231	1329608	62489676	16828	5165630
浙江	Zhejiang	47939772	2333357	52709956	75936	5546098
安徽	Anhui	16900216	176526	18900983	7742	1936005
福建	Fujian	19579453	453015	25489177	25081	2019462
江西	Jiangxi	6531820	182122	7593739	1572	637854
山东	Shandong	60635483	613100	66615425	35763	5044351
河南	Henan	23868474	399189	26274890	18406	2390866
湖北	Hubei	25318973	299697	29922424	9114	2594234
湖南	Hunan	18215284	320885	23992718	3483	1600254
广东	Guangdong	60579556	3556294	69881887	215183	6562014
广西	Guangxi	7488437	222623	8207191	388	872694
海南	Hainan	3879839	118692	4246965		367420
重庆	Chongqing	17735191	438307	19501232	2	2044803
四川	Sichuan	23874758	782583	30481228	707	2783685
贵州	Guizhou	5778975	216283	6756439		586888
云南	Yunnan	11861663	499319	12395849	5806	1401246
西藏	Tibet	574606		675439		92014
陕西	Shaanxi	14762277	276859	16397099	6351	1408031
甘肃	Gansu	4713973	71646	5253059	2125	785548
青海	Qinghai	882771	9298	1064644		79539
宁夏	Ningxia	2533752	55140	2591591	18874	338845
新疆	Xinjiang	5859345	125337	6591273		637845

3-2-5 续表 Continued

国有控股 单位：万元

State-controlled Enterprises Unit: 10000 yuan

地 区	Region	商品购进额 Total Purchases Value	#进口 Imports	商品销售额 Total Sales Value	#出口 Exports	期末商品库存额 Inventery (year-end)
全 国	**National Total**	**140187101**	**1859415**	**176299381**	**101873**	**11975131**
北 京	Beijing	17727433	456896	19387505	6410	1542026
天 津	Tianjin	6560780	42540	7071358		343855
河 北	Hebei	1222518		1584420		129221
山 西	Shanxi	3470720	12064	6268006		312056
内蒙古	Inner Mongolia	5025273	1886	6109974		591649
辽 宁	Liaoning	5424341	87426	6750726		701434
吉 林	Jilin	1734288	2760	3885105		223544
黑龙江	Heilongjiang	2374800	1842	2721829		290830
上 海	Shanghai	8420938	109481	9856240	4567	860026
江 苏	Jiangsu	5444978	27145	5957731	1	504882
浙 江	Zhejiang	7890887	142986	9563202	48193	1034959
安 徽	Anhui	4712358	91	5576478		316186
福 建	Fujian	4062129	22661	8114692	1202	258838
江 西	Jiangxi	1183311	14349	1544423		86302
山 东	Shandong	7005972	567	8610242	880	488689
河 南	Henan	3246042	583	4050708		185883
湖 北	Hubei	8909086	43113	10458452	5896	912121
湖 南	Hunan	4839599	127139	9249180		225331
广 东	Guangdong	16212078	465653	20309753	34335	1023278
广 西	Guangxi	1050742	1493	1107398	388	91243
海 南	Hainan	1612241	74131	1811003		90650
重 庆	Chongqing	5249676	121637	5976147		413654
四 川	Sichuan	6376470	834	9102662		542579
贵 州	Guizhou	2063665	7524	2597415		109432
云 南	Yunnan	3151461	93056	3085066		134439
西 藏	Tibet	341770		462058		23893
陕 西	Shaanxi	942759	1559	928619		159097
甘 肃	Gansu	1812202		1907784		144577
青 海	Qinghai	153312		199148		9041
宁 夏	Ningxia	379629		395353		16127
新 疆	Xinjiang	1555645		1656705		209289

3-2-6 各地区限额以上零售业企业商品购、销、存情况 (按登记注册类型分)

Total Purchases, Sales and Inventory of Enterprises above Designated Size of Retail Trade by Region and Type of Registration

内资企业

Domestic Funded Enterprises

地 区	Region	商品购进额 Total Purchases Value	#进口 Imports	商品销售额 Total Sales Value	#出口 Exports	期末商品库存额 Inventery (year-end)
全 国	**National Total**	**542314080**	**13469916**	**622051697**	**512931**	**57830612**
北 京	Beijing	43537802	858440	47142862	12541	4746283
天 津	Tianjin	12787413	248941	13894514	10115	927311
河 北	Hebei	15075625	68277	16548497	455	1717048
山 西	Shanxi	12926100	161795	16663946		1403679
内 蒙 古	Inner Mongolia	12201919	188328	14098524	2039	1481353
辽 宁	Liaoning	21526095	768674	25987071	11956	2625932
吉 林	Jilin	8034724	43695	11154166		901977
黑 龙 江	Heilongjiang	8600214	64763	10553252	1614	1280760
上 海	Shanghai	25500460	1024538	28847958	40196	2732244
江 苏	Jiangsu	42428488	1132039	49772724	16828	4126500
浙 江	Zhejiang	42314331	1853894	46443890	74889	5035400
安 徽	Anhui	15876734	176455	17667034	7742	1778357
福 建	Fujian	17222820	437505	19435179	25053	1780372
江 西	Jiangxi	6268306	182122	7273937	1572	606545
山 东	Shandong	57847857	535035	63750567	28008	4840681
河 南	Henan	22692495	390829	24739054	18406	2282065
湖 北	Hubei	23960875	299697	28147555	9114	2426482
湖 南	Hunan	17221207	320885	22792336	3483	1479485
广 东	Guangdong	46567117	2451944	54826765	214761	5316723
广 西	Guangxi	6960365	141607	7643366	388	835980
海 南	Hainan	3589417	116758	3981716		327929
重 庆	Chongqing	15500549	437302	17070730	2	1855050
四 川	Sichuan	21315171	776060	27147381	707	2520537
贵 州	Guizhou	5324972	216283	6304337		543911
云 南	Yunnan	10198446	219085	10674075	5711	1141867
西 藏	Tibet	571287		671221		91681
陕 西	Shaanxi	12693897	197573	13885520	6351	1239309
甘 肃	Gansu	4625694	40983	5160670	2125	777419
青 海	Qinghai	881837	9298	1063585		79414
宁 夏	Ningxia	2531231	55140	2587969	18874	338844
新 疆	Xinjiang	5530633	51972	6121297		589473

3-2-6 续表 1 Continued 1

国有企业
State-owned Enterprises

单位：万元
Unit: 10000 yuan

地 区	Region	商品购进额 Total Purchases Value	#进口 Imports	商品销售额 Total Sales Value	#出口 Exports	期末商品库存额 Inventory (year-end)
全 国	**National Total**	**45334825**	**565936**	**54040961**	**48534**	**3773948**
北 京	Beijing	1203050	91414	1301990	4921	146955
天 津	Tianjin	5268644	42540	5579000		221700
河 北	Hebei	432361		643614		74118
山 西	Shanxi	1559586	6743	2571754		153803
内蒙古	Inner Mongolia	3723142		4741904		498282
辽 宁	Liaoning	1795504		1899190		123775
吉 林	Jilin	953883		1074589		78563
黑龙江	Heilongjiang	1370849		1291340		166194
上 海	Shanghai	2371723	12467	2664319	1300	185860
江 苏	Jiangsu	1385165	25007	1460848		230227
浙 江	Zhejiang	1123854		1500415		118271
安 徽	Anhui	1322753	18	1487950		53155
福 建	Fujian	655155		1073995	1202	49033
江 西	Jiangxi	191320		209013		16269
山 东	Shandong	2252351	567	2673796	880	289848
河 南	Henan	1659104	583	1801882		124680
湖 北	Hubei	2797404	27172	3199171	5896	116669
湖 南	Hunan	2221400	124217	2338395		88559
广 东	Guangdong	4281531	138291	5291194	34335	365737
广 西	Guangxi	372394		380947		35184
海 南	Hainan	451025		485084		20211
重 庆	Chongqing	937876		1310242		100352
四 川	Sichuan	1625206	834	3640284		122529
贵 州	Guizhou	854957	7524	1140367		60196
云 南	Yunnan	2464119	87000	2084761		59103
西 藏	Tibet	340973		461290		23854
陕 西	Shaanxi	634218	1559	613442		105771
甘 肃	Gansu	524945		510504		65054
青 海	Qinghai	146614		180935		5705
宁 夏	Ningxia	58800		59053		6979
新 疆	Xinjiang	354921		369694		67310

3-2-6 续表 2 Continued 2

集体企业
Collective-owned Enterprises

单位：万元
Unit: 10000 yuan

地区	Region	商品购进额 Total Purchases Value	#进口 Imports	商品销售额 Total Sales Value	#出口 Exports	期末商品库存额 Inventery (year-end)
全国	**National Total**	**11455135**	**21919**	**12853673**	**3876**	**801779**
北京	Beijing	475454	492	498098		34916
天津	Tianjin	168288		183532		4654
河北	Hebei	503151		534224		21874
山西	Shanxi	424517	3910	440961		26519
内蒙古	Inner Mongolia	82752		80734		9143
辽宁	Liaoning	162320		215377		13754
吉林	Jilin	96485		104192		10383
黑龙江	Heilongjiang	82795		86144		22038
上海	Shanghai	262825	26	357213	3139	23550
江苏	Jiangsu	558200		677229		37331
浙江	Zhejiang	500334	452	546172		34875
安徽	Anhui	191692		201014		9567
福建	Fujian	169826	500	184147		9675
江西	Jiangxi	32438		42155		4437
山东	Shandong	3013289	3745	3254243		131262
河南	Henan	1977023	9213	2204648	542	134994
湖北	Hubei	887592		1130969		128247
湖南	Hunan	154100	100	169576	90	16336
广东	Guangdong	691530	3482	771371	105	42843
广西	Guangxi	162402		167658		15541
海南	Hainan	3672		3799		46
重庆	Chongqing	38339		44117		989
四川	Sichuan	184990		270259		27695
贵州	Guizhou	44911		42390		3579
云南	Yunnan	220530		228378		8667
西藏	Tibet	1176		876		300
陕西	Shaanxi	274016		328471		15798
甘肃	Gansu	80865		75697		11604
青海	Qinghai	530		648		41
宁夏	Ningxia	3886		3886		
新疆	Xinjiang	5208		5497		1121

3-2-6 续表 3 Continued 3

股份合作企业 单位：万元

Cooperative Enterprises Unit: 10000 yuan

地　区	Region	商品购进额 Total Purchases Value	#进口 Imports	商品销售额 Total Sales Value	#出口 Exports	期末商品库存额 Inventory (year-end)
全　国	**National Total**	**3224616**	**5998**	**3943342**		**549613**
北　京	Beijing	264274	816	282335		20233
天　津	Tianjin	400593		548261		22836
河　北	Hebei	320035		309956		44318
山　西	Shanxi	22031		23053		3650
内蒙古	Inner Mongolia	6578		7250		486
辽　宁	Liaoning	42435		50146		4886
吉　林	Jilin	32902		37261		3665
黑龙江	Heilongjiang	50450		49082		90800
上　海	Shanghai	37092		39833		4998
江　苏	Jiangsu	204538	1039	217794		19673
浙　江	Zhejiang	82755		87602		3880
安　徽	Anhui	142466	280	198913		13425
福　建	Fujian	17835		20251		2167
江　西	Jiangxi	35276		39935		5169
山　东	Shandong	460855		577985		16235
河　南	Henan	274770	2158	270797		17069
湖　北	Hubei	71639		92389		10353
湖　南	Hunan	74849		86678		11821
广　东	Guangdong	244243	1005	389739		14107
广　西	Guangxi	8437		9707		614
海　南	Hainan					
重　庆	Chongqing	133741		157225		8284
四　川	Sichuan	84951	699	147559		5354
贵　州	Guizhou	10550		17912		1112
云　南	Yunnan	114344		123347		12645
西　藏	Tibet					
陕　西	Shaanxi	55844		53609		3821
甘　肃	Gansu	23460		87928		206075
青　海	Qinghai	937		893		831
宁　夏	Ningxia	6555		8911		1105
新　疆	Xinjiang	183		6994		

3-2-6 续表 4 Continued 4

联营企业 单位: 万元
Joint Ownership Enterprises Unit: 10000 yuan

地区	Region	商品购进额 Total Purchases Value	#进口 Imports	商品销售额 Total Sales Value	#出口 Exports	期末商品库存额 Inventery (year-end)
全国	**National Total**	**2150990**	**3512**	**2536384**		**199360**
北京	Beijing	54234		58567		14099
天津	Tianjin	56953		65423		1269
河北	Hebei	10988		13013		2407
山西	Shanxi	20580		20326		1460
内蒙古	Inner Mongolia					
辽宁	Liaoning	45291		49735		2504
吉林	Jilin					
黑龙江	Heilongjiang	15165		14887		341
上海	Shanghai	289994	1	344759		28007
江苏	Jiangsu	154248		161896		7902
浙江	Zhejiang	153071		164213		1070
安徽	Anhui	11431		11607		1107
福建	Fujian	61084		83445		1173
江西	Jiangxi	1197		1367		73
山东	Shandong	130922		155564		12836
河南	Henan	131143		134244		11387
湖北	Hubei	35211		35730		1207
湖南	Hunan	361611		375588		34383
广东	Guangdong	319001		336652		33075
广西	Guangxi					
海南	Hainan					
重庆	Chongqing	93709	2137	97778		6373
四川	Sichuan	169488		373837		34875
贵州	Guizhou	1472		1677		367
云南	Yunnan	14113	1374	14525		2006
西藏	Tibet	5514		5891		426
陕西	Shaanxi	14569		15659		1013
甘肃	Gansu					
青海	Qinghai					
宁夏	Ningxia					
新疆	Xinjiang					

3-2-6 续表 5 Continued 5

有限责任公司
Limited Liability Corporations

单位：万元
Unit: 10000 yuan

地区	Region	商品购进额 Total Purchases Value	#进口 Imports	商品销售额 Total Sales Value	#出口 Exports	期末商品库存额 Inventery (year-end)
全国	**National Total**	**202266237**	**5685253**	**226742421**	**162058**	**24156357**
北京	Beijing	21236110	475787	22981747	1597	2302097
天津	Tianjin	3736349	42886	3999602		342140
河北	Hebei	6191576	16089	6898949		783832
山西	Shanxi	2580037	13263	3000710		353196
内蒙古	Inner Mongolia	3260500	48842	3853729	1848	406229
辽宁	Liaoning	6537878	173160	8182682		926722
吉林	Jilin	2361096	10071	2750063		312415
黑龙江	Heilongjiang	2437984	33485	3382240		371861
上海	Shanghai	11827015	429691	13711500	57	1324787
江苏	Jiangsu	12289408	223444	15097096	15423	1269690
浙江	Zhejiang	16090191	489358	17366042	2668	2333130
安徽	Anhui	6364430	13445	6920810	2187	848101
福建	Fujian	7172220	264544	7877219		796881
江西	Jiangxi	3463821	176435	3749734		324836
山东	Shandong	18890275	115731	20208385	10089	2068710
河南	Henan	8656679	268849	9195757	4129	1076246
湖北	Hubei	7990150	131032	9205392	3218	789776
湖南	Hunan	4496706	60441	4869126		411508
广东	Guangdong	20042689	1385686	22198746	115306	2700874
广西	Guangxi	3080873	113768	3435996	344	361832
海南	Hainan	1768332	109397	1964019		209289
重庆	Chongqing	6354506	400648	6894006		554561
四川	Sichuan	7712190	270208	9502116		1030039
贵州	Guizhou	2352134	180111	2480611		328597
云南	Yunnan	2878169	54436	3363299	5192	502692
西藏	Tibet	102605		89914		48008
陕西	Shaanxi	7888016	124938	8593411		755848
甘肃	Gansu	1124326	33150	1255147		194337
青海	Qinghai	393946	9298	506427		40384
宁夏	Ningxia	1046471	13829	1030337		151037
新疆	Xinjiang	1939555	3233	2177609		236703

3-2-6 续表 6 Continued 6

股份有限公司
Share-holding Corporations Ltd.

单位：万元
Unit: 10000 yuan

地 区	Region	商品购进额 Total Purchases Value	#进口 Imports	商品销售额 Total Sales Value	#出口 Exports	期末商品库存额 Inventory (year-end)
全 国	**National Total**	**84601628**	**474542**	**109900041**	**60971**	**6513803**
北 京	Beijing	11141819	50618	12019538		942885
天 津	Tianjin	222825		335850		12166
河 北	Hebei	3068118	38615	3309659		201237
山 西	Shanxi	2089417	5428	3834639		149953
内蒙古	Inner Mongolia	1438247	39965	1524369		130106
辽 宁	Liaoning	4000102	85970	5139828	6596	381081
吉 林	Jilin	1697197		3692837		167768
黑龙江	Heilongjiang	1567576	1842	2210411		186428
上 海	Shanghai	1836026	10341	2205097		202989
江 苏	Jiangsu	4556309	565	5558727	1	299983
浙 江	Zhejiang	5495353	49980	6927249	53744	335102
安 徽	Anhui	2735303	40508	3164670		186191
福 建	Fujian	2691923	124	3235189		174324
江 西	Jiangxi	725589		1193964		66888
山 东	Shandong	9683974	2404	11823970		588595
河 南	Henan	2424920	1552	3168695		152160
湖 北	Hubei	6258162		7172203		783803
湖 南	Hunan	2547066	67264	7073106		239100
广 东	Guangdong	6142998	20211	9711174		273403
广 西	Guangxi	1159256		1323361	44	116710
海 南	Hainan	1086949		1226586		49020
重 庆	Chongqing	1442932		1738896		70938
四 川	Sichuan	4561936	48	5003593	586	478940
贵 州	Guizhou	1201784	114	1714695		47986
云 南	Yunnan	603247	2154	897027		60561
西 藏	Tibet	10837		10488		2953
陕 西	Shaanxi	979319	26908	1151880		94661
甘 肃	Gansu	1772945		1881610		83133
青 海	Qinghai	33126		46682		3543
宁 夏	Ningxia	571860	1942	582795		11728
新 疆	Xinjiang	854515	27987	1021256		19467

3-2-6 续表 7 Continued 7

私营企业 单位：万元

Private Enterprises Unit: 10000 yuan

地 区	Region	商品购进额 Total Purchases Value	#进口 Imports	商品销售额 Total Sales Value	#出口 Exports	期末商品库存额 Inventory (year-end)
全 国	**National Total**	**180124076**	**6216353**	**196730732**	**229771**	**20506075**
北 京	Beijing	9162861	239314	10000587	6023	1285098
天 津	Tianjin	2694248	124576	2921981	10115	299021
河 北	Hebei	4223347	13573	4475811		551127
山 西	Shanxi	5882515	132451	6374255		666912
内蒙古	Inner Mongolia	3265599	74048	3412384	190	391295
辽 宁	Liaoning	8786773	509013	10286277	5360	1153245
吉 林	Jilin	2583496	33624	3090474		294168
黑龙江	Heilongjiang	2741303	26639	3022115	1614	385080
上 海	Shanghai	8707535	571942	9343564	35700	946454
江 苏	Jiangsu	22555069	729717	25794288	1403	2196718
浙 江	Zhejiang	18787902	1310182	19771466	18478	2201582
安 徽	Anhui	4630961	120254	5099794	3656	622538
福 建	Fujian	5508011	154434	5965526	21800	635472
江 西	Jiangxi	1777517	5687	1991852		182386
山 东	Shandong	20608715	300400	22047073	15297	1531425
河 南	Henan	7116449	105684	7509676	13735	704376
湖 北	Hubei	4959529	139936	5527122		519186
湖 南	Hunan	7117466	44624	7624728	3393	659352
广 东	Guangdong	13636348	859380	14695068	65015	1701500
广 西	Guangxi	1891726	27839	2016271		266979
海 南	Hainan	207189		224254		38537
重 庆	Chongqing	5655204	13610	5956504	2	1077865
四 川	Sichuan	6681098	504272	7834340	121	763743
贵 州	Guizhou	807016	90	858126		96241
云 南	Yunnan	3369829	73900	3420860	519	436885
西 藏	Tibet	106173		98712		15978
陕 西	Shaanxi	2320587	33210	2578415	6351	232798
甘 肃	Gansu	941391	7834	1159671	2125	201286
青 海	Qinghai	281217		296823		27884
宁 夏	Ningxia	840841	39370	899512	18874	166984
新 疆	Xinjiang	2273163	20753	2433208		253963

3-2-6 续表 8 Continued 8

其他企业 单位：万元

Other Enterprises Unit: 10000 yuan

地 区	Region	商品购进额 Total Purchases Value	#进口 Imports	商品销售额 Total Sales Value	#出口 Exports	期末商品库存额 Inventery (year-end)
全 国	**National Total**	**13156572**	**496404**	**15304143**	**7720**	**1329677**
北 京	Beijing					
天 津	Tianjin	239513	38940	260865		23525
河 北	Hebei	326049		363273	455	38133
山 西	Shanxi	347418		398248		48185
内蒙古	Inner Mongolia	425102	25473	478155		45812
辽 宁	Liaoning	155793	530	163836		19965
吉 林	Jilin	309665		404750		35016
黑龙江	Heilongjiang	334091	2797	497034		58019
上 海	Shanghai	168250	70	181673		15598
江 苏	Jiangsu	725551	152267	804847		64975
浙 江	Zhejiang	80871	3923	80731		7490
安 徽	Anhui	477698	1949	582277	1899	44274
福 建	Fujian	946767	17903	995408	2052	111647
江 西	Jiangxi	41149		45917	1572	6488
山 东	Shandong	2807476	112188	3009551	1742	201770
河 南	Henan	452407	2790	453356		61153
湖 北	Hubei	961188	1557	1784580		77240
湖 南	Hunan	248010	24239	255138		18426
广 东	Guangdong	1208777	43888	1432822		185184
广 西	Guangxi	285276		309426		39120
海 南	Hainan	72250	7361	77974		10826
重 庆	Chongqing	844243	20908	871962		35689
四 川	Sichuan	295312		375393		57363
贵 州	Guizhou	52149	28444	48559		5832
云 南	Yunnan	534095	222	541880		59307
西 藏	Tibet	4011		4050		162
陕 西	Shaanxi	527329	10959	550634		29600
甘 肃	Gansu	154763		190114		15930
青 海	Qinghai	25467		31177		1027
宁 夏	Ningxia	2819		3474		1011
新 疆	Xinjiang	103087		107040		10910

港、澳、台商投资企业 单位：万元
Enterprises with Funds from Hong Kong, Macao and Taiwan Unit: 10000 yuan

地区	Region	商品购进额 Total Purchases Value	#进口 Imports	商品销售额 Total Sales Value	#出口 Exports	期末商品库存额 Inventery (year-end)
全国	**National Total**	**33395124**	**3209369**	**41225885**	**1798**	**4115961**
北京	Beijing	2989836	66263	3603452		245416
天津	Tianjin	989612	665	988412		105936
河北	Hebei	7688		6578		1110
山西	Shanxi	81189	21367	79411		7703
内蒙古	Inner Mongolia	20757	6654	126627		11481
辽宁	Liaoning	1171227	252952	1544073		243659
吉林	Jilin	71884		397505		8294
黑龙江	Heilongjiang	227213		457687		22799
上海	Shanghai	6262137	1040446	7897587	654	1024186
江苏	Jiangsu	4025771	127971	5803098		537637
浙江	Zhejiang	1909120	462825	2239636	1047	231887
安徽	Anhui	370471	72	450206		63115
福建	Fujian	1111173	9509	1151824		61724
江西	Jiangxi	35836		33593		5925
山东	Shandong	839625	15324	920272		88736
河南	Henan	683086	65	928135		45596
湖北	Hubei	510797		707795		55220
湖南	Hunan	440921		484917		64639
广东	Guangdong	6033190	976283	7246851	1	719031
广西	Guangxi	484411	79952	520545		26765
海南	Hainan	93349	1669	95850		10675
重庆	Chongqing	1903715	1004	1902257		162605
四川	Sichuan	882915		1107498		116025
贵州	Guizhou	228264		226654		21440
云南	Yunnan	855300		865574	96	85749
西藏	Tibet					
陕西	Shaanxi	958978	77550	1196620		118850
甘肃	Gansu	66527	30663	70472		7608
青海	Qinghai	935		1059		125
宁夏	Ningxia					
新疆	Xinjiang	139198	38135	171695		22025

3-2-6 续表 10 Continued 10

外商投资企业 单位：万元

Foreign Funded Enterprises Unit: 10000 yuan

地区	Region	商品购进额 Total Purchases Value	#进口 Imports	商品销售额 Total Sales Value	#出口 Exports	期末商品库存额 Inventory (year-end)
全国	**National Total**	**45121735**	**1789179**	**54971274**	**26373**	**4556816**
北京	Beijing	7058100	272779	8761396	140	797839
天津	Tianjin	1296546	10945	1461634	5534	125346
河北	Hebei	252278		297659		29730
山西	Shanxi	42090		42429		6513
内蒙古	Inner Mongolia	61599		61599		
辽宁	Liaoning	1019306	141736	1232178		116576
吉林	Jilin	195521	63626	199544		16204
黑龙江	Heilongjiang	250619		289326		29877
上海	Shanghai	6438139	683701	7878086	12494	998806
江苏	Jiangsu	6235973	69597	6913853		501494
浙江	Zhejiang	3716321	16638	4026430		278811
安徽	Anhui	653010		783743		94533
福建	Fujian	1245461	6002	4902174	28	177366
江西	Jiangxi	227678		286209		25384
山东	Shandong	1948001	62741	1944586	7755	114934
河南	Henan	492893	8296	607701		63205
湖北	Hubei	847301		1067074		112531
湖南	Hunan	553156		715465		56130
广东	Guangdong	7979249	128067	7808271	421	526261
广西	Guangxi	43661	1064	43281		9950
海南	Hainan	197074	266	169399		28816
重庆	Chongqing	330927		528245		27148
四川	Sichuan	1676672	6523	2226349		147123
贵州	Guizhou	225739		225448		21537
云南	Yunnan	807917	280234	856199		173630
西藏	Tibet	3319		4218		333
陕西	Shaanxi	1109402	1736	1314959		49872
甘肃	Gansu	21753		21917		522
青海	Qinghai					
宁夏	Ningxia	2521		3622		
新疆	Xinjiang	189513	35231	298281		26346

3-2-7 各地区限额以上零售业企业商品购、销、存情况（按国民经济行业分）

Total Purchases, Sales and Inventory of Enterprises above Designated Size of Retail Trade by Region and Sector

综合零售　　　　　　　　　　　　　　　　　　　　单位：万元

Integrated Retail　　　　　　　　　　　　　　　　Unit: 10000 yuan

地　区	Region	商品购进额 Total Purchases Value	#进口 Imports	商品销售额 Total Sales Value	#出口 Exports	期末商品库存额 Inventery (year-end)
全　国	**National Total**	**159735136**	**1196723**	**193278363**	**73439**	**17697700**
北　京	Beijing	13529587	174917	15886749		1395084
天　津	Tianjin	2985462		3494963		284817
河　北	Hebei	6291268	6	7314456		610017
山　西	Shanxi	1917736	956	2160804		206959
内蒙古	Inner Mongolia	1397469	2766	1688522		138810
辽　宁	Liaoning	5834223	111141	8771497	6596	1043045
吉　林	Jilin	1758661		4289522		306590
黑龙江	Heilongjiang	2326604	1842	3979851		188899
上　海	Shanghai	12993050	452756	15881309	4784	1226064
江　苏	Jiangsu	14896496	675	20397143	11143	1641187
浙　江	Zhejiang	9188764	5233	10843713	48193	1037631
安　徽	Anhui	5373423	262	6014328		827202
福　建	Fujian	3869437	803	4571994	1202	387277
江　西	Jiangxi	1622876	32206	1900572		147444
山　东	Shandong	20604721	29151	22461581		1897473
河　南	Henan	6079976	12284	6951961	842	754123
湖　北	Hubei	9583614		10871314		1232407
湖　南	Hunan	4792747	3	5110484		561654
广　东	Guangdong	13959841	347948	15319270	375	1355490
广　西	Guangxi	1883751	1362	2289955	44	192311
海　南	Hainan	445636	2227	460329		62631
重　庆	Chongqing	4243510	26	4855682	2	291852
四　川	Sichuan	4886505	2296	7120161		791002
贵　州	Guizhou	737438	114	759546		83244
云　南	Yunnan	1824025		2239560	258	234873
西　藏	Tibet	67721		38942		35173
陕　西	Shaanxi	3920112	1600	4377990		430843
甘　肃	Gansu	814200		1025886		122734
青　海	Qinghai	243410		298571		17992
宁　夏	Ningxia	743609	3465	681681		112926
新　疆	Xinjiang	919265	12685	1220028		79945

食品、饮料及烟草制品专门零售
Special Retail of Food, Beverages and Tobaccos

单位：万元
Unit: 10000 yuan

地 区	Region	商品购进额 Total Purchases Value	#进 口 Imports	商品销售额 Total Sales Value	#出 口 Exports	期末商品库存额 Inventory (year-end)
全 国	**National Total**	**16512857**	**132346**	**19074834**	**21039**	**2051597**
北 京	Beijing	541232	112	724408		131881
天 津	Tianjin	138507		182627		16388
河 北	Hebei	89249		93531		17134
山 西	Shanxi	317118	3910	365704		38074
内蒙古	Inner Mongolia	106222		118566		12389
辽 宁	Liaoning	283233	2741	352131		156821
吉 林	Jilin	295463		284151		44154
黑龙江	Heilongjiang	50279		53240		8093
上 海	Shanghai	3014027	788	3645382		158103
江 苏	Jiangsu	1236980	2399	1464692	1	114656
浙 江	Zhejiang	418766	576	543461		57026
安 徽	Anhui	348669	2145	386142	2187	30552
福 建	Fujian	984047	6900	1022536	90	129755
江 西	Jiangxi	144194		157938		12627
山 东	Shandong	1994821	4309	2218151	15072	104772
河 南	Henan	611503		664740		50358
湖 北	Hubei	1777372	1543	2089815	620	137474
湖 南	Hunan	388863		433705		43949
广 东	Guangdong	839477	103691	1105605		153828
广 西	Guangxi	79278	1493	103078	344	15788
海 南	Hainan	21924	2	24554		4534
重 庆	Chongqing	1502643		1354784		285292
四 川	Sichuan	506353		627958		70992
贵 州	Guizhou	80401		97525		13641
云 南	Yunnan	401859		431464	96	130020
西 藏	Tibet	31318		60599		7648
陕 西	Shaanxi	155436	1736	283462		64711
甘 肃	Gansu	106922		134868	2125	23931
青 海	Qinghai	3201		3614		79
宁 夏	Ningxia	20709		19160	504	4328
新 疆	Xinjiang	22792		27243		12602

3-2-7 续表 2 Continued 2

纺织、服装及日用品专门零售 单位：万元

Special Retail of Textiles, Garments and Daily Consumer Articles Unit: 10000 yuan

地 区	Region	商品购进额 Total Purchases Value	#进口 Imports	商品销售额 Total Sales Value	#出口 Exports	期末商品库存额 Inventory (year-end)
全 国	**National Total**	**20948014**	**911259**	**26326476**	**100441**	**4330197**
北 京	Beijing	1895442	144358	2920597	599	559233
天 津	Tianjin	214938	2638	286564	5751	76661
河 北	Hebei	269264	4144	348153		47137
山 西	Shanxi	454415		614765		74472
内蒙古	Inner Mongolia	338539		431201	2039	21115
辽 宁	Liaoning	725260	12874	895765	3160	147070
吉 林	Jilin	309645		442324		60467
黑龙江	Heilongjiang	296373		338858	1614	56600
上 海	Shanghai	2864991	499576	4481737	27104	921283
江 苏	Jiangsu	1113476	21803	1356130	400	122051
浙 江	Zhejiang	1460430	58074	1528078	7110	429885
安 徽	Anhui	313951	3203	369926	5499	77047
福 建	Fujian	595787	3705	662343	3958	92669
江 西	Jiangxi	138333		135564		41802
山 东	Shandong	2074839	19335	2315193	4312	189330
河 南	Henan	886347	4582	959146	14536	102956
湖 北	Hubei	706855	21	814991	3218	155519
湖 南	Hunan	411384	100	477853	90	75286
广 东	Guangdong	2492386	44796	3235831	2682	604905
广 西	Guangxi	96825		100929		23344
海 南	Hainan	96299	74131	143356		28591
重 庆	Chongqing	504887		573885		68874
四 川	Sichuan	695913	1679	775387		130271
贵 州	Guizhou	231263		241735		21309
云 南	Yunnan	161407		166015		55439
西 藏	Tibet	3319		4218		333
陕 西	Shaanxi	1272528		1314840		105691
甘 肃	Gansu	23426		28430		5461
青 海	Qinghai	21610		23162		3296
宁 夏	Ningxia	35274	16241	41008	18370	16081
新 疆	Xinjiang	242608		298494		16019

3-2-7 续表 3 Continued 3

文化、体育用品及器材专门零售 单位：万元

Special Retail of Culture, Sports Appliances and Equipments Unit: 10000 yuan

地区	Region	商品购进额 Total Purchases Value	#进口 Imports	商品销售额 Total Sales Value	#出口 Exports	期末商品库存额 Inventery (year-end)
全国	**National Total**	**15540843**	**782382**	**16964202**	**39650**	**4749757**
北京	Beijing	1878730	215596	2025311	5104	634947
天津	Tianjin	172580	2010	175860		65519
河北	Hebei	163847		179818	455	42234
山西	Shanxi	400966	760	398953		82969
内蒙古	Inner Mongolia	99862		94692		28027
辽宁	Liaoning	417124	158	568846		84138
吉林	Jilin	137910		149956		40130
黑龙江	Heilongjiang	169978		256155		80410
上海	Shanghai	1986966	539201	2488024	9340	781194
江苏	Jiangsu	1348265	9160	1499036		457920
浙江	Zhejiang	1037242	1596	1015373	879	815478
安徽	Anhui	354298		377153		67110
福建	Fujian	598413	116	614336		93758
江西	Jiangxi	517689		530959		41547
山东	Shandong	1386375	2527	1404046	9559	239607
河南	Henan	419556		445911		74012
湖北	Hubei	467411		490268		83450
湖南	Hunan	549133	4217	571541		68298
广东	Guangdong	879398	629	1044224	14313	281571
广西	Guangxi	158188		157386		35310
海南	Hainan	38544		46645		8062
重庆	Chongqing	480004		489085		54378
四川	Sichuan	658231		645434		222486
贵州	Guizhou	77068		78254		13091
云南	Yunnan	437341	4879	450922		145997
西藏	Tibet	18993		19638		7166
陕西	Shaanxi	367307		423799		99525
甘肃	Gansu	110189		107436		22643
青海	Qinghai	3529		3808		669
宁夏	Ningxia	31524	1536	30833		7930
新疆	Xinjiang	174183		180501		70185

3-2-7 续表 4 Continued 4

医药及医疗器材专门零售 单位：万元

Special Retail of Medicines and Medical Appliances Unit: 10000 yuan

地 区	Region	商品购进额 Total Purchases Value	#进 口 Imports	商品销售额 Total Sales Value	#出 口 Exports	期末商品库存额 Inventery (year-end)
全 国	**National Total**	**25580924**	**211193**	**28476972**	**786**	**3143876**
北 京	Beijing	3115903	129146	3445502	116	352761
天 津	Tianjin	365967		388752		28763
河 北	Hebei	324199		366760		63972
山 西	Shanxi	410353		442463		63228
内蒙古	Inner Mongolia	120383	4529	130590		24556
辽 宁	Liaoning	968785	1225	1075326		133180
吉 林	Jilin	157720	2	184066		29308
黑龙江	Heilongjiang	918704		1084894		136505
上 海	Shanghai	793201	21835	881595		167525
江 苏	Jiangsu	3764642	9647	4208781	84	332182
浙 江	Zhejiang	1585546	979	1695028		228169
安 徽	Anhui	1515218	56	1611495		101044
福 建	Fujian	522331	238	577501		47864
江 西	Jiangxi	456708	400	479895		50463
山 东	Shandong	2238669	3	2529417		243210
河 南	Henan	842230	1881	906660		100563
湖 北	Hubei	1086785	13680	1324977		113204
湖 南	Hunan	1276253	2922	1421660		133884
广 东	Guangdong	1556701	12667	1768745		225555
广 西	Guangxi	838535	385	899502		98274
海 南	Hainan	31888		29838		6124
重 庆	Chongqing	555934		690864		58948
四 川	Sichuan	323370	92	405432	586	60056
贵 州	Guizhou	120460	475	126845		30483
云 南	Yunnan	358077		404145		44849
西 藏	Tibet					
陕 西	Shaanxi	265137		289532		44537
甘 肃	Gansu	138803		134943		37406
青 海	Qinghai	41475		56121		10440
宁 夏	Ningxia	215946	9807	235677		24883
新 疆	Xinjiang	671004	1223	679968		151939

汽车、摩托车、燃料及零配件专门零售 单位：万元

Special Retail of Motor Vehicles, Motorcycles, Fuel and Parts Unit: 10000 yuan

地区	Region	商品购进额 Total Purchases Value	#进口 Imports	商品销售额 Total Sales Value	#出口 Exports	期末商品库存额 Inventory (year-end)
全国	**National Total**	**298592089**	**14279724**	**339634962**	**198107**	**26744759**
北京	Beijing	21812046	323288	22847049	1267	1711492
天津	Tianjin	9613790	231082	10103755	5384	560780
河北	Hebei	6837619	63247	7077839		753848
山西	Shanxi	8136678	177537	11116187		784694
内蒙古	Inner Mongolia	9149077	187265	10465764		1145116
辽宁	Liaoning	12887616	1032189	14102853		1192505
吉林	Jilin	4919980	107320	5612668		367048
黑龙江	Heilongjiang	4118535	60124	4266959		715208
上海	Shanghai	11102283	1199597	11412287	4016	1002386
江苏	Jiangsu	22250909	1282736	24615357	4392	1933448
浙江	Zhejiang	30078014	2226841	32616430	16970	2580337
安徽	Anhui	6745215	160040	7585932		596971
福建	Fujian	9864393	431388	14606511	28	933226
江西	Jiangxi	2795702	149516	3364064	1572	245248
山东	Shandong	22830739	553183	24934627	1033	1694914
河南	Henan	11907972	374753	12919596	36	1036001
湖北	Hubei	8365443	280201	9805365		585153
湖南	Hunan	8659629	313073	13463099		580881
广东	Guangdong	33228755	2812063	38802900	163263	3037645
广西	Guangxi	3468656	219354	3588979		376008
海南	Hainan	2956283	40017	3203756		203480
重庆	Chongqing	6735257	382918	7305454		1084451
四川	Sichuan	13544017	773733	17019036		1150136
贵州	Guizhou	4128655	211643	5011615		383093
云南	Yunnan	7544572	228637	7610654	147	603813
西藏	Tibet	427681		531154		35679
陕西	Shaanxi	6231806	242323	6829427		535682
甘肃	Gansu	3266946	71646	3461172		470394
青海	Qinghai	497977	9298	578390		33376
宁夏	Ningxia	1238180	24091	1315806		146602
新疆	Xinjiang	3247665	110621	3460280		265144

3-2-7 续表 6 Continued 6

家用电器及电子产品专门零售 单位：万元

Special Retail of Household Electric Appliances and Electronic Products Unit: 10000 yuan

地区	Region	商品购进额 Total Purchases Value	#进口 Imports	商品销售额 Total Sales Value	#出口 Exports	期末商品库存额 Inventery (year-end)
全国	**National Total**	**54961395**	**415217**	**60104764**	**33922**	**5481198**
北京	Beijing	7115205	61463	7418746	4931	613277
天津	Tianjin	1003032	4036	1010249		70140
河北	Hebei	1151075		1253252		186023
山西	Shanxi	649530		821020		95446
内蒙古	Inner Mongolia	641575		792415		80523
辽宁	Liaoning	1714928	2865	1968325		163956
吉林	Jilin	525877		559244		40033
黑龙江	Heilongjiang	956516		1072876		116066
上海	Shanghai	3183110	1508	3272077		274475
江苏	Jiangsu	5960845	2350	6640331		447837
浙江	Zhejiang	3421604	25684	3601906		358969
安徽	Anhui	1588848	10800	1777610	56	192077
福建	Fujian	1947676	4562	2016078		208028
江西	Jiangxi	649438		784209		85676
山东	Shandong	4878871	1160	5310890	603	369077
河南	Henan	2247458	1906	2361558	550	213009
湖北	Hubei	2214127	1844	2449969		203240
湖南	Hunan	1167983	534	1336877		83838
广东	Guangdong	5324719	24318	5930227	16497	697094
广西	Guangxi	705478		768204		97194
海南	Hainan	245522		292920		40026
重庆	Chongqing	1501852		1837658		133662
四川	Sichuan	2438864	4783	2839721		263336
贵州	Guizhou	363522	954	398971		37552
云南	Yunnan	937719	265643	852876	4934	167539
西藏	Tibet	24777		20120		5977
陕西	Shaanxi	1490256		1651763	6351	87787
甘肃	Gansu	175828		260563		89690
青海	Qinghai	28520		58068		4172
宁夏	Ningxia	235530		252001		24097
新疆	Xinjiang	471110	808	494041		31382

五金、家具及室内装修材料专门零售
Special Retail of Hardware, Furniture and Decoration Materials

单位：万元
Unit: 10000 yuan

地区	Region	商品购进额 Total Purchases Value	#进口 Imports	商品销售额 Total Sales Value	#出口 Exports	期末商品库存额 Inventory (year-end)
全国	**National Total**	**13960943**	**105019**	**16649059**	**27269**	**1101518**
北京	Beijing	975838	34067	1228045	217	120397
天津	Tianjin	152891		191032		11656
河北	Hebei	113916	880	109739		15722
山西	Shanxi	464085		502819		23981
内蒙古	Inner Mongolia	174527		240092		12084
辽宁	Liaoning	529995		632302		44766
吉林	Jilin	62382		67218		7608
黑龙江	Heilongjiang	79681		85128		12587
上海	Shanghai	475205	7050	661878	1367	72833
江苏	Jiangsu	1178535	839	1367324	808	63654
浙江	Zhejiang	142160	14375	216947	549	23790
安徽	Anhui	475249	21	562701		30638
福建	Fujian	740631		890766		70845
江西	Jiangxi	141475		176666		6075
山东	Shandong	2556416	680	2888352	4233	208417
河南	Henan	508814	3497	640845	2443	37605
湖北	Hubei	594096	2408	740281		49894
湖南	Hunan	322586	36	362272		28009
广东	Guangdong	730667	9965	915664	17533	95955
广西	Guangxi	22851		24192		5111
海南	Hainan	14258		13082		4629
重庆	Chongqing	1899314		2057549		59933
四川	Sichuan	375937		543262	121	31296
贵州	Guizhou	10363		10440		1177
云南	Yunnan	128991		157425		14358
西藏	Tibet					
陕西	Shaanxi	983094	31200	1136674		35444
甘肃	Gansu	14940		22967		2495
青海	Qinghai					
宁夏	Ningxia	5152		5246		892
新疆	Xinjiang	86897		198150		9670

3-2-7 续表 8 Continued 8

无店铺及其他零售 单位：万元

Non-shop and Other Retails Unit: 10000 yuan

地 区	Region	商品购进额 Total Purchases Value	#进口 Imports	商品销售额 Total Sales Value	#出口 Exports	期末商品库存额 Inventery (year-end)
全 国	**National Total**	**14998739**	**434602**	**17739225**	**46449**	**1202786**
北 京	Beijing	2721755	114535	3011303	448	270466
天 津	Tianjin	426404	20786	510759	4515	43868
河 北	Hebei	95155		109186		11800
山 西	Shanxi	298498		363070		48073
内蒙古	Inner Mongolia	256623	422	324908		30216
辽 宁	Liaoning	355463	169	396278	2200	20686
吉 林	Jilin	134491		162067		31137
黑龙江	Heilongjiang	161378	2797	162305		19069
上 海	Shanghai	1787904	26374	1899344	6733	151372
江 苏	Jiangsu	940082		940881		52697
浙 江	Zhejiang	607246		649020	2236	14813
安 徽	Anhui	185344		215695		13366
福 建	Fujian	456739	5303	527113	19803	56040
江 西	Jiangxi	65406		63870		6972
山 东	Shandong	2070032	2751	2553168	952	97551
河 南	Henan	364618	286	424473		22239
湖 北	Hubei	523270		1335444	5276	33893
湖 南	Hunan	646706		815227	3393	24455
广 东	Guangdong	1567612	200216	1759421	521	109971
广 西	Guangxi	234877	28	274967		29355
海 南	Hainan	29485	2316	32487		9343
重 庆	Chongqing	311791	55363	336272		7413
四 川	Sichuan	445569		504839		64110
贵 州	Guizhou	29804	3097	31508		3298
云 南	Yunnan	67673	160	82790	372	4359
西 藏	Tibet	797		768		39
陕 西	Shaanxi	76600		89610		3811
甘 肃	Gansu	62718		76794		10795
青 海	Qinghai	43050		42910		9515
宁 夏	Ningxia	7828		10179		1105
新 疆	Xinjiang	23822		32568		960

3-2-8 限额以上批发和零售业商品销售类值

Sale Values of Enterprises above Designated Size of Wholesale and Retail Trades by Category of Commodities

单位：万元

Unit: 10000 yuan

项 目	Item	合 计 Total Sale Value		批发额 Wholesale Value		零售额 Retail Value	
		2011	2010	2011	2010	2011	2010
1.粮油、食品、饮料、烟酒类	Grain and Oil, Food, Beverages, Tobacco and Liquor	360407406	275131446	259103944	203282461	101303462	71848985
(1)粮油、食品类	Grain and Oil, foods	172003097	124765080	102000511	75198914	70002586	49566166
#粮油类	Grain and Oil	63505135	46511552	46392938	35263873	17112197	11247680
肉禽蛋类	Meat, Poultry and Eggs	20422205	14697530	8585262	6371464	11836944	8326066
(2)饮料类	Beverages	25642956	18627797	15262240	11107511	10380716	7520286
(3)烟酒类	Tobacco and Liquor	162756788	131738569	141839764	116976035	20917024	14762534
2.服装、鞋帽、针纺织品类	Clothing, Shoes, Hats and Textiles	185579935	137257788	106030629	78515427	79549306	58742360
(1)服装类	Clothing	109572694	80512459	52445881	38852283	57126813	41660176
(2)鞋帽类	Shoes and Hats	29053856	22131218	14887686	11351715	14166171	10779503
(3)针、纺织品类	Knitwear and Textiles	46953385	34614111	38697063	28311430	8256322	6302681
3.化妆品类	Cosmetics	17839992	13984734	6811197	5091233	11028795	8893501
4.金银珠宝类	Gold, Silver and Jewellery	33052008	22025375	14680278	9417804	18371730	12607571
5.日用品类	Articles for Daily Use	57778323	44897127	30111817	24571724	27666506	20325403
#洗涤用品类	Washing Articles	13220310	10458036	6111219	5217691	7109091	5240345
儿童玩具类	Children Toys	2522708	1807703	981311	743991	1541397	1063712
6.五金、电料类	Hardware and Electrical Materials	22476982	15840478	16937613	12647430	5539369	3193048
7.体育、娱乐用品类	Sports and Recreation Articles	11539270	10066762	7870800	7079318	3668469	2987444
8.书报杂志类	Newspapers and Magazines	13714682	11427770	5934362	5137206	7780320	6290564
9.电子出版物及音像制品类	E-journals and Video Products	1673165	1766696	711705	934081	961461	832615
10.家用电器和音像器材类	Household Appliances and Video Appliances	120935642	96784306	67186486	56219739	53749156	40564567
11.中西药品类	Traditional Chinese and Western Medicines	118823220	96563200	81647371	66762436	37175848	29800764
#西药类	Western Medicines	82129861	69367409	56766774	47738880	25363087	21628529
中草药及中成药类	Traditional Chinese Medicines	19433173	15459026	13237646	10696261	6195526	4762765
12.文化办公用品类	Cultural and Offices Appliances	68056658	50893152	51762468	39667483	16294190	11225668
13.家具类	Furniture	16025859	10599773	4214755	3553877	11811104	7045896
14.通讯器材类	Communication Appliances	52796936	39143344	42100263	31222895	10696673	7920450
15.煤炭及制品类	Coal and Related Products	217398902	159333702	210718298	155993100	6680604	3340602
16.木材及制品类	Wood and Wooden Products	8425786	6026852	8425786	6026852		
17.石油及制品类	Petroleum and Related Products	634038847	480680622	489665123	376669216	144373424	104011406
18.化工材料及制品类	Chemical Materials and Related Products	192721431	138870995	192721431	138870995		
#化肥类	Fertilizers	31417938	26062341	31417938	26062341		
19.金属材料类	Metal Materials	643258988	448588614	643258988	448588614		
20.建筑及装潢材料类	Building and Decoration Materials	44179248	27101839	30174574	19502704	14004675	7599134
21.机电产品及设备类	Mechanical and Electrical Products	134329867	101563879	126733948	97272006	7595919	4291872
#农机类	Agricultural Machineries	4152355	3112529	4152355	3112529		
22.汽车类	Automobiles	348341518	277587743	139961287	110862109	208380231	166725634
23.种子饲料类	Seeds and Feedstuff	6529951	4934485	6529951	4934485		
24.棉麻类	Cotton, Hemp	15415983	11773144	15299193	11699644	116789	73500
25.其他类	Others	122097126	102595568	110172050	92465366	11925077	10130203

3-2-9 各地区限额以上批发和零售业商品销售类值

Sale Values of Enterprises above Designated Size of Wholesale and Retail Trades by Category of Commodities and Region

粮油、食品、饮料、烟酒类 　　单位：万元

Grain and Oil, Food, Beverages, Tobacco and Liquor 　　Unit: 10000 yuan

地区	Region	合计 Total Sale Value		批发额 Wholesale Value		零售额 Retail Value	
		2011	2010	2011	2010	2011	2010
全国	**National Total**	**360407406**	**275131446**	**259103944**	**203282461**	**101303462**	**71848985**
北京	Beijing	28138218	22383312	22438214	17543892	5700004	4839420
天津	Tianjin	7161672	5114465	5580370	4036712	1581302	1077753
河北	Hebei	7808926	5947620	5451398	4264083	2357528	1683537
山西	Shanxi	5556121	4490106	4205548	3585407	1350574	904699
内蒙古	Inner Mongolia	5333132	4321729	3969643	3312278	1363490	1009451
辽宁	Liaoning	9902114	7120946	6898063	4859335	3004051	2261611
吉林	Jilin	5273228	4490598	3521323	3379054	1751905	1111544
黑龙江	Heilongjiang	7142457	4273833	5540077	3383622	1602380	890211
上海	Shanghai	27025052	22883960	18606034	15804466	8419018	7079495
江苏	Jiangsu	27096562	19587125	17590624	12962865	9505938	6624260
浙江	Zhejiang	25401765	21717292	20353577	17656144	5048188	4061149
安徽	Anhui	10131775	7764921	7060284	5837823	3071491	1927099
福建	Fujian	15787178	12629008	12350171	10187652	3437007	2441357
江西	Jiangxi	4723122	3594593	3734603	2883695	988519	710898
山东	Shandong	34744626	26303610	20608104	15637241	14136521	10666369
河南	Henan	13842872	10730241	9700470	7672917	4142402	3057325
湖北	Hubei	19373598	12667315	9387672	6854378	9985925	5812937
湖南	Hunan	10927234	9350403	7642395	7403943	3284840	1946460
广东	Guangdong	34059404	26338668	26645426	20662474	7413978	5676194
广西	Guangxi	4936139	3839181	4216701	3285183	719437	553998
海南	Hainan	2240643	1767230	1991544	1587352	249099	179879
重庆	Chongqing	12118162	7968038	8406382	5801745	3711780	2166293
四川	Sichuan	12317002	8374157	8971323	6717707	3345679	1656450
贵州	Guizhou	5585956	4001665	4883659	3576259	702297	425406
云南	Yunnan	10480266	7240853	9144141	6503162	1336125	737691
西藏	Tibet	363837	307583	313127	265736	50710	41847
陕西	Shaanxi	5144917	3921555	3420148	2596706	1724769	1324849
甘肃	Gansu	2336887	1706304	1847700	1351573	489187	354731
青海	Qinghai	866520	715910	720878	615625	145642	100285
宁夏	Ningxia	773247	626726	559310	464261	213937	162465
新疆	Xinjiang	3814776	2952497	3345036	2589172	469740	363325

3-2-9 续表 1 Continued 1

粮油、食品类 单位：万元

Grain and Oil, Food Unit: 10000 yuan

地 区	Region	合 计 Total Sale Value		批发额 Wholesale Value		零售额 Retail Value	
		2011	2010	2011	2010	2011	2010
全 国	**National Total**	**172003097**	**124765080**	**102000511**	**75198914**	**70002586**	**49566166**
北 京	Beijing	19509100	15567120	15156842	11880836	4352258	3686284
天 津	Tianjin	5224806	3539459	3994322	2773946	1230484	765514
河 北	Hebei	3289506	2120697	1560702	899170	1728804	1221528
山 西	Shanxi	1490623	954574	608099	372905	882523	581669
内蒙古	Inner Mongolia	2766309	2240489	1675623	1450243	1090686	790247
辽 宁	Liaoning	5549085	3671751	3279587	1959081	2269499	1712670
吉 林	Jilin	3205337	2780586	1894541	1951992	1310796	828594
黑龙江	Heilongjiang	4452252	2014126	3166846	1316816	1285406	697310
上 海	Shanghai	15464004	13004742	9858104	8307827	5605900	4696915
江 苏	Jiangsu	14166992	9835448	7846287	5587857	6320705	4247591
浙 江	Zhejiang	9380165	7684940	5682293	4789513	3697871	2895427
安 徽	Anhui	4231389	3123460	2228788	1795667	2002601	1327793
福 建	Fujian	6519799	5042098	4336821	3498568	2182978	1543530
江 西	Jiangxi	1373473	919107	671195	399392	702278	519716
山 东	Shandong	19832409	14574288	10080343	7155297	9752066	7418991
河 南	Henan	5335350	4070899	2836185	2186105	2499166	1884794
湖 北	Hubei	10403274	6290295	3778342	2352625	6624932	3937670
湖 南	Hunan	3659802	2048286	1486883	816761	2172919	1231525
广 东	Guangdong	17416664	12659085	12162565	8662655	5254099	3996430
广 西	Guangxi	1962706	1522947	1439567	1119196	523138	403751
海 南	Hainan	499629	381304	328515	255678	171114	125627
重 庆	Chongqing	5940209	3646616	3019110	1947037	2921099	1699579
四 川	Sichuan	3793950	2343844	1688088	1228033	2105862	1115811
贵 州	Guizhou	442307	282295	172548	119686	269759	162608
云 南	Yunnan	2431047	1696409	1411532	1168485	1019515	527924
西 藏	Tibet	10496	5882		1	10496	5881
陕 西	Shaanxi	1476177	1107819	359559	221803	1116619	886016
甘 肃	Gansu	518439	325083	217317	129450	301122	195633
青 海	Qinghai	92312	74130	3312	2967	89000	71163
宁 夏	Ningxia	236875	175335	73290	57671	163584	117664
新 疆	Xinjiang	1328612	1061966	983306	791654	345307	270312

3-2-9 续表 2 Continued 2

粮油类
Grain and Oil

单位：万元
Unit: 10000 yuan

地 区	Region	合 计 Total Sale Value		批发额 Wholesale Value		零售额 Retail Value	
		2011	2010	2011	2010	2011	2010
全 国	**National Total**	**63505135**	**46511552**	**46392938**	**35263873**	**17112197**	**11247680**
北 京	Beijing	10335855	8959290	9735684	8394860	600171	564430
天 津	Tianjin	1954195	1999243	1604059	1736348	350136	262895
河 北	Hebei	1469133	815453	1062738	535983	406395	279470
山 西	Shanxi	614397	445899	288782	247331	325616	198568
内蒙古	Inner Mongolia	863602	783869	659336	676034	204265	107836
辽 宁	Liaoning	2905439	1780053	2273980	1336957	631460	443096
吉 林	Jilin	2156318	2073873	1737316	1862939	419002	210934
黑龙江	Heilongjiang	3296252	1350463	2820153	1163815	476099	186649
上 海	Shanghai	4881216	4295442	3627324	3325544	1253892	969898
江 苏	Jiangsu	5352062	3276285	3866535	2398194	1485526	878091
浙 江	Zhejiang	2439873	1887104	1601621	1265942	838252	621162
安 徽	Anhui	1488261	1084268	930093	738628	558168	345640
福 建	Fujian	2192055	1859731	1709423	1547059	482632	312672
江 西	Jiangxi	518912	306234	307170	165368	211743	140866
山 东	Shandong	4803782	3543279	2802150	2010216	2001633	1533064
河 南	Henan	2684922	1848281	1940654	1322808	744269	525473
湖 北	Hubei	2237917	1280610	850006	599205	1387911	681405
湖 南	Hunan	1294396	767042	571089	378066	723307	388976
广 东	Guangdong	5213038	3662745	3943775	2796711	1269262	866035
广 西	Guangxi	293513	280617	171339	197111	122175	83507
海 南	Hainan	177945	156373	121326	112317	56619	44057
重 庆	Chongqing	1924915	1159948	1140307	642456	784608	517492
四 川	Sichuan	1415300	834665	790232	518867	625069	315799
贵 州	Guizhou	175226	110735	90871	59606	84355	51129
云 南	Yunnan	1095490	764935	694883	534203	400606	230732
西 藏	Tibet	6743	3355			6743	3355
陕 西	Shaanxi	619597	426812	176882	114644	442715	312168
甘 肃	Gansu	184914	112327	111648	56561	73266	55766
青 海	Qinghai	23386	20930			23386	20930
宁 夏	Ningxia	54269	44921	29265	23475	25005	21447
新 疆	Xinjiang	832213	576770	734300	502626	97913	74143

3-2-9 续表 3 Continued 3

肉禽蛋类　　　　单位：万元
Meat, Poultry and Eggs　　　　Unit: 10000 yuan

地区	Region	合计 Total Sale Value		批发额 Wholesale Value		零售额 Retail Value	
		2011	2010	2011	2010	2011	2010
全国	**National Total**	**20422205**	**14697530**	**8585262**	**6371464**	**11836944**	**8326066**
北京	Beijing	1205108	1036276	554093	484680	651015	551596
天津	Tianjin	195538	257982	61403	154589	134135	103393
河北	Hebei	325363	217190	63519	31272	261844	185918
山西	Shanxi	137175	121026	26132	13647	111044	107379
内蒙古	Inner Mongolia	205658	149864	75912	53051	129747	96813
辽宁	Liaoning	499262	373828	134726	77343	364537	296486
吉林	Jilin	140196	101875	8191	10239	132005	91636
黑龙江	Heilongjiang	187190	128972	4222	6221	182968	122751
上海	Shanghai	1966255	1435501	904804	684936	1061450	750566
江苏	Jiangsu	1984599	1534587	1025561	775094	959038	759493
浙江	Zhejiang	1091632	807452	592383	414526	499249	392926
安徽	Anhui	436079	278994	85906	59419	350173	219575
福建	Fujian	706811	516485	283350	191895	423461	324590
江西	Jiangxi	198004	153718	96224	71978	101780	81740
山东	Shandong	2349155	1752192	622443	462562	1726713	1289630
河南	Henan	867477	692722	373873	293173	493605	399549
湖北	Hubei	2639341	1414197	1006276	541723	1633065	872474
湖南	Hunan	547988	226154	131474	14363	416514	211791
广东	Guangdong	2775534	2299834	1975524	1685233	800010	614601
广西	Guangxi	159172	118984	103401	70220	55771	48765
海南	Hainan	35008	30608	148	14	34860	30594
重庆	Chongqing	699453	408534	283938	193499	415515	215035
四川	Sichuan	511734	217924	124471	45829	387263	172095
贵州	Guizhou	34500	22238	345		34154	22238
云南	Yunnan	253161	84490	20842	10607	232319	73883
西藏	Tibet	883	695	5		878	695
陕西	Shaanxi	134132	207929	5841	11626	128291	196304
甘肃	Gansu	30476	25828	285		30191	25828
青海	Qinghai	12574	11176			12574	11176
宁夏	Ningxia	30676	21847	9470	6048	21206	15799
新疆	Xinjiang	62070	48429	10501	7681	51569	40749

3-2-9 续表 4 Continued 4

饮料类
Beverages

单位：万元
Unit: 10000 yuan

地　区	Region	合　计 Total Sale Value		批发额 Wholesale Value		零售额 Retail Value	
		2011	2010	2011	2010	2011	2010
全　国	**National Total**	**25642956**	**18627797**	**15262240**	**11107511**	**10380716**	**7520286**
北　京	Beijing	2791074	1989073	2312140	1562144	478934	426928
天　津	Tianjin	166371	151582	36147	29289	130224	122293
河　北	Hebei	278819	199304	11377	8188	267442	191116
山　西	Shanxi	236647	228407	58725	91303	177922	137104
内蒙古	Inner Mongolia	157866	121974	70065	53564	87801	68410
辽　宁	Liaoning	401974	296500	137884	86630	264090	209870
吉　林	Jilin	149212	128840	34065	44330	115147	84510
黑龙江	Heilongjiang	168743	107999	60868	34001	107875	73998
上　海	Shanghai	1678224	1469393	1010507	825148	667717	644246
江　苏	Jiangsu	1591315	1142267	560360	450374	1030955	691893
浙　江	Zhejiang	6269260	4519995	5745473	4096185	523787	423810
安　徽	Anhui	663058	478437	354548	292162	308510	186275
福　建	Fujian	1539930	1210833	745419	653715	794511	557118
江　西	Jiangxi	195800	136872	87675	55188	108125	81684
山　东	Shandong	1577907	1175610	347874	278042	1230033	897568
河　南	Henan	757449	551061	123600	101178	633849	449883
湖　北	Hubei	1235411	899869	253813	235778	981599	664092
湖　南	Hunan	832204	479244	421125	279907	411079	199337
广　东	Guangdong	2489581	1927455	1737132	1342888	752449	584567
广　西	Guangxi	266486	207129	168623	130953	97863	76176
海　南	Hainan	72693	50125	43605	28269	29088	21857
重　庆	Chongqing	343894	259695	102964	92603	240930	167092
四　川	Sichuan	759016	281869	382999	94978	376017	186891
贵　州	Guizhou	127473	84974	90997	63181	36477	21793
云　南	Yunnan	197485	119062	64372	55031	133113	64032
西　藏	Tibet	2084	1558		3	2084	1555
陕　西	Shaanxi	389772	240757	88496	31320	301276	209437
甘　肃	Gansu	129660	35404	100814	12957	28846	22447
青　海	Qinghai	15995	17242	8373	10117	7622	7125
宁　夏	Ningxia	64330	55068	47665	37474	16665	17593
新　疆	Xinjiang	93225	60197	54541	30611	38684	29586

3-2-9 续表 5 Continued 5

烟酒类 单位：万元

Tobacco and Liquor Unit: 10000 yuan

地区	Region	合计 Total Sale Value		批发额 Wholesale Value		零售额 Retail Value	
		2011	2010	2011	2010	2011	2010
全　国	**National Total**	**162756788**	**131738569**	**141839764**	**116976035**	**20917024**	**14762534**
北　京	Beijing	5838044	4827120	4969233	4100912	868811	726208
天　津	Tianjin	1770496	1423424	1549903	1233478	220593	189947
河　北	Hebei	4240600	3627619	3879318	3356725	361282	270894
山　西	Shanxi	3828852	3307125	3538723	3121199	290129	185926
内蒙古	Inner Mongolia	2408957	1959266	2223955	1808472	185002	150794
辽　宁	Liaoning	3951054	3152694	3480592	2813623	470462	339071
吉　林	Jilin	1918678	1581172	1592717	1382732	325962	198440
黑龙江	Heilongjiang	2521462	2151707	2312363	2032805	209099	118902
上　海	Shanghai	9882824	8409825	7737423	6671491	2145401	1738334
江　苏	Jiangsu	11338256	8609409	9183978	6924634	2154278	1684776
浙　江	Zhejiang	9752341	9512358	8925811	8770445	826530	741912
安　徽	Anhui	5237327	4163024	4476948	3749993	760379	413031
福　建	Fujian	7727449	6376078	7267932	6035369	459517	340708
江　西	Jiangxi	3149284	2538614	2974305	2429116	174979	109498
山　东	Shandong	13334310	10553712	10179887	8203902	3154423	2349810
河　南	Henan	7750073	6108282	6740686	5385634	1009387	722648
湖　北	Hubei	7734913	5477151	5355518	4265974	2379395	1211176
湖　南	Hunan	6435228	6822873	5734386	6307275	700842	515598
广　东	Guangdong	14153158	11752128	12745728	10656931	1407430	1095197
广　西	Guangxi	2706947	2109105	2608511	2035034	98436	74071
海　南	Hainan	1668322	1335801	1619424	1303406	48898	32395
重　庆	Chongqing	5834059	4061727	5284308	3762106	549751	299622
四　川	Sichuan	7764036	5748445	6900236	5394696	863800	353748
贵　州	Guizhou	5016176	3634396	4620114	3393391	396062	241005
云　南	Yunnan	7851733	5425382	7668237	5279647	183496	145735
西　藏	Tibet	351257	300144	313127	265732	38130	34412
陕　西	Shaanxi	3278967	2572979	2972093	2343583	306874	229395
甘　肃	Gansu	1688789	1345817	1529571	1209166	159219	136651
青　海	Qinghai	758214	624538	709194	602542	49020	21996
宁　夏	Ningxia	472042	396324	438355	369116	33687	27208
新　疆	Xinjiang	2392939	1830334	2307190	1766907	85750	63427

3-2-9 续表 6 Continued 6

服装、鞋帽、针纺织品类 单位：万元
Clothing, Shoes, Hats and Textiles Unit: 10000 yuan

地区	Region	合计 Total Sale Value		批发额 Wholesale Value		零售额 Retail Value	
		2011	2010	2011	2010	2011	2010
全国	**National Total**	**185579935**	**137257788**	**106030629**	**78515427**	**79549306**	**58742360**
北京	Beijing	10682121	9062327	4488525	4053713	6193596	5008614
天津	Tianjin	4144502	2661593	2871429	1150280	1273073	1511314
河北	Hebei	2836677	2221249	244376	207544	2592301	2013705
山西	Shanxi	1355701	892513	90914	76029	1264787	816484
内蒙古	Inner Mongolia	1435806	1024972	123204	93272	1312602	931701
辽宁	Liaoning	5616631	3980009	1080597	829308	4536033	3150702
吉林	Jilin	2328178	1532484	43049	11687	2285129	1520797
黑龙江	Heilongjiang	3163888	1830971	819228	414617	2344660	1416354
上海	Shanghai	17974189	15122731	12248434	10408803	5725755	4713928
江苏	Jiangsu	27327514	19518526	20181076	14160699	7146437	5357828
浙江	Zhejiang	27032239	20892676	22500365	17255435	4531874	3637241
安徽	Anhui	2847936	2222989	1187308	988547	1660628	1234442
福建	Fujian	12758595	8792504	11115505	7658611	1643091	1133893
江西	Jiangxi	1046193	648155	331431	162815	714762	485340
山东	Shandong	13084185	10510177	4773106	4124351	8311079	6385827
河南	Henan	3459892	2509094	575589	428037	2884303	2081057
湖北	Hubei	4533085	3401539	521200	407402	4011885	2994137
湖南	Hunan	3891174	2005637	1314310	509929	2576865	1495708
广东	Guangdong	23431768	18690501	17108992	13858824	6322776	4831677
广西	Guangxi	858861	664753	135337	109250	723523	555502
海南	Hainan	321359	233597	143735	114261	177624	119336
重庆	Chongqing	2904546	2149536	343175	334506	2561371	1815029
四川	Sichuan	3438825	2499873	771300	659393	2667526	1840480
贵州	Guizhou	498004	409335	34166	38106	463838	371229
云南	Yunnan	3038654	579291	2014779	126611	1023874	452680
西藏	Tibet	11620	5282	6	18	11613	5264
陕西	Shaanxi	3885447	1967145	687454	171948	3197993	1795197
甘肃	Gansu	386229	290545	5548	4997	380681	285548
青海	Qinghai	121848	82832	24848	4500	97000	78332
宁夏	Ningxia	311769	260446	36863	50362	274906	210083
新疆	Xinjiang	852502	594506	214780	101575	637723	492932

3-2-9 续表 7 Continued 7

服装类
Clothing

单位：万元
Unit: 10000 yuan

地　区	Region	合　计 Total Sale Value		批发额 Wholesale Value		零售额 Retail Value	
		2011	2010	2011	2010	2011	2010
全　国	**National Total**	**109572694**	**80512459**	**52445881**	**38852283**	**57126813**	**41660176**
北　京	Beijing	6971764	5658485	2280025	1922738	4691739	3735747
天　津	Tianjin	3234680	1938965	2267103	709919	967576	1229046
河　北	Hebei	1744046	1366535	108352	98087	1635694	1268449
山　西	Shanxi	937664	607977	74717	73772	862947	534205
内蒙古	Inner Mongolia	924680	666696	74181	57499	850499	609197
辽　宁	Liaoning	4034490	2850984	760332	633753	3274158	2217231
吉　林	Jilin	1553219	1029276	30928	6052	1522291	1023224
黑龙江	Heilongjiang	2036258	1195973	292760	124870	1743498	1071103
上　海	Shanghai	11900782	10119977	7086013	6356099	4814770	3763878
江　苏	Jiangsu	13119082	10354382	8094393	6560328	5024689	3794053
浙　江	Zhejiang	11534634	9348927	8018532	6538108	3516102	2810820
安　徽	Anhui	1674136	1263558	570675	465242	1103461	798316
福　建	Fujian	5814310	4152475	4760648	3412020	1053663	740456
江　西	Jiangxi	758474	419243	267707	108278	490767	310965
山　东	Shandong	7606415	6248926	2292570	2121439	5313844	4127487
河　南	Henan	2256051	1619584	300879	238994	1955172	1380589
湖　北	Hubei	3090635	2327936	297305	255373	2793330	2072562
湖　南	Hunan	2848834	1315648	1060136	332628	1788699	983020
广　东	Guangdong	15253294	11331884	10613901	7860628	4639393	3471255
广　西	Guangxi	579916	445161	66785	63765	513131	381396
海　南	Hainan	166602	107228	44496	24162	122107	83065
重　庆	Chongqing	2192623	1497233	200597	193365	1992027	1303868
四　川	Sichuan	2377523	1720805	579526	175333	1797997	1245472
贵　州	Guizhou	376411	307828	23694	27748	352718	280080
云　南	Yunnan	2317732	379435	1536515	35613	781217	343822
西　藏	Tibet	6666	3123	6	14	6660	3109
陕　西	Shaanxi	3169526	1429968	613965	106000	2555560	1323968
甘　肃	Gansu	263968	199701	5366	4230	258602	195472
青　海	Qinghai	70586	54933	6345	1269	64241	53664
宁　夏	Ningxia	194953	143754	21190	10102	173763	133652
新　疆	Xinjiang	562741	405860	96241	34854	466500	371006

3-2-9 续表 8 Continued 8

鞋帽类
Shoes and Hats

单位：万元
Unit: 10000 yuan

地区	Region	合计 Total Sale Value		批发额 Wholesale Value		零售额 Retail Value	
		2011	2010	2011	2010	2011	2010
全国	**National Total**	**29053856**	**22131218**	**14887686**	**11351715**	**14166171**	**10779503**
北京	Beijing	1977362	1850997	893900	970661	1083462	880336
天津	Tianjin	449511	396140	212349	176267	237162	219873
河北	Hebei	592551	466981	28506	25609	564044	441373
山西	Shanxi	256013	156617	14745	837	241268	155780
内蒙古	Inner Mongolia	336129	231373	32713	23997	303416	207376
辽宁	Liaoning	908701	698067	83794	72314	824908	625753
吉林	Jilin	443220	280722	182	233	443038	280489
黑龙江	Heilongjiang	940843	546334	483352	280419	457492	265915
上海	Shanghai	1541067	1466049	965202	893202	575865	572847
江苏	Jiangsu	3438679	2563530	2137021	1606241	1301658	957290
浙江	Zhejiang	3330294	2630165	2730104	2101022	600190	529143
安徽	Anhui	553961	419418	210356	160378	343605	259040
福建	Fujian	4318236	3092849	3960744	2845079	357492	247770
江西	Jiangxi	143800	118898	10766	8077	133034	110821
山东	Shandong	2698053	1973666	969592	657647	1728460	1316019
河南	Henan	641342	470737	54039	37052	587303	433684
湖北	Hubei	875900	636971	143201	93469	732699	543502
湖南	Hunan	558426	359517	69336	53233	489089	306283
广东	Guangdong	2590143	2064899	1535825	1173594	1054317	891304
广西	Guangxi	186755	155741	44964	40030	141791	115711
海南	Hainan	40517	26086	6288	3729	34229	22357
重庆	Chongqing	394514	386943	13247	25476	381267	361467
四川	Sichuan	693963	462470	81273	72938	612690	389532
贵州	Guizhou	82201	68105	3262	1974	78939	66131
云南	Yunnan	344195	83986	187130	10965	157065	73022
西藏	Tibet	3876	1696			3876	1696
陕西	Shaanxi	448357	329998	10336	13632	438020	316366
甘肃	Gansu	68141	52047	86	1	68055	52046
青海	Qinghai	22060	15566			22060	15566
宁夏	Ningxia	53895	41431	955	793	52940	40638
新疆	Xinjiang	121157	83218	4419	2845	116738	80373

3-2-9 续表 9 Continued 9

针、纺织品类 单位：万元

Knitwear and Textiles Unit: 10000 yuan

地区	Region	合计 Total Sale Value 2011	2010	批发额 Wholesale Value 2011	2010	零售额 Retail Value 2011	2010
全国	**National Total**	**46953385**	**34614111**	**38697063**	**28311430**	**8256322**	**6302681**
北京	Beijing	1732994	1552845	1314600	1160314	418394	392531
天津	Tianjin	460312	326489	391977	264094	68335	62395
河北	Hebei	500081	387732	107518	83849	392563	303884
山西	Shanxi	162024	127919	1453	1421	160571	126498
内蒙古	Inner Mongolia	174997	126904	16310	11776	158688	115128
辽宁	Liaoning	673440	430959	236472	123241	436968	307718
吉林	Jilin	331738	222486	11938	5402	319800	217084
黑龙江	Heilongjiang	186787	88665	43117	9327	143670	79337
上海	Shanghai	4532339	3536705	4197219	3159502	335120	377203
江苏	Jiangsu	10769752	6600615	9949661	5994130	820091	606485
浙江	Zhejiang	12167311	8913584	11751729	8616305	415582	297278
安徽	Anhui	619840	540013	406278	362928	213562	177085
福建	Fujian	2626049	1547179	2394113	1401512	231936	145667
江西	Jiangxi	143920	110014	52959	46459	90961	63555
山东	Shandong	2779717	2287585	1510943	1345265	1268774	942321
河南	Henan	562499	418774	220671	151990	341828	266784
湖北	Hubei	566550	436633	80694	58560	485856	378073
湖南	Hunan	483915	330472	184838	124068	299077	206405
广东	Guangdong	5588331	5293719	4959266	4824601	629065	469118
广西	Guangxi	92190	63851	23589	5455	68602	58396
海南	Hainan	114240	100284	92951	86370	21289	13914
重庆	Chongqing	317409	265360	129331	115665	188078	149695
四川	Sichuan	367340	316598	110501	111122	256839	205476
贵州	Guizhou	39392	33401	7211	8384	32181	25018
云南	Yunnan	376727	115870	291135	80033	85592	35836
西藏	Tibet	1078	463		4	1078	459
陕西	Shaanxi	267564	207179	63152	52316	204412	154863
甘肃	Gansu	54121	38797	96	767	54025	38030
青海	Qinghai	29202	12333	18503	3231	10699	9102
宁夏	Ningxia	62920	75261	14718	39467	48203	35794
新疆	Xinjiang	168605	105428	114120	63875	54485	41553

3-2-9 续表 10 Continued 10

化妆品类 Cosmetics

单位：万元 Unit: 10000 yuan

地区	Region	合计 Total Sale Value 2011	2010	批发额 Wholesale Value 2011	2010	零售额 Retail Value 2011	2010
全国	**National Total**	**17839992**	**13984734**	**6811197**	**5091233**	**11028795**	**8893501**
北京	Beijing	1878066	1427774	558250	389877	1319816	1037897
天津	Tianjin	285131	242365	91909	81278	193222	161087
河北	Hebei	360685	282657	43371	33857	317314	248800
山西	Shanxi	136813	95836	9047	6674	127766	89163
内蒙古	Inner Mongolia	101942	69844	155	357	101787	69487
辽宁	Liaoning	598017	453668	66972	62638	531045	391030
吉林	Jilin	188615	112542	2206	99	186409	112443
黑龙江	Heilongjiang	224649	166127	29856	28827	194793	137300
上海	Shanghai	4745364	4028450	3408394	2761299	1336970	1267150
江苏	Jiangsu	1177715	922512	222293	211910	955423	710603
浙江	Zhejiang	934824	674738	315399	161619	619425	513119
安徽	Anhui	596999	469299	329961	274834	267038	194465
福建	Fujian	214687	184907	18938	16216	195749	168691
江西	Jiangxi	74336	60730	3100	399	71236	60331
山东	Shandong	1059030	860773	167594	156527	891436	704246
河南	Henan	489152	334567	56720	8003	432432	326563
湖北	Hubei	655617	595584	94065	82028	561552	513556
湖南	Hunan	356627	257979	46022	30359	310605	227620
广东	Guangdong	1924357	1388218	998700	562166	925657	826052
广西	Guangxi	127079	98812	27145	19638	99934	79174
海南	Hainan	105379	39301	11310	7740	94070	31561
重庆	Chongqing	279200	220201	40967	27094	238233	193107
四川	Sichuan	482318	346355	115894	61310	366424	285046
贵州	Guizhou	58527	51523	124	5744	58404	45780
云南	Yunnan	195030	133247	56834	22672	138196	110575
西藏	Tibet	4906	3842			4906	3842
陕西	Shaanxi	321119	263188	34142	31677	286977	231512
甘肃	Gansu	81318	58122	29784	21110	51535	37013
青海	Qinghai	17349	14550			17349	14550
宁夏	Ningxia	30057	24265	56	120	30001	24145
新疆	Xinjiang	135089	102757	31997	25162	103093	77595

金银珠宝类 单位：万元
Gold, Silver and Jewellery Unit: 10000 yuan

地区	Region	合计 Total Sale Value		批发额 Wholesale Value		零售额 Retail Value	
		2011	2010	2011	2010	2011	2010
全国	**National Total**	**33052008**	**22025375**	**14680278**	**9417804**	**18371730**	**12607571**
北京	Beijing	7585403	5210848	4411447	3238468	3173956	1972380
天津	Tianjin	402245	246189	39106	12209	363140	233980
河北	Hebei	513935	333122	19465	972	494470	332150
山西	Shanxi	352305	288605	5376	69154	346928	219452
内蒙古	Inner Mongolia	421292	172072	259743	61797	161548	110276
辽宁	Liaoning	1078413	706950	35918	85335	1042496	621615
吉林	Jilin	323418	163743	338		323080	163743
黑龙江	Heilongjiang	332351	199795	6293	2333	326058	197462
上海	Shanghai	5061143	4565424	3549500	2659572	1511642	1905852
江苏	Jiangsu	2949001	1852694	885393	445620	2063609	1407075
浙江	Zhejiang	1506298	1005906	413404	270662	1092894	735244
安徽	Anhui	532033	339436	121012	80330	411021	259107
福建	Fujian	380570	336080	37859	113764	342711	222316
江西	Jiangxi	155317	103071	6070	4347	149246	98724
山东	Shandong	2297990	1643605	685437	542065	1612553	1101540
河南	Henan	381335	269888	4547	2846	376788	267042
湖北	Hubei	1049058	523523	238429	29880	810629	493642
湖南	Hunan	442907	267550	20476	22676	422431	244874
广东	Guangdong	4840376	2211294	3591010	1514934	1249366	696361
广西	Guangxi	147247	90549	3185	1237	144062	89312
海南	Hainan	77758	50050	17740	19172	60018	30878
重庆	Chongqing	598234	360985	230993	121436	367241	239549
四川	Sichuan	340072	211010	22139	15869	317933	195141
贵州	Guizhou	62529	43480			62529	43480
云南	Yunnan	264628	214918	26392	62297	238236	152621
西藏	Tibet	4019	1803			4019	1803
陕西	Shaanxi	495439	325121	12414	14093	483025	311028
甘肃	Gansu	150374	102217	33258	22487	117116	79730
青海	Qinghai	22969	13050			22969	13050
宁夏	Ningxia	97836	62818	796	1330	97040	61488
新疆	Xinjiang	185515	109579	2539	2921	182976	106658

3-2-9 续表 12 Continued 12

日用品类
Articles for Daily Use

单位：万元
Unit: 10000 yuan

地区	Region	合计 Total Sale Value		批发额 Wholesale Value		零售额 Retail Value	
		2011	2010	2011	2010	2011	2010
全国	**National Total**	**57778323**	**44897127**	**30111817**	**24571724**	**27666506**	**20325403**
北京	Beijing	4315265	3361165	2042496	1687049	2272769	1674116
天津	Tianjin	621654	519035	170662	97131	450992	421903
河北	Hebei	743852	562196	103582	91081	640271	471115
山西	Shanxi	308415	195537	35662	20712	272753	174825
内蒙古	Inner Mongolia	297333	242299	47639	49640	249694	192659
辽宁	Liaoning	1458624	1017149	332436	266653	1126189	750496
吉林	Jilin	420896	316686	22275	25023	398621	291664
黑龙江	Heilongjiang	770612	510772	284335	106150	486277	404622
上海	Shanghai	8723864	7802544	5833550	5126398	2890314	2676146
江苏	Jiangsu	4598887	2854789	1935786	1244000	2663101	1610789
浙江	Zhejiang	7987386	6864557	6339011	5534554	1648375	1330003
安徽	Anhui	1900604	1555763	1321574	1142612	579030	413152
福建	Fujian	2218137	1667292	1316920	994067	901218	673226
江西	Jiangxi	363537	327027	126504	139772	237033	187255
山东	Shandong	3683873	3196493	763775	839206	2920098	2357287
河南	Henan	1529111	1091428	269020	210360	1260091	881068
湖北	Hubei	1756053	1264150	359067	250656	1396986	1013494
湖南	Hunan	918365	585163	160815	119013	757550	466150
广东	Guangdong	10089827	7625306	7174991	5695268	2914836	1930038
广西	Guangxi	480053	345569	188668	146585	291384	198984
海南	Hainan	187221	124532	69266	71516	117955	53016
重庆	Chongqing	1278280	807089	337587	198818	940694	608271
四川	Sichuan	1167191	772601	359809	239320	807382	533281
贵州	Guizhou	148472	83066	15710	716	132763	82350
云南	Yunnan	635049	337628	288766	148796	346284	188831
西藏	Tibet	6880	5592	4	6	6876	5586
陕西	Shaanxi	717326	537421	128741	71338	588585	466084
甘肃	Gansu	127752	84760	23307	15356	104445	69403
青海	Qinghai	36132	30572	2426	2433	33707	28138
宁夏	Ningxia	68843	51850	1351	2391	67492	49459
新疆	Xinjiang	218831	157096	56086	35105	162745	121991

3-2-9 续表 13 Continued 13

洗涤用品类
Washing Articles

单位：万元
Unit: 10000 yuan

地区	Region	合计 Total Sale Value		批发额 Wholesale Value		零售额 Retail Value	
		2011	2010	2011	2010	2011	2010
全国	**National Total**	**13220310**	**10458036**	**6111219**	**5217691**	**7109091**	**5240345**
北京	Beijing	644313	545466	293958	279301	350355	266164
天津	Tianjin	177546	167636	28596	21226	148950	146410
河北	Hebei	233175	174678	28305	9483	204869	165194
山西	Shanxi	116824	79067	13755	8606	103069	70460
内蒙古	Inner Mongolia	101050	75803	11509	11403	89541	64401
辽宁	Liaoning	252019	206674	29170	21018	222849	185656
吉林	Jilin	82157	68218	10418	16574	71739	51643
黑龙江	Heilongjiang	99640	74811	5708	3264	93932	71547
上海	Shanghai	640642	493575	347577	280432	293065	213143
江苏	Jiangsu	1177133	813606	374545	286180	802588	527426
浙江	Zhejiang	1729268	1623906	1274318	1264478	454950	359428
安徽	Anhui	633938	513044	466049	400044	167888	113000
福建	Fujian	469586	349407	149165	115857	320420	233550
江西	Jiangxi	143076	125314	31153	40016	111922	85298
山东	Shandong	1060291	778825	257166	169445	803125	609380
河南	Henan	308860	231467	59328	34450	249532	197018
湖北	Hubei	535590	361683	141884	91908	393706	269774
湖南	Hunan	348251	236438	47174	28739	301078	207699
广东	Guangdong	2655015	2320974	1838639	1669796	816376	651178
广西	Guangxi	154889	122435	50880	39958	104009	82477
海南	Hainan	79095	67625	46825	44636	32271	22988
重庆	Chongqing	360437	183263	81869	75763	278568	107501
四川	Sichuan	506887	337134	256907	162765	249980	174369
贵州	Guizhou	65704	34383	14805	135	50899	34248
云南	Yunnan	245014	160858	127653	74404	117361	86454
西藏	Tibet	2172	1988			2172	1988
陕西	Shaanxi	261082	206097	99906	50399	161176	155698
甘肃	Gansu	41996	32361	3957	3262	38039	29099
青海	Qinghai	7084	6767	2616	2389	4468	4378
宁夏	Ningxia	13370	7089	48	177	13322	6912
新疆	Xinjiang	74207	57447	17337	11583	56870	45864

3-2-9 续表 14 Continued 14

儿童玩具类
Children Toys

单位：万元
Unit: 10000 yuan

地 区	Region	合 计 Total Sale Value		批发额 Wholesale Value		零售额 Retail Value	
		2011	2010	2011	2010	2011	2010
全 国	**National Total**	**2522708**	**1807703**	**981311**	**743991**	**1541397**	**1063712**
北 京	Beijing	99357	83557	24568	23299	74789	60259
天 津	Tianjin	18487	16223	1498	854	16989	15368
河 北	Hebei	57315	41910	411	606	56904	41305
山 西	Shanxi	28099	19195	588	296	27511	18899
内蒙古	Inner Mongolia	16538	10612	182	77	16356	10535
辽 宁	Liaoning	81526	43030	176	139	81350	42890
吉 林	Jilin	13207	7882	59	42	13147	7840
黑龙江	Heilongjiang	12482	6371	55	3	12427	6368
上 海	Shanghai	230058	188867	118501	121577	111557	67291
江 苏	Jiangsu	478969	244716	288403	154042	190566	90674
浙 江	Zhejiang	242640	208000	170112	146851	72528	61149
安 徽	Anhui	44942	32045	10746	7921	34196	24124
福 建	Fujian	71008	59569	29217	28725	41791	30845
江 西	Jiangxi	15358	15201	750	184	14609	15017
山 东	Shandong	248801	184357	43658	32150	205143	152207
河 南	Henan	63190	49395	2313	2269	60877	47126
湖 北	Hubei	74179	57194	4559	5083	69620	52111
湖 南	Hunan	66263	45941	3742	3439	62521	42503
广 东	Guangdong	389618	326130	225151	195231	164467	130899
广 西	Guangxi	8465	7448	76	56	8389	7392
海 南	Hainan	4935	2975	50	26	4885	2948
重 庆	Chongqing	44892	26525	14280	4691	30612	21834
四 川	Sichuan	51567	32072	1946	1561	49621	30511
贵 州	Guizhou	8183	5899	4		8179	5899
云 南	Yunnan	39201	11443	17843	210	21358	11233
西 藏	Tibet	55	22			55	22
陕 西	Shaanxi	89392	65984	15010	9784	74382	56200
甘 肃	Gansu	4739	2349	11		4728	2349
青 海	Qinghai	822	466			822	466
宁 夏	Ningxia	1663	725	1	55	1662	670
新 疆	Xinjiang	16758	11602	7402	4823	9356	6779

3-2-9 续表 15 Continued 15

五金、电料类

Hardware and Electrical Materials

单位：万元

Unit: 10000 yuan

地 区 Region	合 计 Total Sale Value		批发额 Wholesale Value		零售额 Retail Value	
	2011	2010	2011	2010	2011	2010
全 国 National Total	**22476982**	**15840478**	**16937613**	**12647430**	**5539369**	**3193048**
北 京 Beijing	1205838	833427	1078448	714003	127390	119424
天 津 Tianjin	698887	653208	642884	574857	56003	78351
河 北 Hebei	189899	136541	111712	84808	78187	51733
山 西 Shanxi	156596	101958	39461	41321	117136	60637
内蒙古 Inner Mongolia	74111	54464	15313	11331	58798	43133
辽 宁 Liaoning	1014249	424233	511288	260483	502962	163750
吉 林 Jilin	70166	34009	11093	11046	59072	22964
黑龙江 Heilongjiang	85687	109369	7208	19352	78479	90016
上 海 Shanghai	3646709	2522746	3471364	2323278	175345	199468
江 苏 Jiangsu	2716150	1491876	2063549	1148745	652601	343131
浙 江 Zhejiang	3764415	3464547	3639412	3367924	125003	96624
安 徽 Anhui	132814	62773	58512	32959	74301	29814
福 建 Fujian	873840	580128	791735	518256	82105	61871
江 西 Jiangxi	44508	11863	28015	1342	16493	10521
山 东 Shandong	1954814	1151799	730744	449337	1224071	702463
河 南 Henan	528116	398522	160718	129330	367398	269192
湖 北 Hubei	613062	212060	109294	68072	503769	143988
湖 南 Hunan	261235	103533	91430	42995	169805	60538
广 东 Guangdong	3325988	2654085	2874547	2410370	451441	243715
广 西 Guangxi	33608	28564	11717	14499	21891	14064
海 南 Hainan	51429	38708	40299	27582	11131	11126
重 庆 Chongqing	445347	317212	199402	134974	245945	182239
四 川 Sichuan	101129	70643	37767	45241	63363	25402
贵 州 Guizhou	16960	13339	11878	8197	5082	5142
云 南 Yunnan	115143	120357	75771	96606	39371	23751
西 藏 Tibet		3				3
陕 西 Shaanxi	281354	215861	78064	90842	203290	125019
甘 肃 Gansu	20319	5561	5089	1901	15230	3659
青 海 Qinghai	1226	3430	32	1	1194	3429
宁 夏 Ningxia	7828	4985	5801	3662	2027	1323
新 疆 Xinjiang	45557	20675	35068	14115	10489	6559

3-2-9 续表 16 Continued 16

体育、娱乐用品类 单位：万元

Sports and Recreation Articles Unit: 10000 yuan

地 区	Region	合 计 Total Sale Value		批发额 Wholesale Value		零售额 Retail Value	
		2011	2010	2011	2010	2011	2010
全 国	**National Total**	**11539270**	**10066762**	**7870800**	**7079318**	**3668469**	**2987444**
北 京	Beijing	5655822	4895146	4909812	4308541	746011	586605
天 津	Tianjin	127104	113077	85441	70939	41663	42138
河 北	Hebei	85746	68354	2171	2789	83575	65566
山 西	Shanxi	61272	52371	24412	25156	36860	27215
内蒙古	Inner Mongolia	46105	31883	954	983	45150	30900
辽 宁	Liaoning	156109	122005	22441	20665	133669	101340
吉 林	Jilin	64457	73871	134	89	64322	73781
黑龙江	Heilongjiang	67651	46456	138	156	67512	46300
上 海	Shanghai	606377	611420	274874	279640	331503	331780
江 苏	Jiangsu	1147693	902308	644127	532834	503567	369474
浙 江	Zhejiang	382375	355475	249483	230052	132892	125423
安 徽	Anhui	112359	84539	37519	35179	74841	49361
福 建	Fujian	189520	189165	120710	116060	68810	73105
江 西	Jiangxi	30227	15169	14440	1604	15787	13565
山 东	Shandong	313394	257423	52940	45645	260454	211779
河 南	Henan	108018	97317	16487	16337	91530	80980
湖 北	Hubei	154577	106395	3535	6321	151042	100074
湖 南	Hunan	104864	81519	23856	24442	81008	57077
广 东	Guangdong	1570120	1539176	1311821	1313493	258299	225682
广 西	Guangxi	52544	32249	20246	3360	32298	28888
海 南	Hainan	9941	6493	114	1	9827	6492
重 庆	Chongqing	74273	58122	7433	4507	66841	53615
四 川	Sichuan	74949	83920	6416	18553	68533	65367
贵 州	Guizhou	17586	17944	274	493	17312	17451
云 南	Yunnan	53050	44425	8233	9129	44816	35297
西 藏	Tibet	255	242			255	242
陕 西	Shaanxi	216096	135036	30958	8795	185138	126241
甘 肃	Gansu	13281	9073	5	74	13276	8998
青 海	Qinghai	4333	3412			4333	3412
宁 夏	Ningxia	14749	9934	219	311	14531	9623
新 疆	Xinjiang	24423	22845	1607	3170	22815	19675

3-2-9 续表 17 Continued 17

书报杂志类 单位：万元

Newspapers and Magazines Unit: 10000 yuan

地区	Region	合计 Total Sale Value		批发额 Wholesale Value		零售额 Retail Value	
		2011	2010	2011	2010	2011	2010
全国	**National Total**	**13714682**	**11427770**	**5934362**	**5137206**	**7780320**	**6290564**
北京	Beijing	1948885	1150313	779907	458041	1168978	692272
天津	Tianjin	136337	90402	87890	41355	48447	49047
河北	Hebei	435504	349768	256861	201732	178643	148036
山西	Shanxi	332566	252319	142115	91880	190451	160440
内蒙古	Inner Mongolia	49165	43525	9119	5838	40046	37687
辽宁	Liaoning	227360	188206	68392	59298	158967	128908
吉林	Jilin	144828	134892	50509	55727	94319	79164
黑龙江	Heilongjiang	176450	133745	82182	53406	94268	80339
上海	Shanghai	291607	327395	153195	172258	138411	155138
江苏	Jiangsu	1104242	1015956	384673	370696	719570	645260
浙江	Zhejiang	652538	616954	265267	252174	387270	364780
安徽	Anhui	588994	521123	286711	267368	302283	253755
福建	Fujian	470830	466111	186886	166573	283944	299539
江西	Jiangxi	385227	362571	189422	155716	195806	206855
山东	Shandong	1092607	976352	502266	508002	590342	468351
河南	Henan	605245	531692	267443	234650	337802	297042
湖北	Hubei	687382	493243	267604	203761	419779	289482
湖南	Hunan	1129958	746157	410367	344944	719591	401213
广东	Guangdong	753139	776700	487827	508856	265311	267845
广西	Guangxi	205464	215123	99559	111316	105905	103807
海南	Hainan	72564	101464	46528	70725	26036	30740
重庆	Chongqing	385381	342911	212294	187735	173086	155176
四川	Sichuan	446838	390608	70659	63396	376180	327212
贵州	Guizhou	206211	181012	126381	119692	79830	61320
云南	Yunnan	345348	313452	168754	148366	176594	165086
西藏	Tibet	1659	1540	35		1623	1540
陕西	Shaanxi	369501	293628	120157	88543	249344	205086
甘肃	Gansu	138800	120443	49416	55729	89384	64713
青海	Qinghai	14096	14089	10864	9403	3232	4687
宁夏	Ningxia	34102	31057	14882	13978	19221	17079
新疆	Xinjiang	281857	245018	136198	116052	145659	128966

3-2-9 续表 18 Continued 18

电子出版物及音像制品类 单位：万元

E-journals and Video Products Unit: 10000 yuan

地区	Region	合计 Total Sale Value		批发额 Wholesale Value		零售额 Retail Value	
		2011	2010	2011	2010	2011	2010
全国	**National Total**	**1673165**	**1766696**	**711705**	**934081**	**961461**	**832615**
北京	Beijing	483576	781925	292793	421079	190783	360846
天津	Tianjin	11644	11947	2260	4326	9384	7621
河北	Hebei	23768	20526	1163	1335	22605	19191
山西	Shanxi	14985	14196	5427	8306	9559	5890
内蒙古	Inner Mongolia	7402	5090		97	7402	4993
辽宁	Liaoning	35671	22891	11236	6397	24434	16494
吉林	Jilin	18520	13793	59	84	18461	13708
黑龙江	Heilongjiang	10189	8429	1239	972	8951	7457
上海	Shanghai	73563	189146	26981	166208	46582	22939
江苏	Jiangsu	151635	57372	28672	21943	122963	35429
浙江	Zhejiang	53345	53410	25523	24288	27822	29122
安徽	Anhui	32753	30838	17729	17558	15024	13279
福建	Fujian	54760	17186	42437	6066	12323	11120
江西	Jiangxi	46473	9655	4260	370	42213	9285
山东	Shandong	108629	75357	10198	8493	98431	66865
河南	Henan	26440	23753	1431	4336	25010	19417
湖北	Hubei	33407	15862	3890	2784	29516	13079
湖南	Hunan	29710	15144	1434	1684	28276	13460
广东	Guangdong	245278	231164	181931	163801	63347	67364
广西	Guangxi	25441	17311	14851	9746	10590	7565
海南	Hainan	12665	3402	2013		10652	3402
重庆	Chongqing	42477	48225	14120	20967	28357	27258
四川	Sichuan	53521	54220	12029	18631	41492	35589
贵州	Guizhou	3813	2635	733	700	3080	1934
云南	Yunnan	15091	28496	9150	23132	5941	5365
西藏	Tibet	36	27			36	27
陕西	Shaanxi	9680	7499	53	29	9627	7470
甘肃	Gansu	24514	3357	62	7	24452	3350
青海	Qinghai	2471	224			2471	224
宁夏	Ningxia	1725	852		4	1725	849
新疆	Xinjiang	19986	2767	32	742	19955	2026

3-2-9 续表 19 Continued 19

家用电器和音像器材类 单位：万元

Household Appliances and Video Appliances Unit: 10000 yuan

地区	Region	合计 Total Sale Value		批发额 Wholesale Value		零售额 Retail Value	
		2011	2010	2011	2010	2011	2010
全国	**National Total**	**120935642**	**96784306**	**67186486**	**56219739**	**53749156**	**40564567**
北京	Beijing	9984622	9587390	7613168	7694293	2371454	1893097
天津	Tianjin	1410907	1229687	517805	473471	893102	756216
河北	Hebei	2416742	1623887	448269	332640	1968473	1291247
山西	Shanxi	1100842	803571	261893	254151	838949	549420
内蒙古	Inner Mongolia	769646	678500	154169	207734	615477	470766
辽宁	Liaoning	2808940	2264714	736101	636689	2072840	1628025
吉林	Jilin	1184187	856430	167915	111638	1016273	744793
黑龙江	Heilongjiang	1284293	1078158	211683	300976	1072610	777182
上海	Shanghai	9557464	8879068	5859817	5360000	3697647	3519068
江苏	Jiangsu	15686873	12609917	9972856	7991504	5714017	4618413
浙江	Zhejiang	8089836	6218022	5003324	3557841	3086512	2660182
安徽	Anhui	4924431	2751692	3115713	1573425	1808718	1178268
福建	Fujian	2995828	2396086	1357448	1148586	1638380	1247500
江西	Jiangxi	1438601	914095	798472	497828	640129	416268
山东	Shandong	10081811	7416205	4199911	3158427	5881900	4257778
河南	Henan	4508094	3302340	2028144	1537226	2479949	1765114
湖北	Hubei	3641847	2701947	703473	867351	2938374	1834597
湖南	Hunan	2910265	1931459	952109	739638	1958156	1191821
广东	Guangdong	13741154	12214301	8740518	7902205	5000636	4312096
广西	Guangxi	1514474	1191843	806549	619844	707925	571998
海南	Hainan	369714	322113	163461	141421	206252	180692
重庆	Chongqing	12740928	10344244	10727170	8965945	2013758	1378299
四川	Sichuan	3061396	1557087	675357	305355	2386040	1251731
贵州	Guizhou	663840	428158	352585	213116	311255	215042
云南	Yunnan	935948	818194	400235	406554	535713	411640
西藏	Tibet	12577	9828			12577	9828
陕西	Shaanxi	1700831	1177755	473187	309851	1227644	867904
甘肃	Gansu	703388	937477	551138	800237	152250	137239
青海	Qinghai	71715	63771	6166	601	65549	63171
宁夏	Ningxia	166890	165287	20339	24580	146551	140707
新疆	Xinjiang	457558	311083	167511	86616	290048	224467

3-2-9 续表 20 Continued 20

中西药品类
Traditional Chinese and Western Medicines

单位：万元
Unit: 10000 yuan

地　区	Region	合　计 Total Sale Value		批发额 Wholesale Value		零售额 Retail Value	
		2011	2010	2011	2010	2011	2010
全　国	**National Total**	**118823220**	**96563200**	**81647371**	**66762436**	**37175848**	**29800764**
北　京	Beijing	10368191	8289786	5983877	5170770	4384315	3119016
天　津	Tianjin	3445771	2943043	3247959	2655514	197812	287529
河　北	Hebei	4035662	3163900	3202459	2607642	833203	556258
山　西	Shanxi	1270294	972139	908193	694045	362101	278094
内蒙古	Inner Mongolia	466544	390571	304234	239150	162310	151421
辽　宁	Liaoning	4775507	3700235	3115426	2523647	1660081	1176588
吉　林	Jilin	901990	767276	574527	548315	327463	218961
黑龙江	Heilongjiang	2168380	1788628	1337926	1172961	830454	615666
上　海	Shanghai	8704112	7633937	6077324	4657966	2626788	2975971
江　苏	Jiangsu	10845089	8430230	6865327	5394140	3979763	3036090
浙　江	Zhejiang	9171380	7521730	5111220	4039921	4060160	3481809
安　徽	Anhui	6162656	4641140	4277820	3376755	1884835	1264385
福　建	Fujian	2525500	2427584	1982923	1806739	542577	620845
江　西	Jiangxi	2137924	1659121	1616323	1247585	521600	411536
山　东	Shandong	7420409	6081636	4947239	4177399	2473170	1904237
河　南	Henan	4584566	3575509	3553495	2737162	1031071	838346
湖　北	Hubei	3896184	3386982	2313731	2108828	1582453	1278154
湖　南	Hunan	3550466	2380548	2110506	1467064	1439960	913484
广　东	Guangdong	14781375	12476097	11365452	9571461	3415924	2904636
广　西	Guangxi	1459936	1084667	738492	532983	721444	551684
海　南	Hainan	1084583	1019233	1055163	993856	29420	25377
重　庆	Chongqing	4025705	3320564	2599657	2209819	1426048	1110745
四　川	Sichuan	4672923	3524060	4132379	3099945	540544	424115
贵　州	Guizhou	794488	650225	684858	560435	109630	89791
云　南	Yunnan	2247337	1910716	1780855	1549250	466482	361466
西　藏	Tibet	74798	99938	74644	99921	154	17
陕　西	Shaanxi	1133163	1012724	718091	666652	415072	346071
甘　肃	Gansu	558772	469303	442210	386239	116562	83064
青　海	Qinghai	109402	92038	48837	47176	60565	44862
宁　夏	Ningxia	280794	228709	85251	67293	195543	161417
新　疆	Xinjiang	1169320	920932	390973	351801	778347	569131

3-2-9 续表 21 Continued 21

西药类
Western Medicines

单位：万元
Unit: 10000 yuan

地 区	Region	合 计 Total Sale Value		批发额 Wholesale Value		零售额 Retail Value	
		2011	2010	2011	2010	2011	2010
全 国	**National Total**	**82129861**	**69367409**	**56766774**	**47738880**	**25363087**	**21628529**
北 京	Beijing	6967504	5956820	3912335	3684469	3055169	2272351
天 津	Tianjin	1849281	1541820	1784311	1462778	64971	79042
河 北	Hebei	3277119	2641642	2653667	2223073	623452	418569
山 西	Shanxi	757620	636528	510001	440987	247618	195541
内 蒙 古	Inner Mongolia	290232	245099	191658	160936	98574	84163
辽 宁	Liaoning	2655259	2204723	1665437	1446792	989822	757932
吉 林	Jilin	341835	341829	221486	230371	120349	111458
黑 龙 江	Heilongjiang	1647911	1340154	966717	831707	681194	508447
上 海	Shanghai	5164675	5672659	3978149	3290253	1186526	2382406
江 苏	Jiangsu	9016609	7117359	5846343	4673070	3170266	2444288
浙 江	Zhejiang	6604265	5566626	3595149	2871948	3009116	2694678
安 徽	Anhui	4009077	3402301	2947325	2519066	1061752	883235
福 建	Fujian	1962009	1864978	1559906	1399265	402103	465713
江 西	Jiangxi	1375461	997754	972273	679083	403189	318671
山 东	Shandong	4528725	3786863	2905436	2564314	1623289	1222549
河 南	Henan	2659689	2052637	2146420	1645434	513268	407204
湖 北	Hubei	3206836	2772483	1969571	1828664	1237266	943819
湖 南	Hunan	2736980	1802208	1721657	1175085	1015322	627124
广 东	Guangdong	9578512	8478880	7486475	6513433	2092036	1965446
广 西	Guangxi	1052873	764070	502559	342595	550314	421475
海 南	Hainan	871957	850274	849990	832647	21967	17627
重 庆	Chongqing	3091453	2675159	2022518	1799064	1068935	876095
四 川	Sichuan	3537339	2460262	3107573	2278925	429766	181336
贵 州	Guizhou	497902	379603	419208	330207	78694	49396
云 南	Yunnan	1923990	1666058	1574889	1361120	349101	304938
西 藏	Tibet	11	1056		1054	11	3
陕 西	Shaanxi	812927	709576	502882	449644	310045	259932
甘 肃	Gansu	432647	398601	347889	338983	84758	59617
青 海	Qinghai	57980	46476	16011	18211	41969	28264
宁 夏	Ningxia	220771	180551	60523	49776	160248	130775
新 疆	Xinjiang	1000413	812364	328415	295926	671998	516438

3-2-9 续表 22 Continued 22

中草药及中成药类
Traditional Chinese Medicines

单位：万元
Unit: 10000 yuan

地　区	Region	合　计 Total Sale Value		批发额 Wholesale Value		零售额 Retail Value	
		2010	2009	2010	2009	2010	2009
全　国	**National Total**	**19433173**	**15459026**	**13237646**	**10696261**	**6195526**	**4762765**
北　京	Beijing	1633103	1407375	783632	806286	849472	601089
天　津	Tianjin	1250790	912593	1211431	882070	39360	30523
河　北	Hebei	466254	313444	316961	211298	149294	102146
山　西	Shanxi	328613	219872	250355	161115	78257	58757
内蒙古	Inner Mongolia	93481	61947	70748	38453	22734	23493
辽　宁	Liaoning	586474	484229	360927	328620	225547	155610
吉　林	Jilin	55124	42086	24982	18088	30141	23998
黑龙江	Heilongjiang	420948	361431	307382	271938	113567	89493
上　海	Shanghai	1334095	990547	830856	613855	503239	376693
江　苏	Jiangsu	1469529	1172758	787985	652184	681544	520573
浙　江	Zhejiang	1737037	1494080	946177	813777	790860	680303
安　徽	Anhui	795768	703302	593615	527798	202153	175504
福　建	Fujian	256008	202164	173901	134626	82107	67538
江　西	Jiangxi	689891	636931	577471	550488	112420	86443
山　东	Shandong	1110589	817822	591958	443833	518631	373989
河　南	Henan	529939	371191	347912	219304	182027	151887
湖　北	Hubei	431153	348804	219960	173150	211193	175654
湖　南	Hunan	455343	303662	261658	167613	193685	136049
广　东	Guangdong	2987817	2567100	2516852	2163356	470966	403744
广　西	Guangxi	258050	200821	115509	92100	142542	108721
海　南	Hainan	126397	129696	119274	123273	7123	6424
重　庆	Chongqing	617051	463003	423458	315803	193593	147200
四　川	Sichuan	955080	592031	872927	532686	82153	59345
贵　州	Guizhou	125917	120094	108265	104153	17652	15941
云　南	Yunnan	262758	192028	188332	156095	74427	35933
西　藏	Tibet		16478		16478		
陕　西	Shaanxi	138493	112026	81605	69576	56888	42449
甘　肃	Gansu	114524	69105	86161	47198	28362	21907
青　海	Qinghai	9543	16697		100	9543	16597
宁　夏	Ningxia	59824	47079	24748	17792	35076	29287
新　疆	Xinjiang	133580	88631	42607	43154	90973	45477

文化办公用品类
Cultural and Offices Appliances

单位：万元
Unit: 10000 yuan

地区	Region	合计 Total Sale Value 2011	合计 Total Sale Value 2010	批发额 Wholesale Value 2011	批发额 Wholesale Value 2010	零售额 Retail Value 2011	零售额 Retail Value 2010
全国	**National Total**	**68056658**	**50893152**	**51762468**	**39667483**	**16294190**	**11225668**
北京	Beijing	18757455	13512229	15149614	11350719	3607841	2161510
天津	Tianjin	622922	526251	452911	380876	170011	145374
河北	Hebei	208385	163395	35782	46746	172603	116649
山西	Shanxi	146164	86389	32610	25142	113554	61248
内蒙古	Inner Mongolia	170832	113719	70792	59192	100040	54526
辽宁	Liaoning	1366430	1246864	646558	695090	719873	551774
吉林	Jilin	260303	190358	98789	82739	161514	107619
黑龙江	Heilongjiang	448146	257521	75523	79991	372624	177530
上海	Shanghai	9965407	11376783	8675557	10102502	1289851	1274281
江苏	Jiangsu	5095525	3458216	3258027	2044501	1837498	1413715
浙江	Zhejiang	4041348	3583654	3373912	3012288	667436	571365
安徽	Anhui	714415	545986	409010	335211	305405	210775
福建	Fujian	1233009	1187149	688467	450455	544542	736694
江西	Jiangxi	268173	225920	106845	91207	161329	134713
山东	Shandong	3395185	2764765	2158806	2009496	1236379	755269
河南	Henan	839556	644577	438190	322147	401366	322430
湖北	Hubei	1760900	1464986	1198131	1186279	562769	278707
湖南	Hunan	695873	472101	336532	245452	359341	226649
广东	Guangdong	13488377	6354311	12063869	5690215	1424508	664097
广西	Guangxi	325712	275767	175144	151155	150568	124612
海南	Hainan	151665	91715	82609	43570	69056	48145
重庆	Chongqing	877862	434245	320783	139076	557079	295168
四川	Sichuan	1379587	466518	979626	360378	399960	106140
贵州	Guizhou	136932	91509	67756	49774	69176	41735
云南	Yunnan	530084	389387	280040	236573	250044	152814
西藏	Tibet	89	37		7	89	30
陕西	Shaanxi	685265	533333	362531	259280	322734	274053
甘肃	Gansu	131773	114247	47420	52598	84353	61649
青海	Qinghai	23528	23503	1135	1173	22393	22330
宁夏	Ningxia	79695	64324	26452	21095	53244	43229
新疆	Xinjiang	256062	233395	149050	142555	107013	90840

3-2-9 续表 24 Continued 24

家具类 单位：万元

Furniture Unit: 10000 yuan

地 区	Region	合 计 Total Sale Value		批发额 Wholesale Value		零售额 Retail Value	
		2011	2010	2011	2010	2011	2010
全 国	**National Total**	**16025859**	**10599773**	**4214755**	**3553877**	**11811104**	**7045896**
北 京	Beijing	964647	766902	197595	169190	767052	597712
天 津	Tianjin	132225	84470	87572	57311	44653	27159
河 北	Hebei	159654	54736	7318	7497	152336	47239
山 西	Shanxi	162007	71000	285	873	161722	70126
内蒙古	Inner Mongolia	185864	118699	1112		184752	118699
辽 宁	Liaoning	371053	205965	22391	30222	348663	175744
吉 林	Jilin	263248	160827	748		262500	160827
黑龙江	Heilongjiang	230804	113658	2133	6970	228671	106688
上 海	Shanghai	793934	551399	400268	341019	393666	210379
江 苏	Jiangsu	1013833	562789	62633	54170	951201	508619
浙 江	Zhejiang	752590	559948	616877	478429	135712	81519
安 徽	Anhui	196593	90039	18401	17573	178192	72466
福 建	Fujian	726191	427634	275769	173831	450422	253802
江 西	Jiangxi	132888	61568	16632	12180	116257	49389
山 东	Shandong	3230850	2366375	195236	303078	3035614	2063297
河 南	Henan	599753	385699	27269	23572	572484	362126
湖 北	Hubei	974508	248683	190895	17228	783613	231455
湖 南	Hunan	459837	265986	21468	24665	438369	241321
广 东	Guangdong	2201115	1890639	1719096	1568856	482020	321783
广 西	Guangxi	10681	7568	20	24	10661	7544
海 南	Hainan	7348	6289	746	236	6602	6053
重 庆	Chongqing	1414055	937827	330255	253573	1083799	684254
四 川	Sichuan	203466	70064	5945	8678	197521	61386
贵 州	Guizhou	2473	1396	45		2429	1396
云 南	Yunnan	56616	21011	5942	3997	50674	17015
西 藏	Tibet						
陕 西	Shaanxi	605674	437256	6690	106	598984	437149
甘 肃	Gansu	8747	5376			8747	5375
青 海	Qinghai	44	45			44	45
宁 夏	Ningxia	6878	5167		21	6878	5146
新 疆	Xinjiang	158285	120761	1417	577	156868	120184

通讯器材类 单位：万元

Communication Appliances Unit: 10000 yuan

地 区	Region	合 计 Total Sale Value		批发额 Wholesale Value		零售额 Retail Value	
		2011	2010	2011	2010	2011	2010
全 国	**National Total**	**52796936**	**39143344**	**42100263**	**31222895**	**10696673**	**7920450**
北 京	Beijing	22976185	17095123	21197359	15789325	1778826	1305798
天 津	Tianjin	329335	300303	163055	144150	166280	156153
河 北	Hebei	326828	319539	63453	58206	263375	261333
山 西	Shanxi	118275	81502	48307	42161	69968	39342
内蒙古	Inner Mongolia	96560	81656	16046	8894	80514	72762
辽 宁	Liaoning	956091	805021	447431	431076	508661	373945
吉 林	Jilin	192975	204330	21142	62100	171833	142230
黑龙江	Heilongjiang	360849	281811	135714	127628	225135	154183
上 海	Shanghai	3030874	3048675	2439873	2513730	591002	534945
江 苏	Jiangsu	4576829	2575121	3368084	1732960	1208745	842161
浙 江	Zhejiang	1802811	1371769	1311373	1015673	491438	356096
安 徽	Anhui	379953	312913	189625	165855	190328	147058
福 建	Fujian	1039796	858862	778296	646396	261499	212466
江 西	Jiangxi	165074	123802	47574	44212	117501	79590
山 东	Shandong	1189820	961139	163708	148496	1026112	812643
河 南	Henan	518062	410634	123570	118768	394491	291867
湖 北	Hubei	328531	220340	46201	40661	282330	179679
湖 南	Hunan	355621	305476	94445	102252	261176	203224
广 东	Guangdong	11307144	7192649	10092304	6399558	1214840	793092
广 西	Guangxi	222163	195817	125566	108101	96597	87717
海 南	Hainan	108525	76638	74051	51078	34473	25560
重 庆	Chongqing	573139	482084	253584	261276	319555	220808
四 川	Sichuan	978970	1158295	636358	943473	342612	214822
贵 州	Guizhou	102093	98709	53809	56739	48284	41970
云 南	Yunnan	234610	204209	86990	107602	147620	96607
西 藏	Tibet	15785	8739			15785	8739
陕 西	Shaanxi	286822	196612	44715	42985	242108	153627
甘 肃	Gansu	71103	26987	29731	9745	41373	17242
青 海	Qinghai	718	434			718	434
宁 夏	Ningxia	51485	43985	3765	5169	47721	38815
新 疆	Xinjiang	99913	100169	44136	44623	55777	55545

3-2-9 续表 26 Continued 26

煤炭及制品类 单位：万元

Coal and Related Products Unit: 10000 yuan

地 区	Region	合 计 Total Sale Value		批发额 Wholesale Value		零售额 Retail Value	
		2011	2010	2011	2010	2011	2010
全 国	**National Total**	**217398902**	**159333702**	**210718298**	**155993100**	**6680604**	**3340602**
北 京	Beijing	35985219	37781386	35959316	37758548	25903	22838
天 津	Tianjin	10758845	7691033	10421599	7499147	337245	191886
河 北	Hebei	11888051	7653772	11788795	7639417	99255	14355
山 西	Shanxi	34745756	25428523	34626997	25362978	118759	65545
内蒙古	Inner Mongolia	11793332	8392805	11235361	8242811	557971	149994
辽 宁	Liaoning	3675056	1843128	3533596	1747894	141460	95234
吉 林	Jilin	194768	62795	98225	46094	96543	16701
黑龙江	Heilongjiang	724022	578939	650413	565634	73608	13306
上 海	Shanghai	12715264	7812003	12679485	7782722	35778	29281
江 苏	Jiangsu	14240833	8660275	14002943	8506144	237890	154131
浙 江	Zhejiang	10269287	7097014	10251682	7053224	17605	43790
安 徽	Anhui	3036611	989100	2960372	955252	76238	33848
福 建	Fujian	2784816	1452220	2669988	1411964	114829	40256
江 西	Jiangxi	1744734	571665	1728259	552557	16474	19107
山 东	Shandong	14676359	9724839	12186304	8181008	2490055	1543831
河 南	Henan	6805668	4854706	6537966	4708011	267702	146696
湖 北	Hubei	3048353	2259904	2762506	2185190	285848	74714
湖 南	Hunan	1725221	1193981	1328932	1011216	396289	182765
广 东	Guangdong	16210667	11441644	16044429	11377481	166238	64164
广 西	Guangxi	1349918	915404	1349139	914711	779	693
海 南	Hainan	67558	91425	67405	90803	154	622
重 庆	Chongqing	2606610	1573492	2483890	1536120	122720	37371
四 川	Sichuan	1681138	1033366	1605112	1029598	76026	3768
贵 州	Guizhou	1303601	1026840	1278156	1021055	25445	5786
云 南	Yunnan	1222132	831200	1143709	808788	78423	22412
西 藏	Tibet						
陕 西	Shaanxi	11381638	7874111	10635545	7556084	746093	318027
甘 肃	Gansu	163088	147800	136904	134699	26184	13101
青 海	Qinghai	166744	80167	130017	64122	36727	16045
宁 夏	Ningxia	230104	130858	221270	118537	8835	12321
新 疆	Xinjiang	203514	139307	199984	131293	3529	8014

木材及制品类 单位：万元

Wood and Wooden Products Unit: 10000 yuan

地 区	Region	合 计 Total Sale Value		批发额 Wholesale Value		零售额 Retail Value	
		2011	2010	2011	2010	2011	2010
全 国	**National Total**	**8425786**	**6026852**	**8425786**	**6026852**		
北 京	Beijing	730551	517690	730551	517690		
天 津	Tianjin	68875	73960	68875	73960		
河 北	Hebei	44225	16123	44225	16123		
山 西	Shanxi	7412	3389	7412	3389		
内蒙古	Inner Mongolia	1025	1301	1025	1301		
辽 宁	Liaoning	33166	18071	33166	18071		
吉 林	Jilin		4535		4535		
黑龙江	Heilongjiang	459597	389236	459597	389236		
上 海	Shanghai	1111983	958487	1111983	958487		
江 苏	Jiangsu	793113	504714	793113	504714		
浙 江	Zhejiang	1139307	917247	1139307	917247		
安 徽	Anhui	17196	13608	17196	13608		
福 建	Fujian	1699382	1306136	1699382	1306136		
江 西	Jiangxi	162722	40112	162722	40112		
山 东	Shandong	1012565	424189	1012565	424189		
河 南	Henan	74670	30001	74670	30001		
湖 北	Hubei	6891	13616	6891	13616		
湖 南	Hunan	12190	18513	12190	18513		
广 东	Guangdong	748430	601986	748430	601986		
广 西	Guangxi	14946	13759	14946	13759		
海 南	Hainan	21853	4123	21853	4123		
重 庆	Chongqing	178516	95548	178516	95548		
四 川	Sichuan	3303	4067	3303	4067		
贵 州	Guizhou		1341		1341		
云 南	Yunnan	83301	48074	83301	48074		
西 藏	Tibet						
陕 西	Shaanxi	29	4	29	4		
甘 肃	Gansu	255	6867	255	6867		
青 海	Qinghai						
宁 夏	Ningxia	283	155	283	155		
新 疆	Xinjiang	1		1			

3-2-9 续表 28 Continued 28

石油及制品类

Petroleum and Related Products

单位：万元

Unit: 10000 yuan

地　区	Region	合　计 Total Sale Value		批发额 Wholesale Value		零售额 Retail Value	
		2011	2010	2011	2010	2011	2010
全　国	**National Total**	**634038847**	**480680622**	**489665423**	**376669216**	**144373424**	**104011406**
北　京	Beijing	51021169	34243973	45313939	29935799	5707230	4308175
天　津	Tianjin	50159058	38572794	45974411	35539386	4184647	3033408
河　北	Hebei	11535566	7790777	8429863	5693315	3105703	2097462
山　西	Shanxi	7392857	5119854	2859640	1690760	4533218	3429094
内蒙古	Inner Mongolia	8660680	6626093	2999441	2833303	5661239	3792791
辽　宁	Liaoning	52418004	40821617	47854786	37445863	4563218	3375755
吉　林	Jilin	7735652	5227997	4245139	2834644	3490513	2393353
黑龙江	Heilongjiang	17977374	7536559	14921383	5313689	3055992	2222870
上　海	Shanghai	59271426	44899721	54991789	41389993	4279637	3509729
江　苏	Jiangsu	30086210	22152863	21146922	14285142	8939288	7867721
浙　江	Zhejiang	34830439	29423776	24827171	22475954	10003268	6947823
安　徽	Anhui	8976491	6632174	5555257	4459555	3421233	2172620
福　建	Fujian	13419303	8971714	7684972	4954265	5734330	4017449
江　西	Jiangxi	5247548	4196812	1647662	1718484	3599887	2478328
山　东	Shandong	25444531	19815939	14745778	11657049	10698753	8158890
河　南	Henan	11936327	9092284	6504211	5368332	5432116	3723951
湖　北	Hubei	34737762	26944292	29417966	22828025	5319797	4116267
湖　南	Hunan	8775233	6587918	2604230	2259152	6171004	4328766
广　东	Guangdong	90471097	77793867	72955579	64877848	17515518	12916019
广　西	Guangxi	6884005	5296970	4309048	3289279	2574957	2007691
海　南	Hainan	3060138	2349661	1609014	1351475	1451124	998186
重　庆	Chongqing	6772198	5007826	4352285	3725875	2419913	1281951
四　川	Sichuan	14003763	9632621	6805976	4955218	7197787	4677403
贵　州	Guizhou	3993597	2943075	1192256	984696	2801341	1958379
云　南	Yunnan	7871345	5678099	4222690	3421125	3648655	2256974
西　藏	Tibet	347938	246536	13303	23929	334635	222607
陕　西	Shaanxi	13628967	10058327	10287784	7922427	3341184	2135899
甘　肃	Gansu	15530280	12057386	13129831	10371550	2400449	1685836
青　海	Qinghai	1756411	854784	1120413	575172	635998	279612
宁　夏	Ningxia	3166437	2711421	2611859	2297694	554578	413727
新　疆	Xinjiang	26927041	21392892	25330826	20190221	1596215	1202671

3-2-9 续表 29 Continued 29

化工材料及制品类

Chemical Materials and Related Products

单位：万元

Unit: 10000 yuan

地区	Region	合计 Total Sale Value		批发额 Wholesale Value		零售额 Retail Value	
		2011	2010	2011	2010	2011	2010
全 国	**National Total**	**192721431**	**138870995**	**192721431**	**138870995**		
北 京	Beijing	21721485	18867251	21721485	18867251		
天 津	Tianjin	8223191	5231448	8223191	5231448		
河 北	Hebei	2118722	1444643	2118722	1444643		
山 西	Shanxi	776067	415019	776067	415019		
内蒙古	Inner Mongolia	1060896	649832	1060896	649832		
辽 宁	Liaoning	6849185	7004934	6849185	7004934		
吉 林	Jilin	722632	639291	722632	639291		
黑龙江	Heilongjiang	3008277	2136707	3008277	2136707		
上 海	Shanghai	24592395	16843133	24592395	16843133		
江 苏	Jiangsu	18008206	12909727	18008206	12909727		
浙 江	Zhejiang	27989443	20568430	27989443	20568430		
安 徽	Anhui	1967772	1470438	1967772	1470438		
福 建	Fujian	7596182	5957639	7596182	5957639		
江 西	Jiangxi	163969	136439	163969	136439		
山 东	Shandong	13027134	9959412	13027134	9959412		
河 南	Henan	3034164	2562889	3034164	2562889		
湖 北	Hubei	1594706	1015458	1594706	1015458		
湖 南	Hunan	600270	543734	600270	543734		
广 东	Guangdong	28250139	15641100	28250139	15641100		
广 西	Guangxi	1034735	705279	1034735	705279		
海 南	Hainan	3671394	2778014	3671394	2778014		
重 庆	Chongqing	3631076	2690999	3631076	2690999		
四 川	Sichuan	3944077	2415264	3944077	2415264		
贵 州	Guizhou	1324919	920664	1324919	920664		
云 南	Yunnan	4107195	2467504	4107195	2467504		
西 藏	Tibet	6933	8691	6933	8691		
陕 西	Shaanxi	904775	769739	904775	769739		
甘 肃	Gansu	576278	475213	576278	475213		
青 海	Qinghai	121533	100279	121533	100279		
宁 夏	Ningxia	147290	107332	147290	107332		
新 疆	Xinjiang	1946394	1434494	1946394	1434494		

化肥类
Fertilizers

单位：万元
Unit: 10000 yuan

地 区	Region	合 计 Total Sale Value 2011	合 计 Total Sale Value 2010	批发额 Wholesale Value 2011	批发额 Wholesale Value 2010	零售额 Retail Value 2011	零售额 Retail Value 2010
全 国	**National Total**	**31417938**	**26062341**	**31417938**	**26062341**		
北 京	Beijing	5190190	6350051	5190190	6350051		
天 津	Tianjin	159331	92773	159331	92773		
河 北	Hebei	881191	509830	881191	509830		
山 西	Shanxi	476363	161032	476363	161032		
内蒙古	Inner Mongolia	471465	347532	471465	347532		
辽 宁	Liaoning	835566	2061449	835566	2061449		
吉 林	Jilin	92092	33701	92092	33701		
黑龙江	Heilongjiang	2070026	1178324	2070026	1178324		
上 海	Shanghai	642024	316673	642024	316673		
江 苏	Jiangsu	1160217	1013926	1160217	1013926		
浙 江	Zhejiang	1302486	910157	1302486	910157		
安 徽	Anhui	956617	737587	956617	737587		
福 建	Fujian	793042	647323	793042	647323		
江 西	Jiangxi	69080	45634	69080	45634		
山 东	Shandong	4863897	3665638	4863897	3665638		
河 南	Henan	1397438	826524	1397438	826524		
湖 北	Hubei	694410	376665	694410	376665		
湖 南	Hunan	222591	179227	222591	179227		
广 东	Guangdong	1389193	1469869	1389193	1469869		
广 西	Guangxi	626146	401922	626146	401922		
海 南	Hainan	80760	78449	80760	78449		
重 庆	Chongqing	1241598	1088655	1241598	1088655		
四 川	Sichuan	1387143	886552	1387143	886552		
贵 州	Guizhou	813123	443373	813123	443373		
云 南	Yunnan	1796323	957404	1796323	957404		
西 藏	Tibet	3572	3265	3572	3265		
陕 西	Shaanxi	86047	47368	86047	47368		
甘 肃	Gansu	283329	179172	283329	179172		
青 海	Qinghai	107685	69267	107685	69267		
宁 夏	Ningxia	85128	65432	85128	65432		
新 疆	Xinjiang	1239869	917566	1239869	917566		

3-2-9 续表 31 Continued 31

金属材料类
Metal Materials

单位：万元
Unit: 10000 yuan

地区	Region	合计 Total Sale Value		批发额 Wholesale Value		零售额 Retail Value	
		2011	2010	2011	2010	2011	2010
全国	**National Total**	**643258988**	**448588614**	**643258988**	**448588614**		
北京	Beijing	91682555	75283880	91682555	75283880		
天津	Tianjin	63215519	46273405	63215519	46273405		
河北	Hebei	11104471	6558360	11104471	6558360		
山西	Shanxi	13513444	6283278	13513444	6283278		
内蒙古	Inner Mongolia	2714676	2156609	2714676	2156609		
辽宁	Liaoning	21194378	13317206	21194378	13317206		
吉林	Jilin	2005151	1901487	2005151	1901487		
黑龙江	Heilongjiang	2806725	1805772	2806725	1805772		
上海	Shanghai	91083878	64161684	91083878	64161684		
江苏	Jiangsu	81623183	43962141	81623183	43962141		
浙江	Zhejiang	72581737	50359773	72581737	50359773		
安徽	Anhui	7220651	4920060	7220651	4920060		
福建	Fujian	17069916	11391979	17069916	11391979		
江西	Jiangxi	2035361	1399693	2035361	1399693		
山东	Shandong	25473703	19220721	25473703	19220721		
河南	Henan	8330448	4853654	8330448	4853654		
湖北	Hubei	13470156	11657419	13470156	11657419		
湖南	Hunan	6243432	3962310	6243432	3962310		
广东	Guangdong	59090670	43797139	59090670	43797139		
广西	Guangxi	7158290	4646030	7158290	4646030		
海南	Hainan	678571	419430	678571	419430		
重庆	Chongqing	8886786	6236823	8886786	6236823		
四川	Sichuan	11256356	7980390	11256356	7980390		
贵州	Guizhou	645963	600958	645963	600958		
云南	Yunnan	8505535	5933539	8505535	5933539		
西藏	Tibet						
陕西	Shaanxi	5281142	3507232	5281142	3507232		
甘肃	Gansu	2734876	1907432	2734876	1907432		
青海	Qinghai	728172	476764	728172	476764		
宁夏	Ningxia	968807	654237	968807	654237		
新疆	Xinjiang	3954438	2959212	3954438	2959212		

3-2-9 续表 32 Continued 32

建筑及装潢材料类 单位：万元

Building and Decoration Materials Unit: 10000 yuan

地 区	Region	合 计 Total Sale Value		批发额 Wholesale Value		零售额 Retail Value	
		2011	2010	2011	2010	2011	2010
全 国	**National Total**	**44179248**	**27101839**	**30174574**	**19502704**	**14004675**	**7599134**
北 京	Beijing	4319278	1932092	3847615	1617993	471663	314099
天 津	Tianjin	606500	326837	466135	228006	140365	98831
河 北	Hebei	219302	130767	191474	116387	27827	14380
山 西	Shanxi	709208	368177	201931	133596	507278	234580
内蒙古	Inner Mongolia	1029822	889328	840927	774596	188895	114732
辽 宁	Liaoning	1265559	592498	842172	443301	423387	149197
吉 林	Jilin	434595	219695	33012	16172	401582	203522
黑龙江	Heilongjiang	349444	406603	131673	252033	217771	154570
上 海	Shanghai	2762841	1902257	2436185	1601156	326656	301102
江 苏	Jiangsu	4672987	2840530	2204180	1691844	2468807	1148686
浙 江	Zhejiang	2274956	1684664	2165973	1600911	108983	83753
安 徽	Anhui	826332	361945	351162	179064	475170	182881
福 建	Fujian	2732635	2233918	2268451	1866111	464184	367808
江 西	Jiangxi	242597	217316	137623	155744	104974	61571
山 东	Shandong	5041286	2933608	2808266	1422241	2233020	1511368
河 南	Henan	894268	546353	596118	381661	298150	164692
湖 北	Hubei	1841402	664454	345583	150137	1495819	514317
湖 南	Hunan	625392	286064	105893	48170	519499	237894
广 东	Guangdong	6380114	4313273	5757032	3917753	623083	395519
广 西	Guangxi	75497	69946	69084	61167	6413	8778
海 南	Hainan	51747	38239	47824	34918	3924	3321
重 庆	Chongqing	4143272	2665521	2866262	1828107	1277010	837415
四 川	Sichuan	1095901	311531	717669	226016	378232	85514
贵 州	Guizhou	92271	63934	75822	45091	16449	18843
云 南	Yunnan	268203	322184	145358	307310	122844	14874
西 藏	Tibet						
陕 西	Shaanxi	944598	515473	265819	160100	678778	355374
甘 肃	Gansu	187128	130837	165807	121591	21321	9246
青 海	Qinghai						
宁 夏	Ningxia	4565	6845	3919	6160	646	685
新 疆	Xinjiang	87550	126953	85604	115370	1946	11583

机电产品及设备类
Mechanical and Electrical Products

单位：万元
Unit: 10000 yuan

地 区	Region	合 计 Total Sale Value		批发额 Wholesale Value		零售额 Retail Value	
		2011	2010	2011	2010	2011	2010
全 国	**National Total**	**134329867**	**101563879**	**126733948**	**97272006**	**7595919**	**4291872**
北 京	Beijing	23426368	18078228	22749348	17611486	677020	466742
天 津	Tianjin	2464885	1541543	2422959	1522952	41926	18592
河 北	Hebei	958969	764204	890895	711749	68074	52455
山 西	Shanxi	733058	618301	625061	554204	107997	64097
内蒙古	Inner Mongolia	367623	489194	205339	402605	162284	86589
辽 宁	Liaoning	3896476	3186670	3754820	3103878	141656	82791
吉 林	Jilin	174246	156154	124031	119239	50216	36915
黑龙江	Heilongjiang	705689	793828	656684	767940	49004	25888
上 海	Shanghai	31700989	24247575	31580464	24155586	120525	91989
江 苏	Jiangsu	11368287	8600609	10763015	8198740	605271	401869
浙 江	Zhejiang	8499476	7730373	8433724	7649434	65752	80940
安 徽	Anhui	1390213	1511969	1311470	1467536	78743	44433
福 建	Fujian	3106916	2836536	2820409	2635665	286507	200872
江 西	Jiangxi	336292	367076	311034	339876	25258	27200
山 东	Shandong	8662717	6649611	6927416	5623162	1735301	1026449
河 南	Henan	2684888	1263023	2266609	1005269	418279	257755
湖 北	Hubei	2306679	1645519	1938687	1491418	367993	154101
湖 南	Hunan	605423	499793	422277	381964	183146	117829
广 东	Guangdong	21079528	12352483	19931562	12002043	1147966	350440
广 西	Guangxi	881140	915799	816658	741277	64482	174522
海 南	Hainan	170061	108559	110517	69051	59544	39508
重 庆	Chongqing	3631066	2878576	3228481	2695215	402585	183361
四 川	Sichuan	1229191	959644	991438	872363	237753	87281
贵 州	Guizhou	319566	209777	189896	198677	129670	11100
云 南	Yunnan	1198744	1143028	936580	1008673	262164	134355
西 藏	Tibet	20027	21049	17869	19938	2158	1112
陕 西	Shaanxi	546964	487606	494247	450254	52717	37352
甘 肃	Gansu	267442	227593	240105	218512	27337	9081
青 海	Qinghai	168677	69407	168077	68884	600	523
宁 夏	Ningxia	162955	209124	155621	197282	7334	11842
新 疆	Xinjiang	1265312	1001030	1248659	987138	16654	13892

3-2-9 续表 34 Continued 34

农机类
Agricultural Machineries

单位：万元
Unit: 10000 yuan

地 区	Region	合 计 Total Sale Value		批发额 Wholesale Value		零售额 Retail Value	
		2011	2010	2011	2010	2010	2009
全 国	**National Total**	**4152355**	**3112529**	**4152355**	**3112529**		
北 京	Beijing	217521	232619	217521	232619		
天 津	Tianjin	15767	20568	15767	20568		
河 北	Hebei	67504	64008	67504	64008		
山 西	Shanxi	80630	76991	80630	76991		
内蒙古	Inner Mongolia	91010	76999	91010	76999		
辽 宁	Liaoning	233245	236064	233245	236064		
吉 林	Jilin	16070	5961	16070	5961		
黑龙江	Heilongjiang	319488	440363	319488	440363		
上 海	Shanghai	245613	128362	245613	128362		
江 苏	Jiangsu	381852	370357	381852	370357		
浙 江	Zhejiang	124755	125777	124755	125777		
安 徽	Anhui	24911	31307	24911	31307		
福 建	Fujian	21218	21499	21218	21499		
江 西	Jiangxi	10850	8407	10850	8407		
山 东	Shandong	729233	624017	729233	624017		
河 南	Henan	824758	117635	824758	117635		
湖 北	Hubei	84364	65275	84364	65275		
湖 南	Hunan	65372	47889	65372	47889		
广 东	Guangdong	52525	39864	52525	39864		
广 西	Guangxi	13011	18580	13011	18580		
海 南	Hainan	5195	3104	5195	3104		
重 庆	Chongqing	85504	40206	85504	40206		
四 川	Sichuan	123178	31523	123178	31523		
贵 州	Guizhou	14508	13392	14508	13392		
云 南	Yunnan	68297	59176	68297	59176		
西 藏	Tibet	14295	16543	14295	16543		
陕 西	Shaanxi	35683	33871	35683	33871		
甘 肃	Gansu	15560	17659	15560	17659		
青 海	Qinghai	24772	45878	24772	45878		
宁 夏	Ningxia	24998	28024	24998	28024		
新 疆	Xinjiang	120667	70613	120667	70613		

3-2-9 续表 35 Continued 35

汽车类
Automobiles

单位：万元
Unit: 10000 yuan

地 区	Region	合 计 Total Sale Value		批发额 Wholesale Value		零售额 Retail Value	
		2011	2010	2011	2010	2011	2010
全 国	**National Total**	**348341518**	**277587743**	**139961287**	**110862109**	**208380231**	**166725634**
北 京	Beijing	66897674	58555156	53765291	42359896	13132383	16195260
天 津	Tianjin	13949741	7954384	9111953	4820661	4837789	3133723
河 北	Hebei	11046255	8740769	4834846	4533984	6211409	4206786
山 西	Shanxi	4941687	3651732	300765	375401	4640921	3276331
内蒙古	Inner Mongolia	4089564	3449382	625562	676690	3464002	2772692
辽 宁	Liaoning	10210923	8461814	2030956	1897098	8179967	6564716
吉 林	Jilin	4836131	2370986	2061173	101083	2774958	2269903
黑龙江	Heilongjiang	3467568	2994302	296691	700756	3170877	2293546
上 海	Shanghai	41104404	27714751	30899704	19792633	10204699	7922119
江 苏	Jiangsu	22121198	17587724	1409827	1287731	20711371	16299993
浙 江	Zhejiang	27681827	23356889	5572315	5276601	22109512	18080288
安 徽	Anhui	5685733	4483298	1453312	1465452	4232421	3017846
福 建	Fujian	8446841	6537205	1472754	1187134	6974087	5350071
江 西	Jiangxi	2886363	2223135	476686	490506	2409677	1732629
山 东	Shandong	22284680	18176732	3749913	3761245	18534767	14415487
河 南	Henan	10487203	8006197	1857682	1726973	8629521	6279224
湖 北	Hubei	8177230	6354685	2360133	2080064	5817097	4274622
湖 南	Hunan	6531135	4852878	595557	621200	5935578	4231677
广 东	Guangdong	30430979	27710852	7814246	9205995	22616734	18504857
广 西	Guangxi	3493271	3067304	635174	658817	2858097	2408488
海 南	Hainan	2172232	1943080	1169239	975526	1002993	967554
重 庆	Chongqing	8878829	6499965	3349736	2736296	5529093	3763668
四 川	Sichuan	8960132	6938445	720542	713920	8239590	6224526
贵 州	Guizhou	2704090	1992984	690556	585562	2013534	1407422
云 南	Yunnan	4708560	4086617	350386	587428	4358175	3499189
西 藏	Tibet	160529	158916	1263	80	159266	158836
陕 西	Shaanxi	6126900	5167670	936898	1003467	5190002	4164203
甘 肃	Gansu	1439492	1044775	235779	199403	1203712	845372
青 海	Qinghai	445828	371736	81651	79874	364176	291862
宁 夏	Ningxia	1049439	935015	291862	344479	757577	590536
新 疆	Xinjiang	2925083	2198367	808837	616155	2116246	1582212

3-2-9 续表 36 Continued 36

种子饲料类

Seeds and Feedstuff

单位：万元

Unit: 10000 yuan

地 区	Region	合 计 Total Sale Value		批发额 Wholesale Value		零售额 Retail Value	
		2011	2010	2011	2010	2011	2010
全 国	**National Total**	**6529951**	**4934485**	**6529951**	**4934485**		
北 京	Beijing	869023	666594	869023	666594		
天 津	Tianjin	120639	90661	120639	90661		
河 北	Hebei	59988	35546	59988	35546		
山 西	Shanxi	44809	30131	44809	30131		
内蒙古	Inner Mongolia	31830	34613	31830	34613		
辽 宁	Liaoning	321751	271562	321751	271562		
吉 林	Jilin	56271	31120	56271	31120		
黑龙江	Heilongjiang	113473	64290	113473	64290		
上 海	Shanghai	568718	505663	568718	505663		
江 苏	Jiangsu	277056	140711	277056	140711		
浙 江	Zhejiang	287957	203857	287957	203857		
安 徽	Anhui	284066	148685	284066	148685		
福 建	Fujian	239704	184004	239704	184004		
江 西	Jiangxi	3854	4087	3854	4087		
山 东	Shandong	1170545	877246	1170545	877246		
河 南	Henan	660836	470625	660836	470625		
湖 北	Hubei	121445	79248	121445	79248		
湖 南	Hunan	128111	60701	128111	60701		
广 东	Guangdong	599855	535729	599855	535729		
广 西	Guangxi	12979	7206	12979	7206		
海 南	Hainan	28174	26587	28174	26587		
重 庆	Chongqing	73704	37033	73704	37033		
四 川	Sichuan	122247	163811	122247	163811		
贵 州	Guizhou	9733	9485	9733	9485		
云 南	Yunnan	84584	75926	84584	75926		
西 藏	Tibet						
陕 西	Shaanxi	6062	2650	6062	2650		
甘 肃	Gansu	35372	29000	35372	29000		
青 海	Qinghai	3783		3783			
宁 夏	Ningxia	902	252	902	252		
新 疆	Xinjiang	192480	147463	192480	147463		

3-2-9 续表 37 Continued 37

棉麻类　　　　　　　　　　　　　　　　　　　　　　　　　　　　　　单位：万元

Cotton, Hemp　　　　　　　　　　　　　　　　　　　　　　　　　　Unit: 10000 yuan

地　区	Region	合　计 Total Sale Value		批发额 Wholesale Value		零售额 Retail Value	
		2011	2010	2011	2010	2011	2010
全　国	**National Total**	**15415983**	**11773144**	**15299193**	**11699644**	**116789**	**73500**
北　京	Beijing	2575916	1857027	2575758	1856612	158	415
天　津	Tianjin	165804	191564	165758	189221	46	2343
河　北	Hebei	581128	655647	581128	655647		
山　西	Shanxi	1882	1807	63	30	1819	1777
内蒙古	Inner Mongolia	12	21		13	12	9
辽　宁	Liaoning	13599	17559	13580	17548	20	10
吉　林	Jilin	1119	491	3	9	1116	483
黑龙江	Heilongjiang	42618	3818	42230	2821	387	997
上　海	Shanghai	636034	271409	635586	271332	448	77
江　苏	Jiangsu	1199189	969210	1199189	969210		
浙　江	Zhejiang	893384	870082	893384	870082		
安　徽	Anhui	124666	84877	116727	69628	7939	15249
福　建	Fujian	58635	47714	57824	47496	811	218
江　西	Jiangxi	14576	17174	14575	17174	1	
山　东	Shandong	1315571	1074491	1282943	1048777	32627	25714
河　南	Henan	658796	429489	649758	415873	9038	13616
湖　北	Hubei	854120	433884	826295	426397	27825	7487
湖　南	Hunan	322662	241060	322662	240806		254
广　东	Guangdong	384116	208847	378521	208137	5595	710
广　西	Guangxi	24521	24249	24386	24090	135	159
海　南	Hainan						
重　庆	Chongqing	94986	82432	90384	81040	4602	1393
四　川	Sichuan	115378	95958	115359	95938	19	21
贵　州	Guizhou	332	143	10		322	143
云　南	Yunnan	17376	10103	17050	9909	325	194
西　藏	Tibet						
陕　西	Shaanxi	5888	15869	5844	15869	44	
甘　肃	Gansu	63488	28154	39993	28154	23495	
青　海	Qinghai						
宁　夏	Ningxia						
新　疆	Xinjiang	5250188	4140068	5250183	4137833	6	2235

3-2-9 续表 38 Continued 38

其他类
Others

单位：万元
Unit: 10000 yuan

地 区	Region	合 计 Total Sale Value		批发额 Wholesale Value		零售额 Retail Value	
		2011	2010	2011	2010	2011	2010
全 国	**National Total**	**122097126**	**102595568**	**110172050**	**92465366**	**11925077**	**10130203**
北 京	Beijing	11579762	11803182	10747819	11065565	831944	737617
天 津	Tianjin	6555071	8743489	6149802	8264339	405269	479151
河 北	Hebei	436121	236250	354882	184077	81239	52173
山 西	Shanxi	1159153	969864	786879	715269	372275	254595
内蒙古	Inner Mongolia	697517	267303	394499	153657	303018	113646
辽 宁	Liaoning	3931196	2954897	3621173	2759301	310023	195596
吉 林	Jilin	305031	206879	144314	122990	160716	83890
黑龙江	Heilongjiang	852658	944116	735834	723935	116823	220181
上 海	Shanghai	17849842	14777301	16835419	13874567	1014424	902735
江 苏	Jiangsu	8598190	8871192	8324077	8100702	274113	770490
浙 江	Zhejiang	10889953	9714570	10497519	9459927	392434	254643
安 徽	Anhui	4611832	1973826	4413642	1831764	198190	142062
福 建	Fujian	6970840	5437634	6537388	4881524	433452	556110
江 西	Jiangxi	1059547	1535228	985749	1498908	73798	36320
山 东	Shandong	9983181	6771341	7921587	5136601	2061594	1634739
河 南	Henan	3204742	2065641	2877420	1657425	327322	408216
湖 北	Hubei	1062791	1099458	610589	711818	452202	387641
湖 南	Hunan	2130368	1515983	1502106	1062351	628262	453631
广 东	Guangdong	13475585	10871198	11696120	9385335	1779465	1485863
广 西	Guangxi	988076	700267	738563	596659	249513	103608
海 南	Hainan	1757937	165374	1727374	131277	30563	34097
重 庆	Chongqing	2178328	1400011	1736964	1152494	441364	247517
四 川	Sichuan	2396380	1547369	1958326	1378408	438054	168961
贵 州	Guizhou	1245131	1192744	1150972	1128123	94159	64621
云 南	Yunnan	7063003	6001863	6884131	5870894	178872	130969
西 藏	Tibet	10572	8809	4986	6156	5586	2653
陕 西	Shaanxi	234304	180630	58177	43870	176127	136760
甘 肃	Gansu	148587	72132	110057	46588	38530	25544
青 海	Qinghai	15881	4980	178	1904	15704	3076
宁 夏	Ningxia	89853	85250	87393	77210	2460	8040
新 疆	Xinjiang	615695	476787	578112	441730	37583	35057

3-3-1 限额以上批发和零售业企业年末资产负债

项　目	Item	流动资产合计 Total Working Capitals	#存货 Stock	固定资产原价 Original Value of Fixed Assets
总　计	**Total**	**1068059988**	**217545264**	**140233545**
一、批发业	**Wholesale Trade**	**860032649**	**163574726**	**74608064**
#国有控股	State-controlled Enterprises	320606622	71982471	40909353
(一)按登记注册类型分	**by Type of Registration**			
1.内资企业	**Domestic Funded Enterprises**	**739717603**	**138620335**	**68370123**
国有企业	State-owned Enterprises	136270323	33859318	21628406
集体企业	Collective-owned Enterprises	8541814	1929981	1174072
股份合作企业	Cooperative Enterprises	1997075	801841	295670
联营企业	Joint Ownership Enterprises	1661744	328522	138008
国有联营企业	State Joint Ownership Enterprises	459091	129326	65315
集体联营企业	Collective Joint Ownership Enterprises	162715	27258	11563
国有与集体联营企业	Joint State-collective Enterprises	321920	88355	31954
其他联营企业	Other Joint Ownership Enterprises	718018	83583	29176
有限责任公司	Limited Liability Corporations	288754875	51165431	16887302
国有独资公司	State Sole Funded Corporations	43957562	9232839	2739242
其他有限责任公司	Other Limited Liability Corporations	244797313	41932592	14148060
股份有限公司	Share-holding Corporations Ltd.	75188611	14846780	12711246
私营企业	Private Enterprises	218124051	34384084	14547985
私营独资企业	Private-funded Enterprises	5368064	1034345	920218
私营合伙企业	Private Partnership Enterprises	2013929	215641	137795
私营有限责任公司	Private Limited Liability Corporations	201302529	31616194	12666436
私营股份有限公司	Private Share-holding Corporations Ltd.	9439529	1517904	823536
其他企业	Other Enterprises	9179111	1304378	987434
2.港、澳、台商投资企业	**Enterprises with Funds from Hongkong, Macao and Taiwan**	**34909404**	**7311047**	**1731457**
合资经营企业	Joint-venture Enterprises	5325757	789048	337573
合作经营企业	Cooperative Enterprises	226518	17602	12845
独资经营企业	Enterprises with Sole Investment	28648502	6343839	1306565
投资股份有限公司	Share-holding Corporations Ltd. with Investment	702623	160452	74466
其他港澳台商投资企业	Other Enterprises with Funds from Hongkong, Macao and Taiwan	6004	106	7
3.外商投资企业	**Foreign Funded Enterprises**	**85405642**	**17643343**	**4506484**
中外合资经营企业	Joint-venture Enterprises	14386384	2857693	990502
中外合作经营企业	Cooperative Enterprises	1193427	97001	29747
外资企业	Enterprises with Sole Foreign Investment	68866964	14499594	3290840
外商投资股份有限公司	Share-holding Corporations Ltd. with Foreign Investment	943402	187542	195047
其他外商投资企业	Other Foreign Funded Enterprises	15465	1513	348

Assets and Liabilities of Enterprises above Designated Size of Wholesale and Retail Trades at the Year-end

单位：万元
Unit:10000 yuan

累计折旧 Accumulated Depreciation	#本年折旧 Current Year Depreciation	资产总计 Total Assets	负债合计 Total Liabilities	所有者权益合计 Total Owners' Equities	实收资本 Paicl-up Capitals	#国家资本 State-owned Capitals	#港澳台资本 Capitals from Hongkong, Macao and Taiwan	#外商资本 Foreign Capitals
44946816	**8402153**	**1382877314**	**1007564523**	**375609939**	**202407939**	**41622602**	**9233365**	**16827422**
25180820	**4640176**	**1074448440**	**787901984**	**286547027**	**143487325**	**31971037**	**5333082**	**11763102**
14316648	2216175	435539645	292761835	142777810	60046192	31334743	57607	294385
22658144	**4044435**	**930621300**	**689734920**	**240886950**	**124990177**	**31516172**	**104271**	**602780**
8011245	1230457	178347212	113272522	65074689	21491017	14663813		1208
379480	64216	10584688	8834092	1750596	929183	5789	1912	103
71822	13572	2391302	1906258	485045	288902	10920	204	166
49897	7402	1962873	1566324	396549	218510	58563		1500
28656	4578	556691	392101	164590	87524	45088		
2743	352	203935	165843	38092	20906			
7707	855	383200	284486	98714	49566	13207		
10791	1618	819047	723894	95153	60515	269		1500
5275297	976014	357046644	281794231	75252859	43954716	7324571	33716	183331
861679	163046	59948966	44910113	15038853	7260556	3734821	429	93
4413618	812967	297097677	236884118	60214005	36694160	3589750	33287	183238
4274030	629771	114144143	71492029	42652114	18699660	9352704	38084	24633
4373892	1073745	254907597	203033856	51873865	37265068	77110	28273	7091
223256	43425	7334367	5065154	2269214	1421244	8290	21624	465
35119	9018	2204704	1836970	367735	277310	73		2982
3901543	962870	234128696	187353282	46775538	33914155	66671	1837	3644
213975	58433	11239829	8778451	2461378	1652358	2077	4812	
222481	49259	11236842	7835608	3401234	2143120	22702	2080	384748
603225	**137325**	**40665550**	**28876362**	**11789188**	**5855079**	**67574**	**4995415**	**211241**
111441	18935	6533301	4872595	1660706	988731	43839	442952	150068
5675	497	249920	147210	102709	33943	85	8823	25
457648	108755	32720550	23479005	9241545	4704350	808	4454979	61140
28455	9137	1155772	373743	782029	125566	22842	86173	8
6	1	6007	3809	2198	2489		2489	
1919451	**458417**	**103161590**	**69290701**	**33870889**	**12642069**	**387291**	**233397**	**10949081**
423186	69845	16875153	13214806	3660347	1976769	317457	54717	883211
9928	3987	1343459	1008520	334940	195568		4503	114273
1437631	375599	83454798	54107245	29347553	10266432	2499	137054	9890678
48457	8945	1472612	950104	522508	201056	67335	37123	58876
249	41	15568	10027	5541	2244			2044

项 目	Item	流动资产合计 Total Working Capitals	#存货 Stock	固定资产原价 Original Value of Fixed Assets
(二)按国民经济行业分	**by Sector**			
农畜产品批发	Wholesale of Farm Produce and Livestock Products	29744437	11957205	4361838
食品、饮料及烟草制品批发	Wholesale of Food, Beverages and Tobaccos	84079827	20574947	14598102
米、面制品及食用油批发	Wholesale of Rice, Flour and Edible Oil	16366605	6889886	1698141
肉、禽、蛋及水产品批发	Wholesale of Meal, Fowls, Eggs and Aquatic Products	2786052	399712	871862
饮料及茶叶批发	Wholesale of Beverages and Teas	13999630	2388454	806590
烟草制品批发	Wholesale of Tobaccos	38408434	8476103	8854828
纺织、服装及日用品批发	Wholesale of Textiles, Garments and Daily Consumer Articles	58807390	10137936	4569711
服装批发	Wholesale of Garments	23645594	3919351	1685392
鞋帽批发	Wholesale of Shoes and Hats	3817727	708818	398734
文化、体育用品及器材批发	Wholesale of Culture, Sports Appliances and Equipments	15676748	4758389	1708981
文具用品批发	Wholesale of Stationeries	3998561	542706	204116
体育用品批发	Wholesale of Sporting Goods	1163610	205048	124791
图书批发	Wholesale of Books	4096743	983491	929442
医药及医疗器材批发	Wholesale of Medicines and Medical Appliances	41635626	8560787	3005337
西药批发	Wholesale of Western Medicine	27879503	5504543	1815648
中药材及中成药批发	Wholesale of Chinese Traditional Medicine and Medicinal Materials	8566024	1818816	565790
矿产品、建材及化工产品批发	Wholesale of Mineral Products, Building Materials and Chemical Products	410117894	69996468	36216763
煤炭及制品批发	Wholesale of Coal and Related Products	61813940	7344624	3808716
石油及制品批发	Wholesale of Petroleum and Related Products	71428162	16083148	20651692
金属及金属矿批发	Wholesale of Metal Materials	185885344	29267604	6058002
建材批发	Wholesale of Building Materials	27923423	3867764	1836035
化肥批发	Wholesale of Chemical Fertilizer	16329252	5438204	1155214
农药批发	Wholesale of Pesticides	1568889	418705	220665
机械设备、五金交电及电子产品批发	Wholesale of Machinery, Hardware and Electronic Equipment	164621859	30526422	7796216
汽车、摩托车及零配件批发	Wholesale of Motor Vehicles, Motorcycles and Parts	41169501	8927725	1717327
家用电器批发	Wholesale of Household Electrical Appliances	27308430	5469924	693865
计算机、软件及辅助设备批发	Wholesale of Computer, Software and Assistant Appliances	16487542	2080681	357539
通讯及广播电视设备批发	Wholesale of Communication, Radios and Televisions Equipments	13816303	2013040	1063095
贸易经纪与代理	Trade Broker and Agency	31947957	2516315	757031
其他批发	Other Wholesale not Classified Elsewhere	23400911	4546258	1594084

3-3-1 Continued 1

单位：万元
Unit:10000 yuan

累计折旧 Accumulated Depreciation	#本年折旧 Current Year Depreciation	资产总计 Total Assets	负债合计 Total Liabilities	所有者权益合计 Total Owners' Equities	实收资本 Paicl-up Capitals	#国家资本 State-owned Capitals	#港澳台资本 Capitals from Hongkong, Macao and Taiwan	#外商资本 Foreign Capitals
1294926	185797	41983709	31662907	10320802	4652794	1879823	22388	197654
5576836	798562	106552983	56699411	49853573	10469978	2833345	371042	461686
514271	63131	19555624	16614093	2941530	1780539	529903	100178	51488
291850	43983	4241778	2925433	1316345	1338199	215203	8075	11758
277026	49399	16819868	13448073	3371795	1482810	133237	202152	175276
3765025	521970	47431418	11240913	36190505	2981096	1307639	1556	
1583824	320208	71417505	52380194	19037311	9983941	737933	1128320	918743
603775	128998	27846042	20180790	7665252	3773279	295550	575221	208251
97493	27647	4794671	3442443	1352228	563946	34248	126842	38416
536484	106447	19634782	13149034	6485748	3125701	1132561	231006	382332
68353	15004	4432986	3585626	847360	635614	48990	8486	209030
50228	21606	1396516	1031642	364874	132505		53272	13466
277645	42637	6380339	3413120	2967219	1204938	886051	3000	18017
1027482	226446	48978207	37269586	11708745	7393875	822368	226547	425231
564236	109251	32909965	25131796	7778168	5466831	675682	142942	283863
199668	36982	9985951	7929204	2056747	1274660	113987	51794	18017
11536689	2225202	528113862	401186339	126927970	79884823	22289789	1405153	2511657
1088124	262081	80592937	57339489	23253447	10313900	1279984	74131	30511
6783322	1209233	109370242	73263774	36106468	24938840	13132984	243229	519611
1830141	382521	225283479	182364523	42919403	29462312	6791202	520868	485690
530445	141422	35622715	28006912	7615803	5013438	292378	342110	132699
334801	47774	19656802	16003390	3653412	2268562	158941	5380	770342
46979	8096	2080480	1629790	450689	164646	11518	497	2910
2886924	630736	192973880	143571157	49402723	21291084	1040049	1362905	6155648
528203	163695	49600897	36305629	13295268	5124496	285259	266865	1892958
237596	58592	30271268	25296455	4974813	2641523	35451	17365	1573680
142725	30868	17926679	14175927	3750753	2253024	80084	359813	286928
462476	98855	17921973	10932684	6989289	2428308	63417	304299	912880
249712	49090	35997924	30032316	5965607	2723768	542601	132212	215549
487941	97688	28795587	21951041	6844547	3961360	692568	453510	494602

项　目	Item	流动资产合计 Total Working Capitals	#存货 Stock	固定资产原价 Original Value of Fixed Assets
二、零售业	**Retail Trade**	**208027340**	**53970538**	**65625482**
#国有控股	State-controlled Enterprises	35331263	8934727	18701779
(一)按登记注册类型分	**by Type of Registration**			
1.内资企业	**Domestic Funded Enterprises**	**176012882**	**46338291**	**55986409**
国有企业	State-owned Enterprises	9376096	2847350	5946720
集体企业	Collective-owned Enterprises	2085932	616617	1146630
股份合作企业	Cooperative Enterprises	1005711	413333	468391
联营企业	Joint Ownership Enterprises	433314	130913	146069
国有联营企业	State Joint Ownership Enterprises	230912	68291	76215
集体联营企业	Collective Joint Ownership Enterprises	61612	21706	19686
国有与集体联营企业	Joint State-collective Enterprises	79824	20318	20760
其他联营企业	Other Joint Ownership Enterprises	60966	20598	29408
有限责任公司	Limited Liability Corporations	71028918	18532880	18762307
国有独资公司	State Sole Funded Corporations	1032892	337357	672765
其他有限责任公司	Other Limited Liability Corporations	69996026	18195523	18089541
股份有限公司	Share-holding Corporations Ltd.	26668554	5672490	14475555
私营企业	Private Enterprises	61833425	17019338	14093361
私营独资企业	Private-funded Enterprises	3958795	1238718	1775178
私营合伙企业	Private Partnership Enterprises	636558	210816	253965
私营有限责任公司	Private Limited Liability Corporations	53717038	14698193	11334416
私营股份有限公司	Private Share-holding Corporations Ltd.	3521034	871611	729802
其他企业	Other Enterprises	3580932	1105371	947377
2.港、澳、台商投资企业	**Enterprises with Funds from Hongkong, Macao and Taiwan**	**13848912**	**3663113**	**3967301**
合资经营企业	Joint-venture Enterprises	4419024	725815	1268157
合作经营企业	Cooperative Enterprises	1166694	495863	176072
独资经营企业	Enterprises with Sole Investment	7542995	2290738	2193887
投资股份有限公司	Share-holding Corporations Ltd. with Investment	204469	68756	161511
其他港澳台商投资企业	Other Enterprises with Funds from Hongkong, Macao and Taiwan	515729	81940	167673
3.外商投资企业	**Foreign Funded Enterprises**	**18165546**	**3969133**	**5671772**
中外合资经营企业	Joint-venture Enterprises	6227927	1564535	2430727
中外合作经营企业	Cooperative Enterprises	1171559	338583	435089
外资企业	Enterprises with Sole Foreign Investment	10481317	1994003	2766538
外商投资股份有限公司	Share-holding Corporations Ltd. with Foreign Investment	241343	57488	33199
其他外商投资企业	Other Foreign Funded Enterprises	43399	14525	6219

3-3-1 Continued 2

单位：万元
Unit:10000 yuan

累计折旧 Accumulated Depreciation	#本年折旧 Current Year Depreciation	资产总计 Total Assets	负债合计 Total Liabilities	所有者权益合计 Total Owners' Equities	实收资本 Paicl-up Capitals	#国家资本 State-owned Capitals	# 港澳台资本 Capitals from Hongkong, Macao and Taiwan	# 外商资本 Foreign Capitals
19765996	**3761976**	**308428874**	**219662540**	**89062912**	**58920615**	**9651565**	**3900283**	**5064320**
5874416	885865	65644178	39588718	26078939	13587811	9277617	139287	219123
16476369	**3072638**	**262631460**	**186397754**	**76530284**	**48602932**	**9308992**	**199531**	**104959**
1894981	299957	19327451	11597064	7730387	4473897	3725576		58
385383	54209	3348938	2249658	1099280	719427	10408	2	416
118752	17024	1545460	882025	663435	450267	26736	1216	1753
58730	6125	636071	422477	213594	224301	158122		
29440	2820	345511	240401	105110	152524	145252		
8671	979	84407	56428	27979	18657	130		
11845	1274	99809	73148	26661	15189	3356		
8773	1052	106344	52500	53844	37932	9384		
5785545	1121485	98090319	74028296	24336755	16599715	1509155	23391	60864
232797	20774	1876584	996650	879934	330633	221146		
5552749	1100712	96213735	73031645	23456821	16269083	1288009	23391	60864
4077721	584712	51729679	31940693	19812465	8985123	3845865	62746	26183
3914546	928154	82901378	61535021	21364724	16222199	22366	105810	1848
405568	96001	6178647	3605388	2573257	1846394	2346	100022	79
63197	14596	953096	574840	378255	258334	1770	10	
3243538	768583	71006371	53987301	17017439	13331495	16963	5778	1323
202243	48975	4763264	3367491	1395773	785976	1287		446
240712	60971	5052164	3742520	1309644	928002	10764	6367	13838
1148151	**286911**	**20484352**	**14207762**	**6276591**	**4346697**	**107230**	**3595605**	**40242**
358969	82182	6271576	4190640	2080936	1219331	92503	692176	9459
85878	7240	1347490	1118557	228932	153558	3221	125133	1966
619181	175129	11140461	7789997	3350464	2756390	7005	2692505	28817
43166	15418	633328	521950	111378	81443	4500	66595	
40958	6942	1091498	586617	504881	135975		19198	
2141475	**402428**	**25313062**	**19057024**	**6256038**	**5970986**	**235343**	**105146**	**4919119**
927122	167849	8817969	6672697	2145273	1923301	121136	41493	1168130
234978	23956	1525931	1057463	468468	312850	3771	10105	282488
968750	207057	14622664	11096608	3526056	3668636	109537	52285	3416620
9726	3450	296530	176960	119571	57249	900		47145
900	117	49967	53297	-3330	8950		1264	4736

项　　目	Item	流动资产合计 Total Working Capitals	#存货 Stock	固定资产原价 Original Value of Fixed Assets
(二)按国民经济行业分	**by Sector**			
综合零售	Integrated Retail	63086511	13575584	29425971
百货零售	Retail of General Merchandise	37401487	5927297	18988849
超级市场零售	Retail of Supermarkets	23752996	7179789	9529486
食品、饮料及烟草制品专门零售	Special Retail of Food, Beverages and Tobaccos	5411490	2015020	1782436
粮油零售	Retail of Cereal and Oil	1522967	826969	375905
肉、禽、蛋及水产品零售	Retail of Meat, Poultry and Eggs	457019	124458	294645
饮料及茶叶零售	Retail of Beverages and Teas	1250737	378380	379981
烟草制品零售	Retail of Tobaccos	801865	273194	137665
纺织、服装及日用品专门零售	Special Retail of Textiles, Garments and Daily Consumer Articles	10166076	3530064	2447761
服装零售	Retail of Garments	7155060	2127149	1738916
文化、体育用品及器材专门零售	Special Retail of Culture, Sports Appliances and Equipments	8247220	3293259	2893571
体育用品零售	Retail of Sporting Goods	537401	259437	71731
图书零售	Retail of Books	3738644	1002518	1891562
医药及医疗器材专门零售	Special Retail of Medicines and Medical Appliances	11393466	2642927	1493786
药品零售	Retail of Medicines	10567680	2487199	1392265
汽车、摩托车、燃料及零配件专门零售	Special Retail of Motor Vehicles, Motorcycles, Fuel and Parts	77440172	22629328	19617728
汽车零售	Retail of Motor Vehicles	64850753	19243357	10519006
机动车燃料零售	Retail of Automotive Fuels	10589112	2741068	8677879
家用电器及电子产品专门零售	Special Retail of Household Electric Appliances and Electronic Products	21811116	4350234	2752743
家用电器零售	Retail of Household Electric Appliances	16430019	2970160	2101974
计算机、软件及辅助设备零售	Retail of Computer, Software and Assistant Appliances	3154075	761704	311894
通信设备零售	Retail of Communication Equipments	1744977	515492	285026
五金、家具及室内装修材料专门零售	Special Retail of Hardware, Furniture and Decoration Materials	5062895	904560	3363543
无店铺及其他零售	Non-shop and Other Retails	5408394	1029562	1847943
邮购及电子销售	Distribution of Post and E-commerce	1458488	287073	163384
(三)按零售业态分	**by Mode of Business Operation**			
有店铺零售	Store-based Retailing	204712460	53170919	65296746
超市	Supermarket	10650575	3588374	4476936
大型超市	Hypermarket	19959038	5858507	7786733
百货店	Department Store	35427462	5406088	18032527
专业店	Speciality Store	72717965	18591032	20769489
专卖店	Exclusive Shop	56647653	17485236	11171692
无店铺零售	Non-Store Selling	3314880	799619	328736

3-3-1 Continued 3

单位：万元
Unit:10000 yuan

累计折旧 Accumulated Depreciation	#本年折旧 Current Year Depreciation	资产总计 Total Assets	负债合计 Total Liabilities	所有者权益合计 Total Owners' Equities	实收资本 Paicl-up Capitals	#国家资本 State-owned Capitals	# 港澳台资本 Capitals from Hongkong, Macao and Taiwan	# 外商资本 Foreign Capitals
9187333	1547276	104897577	76870319	28033286	15612425	1147299	1869974	2679499
5506257	818227	65343791	45766540	19577289	9066090	851889	1211856	1017384
3393806	690343	36276998	28824443	7458545	5685753	251959	619500	1491141
493569	98379	7906281	4870380	3035901	1527959	346042	77733	21061
111716	11494	1970202	1556236	413965	229072	97520	24849	
71591	11966	827150	455645	371505	210665	28152	1189	178
96233	27729	1882276	1261047	621229	297643	12505	20043	4147
53058	10783	1064386	417870	646515	275903	174747		
755639	169765	13992395	10097021	3895373	3153968	95610	653754	740185
521741	117401	9914888	7410534	2504354	1991656	17499	433694	398018
997309	136907	11942252	7041060	4901192	2541869	976439	286889	109136
23312	4209	643880	459678	184202	119798	2770	64360	17774
649736	84246	6156674	3321219	2835454	1173128	797972	55	29243
506182	94009	14254241	10620651	3633590	3353021	371273	38199	39250
478459	85000	13327764	9932164	3395600	3203718	368681	35959	768
5874034	1332492	110744895	78752502	32014892	23176136	6338494	589361	459002
3037640	862484	82085921	63633225	18451715	13482329	268138	468258	210359
2715830	443461	26069688	13339853	12753315	8535461	6062075	20307	231318
687005	163163	27573451	20275749	7296286	5679716	76942	206084	250561
447353	112047	20996497	15740166	5254991	4088546	20428	168027	181728
115388	22626	3769351	2445842	1323508	1074665	40486	36124	48425
106175	24139	2239656	1697901	541754	390471	7123	733	20073
738201	119465	9161222	5615461	3815229	1763957	53844	62618	292902
526724	100521	7956561	5519397	2437163	2111563	245622	115670	472723
71981	13107	1750067	1593730	156336	604661	36665	31190	366680
19645983	3732936	304582834	216183379	88696033	57924821	9598225	3794718	4632401
1411413	277634	16862324	12785051	4077272	2861353	70789	226438	184865
2710119	545670	30708919	24162050	6552899	4637209	258290	562411	1598143
5237011	768596	61654936	42976935	18678001	8925318	814620	1145655	919488
5912853	1096952	106486572	71776481	35001622	24744068	6945138	858445	706137
3444074	858357	75091572	54796493	20294098	13732978	1266934	799293	799261
120013	29041	3846040	3479161	366879	995794	53340	105565	431919

3-3-2 各地区限额以上批发业企业年末资产负债

Assets and Liabilities of Enterprises above Designated Size of Wholesale Trade by Region at the Year-end

单位：万元

Unit: 10000 yuan

地区	Region	资产总计 Total Assets	#流动资产合计 Total Working Capitals	#固定资产合计 Total Fixed Assets	负债合计 Total Liabilities	所有者权益合计 Total Owners' Equities
全国	**National Total**	**1074448440**	**860032649**	**54061343**	**787901984**	**286547027**
北京	Beijing	221000998	165579422	5202967	155780050	65220949
天津	Tianjin	50995301	43036908	1695199	38760541	12234760
河北	Hebei	22545199	18301395	1735006	16687304	5857895
山西	Shanxi	23986637	18368229	1516088	17943689	6042948
内蒙古	Inner Mongolia	9258138	6594485	1414038	6018453	3239685
辽宁	Liaoning	29350728	23627649	1820512	21894986	7455742
吉林	Jilin	5240312	4101911	626710	3389624	1850688
黑龙江	Heilongjiang	12032836	10488430	823005	9930449	2102387
上海	Shanghai	118246296	99244181	3917973	85869466	32376830
江苏	Jiangsu	87814741	74219551	4470530	65943552	21871188
浙江	Zhejiang	101010365	83154057	3734967	78713385	22297103
安徽	Anhui	18947678	16050247	1146588	14057761	4889917
福建	Fujian	43602097	33944185	1595399	29739622	13862475
江西	Jiangxi	5735574	4406308	681287	3641753	2093822
山东	Shandong	44614748	34951841	5136547	32524713	12090035
河南	Henan	17496835	12884920	1756988	12248437	5248398
湖北	Hubei	20499503	16139899	2050253	15313104	5186399
湖南	Hunan	10053343	7516965	1047942	6150935	3902407
广东	Guangdong	117726585	97730835	5456559	91212324	26514261
广西	Guangxi	9888425	7739609	766468	7208542	2679884
海南	Hainan	3088958	2417391	198028	1632771	1456187
重庆	Chongqing	18009654	13763107	1355585	13142187	4867467
四川	Sichuan	19004561	15936724	1138173	13627507	5377054
贵州	Guizhou	7050465	5812147	492660	4289075	2761837
云南	Yunnan	23753981	18123986	1349257	17917364	5836617
西藏	Tibet	243743	120428	39215	71619	172124
陕西	Shaanxi	10748689	7773955	838046	7843927	2904762
甘肃	Gansu	5637132	4679773	398696	3199877	2437255
青海	Qinghai	1414185	1028856	258545	851607	562578
宁夏	Ningxia	1787003	1398950	246564	1201189	585814
新疆	Xinjiang	13663732	10896304	1151552	11096172	2567560

3-3-2 续表 Continued

国有控股

State-controlled Enterprises

单位：万元

Unit: 10000 yuan

地　区	Region	资产总计 Total Assets	#流动资产合计 Total Working Capitals	#固定资产合计 Total Fixed Assets	负债合计 Total Liabilities	所有者权益合计 Total Owners' Equities
全　国	**National Total**	**435539645**	**320606622**	**29022476**	**292761835**	**142777810**
北　京	Beijing	145848185	104725539	3351675	104243688	41604497
天　津	Tianjin	22086990	17639062	922962	16606301	5480690
河　北	Hebei	6856230	5280507	931809	4328520	2527710
山　西	Shanxi	15820504	12711902	970695	12138485	3682019
内蒙古	Inner Mongolia	4267815	2685312	891763	2392932	1874884
辽　宁	Liaoning	13144414	10087374	1059770	8806691	4337723
吉　林	Jilin	3076686	2332285	405419	2090981	985705
黑龙江	Heilongjiang	5257699	4488014	502800	4052173	1205526
上　海	Shanghai	29830643	22363263	1400578	20526535	9304108
江　苏	Jiangsu	24180072	18392806	2021477	14647741	9532332
浙　江	Zhejiang	15425603	11721871	957063	9167162	6258442
安　徽	Anhui	9480299	7727706	700233	6186718	3293581
福　建	Fujian	15318615	10019096	771134	8779241	6539374
江　西	Jiangxi	3377188	2412937	563845	1769484	1607704
山　东	Shandong	11546443	8526908	1838885	7596586	3949858
河　南	Henan	8381443	5904993	1011570	5301343	3080100
湖　北	Hubei	8951264	6227062	1396679	6206028	2745236
湖　南	Hunan	5255735	3630513	684326	2427379	2828356
广　东	Guangdong	34558270	24294908	3025159	23300740	11257530
广　西	Guangxi	3552303	2191571	614464	1845930	1706373
海　南	Hainan	623646	451986	108176	150492	473155
重　庆	Chongqing	6173172	4148040	928700	3560395	2612777
四　川	Sichuan	6727228	5510228	618472	3920432	2806796
贵　州	Guizhou	5071191	4067816	409819	2680399	2390793
云　南	Yunnan	13149404	9781350	970367	7455031	5694373
西　藏	Tibet	184444	81584	23478	49921	134523
陕　西	Shaanxi	5516002	3603023	559476	3730453	1785548
甘　肃	Gansu	2861111	2440521	288249	1108222	1752889
青　海	Qinghai	852567	575134	209458	463511	389057
宁　夏	Ningxia	544999	334337	182315	217630	327368
新　疆	Xinjiang	7619479	6248977	701659	7010692	608787

3-3-3 各地区限额以上批发业企业年末资产负债(按登记注册类型分)

Assets and Liabilities of Enterprises above Designated Size of Wholesale Trade by Region and Type of Registration at the Year-end

内资企业　　单位：万元

Domestic Funded Enterprises　　Unit: 10000 yuan

地　区	Region	资产总计 Total Assets	#流动资产合计 Total Working Capitals	#固定资产合计 Total Fixed Assets	负债合计 Total Liabilities	所有者权益合计 Total Owners' Equities
全　国	**National Total**	**930621300**	**739717603**	**50203538**	**689734920**	**240886950**
北　京	Beijing	179244840	133708079	4263597	131276473	47968368
天　津	Tianjin	45220217	38170404	1580460	34912864	10307353
河　北	Hebei	22409533	18172810	1730082	16584235	5825298
山　西	Shanxi	23935717	18332409	1505300	17924568	6011148
内蒙古	Inner Mongolia	9255253	6592034	1413604	6016670	3238583
辽　宁	Liaoning	27821612	22487473	1801888	20896685	6924927
吉　林	Jilin	5103452	3975146	625337	3296604	1806848
黑龙江	Heilongjiang	12016904	10476560	822570	9911269	2105635
上　海	Shanghai	68787428	55359178	2711661	49965537	18821891
江　苏	Jiangsu	79401023	66938876	4156495	59860682	19540340
浙　江	Zhejiang	98735707	81318876	3656083	77071460	21664370
安　徽	Anhui	18431755	15553568	1137662	13413364	5018391
福　建	Fujian	39658172	30894125	1401046	27251349	12406823
江　西	Jiangxi	5621652	4308824	673789	3566391	2055261
山　东	Shandong	43167339	33631838	5075918	31585794	11581546
河　南	Henan	17439553	12830881	1756642	12206676	5232876
湖　北	Hubei	19302793	15035362	1999212	14343819	4958974
湖　南	Hunan	9986700	7460635	1041265	6108488	3878212
广　东	Guangdong	96386339	79287572	4723725	75034398	21351941
广　西	Guangxi	9839262	7699900	764958	7161476	2677786
海　南	Hainan	2718445	2147845	190656	1561017	1157428
重　庆	Chongqing	15110987	10970463	1319861	10983964	4127023
四　川	Sichuan	18514207	15648846	1130324	13295798	5218410
贵　州	Guizhou	7036298	5805346	489328	4282083	2754662
云　南	Yunnan	23695737	18077872	1344111	17881067	5814670
西　藏	Tibet	243743	120428	39215	71619	172124
陕　西	Shaanxi	9662459	6963902	831136	6936070	2726389
甘　肃	Gansu	5622559	4665358	398539	3185923	2436636
青　海	Qinghai	1299467	952284	229916	762954	536513
宁　夏	Ningxia	1731256	1351969	240406	1179925	551331
新　疆	Xinjiang	13220893	10778740	1148755	11205701	2015192

3-3-3 续表 1 Continued 1

国有企业 单位：万元
State-owned Enterprises Unit: 10000 yuan

地区	Region	资产总计 Total Assets	#流动资产合计 Total Working Capitals	#固定资产合计 Total Fixed Assets	负债合计 Total Liabilities	所有者权益合计 Total Owners' Equities
全国	**National Total**	**178347212**	**136270323**	**14371149**	**113272522**	**65074689**
北京	Beijing	26389979	17781024	845213	17942151	8447829
天津	Tianjin	11578160	9800957	727446	9294691	2283469
河北	Hebei	4366376	3501471	448263	2532280	1834096
山西	Shanxi	7655048	6604678	606991	5821510	1833539
内蒙古	Inner Mongolia	2618339	1971918	247301	1417662	1200678
辽宁	Liaoning	5597614	4689103	478682	3722692	1874922
吉林	Jilin	1869261	1336611	330694	1156319	712943
黑龙江	Heilongjiang	2653692	2109033	399000	1695194	958498
上海	Shanghai	12964751	10384863	436753	9895773	3068978
江苏	Jiangsu	11375456	9762654	784345	6339944	5035512
浙江	Zhejiang	7048262	5484731	428818	2860715	4187547
安徽	Anhui	3477729	2877743	313083	1690318	1787412
福建	Fujian	7894263	4588177	479344	3337320	4556944
江西	Jiangxi	2252463	1601728	350411	974259	1278204
山东	Shandong	6707790	5672247	592464	4551377	2156413
河南	Henan	5285119	4235136	573925	3499280	1785839
湖北	Hubei	7514167	5119749	1211056	5120799	2393368
湖南	Hunan	2629372	2027097	388697	762730	1866642
广东	Guangdong	14498247	9985838	1440022	11460561	3037686
广西	Guangxi	1787427	1095084	213781	890274	897153
海南	Hainan	556268	407007	87763	120658	435611
重庆	Chongqing	3308737	2151865	478276	1633284	1675453
四川	Sichuan	4406117	3582604	484990	2052002	2354115
贵州	Guizhou	4362762	3547673	327383	2200234	2162528
云南	Yunnan	9099837	8062672	586495	5185730	3914107
西藏	Tibet	184444	81584	23478	49921	134523
陕西	Shaanxi	3913936	2635983	429443	2401290	1512646
甘肃	Gansu	1381891	1197822	110251	705887	676004
青海	Qinghai	471556	318560	86396	171058	300498
宁夏	Ningxia	268495	202754	38826	76891	191604
新疆	Xinjiang	4229650	3451957	421555	3709721	519929

3-3-3 续表 2 Continued 2

集体企业 单位：万元

Collective-owned Enterprises Unit: 10000 yuan

地区	Region	资产总计 Total Assets	#流动资产合计 Total Working Capitals	#固定资产合计 Total Fixed Assets	负债合计 Total Liabilities	所有者权益合计 Total Owners' Equities
全国	**National Total**	**10584688**	**8541814**	**866430**	**8834092**	**1750596**
北京	Beijing	1154539	820828	107992	952443	202096
天津	Tianjin	278518	228638	13791	222770	55748
河北	Hebei	165449	102860	29479	117147	48302
山西	Shanxi	332204	248206	43996	251911	80293
内蒙古	Inner Mongolia	11259	8343	2455	4780	6479
辽宁	Liaoning	199331	179857	7078	187477	11854
吉林	Jilin	4606	3684	922	3054	1552
黑龙江	Heilongjiang	1131631	1050066	51976	1048090	83540
上海	Shanghai	333757	291883	16823	279329	54428
江苏	Jiangsu	646290	451112	59895	563303	82988
浙江	Zhejiang	825302	642706	23034	607469	217833
安徽	Anhui	44586	39172	4294	35141	9445
福建	Fujian	189172	167956	7381	153914	35257
江西	Jiangxi	14145	8147	3461	7675	6470
山东	Shandong	1471399	1247148	106551	1306602	164797
河南	Henan	477684	321370	122029	349061	128623
湖北	Hubei	416794	379386	15294	390239	26555
湖南	Hunan	17455	12262	1178	7353	10102
广东	Guangdong	512610	410091	43791	378190	134420
广西	Guangxi	39769	30992	5829	28072	11697
海南	Hainan					
重庆	Chongqing	227375	211420	5381	205207	22168
四川	Sichuan	960507	774263	77272	784692	175815
贵州	Guizhou	81673	63366	7922	76301	5372
云南	Yunnan	64138	48311	9257	42827	21311
西藏	Tibet					
陕西	Shaanxi	82728	40355	14425	76654	6074
甘肃	Gansu	95367	72949	17985	75178	20188
青海	Qinghai	3366	2552	784	2407	959
宁夏	Ningxia	41202	34821	3512	35687	5515
新疆	Xinjiang	761836	649072	59644	641119	120717

3-3-3 续表 3 Continued 3

股份合作企业 单位：万元

Cooperative Enterprises Unit: 10000 yuan

地 区	Region	资产总计 Total Assets	#流动资产合计 Total Working Capitals	#固定资产合计 Total Fixed Assets	负债合计 Total Liabilities	所有者权益合计 Total Owners' Equities
全 国	**National Total**	**2391302**	**1997075**	**239822**	**1906258**	**485045**
北 京	Beijing	230754	172982	36336	182180	48574
天 津	Tianjin	137886	124130	9483	118743	19143
河 北	Hebei	15494	11336	1616	14781	713
山 西	Shanxi	73924	73017	895	64932	8993
内蒙古	Inner Mongolia	3342	686	1881	2813	529
辽 宁	Liaoning	16386	10562	5560	9099	7287
吉 林	Jilin					
黑龙江	Heilongjiang	118051	80801	26448	36756	81294
上 海	Shanghai	295056	266302	10230	227670	67386
江 苏	Jiangsu	571841	532075	27436	520616	51226
浙 江	Zhejiang	79949	73076	1752	65417	14532
安 徽	Anhui	7160	4498	2031	4379	2781
福 建	Fujian	29025	25242	3253	19986	9039
江 西	Jiangxi	25709	17227	1309	17537	8172
山 东	Shandong	109463	78122	14134	89886	19577
河 南	Henan	15636	7791	4308	9065	6571
湖 北	Hubei	153203	141607	5078	117648	35556
湖 南	Hunan	87148	26213	56246	71514	15634
广 东	Guangdong	118832	103502	9488	80269	38564
广 西	Guangxi	7984	4586	952	4740	3244
海 南	Hainan	9469	5207	1431	3348	6121
重 庆	Chongqing	144230	132712	7219	131025	13205
四 川	Sichuan	35435	31983	2105	28704	6731
贵 州	Guizhou	4103	3540	524	3684	418
云 南	Yunnan	25935	14991	5060	17568	8367
西 藏	Tibet					
陕 西	Shaanxi	29783	13733	1368	27068	2715
甘 肃	Gansu	17800	16760	947	13836	3964
青 海	Qinghai	1284	1193	6	1192	92
宁 夏	Ningxia	2795	1945	550	604	2191
新 疆	Xinjiang	23624	21258	2178	21200	2425

3-3-3 续表 4 Continued 4

联营企业
Joint Ownership Enterprises

单位：万元
Unit: 10000 yuan

地 区	Region	资产总计 Total Assets	#流动资产合计 Total Working Capitals	#固定资产合计 Total Fixed Assets	负债合计 Total Liabilities	所有者权益合计 Total Owners' Equities
全 国	**National Total**	**1962873**	**1661744**	**91419**	**1566324**	**396549**
北 京	Beijing	8676	8510	120	8350	325
天 津	Tianjin	68638	58547	2725	60639	7999
河 北	Hebei	4860	4708	152	3284	1576
山 西	Shanxi					
内 蒙 古	Inner Mongolia	2492	2489	2	1884	608
辽 宁	Liaoning	22640	14565	1634	17769	4870
吉 林	Jilin					
黑 龙 江	Heilongjiang	8300	2100	5800	2500	5800
上 海	Shanghai	330307	306456	16827	212689	117618
江 苏	Jiangsu	86680	71033	10246	49415	37265
浙 江	Zhejiang	373963	366942	1962	329599	44365
安 徽	Anhui					
福 建	Fujian	69600	64013	1593	55142	14458
江 西	Jiangxi	4660	4106	421	3203	1457
山 东	Shandong	66390	25867	13874	54867	11523
河 南	Henan	19492	13173	4829	23119	-3627
湖 北	Hubei	34050	30163	1273	23579	10471
湖 南	Hunan	1251	489	762	151	1100
广 东	Guangdong	750243	656621	19680	649384	100858
广 西	Guangxi	800	703	57	597	203
海 南	Hainan					
重 庆	Chongqing	55052	13117	5748	34034	21018
四 川	Sichuan	2345	1860	43	468	1877
贵 州	Guizhou					
云 南	Yunnan	52145	16058	3604	35653	16492
西 藏	Tibet					
陕 西	Shaanxi	292	226	67		292
甘 肃	Gansu					
青 海	Qinghai					
宁 夏	Ningxia					
新 疆	Xinjiang					

3-3-3 续表 5 Continued 5

有限责任公司 | 单位：万元
Limited Liability Corporations | Unit: 10000 yuan

地 区	Region	资产总计 Total Assets	#流动资产合计 Total Working Capitals	#固定资产合计 Total Fixed Assets	负债合计 Total Liabilities	所有者权益合计 Total Owners' Equities
全 国	**National Total**	**357046644**	**288754875**	**13163492**	**281794231**	**75252859**
北 京	Beijing	110494765	85488772	2651134	85088432	25406333
天 津	Tianjin	15956836	12808844	369930	11704258	4252579
河 北	Hebei	5820185	5037099	413433	4801947	1018238
山 西	Shanxi	7613427	5753775	432301	6144493	1468935
内蒙古	Inner Mongolia	3207161	2022971	732299	2176670	1030491
辽 宁	Liaoning	8845012	7440076	426190	7757315	1087697
吉 林	Jilin	1708151	1413907	156383	1303020	405131
黑龙江	Heilongjiang	3674723	3317210	140763	3218115	456608
上 海	Shanghai	19873982	15629511	717056	13902094	5971889
江 苏	Jiangsu	19261193	15847466	938512	15740572	3520621
浙 江	Zhejiang	32072686	25980813	1106504	25634316	6438370
安 徽	Anhui	5559346	5076165	186578	4529648	1029697
福 建	Fujian	13221499	10958097	431656	10221333	3000167
江 西	Jiangxi	2016708	1787640	74012	1669707	347002
山 东	Shandong	16654612	14363720	873729	13903610	2751002
河 南	Henan	5762338	4804990	301289	4701245	1061093
湖 北	Hubei	5059712	4466547	238208	4003940	1055771
湖 南	Hunan	2736103	2096228	174866	2017104	718999
广 东	Guangdong	38400979	33140835	1212154	30725550	7675429
广 西	Guangxi	2816142	2426505	92279	2326094	490048
海 南	Hainan	1345119	1140790	69286	991622	353497
重 庆	Chongqing	6108503	5349901	257948	5111486	997017
四 川	Sichuan	8046911	7029164	273755	6491615	1555296
贵 州	Guizhou	1873539	1554507	122821	1402516	471470
云 南	Yunnan	7883648	4696275	141590	7436530	447117
西 藏	Tibet	41351	34659	2374	18851	22500
陕 西	Shaanxi	3420653	2712433	217666	2666240	754413
甘 肃	Gansu	2041061	1684733	50360	1568761	472300
青 海	Qinghai	333591	271284	20864	202747	130844
宁 夏	Ningxia	572299	537861	15132	526203	46096
新 疆	Xinjiang	4624411	3882100	322423	3808201	816210

股份有限公司 单位：万元

Share-holding Corporations Ltd. Unit: 10000 yuan

地 区	Region	资产总计 Total Assets	#流动资产合计 Total Working Capitals	#固定资产合计 Total Fixed Assets	负债合计 Total Liabilities	所有者权益合计 Total Owners' Equities
全 国	**National Total**	**114144143**	**75188611**	**9186646**	**71492029**	**42652114**
北 京	Beijing	24455008	14587595	186885	13863577	10591432
天 津	Tianjin	1177213	761697	47580	746581	430632
河 北	Hebei	5713679	3910024	561797	3944655	1769024
山 西	Shanxi	2857479	2029387	53339	1947690	909789
内蒙古	Inner Mongolia	559376	314940	156357	373884	185492
辽 宁	Liaoning	4430091	2727357	416323	2194612	2235478
吉 林	Jilin	246708	181706	31621	192526	54182
黑龙江	Heilongjiang	2527056	2227738	96406	2333774	193282
上 海	Shanghai	7099761	4709438	493540	4278238	2821523
江 苏	Jiangsu	14576389	11293599	1029607	9957817	4618572
浙 江	Zhejiang	9311265	6120239	459184	6734931	2576334
安 徽	Anhui	5237616	4045052	393428	3788113	1449503
福 建	Fujian	5544978	3998546	67687	3967739	1577239
江 西	Jiangxi	547137	255489	204314	303993	243144
山 东	Shandong	3559020	1554041	1214285	2023254	1535766
河 南	Henan	2313306	975089	418203	1154084	1159222
湖 北	Hubei	1429970	918507	221774	832397	597573
湖 南	Hunan	1461142	782909	203259	925717	535425
广 东	Guangdong	10657084	6999699	1066222	5422665	5234419
广 西	Guangxi	1350582	742182	358870	749950	600631
海 南	Hainan	388110	222505	23255	149401	238709
重 庆	Chongqing	1526531	890257	385640	810657	715874
四 川	Sichuan	551435	403321	57587	435431	116004
贵 州	Guizhou	514710	456789	21239	439599	75111
云 南	Yunnan	1583823	837242	352010	879958	703865
西 藏	Tibet					
陕 西	Shaanxi	1457556	1045848	105095	1199673	257883
甘 肃	Gansu	1399420	1145024	172761	298114	1101306
青 海	Qinghai	425810	301529	119155	337577	88233
宁 夏	Ningxia	187981	49721	138210	74806	113175
新 疆	Xinjiang	1053908	701142	131014	1130615	-76707

3-3-3 续表 7 Continued 7

私营企业 Private Enterprises

单位：万元 Unit: 10000 yuan

地 区	Region	资产总计 Total Assets	#流动资产合计 Total Working Capitals	#固定资产合计 Total Fixed Assets	负债合计 Total Liabilities	所有者权益合计 Total Owners' Equities
全 国	**National Total**	**254907597**	**218124051**	**11430706**	**203033856**	**51873865**
北 京	Beijing	16511119	14848368	435917	13239340	3271779
天 津	Tianjin	15203184	13640724	374137	12142895	3060289
河 北	Hebei	6254616	5546429	269621	5116754	1137862
山 西	Shanxi	5191888	3513190	283722	3571259	1620629
内蒙古	Inner Mongolia	2218605	1758495	209799	1576514	642091
辽 宁	Liaoning	8579631	7310885	454383	6899553	1680077
吉 林	Jilin	579741	465584	85651	432345	147396
黑龙江	Heilongjiang	1789975	1590971	96245	1480599	309375
上 海	Shanghai	27393876	23417747	976611	20829049	6564827
江 苏	Jiangsu	31813595	27975675	1262239	25761737	6051859
浙 江	Zhejiang	48988219	42620684	1629957	40812558	8175785
安 徽	Anhui	3872659	3307504	226762	3195020	677639
福 建	Fujian	10960889	9671162	362512	8359854	2601035
江 西	Jiangxi	727515	603844	37418	570089	157426
山 东	Shandong	12947497	9587492	1974963	8583151	4364346
河 南	Henan	3419739	2343834	320002	2342360	1077379
湖 北	Hubei	4453631	3771311	279813	3668258	785373
湖 南	Hunan	2712242	2269056	171249	2116132	596110
广 东	Guangdong	30299178	26978857	899975	25504774	4794405
广 西	Guangxi	3688748	3265784	91017	3035980	652768
海 南	Hainan	289112	250576	8094	186176	102935
重 庆	Chongqing	3452457	1994890	154238	2860521	591936
四 川	Sichuan	4341357	3716685	206535	3366855	974502
贵 州	Guizhou	174662	157415	8941	139444	35218
云 南	Yunnan	4552124	3993628	239500	3893422	658702
西 藏	Tibet	17948	4186	13363	2847	15101
陕 西	Shaanxi	701112	470136	60665	540318	160794
甘 肃	Gansu	674073	536094	45752	514157	159916
青 海	Qinghai	46261	40520	2046	33979	12282
宁 夏	Ningxia	646874	514214	43642	458928	187946
新 疆	Xinjiang	2405075	1958116	205936	1798991	606084

3-3-3 续表 8 Continued 8

其他企业
Other Enterprises

单位：万元
Unit: 10000 yuan

地 区	Region	资产总计 Total Assets	#流动资产合计 Total Working Capitals	#固定资产合计 Total Fixed Assets	负债合计 Total Liabilities	所有者权益合计 Total Owners' Equities
全 国	**National Total**	**11236842**	**9179111**	**853875**	**7835608**	**3401234**
北 京	Beijing					
天 津	Tianjin	819782	746867	35368	622289	197494
河 北	Hebei	68874	58884	5721	53388	15486
山 西	Shanxi	211746	110156	84056	122774	88972
内蒙古	Inner Mongolia	634679	512191	63509	462464	172215
辽 宁	Liaoning	130908	115068	12040	108167	22741
吉 林	Jilin	694986	573655	20065	209340	485646
黑龙江	Heilongjiang	113477	98640	5933	96240	17237
上 海	Shanghai	495938	352979	43822	340695	155243
江 苏	Jiangsu	1069578	1005262	44215	927280	142298
浙 江	Zhejiang	36062	29686	4872	26457	9605
安 徽	Anhui	232660	203435	11486	170745	61915
福 建	Fujian	1748746	1420933	47621	1136061	612685
江 西	Jiangxi	33315	30644	2443	19929	13386
山 东	Shandong	1651169	1103202	285917	1073047	578122
河 南	Henan	146238	129499	12056	128462	17776
湖 北	Hubei	241267	208093	26715	186960	54307
湖 南	Hunan	341989	246381	42008	207788	134201
广 东	Guangdong	1149167	1012130	32395	813005	336162
广 西	Guangxi	147811	134065	2173	125770	22041
海 南	Hainan	130368	121760	827	109813	20555
重 庆	Chongqing	288103	226300	25413	197750	90352
四 川	Sichuan	170101	108967	28037	136032	34070
贵 州	Guizhou	24850	22058	498	20305	4544
云 南	Yunnan	434088	408696	6595	389379	44709
西 藏	Tibet					
陕 西	Shaanxi	56398	45187	2408	24826	31573
甘 肃	Gansu	12947	11976	480	9991	2956
青 海	Qinghai	17599	16647	667	13992	3607
宁 夏	Ningxia	11609	10654	533	6805	4804
新 疆	Xinjiang	122389	115095	6006	95855	26535

3-3-3 续表 9 Continued 9

港、澳、台商投资企业 单位：万元

Enterprises with Funds from Hong Kong,Macao and Taiwan Unit: 10000 yuan

地 区	Region	资产总计 Total Assets	#流动资产合计 Total Working Capitals	#固定资产合计 Total Fixed Assets	负债合计 Total Liabilities	所有者权益合计 Total Owners' Equities
全 国	**National Total**	**40665550**	**34909404**	**1171116**	**28876362**	**11789188**
北 京	Beijing	4425008	3529570	174921	2850787	1574221
天 津	Tianjin	2201834	1950776	24618	1548171	653663
河 北	Hebei	13511	11850	167	2464	11047
山 西	Shanxi	21238	18872	927	-577	21815
内蒙古	Inner Mongolia	2155	1721	434	1169	986
辽 宁	Liaoning	901036	661850	11439	688687	212349
吉 林	Jilin	3992	3841	53	3346	646
黑龙江	Heilongjiang	13042	9150	264	10624	2418
上 海	Shanghai	12498138	11138126	313959	8775351	3722787
江 苏	Jiangsu	4228375	3639856	231781	2896972	1331403
浙 江	Zhejiang	862322	675113	30242	577595	284726
安 徽	Anhui	28277	25403	2121	18789	9487
福 建	Fujian	1972687	1604651	63371	1285559	687128
江 西	Jiangxi	36159	30577	5579	10218	25941
山 东	Shandong	764777	694365	29500	482423	282354
河 南	Henan	13932	11781	170	9585	4347
湖 北	Hubei	470057	415834	45092	363817	106240
湖 南	Hunan	47952	44838	656	34035	13917
广 东	Guangdong	10691835	9401839	219831	8516916	2174920
广 西	Guangxi	32536	28917	412	30438	2098
海 南	Hainan	105785	81445	662	40656	65129
重 庆	Chongqing	741769	686780	3532	716630	25139
四 川	Sichuan	67608	62035	2860	62967	4641
贵 州	Guizhou	9822	3897	1891	1714	8109
云 南	Yunnan	48912	38102	4889	31016	17897
西 藏	Tibet					
陕 西	Shaanxi	27205	26064	207	26153	1052
甘 肃	Gansu	13041	12923	118	12448	593
青 海	Qinghai	1135	1135		1129	6
宁 夏	Ningxia					
新 疆	Xinjiang	421412	98094	1420	-122718	544129

3-3-3 续表 10 Continued 10

外商投资企业 单位：万元

Foreign Funded Enterprises Unit: 10000 yuan

地区	Region	资产总计 Total Assets	#流动资产合计 Total Working Capitals	#固定资产合计 Total Fixed Assets	负债合计 Total Liabilities	所有者权益合计 Total Owners' Equities
全国	**National Total**	**103161590**	**85405642**	**2686688**	**69290701**	**33870889**
北京	Beijing	37331150	28341773	764449	21652790	15678360
天津	Tianjin	3573251	2915728	90121	2299506	1273745
河北	Hebei	122156	116735	4757	100606	21550
山西	Shanxi	29682	16949	9861	19698	9984
内蒙古	Inner Mongolia	729	729		613	116
辽宁	Liaoning	628080	478326	7185	309614	318465
吉林	Jilin	132868	122924	1321	89674	43194
黑龙江	Heilongjiang	2890	2720	170	8557	-5667
上海	Shanghai	36960729	32746878	892353	27128578	9832152
江苏	Jiangsu	4185344	3640819	82254	3185898	999445
浙江	Zhejiang	1412336	1160068	48642	1064330	348007
安徽	Anhui	487647	471277	6805	625608	-137961
福建	Fujian	1971239	1445409	130982	1202715	768524
江西	Jiangxi	77763	66907	1919	65144	12619
山东	Shandong	682632	625638	31129	456497	226135
河南	Henan	43350	42258	176	32175	11175
湖北	Hubei	726653	688703	5949	605468	121184
湖南	Hunan	18690	11492	6022	8412	10278
广东	Guangdong	10648411	9041424	513003	7661011	2987400
广西	Guangxi	16628	10792	1098	16628	
海南	Hainan	264727	188101	6710	31098	233629
重庆	Chongqing	2156899	2105864	32192	1441594	715305
四川	Sichuan	422746	225843	4989	268742	154003
贵州	Guizhou	4345	2905	1441	5279	-934
云南	Yunnan	9331	8012	257	5282	4050
西藏	Tibet					
陕西	Shaanxi	1059026	783989	6703	881705	177321
甘肃	Gansu	1532	1493	39	1505	27
青海	Qinghai	113583	75436	28629	87525	26058
宁夏	Ningxia	55747	46981	6158	21264	34483
新疆	Xinjiang	21428	19471	1378	13189	8239

3-3-4 各地区限额以上批发业企业年末资产负债(按国民经济行业分)

Assets and Liabilities of Enterprises above Designated Size of Wholesale Trade by Region and Sector at the Year-end

农畜产品批发 单位：万元

Wholesale of Farm Produce and Livestock Products Unit: 10000 yuan

地区	Region	资产总计 Total Assets	#流动资产合计 Total Working Capitals	#固定资产合计 Total Fixed Assets	负债合计 Total Liabilities	所有者权益合计 Total Owners' Equities
全国	**National Total**	**41983709**	**29744437**	**3367364**	**31662907**	**10320802**
北京	Beijing	12369796	6692136	268284	8556399	3813397
天津	Tianjin	387144	357521	23036	239331	147814
河北	Hebei	836313	656315	106693	682338	153975
山西	Shanxi	207942	144573	37729	142450	65492
内蒙古	Inner Mongolia	699497	475719	133642	492151	207346
辽宁	Liaoning	1627935	1196504	206207	1479460	148475
吉林	Jilin	1800417	1349799	236956	1108738	691679
黑龙江	Heilongjiang	1341615	1137195	140339	1166442	175173
上海	Shanghai	1759265	1120774	199092	1100841	658424
江苏	Jiangsu	2001453	1534528	225695	1610338	391115
浙江	Zhejiang	1525705	1091535	72020	1242644	283062
安徽	Anhui	714001	532060	79146	487425	226576
福建	Fujian	653722	536673	50605	510240	143482
江西	Jiangxi	252143	173928	46430	204565	47578
山东	Shandong	2218641	1657415	235107	1600317	618324
河南	Henan	3552191	2790971	367109	2942061	610130
湖北	Hubei	1269565	1044527	141578	1045218	224347
湖南	Hunan	465284	342080	59432	285583	179701
广东	Guangdong	1255997	1004816	95344	880483	375513
广西	Guangxi	158249	109027	24274	109313	48936
海南	Hainan	7953	5696	1096	5097	2856
重庆	Chongqing	194517	100604	31289	113681	80837
四川	Sichuan	596406	468099	76128	457164	139242
贵州	Guizhou	2864	2210	333	1329	1535
云南	Yunnan	302593	248989	14687	234917	67676
西藏	Tibet	4780	1824	2801	1956	2824
陕西	Shaanxi	212507	149090	25450	183605	28902
甘肃	Gansu	160163	132784	21251	134781	25382
青海	Xinjiang					
宁夏	Ningxia	32749	22652	8299	24815	7934
新疆	Xinjiang	5372304	4664396	437315	4619227	753077

3-3-4 续表 1 Continued 1

食品、饮料及烟草制品批发

Wholesale of Food, Beverages and Tobaccos

单位：万元

Unit: 10000 yuan

地 区	Region	资产总计 Total Assets	#流动资产合计 Total Working Capitals	#固定资产合计 Total Fixed Assets	负债合计 Total Liabilities	所有者权益合计 Total Owners' Equities
全 国	**National Total**	**106552983**	**84079827**	**9614829**	**56699411**	**49853573**
北 京	Beijing	9852525	8466998	361061	7339728	2512798
天 津	Tianjin	2281243	1997546	124113	1501349	779894
河 北	Hebei	1670271	1367283	191866	550870	1119400
山 西	Shanxi	1332488	917570	288707	414574	917913
内蒙古	Inner Mongolia	1005694	743185	183110	389407	616287
辽 宁	Liaoning	2264250	1870362	266773	862056	1402194
吉 林	Jilin	657216	481820	141574	143016	514200
黑龙江	Heilongjiang	1911065	1432657	227654	944071	966995
上 海	Shanghai	8166421	6148675	348199	5590691	2575730
江 苏	Jiangsu	7936449	6840310	677157	3350059	4586390
浙 江	Zhejiang	8893716	7325720	650562	4633361	4260354
安 徽	Anhui	3504735	2936335	255357	1442213	2062522
福 建	Fujian	5593257	3858634	463393	2425828	3167429
江 西	Jiangxi	1416436	1017568	215295	322550	1093886
山 东	Shandong	5575405	4272080	768553	2936470	2638935
河 南	Henan	3076812	2366515	402325	1537722	1539090
湖 北	Hubei	3509976	2787413	456519	1853866	1656111
湖 南	Hunan	3070756	2293972	445885	1091806	1978950
广 东	Guangdong	9425738	7291162	744385	5302083	4123655
广 西	Guangxi	2082462	1556987	173729	1267370	815092
海 南	Hainan	581912	469481	62268	181655	400257
重 庆	Chongqing	2597403	1806798	313050	1244548	1352855
四 川	Sichuan	4400346	3388348	516519	1712425	2687921
贵 州	Guizhou	3711429	3171125	272804	1807528	1903902
云 南	Yunnan	8709596	6812507	584587	6663080	2046517
西 藏	Tibet	150718	56345	16779	24697	126022
陕 西	Shaanxi	1136389	835962	203417	343376	793013
甘 肃	Gansu	720063	576773	79227	172475	547588
青 海	Xinjiang	247266	204856	18722	28881	218385
宁 夏	Ningxia	264193	209072	41552	58890	205303
新 疆	Xinjiang	806755	575768	119687	562769	243986

3-3-4 续表 2 Continued 2

纺织、服装及日用品批发

Wholesale of Textiles, Garments and Daily Consumer Articles

单位：万元

Unit: 10000 yuan

地　区	Region	资产总计 Total Assets	#流动资产合计 Total Working Capitals	#固定资产合计 Total Fixed Assets	负债合计 Total Liabilities	所有者权益合计 Total Owners' Equities
全　国	**National Total**	**71417505**	**58807390**	**3112938**	**52380194**	**19037311**
北　京	Beijing	3014163	2476465	163559	1958302	1055861
天　津	Tianjin	2704810	2559365	36099	2120891	583919
河　北	Hebei	122590	103223	4944	82425	40165
山　西	Shanxi	652744	104307	5669	45369	607375
内蒙古	Inner Mongolia	52932	29420	23083	40267	12666
辽　宁	Liaoning	1592097	654001	43692	530140	1061957
吉　林	Jilin	57860	45473	4348	36942	20919
黑龙江	Heilongjiang	228099	168848	42047	144004	84095
上　海	Shanghai	10938439	8958062	589188	7338121	3600318
江　苏	Jiangsu	13202474	10920135	592308	9829491	3372984
浙　江	Zhejiang	16145913	13697867	631459	12905252	3240661
安　徽	Anhui	958368	755628	73514	965865	-7497
福　建	Fujian	7191462	6011521	187270	5035587	2155874
江　西	Jiangxi	116459	106424	2912	92474	23985
山　东	Shandong	2644036	1881912	250948	1990789	653247
河　南	Henan	349793	272616	28031	249481	100312
湖　北	Hubei	409414	364298	26589	285962	123452
湖　南	Hunan	213195	177153	13391	124128	89067
广　东	Guangdong	9509292	8422741	308233	7606801	1902491
广　西	Guangxi	148972	111421	15394	97383	51588
海　南	Hainan	52981	49045	1785	43673	9308
重　庆	Chongqing	249416	196061	10974	211086	38330
四　川	Sichuan	484574	440452	18598	374444	110130
贵　州	Guizhou	18749	18173	493	16350	2399
云　南	Yunnan	143563	138213	1406	106171	37392
西　藏	Tibet					
陕　西	Shaanxi	92662	46000	26609	54538	38124
甘　肃	Gansu	25035	21390	3645	16812	8223
青　海	Xinjiang	7672	6918	93	6596	1076
宁　夏	Ningxia	8377	4548	706	6642	1736
新　疆	Xinjiang	81365	65712	5954	64210	17155

3-3-4 续表 3 Continued 3

文化、体育用品及器材批发

Wholesale of Culture, Sports Appliances and Equipments

单位：万元

Unit: 10000 yuan

地 区	Region	资产总计 Total Assets	#流动资产合计 Total Working Capitals	#固定资产合计 Total Fixed Assets	负债合计 Total Liabilities	所有者权益合计 Total Owners' Equities
全 国	**National Total**	**19634782**	**15676748**	**1240408**	**13149034**	**6485748**
北 京	Beijing	4192680	3445639	232832	2869860	1322820
天 津	Tianjin	279072	191747	19276	210428	68643
河 北	Hebei	272691	108510	31215	132752	139939
山 西	Shanxi	206608	170423	18869	158678	47931
内蒙古	Inner Mongolia	71546	43674	19413	39622	31925
辽 宁	Liaoning	163562	137487	14250	119891	43671
吉 林	Jilin	84325	32583	17162	35797	48529
黑龙江	Heilongjiang	36802	26587	5747	26200	10602
上 海	Shanghai	2867488	2546768	71675	2072647	794841
江 苏	Jiangsu	2115655	1603801	95586	1084309	1031346
浙 江	Zhejiang	1851362	1433015	96778	1275752	575610
安 徽	Anhui	661060	459096	15026	381676	279384
福 建	Fujian	297852	236878	19633	198900	98952
江 西	Jiangxi	18351	17847	436	14618	3733
山 东	Shandong	1014555	789754	120774	831681	182874
河 南	Henan	258206	180195	56751	162960	95246
湖 北	Hubei	522603	381123	96172	331146	191456
湖 南	Hunan	434896	263699	9877	227145	207751
广 东	Guangdong	2937547	2599566	160322	2053128	884418
广 西	Guangxi	79289	40248	3130	35153	44136
海 南	Hainan	106554	74463	18429	57704	48850
重 庆	Chongqing	187588	174783	10650	142557	45031
四 川	Sichuan	200682	170176	2832	176372	24310
贵 州	Guizhou	254457	224404	29167	212926	41531
云 南	Yunnan	166561	116590	9895	98396	68165
西 藏	Tibet					
陕 西	Shaanxi	125686	67246	5318	66110	59576
甘 肃	Gansu	81854	50516	31028	47742	34113
青 海	Xinjiang	17372	11426	4993	12862	4510
宁 夏	Ningxia	21305	10574	2487	8187	13118
新 疆	Xinjiang	106574	67934	20686	63837	42737

3-3-4 续表 4 Continued 4

医药及医疗器材批发 单位：万元

Wholesale of Medicines and Medical Appliances Unit: 10000 yuan

地 区	Region	资产总计 Total Assets	#流动资产合计 Total Working Capitals	#固定资产合计 Total Fixed Assets	负债合计 Total Liabilities	所有者权益合计 Total Owners' Equities
全 国	**National Total**	**48978207**	**41635626**	**2110667**	**37269586**	**11708745**
北 京	Beijing	5824974	4564685	166293	4013029	1811945
天 津	Tianjin	1138755	1023904	63507	877535	261220
河 北	Hebei	1154671	1048941	40105	1035330	119341
山 西	Shanxi	420351	363147	24147	339905	80447
内蒙古	Inner Mongolia	133997	117559	6611	112272	21725
辽 宁	Liaoning	1615782	1406334	76978	1270678	345104
吉 林	Jilin	501440	471778	16298	433681	67760
黑龙江	Heilongjiang	373481	355694	9473	308956	64525
上 海	Shanghai	7068799	6211264	445539	5311949	1756850
江 苏	Jiangsu	3347355	2812651	147558	2686831	660524
浙 江	Zhejiang	3511464	3045129	145091	2754720	756868
安 徽	Anhui	1656053	1489962	99619	1442436	213618
福 建	Fujian	1127382	968155	44085	810265	317116
江 西	Jiangxi	777885	658878	32411	620504	157381
山 东	Shandong	2132003	1866822	117470	1834195	297809
河 南	Henan	1392004	1262089	46126	1131739	260266
湖 北	Hubei	1836183	1491732	77789	1203315	632868
湖 南	Hunan	1000200	827196	50233	781458	218742
广 东	Guangdong	6389653	5280319	197449	4703410	1686243
广 西	Guangxi	418601	368224	19872	324724	93878
海 南	Hainan	948483	706615	18617	436548	511935
重 庆	Chongqing	1661826	1373677	72709	1164153	497672
四 川	Sichuan	2369389	2006464	81898	1973318	396071
贵 州	Guizhou	381559	324497	19158	306396	75163
云 南	Yunnan	875804	772843	36807	623504	252300
西 藏	Tibet	27082	26172	796	15316	11766
陕 西	Shaanxi	364602	335376	11662	330114	34487
甘 肃	Gansu	240236	213800	13806	191602	48634
青 海	Xinjiang	25954	24020	1157	19734	6219
宁 夏	Ningxia	19427	15405	1449	17709	1719
新 疆	Xinjiang	242812	202296	25954	194260	48552

3-3-4 续表 5 Continued 5

矿产品、建材及化工产品批发 单位：万元

Wholesale of Mineral Products, Building Materials and Chemical Products Unit: 10000 yuan

地 区	Region	资产总计 Total Assets	#流动资产合计 Total Working Capitals	#固定资产合计 Total Fixed Assets	负债合计 Total Liabilities	所有者权益合计 Total Owners' Equities
全 国	**National Total**	**528113862**	**410117894**	**27677469**	**401186339**	**126927970**
北 京	Beijing	101275049	72638828	2393518	71740459	29534590
天 津	Tianjin	32330727	26676784	1086138	24607479	7723248
河 北	Hebei	14532632	12317879	1185171	11444432	3088199
山 西	Shanxi	20355643	16060736	1009787	16263495	4092148
内蒙古	Inner Mongolia	6864356	4803600	1020856	4585579	2278777
辽 宁	Liaoning	16434189	13514561	1074099	13089428	3344762
吉 林	Jilin	1898892	1519878	185768	1453608	445284
黑龙江	Heilongjiang	7360018	6707359	360168	6681308	678709
上 海	Shanghai	45650747	37086213	1317999	33313287	12337460
江 苏	Jiangsu	40888354	33875809	2131625	32729299	8159055
浙 江	Zhejiang	55938508	45521929	1711909	45450423	10488086
安 徽	Anhui	8070956	6767116	506566	6410452	1660504
福 建	Fujian	21545427	16298145	602413	15351890	6193537
江 西	Jiangxi	2390060	1725958	364207	1741371	648689
山 东	Shandong	21831611	16442068	3075201	15893655	5937955
河 南	Henan	6383152	3854556	748169	4118302	2264849
湖 北	Hubei	8389731	5890666	1142887	6740265	1649466
湖 南	Hunan	3752866	2642487	394633	2699766	1053100
广 东	Guangdong	58159925	45972883	3262250	46242756	11917170
广 西	Guangxi	5604298	4252278	498691	4241524	1362774
海 南	Hainan	1003118	763525	84191	615318	387800
重 庆	Chongqing	6874115	4329586	782677	5197943	1676173
四 川	Sichuan	8776131	7516404	351938	7135394	1640737
贵 州	Guizhou	2152748	1590700	148639	1496342	656853
云 南	Yunnan	10456913	7316757	618342	7944074	2512839
西 藏	Tibet					
陕 西	Shaanxi	7827424	5415121	536368	5972816	1854607
甘 肃	Gansu	3680117	2992903	228411	2034441	1645676
青 海	Xinjiang	999744	671870	230444	693355	306389
宁 夏	Ningxia	1141948	917966	170392	894215	247733
新 疆	Xinjiang	5544465	4033334	454013	4403662	1140803

3-3-4 续表 6 Continued 6

机械设备、五金交电及电子产品批发 单位：万元

Wholesale of Machinery, Hardware and Electronic Equipment Unit: 10000 yuan

地　区	Region	资产总计 Total Assets	#流动资产合计 Total Working Capitals	#固定资产合计 Total Fixed Assets	负债合计 Total Liabilities	所有者权益合计 Total Owners' Equities
全　国	**National Total**	**192973880**	**164621859**	**5222366**	**143571157**	**49402723**
北　京	Beijing	58536490	45543641	1312960	37521243	21015247
天　津	Tianjin	8440932	7525446	261933	6907520	1533413
河　北	Hebei	3804802	2565694	164054	2633183	1171620
山　西	Shanxi	557318	395481	106980	385988	171329
内蒙古	Inner Mongolia	380593	338213	24669	327574	53019
辽　宁	Liaoning	5174427	4408001	122067	4169567	1004861
吉　林	Jilin	227059	191528	21049	168833	58226
黑龙江	Heilongjiang	549180	441881	31658	456420	92760
上　海	Shanghai	31994959	28488489	649653	23691615	8303344
江　苏	Jiangsu	15871542	14622668	467411	12845188	3026354
浙　江	Zhejiang	11069352	9198389	357783	8729318	2340034
安　徽	Anhui	2666997	2465764	78777	2400527	266470
福　建	Fujian	4182117	3672677	103302	3173797	1008320
江　西	Jiangxi	606595	562757	14139	529065	77530
山　东	Shandong	7525137	6667460	434487	6210858	1314279
河　南	Henan	2172803	1951133	75307	1899041	273763
湖　北	Hubei	1860263	1627365	66233	1486313	373950
湖　南	Hunan	920869	818449	42174	809610	111259
广　东	Guangdong	21270714	19267601	472717	16786770	4483944
广　西	Guangxi	1268603	1183988	27633	1032939	235663
海　南	Hainan	278244	261300	5780	226279	51965
重　庆	Chongqing	6001504	5605039	106129	4902750	1098755
四　川	Sichuan	1980248	1788699	73448	1665583	314665
贵　州	Guizhou	484103	457994	14260	422181	61922
云　南	Yunnan	1780640	1542287	34411	1406248	374392
西　藏	Tibet	61163	36088	18839	29650	31513
陕　西	Shaanxi	947254	888631	27166	865194	82060
甘　肃	Gansu	693336	661705	15175	575375	117961
青　海	Xinjiang	116178	109766	3136	90180	25998
宁　夏	Ningxia	176982	155090	12468	143543	33439
新　疆	Xinjiang	1373479	1178637	76570	1078808	294671

3-3-4 续表 7 Continued 7

贸易经纪与代理 单位：万元

Trade Broker and Agency Unit: 10000 yuan

地　区	Region	资产总计 Total Assets	#流动资产合计 Total Working Capitals	#固定资产合计 Total Fixed Assets	负债合计 Total Liabilities	所有者权益合计 Total Owners' Equities
全　国	**National Total**	**35997924**	**31947957**	**548944**	**30032316**	**5965607**
北　京	Beijing	20997641	18359642	193943	17704383	3293258
天　津	Tianjin	419261	357086	23901	290097	129164
河　北	Hebei	28241	27367	369	20854	7387
山　西	Shanxi	136318	107717	17134	100460	35858
内蒙古	Inner Mongolia	8968	8494	329	8011	957
辽　宁	Liaoning	316957	301054	5036	266815	50142
吉　林	Jilin	165	129	36	35	130
黑龙江	Heilongjiang	45637	42580	2200	31282	14355
上　海	Shanghai	4161278	3792674	86417	3159876	1001402
江　苏	Jiangsu	581811	503417	21792	456783	125028
浙　江	Zhejiang	442644	392904	12613	370548	72096
安　徽	Anhui	10876	10231	594	5630	5246
福　建	Fujian	829923	638823	48376	579739	250184
江　西	Jiangxi	682	644	38	317	365
山　东	Shandong	688760	566544	31298	575475	113285
河　南	Henan	1319	730	321	509	810
湖　北	Hubei	2563716	2454677	29460	2259271	304445
湖　南	Hunan	10967	9225	1742	8299	2668
广　东	Guangdong	4008745	3650202	64693	3500680	508065
广　西	Guangxi	24542	23613	866	20277	4265
海　南	Hainan					
重　庆	Chongqing	18099	14273	3001	11097	7003
四　川	Sichuan	29633	24644	670	16113	13520
贵　州	Guizhou					
云　南	Yunnan	636627	632013	150	618328	18299
西　藏	Tibet					
陕　西	Shaanxi	14698	14302	53	13839	859
甘　肃	Gansu					
青　海	Xinjiang					
宁　夏	Ningxia					
新　疆	Xinjiang	20417	14975	3912	13599	6818

其他批发 单位：万元

Other Wholesale not Classified Elsewhere Unit: 10000 yuan

地区	Region	资产总计 Total Assets	#流动资产合计 Total Working Capitals	#固定资产合计 Total Fixed Assets	负债合计 Total Liabilities	所有者权益合计 Total Owners' Equities
全　国	**National Total**	**28795587**	**23400911**	**1166357**	**21951041**	**6844547**
北　京	Beijing	4937679	3391389	110517	4076647	861033
天　津	Tianjin	3013358	2347511	57196	2005912	1007446
河　北	Hebei	122988	106182	10590	105119	17869
山　西	Shanxi	117225	104278	7067	92770	24456
内蒙古	Inner Mongolia	40554	34622	2325	23571	16983
辽　宁	Liaoning	161528	139345	11409	106953	54575
吉　林	Jilin	12937	8924	3519	8974	3963
黑龙江	Heilongjiang	186939	175630	3721	171767	15172
上　海	Shanghai	5638899	4891262	210211	4290439	1348460
江　苏	Jiangsu	1869648	1506234	111398	1351255	518393
浙　江	Zhejiang	1631701	1447570	56752	1351368	280333
安　徽	Anhui	704633	634055	37988	521537	183096
福　建	Fujian	2180957	1722680	76322	1653375	527582
江　西	Jiangxi	156964	142306	5418	116289	40675
山　东	Shandong	984600	807787	102709	651273	333327
河　南	Henan	310556	206115	32849	206623	103933
湖　北	Hubei	138053	98099	13026	107747	30305
湖　南	Hunan	184310	142704	30575	123142	61168
广　东	Guangdong	4768975	4241545	151167	4136213	632762
广　西	Guangxi	103411	93824	2880	79858	23553
海　南	Hainan	109714	87266	5861	66498	43217
重　庆	Chongqing	225185	162287	25107	154373	70812
四　川	Sichuan	167152	133439	16142	116694	50458
贵　州	Guizhou	44557	23044	7804	26024	18532
云　南	Yunnan	681685	543787	48972	222647	459038
西　藏	Tibet					
陕　西	Shaanxi	27469	22228	2003	14336	13134
甘　肃	Gansu	36328	29903	6154	26649	9679
青　海	Xinjiang					
宁　夏	Ningxia	122020	63644	9211	47188	74832
新　疆	Xinjiang	115562	93252	7462	95800	19762

3-3-5 各地区限额以上零售业企业年末资产负债

Assets and Liabilities of Enterprises above Designated Size of Retail Trade by Region at the Year-end

单位：万元

Unit: 10000 yuan

地区	Region	资产总计 Total Assets	#流动资产合计 Total Working Capitals	#固定资产合计 Original Value of Fixed Assets	负债合计 Total Liabilities	所有者权益合计 Total Owners' Equities
全　国	**National Total**	**308428874**	**208027340**	**50546989**	**219662540**	**89062912**
北　京	Beijing	29822056	22212556	3398765	21935219	7886837
天　津	Tianjin	6660499	4520786	1133731	4762201	1898299
河　北	Hebei	7729255	5183475	1480661	5921162	1808094
山　西	Shanxi	6940129	4743396	1256858	5302135	1661474
内蒙古	Inner Mongolia	5928010	4086145	946090	4484510	1443499
辽　宁	Liaoning	13099966	8043098	2708506	9468131	3631836
吉　林	Jilin	4562305	2565760	1403537	3514857	1047448
黑龙江	Heilongjiang	4538335	2871708	1029162	3409013	1129321
上　海	Shanghai	20555491	14176901	3212481	15211279	5344212
江　苏	Jiangsu	27747758	18382692	4383153	20287010	7460747
浙　江	Zhejiang	23160872	16957059	3027290	17787444	5371515
安　徽	Anhui	8556032	5991533	1429688	5999451	2826623
福　建	Fujian	9960015	6575853	1362597	6187161	3772854
江　西	Jiangxi	3257623	2170024	576107	2077568	1180055
山　东	Shandong	26053089	17250879	5169793	18959400	7093690
河　南	Henan	9466442	6162377	1524776	6864947	2601495
湖　北	Hubei	11635531	7193562	2590061	8247974	3387557
湖　南	Hunan	9329557	5345365	2465746	5946757	3382800
广　东	Guangdong	31540445	22407216	3386796	20631574	10913803
广　西	Guangxi	3795533	2799350	505327	2750142	1045391
海　南	Hainan	1439109	976806	280158	956773	482336
重　庆	Chongqing	6950052	4623364	1033408	4525504	2424548
四　川	Sichuan	13160608	7788313	2767778	8592438	4568169
贵　州	Guizhou	2804461	1633573	406627	2167422	637079
云　南	Yunnan	6192925	4221071	895840	4287478	1905447
西　藏	Tibet	216155	124560	66828	121904	94251
陕　西	Shaanxi	6423891	4222046	1088896	4362081	2061810
甘　肃	Gansu	2203086	1517532	331454	1466212	736874
青　海	Qinghai	460062	288585	81723	305819	154243
宁　夏	Ningxia	1261245	926659	175570	933353	327890
新　疆	Xinjiang	2978340	2065099	427585	2195624	782716

3-3-5 续表 Continued

国有控股
State-controlled Enterprises

单位：万元
Unit: 10000 yuan

地 区	Region	资产总计 Total Assets	#流动资产合计 Total Working Capitals	#固定资产合计 Total Fixed Assets	负债合计 Total Liabilities	所有者权益合计 Total Owners' Equities
全 国	**National Total**	**65644178**	**35331263**	**14428770**	**39588718**	**26078939**
北 京	Beijing	9040634	5573192	1419082	5583951	3456683
天 津	Tianjin	2019429	984416	580819	1192765	826664
河 北	Hebei	800802	439854	250077	617947	182855
山 西	Shanxi	1715423	951589	421916	1168051	570851
内蒙古	Inner Mongolia	1286363	651877	372667	1123906	162456
辽 宁	Liaoning	2048376	876414	756999	1078632	969744
吉 林	Jilin	1002107	394614	454067	824771	177335
黑龙江	Heilongjiang	907763	435411	166810	635788	271975
上 海	Shanghai	5300770	2725302	1025042	3465010	1835760
江 苏	Jiangsu	2711387	1770645	386007	2060981	650406
浙 江	Zhejiang	2556811	1437836	480147	1434423	1122388
安 徽	Anhui	2418452	1702528	349430	1622005	796447
福 建	Fujian	2249215	1067330	471731	1017307	1231908
江 西	Jiangxi	666266	352281	128470	301390	364876
山 东	Shandong	4176141	2584144	867355	3147674	1028468
河 南	Henan	1019922	497829	323984	688182	331740
湖 北	Hubei	3533847	1700942	1091617	2446192	1087654
湖 南	Hunan	3176126	1362576	1388113	1648646	1527481
广 东	Guangdong	9612768	5032670	1485565	3939478	5673290
广 西	Guangxi	615580	302778	212683	345974	269605
海 南	Hainan	387370	179680	119644	161993	225377
重 庆	Chongqing	2249065	1486361	370560	1514074	734991
四 川	Sichuan	2204834	848134	523595	1125711	1079123
贵 州	Guizhou	812563	243822	168978	542104	270459
云 南	Yunnan	1262299	559387	216928	752213	510086
西 藏	Tibet	104127	40610	53583	38481	65646
陕 西	Shaanxi	439176	322045	84401	293739	145438
甘 肃	Gansu	218636	130697	71627	127453	91184
青 海	Qinghai	66758	31017	14922	41318	25440
宁 夏	Ningxia	76575	53315	19786	48140	28434
新 疆	Xinjiang	964594	591971	152168	600420	364174

3-3-6 各地区限额以上零售业企业年末资产负债(按登记注册类型分)

Assets and Liabilities of Enterprises above Designated Size of Retail Trade by Region and Type of Registration at the Year-end

内资企业
Domestic Funded Enterprises

单位：万元
Unit: 10000 yuan

地 区	Region	资产总计 Total Assets	#流动资产合计 Total Working Capitals	#固定资产合计 Total Fixed Assets	负债合计 Total Liabilities	所有者权益合计 Total Owners' Equities
全 国	**National Total**	**262631460**	**176012882**	**43778943**	**186397754**	**76530284**
北 京	Beijing	22448470	16010062	2951475	16107707	6340763
天 津	Tianjin	5720363	3859590	1021111	4119439	1600924
河 北	Hebei	7586976	5111775	1437342	5774350	1812626
山 西	Shanxi	6834576	4705339	1193474	5224547	1633509
内 蒙 古	Inner Mongolia	5891985	4057204	941904	4458614	1433372
辽 宁	Liaoning	11136124	7051612	2245452	8275988	2860136
吉 林	Jilin	3959614	2184381	1296485	2989140	970474
黑 龙 江	Heilongjiang	4142789	2718721	839448	3054438	1088351
上 海	Shanghai	13488779	8824286	2198959	9754629	3734150
江 苏	Jiangsu	22392301	14797433	3473801	16492555	5899746
浙 江	Zhejiang	20581710	15267803	2458991	15919895	4659902
安 徽	Anhui	7740746	5481928	1207067	5381599	2629189
福 建	Fujian	8485194	5882187	1124147	5434205	3050990
江 西	Jiangxi	3128364	2078976	551378	1972997	1155367
山 东	Shandong	24753549	16368454	4886465	18035185	6718364
河 南	Henan	8634523	5916701	1357726	6201321	2433202
湖 北	Hubei	10560366	6431415	2425103	7404708	3155658
湖 南	Hunan	8594840	4974819	2334201	5554182	3040658
广 东	Guangdong	24238545	17065221	2574825	15329550	8913927
广 西	Guangxi	3586304	2628130	480184	2618276	968028
海 南	Hainan	1328625	891821	258629	888179	440446
重 庆	Chongqing	5652149	3670213	834055	3612775	2039374
四 川	Sichuan	11571460	6812004	2472313	7473325	4098135
贵 州	Guizhou	2584579	1463066	374750	2001376	583243
云 南	Yunnan	5322111	3474197	827440	3762304	1559807
西 藏	Tibet	215458	124082	66727	121257	94201
陕 西	Shaanxi	5360166	3514550	969755	3672530	1687635
甘 肃	Gansu	2169247	1496527	318669	1444436	724811
青 海	Qinghai	459628	288162	81721	305684	153944
宁 夏	Ningxia	1257282	924662	173847	932211	325068
新 疆	Xinjiang	2804639	1937562	401499	2080355	724284

3-3-6 续表 1 Continued 1

国有企业
State-owned Enterprises

单位：万元
Unit: 10000 yuan

地区	Region	资产总计 Total Assets	#流动资产合计 Total Working Capitals	#固定资产合计 Total Fixed Assets	负债合计 Total Liabilities	所有者权益合计 Total Owners' Equities
全国	**National Total**	**19327451**	**9376096**	**4673960**	**11597064**	**7730387**
北京	Beijing	747154	533912	133362	453794	293360
天津	Tianjin	1187204	467370	370244	610015	577188
河北	Hebei	437628	276601	103704	323948	113680
山西	Shanxi	1097209	613717	224957	823546	273663
内蒙古	Inner Mongolia	966878	538295	276337	875511	91367
辽宁	Liaoning	649812	254207	374453	315615	334198
吉林	Jilin	170771	66501	98574	225128	-54358
黑龙江	Heilongjiang	405831	115900	44476	251477	154354
上海	Shanghai	1107115	572950	402166	704752	402363
江苏	Jiangsu	854015	604703	148431	650248	203766
浙江	Zhejiang	491601	297637	86104	262944	228657
安徽	Anhui	640066	425830	128973	449497	190569
福建	Fujian	317531	222400	36448	176074	141457
江西	Jiangxi	89024	44452	23914	43733	45291
山东	Shandong	985995	637847	235691	684275	301720
河南	Henan	558974	264642	191042	344822	214152
湖北	Hubei	834079	411374	261410	527525	306553
湖南	Hunan	818066	327174	354535	404025	414042
广东	Guangdong	3352635	1151428	381322	1500272	1852363
广西	Guangxi	204088	108181	47220	134771	69317
海南	Hainan	93733	30943	15396	34491	59242
重庆	Chongqing	327435	191554	51167	249657	77777
四川	Sichuan	1072953	311185	255562	520085	552868
贵州	Guizhou	449797	144595	81262	308558	141239
云南	Yunnan	600444	231904	124079	236459	363986
西藏	Tibet	103640	40335	53540	38388	65252
陕西	Shaanxi	297535	224107	47847	202330	95205
甘肃	Gansu	124035	76015	36756	73867	50168
青海	Qinghai	58131	24526	12786	34908	23223
宁夏	Ningxia	40759	18754	18832	21700	19059
新疆	Xinjiang	243317	147059	53370	114649	128668

集体企业
Collective-owned Enterprises

单位：万元
Unit: 10000 yuan

地 区	Region	资产总计 Total Assets	#流动资产合计 Total Working Capitals	#固定资产合计 Total Fixed Assets	负债合计 Total Liabilities	所有者权益合计 Total Owners' Equities
全 国	**National Total**	**3348938**	**2085932**	**842771**	**2249658**	**1099280**
北 京	Beijing	306787	238502	44364	253385	53402
天 津	Tianjin	31433	25386	4057	19388	12045
河 北	Hebei	108967	68423	32224	79537	29430
山 西	Shanxi	124539	84968	29997	87526	37013
内蒙古	Inner Mongolia	16565	14287	1628	14127	2438
辽 宁	Liaoning	90046	48642	16332	59775	30271
吉 林	Jilin	26691	13886	8681	8079	18612
黑龙江	Heilongjiang	36581	16672	8763	23503	13078
上 海	Shanghai	174197	107176	35349	116274	57923
江 苏	Jiangsu	155694	86078	54782	92587	63107
浙 江	Zhejiang	154896	105272	31535	112561	42335
安 徽	Anhui	52251	25033	22377	31420	20832
福 建	Fujian	41249	18702	17634	19223	22026
江 西	Jiangxi	19361	11100	7203	11532	7830
山 东	Shandong	652308	366802	207464	390920	261388
河 南	Henan	412976	219359	113868	280421	132555
湖 北	Hubei	385268	258672	87749	274851	110418
湖 南	Hunan	47487	24995	15318	32989	14498
广 东	Guangdong	211275	159274	35583	136309	74966
广 西	Guangxi	41674	28713	7989	36203	5471
海 南	Hainan	321	215	46	296	25
重 庆	Chongqing	8351	5651	1937	4928	3422
四 川	Sichuan	38790	26301	7721	22475	16315
贵 州	Guizhou	27320	22974	3022	11255	16065
云 南	Yunnan	62079	29349	17774	45023	17056
西 藏	Tibet	1257	734	523	628	628
陕 西	Shaanxi	91498	59434	23054	63665	27832
甘 肃	Gansu	26773	17411	5771	18747	8026
青 海	Qinghai	472	468	4	467	5
宁 夏	Ningxia	97	88	9	151	-54
新 疆	Xinjiang	1736	1366	13	1411	325

股份合作企业 单位：万元

Cooperative Enterprises Unit: 10000 yuan

地区	Region	资产总计 Total Assets	#流动资产合计 Total Working Capitals	#固定资产合计 Total Fixed Assets	负债合计 Total Liabilities	所有者权益合计 Total Owners' Equities
全国	**National Total**	**1545460**	**1005711**	**369622**	**882025**	**663435**
北京	Beijing	63596	50314	8596	44542	19054
天津	Tianjin	275444	109619	136282	184829	90615
河北	Hebei	135541	100522	16352	99992	35550
山西	Shanxi	6931	3571	2303	4739	2191
内蒙古	Inner Mongolia	6074	5479	390	3401	2673
辽宁	Liaoning	13465	9703	2441	9329	4136
吉林	Jilin	10896	5229	4167	5094	5802
黑龙江	Heilongjiang	28057	14547	12395	20478	7579
上海	Shanghai	18813	15014	3194	5225	13588
江苏	Jiangsu	91410	61940	14647	72703	18707
浙江	Zhejiang	20756	14691	3223	14646	6110
安徽	Anhui	85278	62761	13351	62308	22970
福建	Fujian	11634	9557	1308	9480	2155
江西	Jiangxi	21630	14395	4339	12936	8693
山东	Shandong	110034	56463	35536	59420	50614
河南	Henan	97783	53682	14649	54428	43355
湖北	Hubei	38640	22642	8581	25842	12798
湖南	Hunan	51920	27606	18363	34835	17085
广东	Guangdong	90399	60069	25738	56219	34180
广西	Guangxi	1614	1494	98	1330	284
海南	Hainan					
重庆	Chongqing	53136	38668	9812	32396	20740
四川	Sichuan	28328	19136	5141	18351	9977
贵州	Guizhou	3430	2299	790	2282	1148
云南	Yunnan	32701	13423	14548	20711	11990
西藏	Tibet					
陕西	Shaanxi	16599	10284	6107	5116	11483
甘肃	Gansu	222033	217396	3976	16367	205666
青海	Qinghai	941	935	6	891	50
宁夏	Ningxia	6691	3439	2644	3173	3518
新疆	Xinjiang	1689	834	646	963	726

3-3-6 续表 4 Continued 4

联营企业 单位：万元

Joint Ownership Enterprises Unit: 10000 yuan

地 区	Region	资产总计 Total Assets	#流动资产合计 Total Working Capitals	#固定资产合计 Total Fixed Assets	负债合计 Total Liabilities	所有者权益合计 Total Owners' Equities
全 国	**National Total**	**636071**	**433314**	**94730**	**422477**	**213594**
北 京	Beijing	15428	13698	1648	12351	3076
天 津	Tianjin	21646	14836	3114	9580	12066
河 北	Hebei	4293	3806	210	3244	1050
山 西	Shanxi	6857	5767	918	4755	2102
内 蒙 古	Inner Mongolia					
辽 宁	Liaoning	10554	9179	1092	8673	1881
吉 林	Jilin					
黑 龙 江	Heilongjiang	3850	3074	662	2599	1251
上 海	Shanghai	59171	46383	10231	30545	28627
江 苏	Jiangsu	40043	13168	11456	13179	26865
浙 江	Zhejiang	9500	5848	2745	2621	6879
安 徽	Anhui	2566	2397	114	1531	1035
福 建	Fujian	8888	5751	925	2740	6148
江 西	Jiangxi	935	800		747	188
山 东	Shandong	42683	24828	8983	28716	13967
河 南	Henan	36802	29994	1635	29322	7480
湖 北	Hubei	6858	2822	3364	2755	4104
湖 南	Hunan	156709	131673	15106	127024	29685
广 东	Guangdong	80641	63757	9362	50431	30211
广 西	Guangxi					
海 南	Hainan					
重 庆	Chongqing	27776	16988	9684	17486	10291
四 川	Sichuan	91835	32031	12319	68527	23308
贵 州	Guizhou	499	480	19	437	62
云 南	Yunnan	3480	2914	103	2354	1127
西 藏	Tibet	1250	687	409	1033	217
陕 西	Shaanxi	3808	2434	633	1829	1979
甘 肃	Gansu					
青 海	Qinghai					
宁 夏	Ningxia					
新 疆	Xinjiang					

3-3-6 续表 5 Continued 5

有限责任公司
Limited Liability Corporations

单位：万元
Unit: 10000 yuan

地 区	Region	资产总计 Total Assets	#流动资产合计 Total Working Capitals	#固定资产合计 Total Fixed Assets	负债合计 Total Liabilities	所有者权益合计 Total Owners' Equities
全 国	**National Total**	**98090319**	**71028918**	**14096975**	**74028296**	**24336755**
北 京	Beijing	9150315	6927173	1073340	6974722	2175593
天 津	Tianjin	2326082	1870824	246853	1897673	428409
河 北	Hebei	3214474	1999867	722241	2478708	735766
山 西	Shanxi	1823963	1288170	252011	1542762	281201
内蒙古	Inner Mongolia	2007636	1499102	264006	1429693	577943
辽 宁	Liaoning	3931157	2573047	762650	3221917	709240
吉 林	Jilin	1178454	677276	354583	866538	311917
黑龙江	Heilongjiang	1372151	805760	383031	1085769	286382
上 海	Shanghai	4935737	3736607	733975	3748749	1186988
江 苏	Jiangsu	6191394	4223178	1003216	4788946	1402448
浙 江	Zhejiang	8166389	6228648	911070	6378793	1786256
安 徽	Anhui	2866286	2111682	448948	2109246	1027082
福 建	Fujian	3294383	2473068	451900	2240993	1053391
江 西	Jiangxi	1458046	1020645	178035	926137	531909
山 东	Shandong	8255770	5677918	1589680	6293683	1962088
河 南	Henan	3610514	2616777	394807	2747590	862924
湖 北	Hubei	3932418	2687192	691614	2916813	1015605
湖 南	Hunan	2561996	1721280	433241	1944323	617673
广 东	Guangdong	9595709	7614944	845212	7204561	2397138
广 西	Guangxi	1591368	1222422	157118	1214035	377333
海 南	Hainan	874963	664567	129841	653863	221100
重 庆	Chongqing	2621575	1879138	300906	1862754	758821
四 川	Sichuan	4178051	3167865	379674	3104936	1073115
贵 州	Guizhou	1198622	852239	160988	994207	204454
云 南	Yunnan	2066027	1508398	338046	1465239	600788
西 藏	Tibet	60911	44275	6066	51607	9304
陕 西	Shaanxi	3016253	2005723	560092	2031526	984727
甘 肃	Gansu	766626	525494	70889	607654	158971
青 海	Qinghai	240672	173433	41658	164983	75689
宁 夏	Ningxia	548025	422334	81115	432391	115634
新 疆	Xinjiang	1054354	809875	130169	647487	406867

3-3-6 续表 6 Continued 6

股份有限公司 单位：万元

Share-holding Corporations Ltd. Unit: 10000 yuan

地　区	Region	资产总计 Total Assets	#流动资产合计 Total Working Capitals	#固定资产合计 Total Fixed Assets	负债合计 Total Liabilities	所有者权益合计 Total Owners' Equities
全　国	**National Total**	**51729679**	**26668554**	**11851931**	**31940693**	**19812465**
北　京	Beijing	7500180	4162215	1364603	4629632	2870548
天　津	Tianjin	333016	131077	144777	232977	100039
河　北	Hebei	1197691	860257	187476	1005460	192231
山　西	Shanxi	706099	392364	226414	396112	333467
内蒙古	Inner Mongolia	422525	175279	103302	324582	97943
辽　宁	Liaoning	1725410	733665	403749	984409	741001
吉　林	Jilin	1045517	392355	461623	820726	224792
黑龙江	Heilongjiang	719936	478916	177224	513309	206627
上　海	Shanghai	2922351	975902	583963	1918023	1004328
江　苏	Jiangsu	4349658	2058046	657293	2750847	1598811
浙　江	Zhejiang	2925252	1684384	497187	1829501	1095750
安　徽	Anhui	1460945	1001794	159880	904419	556525
福　建	Fujian	1704808	711481	297717	858935	845874
江　西	Jiangxi	638791	318528	209078	373789	265002
山　东	Shandong	6272897	3953474	1194045	4714054	1558843
河　南	Henan	726200	384303	196228	512567	213634
湖　北	Hubei	2736091	1328571	833782	1887701	848390
湖　南	Hunan	2393043	993256	1030336	1213196	1179847
广　东	Guangdong	4281865	2588843	776284	1262660	3019205
广　西	Guangxi	662659	387066	166690	373776	288883
海　南	Hainan	241823	100924	102517	110685	131139
重　庆	Chongqing	685876	399232	129290	395987	289889
四　川	Sichuan	3174359	1133740	1406913	1633107	1541252
贵　州	Guizhou	506789	99555	98177	353343	153447
云　南	Yunnan	633456	295281	79555	514160	119296
西　藏	Tibet	10712	8015	2459	4184	6528
陕　西	Shaanxi	846715	511408	151373	637395	209320
甘　肃	Gansu	258926	111309	94549	160276	98650
青　海	Qinghai	35216	16802	10443	27768	7448
宁　夏	Ningxia	158093	95702	10115	69670	88423
新　疆	Xinjiang	452780	184811	94892	527445	-74665

3-3-6 续表 7 Continued 7

私营企业
Private Enterprises

单位：万元
Unit: 10000 yuan

地区	Region	资产总计 Total Assets	#流动资产合计 Total Working Capitals	#固定资产合计 Total Fixed Assets	负债合计 Total Liabilities	所有者权益合计 Total Owners' Equities
全 国	**National Total**	**82901378**	**61833425**	**11018525**	**61535021**	**21364724**
北 京	Beijing	4665011	4084249	325563	3739281	925730
天 津	Tianjin	1455423	1165772	105066	1093916	361507
河 北	Hebei	2362995	1711814	359171	1687841	675154
山 西	Shanxi	2862678	2180905	412614	2210337	652341
内蒙古	Inner Mongolia	2125448	1641496	198201	1589225	536223
辽 宁	Liaoning	4675986	3391799	681795	3648463	1027523
吉 林	Jilin	1425600	953250	352702	989149	436452
黑龙江	Heilongjiang	1461613	1203359	188082	1070583	391029
上 海	Shanghai	4199322	3309063	424221	3152362	1046960
江 苏	Jiangsu	10456309	7532431	1568059	7933049	2523261
浙 江	Zhejiang	8787256	6911095	924462	7298296	1488386
安 徽	Anhui	2355558	1691994	384550	1618664	736893
福 建	Fujian	2767100	2173657	282921	1876366	890734
江 西	Jiangxi	874001	648839	124912	585062	288939
山 东	Shandong	7461526	4939015	1443085	5147340	2314186
河 南	Henan	3010251	2238955	395321	2095629	914622
湖 北	Hubei	2222598	1470189	440658	1458530	764069
湖 南	Hunan	2468393	1680852	452984	1720625	747769
广 东	Guangdong	6160067	5064446	451473	4759651	1399358
广 西	Guangxi	956879	766044	94463	749143	207735
海 南	Hainan	85453	65806	9018	64132	21320
重 庆	Chongqing	1764208	1017013	307805	932739	831469
四 川	Sichuan	2877737	2049203	390923	2033847	843889
贵 州	Guizhou	370094	324261	27998	318546	51548
云 南	Yunnan	1722865	1254849	218656	1328561	394304
西 藏	Tibet	37492	29849	3721	25362	12130
陕 西	Shaanxi	977251	633696	161447	662983	314268
甘 肃	Gansu	680025	479184	93446	498447	181578
青 海	Qinghai	112385	64290	14381	68030	44356
宁 夏	Ningxia	500557	382157	60750	402896	97659
新 疆	Xinjiang	1019299	773897	120081	775966	243333

3-3-6 续表 8 Continued 8

其他企业
Other Enterprises

单位：万元
Unit: 10000 yuan

地 区	Region	资产总计 Total Assets	#流动资产合计 Total Working Capitals	#固定资产合计 Total Fixed Assets	负债合计 Total Liabilities	所有者权益合计 Total Owners' Equities
全 国	**National Total**	**5052164**	**3580932**	**830431**	**3742520**	**1309644**
北 京	Beijing					
天 津	Tianjin	90116	74706	10717	71061	19055
河 北	Hebei	125386	90485	15966	95621	29765
山 西	Shanxi	206301	135879	44261	154769	51531
内蒙古	Inner Mongolia	346860	183266	98040	222075	124785
辽 宁	Liaoning	39694	31370	2941	27808	11887
吉 林	Jilin	101685	75885	16154	74426	27258
黑龙江	Heilongjiang	114770	80494	24816	86720	28050
上 海	Shanghai	72072	61192	5862	78699	-6627
江 苏	Jiangsu	253778	217889	15918	190996	62782
浙 江	Zhejiang	26061	20228	2667	20532	5529
安 徽	Anhui	277797	160437	48874	204513	73284
福 建	Fujian	339601	267571	35293	250395	89206
江 西	Jiangxi	26577	20217	3896	19061	7516
山 东	Shandong	972337	712107	171981	716777	255559
河 南	Henan	181023	108990	50177	136541	44482
湖 北	Hubei	404414	249953	97946	310693	93721
湖 南	Hunan	97227	67984	14318	77167	20060
广 东	Guangdong	465954	362461	49851	359448	106506
广 西	Guangxi	128023	114209	6606	109018	19005
海 南	Hainan	32332	29367	1811	24712	7620
重 庆	Chongqing	163794	121970	23455	116829	46965
四 川	Sichuan	109407	72544	14061	71996	37411
贵 州	Guizhou	28029	16663	2494	12747	15281
云 南	Yunnan	201060	138080	34681	149797	51262
西 藏	Tibet	196	187	9	55	141
陕 西	Shaanxi	110509	67464	19202	67686	42823
甘 肃	Gansu	90829	69719	13283	69077	21753
青 海	Qinghai	11810	7708	2444	8637	3173
宁 夏	Ningxia	3060	2188	382	2230	830
新 疆	Xinjiang	31464	19721	2328	12434	19030

3-3-6 续表 9 Continued 9

港、澳、台商投资企业 | 单位：万元

Enterprises with Funds from Hong Kong, Macao and Taiwan | Unit: 10000 yuan

地　区	Region	资产总计 Total Assets	#流动资产合计 Total Working Capitals	#固定资产合计 Total Fixed Assets	负债合计 Total Liabilities	所有者权益合计 Total Owners' Equities
全　国	**National Total**	**20484352**	**13848912**	**3022080**	**14207762**	**6276591**
北　京	Beijing	1388260	1213920	103655	977230	411030
天　津	Tianjin	354787	239797	34191	270003	84783
河　北	Hebei	21513	1749	2634	25143	-3630
山　西	Shanxi	84275	27403	53756	62046	22229
内蒙古	Inner Mongolia	34870	27787	4186	24797	10074
辽　宁	Liaoning	1197427	565381	234905	632929	564498
吉　林	Jilin	489096	336754	52372	417861	71235
黑龙江	Heilongjiang	280153	95993	140355	238596	41557
上　海	Shanghai	3517854	2858377	372964	2614924	902929
江　苏	Jiangsu	2201408	1447018	471671	1681049	520359
浙　江	Zhejiang	831645	493071	219295	532428	299217
安　徽	Anhui	362361	208849	101580	208990	153371
福　建	Fujian	940075	271022	178027	384285	555790
江　西	Jiangxi	26849	12060	6342	16492	10357
山　东	Shandong	338151	207759	100197	213321	124829
河　南	Henan	618358	124765	114382	491525	126833
湖　北	Hubei	459013	408934	27011	363345	95669
湖　南	Hunan	401915	132591	76973	183613	218302
广　东	Guangdong	4152890	3159983	365658	2957187	1195703
广　西	Guangxi	186474	154590	22605	111795	74679
海　南	Hainan	40119	35105	2013	22491	17628
重　庆	Chongqing	751325	607912	115443	562204	189121
四　川	Sichuan	630817	340973	131242	462364	168454
贵　州	Guizhou	70336	55009	6130	47671	22664
云　南	Yunnan	475339	424962	19455	296361	178978
西　藏	Tibet					
陕　西	Shaanxi	544985	337913	44921	352821	192164
甘　肃	Gansu	27153	15162	11941	16112	11041
青　海	Qinghai	435	423	2	136	299
宁　夏	Ningxia					
新　疆	Xinjiang	56472	43652	8176	40044	16427

外商投资企业 单位：万元

Foreign Funded Enterprises Unit: 10000 yuan

地 区	Region	资产总计 Total Assets	#流动资产合计 Total Working Capitals	#固定资产合计 Total Fixed Assets	负债合计 Total Liabilities	所有者权益合计 Total Owners' Equities
全 国	**National Total**	**25313062**	**18165546**	**3745966**	**19057024**	**6256038**
北 京	Beijing	5985325	4988574	343635	4850282	1135044
天 津	Tianjin	585350	421400	78430	372758	212592
河 北	Hebei	120767	69951	40684	121669	-902
山 西	Shanxi	21278	10655	9628	15542	5736
内蒙古	Inner Mongolia	1154	1154		1100	54
辽 宁	Liaoning	766415	426105	228149	559213	207202
吉 林	Jilin	113595	44625	54681	107856	5739
黑龙江	Heilongjiang	115393	56994	49359	115980	-587
上 海	Shanghai	3548858	2494238	640558	2841726	707133
江 苏	Jiangsu	3154048	2138241	437680	2113406	1040642
浙 江	Zhejiang	1747517	1196185	349005	1335121	412396
安 徽	Anhui	452925	300756	121040	408863	44062
福 建	Fujian	534746	422644	60424	368671	166075
江 西	Jiangxi	102409	78988	18387	88078	14331
山 东	Shandong	961389	674666	183131	710893	250496
河 南	Henan	213561	120911	52668	172101	41460
湖 北	Hubei	616152	353213	137947	479922	136230
湖 南	Hunan	332802	237955	54573	208962	123840
广 东	Guangdong	3149010	2182011	446313	2344837	804174
广 西	Guangxi	22755	16630	2538	20071	2684
海 南	Hainan	70365	49880	19516	46103	24263
重 庆	Chongqing	546578	345240	83910	350525	196053
四 川	Sichuan	958331	635337	164223	656750	301581
贵 州	Guizhou	149547	115498	25747	118375	31172
云 南	Yunnan	395475	321912	48946	228813	166662
西 藏	Tibet	698	478	100	648	50
陕 西	Shaanxi	518741	369584	74220	336730	182011
甘 肃	Gansu	6687	5843	844	5665	1022
青 海	Qinghai					
宁 夏	Ningxia	3964	1997	1723	1142	2822
新 疆	Xinjiang	117229	83885	17910	75225	42005

3-3-7 各地区限额以上零售业企业年末资产负债(按国民经济行业分)

Assets and Liabilities of Enterprises above Designated Size of Retail Trade by Region and Sector at the Year-end

综合零售　　　　单位：万元

Integrated Retail　　　　Unit: 10000 yuan

地　区	Region	资产总计 Total Assets	#流动资产合计 Total Working Capitals	#固定资产合计 Total Fixed Assets	负债合计 Total Liabilities	所有者权益合计 Total Owners' Equities
全　国	**National Total**	**104897577**	**63086511**	**22308683**	**76870319**	**28033286**
北　京	Beijing	10058598	6199739	1727684	6759074	3299524
天　津	Tianjin	2391449	1513795	518277	1969232	422217
河　北	Hebei	3361636	1953627	876599	2741549	620088
山　西	Shanxi	1459803	961682	336857	1229632	230171
内蒙古	Inner Mongolia	1069832	740643	173331	809801	260032
辽　宁	Liaoning	5776324	2862374	1451928	4229159	1547165
吉　林	Jilin	2153397	996741	824992	1633085	520312
黑龙江	Heilongjiang	1810965	973693	622204	1327155	483810
上　海	Shanghai	8503195	4738070	1860322	6398498	2104698
江　苏	Jiangsu	10990420	6577806	2298976	8246703	2743717
浙　江	Zhejiang	7698347	5213872	1311025	6069170	1629177
安　徽	Anhui	3047422	1881356	691523	2164071	883351
福　建	Fujian	2513628	1418573	407351	1538298	975330
江　西	Jiangxi	966989	569407	267942	674371	292618
山　东	Shandong	10480492	6324478	2490400	7829789	2650703
河　南	Henan	2827231	1378507	617907	2198248	628983
湖　北	Hubei	4833907	2645598	1299086	3477800	1356108
湖　南	Hunan	3277279	1912525	795181	2318727	958552
广　东	Guangdong	8435544	6193392	1062155	6079944	2361590
广　西	Guangxi	1117830	685850	285402	778589	339241
海　南	Hainan	332531	213387	88955	278074	54457
重　庆	Chongqing	2414933	1410497	407208	1507865	907068
四　川	Sichuan	3212055	2027616	603540	2319933	892123
贵　州	Guizhou	411461	250837	107662	337165	74336
云　南	Yunnan	1313180	870539	295204	883073	430108
西　藏	Tibet	20544	16662	2221	14731	5814
陕　西	Shaanxi	2390447	1397824	467983	1647119	743328
甘　肃	Gansu	719837	426078	167087	503637	216201
青　海	Qinghai	160469	94737	37458	107803	52666
宁　夏	Ningxia	394019	218598	87917	246254	147763
新　疆	Xinjiang	753813	418011	124306	551774	202039

食品、饮料及烟草制品专门零售 单位：万元

Special Retail of Food, Beverages and Tobaccos Unit: 10000 yuan

地区	Region	资产总计 Total Assets	#流动资产合计 Total Working Capitals	#固定资产合计 Total Fixed Assets	负债合计 Total Liabilities	所有者权益合计 Total Owners' Equities
全国	**National Total**	**7906281**	**5411490**	**1377340**	**4870380**	**3035901**
北京	Beijing	565507	397175	105172	292895	272612
天津	Tianjin	109445	60069	25450	49550	59896
河北	Hebei	59732	46320	7843	44916	14816
山西	Shanxi	155103	85813	46167	119324	35779
内蒙古	Inner Mongolia	90087	42653	20819	37213	52874
辽宁	Liaoning	144353	95758	33647	93956	50397
吉林	Jilin	122067	77135	20462	74351	47717
黑龙江	Heilongjiang	20556	11033	7927	11579	8977
上海	Shanghai	1064694	955086	59319	928134	136561
江苏	Jiangsu	518883	361494	95182	284537	234346
浙江	Zhejiang	306139	216574	45944	160685	145455
安徽	Anhui	167689	125278	29527	110860	56830
福建	Fujian	391061	289327	59679	181420	209641
江西	Jiangxi	88059	54265	18790	31926	56132
山东	Shandong	663133	373200	211840	395155	267979
河南	Henan	200418	104233	51013	127285	73134
湖北	Hubei	513127	358971	103058	284048	229079
湖南	Hunan	219512	132829	47460	120049	99462
广东	Guangdong	810770	617143	61705	392331	418439
广西	Guangxi	54328	48615	3581	46732	7596
海南	Hainan	15207	10718	3324	11389	3818
重庆	Chongqing	321624	189645	72402	140140	181484
四川	Sichuan	393956	161401	46768	303487	90469
贵州	Guizhou	69913	59079	7486	30139	39774
云南	Yunnan	288743	190157	57121	171980	116764
西藏	Tibet	23980	16765	6061	14879	9101
陕西	Shaanxi	396400	249005	109222	309711	86689
甘肃	Gansu	84375	50814	13162	64711	19664
青海	Qinghai	177	132	45	15	161
宁夏	Ningxia	17537	11616	2452	12778	4759
新疆	Xinjiang	29707	19189	4714	24208	5499

3-3-7 续表 2 Continued 2

纺织、服装及日用品专门零售 单位：万元

Special Retail of Textiles, Garments and Daily Consumer Articles Unit: 10000 yuan

地 区	Region	资产总计 Total Assets	#流动资产合计 Total Working Capitals	#固定资产合计 Total Fixed Assets	负债合计 Total Liabilities	所有者权益合计 Total Owners' Equities
全 国	**National Total**	**13992395**	**10166076**	**1820602**	**10097021**	**3895373**
北 京	Beijing	1460478	1144031	130158	1276703	183775
天 津	Tianjin	288114	237932	30005	154953	133161
河 北	Hebei	274383	130720	83351	216081	58302
山 西	Shanxi	351997	220284	76427	316743	35255
内蒙古	Inner Mongolia	188782	105662	29921	155331	33452
辽 宁	Liaoning	543299	374257	85897	404581	138718
吉 林	Jilin	268904	111534	108361	233007	35897
黑龙江	Heilongjiang	182654	71046	104238	130557	52098
上 海	Shanghai	2714612	2076490	304266	2002006	712605
江 苏	Jiangsu	576431	378489	97076	396979	179453
浙 江	Zhejiang	1374886	1034261	155347	981214	393672
安 徽	Anhui	342008	226088	41266	144320	197688
福 建	Fujian	305362	268359	13805	215688	89674
江 西	Jiangxi	75270	56844	5245	53522	21749
山 东	Shandong	447114	275139	110292	293359	153755
河 南	Henan	280500	204101	38879	226714	53786
湖 北	Hubei	527391	414668	61722	423321	104070
湖 南	Hunan	199342	111570	42836	104955	94387
广 东	Guangdong	2035894	1704303	73188	1278590	757304
广 西	Guangxi	44888	39319	2010	43436	1452
海 南	Hainan	87786	75550	3736	44189	43597
重 庆	Chongqing	178712	111233	19656	125228	53484
四 川	Sichuan	350324	230427	41110	226828	123497
贵 州	Guizhou	217883	168960	27582	189491	28393
云 南	Yunnan	141921	125525	6593	98797	43125
西 藏	Tibet	698	478	100	648	50
陕 西	Shaanxi	298258	129289	77620	175322	122936
甘 肃	Gansu	25219	17377	5147	15037	10182
青 海	Qinghai	23752	5414	9729	16231	7520
宁 夏	Ningxia	41605	29041	3419	21135	20470
新 疆	Xinjiang	143929	87689	31621	132058	11872

文化、体育用品及器材专门零售 单位：万元

Special Retail of Culture, Sports Appliances and Equipments Unit: 10000 yuan

地区	Region	资产总计 Total Assets	#流动资产合计 Total Working Capitals	#固定资产合计 Total Fixed Assets	负债合计 Total Liabilities	所有者权益合计 Total Owners' Equities
全国	**National Total**	**11942252**	**8247220**	**2051762**	**7041060**	**4901192**
北京	Beijing	1620765	1257896	149313	1091666	529099
天津	Tianjin	157133	123174	27421	102653	54480
河北	Hebei	260451	158275	50420	134620	125832
山西	Shanxi	213450	135670	52146	122318	91133
内蒙古	Inner Mongolia	102388	76534	19274	80149	22239
辽宁	Liaoning	277049	186144	55668	198699	78350
吉林	Jilin	97219	64215	21162	54120	43100
黑龙江	Heilongjiang	176741	146994	24111	86748	89993
上海	Shanghai	1498495	1200336	195458	1023853	474641
江苏	Jiangsu	1014701	791884	129569	679232	335469
浙江	Zhejiang	1000878	634322	203218	619629	381249
安徽	Anhui	243319	158158	49072	92823	150496
福建	Fujian	394844	274777	57208	160295	234550
江西	Jiangxi	393300	202353	64823	97675	295625
山东	Shandong	751643	502716	164356	437295	314348
河南	Henan	304858	170833	76064	144641	160218
湖北	Hubei	386455	169999	127328	178277	208178
湖南	Hunan	285886	168144	56480	115506	170380
广东	Guangdong	911038	612164	164443	572461	338577
广西	Guangxi	147751	66661	47044	81975	65776
海南	Hainan	58762	33672	16376	50876	7886
重庆	Chongqing	452271	295709	44412	258855	193416
四川	Sichuan	117594	91860	16321	84347	33246
贵州	Guizhou	96954	72945	10880	58379	38575
云南	Yunnan	392948	259025	91823	191650	201298
西藏	Tibet	16070	11068	4745	7429	8642
陕西	Shaanxi	260734	191015	54240	152794	107940
甘肃	Gansu	98476	61464	28993	59870	38607
青海	Qinghai	6355	4184	1517	4822	1533
宁夏	Ningxia	25747	14833	9336	14658	11089
新疆	Xinjiang	177979	110196	38542	82749	95230

3-3-7 续表 4 Continued 4

医药及医疗器材专门零售 单位：万元

Special Retail of Medicines and Medical Appliances Unit: 10000 yuan

地 区	Region	资产总计 Total Assets	#流动资产合计 Total Working Capitals	#固定资产合计 Total Fixed Assets	负债合计 Total Liabilities	所有者权益合计 Total Owners' Equities
全 国	**National Total**	**14254241**	**11393466**	**1066017**	**10620651**	**3633590**
北 京	Beijing	2239165	1678722	86927	1677831	561334
天 津	Tianjin	328063	293639	7626	274260	53803
河 北	Hebei	201060	146647	13641	155737	45322
山 西	Shanxi	202874	166076	12987	161728	41146
内蒙古	Inner Mongolia	82993	70055	8551	62552	20441
辽 宁	Liaoning	466722	402121	32205	375295	91427
吉 林	Jilin	129114	99431	17166	78530	50583
黑龙江	Heilongjiang	404497	337729	55453	324425	80072
上 海	Shanghai	330814	243831	35908	183431	147383
江 苏	Jiangsu	1686486	1473930	101575	1344760	341726
浙 江	Zhejiang	735775	644992	51677	583838	151937
安 徽	Anhui	683985	593837	55607	558162	125823
福 建	Fujian	257110	198312	25855	172686	84424
江 西	Jiangxi	236757	184147	32446	198359	38398
山 东	Shandong	1285010	1000594	154135	962003	323007
河 南	Henan	501448	266044	50735	238740	262708
湖 北	Hubei	798358	635332	82350	604806	193552
湖 南	Hunan	671393	546704	47731	508597	162796
广 东	Guangdong	816610	706882	42331	620676	195934
广 西	Guangxi	467431	406718	16109	375541	91891
海 南	Hainan	14547	9250	463	9004	5543
重 庆	Chongqing	220659	173232	26547	158600	62059
四 川	Sichuan	315576	151512	21962	165543	150034
贵 州	Guizhou	83652	72496	5562	71891	11761
云 南	Yunnan	273732	200416	24527	168423	105309
西 藏	Tibet					
陕 西	Shaanxi	143539	116989	12122	116633	26906
甘 肃	Gansu	73545	54263	10278	61802	11743
青 海	Qinghai	51700	41216	2494	31826	19874
宁 夏	Ningxia	116760	94429	11680	91643	25118
新 疆	Xinjiang	434870	383921	19370	283332	151538

汽车、摩托车、燃料及零配件专门零售 单位：万元

Special Retail of Motor Vehicles, Motorcycles, Fuel and Parts Unit: 10000 yuan

地区	Region	资产总计 Total Assets	#流动资产合计 Total Working Capitals	#固定资产合计 Total Fixed Assets	负债合计 Total Liabilities	所有者权益合计 Total Owners' Equities
全国	**National Total**	**110744895**	**77440172**	**15513948**	**78752502**	**32014892**
北京	Beijing	7020968	5454304	929401	5097301	1923667
天津	Tianjin	2707900	1739449	465921	1735230	972670
河北	Hebei	2844117	2171962	345551	2142643	701475
山西	Shanxi	3667999	2551211	533060	2716921	974558
内蒙古	Inner Mongolia	3657828	2502228	583995	2917990	739838
辽宁	Liaoning	4577708	3256171	802639	3199887	1377821
吉林	Jilin	1461782	986512	347357	1218904	242877
黑龙江	Heilongjiang	1491678	1007403	142007	1198182	293496
上海	Shanghai	3316320	2641240	298838	2368476	947844
江苏	Jiangsu	7972014	5813724	1036646	6054308	1917707
浙江	Zhejiang	10009522	7633752	1048772	7839229	2170292
安徽	Anhui	3066182	2234895	443804	2206272	859910
福建	Fujian	4371333	2899079	566487	2750185	1621147
江西	Jiangxi	1081493	776378	146627	737610	343883
山东	Shandong	8708773	6225589	1201369	6593638	2115135
河南	Henan	4118099	3160166	482728	3066789	1051310
湖北	Hubei	2934484	1917262	586938	2117693	816791
湖南	Hunan	3879928	2037626	1336360	2410783	1469145
广东	Guangdong	14243493	9270563	1687632	8426163	5816348
广西	Guangxi	1434699	1102910	119047	1027222	407477
海南	Hainan	781575	505218	154771	453504	328070
重庆	Chongqing	2286147	1661354	300726	1629407	656740
四川	Sichuan	5236141	3223297	761142	3489538	1746603
贵州	Guizhou	1737691	844837	238195	1338718	398973
云南	Yunnan	3306081	2206125	354081	2438877	867204
西藏	Tibet	146793	73244	53464	79045	67748
陕西	Shaanxi	2097804	1573510	228348	1518314	579490
甘肃	Gansu	931460	747704	85495	551849	379611
青海	Qinghai	160703	107425	24863	112354	48349
宁夏	Ningxia	499354	409351	51877	410182	89172
新疆	Xinjiang	994828	705682	155810	905285	89543

3-3-7 续表 6 Continued 6

家用电器及电子产品专门零售 单位：万元

Special Retail of Household Electric Appliances and Electronic Products Unit: 10000 yuan

地 区	Region	资产总计 Total Assets	#流动资产合计 Total Working Capitals	#固定资产合计 Total Fixed Assets	负债合计 Total Liabilities	所有者权益合计 Total Owners' Equities
全 国	**National Total**	**27573451**	**21811116**	**2261596**	**20275749**	**7296286**
北 京	Beijing	4636762	4248477	90653	3857882	778881
天 津	Tianjin	399853	350152	33250	302976	96877
河 北	Hebei	584326	483547	61660	392163	192163
山 西	Shanxi	329759	266139	41063	254075	75684
内蒙古	Inner Mongolia	339110	277800	36957	239336	99774
辽 宁	Liaoning	890121	679428	91815	672560	217561
吉 林	Jilin	235664	167037	40243	178596	57068
黑龙江	Heilongjiang	368191	288225	53175	284216	83975
上 海	Shanghai	1879717	1615421	140757	1351832	527886
江 苏	Jiangsu	3829619	2232169	379468	2512381	1317238
浙 江	Zhejiang	1623532	1331632	123242	1267438	354754
安 徽	Anhui	690432	578900	31485	518813	171619
福 建	Fujian	882583	721139	53310	677305	205278
江 西	Jiangxi	334734	277479	26170	238877	95857
山 东	Shandong	1747984	1314930	330229	1275097	472887
河 南	Henan	812277	647637	72946	602317	209960
湖 北	Hubei	1124376	748120	192053	779578	344799
湖 南	Hunan	470443	229199	63797	209171	261273
广 东	Guangdong	2780628	2449500	96719	2187124	593426
广 西	Guangxi	355551	319909	9667	285140	70411
海 南	Hainan	114029	99645	10935	85195	28834
重 庆	Chongqing	609229	481122	68637	423830	185398
四 川	Sichuan	934202	748668	81133	625307	308896
贵 州	Guizhou	165477	148463	5301	127479	37998
云 南	Yunnan	339793	281197	38441	248696	91097
西 藏	Tibet	7583	6068	194	5080	2503
陕 西	Shaanxi	526606	381832	72683	262663	263943
甘 肃	Gansu	198287	112820	4873	161103	37184
青 海	Qinghai	25602	19245	589	17755	7847
宁 夏	Ningxia	151780	141122	4299	127496	24284
新 疆	Xinjiang	185202	164095	5853	104270	80933

五金、家具及室内装修材料专门零售 单位：万元

Special Retail of Hardware, Furniture and Decoration Materials Unit: 10000 yuan

地区	Region	资产总计 Total Assets	#流动资产合计 Total Working Capitals	#固定资产合计 Total Fixed Assets	负债合计 Total Liabilities	所有者权益合计 Total Owners' Equities
全国	**National Total**	**9161222**	**5062895**	**2735126**	**5615461**	**3815229**
北京	Beijing	710037	542637	99162	559054	150983
天津	Tianjin	115693	73688	6856	98711	16982
河北	Hebei	79826	53695	19517	55382	24444
山西	Shanxi	174907	112966	38864	86854	88053
内蒙古	Inner Mongolia	196115	147745	39136	60680	135435
辽宁	Liaoning	246760	103477	108489	207304	39456
吉林	Jilin	36628	19575	13491	19586	17042
黑龙江	Heilongjiang	36409	14716	7937	22787	13622
上海	Shanghai	571047	239119	205729	399963	171084
江苏	Jiangsu	608160	376911	143544	376106	232054
浙江	Zhejiang	176335	116313	38411	118003	57758
安徽	Anhui	209852	128913	60218	141908	337985
福建	Fujian	369066	258888	56360	241948	127118
江西	Jiangxi	46715	24591	10837	25911	20804
山东	Shandong	1016291	629965	301730	555658	460633
河南	Henan	215953	120530	60497	116038	99914
湖北	Hubei	300224	213719	55551	225955	74269
湖南	Hunan	125941	75505	42912	72401	53540
广东	Guangdong	768334	365139	65817	593840	174495
广西	Guangxi	19167	14998	1721	13384	5784
海南	Hainan	7273	6875	361	6031	1243
重庆	Chongqing	301391	173278	83409	174720	126671
四川	Sichuan	2243914	883000	1155695	1132673	1111241
贵州	Guizhou	4357	2939	1417	2439	1918
云南	Yunnan	58115	40954	14008	32311	25804
西藏	Tibet					
陕西	Shaanxi	266992	143611	62704	153254	113738
甘肃	Gansu	24567	13785	6313	18394	6173
青海	Qinghai					
宁夏	Ningxia	6007	4216	1632	5336	670
新疆	Xinjiang	225148	161148	32808	98833	126315

无店铺及其他零售
Non-shop and Other Retails

单位：万元
Unit: 10000 yuan

地区	Region	资产总计 Total Assets	#流动资产合计 Total Working Capitals	#固定资产合计 Total Fixed Assets	负债合计 Total Liabilities	所有者权益合计 Total Owners' Equities
全国	**National Total**	**7956561**	**5408394**	**1411915**	**5519397**	**2437163**
北京	Beijing	1509776	1289575	80295	1322814	186962
天津	Tianjin	162849	128889	18926	74637	88213
河北	Hebei	63724	38683	22079	38071	25653
山西	Shanxi	384237	243556	119287	294541	89696
内蒙古	Inner Mongolia	200874	122826	34106	121459	79414
辽宁	Liaoning	177633	83369	46217	86690	90943
吉林	Jilin	57530	43581	10303	24677	32853
黑龙江	Heilongjiang	46645	20869	12111	23366	23279
上海	Shanghai	676596	467310	111885	555087	121510
江苏	Jiangsu	551044	376286	101117	392005	159039
浙江	Zhejiang	235458	131339	49655	148238	87221
安徽	Anhui	105143	64108	27186	62222	42921
福建	Fujian	475029	247399	122542	249335	225694
江西	Jiangxi	34306	24560	3228	19318	14988
山东	Shandong	952650	604268	205442	617405	335244
河南	Henan	205658	110326	74008	144175	61483
湖北	Hubei	217209	89893	81976	156498	60712
湖南	Hunan	199834	131263	32990	86568	113265
广东	Guangdong	738135	488129	132806	480445	257690
广西	Guangxi	153887	114371	20747	98122	55765
海南	Hainan	27400	22492	1236	18511	8889
重庆	Chongqing	165087	127294	10410	106859	58228
四川	Sichuan	356845	270533	40108	244784	112061
贵州	Guizhou	17074	13017	2543	11722	5352
云南	Yunnan	78412	47132	14042	53672	24740
西藏	Tibet	487	275	43	93	394
陕西	Shaanxi	43112	38974	3975	26272	16839
甘肃	Gansu	47321	33226	10105	29811	17510
青海	Qinghai	31305	16232	5029	15013	16292
宁夏	Ningxia	8438	3454	2957	3872	4566
新疆	Xinjiang	32864	15168	14562	13115	19749

3-4-1 限额以上批发和零售业企业损益及分配

项目	Item	主营业务收入 Revenue from Principal Business	主营业务成本 Cost of Principal Business
总　计	**Total**	**3209287620**	**2967421784**
一、批发业	**Wholesale Trade**	**2578898496**	**2408180195**
#国有控股	State-controlled Enterprises	1121642695	1052595152
(一)按登记注册类型分	**by Type of Registration**		
1.内资企业	**Domestic Funded Enterprises**	**2252616216**	**2121415170**
国有企业	State-owned Enterprises	509597642	469305702
集体企业	Collective-owned Enterprises	19044381	17772063
股份合作企业	Cooperative Enterprises	7748328	7277107
联营企业	Joint Ownership Enterprises	5778333	5491339
国有联营企业	State Joint Ownership Enterprises	2472161	2401126
集体联营企业	Collective Joint Ownership Enterprises	393755	353325
国有与集体联营企业	Joint State-collective Enterprises	1747862	1668161
其他联营企业	Other Joint Ownership Enterprises	1164556	1068727
有限责任公司	Limited Liability Corporations	768621785	732408914
国有独资公司	State Sole Funded Corporations	82909371	79353963
其他有限责任公司	Other Limited Liability Corporations	685712415	653054951
股份有限公司	Share-holding Corporations Ltd.	302187906	285256267
私营企业	Private Enterprises	612427414	579015531
私营独资企业	Private-funded Enterprises	22655569	20364816
私营合伙企业	Private Partnership Enterprises	7746923	7294548
私营有限责任公司	Private Limited Liability Corporations	560182035	530934862
私营股份有限公司	Private Share-holding Corporations Ltd.	21842887	20421305
其他企业	Other Enterprises	27210428	24888247
2.港、澳、台商投资企业	**Enterprises with Funds from Hongkong, Macao and Taiwan**	**83256278**	**73867710**
合资经营企业	Joint-venture Enterprises	12854022	11912755
合作经营企业	Cooperative Enterprises	1006865	890648
独资经营企业	Enterprises with Sole Investment	67831687	59766226
投资股份有限公司	Share-holding Corporations Ltd. with Investment	1504398	1242015
其他港澳台商投资企业	Other Enterprises with Funds from Hongkong, Macao and Taiwan	59307	56067
3.外商投资企业	**Foreign Funded Enterprises**	**243026002**	**212897316**
中外合资经营企业	Joint-venture Enterprises	58024956	53661777
中外合作经营企业	Cooperative Enterprises	9205175	8973625
外资企业	Enterprises with Sole Foreign Investment	174445986	149251009
外商投资股份有限公司	Share-holding Corporations Ltd. with Foreign Investment	1304055	970442
其他外商投资企业	Other Foreign Funded Enterprises	45831	40462

Income and Distribution of Enterprises above Designated Size of Wholesale and Retail Trades

主营业务税金及附加 Taxes and Other Charges on Principal Business	主营业务利润 Profits from Principal Business	其他业务利润 Profits from Other Business	销售费用 Selling Expenses	管理费用 Administrative Expenses	#税金 Taxes
13351818	**228514018**	**14478646**	**97757109**	**53142555**	**2135397**
10249407	**160468894**	**5647965**	**62816590**	**34148850**	**1346437**
6599120	62448423	1640347	17563795	12671407	553252
8912723	**122288323**	**3758066**	**43285513**	**25879572**	**1166004**
5391595	34900345	701502	7408736	7837925	294901
59472	1212846	68461	418626	346925	17563
20766	450455	11154	164408	99072	7547
8699	278295	4299	99437	77080	3663
4486	66549	2192	23791	19463	553
295	40135	1191	4517	10488	1218
1593	78108	355	27172	10337	1406
2325	93504	561	43957	36792	486
1706712	34506159	1658232	15353032	7239286	335922
296942	3258466	362830	1308017	991031	40586
1409770	31247694	1295402	14045015	6248255	295336
452121	16479518	377864	5648295	2268017	141832
1157238	32254645	900205	13423416	7662797	346202
147132	2143621	18439	605152	327696	39745
21436	430939	2943	158721	71670	6478
923407	28323766	830018	12165969	6964588	284283
65262	1356320	48804	493574	298843	15696
116123	2206058	36350	769563	348471	18375
165714	**9222854**	**316625**	**4583934**	**2166829**	**44420**
30656	910611	-26439	438850	174719	6941
3706	112511	17	41366	7802	123
128277	7937184	334588	3974166	1914856	36523
3015	259368	8460	128777	68911	833
61	3179		775	541	
1170969	**28957717**	**1573273**	**14947143**	**6102449**	**136012**
65276	4297903	80465	2502694	443354	26060
2441	229109	1668	54388	12702	2782
1100365	24094612	1484802	12193405	5598367	105382
2845	330768	6170	193258	46529	1731
42	5327	167	3398	1499	56

项　目	Item	#差旅费 Travel Allowance	#工会经费 Trade Unions Funds
总　计	**Total**	**1936327**	**366195**
一、批发业	**Wholesale Trade**	**1410860**	**237240**
#国有控股	State-controlled Enterprises	282413	117948
(一)按登记注册类型分	**by Type of Registration**		
1.内资企业	**Domestic Funded Enterprises**	**1017676**	**209570**
国有企业	State-owned Enterprises	135195	79812
集体企业	Collective-owned Enterprises	10036	2124
股份合作企业	Cooperative Enterprises	4078	802
联营企业	Joint Ownership Enterprises	2514	255
国有联营企业	State Joint Ownership Enterprises	851	123
集体联营企业	Collective Joint Ownership Enterprises	190	38
国有与集体联营企业	Joint State-collective Enterprises	338	52
其他联营企业	Other Joint Ownership Enterprises	1133	41
有限责任公司	Limited Liability Corporations	309784	64344
国有独资公司	State Sole Funded Corporations	29400	10085
其他有限责任公司	Other Limited Liability Corporations	280385	54259
股份有限公司	Share-holding Corporations Ltd.	74576	17267
私营企业	Private Enterprises	463070	41345
私营独资企业	Private-funded Enterprises	23081	7301
私营合伙企业	Private Partnership Enterprises	5175	1230
私营有限责任公司	Private Limited Liability Corporations	418304	31297
私营股份有限公司	Private Share-holding Corporations Ltd.	16509	1516
其他企业	Other Enterprises	18425	3621
2.港、澳、台商投资企业	**Enterprises with Funds from Hongkong, Macao and Taiwan**	**82888**	**4779**
合资经营企业	Joint-venture Enterprises	8721	1757
合作经营企业	Cooperative Enterprises	158	2
独资经营企业	Enterprises with Sole Investment	70681	2801
投资股份有限公司	Share-holding Corporations Ltd. with Investment	3326	219
其他港澳台商投资企业	Other Enterprises with Funds from Hongkong, Macao and Taiwan	3	
3.外商投资企业	**Foreign Funded Enterprises**	**310296**	**22892**
中外合资经营企业	Joint-venture Enterprises	18099	2393
中外合作经营企业	Cooperative Enterprises	625	55
外资企业	Enterprises with Sole Foreign Investment	289102	20341
外商投资股份有限公司	Share-holding Corporations Ltd. with Foreign Investment	2388	89
其他外商投资企业	Other Foreign Funded Enterprises	82	13

3-4-1 Continued 1

单位：万元
Unit: 10000 yuan

财务费用 Financial Expenses	#利息支出 Interest Expense	营业利润 Operating Profits	利润总额 Total Profits	应交所得税 Income Tax Payable	应付职工薪酬 Payables to Employees	应交增值税 VAT Payable
12920579	**13047023**	**82319568**	**79802809**	**16940695**	**38394264**	**43957628**
9245834	**10568621**	**62355390**	**62261005**	**13401069**	**22411370**	**31248210**
2653399	4246359	31922900	32704593	7132211	9534358	13693205
9481625	**9911891**	**49310661**	**48005430**	**10226254**	**17243867**	**25693324**
1041541	1646205	20102732	20340757	4669207	5378819	8250652
137387	146006	417295	348965	69394	201340	195693
18270	17419	180370	132323	60678	74295	100701
18297	20050	91866	75726	18077	42756	42720
6098	9046	23011	24775	7374	17697	11520
2169	982	24296	11607	716	3221	1232
5658	6062	35377	35792	6595	6639	19008
4372	3960	9182	3552	3392	15199	10960
3238539	3826528	11818821	12256968	2809566	5278929	7730260
486494	767492	1182526	1455832	374684	657467	1082451
2752045	3059035	10636295	10801136	2434882	4621462	6647809
966572	1112066	7100009	7040898	1031948	2150330	3047954
3909375	3037328	8602172	6964385	1445828	3921059	6025872
144800	81606	1089689	898323	147980	185157	350776
27508	17577	176034	157786	30562	38124	72233
3567268	2806923	6945769	5636053	1199356	3535361	5373886
169799	131222	390680	272222	67930	162417	228977
151644	106288	997396	845408	121556	196339	299472
127500	**224797**	**2894783**	**3042220**	**746588**	**1255306**	**1462490**
58435	52541	241076	207679	41240	161112	143928
990	1096	62370	65416	13879	9166	13396
61891	163409	2521886	2697131	681006	1042779	1272300
6174	7751	67597	70138	10463	41370	32201
10		1854	1856		878	665
-363291	**431933**	**10149946**	**11213356**	**2428227**	**3912198**	**4092396**
77842	102623	1328265	1336774	225443	371020	536580
4354	3873	166811	76618	13817	19196	17853
-457337	315195	8556192	9704684	2166685	3474720	3512914
11890	10222	98041	94663	22116	45485	24572
-39	19	636	615	166	1777	477

项　目	Item	主营业务收入 Revenue from Principal Business	主营业务成本 Cost of Principal Business
(二)按国民经济行业分	**by Sector**		
农畜产品批发	Wholesale of Farm Produce and Livestock Products	47104062	43768385
食品、饮料及烟草制品批发	Wholesale of Food, Beverages and Tobaccos	209514369	168396050
米、面制品及食用油批发	Wholesale of Rice, Flour and Edible Oil	25810617	24320282
肉、禽、蛋及水产品批发	Wholesale of Meal, Fowls, Eggs and Aquatic Products	10228030	9387971
饮料及茶叶批发	Wholesale of Beverages and Teas	29415185	21765002
烟草制品批发	Wholesale of Tobaccos	109378464	82962567
纺织、服装及日用品批发	Wholesale of Textiles, Garments and Daily Consumer Articles	145501394	128272653
服装批发	Wholesale of Garments	52937147	46001364
鞋帽批发	Wholesale of Shoes and Hats	10242523	8578852
文化、体育用品及器材批发	Wholesale of Culture, Sports Appliances and Equipments	31847713	28993816
文具用品批发	Wholesale of Stationeries	9143961	8723617
体育用品批发	Wholesale of Sporting Goods	2212918	1825788
图书批发	Wholesale of Books	4487508	3835264
医药及医疗器材批发	Wholesale of Medicines and Medical Appliances	93340753	84608971
西药批发	Wholesale of Western Medicine	63745578	58903557
中药材及中成药批发	Wholesale of Chinese Traditional Medicine and Medicinal Materials	19224070	17422269
矿产品、建材及化工产品批发	Wholesale of Mineral Products, Building Materials and Chemical Products	1548109416	1491980336
煤炭及制品批发	Wholesale of Coal and Related Products	204537807	193740245
石油及制品批发	Wholesale of Petroleum and Related Products	487732452	467409301
金属及金属矿批发	Wholesale of Metal Materials	577481801	564926304
建材批发	Wholesale of Building Materials	79878694	75828912
化肥批发	Wholesale of Chemical Fertilizer	34089612	32574716
农药批发	Wholesale of Pesticides	2532365	2357892
机械设备、五金交电及电子产品批发	Wholesale of Machinery, Hardware and Electronic Equipment	399599688	364785204
汽车、摩托车及零配件批发	Wholesale of Motor Vehicles, Motorcycles and Parts	128412228	116954974
家用电器批发	Wholesale of Household Electrical Appliances	65284768	59592357
计算机、软件及辅助设备批发	Wholesale of Computer, Software and Assistant Appliances	42287951	40037621
通讯及广播电视设备批发	Wholesale of Communication, Radios and Televisions Equipments	28376943	25251424
贸易经纪与代理	Trade Broker and Agency	38378334	35621968
其他批发	Other Wholesale not Classified Elsewhere	65502768	61752812

单位：万元
Unit: 10000 yuan

主营业务税金及附加 Taxes and Other Charges on Principal Business	主营业务利润 Profits from Principal Business	其他业务利润 Profits from Other Business	销售费用 Selling Expenses	管理费用 Administrative Expenses	#税金 Taxes
127795	3207882	155592	1089524	831810	33066
5819756	35298563	509934	9412010	7433359	210562
42193	1448142	128459	942850	388304	15521
42774	797285	45630	259437	237376	9686
214449	7435734	75758	3144690	640444	17921
5372075	21043822	88608	2688673	5241695	128015
337127	16891614	515879	8366348	3794045	102351
140613	6795170	182357	2665990	1594783	44941
53577	1610094	10652	591214	520215	7616
73200	2780697	131158	1281149	774732	24653
13665	406679	28469	196953	134617	5518
4868	382262	10293	240270	96230	3094
13373	638871	40811	269821	249735	9420
189207	8542575	377997	4589017	2034199	64408
113416	4728605	188516	2462254	1096054	39781
38801	1763000	47325	983692	386243	13866
1860578	54268502	1526472	19147290	9864714	646192
440759	10356803	327985	4370983	1687286	153449
391150	19932001	324125	6397649	2280777	161275
496281	12059216	462235	4021983	2639159	169599
160971	3888811	97494	1023558	1088900	53582
102072	1412824	38363	540994	333580	18524
2485	171988	9316	86313	52166	2173
1465177	33349307	2087149	16266261	7904955	206373
985604	10471650	300929	5016964	1138585	60750
103233	5589178	338246	4063086	863303	29185
39176	2211154	98842	974723	1042771	19079
84366	3041153	655298	1138578	1399996	18195
74674	2681692	196916	1287088	584340	17386
301893	3448063	146868	1377902	926696	41446

项　目	Item	#差旅费 Travel Allowance	#工会经费 Trade Unions Funds
(二)按国民经济行业分	by Sector		
农畜产品批发	Wholesale of Farm Produce and Livestock Products	29362	5902
食品、饮料及烟草制品批发	Wholesale of Food, Beverages and Tobaccos	137295	78678
米、面制品及食用油批发	Wholesale of Rice, Flour and Edible Oil	11390	2717
肉、禽、蛋及水产品批发	Wholesale of Meal, Fowls, Eggs and Aquatic Products	7720	2201
饮料及茶叶批发	Wholesale of Beverages and Teas	25804	4842
烟草制品批发	Wholesales of Tobaccos	58969	60208
纺织、服装及日用品批发	Wholesale of Textiles, Garments and Daily Consumer Articles	163302	16763
服装批发	Wholesale of Garments	64722	7767
鞋帽批发	Wholesale of Shoes and Hats	17836	1050
文化、体育用品及器材批发	Wholesale of Culture, Sports Appliances and Equipments	33058	4835
文具用品批发	Wholesale of Stationeries	6131	984
体育用品批发	Wholesale of Sporting Goods	6386	229
图书批发	Wholesale of Books	6192	2245
医药及医疗器材批发	Wholesale of Medicines and Medical Appliances	163662	29651
西药批发	Wholesale of Western Medicine	57177	12370
中药材及中成药批发	Wholesale of Chinese Traditional Medicine and Medicinal Materials	20202	14980
矿产品、建材及化工产品批发	Wholesale of Mineral Products, Building Materials and Chemical Products	412249	57581
煤炭及制品批发	Wholesale of Coal and Related Products	81813	14402
石油及制品批发	Wholesale of Petroleum and Related Products	71233	14965
金属及金属矿批发	Wholesale of Metal Materials	119265	9909
建材批发	Wholesale of Building Materials	33673	6339
化肥批发	Wholesale of Chemical Fertilizer	16276	4451
农药批发	Wholesale of Pesticides	2871	302
机械设备、五金交电及电子产品批发	Wholesale of Machinery, Hardware and Electronic Equipment	399134	35321
汽车、摩托车及零配件批发	Wholesale of Motor Vehicles, Motorcycles and Parts	64994	5994
家用电器批发	Wholesale of Household Electrical Appliances	52563	5158
计算机、软件及辅助设备批发	Wholesale of Computer, Software and Assistant Appliances	24716	1401
通讯及广播电视设备批发	Wholesale of Communication, Radios and Televisions Equipments	35300	6058
贸易经纪与代理	Trade Broker and Agency	30862	2642
其他批发	Other Wholesale not Classified Elsewhere	41936	5867

3-4-1 Continued 3

单位：万元
Unit: 10000 yuan

财务费用 Financial Expenses	#利息支出 Interest Expenses	营业利润 Operating Profits	利润总额 Total Profits	应交所得税 Income Tax Payable	应付职工薪酬 Payables to Employees	应交增值税 VAT payable
798621	779317	867208	1028047	111036	451962	239240
210196	542311	19373259	19600933	4620466	5239733	6122598
275483	330591	52051	316639	64249	294793	129898
64457	37293	307516	315966	28727	185044	71184
16054	78084	3767611	3628204	894094	631252	1126161
-340775	-97615	13805647	14178382	3406242	3379887	4253442
539108	771582	5137542	4966757	1151852	2303303	2096599
136004	364854	2596782	2543315	575742	888281	824685
32928	30392	517744	537113	121281	166923	227381
109421	127042	823373	849342	175531	594781	447167
48242	51034	55245	45336	15379	78885	80610
13555	11900	38500	44590	14564	55004	98516
225	18281	194628	200217	18085	167333	68084
409126	383669	2096072	1964213	440585	1678919	1402613
317144	278486	1214803	1086572	243147	934738	763443
87530	72738	365642	349018	81348	366886	338875
6351817	6388433	20386931	18799830	3764411	6128868	11986765
1001443	884942	5005982	4847430	757133	799224	2894399
692681	905279	8253990	7791084	1556290	2426133	4320013
3339162	3285406	3082875	2888790	747776	1334675	2570247
471557	396708	1658251	840204	166911	378499	699166
258794	237949	450754	531828	109332	211224	135545
46850	43601	-3877	55042	6554	28181	26326
273246	995561	11497487	12595797	2594080	5071779	6323326
-38975	233619	4695986	5105812	1199741	730039	2080870
-7828	113063	1135456	1123190	178920	819109	1024946
21023	72658	310330	470718	155972	430920	374981
36209	131445	1180029	1630232	171473	743363	1356648
96926	222804	1213518	1229121	306785	403351	428200
457373	357901	959999	1226967	236324	538674	2201702

项　　目	Item	主营业务收入 Revenue from Principal Business	主营业务成本 Cost of Principal Business
二、零售业	**Retail Trade**	**630389123**	**559241589**
#国有控股	State-controlled Enterprises	147657492	132438645
(一)按登记注册类型分	**by Type of Registration**		
1.内资企业	**Domestic Funded Enterprises**	**550491566**	**491674396**
国有企业	State-owned Enterprises	48485068	43849795
集体企业	Collective-owned Enterprises	11233993	9888450
股份合作企业	Cooperative Enterprises	3390002	2994149
联营企业	Joint Ownership Enterprises	2169599	1968020
国有联营企业	State Joint Ownership Enterprises	1119691	1017546
集体联营企业	Collective Joint Ownership Enterprises	317468	276560
国有与集体联营企业	Joint State-collective Enterprises	424375	400657
其他联营企业	Other Joint Ownership Enterprises	308066	273257
有限责任公司	Limited Liability Corporations	200142190	178574344
国有独资公司	State Sole Funded Corporations	2554716	2219685
其他有限责任公司	Other Limited Liability Corporations	197587475	176354659
股份有限公司	Share-holding Corporations Ltd.	93780637	83848668
私营企业	Private Enterprises	177226514	157894459
私营独资企业	Private-funded Enterprises	17927571	15268561
私营合伙企业	Private Partnership Enterprises	3121059	2672807
私营有限责任公司	Private Limited Liability Corporations	146303657	131147048
私营股份有限公司	Private Share-holding Corporations Ltd.	9874227	8806042
其他企业	Other Enterprises	14063563	12656512
2.港、澳、台商投资企业	**Enterprises with Funds from Hongkong, Macao and Taiwan**	**36056729**	**30383733**
合资经营企业	Joint-venture Enterprises	9775485	8247454
合作经营企业	Cooperative Enterprises	3447108	3171928
独资经营企业	Enterprises with Sole Investment	20308705	16814290
投资股份有限公司	Share-holding Corporations Ltd. with Investment	537066	417756
其他港澳台商投资企业	Other Enterprises with Funds from Hongkong, Macao and Taiwan	1988366	1732304
3.外商投资企业	**Foreign Funded Enterprises**	**43840828**	**37183460**
中外合资经营企业	Joint-venture Enterprises	19703999	17152507
中外合作经营企业	Cooperative Enterprises	2589234	2167824
外资企业	Enterprises with Sole Foreign Investment	20741601	17135826
外商投资股份有限公司	Share-holding Corporations Ltd. with Foreign Investment	698435	629478
其他外商投资企业	Other Foreign Funded Enterprises	107559	97825

单位：万元
Unit: 10000 yuan

主营业务税金及附加 Taxes and Other Charges on Principal Business	主营业务利润 Profits from Principal Business	其他业务利润 Profits from Other Business	销售费用 Selling Expenses	管理费用 Administrative Expenses	#税金 Taxes
3102411	**68045123**	**8830682**	**34940519**	**18993704**	**788961**
550494	14668353	1689885	6836638	3614493	155441
2765243	**56051927**	**6515052**	**26842842**	**15594318**	**689641**
155755	4479518	356965	1905973	1162523	45814
113813	1231730	71725	378222	370255	21128
20509	375344	35980	150448	124788	8021
7733	193846	8393	86094	35568	2344
2367	99778	5302	45523	16138	953
3506	37402	1236	16643	7325	792
446	23272	356	11622	3370	200
1414	33395	1499	12307	8735	399
895411	20672435	3250425	11533895	5853297	240789
13923	321108	79312	151208	126189	6685
881488	20351328	3171114	11382687	5727108	234105
438664	9493305	1168237	4297488	2385556	118570
1024842	18307213	1540387	7937614	5332331	237144
251361	2407649	75355	608699	510656	37338
41026	407226	15573	143046	92718	7878
677737	14478872	1346834	6705245	4451090	179934
54718	1013467	102625	480623	277867	11993
108517	1298534	82939	553108	329999	15830
167134	**5505862**	**854302**	**3246643**	**1557639**	**36298**
50938	1477093	313315	779973	349653	10949
7844	267336	60323	77607	127179	1983
94660	3399755	438520	2164958	962173	17645
2550	116760	12063	33481	81176	3999
11141	244921	30081	190624	37458	1722
170034	**6487334**	**1461327**	**4851034**	**1841748**	**63023**
64325	2487167	720971	1926179	658931	40614
10699	410711	76886	291895	91267	1121
93089	3512686	659043	2578005	1081232	20750
1659	67298	3550	44597	9169	409
262	9472	877	10358	1149	129

项　目	Item	#差旅费 Travel Allowance	#工会经费 Trade Unions Funds
二、零售业	**Retail Trade**	**525466**	**128955**
#国有控股	State-controlled Enterprises	65719	31318
(一)按登记注册类型分	**by Type of Registration**		
1.内资企业	**Domestic Funded Enterprises**	**459631**	**114265**
国有企业	State-owned Enterprises	23622	11084
集体企业	Collective-owned Enterprises	10240	2824
股份合作企业	Cooperative Enterprises	3731	797
联营企业	Joint Ownership Enterprises	914	201
国有联营企业	State Joint Ownership Enterprises	197	89
集体联营企业	Collective Joint Ownership Enterprises	358	42
国有与集体联营企业	Joint State-collective Enterprises	215	25
其他联营企业	Other Joint Ownership Enterprises	143	44
有限责任公司	Limited Liability Corporations	156689	48975
国有独资公司	State Sole Funded Corporations	2680	1117
其他有限责任公司	Other Limited Liability Corporations	154010	47858
股份有限公司	Share-holding Corporations Ltd.	39663	14940
私营企业	Private Enterprises	211084	33533
私营独资企业	Private-funded Enterprises	25780	9204
私营合伙企业	Private Partnership Enterprises	7722	847
私营有限责任公司	Private Limited Liability Corporations	166046	21623
私营股份有限公司	Private Share-holding Corporations Ltd.	11536	1859
其他企业	Other Enterprises	13688	1911
2.港、澳、台商投资企业	**Enterprises with Funds from Hongkong, Macao and Taiwan**	**31563**	**5568**
合资经营企业	Joint-venture Enterprises	6646	2457
合作经营企业	Cooperative Enterprises	460	164
独资经营企业	Enterprises with Sole Investment	22345	2183
投资股份有限公司	Share-holding Corporations Ltd. with Investment	1746	111
其他港澳台商投资企业	Other Enterprises with Funds from Hongkong, Macao and Taiwan	366	652
3.外商投资企业	**Foreign Funded Enterprises**	**34272**	**9121**
中外合资经营企业	Joint-venture Enterprises	7424	3742
中外合作经营企业	Cooperative Enterprises	2286	519
外资企业	Enterprises with Sole Foreign Investment	24254	4763
外商投资股份有限公司	Share-holding Corporations Ltd. with Foreign Investment	206	90
其他外商投资企业	Other Foreign Funded Enterprises	102	8

3-4-1 Continued 5

单位：万元
Unit: 10000 yuan

财务费用 Financial Expenses	#利息支出 Interest Expenses	营业利润 Operating Profits	利润总额 Total Profits	应交所得税 Income Tax Payable	应付职工薪酬 Payables to Employees	应交增值税 VAT payable
3674745	**2478402**	**19964178**	**17541803**	**3539626**	**15982894**	**12709418**
374016	291642	5979875	5331775	774659	3704659	2876457
3417454	**2254923**	**17267850**	**14619221**	**2766712**	**13587689**	**10725796**
117560	74285	1677654	1363498	186724	1171806	1106175
57092	28919	500186	355963	49304	272586	163244
19954	14086	117339	104408	14362	94863	58097
10442	4185	70329	64944	9475	32315	42132
6458	917	37170	36219	4445	14921	16112
1304	351	13347	11160	1365	5646	10922
1011	1574	7622	7412	2112	5965	7424
1669	1344	12190	10153	1554	5783	7674
1242793	865492	5329833	4541770	1228298	5426628	4002061
2348	6995	124385	134427	33502	108922	36558
1240446	858496	5205448	4407343	1194796	5317706	3965504
419351	314376	3959319	3753933	468620	2192862	1776827
1464064	904394	5200476	4110970	760018	4107587	3347479
142146	60475	1216941	1030484	124561	356317	371931
25217	9053	161954	138311	14364	66095	47884
1230394	792028	3534096	2704886	573884	3394129	2738253
66306	42839	287486	237289	47208	291046	189410
86197	49187	412713	323735	49911	289042	229782
122852	**107750**	**1480543**	**1402561**	**396230**	**1001012**	**885427**
59424	42034	639507	631776	154795	300390	273536
907	493	119087	119004	31055	29264	24019
51228	48147	658957	583364	192519	632660	547443
9250	16949	4690	7182	4458	19671	6453
2044	127	58301	61235	13403	19027	33977
134439	**115730**	**1215785**	**1520021**	**376683**	**1394193**	**1098195**
44667	37773	584661	578703	151932	565855	478112
7704	1901	93604	85219	17472	63637	85221
80818	75185	520990	839362	203479	746834	435825
844	859	18259	18454	3495	15050	89080
407	12	-1728	-1717	306	2817	9957

项 目	Item	主营业务收入 Revenue from Principal Business	主营业务成本 Cost of Principal Business
(二)按国民经济行业分	by Sector		
综合零售	Integrated Retail	163833582	140203036
百货零售	Retail of General Merchandise	88973589	75433132
超级市场零售	Retail of Supermarkets	66378339	57440810
食品、饮料及烟草制品专门零售	Special Retail of Food, Beverages and Tobaccos	17070112	14267803
粮油零售	Retail of Cereal and Oil	4530859	4209146
肉、禽、蛋及水产品零售	Retail of Meat, Poultry and Eggs	2385562	2100505
饮料及茶叶零售	Retail of Beverages and Teas	2939642	2162536
烟草制品零售	Retail of Tobaccos	2123527	1728495
纺织、服装及日用品专门零售	Special Retail of Textiles, Garments and Daily Consumer Articles	22947657	17259735
服装零售	Retail of Garments	14889266	11105941
文化、体育用品及器材专门零售	Special Retail of Culture, Sports Appliances and Equipments	14597655	11530998
体育用品零售	Retail of Sporting Goods	842402	663952
图书零售	Retail of Books	5874558	4492738
医药及医疗器材专门零售	Special Retail of Medicines and Medical Appliances	25171654	21894155
药品零售	Retail of Medicines	23654085	20659569
汽车、摩托车、燃料及零配件专门零售	Special Retail of Motor Vehicles, Motorcycles Fuel and Parts	302531317	280233662
汽车零售	Retail of Motor Vehicles	198643053	184418591
机动车燃料零售	Retail of Automotive Fuels	97417580	90133241
家用电器及电子产品专门零售	Special Retail of Household Electric Appliances and Electronic Products	53327771	47486667
家用电器零售	Retail of Household Electric Appliances	36728942	32355017
计算机、软件及辅助设备零售	Retail of Computer, Software and Assistant Appliances	10616898	9787086
通信设备零售	Retail of Communication Equipments	4721478	4207252
五金、家具及室内装修材料专门零售	Special Retail of Hardware, Furniture and Decoration Materials	14665252	12073858
无店铺及其他零售	Non-shop and Other Retails	16244124	14291675
邮购及电子销售	Distribution of Post and E-commerce	4715653	4254844
(三)按零售业态分	by Modes of Business Operation		
有店铺零售	Store-based Retailing	620987543	550744639
超市	Supermarket	31233325	26633730
大型超市	Hypermarket	55576982	48498323
百货店	Department Store	84681306	71476066
专业店	Speciality Store	239613158	215698954
专卖店	Exclusive Shop	179139067	161856723
无店铺零售	Non-Store Selling	9401580	8496950

3-4-1 Continued 6

单位：万元
Unit: 10000 yuan

主营业务税金及附加 Taxes and Other Charges on Principal Business	主营业务利润 Profits from Principal Business	其他业务利润 Profits from Other Business	销售费用 Selling Expenses	管理费用 Administrative Expenses	#税金 Taxes
1255662	22374884	5784725	14228991	7310683	283822
802028	12738429	2551815	6086621	4644329	195652
379470	8558059	3095329	7500651	2350971	76632
172743	2629566	157144	1047826	651844	30118
23344	298369	55703	77941	146394	3206
22620	262437	12495	80901	77717	4634
50508	726598	10965	329696	117064	6720
18985	376047	23089	91419	102407	2727
206572	5481350	309779	3129981	1479201	43663
143597	3639728	182759	2074105	1012825	32732
148925	2917732	184803	1356773	972728	29662
3304	175146	4277	101512	66450	648
32101	1349719	120113	603936	564673	19792
102484	3175015	127214	1548505	890772	30931
94856	2899660	120989	1423377	799019	29061
626563	21671092	1095796	8373966	5031302	248333
420329	13804133	900441	5385956	3961609	177883
163360	7120979	166457	2765385	904542	62345
238530	5602574	947127	3362117	1466101	52101
170995	4202930	745469	2604997	1030187	33376
39778	790034	73479	377925	236774	7970
22331	491895	122002	330025	154644	7204
243797	2347597	117298	869361	572900	25971
107134	1845315	106796	1022998	618174	44360
13416	447393	3326	492485	205129	5065
3079047	67163857	8797442	34016033	18647682	782603
251154	4348441	1027606	2984965	1223384	49822
267194	6811465	2372417	5904741	1894392	61331
809119	12396121	2428687	5725303	4523836	183115
893445	23020759	1593210	10140413	5524770	253315
584392	16697952	946045	7419886	4347278	161649
23364	881266	33240	924486	346022	6358

项　目	Item	#差旅费 Travel Allowance	#工会经费 Trade Unions Funds
(二)按国民经济行业分	**by Sector**		
综合零售	Integrated Retail	118012	47874
百货零售	Retail of General Merchandise	63973	27023
超级市场零售	Retail of Supermarkets	46059	16478
食品、饮料及烟草制品专门零售	Special Retail of Food, Beverages and Tobaccos	23366	5339
粮油零售	Retail of Cereal and Oil	1955	827
肉、禽、蛋及水产品零售	Retail of Meat, Poultry and Eggs	2606	780
饮料及茶叶零售	Retail of Beverages and Teas	7412	735
烟草制品零售	Retail of Tobaccos	1831	947
纺织、服装及日用品专门零售	Special Retail of Textiles, Garments and Daily Consumer Articles	58434	7461
服装零售	Retail of Garments	44481	4388
文化、体育用品及器材专门零售	Special Retail of Culture, Sports Appliances and Equipments	23287	8266
体育用品零售	Retail of Sporting Goods	1111	85
图书零售	Retail of Books	12027	5955
医药及医疗器材专门零售	Special Retail of Medicines and Medical Appliances	36957	6757
药品零售	Retail of Medicines	27938	6513
汽车、摩托车、燃料及零配件专门零售	Special Retail of Motor Vehicles, Motorcycles Fuel and Parts	170800	31859
汽车零售	Retail of Motor Vehicles	136519	19143
机动车燃料零售	Retail of Automotive Fuels	25861	11682
家用电器及电子产品专门零售	Special Retail of Household Electric Appliances and Electronic Products	47602	8267
家用电器零售	Retail of Household Electric Appliances	26239	5630
计算机、软件及辅助设备零售	Retail of Computer, Software and Assistant Appliances	13574	1682
通信设备零售	Retail of Communication Equipments	4146	760
五金、家具及室内装修材料专门零售	Special Retail of Hardware, Furniture and Decoration Materials	25253	4683
无店铺及其他零售	Non-shop and Other Retails	21756	8449
邮购及电子销售	Distribution of Post and E-commerce	2206	332
(三)按零售业态分	**by Modes of Business Operation**		
有店铺零售	Store-based Retailing	516783	128330
超市	Supermarket	26707	8401
大型超市	Hypermarket	34986	14245
百货店	Department Store	79334	27872
专业店	Speciality Store	193504	37493
专卖店	Exclusive Shop	143484	33885
无店铺零售	Non-Store Selling	8683	625

3-4-1　Continued 7

单位：万元
Unit: 10000 yuan

财务费用 Financial Expense	#利息支出 Interest Expenses	营业利润 Operating Profits	利润总额 Total Profits	应交所得税 Income Tax Payable	应付职工薪酬 Payables to Employees	应交增值税 VAT payable
992914	679966	6091986	5535514	1398079	6179237	3829484
740082	509828	4162125	3988116	979483	2995796	2301586
207302	144979	1715404	1404709	385172	2884159	1382525
89521	57449	1021762	932287	180752	523218	364988
21806	13995	102774	124506	26523	52923	45085
14060	8704	103310	87558	9754	63361	36184
25397	16101	264942	231768	50477	99759	92889
5326	5990	224162	208598	40327	74944	49881
148102	91609	1077718	950041	246721	1075722	681792
96660	65796	685407	585260	164216	718668	482832
84962	55561	719710	793146	105806	859390	333687
6208	4346	4941	6293	5719	33219	22721
1018	7523	325373	304985	28644	469722	146120
160761	122167	710969	634159	126908	976407	506966
154788	117994	651424	593863	117973	929050	448716
1782666	1221706	7636708	6424634	1084464	4286246	5324694
1578478	1079221	3803251	3297900	803623	2952768	3353449
161000	118317	3546925	2906534	241686	1209881	1841472
176851	110497	1568184	1368167	235817	1317356	900056
112142	71403	1223286	1106409	175368	926405	624010
33094	19038	216584	171347	35586	208049	152078
29701	16513	99792	62897	18339	152208	100125
166358	93166	864736	718641	83444	368597	310621
72611	46282	272406	185213	77636	396720	457130
7783	7128	-252951	-260971	2620	117821	163512
3659080	2466539	20336736	17922607	3527465	15773587	12483403
177520	109671	1102881	800705	153617	1427918	651440
178447	132399	1269052	1123688	353312	2160135	1167369
709016	479490	4200794	4003598	940739	2750830	2155878
1190312	788312	7906453	7056911	991923	5101522	4717458
1232917	819257	4704455	3952970	897823	3464262	3081935
15665	11864	-372557	-380803	12161	209307	226015

3-4-2 各地区限额以上批发业企业损益及分配

地区	Region	主营业务收入 Revenue from Principal Business	主营业务成本 Cost of Principal Business	主营业务税金及附加 Taxes and Other Charges on Principal Business	主营业务利润 Profits from Principal Business	其他业务利润 Profits from Other Business	销售费用 Selling Expenses	管理费用 Administrative Expenses
全　国	**National Total**	**2578898496**	**2408180195**	**10249407**	**160468894**	**5647965**	**62816590**	**34148850**
北　京	Beijing	332939746	310853435	647796	21438515	1668461	9707477	5543126
天　津	Tianjin	149620792	143381036	987463	5252293	138125	1872051	922149
河　北	Hebei	58100597	55162342	257512	2680743	58855	1153788	550702
山　西	Shanxi	56230768	52710438	270059	3250271	231362	1350897	717097
内蒙古	Inner Mongolia	20573411	17928079	213297	2432035	28975	816360	389552
辽　宁	Liaoning	107978729	104168622	306825	3503282	109735	1279855	839242
吉　林	Jilin	15545419	14338307	114544	1092568	12265	501038	195266
黑龙江	Heilongjiang	31627814	29625957	178721	1823136	40458	601540	327579
上　海	Shanghai	362526461	335238899	423587	26863975	1058778	12267411	5054618
江　苏	Jiangsu	238047455	223401060	706804	13939591	281766	5053894	2683905
浙　江	Zhejiang	223649004	212761910	617806	10269288	410842	4279986	2383200
安　徽	Anhui	41389216	37852979	301441	3234796	61921	1706066	615908
福　建	Fujian	82337210	77316220	347270	4673720	101241	1838727	1014921
江　西	Jiangxi	15760391	14272269	185661	1302461	13024	465631	257579
山　东	Shandong	131423533	120681187	754579	9987767	189646	2964631	1841579
河　南	Henan	47405317	43523890	500795	3380632	75726	1102196	916450
湖　北	Hubei	62414615	57941445	332366	4140804	84146	1300815	805764
湖　南	Hunan	25729459	22976484	345694	2407281	28746	718644	674001
广　东	Guangdong	289624983	271937437	831351	16856195	507726	6862335	3561675
广　西	Guangxi	22848088	21351328	159456	1337304	30663	580829	360889
海　南	Hainan	10668696	10033934	54259	580503	25588	247837	131339
重　庆	Chongqing	51585441	46184367	314987	5086087	78256	1455941	1538435
四　川	Sichuan	43625567	39798473	376742	3450352	132935	1130563	738986
贵　州	Guizhou	12123827	9403012	255634	2465181	33830	539672	412149
云　南	Yunnan	37150065	33311204	250637	3588224	63938	1154155	628743
西　藏	Tibet	382914	288730	10802	83382	735	49445	21066
陕　西	Shaanxi	36023010	33168076	261205	2593729	47536	721302	418104
甘　肃	Gansu	20632366	19709655	86483	836228	16748	227064	182720
青　海	Qinghai	4886336	4520516	24425	341395	46340	106608	52744
宁　夏	Ningxia	4948373	4624382	35686	288305	13685	126328	57243
新　疆	Xinjiang	41098899	39714523	95522	1288854	55919	633507	312121

Income and Distribution of Enterprises above Designated Size of Wholesale Trade by Region

单位：万元
Unit: 10000 yuan

#税金 Taxes	#差旅费 Travel Allowance	#工会经费 Trade Unions Funds	财务费用 Financial Expenses	#利息支出 Interest Expenses	营业利润 Operating Profits	利润总额 Total Profits	应交所得税 Income Tax Payable	应付职工薪酬 Payables to Employees	应交增值税 VAT Payable
1346437	**1410860**	**237240**	**9245834**	**10568621**	**62355390**	**62261005**	**13401069**	**22411370**	**31248210**
144652	259600	30077	525854	2124277	10060436	11531024	2241555	3880635	3486183
37227	28992	2654	679728	570840	1841906	1958676	539157	574854	1955916
26610	15666	3563	286955	207807	824359	803503	219202	429099	545219
30423	17970	4423	245194	186759	1299923	820710	214578	368445	785927
25530	10550	2235	88317	64166	1208617	919840	144998	184144	394808
51671	39093	6147	341669	190896	1401303	1323855	289012	538696	830014
7289	4738	2244	57526	41305	365685	338473	70638	137565	261591
18098	10937	2316	128726	112831	813395	692942	135440	222901	404639
131511	257120	16473	515515	747445	7631881	8067089	1947691	3197659	3332991
81586	97760	9992	1020700	1031119	5708957	5421520	1116339	1549646	2243851
105636	115943	14280	1456200	1563553	3140239	3391872	886922	1803716	1856281
37130	21729	4253	135417	167001	860913	919140	213690	492464	880539
44468	45900	6672	391465	431902	1777034	2060646	456125	760000	901253
10303	8795	2263	31771	37534	561809	578244	127623	225408	299166
125129	97390	19241	629346	439954	4774536	4453568	750557	1161542	1522601
40406	23649	9551	222483	151534	1223477	1267060	261665	577482	742126
41400	23713	6321	236486	216978	1948457	1576736	322147	535164	765221
26515	30693	7052	108771	77248	941096	883547	204719	339455	523214
171942	173346	49296	1101984	1234832	6199655	5943354	1229583	2390284	3451731
19008	11786	2695	115230	108424	332685	433197	119514	291391	364455
4000	7493	904	237	11503	237344	240061	51671	95172	114151
37871	28943	8783	153942	136032	2033812	1277619	212884	592875	751656
26279	25869	5245	308921	168086	1410501	1334858	328030	498119	811086
11632	8208	4200	-4579	40719	1565850	1655463	408104	310391	520196
22708	14341	6917	145056	196760	1749633	1779044	444413	382985	741933
102	261	50	788	761	14561	4260	555	16028	9692
42792	9325	3599	73967	44239	1425812	1515440	311688	322344	1592982
4509	5585	1507	64133	61886	399018	411447	47308	118932	271613
2163	1396	466	6175	5284	224103	190996	17298	54501	52053
3841	3091	536	24241	21138	85721	75446	19877	55949	139878
14007	10978	3285	153618	175810	292671	391377	68092	303526	695246

国有控股

State-controlled Enterprises

地 区	Region	主营业务收入 Revenue from Principal Business	主营业务成本 Cost of Principal Business	主营业务税金及附加 Taxes and Other Charges on Principal Business	主营业务利润 Profits from Principal Business	其他业务利润 Profits from Other Business	销售费用 Selling Expenses	管理费用 Administrative Expenses
全 国	**National Total**	**1121642695**	**1052595152**	**6599120**	**62448423**	**1640347**	**17563795**	**12671407**
北 京	Beijing	199696419	192059336	357529	7279554	566053	3066472	1860743
天 津	Tianjin	85808611	83762520	101756	1944335	65315	417040	295954
河 北	Hebei	26198938	24834222	194655	1170061	16134	348462	293031
山 西	Shanxi	42488489	39958762	232194	2297533	186715	875036	537392
内蒙古	Inner Mongolia	7986202	6965664	129703	890835	4594	205141	177637
辽 宁	Liaoning	72825666	70992243	210052	1623371	31924	512208	351251
吉 林	Jilin	11679575	10812602	98060	768913	5393	315657	132957
黑龙江	Heilongjiang	20601215	19525470	133904	941841	15198	315434	187762
上 海	Shanghai	113305191	106488791	152539	6663861	111001	1134862	717493
江 苏	Jiangsu	53947303	49146418	437904	4362981	55862	1194760	711171
浙 江	Zhejiang	39517483	36452450	436457	2628576	62270	517498	577657
安 徽	Anhui	18646410	16866396	236386	1543628	21592	472159	330062
福 建	Fujian	34430057	32086905	245140	2098012	30992	686998	394866
江 西	Jiangxi	10086776	8986141	164485	936150	9114	250804	195384
山 东	Shandong	40639330	37290580	408510	2940240	52810	825500	711386
河 南	Henan	23887508	21547482	371294	1968732	19107	575868	647696
湖 北	Hubei	41093809	38371033	262053	2460723	35470	602693	490495
湖 南	Hunan	13426272	11699787	291002	1435483	17231	314244	459745
广 东	Guangdong	107707487	101742938	563845	5400704	144769	1523878	1106928
广 西	Guangxi	11948565	10918693	141614	888258	4489	280004	228105
海 南	Hainan	2059643	1829871	45655	184117	1796	24770	49653
重 庆	Chongqing	17078499	15272741	213764	1591994	19899	476774	325359
四 川	Sichuan	18426556	16450606	311380	1664570	34165	383898	371007
贵 州	Guizhou	8387504	5975327	188135	2224042	12291	378072	358815
云 南	Yunnan	21481017	18540410	228229	2712378	37884	795034	463735
西 藏	Tibet	274926	225157	8686	41083	92	7783	18762
陕 西	Shaanxi	23955887	21767580	222089	1966218	19574	427255	297936
甘 肃	Gansu	15783280	15096458	80460	606362	13239	107942	132684
青 海	Qinghai	3679266	3424401	22830	232035	17478	79851	39006
宁 夏	Ningxia	3074663	2843239	29580	201844	3636	79809	31908
新 疆	Xinjiang	31520147	30660932	79230	779985	24263	367891	174830

3-4-2 Continued

单位：万元

Unit: 10000 yuan

#税金 Taxes	#差旅费 Travel Allowance	#工会经费 Trade Unions Funds	财务费用 Financial Expenses	#利息支出 Interest Expenses	营业利润 Operating Profits	利润总额 Total Profits	应交所得税 Income Tax Payable	应付职工薪酬 Payables to Employees	应交增值税 VAT Payable
553252	**282413**	**117948**	**2653399**	**4246359**	**31922900**	**32704593**	**7132211**	**9534358**	**13693205**
84646	64899	14213	560198	1598801	4870641	5200097	923561	1426036	1422293
12018	7888	2025	431682	403358	879672	1000851	250443	209473	588291
11786	4339	2634	46554	51328	483473	487543	101977	262448	242640
20470	11092	3590	123771	124903	992664	736920	195309	279644	535417
6760	3445	1294	12009	13624	499746	499092	87846	107065	195567
23288	9248	3347	125060	26787	896498	906455	204066	311061	458053
5383	1405	1295	39224	31046	296028	270781	62168	105029	179465
9878	3287	1658	39660	34725	420354	377771	75412	165814	271721
39430	14158	5959	190624	191409	1792602	2030445	428177	526886	883880
24880	18944	4204	117069	363578	2617480	2574891	622143	501794	591554
17394	11856	6080	41157	127917	1753218	1808549	433807	455542	440351
20210	5674	3297	35966	66618	724549	763169	161182	265466	335532
14051	8072	4252	131334	177982	1078115	1126378	253976	370118	398045
7075	3202	1770	6444	15559	491629	480843	101845	163283	143612
27463	12205	6031	48114	66749	1406059	1371772	301631	545562	546144
19949	9043	7348	94577	73940	676802	833045	200874	410163	508656
21264	8282	4446	55245	63189	1369059	1234621	229024	353684	490790
12137	13851	4606	29141	40832	652515	673761	182790	222024	323108
68798	24833	11080	238356	359444	2846480	2872069	660256	826034	939753
13657	3633	2309	27621	32328	369818	398213	100505	194322	210761
1888	740	506	-3572	2194	127139	129072	28089	41551	37955
11249	11427	6779	54163	74898	761855	618003	107457	374932	408458
11088	5290	2594	69479	41233	891770	897252	222941	249813	331147
8734	4224	3843	-22871	16295	1532934	1630510	398748	278252	401123
15493	6357	6239	-1114	75082	1505705	1660707	410763	263969	518947
61	169	34	514	474	15880	1679	156	8364	2119
29908	5141	2558	44504	30606	1227976	1321876	281425	242199	1451811
2699	2420	1083	23849	28939	355136	370442	36845	77821	91077
1733	1023	434	1976	2059	130707	106251	13985	46034	37749
2446	1464	261	1279	2936	83450	71167	16032	39869	115635
7418	4805	2181	91389	107528	172948	250371	38780	210108	591554

3-4-3 各地区限额以上批发业企业损益及分配(按登记注册类型分)

内资企业

Domestic Funded Enterprises

地　区	Region	主营业务收入 Revenue from Principal Business	主营业务成本 Cost of Principal Business	主营业务税金及附加 Taxes and Other Charges on Principal Business	主营业务利润 Profits from Principal Business	其他业务利润 Profits from Other Business	销售费用 Selling Expenses	管理费用 Administrative Expenses
全　国	**National Total**	**2252616216**	**2121415170**	**8912723**	**122288323**	**3758066**	**43285513**	**25879572**
北　京	Beijing	257805294	246824496	427403	10553395	747470	4687507	3011135
天　津	Tianjin	137791838	133412663	222184	4156991	109111	1375792	747805
河　北	Hebei	57797487	54878278	257207	2662002	58855	1148455	545119
山　西	Shanxi	56127169	52614070	268017	3245082	230119	1347066	714947
内蒙古	Inner Mongolia	20557555	17913855	213270	2430430	28975	816209	388778
辽　宁	Liaoning	106429541	102797399	302949	3329193	92592	1202960	791241
吉　林	Jilin	13446107	12366272	114443	965392	11857	372921	191286
黑龙江	Heilongjiang	31448033	29457828	178583	1811622	40417	585908	327502
上　海	Shanghai	224106204	212885469	251788	10968947	384435	3094545	1851835
江　苏	Jiangsu	213665308	201775770	662897	11226641	252169	3770050	2019871
浙　江	Zhejiang	217810118	207222440	613777	9973901	396322	4155567	2305823
安　徽	Anhui	39651114	36668041	291049	2692024	49672	1133497	555460
福　建	Fujian	73492631	69446408	327009	3719214	91137	1501128	852584
江　西	Jiangxi	15461765	14004453	184950	1272362	12891	453238	251584
山　东	Shandong	127327627	116969831	747761	9610035	177272	2758037	1789819
河　南	Henan	47190017	43344581	500074	3345362	75489	1078049	914662
湖　北	Hubei	60137046	55894664	328382	3914000	78084	1162530	753078
湖　南	Hunan	25451719	22731151	344891	2375677	28731	706254	670140
广　东	Guangdong	252911005	239156942	758537	12995526	374511	5152673	2919909
广　西	Guangxi	22722699	21236957	159280	1326462	30577	572717	359141
海　南	Hainan	10310738	9736979	52577	521182	5969	216982	119209
重　庆	Chongqing	43870970	39160176	311897	4398897	72304	1382213	998470
四　川	Sichuan	42510394	38753444	375476	3381474	131566	1087659	730370
贵　州	Guizhou	12090622	9375909	255527	2459186	33828	534689	411432
云　南	Yunnan	36977755	33158164	250216	3569375	63416	1144749	625774
西　藏	Tibet	382914	288730	10802	83382	735	49445	21066
陕　西	Shaanxi	33978173	31138587	260340	2579246	47478	710915	414520
甘　肃	Gansu	20612796	19692900	86424	833472	16748	225201	182574
青　海	Qinghai	4732776	4376335	24087	332354	45742	104814	51334
宁　夏	Ningxia	4909805	4599866	35546	274393	13685	121502	55617
新　疆	Xinjiang	40908997	39532513	95382	1281102	55911	632242	307488

Income and Distribution of Enterprises above Designated Size of Wholesale Trade by Region and Type of Registration

单位：万元

Unit: 10000 yuan

#税金 Taxes	#差旅费 Travel Allowance	#工会经费 Trade Unions Funds	财务费用 Financial Expenses	#利息支出 Interest Expenses	营业利润 Operating Profits	利润总额 Total Profits	应交所得税 Income Tax Payable	应付职工薪酬 Payables to Employees	应交增值税 VAT Payable
1166004	**1017676**	**209570**	**9481625**	**9911891**	**49310661**	**48005430**	**10226254**	**17243867**	**25693324**
99772	140385	16410	925293	1986099	5247167	5703726	1090410	2190236	1847736
30846	21429	2443	660823	541322	1401253	1557138	434894	463580	1139683
26436	15521	3552	285681	207074	818015	797062	219066	426930	544012
30395	17730	4409	244947	186592	1299718	820595	214330	366394	780187
25517	9838	2223	88310	64164	1207945	919167	144998	183998	394771
50738	35873	5896	330568	188305	1345859	1271791	275351	512629	811886
6633	4736	2244	57601	40484	370124	343028	70549	132140	261176
18098	10937	2316	128706	112824	817545	697091	135439	222516	400746
56970	65449	9046	594784	530318	3108626	3346658	700638	1127153	1649229
73691	79544	8309	952792	964681	4890465	4691086	944571	1211297	1976549
103423	112902	13846	1435288	1552420	3051328	3301288	861670	1753244	1825594
35294	20057	3956	136931	166873	937615	995546	209621	412763	790804
41021	40359	6258	374889	416112	1319865	1598242	345034	636497	757565
10041	8304	2241	33100	38988	548636	566846	126800	218997	296590
122573	94221	19137	613621	431062	4659829	4345408	736670	1104187	1480048
40330	23598	9540	221996	151002	1214075	1258481	261250	573377	736494
38644	22581	6056	232340	209195	1911349	1538341	305452	504190	738073
26396	30557	7039	109125	77211	925374	870646	204630	333680	518998
144249	138998	46722	1029189	1080172	4608674	4344401	981087	1894884	2777993
18977	11778	2693	114452	107477	332184	432328	119324	288109	362683
3910	6853	870	3104	11488	195945	198390	44361	85706	101150
35036	28433	8747	117319	134367	1990331	1075471	163793	574137	708189
25810	25440	5208	308394	167407	1386989	1343532	325940	479560	803650
11607	8188	4182	-4617	40697	1565591	1655199	407852	310036	519430
22681	14221	6914	144683	196602	1743058	1773234	442971	379206	728559
102	261	50	788	761	14561	4260	555	16028	9692
42605	9283	3586	92542	44168	1425453	1515053	311104	318559	1580995
4504	5526	1499	64184	61886	398220	410747	47148	118203	271160
2141	1330	457	6215	5233	217818	185206	16418	51732	48391
3640	2443	460	24166	21122	78142	67858	19877	52621	137212
13926	10903	3263	154414	175787	278906	377613	64453	301280	694081

3-4-3 续表 1

国有企业
State-owned Enterprises

地 区	Region	主营业务收入 Revenue from Principal Business	主营业务成本 Cost of Principal Business	主营业务税金及附加 Taxes and Other Charges on Principal Business	主营业务利润 Profits from Principal Business	其他业务利润 Profits from Other Business	销售费用 Selling Expenses	管理费用 Administrative Expenses
全 国	**National Total**	**509597642**	**469305702**	**5391595**	**34900345**	**701502**	**7408736**	**7837925**
北 京	Beijing	34656339	32912119	111834	1632386	92387	573573	442950
天 津	Tianjin	64761807	63313031	74878	1373898	40123	152190	174848
河 北	Hebei	18448878	17429726	187968	831184	15366	177687	233744
山 西	Shanxi	23703846	22025291	185818	1492737	106971	393331	382336
内蒙古	Inner Mongolia	6028899	5129047	126355	773497	3956	148693	159628
辽 宁	Liaoning	16800882	15711003	178254	911625	19626	154561	213510
吉 林	Jilin	4351037	3749083	95499	506455	1005	144607	112062
黑龙江	Heilongjiang	9332112	8532821	111241	688050	4701	177687	150281
上 海	Shanghai	58850166	57244000	52741	1553425	35004	298957	262334
江 苏	Jiangsu	20835545	18435299	390024	2010222	28333	327011	395698
浙 江	Zhejiang	14481454	12326980	416832	1737642	28510	164548	364775
安 徽	Anhui	6109896	5110573	199621	799702	6737	115633	201409
福 建	Fujian	14052895	12661332	205558	1186005	23003	263987	293859
江 西	Jiangxi	6360880	5495200	153023	712657	7115	142150	165101
山 东	Shandong	18352755	16370806	329711	1652238	31178	338334	482118
河 南	Henan	12372292	10505099	357157	1510036	15046	319463	512825
湖 北	Hubei	34540810	32203625	253836	2083349	31051	497038	452416
湖 南	Hunan	6694285	5268001	281601	1144683	9549	190906	357140
广 东	Guangdong	60150201	57525200	249393	2375608	79908	768253	459638
广 西	Guangxi	4469562	3900648	110840	458074	6532	104937	152030
海 南	Hainan	1629107	1413976	45323	169808	1650	19253	47277
重 庆	Chongqing	8791672	7493900	200332	1097440	9176	223745	276421
四 川	Sichuan	11492767	9792977	294245	1405545	24473	280544	325427
贵 州	Guizhou	7056231	4840628	165469	2050134	9628	291843	319185
云 南	Yunnan	15011622	12508595	220133	2282894	16477	605214	387013
西 藏	Tibet	274926	225157	8686	41083	92	7783	18762
陕 西	Shaanxi	15297473	13610242	211910	1475321	17116	270309	246090
甘 肃	Gansu	4526828	4081537	76974	368317	4848	67480	97207
青 海	Qinghai	2211638	2045392	21099	145147	15253	33152	21939
宁 夏	Ningxia	518271	408147	23080	87044	950	9397	23821
新 疆	Xinjiang	7432566	7036269	52161	344136	15736	146471	106083

单位：万元
Unit: 10000 yuan

#税金 Taxes	#差旅费 Travel Allowance	#工会经费 Trade Unions Funds	财务费用 Financial Expenses	#利息支出 Interest Expenses	营业利润 Operating Profits	利润总额 Total Profits	应交所得税 Income Tax Payable	应付职工薪酬 Payables to Employees	应交增值税 VAT Payable
294901	**135195**	**79812**	**1041541**	**1646205**	**20102732**	**20340757**	**4669207**	**5378819**	**8250652**
17096	8347	3375	135329	271279	979460	1116139	198248	324368	97630
7202	3655	1404	257216	290340	836309	841230	212927	124894	422565
8557	2580	2315	18097	25172	404139	394800	91583	200886	174275
13206	7048	2861	53657	44692	769531	520067	136503	212162	242499
5180	2610	1269	8550	9542	459685	475338	84223	77414	163682
10974	5099	2550	31519	-66213	530971	532496	122312	143321	174944
3410	1092	1126	21668	16575	234613	207347	57238	85918	171522
6861	1859	1421	27884	24502	340496	295622	60153	121440	181363
11159	4129	3403	103487	105500	980662	1111762	229399	173874	546453
10120	11996	2803	22391	251356	1428169	1393090	318230	250194	286294
9602	6242	4420	-25251	30086	1297900	1315068	322406	283386	313164
12843	2582	1936	-18173	9945	505213	525266	119762	145911	181502
9939	5344	3280	28953	44266	696010	722007	157157	212028	280118
4329	2434	1597	4235	12321	408395	417772	88801	125445	116643
12799	7550	4102	23074	42751	843039	824912	205547	297449	341482
13808	5855	6459	65290	55770	626875	723530	160973	317652	355287
19355	7324	4061	40253	47334	1146591	982921	215271	311969	406875
7492	8404	3460	-3321	5495	609258	632711	173407	158187	261152
37939	11730	5531	141353	179505	1089317	1106947	270789	381515	429143
4337	2544	1727	10238	15618	202355	221532	57463	114335	132267
1751	597	489	-4052	1633	120929	122824	26641	39932	35589
6262	4902	3660	13409	33688	594240	480294	87872	262653	326341
8655	4029	2256	36128	27237	788806	810908	202390	189179	248889
7054	3510	3559	-27802	11348	1486443	1582161	388632	232972	371878
12039	4189	5466	-20698	53346	1331022	1491204	382012	197216	460185
61	169	34	514	474	15880	1679	156	8364	2119
25563	4305	2359	31612	20847	954364	1050027	215903	167026	1252756
1731	1389	906	-2366	3854	212704	213724	36732	62380	71119
840	317	251	898	803	107476	84880	13701	18274	20467
334	535	232	-1143	569	55923	57230	14537	21213	19134
4406	2833	1502	68595	76573	45963	85274	18240	117264	163318

集体企业

Collective-owned Enterprises

地区	Region	主营业务收入 Revenue from Principal Business	主营业务成本 Cost of Principal Business	主营业务税金及附加 Taxes and Other Charges on Principal Business	主营业务利润 Profits from Principal Business	其他业务利润 Profits from Other Business	销售费用 Selling Expenses	管理费用 Administrative Expenses
全国	**National Total**	**19044381**	**17772063**	**59472**	**1212846**	**68461**	**418626**	**346925**
北京	Beijing	662140	642960	630	18550	5423	11489	19866
天津	Tianjin	643604	626453	913	16238	1722	4009	11344
河北	Hebei	436082	370502	8828	56752	2446	6266	9016
山西	Shanxi	797678	635300	4793	157585	1520	79699	31805
内蒙古	Inner Mongolia	104029	94525	690	8814		2771	3379
辽宁	Liaoning	319858	288704	1728	29426	503	7921	7010
吉林	Jilin	14657	12761		1896		1163	313
黑龙江	Heilongjiang	1099612	1017186	143	82283	503	24920	14064
上海	Shanghai	1151538	1099735	883	50920	4335	31858	15981
江苏	Jiangsu	1109951	1048291	2899	58761	3621	27808	16071
浙江	Zhejiang	1066517	1031199	2056	33262	12080	18542	13099
安徽	Anhui	174175	162631	1772	9772	42	2746	1300
福建	Fujian	410971	386599	1143	23229	1925	7353	11029
江西	Jiangxi	31942	27990	459	3493	96	2360	880
山东	Shandong	3830080	3505906	9260	314914	13583	77309	76734
河南	Henan	1643054	1539894	13101	90059	1495	16442	25241
湖北	Hubei	505842	493218	757	11867	450	4451	7739
湖南	Hunan	57944	47931	1033	8980	26	2710	2348
广东	Guangdong	1269826	1188747	2523	78556	6229	33783	24156
广西	Guangxi	158370	148958	178	9234	748	2084	2204
海南	Hainan							
重庆	Chongqing	650993	630312	1723	18958	240	8901	2806
四川	Sichuan	1647187	1584789	2557	59841	2795	14197	25678
贵州	Guizhou	128008	124359	83	3566	337	2227	2139
云南	Yunnan	162805	150072	400	12333	1647	5333	4609
西藏	Tibet							
陕西	Shaanxi	132897	121934	521	10442	802	3314	2384
甘肃	Gansu	106097	101388	32	4677	205	2850	972
青海	Qinghai	3158	2881		277	14	136	157
宁夏	Ningxia	32387	31730	19	638		151	544
新疆	Xinjiang	692980	655106	350	37524	5675	15832	14059

3-4-3 Continued 2

单位：万元

Unit: 10000 yuan

#税金 Taxes	#差旅费 Travel Allowance	#工会经费 Trade Unions Funds	财务费用 Financial Expenses	#利息支出 Interest Expenses	营业利润 Operating Profits	利润总额 Total Profits	应交所得税 Income Tax Payable	应付职工薪酬 Payables to Employees	应交增值税 VAT Payable
17563	**10036**	**2124**	**137387**	**146006**	**417295**	**348965**	**69394**	**201340**	**195693**
1020	218	166	25185	26890	-31853	19828	599	8530	8370
179	148	10	551	615	4085	6624	1121	5939	9399
1325	144	82	1251	1059	42672	3635	29775	4691	3953
735	220	122	1977	351	45499	11967	3545	19634	28578
56	38	14	83	85	2580	2581	31	889	615
154	185	54	4971	4677	10028	4258	1238	3903	3676
21	16		256		163	163		203	
1411	557	24	23659	26691	20143	25364	5497	6211	1197
336	322	68	2238	1367	6082	8569	4211	14458	9298
1281	215	51	6386	5094	12068	13795	1946	5782	23837
424	1157	78	17389	13162	23740	25731	1400	7192	20125
107	22	6	334	280	5434	1475	85	2198	3035
204	261	103	253	308	6559	6129	1541	6962	3209
122	57	15	372	84	-21	83	4	491	711
2969	1854	341	8118	23789	173290	125616	8180	27875	36608
2605	365	116	4294	1437	45583	32234	3682	20026	7238
591	388	31	1764	1784	-1637	965	60	3187	2234
214	145	30	157	81	3790	993	86	2129	585
1322	1082	496	5364	5504	24539	22322	2331	21044	9605
138	144	12	358	306	2839	2532	372	1881	461
46	62	6	1621	151	6140	5595	363	3115	2878
1124	958	159	15595	17802	8258	15362	970	13960	13845
69	161	23	883	970	-1345	134	17	1446	3015
232	550	19	1679	1722	2369	2320	252	6275	1448
56	198	12	603	561	4969	5084	1056	1792	926
7	54	6	995	996	146	295	95	1126	241
8	2	2	20	21	7	7	2	132	2
21	13	8	871	1001	-928	359	1	196	
788	500	72	10159	9220	2096	4946	937	10073	603

股份合作企业
Cooperative Enterprises

地　区	Region	主营业务收入 Revenue from Principal Business	主营业务成本 Cost of Principal Business	主营业务税金及附加 Taxes and Other Charges on Principal Business	主营业务利润 Profits from Principal Business	其他业务利润 Profits from Other Business	销售费用 Selling Expenses	管理费用 Administrative Expenses
全　国	**National Total**	**7748328**	**7277107**	**20766**	**450455**	**11154**	**164408**	**99072**
北　京	Beijing	745751	722302	584	22865	3053	14326	10139
天　津	Tianjin	327751	312887	327	14537	528	7801	5285
河　北	Hebei	151944	108117	6652	37175	58	916	2009
山　西	Shanxi	277785	269087	177	8521	209	5165	2444
内蒙古	Inner Mongolia	9589	9405	7	177		87	121
辽　宁	Liaoning	75691	67066	404	8221	247	1167	1692
吉　林	Jilin							
黑龙江	Heilongjiang	752878	704844	673	47361	39	13580	5845
上　海	Shanghai	856598	816331	709	39558	1785	19916	15526
江　苏	Jiangsu	1081430	1017301	1374	62755	1913	13569	13812
浙　江	Zhejiang	199367	192737	617	6013	326	3525	2079
安　徽	Anhui	63308	62719	44	545	16	308	396
福　建	Fujian	97061	93557	705	2799	170	1070	1257
江　西	Jiangxi	78438	73786	241	4411	192	1393	1886
山　东	Shandong	264407	248301	1828	14278	169	7306	3833
河　南	Henan	91442	83339	726	7377	43	3605	1216
湖　北	Hubei	752606	697274	1623	53709	322	32700	8518
湖　南	Hunan	858103	826972	903	30228	-73	3172	1722
广　东	Guangdong	363730	320110	1312	42308	1027	15584	10449
广　西	Guangxi	16239	15257	24	958	505	413	454
海　南	Hainan	6437	5715		722	25	576	125
重　庆	Chongqing	439709	414337	964	24408	123	10689	2933
四　川	Sichuan	90131	82891	362	6878	6	3409	1876
贵　州	Guizhou	7225	6377	20	828	156	576	395
云　南	Yunnan	45140	39319	141	5680	216	2267	2133
西　藏	Tibet							
陕　西	Shaanxi	46567	40415	159	5993	100	458	2519
甘　肃	Gansu	28831	27603		1228		578	209
青　海	Qinghai	1385	1363		22		47	6
宁　夏	Ningxia	4924	4417	192	315		195	121
新　疆	Xinjiang	13861	13279		582		11	72

3-4-3 Continued 3

单位：万元

Unit: 10000 yuan

#税金 Taxes	#差旅费 Travel Allowance	#工会经费 Trade Unions Funds	财务费用 Financial Expenses	#利息支出 Interest Expenses	营业利润 Operating Profits	利润总额 Total Profits	应交所得税 Income Tax Payable	应付职工薪酬 Payables to Employees	应交增值税 VAT Payable
7547	**4078**	**802**	**18270**	**17419**	**180370**	**132323**	**60678**	**74295**	**100701**
292	360	35	1774	1951	-281	-137	468	6332	4838
256	94	29	1413	1132	566	877	466	3992	1796
284	18	25	307	177	34001	-203	33116	1116	327
45	79	12	412	416	709	2210	528	475	442
	22		7		-38	-38		119	43
43	122	8	28	1	5582	5582	225	948	539
271	241	57	257	190	27718	26158	6865	9598	6774
137	680	293	-193	593	6037	11076	4432	12528	1577
468	373	38	3692	3479	33596	32018	8521	9641	11703
187	30	1	1948	2237	-1208	-161	372	1399	3230
5	8	2	160	144	-303	-302	2	181	60
193	38	8	393	306	249	238	106	493	205
36	50	7	245	242	1124	1345	254	1195	421
318	215	12	3908	2633	-80	1217	442	2196	3837
115	186	11	280	64	2319	2335	115	739	4738
3607	232	37	-1074	351	13739	13978	1587	8901	6964
17	230	34	557	520	24703	5497	158	2247	42290
395	577	18	1155	704	16245	15793	1627	5603	6082
9	2	1	66	64	530	525	130	297	174
	3		40	40	6	7		50	
750	310	147	796	516	10112	8615	18	1503	2093
30	104	11	147	81	1459	1496	346	1507	933
12	10	4	15	44	-3	47	11	332	40
13	26	6	350	258	1147	1141	323	1409	678
64	59	5	965	909	2153	2647	563	1155	758
3	7		427	310	14	14	4	118	3
	1		43	43	-73	2	1	16	
1	2	1	19	16	-18	-77		61	102
			135		364	425		145	54

联营企业
Joint Ownership Enterprises

地区	Region	主营业务收入 Revenue from Principal Business	主营业务成本 Cost of Principal Business	主营业务税金及附加 Taxes and Other Charges on Principal Business	主营业务利润 Profits from Principal Business	其他业务利润 Profits from Other Business	销售费用 Selling Expenses	管理费用 Administr-ative Expenses
全国	**National Total**	**5778333**	**5491339**	**8699**	**278295**	**4299**	**99437**	**77080**
北京	Beijing	22802	22056	11	735	37	322	746
天津	Tianjin	240162	234125	130	5907	2	3173	1306
河北	Hebei	42887	41606	10	1271		411	400
山西	Shanxi							
内蒙古	Inner Mongolia	5506	5464	6	36			38
辽宁	Liaoning	10581	9943	14	624	259	56	737
吉林	Jilin							
黑龙江	Heilongjiang	68211	58192	123	9896		732	1150
上海	Shanghai	1365450	1296842	4203	64405	960	23070	9913
江苏	Jiangsu	355156	342698	269	12189	475	6160	2813
浙江	Zhejiang	402381	381841	268	20272	311	6182	3156
安徽	Anhui							
福建	Fujian	208700	200300	84	8316	200	2709	1915
江西	Jiangxi	8923	8266		657		349	447
山东	Shandong	181373	167573	385	13415	868	6235	4400
河南	Henan	54776	52649	183	1944	726	1376	1310
湖北	Hubei	350301	337899	451	11951	3	9119	2437
湖南	Hunan	6369	5574	63	732		186	332
广东	Guangdong	2234321	2131414	2304	100603	460	35995	37897
广西	Guangxi	1551	1420	2	129		79	96
海南	Hainan							
重庆	Chongqing	99072	79138	44	19890		1556	6549
四川	Sichuan	6490	6275		215		50	53
贵州	Guizhou							
云南	Yunnan	111314	106325	86	4903		1657	1362
西藏	Tibet							
陕西	Shaanxi	2006	1740	62	204		20	23
甘肃	Gansu							
青海	Qinghai							
宁夏	Ningxia							
新疆	Xinjiang							

3-4-3 Continued 4

单位：万元
Unit: 10000 yuan

#税金 Taxes	#差旅费 Travel Allowance	#工会经费 Trade Unions Funds	财务费用 Financial Expenses	#利息支出 Interest Expenses	营业利润 Operating Profits	利润总额 Total Profits	应交所得税 Income Tax Payable	应付职工薪酬 Payables to Employees	应交增值税 VAT Payable
3663	**2514**	**255**	**18297**	**20050**	**91866**	**75726**	**18077**	**42756**	**42720**
1	20	3	-121	66	-188	-346	16	258	747
103	28	8	917	857	473	549	155	669	886
17	14	3	-8		468	468	125	318	84
			-1		-1	-1		9	
19	1	1	458	443	-368	-3841		240	96
1030	56		86		7928	7928		352	4775
365	265	73	1043	1907	31339	32703	8005	8304	10720
68	365	18	335	915	4819	5300	1140	3842	1535
256	93	11	3453	1649	8226	8909	2164	1059	585
64	117	8	2217	2385	1683	1531	425	1059	5588
23	11	3	110	110	-248	31		208	21
1074	68	23	1436	223	2210	2211	139	2543	991
38	4		228	-1	-245	-252	224	895	484
119	72	18	-403	172	1021	1223	391	1768	4304
					215	120		44	63
346	1293	64	6925	9579	20603	17992	4142	19112	11257
1					-46	-50		52	26
86	25	7	403	486	11384	-1029	631	988	200
	3		7	7	104	90		33	
34	80	14	1206	1246	2333	2033	519	994	351
19			6	6	154	154		12	7

有限责任公司
Limited Liability Corporations

地区	Region	主营业务收入 Revenue from Principal Business	主营业务成本 Cost of Principal Business	主营业务税金及附加 Taxes and Other Charges on Principal Business	主营业务利润 Profits from Principal Business	其他业务利润 Profits from Other Business	销售费用 Selling Expenses	管理费用 Administr-ative Expenses
全国	**National Total**	**768621785**	**732408914**	**1706712**	**34506159**	**1658232**	**15353032**	**7239286**
北京	Beijing	154389806	148380957	217969	5790880	528046	2658462	1581077
天津	Tianjin	30858110	29460485	97725	1299900	37570	417045	191606
河北	Hebei	16949897	16220854	17994	711049	24077	403733	121014
山西	Shanxi	20270018	19230634	55600	983784	88044	573614	201426
内蒙古	Inner Mongolia	5599751	5045208	40606	513937	5133	182219	124038
辽宁	Liaoning	17267673	16548844	29429	689400	34546	273119	164534
吉林	Jilin	2870599	2717260	5409	147930	6663	58982	36174
黑龙江	Heilongjiang	13353228	12843301	39663	470264	12640	184681	90231
上海	Shanghai	64813225	62402750	109999	2300476	103222	979438	511527
江苏	Jiangsu	58193589	55498572	90274	2604743	72544	969971	435378
浙江	Zhejiang	72945249	69733477	74300	3137472	164334	1627498	615170
安徽	Anhui	13276103	12549721	56200	670182	20889	288853	147457
福建	Fujian	24563782	23562390	33619	967773	30620	485360	243901
江西	Jiangxi	4701257	4388121	19156	293980	4108	185820	48110
山东	Shandong	40791208	37956314	152233	2682661	72740	980806	397920
河南	Henan	18504499	17808022	38536	657941	22330	384880	162421
湖北	Hubei	10656809	9800405	26151	830253	17784	286447	119205
湖南	Hunan	7584538	7200425	13691	370422	10408	175016	90018
广东	Guangdong	94840710	89874069	339150	4627491	172102	1761046	993769
广西	Guangxi	6113616	5852324	29652	231640	5593	123362	67702
海南	Hainan	7336739	7076427	4492	255820	3038	157966	49286
重庆	Chongqing	19830343	18592486	61021	1176836	39662	735561	199178
四川	Sichuan	18111350	17078061	40918	992371	81523	442754	201584
贵州	Guizhou	3315041	2976534	26467	312040	5830	176015	72878
云南	Yunnan	8139005	7748393	9740	380872	30811	202349	87773
西藏	Tibet	103630	59877	2097	41656		41283	2051
陕西	Shaanxi	9916279	9143647	39529	733103	16679	277802	126047
甘肃	Gansu	3686725	3556657	5243	124825	2142	73567	29715
青海	Qinghai	887497	789933	1265	96299	29451	21884	11282
宁夏	Ningxia	1424872	1381660	1165	42047	1482	32399	10833
新疆	Xinjiang	17326640	16931109	27419	368112	14227	191099	105983

单位：万元

Unit: 10000 yuan

#税金 Taxes	#差旅费 Travel Allowance	#工会经费 Trade Unions Funds	财务费用 Financial Expenses	#利息支出 Interest Expenses	营业利润 Operating Profits	利润总额 Total Profits	应交所得税 Income Tax Payable	应付职工薪酬 Payables to Employees	应交增值税 VAT Payable
335922	**309784**	**64344**	**3238539**	**3826528**	**11818821**	**12256968**	**2809566**	**5278929**	**7730260**
57295	71767	9724	484475	1244504	2456673	2693457	714813	1283779	1304556
12182	7810	710	215459	134583	395061	541166	154827	112727	398732
7321	4658	475	73021	69153	137158	155295	37705	82186	97803
8950	5154	817	62170	53407	338048	326814	65165	91176	348194
6085	2287	124	26389	16594	190900	165482	30712	39150	126854
10118	6333	900	98453	96744	186095	176009	35771	114096	199708
1635	1273	391	23883	16124	45205	44293	7646	21756	19256
3630	4267	530	37444	32272	173969	163258	37824	45567	53596
15153	16745	3383	108082	164255	911862	1049222	221578	387829	442368
17244	13828	2072	235577	173297	1020175	987251	167683	293347	607936
28281	25948	4678	380977	455549	916762	1068892	247765	586610	452660
9189	5530	974	52745	69215	199592	233999	50017	103512	282027
11488	13964	1279	140664	168733	188218	219399	59550	174278	203656
2728	3400	221	14612	15240	49628	63731	23059	56246	113585
24948	20552	3571	227247	172971	1162246	992777	192822	272689	415564
10095	9626	1307	60782	46422	69175	125163	29161	105933	152394
7664	6120	757	81428	70633	362214	226778	63907	73473	181134
5154	5480	1278	29354	22529	80779	84425	11058	78865	69880
46766	41175	22185	442758	460917	1772604	1665042	376871	621312	883285
2369	2692	418	33793	36443	13184	79358	26321	58420	115568
1274	3997	290	3573	5601	45216	41656	9239	35286	40003
12174	12205	3474	51268	60788	238210	233749	38661	142687	224818
8095	10406	1267	168186	67072	257116	241995	68301	156330	273622
3470	2719	432	20074	18136	53298	47036	15995	63554	65958
4054	2732	654	59611	51606	81263	98889	21220	69105	73954
41	91	16	13	26	-1713	2018	314	6926	7561
11884	3647	1010	26462	11499	322067	319075	63879	90577	200285
929	1480	290	27018	21942	15253	31541	7821	21391	169321
439	368	181	2101	1864	90550	77609	2306	6951	10487
1104	468	46	10114	9583	-9966	-9970	2401	5787	19777
4165	3064	891	40809	58827	57981	111563	25176	77387	175720

股份有限公司
Share-holding Corporations Ltd.

地区	Region	主营业务收入 Revenue from Principal Business	主营业务成本 Cost of Principal Business	主营业务税金及附加 Taxes and Other Charges on Principal Business	主营业务利润 Profits from Principal Business	其他业务利润 Profits from Other Business	销售费用 Selling Expenses	管理费用 Administr-ative Expenses
全　国	**National Total**	**302187906**	**285256267**	**452121**	**16479518**	**377864**	**5648295**	**2268017**
北　京	Beijing	29951400	28826692	56114	1068594	17642	388281	254678
天　津	Tianjin	3298482	3192549	7582	98351	1870	52422	21374
河　北	Hebei	6809112	6354666	8545	445901	6714	258320	71592
山　西	Shanxi	2679402	2613341	1162	64899	6286	55710	7384
内蒙古	Inner Mongolia	1677760	1558545	4247	114968	10101	60715	17125
辽　宁	Liaoning	49800624	49288266	22071	490287	4307	272158	92347
吉　林	Jilin	4051400	3951204	3146	97050	305	44947	3234
黑龙江	Heilongjiang	2058184	1919982	2567	135635	17091	65888	11633
上　海	Shanghai	22329083	18343079	35342	3950662	124690	367012	223257
江　苏	Jiangsu	33990980	31485492	44032	2461456	32318	889065	276368
浙　江	Zhejiang	20881732	19857158	15503	1009071	39083	446123	220261
安　徽	Anhui	10136931	9588468	12723	535740	9626	297489	92706
福　建	Fujian	11732210	11173366	28097	530747	8621	261430	49736
江　西	Jiangxi	2340190	2181695	2296	156199	47	66129	17271
山　东	Shandong	16978788	15979311	19618	979859	15865	378870	179661
河　南	Henan	6788545	6355317	14846	418382	145	165320	106325
湖　北	Hubei	3374423	3021386	6758	346279	8749	112569	33741
湖　南	Hunan	3409382	3234427	4565	170390	1361	67970	61553
广　东	Guangdong	21299320	19881761	55377	1362182	11188	469999	291980
广　西	Guangxi	5482247	5161822	6031	314394	3791	165323	50823
海　南	Hainan	383226	339933	857	42436	954	17518	5365
重　庆	Chongqing	4643266	4295032	8896	339338	15588	182120	16741
四　川	Sichuan	1783401	1679905	2189	101307	2004	61316	15649
贵　州	Guizhou	1148642	1030103	62745	55794	17574	41718	9379
云　南	Yunnan	4104561	3794916	4591	305054	6904	117620	56038
西　藏	Tibet							
陕　西	Shaanxi	6833517	6575306	4480	253731	1986	104053	12503
甘　肃	Gansu	10963033	10692696	2730	267607	8623	48011	36539
青　海	Qinghai	1501944	1419765	1462	80717	942	45283	14769
宁　夏	Ningxia	1905190	1813986	5775	85429	1842	47920	3558
新　疆	Xinjiang	9850932	9646098	7777	197057	1648	96998	14430

3-4-3 Continued 6

单位：万元

Unit: 10000 yuan

			财务费用 Financial Expenses		营业利润 Operating Profits	利润总额 Total Profits	应交所得税 Income Tax Payable	应付职工薪酬 Payables to Employees	应交增值税 VAT Payable
#税金 Taxes	#差旅费 Travel Allowance	#工会经费 Trade Unions Funds		#利息支出 Interest Expenses					
141832	**74576**	**17267**	**966572**	**1112066**	**7100009**	**7040898**	**1031948**	**2150330**	**3047954**
14754	8059	1815	123021	284336	1611579	1621442	91583	172804	125144
1452	679	111	8423	5693	21678	23330	11904	13591	32098
3331	3212	265	39303	10139	83411	152930	11016	77504	101222
1247	625	89	36966	37749	-5935	-5934	199	8529	6029
1513	383	28	9275	8832	55703	49574	3273	28798	19111
8708	3403	559	63282	64810	314504	323870	64580	136512	178898
469	174	27	1195	1191	47980	48508	87	9107	10207
1389	212	51	4053	17021	69413	67586	6324	24414	92115
18576	3558	753	44800	11159	466636	452524	79462	137578	127133
14019	7729	878	59882	107728	1351630	1342153	257393	228142	265773
7788	7133	1866	176520	193206	365133	377651	95702	187813	157084
7023	3481	725	53716	48512	122636	125982	14061	95114	142136
1026	1896	518	68023	84316	266188	286249	49490	85861	63336
1607	741	135	732	380	72171	51274	10123	19666	20209
12810	4957	1465	22676	12087	407804	389433	59352	192348	140759
4313	2326	658	23980	14960	132891	119505	39347	66972	110518
1120	1029	211	15382	13866	226592	253376	5430	35542	31107
2912	4173	391	25742	20132	21088	9302	4876	25331	33694
14935	9292	4744	76187	82205	622373	589149	136888	230983	604432
8864	856	298	10709	8323	98692	109441	24529	59420	59552
216	558	40	319	977	21042	22925	4663	2589	16873
3928	3319	492	20805	19481	142536	84253	7380	85089	30085
582	460	95	12406	4509	13863	8791	2175	23053	59004
724	965	134	-352	8830	22403	21078	2552	6675	72221
1894	1793	387	10953	11056	125661	110641	20489	44537	40269
2081	290	63	20621	6205	122752	120615	26091	44208	107540
1141	1311	222	23665	24199	166799	163861	773	20940	21962
837	615	21	2116	2254	18415	20401	171	24853	16486
1430	677	12	2046	1820	24864	11281	494	15831	80591
1147	672	215	10127	6089	89511	89708	1545	46528	282368

私营企业
Private Enterprises

地　区	Region	主营业务收入 Revenue from Principal Business	主营业务成本 Cost of Principal Business	主营业务税金及附加 Taxes and Other Charges on Principal Business	主营业务利润 Profits from Principal Business	其他业务利润 Profits from Other Business	销售费用 Selling Expenses	管理费用 Administrative Expenses
全　国	**National Total**	**612427414**	**579015531**	**1157238**	**32254645**	**900205**	**13423416**	**7662797**
北　京	Beijing	37377056	35317410	40262	2019384	100883	1041055	701679
天　津	Tianjin	35824660	34500972	39476	1284212	26493	703735	324093
河　北	Hebei	14601327	14014303	24851	562173	10069	292552	104758
山　西	Shanxi	8033828	7506533	19297	507998	25237	223255	83229
内蒙古	Inner Mongolia	4745359	4051790	25343	668226	9059	368509	59554
辽　宁	Liaoning	21704597	20469053	69347	1166197	32660	479521	304088
吉　林	Jilin	1268230	1146225	9589	112416	3870	48993	29537
黑龙江	Heilongjiang	4567010	4182360	22221	362429	4643	112716	48929
上　海	Shanghai	73624054	70630691	47065	2946298	110660	1342637	789715
江　苏	Jiangsu	95527227	91476130	129783	3921314	110072	1506969	852979
浙　江	Zhejiang	107694470	103566462	104138	4023870	150877	1886611	1085840
安　徽	Anhui	9467453	8860138	17543	589772	11902	386642	103794
福　建	Fujian	20683816	19700591	56205	927020	23613	443919	230609
江　西	Jiangxi	1696020	1599944	8599	87477	1146	49211	16087
山　东	Shandong	40916250	37202077	199482	3514691	32464	844045	579924
河　南	Henan	7429670	6714813	73781	641076	35141	182069	99705
湖　北	Hubei	9016563	8464006	28519	524038	19587	200739	113741
湖　南	Hunan	6203718	5571999	39575	592144	6305	244653	137876
广　东	Guangdong	69964160	65771053	101701	4091406	102203	1931164	1062477
广　西	Guangxi	6159651	5859206	7539	292906	13127	166371	81423
海　南	Hainan	757450	713536	1824	42090	175	16770	14517
重　庆	Chongqing	8469838	6794822	26899	1648117	6848	194022	475711
四　川	Sichuan	9111998	8309432	33135	769431	19700	272429	151721
贵　州	Guizhou	395948	364261	675	31012	292	17277	6794
云　南	Yunnan	7991205	7580634	14079	396492	5897	184248	80051
西　藏	Tibet	4359	3696	19	644	643	378	253
陕　西	Shaanxi	1560848	1479697	1961	79190	8250	41871	22031
甘　肃	Gansu	1251883	1185802	1403	64678	930	31170	17539
青　海	Qinghai	90311	85996	82	4233	134	758	2549
宁　夏	Ningxia	1007614	944509	5299	57806	9374	30946	16351
新　疆	Xinjiang	5280844	4947391	7548	325905	17950	178185	65244

3-4-3 Continued 7

单位：万元

Unit: 10000 yuan

#税金 Taxes	#差旅费 Travel Allowance	#工会经费 Trade Unions Funds	财务费用 Financial Expenses	#利息支出 Interest Expenses	营业利润 Operating Profits	利润总额 Total Profits	应交所得税 Income Tax Payable	应付职工薪酬 Payables to Employees	应交增值税 VAT Payable
346202	**463070**	**41345**	**3909375**	**3037328**	**8602172**	**6964385**	**1445828**	**3921059**	**6025872**
9314	51614	1292	155629	157073	231776	253344	84683	394165	306452
8973	8554	138	165732	99021	138460	138459	51040	194426	267233
5531	4832	378	150572	99928	113842	88753	15545	58471	157127
5750	4324	357	87504	48731	147178	-31626	8040	32437	149270
7523	3433	305	27001	15803	242414	147165	22664	31192	69222
20326	19533	1751	130475	87033	288353	222700	50247	110023	251142
853	2048	693	7840	5194	29506	31083	5497	12366	16140
3300	3046	175	34599	11696	173172	108778	18744	13356	58560
11038	38747	1038	326014	236314	703089	674967	151520	381684	497836
29930	44036	2368	613109	413574	1009612	887446	185364	407642	747897
56859	72207	2778	879874	856282	438036	503849	191735	683478	878409
6015	8250	310	48231	38575	66829	66654	12845	58505	165361
16791	17592	1023	112583	97810	161816	150530	37546	143358	194597
1120	1452	260	12322	10254	12014	25739	4044	11955	40815
64190	54013	9254	298462	167372	1835638	1784238	242172	267400	494383
8998	5077	981	65555	30875	330469	250627	26244	57233	102369
5750	6833	821	90195	70468	140110	57871	17273	62225	99175
10324	11565	1800	52438	24632	167460	119294	11927	58007	105763
40720	71930	11958	346527	332394	929397	792572	177217	588437	790108
3119	5398	232	55774	44762	14075	18445	9335	51640	51954
318	1494	40	2578	2855	6489	8856	3424	6165	7676
11198	6920	778	26185	17244	959843	238783	26324	60734	111690
7120	8815	1314	69095	50217	298408	253232	49979	91926	198425
275	771	25	2519	1232	4715	4751	641	4219	5965
4038	4353	339	84926	70533	55735	63315	17345	56035	144243
	2		261	261	394	563	84	738	12
2197	682	135	11158	3417	12316	10898	2541	12823	16401
657	1051	72	14235	10495	3314	1323	1712	11662	8192
15	16	1	1041	252	20	891	1	1215	940
738	740	161	12084	7976	8169	8832	2393	9390	17379
3221	3746	567	24857	25056	79525	82059	17705	48154	71138

3-4-3 续表 8

其他企业
Other Enterprises

地　区	Region	主营业务收　入 Revenue from Principal Business	主营业务成　本 Cost of Principal Business	主营业务税金及附加 Taxes and Other Charges on Principal Business	主营业务利　润 Profits from Principal Business	其他业务利　润 Profits from Other Business	销售费用 Selling Expenses	管理费用 Administr-ative Expenses
全　国	**National Total**	**27210428**	**24888247**	**116123**	**2206058**	**36350**	**769563**	**348471**
北　京	Beijing							
天　津	Tianjin	1837262	1772159	1154	63949	804	35416	17948
河　北	Hebei	357361	338505	2358	16498	124	8571	2587
山　西	Shanxi	364612	333884	1171	29557	1854	16293	6323
内蒙古	Inner Mongolia	2386663	2019870	16018	350775	726	53215	24896
辽　宁	Liaoning	449635	414520	1703	33412	446	14458	7323
吉　林	Jilin	890184	789739	799	99646	14	74229	9966
黑龙江	Heilongjiang	216798	199143	1954	15701	801	5704	5369
上　海	Shanghai	1116091	1052042	846	63203	3779	31656	23583
江　苏	Jiangsu	2571430	2471987	4243	95200	2894	29496	26752
浙　江	Zhejiang	138948	132586	64	6298	801	2539	1442
安　徽	Anhui	423248	333791	3147	86310	460	41825	8399
福　建	Fujian	1743197	1668274	1599	73324	2986	35299	20279
江　西	Jiangxi	244116	229451	1177	13488	187	5826	1802
山　东	Shandong	6012766	5539543	35243	437980	10405	125133	65229
河　南	Henan	305740	285449	1744	18547	562	4895	5618
湖　北	Hubei	939692	876851	10287	52554	139	19467	15282
湖　南	Hunan	637380	575824	3460	58096	1156	21641	19152
广　东	Guangdong	2788737	2464590	6778	317369	1393	136849	39544
广　西	Guangxi	321464	297323	5014	19127	282	10148	4409
海　南	Hainan	197780	187390	81	10309	127	4900	2640
重　庆	Chongqing	946076	860149	12018	73909	667	25618	18132
四　川	Sichuan	267071	219114	2070	45887	1064	12960	8384
贵　州	Guizhou	39527	33647	69	5811	11	5034	663
云　南	Yunnan	1412103	1229910	1044	181149	1465	26061	6795
西　藏	Tibet							
陕　西	Shaanxi	188587	165605	1718	21264	2544	13089	2924
甘　肃	Gansu	49398	47216	42	2140		1545	394
青　海	Qinghai	36845	31007	180	5658	-53	3555	631
宁　夏	Ningxia	16547	15416	18	1113	36	496	390
新　疆	Xinjiang	311174	303261	127	7786	677	3645	1618

3-4-3 Continued 8

单位：万元
Unit: 10000 yuan

#税金 Taxes	#差旅费 Travel Allowance	#工会经费 Trade Unions Funds	财务费用 Financial Expenses	#利息支出 Interest Expenses	营业利润 Operating Profits	利润总额 Total Profits	应交所得税 Income Tax Payable	应付职工薪酬 Payables to Employees	应交增值税 VAT Payable
18375	**18425**	**3621**	**151644**	**106288**	**997396**	**845408**	**121556**	**196339**	**299472**
499	462	34	11113	9082	4621	4903	2454	7341	6975
71	64	10	3138	1447	2325	1385	201	1760	9221
462	281	152	2261	1247	4689	-2902	352	1982	5175
5161	1064	483	17005	13308	256701	79067	4096	6428	15244
397	1198	74	1383	810	10695	10716	979	3586	2884
244	134	7	2759	1399	12656	11635	81	2790	44050
206	700	58	724	452	4706	2398	32	1578	2368
207	1004	35	9313	9224	2919	5836	2031	10898	13843
563	1003	80	11420	9238	30397	30034	4295	12708	31574
28	93	13	378	248	2741	1349	126	2308	339
111	183	4	-82	203	38214	42474	12851	7342	16684
1316	1147	40	21804	17988	-858	212161	39218	12459	6856
76	160	3	473	358	5574	6872	516	3792	4186
3466	5013	369	28699	9236	235683	225004	28015	41688	46423
359	159	8	1587	1475	7009	5338	1505	3927	3466
439	584	120	4795	4587	22721	1228	1533	7126	6280
282	561	46	4199	3822	18082	18304	3118	8870	5571
1825	1920	1725	8920	9364	133596	134586	11223	26879	44082
141	143	4	3513	1962	556	547	1175	2064	2681
351	204	11	647	382	2263	2122	395	1683	1010
593	691	183	2833	2014	27867	25211	2544	17368	10084
204	665	107	6829	482	18975	11659	1778	3573	8932
5	51	5	47	138	79	-8	4	838	354
377	497	29	6657	6834	143529	3691	811	3636	7431
741	103	2	1116	725	6679	6553	1072	966	2322
37	234	4	211	90	-10	-10	11	586	321
3	12		-4	-4	1423	1416	237	291	10
14	8	1	176	157	99	205	52	144	230
198	87	16	-267	22	3467	3638	850	1730	880

港、澳、台商投资企业

Enterprises with Funds from Hong Kong, Macao and Taiwan

地区	Region	主营业务收入 Revenue from Principal Business	主营业务成本 Cost of Principal Business	主营业务税金及附加 Taxes and Other Charges on Principal Business	主营业务利润 Profits from Principal Business	其他业务利润 Profits from Other Business	销售费用 Selling Expenses	管理费用 Administrative Expenses
全　国	**National Total**	**83256278**	**73867710**	**165714**	**9222854**	**316625**	**4583934**	**2166829**
北　京	Beijing	7277871	6183810	18191	1075870	38958	662876	185503
天　津	Tianjin	4750349	4473603	9443	267303	7085	102636	41528
河　北	Hebei	23053	17112	52	5889		2610	1085
山　西	Shanxi	73170	68367	58	4745	180	3664	856
内蒙古	Inner Mongolia	14991	13492	6	1493		64	751
辽　宁	Liaoning	434692	395305	1028	38359	9385	18441	12650
吉　林	Jilin	81308	79355	59	1894	2	636	680
黑龙江	Heilongjiang	34481	31257	59	3165	40	4261	
上　海	Shanghai	34180661	30118817	59156	4002688	162558	2125962	968112
江　苏	Jiangsu	7307318	6097088	22988	1187242	12386	372177	417578
浙　江	Zhejiang	2260416	2126920	1606	131890	6896	81877	30641
安　徽	Anhui	109801	104380	20	5401	17	23554	1254
福　建	Fujian	2266713	1887461	6936	372316	-3376	111990	101295
江　西	Jiangxi	114185	94644	615	18926	100	4379	3915
山　东	Shandong	1657553	1483282	4741	169530	8502	92851	26241
河　南	Henan	61966	57456	61	4449	226	1944	761
湖　北	Hubei	1274354	1160274	2243	111837	5710	59020	9616
湖　南	Hunan	209578	185240	377	23961		9532	2699
广　东	Guangdong	15151770	13464415	33599	1653756	60680	768403	334093
广　西	Guangxi	55306	47774	106	7426	87	5538	1602
海　南	Hainan	252889	223806	698	28385	110	19461	3230
重　庆	Chongqing	4747120	4688278	2693	56149	5860	83785	13941
四　川	Sichuan	278290	265961	205	12124	697	8780	2262
贵　州	Guizhou	18683	16118	64	2501		1037	612
云　南	Yunnan	135463	118108	390	16965	522	8030	2523
西　藏	Tibet							
陕　西	Shaanxi	297531	286375	199	10957		8206	668
甘　肃	Gansu	15830	13598	44	2188		1432	67
青　海	Qinghai	21644	20822	10	812		710	168
宁　夏	Ningxia							
新　疆	Xinjiang	149295	144592	67	4636		78	2496

单位：万元
Unit: 10000 yuan

#税金 Taxes	#差旅费 Travel Allowance	#工会经费 Trade Unions Funds	财务费用 Financial Expenses	#利息支出 Interest Expenses	营业利润 Operating Profits	利润总额 Total Profits	应交所得税 Income Tax Payable	应付职工薪酬 Payables to Employees	应交增值税 VAT Payable
44420	**82888**	**4779**	**127500**	**224797**	**2894783**	**3042220**	**746588**	**1255306**	**1462490**
4250	11042	960	22743	36297	262207	268479	86925	185581	180967
1190	2076	48	24591	23545	110986	122847	30053	28452	137716
17	62	3	41		2153	2244	11	736	591
15	63	14	-4		409	318	179	1850	5456
7	712	12	3	3	676	676		142	24
204	918	125	8793	59	7864	7230	1240	8890	4016
			7	7	573	573	83	655	183
			17	7	-1072	-1072	2	53	3202
15313	29524	1043	-43599	28005	1214906	1335450	325047	468275	389789
4038	13662	1468	39074	29177	458918	462152	90110	105352	172237
897	788	120	8088	5823	17548	17848	6811	23453	12318
20	17	2	88	18	-19478	-19394		3267	34
1200	4308	97	5663	9365	152780	159642	36608	52219	49494
74	409	2	145	141	10586	11003	490	3430	2490
977	1762	49	12434	4940	46498	41218	7615	34757	17987
16	27	2	257	240	2033	2031	377	3387	386
1320	349	195	2865	2862	45549	47231	10765	20566	17759
103	129	10	-407	39	12137	11863	52	4743	3745
11776	16137	561	44340	81915	575414	577980	134815	282190	407466
31	8	2	779	947	-207	162	14	2756	898
22	402	3	-663	15	6467	6688	1888	5531	5722
2670	174	10	2551	967	-37861	-37769	7488	5393	22808
120	132	7	265	327	1513	1516	216	4731	1528
24	16	18	17	22	835	839	210	117	436
22	62		282	81	6606	5827	1426	3473	13185
61	4	6	-23		2106	2101	473	2763	11090
4	59	5	-51		740	639	127	544	327
			8		-74	-74		774	96
50	48	18	-805		13973	13973	3565	1223	544

外商投资企业
Foreign Funded Enterprises

地　区	Region	主营业务收入 Revenue from Principal Business	主营业务成本 Cost of Principal Business	主营业务税金及附加 Taxes and Other Charges on Principal Business	主营业务利润 Profits from Principal Business	其他业务利润 Profits from Other Business	销售费用 Selling Expenses	管理费用 Administrative Expenses
全　国	**National Total**	**243026002**	**212897316**	**1170969**	**28957717**	**1573273**	**14947143**	**6102449**
北　京	Beijing	67856580	57845129	202202	9809249	882033	4357094	2346487
天　津	Tianjin	7078605	5494770	755836	827999	21929	393623	132815
河　北	Hebei	280057	266952	253	12852		2723	4499
山　西	Shanxi	30429	28001	1983	445	1062	166	1294
内蒙古	Inner Mongolia	865	732	21	112		88	23
辽　宁	Liaoning	1114496	975918	2849	135729	7758	58454	35351
吉　林	Jilin	2018003	1892679	42	125282	406	127481	3300
黑龙江	Heilongjiang	145300	136872	79	8349		11371	77
上　海	Shanghai	104239596	92234612	112643	11892341	511785	7046904	2234671
江　苏	Jiangsu	17074830	15528202	20919	1525709	17210	911667	246457
浙　江	Zhejiang	3578469	3412549	2423	163497	7624	42543	46737
安　徽	Anhui	1628301	1080557	10371	537373	12232	549015	59194
福　建	Fujian	6577866	5982352	13326	582188	13479	225610	61043
江　西	Jiangxi	184442	173172	96	11174	33	8014	2080
山　东	Shandong	2438352	2228074	2077	208201	3872	113743	25519
河　南	Henan	153335	121853	660	30822	11	22203	1027
湖　北	Hubei	1003216	886507	1741	114968	352	79264	43070
湖　南	Hunan	68161	60093	426	7642	14	2857	1162
广　东	Guangdong	21562207	19316081	39215	2206911	72535	941260	307673
广　西	Guangxi	70083	66597	70	3416		2574	145
海　南	Hainan	105069	73150	983	30936	19509	11394	8899
重　庆	Chongqing	2967352	2335914	397	631041	92	-10057	526024
四　川	Sichuan	836883	779068	1061	56754	672	34124	6354
贵　州	Guizhou	14522	10985	42	3495	2	3946	105
云　南	Yunnan	36847	34932	32	1883		1377	446
西　藏	Tibet							
陕　西	Shaanxi	1747306	1743114	665	3527	58	2180	2916
甘　肃	Gansu	3739	3157	15	567		431	78
青　海	Qinghai	131916	123359	329	8228	598	1084	1242
宁　夏	Ningxia	38568	24516	140	13912		4825	1626
新　疆	Xinjiang	40607	37417	74	3116	7	1187	2136

3-4-3 Continued 10

单位：万元

Unit: 10000 yuan

#税金 Taxes	#差旅费 Travel Allowance	#工会经费 Trade Unions Funds	财务费用 Financial Expenses	#利息支出 Interest Expenses	营业利润 Operating Profits	利润总额 Total Profits	应交所得税 Income Tax Payable	应付职工薪酬 Payables to Employees	应交增值税 VAT Payable
136012	**310296**	**22892**	**-363291**	**431933**	**10149946**	**11213356**	**2428227**	**3912198**	**4092396**
40630	108174	12707	-422181	101881	4551062	5558819	1064220	1504819	1457479
5192	5487	164	-5686	5973	329667	278692	74211	82822	678518
157	84	8	1233	732	4191	4197	125	1432	617
13	177		251	167	-204	-203	68	201	284
6			5		-4	-4		4	13
729	2303	126	2308	2532	47580	44834	12421	17177	14113
657	2		-82	814	-5011	-5128	6	4770	232
			3		-3078	-3077		332	691
59228	162147	6384	-35670	189123	3308349	3384981	922006	1602231	1293972
3856	4555	215	28834	37262	359574	268281	81658	232997	95064
1315	2253	314	12825	5310	71362	72737	18441	27019	18370
1816	1656	295	-1602	110	-57224	-57012	4069	76434	89702
2247	1232	317	10913	6424	304389	302763	74483	71284	94194
189	82	20	-1474	-1594	2587	396	333	2981	86
1580	1407	55	3290	3952	68209	66942	6272	22598	24566
59	24	10	230	293	7369	6549	38	719	5246
1436	784	71	1281	4921	-8440	-8835	5930	10408	9389
17	7	4	52	-2	3585	1038	37	1032	471
15916	18211	2014	28455	72745	1015567	1020973	113681	213210	266272
					708	707	177	526	875
68	237	30	-2204		34932	34983	5422	3936	7279
165	336	27	34073	698	81343	239918	41603	13346	20660
349	297	30	262	352	21998	-10191	1874	13828	5908
	5	1	21		-575	-575	42	238	331
6	58	4	91	77	-31	-16	15	306	190
126	39	7	-18551	71	-1747	-1714	111	1021	897
1	1	3			58	60	33	185	126
23	67	9	-48	51	6360	5864	880	1995	3566
201	648	77	75	16	7579	7588		3328	2666
31	27	4	8	23	-208	-209	74	1024	622

3-4-4 各地区限额以上批发业企业损益及分配(按国民经济行业分)

农畜产品批发

Wholesale of Farm Produce and Livestock Products

地 区	Region	主营业务收入 Revenue from Principal Business	主营业务成本 Cost of Principal Business	主营业务税金及附加 Taxes and Other Charges on Principal Business	主营业务利润 Profits from Principal Business	其他业务利润 Profits from Other Business	销售费用 Selling Expenses	管理费用 Administrative Expenses
全 国	**National Total**	**47104062**	**43768385**	**127795**	**3207882**	**155592**	**1089524**	**831810**
北 京	Beijing	7867458	7509144	3220	355094	30138	156488	162536
天 津	Tianjin	388687	378398	187	10102	2714	14780	8728
河 北	Hebei	1809049	1708552	437	100060	2922	55822	21783
山 西	Shanxi	274497	215279	209	59009	812	6209	5726
内 蒙 古	Inner Mongolia	1736488	1492606	8477	235405	1951	28329	21189
辽 宁	Liaoning	2141814	2029375	2279	110160	14918	64160	27896
吉 林	Jilin	2145403	1928639	850	215914	1988	145818	33563
黑 龙 江	Heilongjiang	2070720	1932123	9688	128909	22029	45840	33015
上 海	Shanghai	1485706	1430889	1309	53508	7647	29983	29505
江 苏	Jiangsu	3043599	2779685	6149	257765	13305	51289	47132
浙 江	Zhejiang	1560105	1491111	1090	67904	2181	29250	29563
安 徽	Anhui	900722	821178	546	78998	2242	34140	23574
福 建	Fujian	831771	778565	895	52311	1103	17241	14949
江 西	Jiangxi	274991	263001	99	11891	3800	8028	11043
山 东	Shandong	3833204	3412858	15830	404516	5632	85022	57976
河 南	Henan	2869301	2542104	33664	293533	4614	60560	65081
湖 北	Hubei	1973638	1800027	22605	151006	6411	37667	30727
湖 南	Hunan	739539	640961	7384	91194	2031	28635	28966
广 东	Guangdong	2451742	2342394	1755	107593	2735	48864	37754
广 西	Guangxi	195417	183524	29	11864	895	6182	6429
海 南	Hainan	32276	32136	45	95		283	187
重 庆	Chongqing	484142	452176	1212	30754	1858	7183	7457
四 川	Sichuan	822654	774050	1268	47336	3337	14252	18797
贵 州	Guizhou	16302	14990	193	1119	102	50	758
云 南	Yunnan	955401	925541	857	29003	1458	16271	9846
西 藏	Tibet	4995	4318		677		57	419
陕 西	Shaanxi	134428	120626	950	12852	797	4621	4270
甘 肃	Gansu	167340	158073	39	9228	345	3575	2534
青 海	Qinghai							
宁 夏	Ningxia	37358	36342	2	1014	286	950	1041
新 疆	Xinjiang	5855317	5569719	6530	279068	17342	87975	89370

Income and Distribution of Enterprises above Designated Size of Wholesale Trade by Region and Sector

单位：万元
Unit: 10000 yuan

#税金 Taxes	#差旅费 Travel Allowance	#工会经费 Trade Unions Funds	财务费用 Financial Expenses	#利息支出 Interest Expenses	营业利润 Operating Profits	利润总额 Total Profits	应交所得税 Income Tax Payable	应付职工薪酬 Payables to Employees	应交增值税 VAT Payable
33066	**29362**	**5902**	**798621**	**779317**	**867208**	**1028047**	**111036**	**451962**	**239240**
5247	6071	743	184112	268471	33658	126902	15044	84860	77163
224	210	31	9921	8649	-20621	1380	332	4158	938
1058	758	63	33591	19536	-6756	8772	4024	10499	1917
21	88	154	3765	2762	44004	6079	410	2999	1163
821	441	81	16143	11870	171833	34501	1007	12290	3983
1567	1280	123	38072	30394	-4013	-3347	2259	11493	3666
903	1160	401	29469	21092	2362	19129	3626	22109	26215
1412	637	139	33050	30985	41908	58543	7811	20378	-236
357	827	112	23982	30974	37018	68501	16307	15181	1278
1725	1835	169	37561	32426	132306	141032	-1482	25919	9693
1024	1244	154	30646	31073	-18297	1167	2167	15416	4037
680	973	87	9692	8847	14510	21389	1892	11993	2488
761	522	83	15411	14840	5389	22424	5338	8832	8899
11	126	45	2556	2292	-4856	925	89	7699	100
6062	4287	1147	47023	32647	232312	227083	23682	30016	25962
2993	1779	232	92097	55959	79185	134334	7484	34090	14193
1150	844	212	31171	27548	56365	25604	4494	19531	6868
796	397	65	13317	3882	24118	10210	635	10133	6476
1437	1689	933	11987	11051	16081	38935	4873	23451	9104
72	176	34	3168	2064	-2876	1970	257	3198	2484
	10	1	183	181	-558	-101	12	95	443
135	427	48	3850	2764	14116	7882	570	5614	4998
548	941	211	14471	12858	3448	8106	1152	9403	4860
29	13	1	109	58	303	349	160	313	50
605	320	22	8500	8236	-4191	-1184	345	3706	1746
			8		193	175		1	-96
85	121	17	2214	978	2552	2628	753	2466	2094
56	72	14	3349	3085	113	-1727	7	1861	361
12	97	7	325	329	-1015	-121		823	2
3277	2017	576	98880	103467	18616	66507	7789	53437	18390

3-4-4 续表 1

食品、饮料及烟草制品批发

Wholesale of Food, Beverages and Tobaccos

地 区	Region	主营业务收入 Revenue from Principal Business	主营业务成本 Cost of Principal Business	主营业务税金及附加 Taxes and Other Charges on Principal Business	主营业务利润 Profits from Principal Business	其他业务利润 Profits from Other Business	销售费用 Selling Expenses	管理费用 Administr-ative Expenses
全 国	**National Total**	**209514369**	**168396050**	**5819756**	**35298563**	**509934**	**9412010**	**7433359**
北 京	Beijing	13755619	12072647	115502	1567470	82059	991616	276093
天 津	Tianjin	5757339	5198629	74490	484220	4188	122322	85868
河 北	Hebei	4210974	3274867	189739	746368	11930	163669	204664
山 西	Shanxi	3637838	2815272	166313	656253	3903	92242	160662
内蒙古	Inner Mongolia	2969136	2225179	137253	606704	10456	89934	150664
辽 宁	Liaoning	4663355	3805169	174652	683534	4485	115763	157135
吉 林	Jilin	1758619	1299527	94419	364673	575	67890	96843
黑龙江	Heilongjiang	3565587	2869341	118372	577874	4663	108063	120962
上 海	Shanghai	13561925	11447542	115095	1999288	72848	1261324	382242
江 苏	Jiangsu	12750514	9907650	367501	2475363	23265	540157	336201
浙 江	Zhejiang	16962786	13984885	433812	2544089	69664	620195	443404
安 徽	Anhui	6693045	5300040	216648	1176357	6435	315588	237820
福 建	Fujian	11086314	9654711	212263	1219340	13743	328862	303069
江 西	Jiangxi	3124928	2280792	151647	692489	2974	123866	136916
山 东	Shandong	14879071	11548977	423373	2906721	28019	639858	580545
河 南	Henan	7415253	5645438	344464	1425351	12480	286620	471357
湖 北	Hubei	8012859	6234315	232570	1545974	26089	427030	368603
湖 南	Hunan	6635259	5083597	277541	1274121	8299	263993	379190
广 东	Guangdong	23254441	19414338	514322	3325781	59931	1037237	631577
广 西	Guangxi	3678792	3037048	133771	507973	10133	110091	162434
海 南	Hainan	1705808	1484077	45168	176563	1015	23819	47464
重 庆	Chongqing	6511814	5240779	212785	1058250	10336	193435	279719
四 川	Sichuan	9007931	6879721	324963	1803247	11400	393293	371394
贵 州	Guizhou	5361281	3142041	182470	2036770	6332	311311	309434
云 南	Yunnan	10791030	8436029	219087	2135914	7172	513336	359897
西 藏	Tibet	267322	212015	9939	45368	23	5205	18349
陕 西	Shaanxi	3175670	2409941	150679	615050	5623	134092	165544
甘 肃	Gansu	1629314	1229238	75702	324374	3201	60500	86291
青 海	Qinghai	664099	571131	20460	72508	239	6183	18271
宁 夏	Ningxia	447911	331692	22928	93291	4571	12374	22706
新 疆	Xinjiang	1578535	1359426	61830	157279	3884	52143	68044

3-4-4 Continued 1

单位：万元
Unit: 10000 yuan

#税金 Taxes	#差旅费 Travel Allowance	#工会经费 Trade Unions Funds	财务费用 Financial Expenses	#利息支出 Interest Expenses	营业利润 Operating Profits	利润总额 Total Profits	应交所得税 Income Tax Payable	应付职工薪酬 Payables to Employees	应交增值税 VAT Payable
210562	**137295**	**78678**	**210196**	**542311**	**19373259**	**19600933**	**4620466**	**5239733**	**6122598**
8221	7754	2284	35764	100512	480915	638329	123128	309790	194452
2045	621	824	12987	1982	265796	265566	63573	60445	90504
4711	1697	2046	-3150	5860	380423	354450	119532	163099	146709
5017	1838	1480	4161	2433	402621	364107	94026	83962	131738
5087	2801	1400	4700	6500	371661	342563	77517	66033	101103
5273	2411	1826	-188	-89846	417112	420502	99241	107800	123740
2110	871	1287	2089	1621	198225	198069	55216	63939	65293
3387	1658	1337	21580	18800	334478	287243	66053	82695	96690
9812	11373	2184	28078	90984	484446	624335	138026	289232	217521
9425	6455	2704	-14398	20453	1729483	1699314	425593	239254	419478
11623	9103	5307	22783	42533	1573787	1644343	398396	428080	439091
13912	4294	2218	-25585	24563	668551	678821	162437	178595	222208
10255	6307	3286	29727	35959	641941	688558	151428	225751	222634
3726	2398	1706	-6700	3293	444158	449472	96692	109723	105089
14775	11628	5071	37637	32702	1679936	1471876	293321	368067	476330
11655	5185	6189	17019	18871	663425	691528	159231	300574	280350
13361	4717	3173	5241	17157	789559	690390	169107	160999	265884
8022	8618	3687	5639	13396	636265	669020	174392	181336	253140
18365	16555	8166	39921	73988	1787544	1764327	375731	445025	565365
4120	2245	1990	17854	22837	239542	263044	69955	134329	148351
1820	670	468	-3841	1616	121987	123897	26935	41447	36114
7003	6777	4459	7463	21772	592776	566369	83046	264012	108386
9994	7421	2748	21033	17282	1035984	994565	260635	229032	336045
7021	3832	3389	-32280	6162	1454841	1549589	392245	238645	387065
10481	4042	5159	-30219	30058	1305948	1473471	384527	190532	425464
37	181	37	144	26	21694	468	111	8584	3018
5019	1853	1867	4464	1314	319185	338477	83945	114739	123385
1444	1442	953	-4348	1301	187845	187419	40665	58743	71054
526	204	245	-1677	39	52396	52089	12464	13175	16411
448	809	316	19	1603	62978	63566	13744	24431	20585
1869	1538	873	14278	16540	27760	45165	9554	57667	29405

纺织、服装及日用品批发
Wholesale of Textiles, Garments and Daily Consumer Articles

地　区	Region	主营业务收入 Revenue from Principal Business	主营业务成本 Cost of Principal Business	主营业务税金及附加 Taxes and Other Charges on Principal Business	主营业务利润 Profits from Principal Business	其他业务利润 Profits from Other Business	销售费用 Selling Expenses	管理费用 Administrative Expenses
全　国	**National Total**	**145501394**	**128272653**	**337127**	**16891614**	**515879**	**8366348**	**3794045**
北　京	Beijing	5163071	4357801	13495	791775	44632	463385	203329
天　津	Tianjin	3710504	3104371	2719	603414	5352	123659	43498
河　北	Hebei	319186	295359	434	23393	1124	13099	6779
山　西	Shanxi	138551	112429	711	25411	427	8045	6352
内蒙古	Inner Mongolia	204811	158333	5343	41135	597	6770	12203
辽　宁	Liaoning	1603566	1474061	2864	126641	5588	64000	48640
吉　林	Jilin	88013	76037	950	11026	948	8038	4863
黑龙江	Heilongjiang	1050029	885336	2156	162537	3663	30643	23338
上　海	Shanghai	22392778	17260466	45525	5086787	180950	3101396	979936
江　苏	Jiangsu	25277432	22505931	54218	2717283	32738	1021598	848695
浙　江	Zhejiang	33096477	30977239	26594	2092644	86183	972200	512434
安　徽	Anhui	2754017	2126064	11348	616605	16686	582874	82846
福　建	Fujian	13411697	12281258	44021	1086418	10899	447830	202126
江　西	Jiangxi	283333	257606	246	25481	180	14112	3400
山　东	Shandong	6441215	5927532	32059	481624	18180	175855	118216
河　南	Henan	1030707	956468	3071	71168	2467	42800	12304
湖　北	Hubei	779214	681125	4176	93913	2403	39154	15856
湖　南	Hunan	499668	410389	1515	87764	820	35130	16676
广　东	Guangdong	22776175	20469360	52324	2254491	89043	993754	561957
广　西	Guangxi	278478	248408	459	29611	1447	17538	6150
海　南	Hainan	230159	221799	196	8164	490	5934	1974
重　庆	Chongqing	552758	456429	8686	87643	2461	38295	15013
四　川	Sichuan	1466747	1359538	2531	104678	5226	64914	32198
贵　州	Guizhou	53437	50537	70	2830	128	1264	1075
云　南	Yunnan	349807	273278	1274	75255	31	48573	2359
西　藏	Tibet							
陕　西	Shaanxi	1190285	1018275	19515	152495	2926	29686	21759
甘　肃	Gansu	61787	54611	109	7067	21	2199	2935
青　海	Qinghai	27620	27239	2	379		210	184
宁　夏	Ningxia	19649	18424	80	1145	307	2002	991
新　疆	Xinjiang	250224	226950	437	22837	-37	11395	5960

3-4-4 Continued 2

单位：万元

Unit: 10000 yuan

#税金 Taxes	#差旅费 Travel Allowance	#工会经费 Trade Unions Funds	财务费用 Financial Expenses	#利息支出 Interest Expenses	营业利润 Operating Profits	利润总额 Total Profits	应交所得税 Income Tax Payable	应付职工薪酬 Payables to Employees	应交增值税 VAT Payable
102351	**163302**	**16763**	**539108**	**771582**	**5137542**	**4966757**	**1151852**	**2303303**	**2096599**
3543	9910	1082	24250	20169	163730	169105	41935	198432	103755
5519	1702	154	8855	8106	297379	315087	110809	26576	114989
152	235	44	626	578	3914	4319	951	6644	3080
252	625	59	1363	1214	9738	9886	2612	3712	6324
2434	1001	286	2165	1900	20593	20617	467	3350	380
1477	2974	395	9780	8055	245961	241065	48981	21664	8852
209	135	19	1052	938	-1979	200	287	2588	5593
1245	1150	36	19833	1735	92385	91305	18817	2224	39327
13195	29450	2272	-9065	28970	1213784	1146385	302954	616937	522142
11157	25596	1124	138194	308230	894700	871183	207857	328579	315376
18853	28434	2760	219607	223598	554615	503699	122269	374551	211113
2724	4019	367	2793	6193	-31000	-52699	5374	86653	107264
9409	11056	429	23246	42189	464797	467826	86060	125234	121407
119	247	18	470	598	7675	3892	341	2299	4314
3295	9656	1273	30999	19722	185707	208164	23468	78462	41059
766	1113	61	4523	3605	15847	22206	3251	7918	8748
384	656	47	4401	2514	37003	32202	8371	13138	13741
473	913	130	2861	1161	33662	27844	3248	14745	13695
18973	27725	3516	40004	81670	749544	704346	135991	315041	352883
215	562	16	1935	1743	5660	6591	1297	6211	3360
66	214	13	449	343	363	480	131	1782	2398
828	3670	1976	2933	1687	34968	33738	8978	12379	17458
477	1344	196	4558	4327	7125	7968	2920	19806	17377
10	14	5	358	294	262	262	65	526	519
369	91	29	437	390	23784	23856	3626	3618	15803
5937	74	340	1042	619	102946	102949	9712	19660	42902
57	329	27	481	187	1473	1521	374	1833	989
8	7		1	3	-15	-22		90	154
18	11	3	156	157	-1697	-1612	37	168	239
186	392	88	800	687	4620	4396	671	8483	1359

文化、体育用品及器材批发

Wholesale of Culture, Sports Appliances and Equipments

地区	Region	主营业务收入 Revenue from Principal Business	主营业务成本 Cost of Principal Business	主营业务税金及附加 Taxes and Other Charges on Principal Business	主营业务利润 Profits from Principal Business	其他业务利润 Profits from Other Business	销售费用 Selling Expenses	管理费用 Administrative Expenses
全国	**National Total**	**31847713**	**28993816**	**73200**	**2780697**	**131158**	**1281149**	**774732**
北京	Beijing	7272261	6489560	17734	764967	32509	379030	197604
天津	Tianjin	362171	315654	868	45649	2489	36768	15726
河北	Hebei	115943	105789	76	10078	1335	3146	7093
山西	Shanxi	287048	262170	607	24271	762	10635	8010
内蒙古	Inner Mongolia	324668	319230	51	5387	926	2072	4566
辽宁	Liaoning	242451	218862	1012	22577	3393	12224	9090
吉林	Jilin	61211	52592	156	8463	3702	3071	7547
黑龙江	Heilongjiang	104905	84548	6275	14082	52	1697	3586
上海	Shanghai	6433480	6007803	14739	410938	38990	181155	129784
江苏	Jiangsu	2297403	2026031	3562	267810	2674	109585	62730
浙江	Zhejiang	3174735	3009584	3615	161536	10934	75785	55643
安徽	Anhui	369534	336084	581	32869	2789	15516	8545
福建	Fujian	443449	403140	1612	38697	734	14557	11956
江西	Jiangxi	37259	35112	68	2079		996	776
山东	Shandong	2813414	2668566	4316	140532	972	53405	30220
河南	Henan	443409	405178	775	37456	4007	13815	13455
湖北	Hubei	603789	500347	1314	102128	844	40584	29208
湖南	Hunan	397434	356806	954	39674	118	14403	15590
广东	Guangdong	4455240	3975588	10349	469303	15319	222167	114509
广西	Guangxi	128152	114635	266	13251	950	6050	3628
海南	Hainan	95890	88565	244	7081	307	3119	2514
重庆	Chongqing	305632	234578	1922	69132	733	36037	7401
四川	Sichuan	328593	315234	394	12965	1188	3572	6496
贵州	Guizhou	160217	140938	329	18950	2320	8163	6963
云南	Yunnan	175393	157332	687	17374	837	9834	4290
西藏	Tibet							
陕西	Shaanxi	154152	139954	190	14008	764	8550	5177
甘肃	Gansu	82385	73640	157	8588	248	3629	5320
青海	Qinghai	15484	10979	100	4405	797	2633	2681
宁夏	Ningxia	25687	23441	24	2222	23	662	1289
新疆	Xinjiang	136325	121873	225	14227	443	8290	3337

3-4-4 Continued 3

单位：万元

Unit: 10000 yuan

#税金 Taxes	#差旅费 Travel Allowance	#工会经费 Trade Unions Funds	财务费用 Financial Expenses	#利息支出 Interest Expenses	营业利润 Operating Profits	利润总额 Total Profits	应交所得税 Income Tax Payable	应付职工薪酬 Payables to Employees	应交增值税 VAT Payable
24653	**33058**	**4835**	**109421**	**127042**	**823373**	**849342**	**175531**	**594781**	**447167**
4242	8296	886	22779	24547	192701	207412	55420	156082	123263
501	566	38	4744	5148	718	2501	5108	11336	9037
138	58	65	355	845	1171	1839		1468	590
422	41	79	615	233	5954	3870	966	1403	2378
313	122	4	667	271	-1012	-426	115	1703	143
303	344	155	2009	1358	2442	2702	429	4496	1633
458	202	199	211	77	3745	3732	644	1471	2829
229	89	24	-82	44	8934	8909	46	1254	725
2948	6721	260	26953	27918	138099	173123	39004	71091	78465
1652	2615	259	7963	6415	110861	100354	13138	54551	18784
2657	3187	317	11369	14726	43560	42705	8063	36194	15275
347	215	91	-2697	4494	15414	14757	327	6760	2524
369	568	28	3128	2410	10328	11090	453	8845	2733
19	14	1	364	356	-56	-59	7	535	738
2274	1504	378	10417	9941	42060	37257	3649	22682	10911
1015	136	148	1254	1279	12485	8217	1881	8171	4893
596	1124	355	264	315	32519	32688	5114	28680	5740
196	211	174	-2142	324	10937	9220	67	10410	6529
3940	5066	860	17820	21191	142665	136818	33530	116558	135237
261	193	29	-501	198	4924	4755	50	2355	1632
47	123	26	-263	10	2048	2049	402	977	929
186	398	21	679	669	26014	27315	3441	23817	5466
63	333	23	2096	1953	1919	1982	589	2645	2459
498	339	54	952	830	5214	5433	632	4329	2851
193	172	44	916	900	4695	4761	572	2805	5578
291	86	47	-87	272	1105	1046	385	2900	1637
102	57	28	295	41	182	129		2135	1141
40	99	50	-43		-64	250	54	2539	710
55	23	12	34	54	261	355	1	212	225
299	158	183	-55	224	3552	4558	1444	6377	2112

3-4-4 续表 4

医药及医疗器材批发

Wholesale of Medicines and Medical Appliances

地 区	Region	主营业务收入 Revenue from Principal Business	主营业务成本 Cost of Principal Business	主营业务税金及附加 Taxes and Other Charges on Principal Business	主营业务利润 Profits from Principal Business	其他业务利润 Profits from Other Business	销售费用 Selling Expenses	管理费用 Administrative Expenses
全 国	**National Total**	**93340753**	**84608971**	**189207**	**8542575**	**377997**	**4589017**	**2034199**
北 京	Beijing	8700321	7631320	17138	1051863	85475	633548	254522
天 津	Tianjin	2338213	2165076	4179	168958	3553	62787	65619
河 北	Hebei	3348292	3250815	3330	94147	2936	39542	27314
山 西	Shanxi	864552	736814	1398	126340	2148	35545	14436
内蒙古	Inner Mongolia	287414	257335	770	29309	211	12372	5601
辽 宁	Liaoning	3294865	3060350	6229	228286	3786	97282	68146
吉 林	Jilin	675580	604113	2376	69091	588	43176	11851
黑龙江	Heilongjiang	1052776	919327	3067	130382	1526	60018	22133
上 海	Shanghai	13626710	11757717	26904	1842089	82274	1003872	471826
江 苏	Jiangsu	6104999	5131827	25536	947636	16325	679611	133280
浙 江	Zhejiang	7447745	6855161	12124	580460	20496	278855	146418
安 徽	Anhui	4601315	4456520	3539	141256	3055	72935	47143
福 建	Fujian	1886507	1774855	2908	108744	5906	41282	33767
江 西	Jiangxi	1555490	1401161	2923	151406	2101	103446	20772
山 东	Shandong	4600665	4261086	8381	331198	8071	162931	79705
河 南	Henan	3361132	3216617	4524	139991	2555	45074	37353
湖 北	Hubei	2366787	2192488	4888	169411	11662	65255	42850
湖 南	Hunan	2054549	1917714	5766	131069	7922	58596	34718
广 东	Guangdong	11678427	10527920	26445	1124062	62653	623345	257385
广 西	Guangxi	702334	649494	1390	51450	6249	22831	21665
海 南	Hainan	1018861	836295	4899	177667	20056	89750	41580
重 庆	Chongqing	3223201	3042050	3839	177312	12124	75517	56148
四 川	Sichuan	4450335	4190290	7576	252469	6089	113138	63296
贵 州	Guizhou	584814	541144	1293	42377	1900	21032	14631
云 南	Yunnan	1722644	1585626	2655	134363	1852	62915	30361
西 藏	Tibet	82220	41833	811	39576		40773	684
陕 西	Shaanxi	742164	705577	1737	34850	1782	20164	10117
甘 肃	Gansu	436040	406359	1556	28125	317	8349	7632
青 海	Qinghai	46004	40555	88	5361	3319	1741	1641
宁 夏	Ningxia	43376	40938	29	2409	4	1111	945
新 疆	Xinjiang	442424	410598	909	30917	1066	12225	10664

3-4-4 Continued 4

单位：万元

Unit: 10000 yuan

#税金 Taxes	#差旅费 Travel Allowance	#工会经费 Trade Unions Funds	财务费用 Financial Expenses	#利息支出 Interest Expenses	营业利润 Operating Profits	利润总额 Total Profits	应交所得税 Income Tax Payable	应付职工薪酬 Payables to Employees	应交增值税 VAT Payable
64408	**163662**	**29651**	**409126**	**383669**	**2096072**	**1964213**	**440585**	**1678919**	**1402613**
4856	14539	1789	23315	39483	257295	278564	62804	306997	139929
1311	2755	198	14144	14660	35113	51792	10200	32754	48786
2044	1872	179	15220	11026	14898	16370	4679	21871	20027
860	1066	88	2793	2406	75273	5489	1663	14507	7855
902	299	24	874	553	10535	9390	378	6687	12468
3171	3211	315	22429	22109	45843	37674	12816	31211	66340
318	1071	237	1983	1500	12428	8354	3001	6848	14535
938	1851	126	929	802	49929	25446	2884	12020	18981
7212	67087	905	23772	19746	428912	448968	105660	279470	206834
3977	5705	823	45451	33784	120827	98620	25656	189924	131934
3963	11150	896	40833	43619	199930	202393	45471	111021	78279
2058	2537	116	7066	6424	16669	15458	4084	25547	50098
1632	2312	192	13911	14045	29861	28786	7480	31162	18084
666	2177	75	8135	7374	20913	20050	4891	37641	21303
3502	4982	299	20927	16006	74113	74184	14316	53535	55891
1529	1770	158	15128	9048	43145	41981	9641	28710	37082
2709	3332	245	24307	21709	81253	65414	6600	30992	27915
2031	2108	141	5920	5078	39797	26799	2924	27558	25454
12352	18596	21269	63190	66950	283277	276219	69024	218093	223291
601	1970	101	5402	3410	6701	4816	1052	12273	12385
632	3130	193	-2737	806	71657	68476	14308	29107	41802
2861	3228	411	17064	16565	49243	58917	7762	39353	32918
1930	3656	399	20809	10546	58815	35118	9110	59295	49281
334	493	70	4578	4268	1904	2494	1798	9989	7653
939	1775	209	7354	5807	41567	32154	5902	31132	24087
22	24		-1		-1901	1823	285	5771	6744
494	200	53	2833	3377	3661	4063	1297	9118	7717
141	441	32	1913	1535	10611	9926	2651	5470	3894
			166	52	5127	5111	20	921	895
42	19	9	149	111	204	208	111	940	2782
382	309	101	1272	872	8471	9154	2119	9002	7372

矿产品、建材及化工产品批发
Wholesale of Mineral Products, Building Materials and Chemical Products

地 区	Region	主营业务收入 Revenue from Principal Business	主营业务成本 Cost of Principal Business	主营业务税金及附加 Taxes and Other Charges on Principal Business	主营业务利润 Profits from Principal Business	其他业务利润 Profits from Other Business	销售费用 Selling Expenses	管理费用 Administr-ative Expenses
全 国	**National Total**	**1548109416**	**1491980336**	**1860578**	**54268502**	**1526472**	**19147290**	**9864714**
北 京	Beijing	183724239	179462470	198626	4063143	193081	1601224	1177019
天 津	Tianjin	116466454	114102423	68215	2295816	73185	659875	363537
河 北	Hebei	42319062	40905945	53876	1359241	20651	690277	222320
山 西	Shanxi	49469304	47112318	95339	2261647	214968	1152732	491573
内蒙古	Inner Mongolia	14229228	12749516	56660	1423052	9613	637076	176229
辽 宁	Liaoning	86984450	85148018	95286	1741146	52819	714110	370190
吉 林	Jilin	8237231	7978727	14333	244171	2922	88356	24004
黑龙江	Heilongjiang	21813712	21145802	33081	634829	5401	286006	89975
上 海	Shanghai	189381432	181297387	94716	7989329	186619	1570523	1115817
江 苏	Jiangsu	147169252	142169332	143338	4856582	66333	1609008	782305
浙 江	Zhejiang	131158583	127762366	76489	3319728	161367	1475039	782540
安 徽	Anhui	16268322	15628587	20586	619149	18121	283300	105014
福 建	Fujian	40862211	39304977	64683	1492551	29612	671464	249424
江 西	Jiangxi	8164275	7804888	20902	338485	1419	156100	60260
山 东	Shandong	77212248	72599396	189128	4423724	67929	1318887	720316
河 南	Henan	25887282	24767893	82962	1036427	19757	387765	248566
湖 北	Hubei	35875097	34260894	48231	1565972	27588	507235	225384
湖 南	Hunan	12678315	12112353	38490	527472	6035	195436	131623
广 东	Guangdong	168109764	161860730	137443	6111591	147893	2305511	1092490
广 西	Guangxi	15509500	14937122	19235	553143	3450	321759	118526
海 南	Hainan	5053749	4960212	1606	91931	2714	36852	23156
重 庆	Chongqing	22661695	20326676	62445	2272574	23419	523961	532782
四 川	Sichuan	21941793	21086145	27645	828003	40096	331253	166693
贵 州	Guizhou	4524349	4173898	69022	281429	19693	143452	61335
云 南	Yunnan	18647710	17768693	21816	857201	38920	331860	152101
西 藏	Tibet							
陕 西	Shaanxi	28591067	26846367	83885	1660815	30418	461723	180888
甘 肃	Gansu	17250110	16830091	8105	411914	10605	124559	64664
青 海	Qinghai	3847352	3613488	3439	230425	30050	88310	27090
宁 夏	Ningxia	3824491	3672957	9742	141792	4945	87994	16903
新 疆	Xinjiang	30247140	29590666	21253	635221	16848	385646	91992

3-4-4 Continued 5

单位：万元
Unit: 10000 yuan

#税金 Taxes	#差旅费 Travel Allowance	#工会经费 Trade Unions Funds	财务费用 Financial Expenses	#利息支出 Interest Expenses	营业利润 Operating Profits	利润总额 Total Profits	应交所得税 Income Tax Payable	应付职工薪酬 Payables to Employees	应交增值税 VAT Payable
646192	**412249**	**57581**	**6351817**	**6388433**	**20386931**	**18799830**	**3764411**	**6128868**	**11986765**
55764	54254	7112	470379	1226903	2909251	3028277	492897	765766	551440
17957	12854	952	518679	467437	860428	870142	239604	232174	681829
16169	7214	933	199731	158000	355664	294754	70733	179174	339461
22205	13354	2437	226662	174851	737015	421381	111750	246718	599475
15018	3762	290	61763	42697	599633	480966	61319	81788	264620
34730	18047	2479	210858	175871	501875	459306	91918	277238	518954
2388	956	65	22421	14870	131640	90646	4328	28136	138666
9626	3611	485	48105	57436	217683	199368	33516	91786	227058
51339	42052	3569	410640	398665	2226787	2427262	517831	596735	1110557
40020	29999	3431	707221	514265	1785002	1519477	304895	361527	628989
49201	36793	3163	950085	1045945	627320	742558	236993	501715	566934
13528	3896	873	119193	94378	127933	139362	21102	102573	151873
14371	11957	1753	244653	251728	453014	655341	163526	210738	325942
4326	2010	258	22193	20115	99072	76974	21807	46679	65880
81723	50224	9612	403918	255344	2052834	1947545	317397	422051	685844
18508	8354	2287	81540	51446	349195	267682	66265	142150	326029
10806	8361	1564	134907	111997	729440	666230	114657	212685	330959
9370	12861	2219	76637	50005	132573	88131	16261	61322	161950
86572	48378	6753	755186	708673	2177665	2059917	454998	651186	1014666
12347	4106	447	81951	73595	43012	112296	38473	97243	167717
1108	1790	107	5807	7320	26058	28982	7403	11076	10710
16579	9145	1384	85242	69590	1151377	273561	44389	172683	408829
10171	6846	1137	168494	105637	217109	152143	33423	98840	235422
2822	1929	504	18930	25479	91309	84051	8971	39300	102969
7470	5016	1017	144477	127447	274356	135486	33123	103661	188611
29312	5212	1099	62813	36576	980841	1050872	212399	152186	1388322
2456	2381	301	61458	53115	189092	205158	2567	40717	50837
1397	1048	53	6622	5112	137925	104140	4201	35704	32472
2784	1477	116	20572	17706	12550	-20	2737	23418	108037
6128	4364	1181	30681	46235	189281	217843	34933	141902	601714

机械设备、五金交电及电子产品批发

Wholesale of Machinery, Hardware and Electronic Equipment

地区	Region	主营业务收入 Revenue from Principal Business	主营业务成本 Cost of Principal Business	主营业务税金及附加 Taxes and Other Charges on Principal Business	主营业务利润 Profits from Principal Business	其他业务利润 Profits from Other Business	销售费用 Selling Expenses	管理费用 Administrative Expenses
全国	**National Total**	**399599688**	**364785204**	**1465177**	**33349307**	**2087149**	**16266261**	**7904955**
北京	Beijing	98801505	86718814	236247	11846444	1082747	5181850	3017482
天津	Tianjin	14505464	12487479	818837	1199148	41617	689577	180230
河北	Hebei	5611138	5300841	6821	303476	15834	177188	54358
山西	Shanxi	949938	884743	3718	61477	3841	29130	19306
内蒙古	Inner Mongolia	732160	654094	3524	74542	5221	34782	14987
辽宁	Liaoning	7802434	7278517	18696	505221	23899	195516	139274
吉林	Jilin	2534310	2357726	943	175641	1542	144017	16158
黑龙江	Heilongjiang	1414679	1268222	2965	143492	2402	47665	30294
上海	Shanghai	91824134	84436275	93550	7294309	399117	3912818	1493537
江苏	Jiangsu	30819549	28709385	36080	2074084	121417	937173	388447
浙江	Zhejiang	24130521	22703980	23635	1402906	52724	769448	367589
安徽	Anhui	6963781	6473508	9031	481242	11980	375918	70840
福建	Fujian	6816732	6365491	11072	440169	29675	205242	142839
江西	Jiangxi	1461004	1367145	1702	92157	2189	53859	19985
山东	Shandong	17821788	16750363	47579	1023846	51208	425602	200965
河南	Henan	5635895	5305166	24845	305884	26997	240758	56785
湖北	Hubei	4808213	4363261	11647	433305	6660	154426	55205
湖南	Hunan	2041355	1861475	5429	174451	3175	87977	45019
广东	Guangdong	40695432	37799950	70810	2824672	108910	1387661	696915
广西	Guangxi	1907462	1755188	2606	149668	6923	83634	36766
海南	Hainan	1332501	1225255	1837	105409	983	86059	11828
重庆	Chongqing	16814839	15462118	15082	1337639	19973	568346	629739
四川	Sichuan	5036769	4670156	7400	359213	15377	187292	66375
贵州	Guizhou	1373495	1293445	1870	78180	2852	52830	14589
云南	Yunnan	1972755	1835104	2522	135129	12096	63645	44364
西藏	Tibet	28377	30564	52	-2239	712	3409	1615
陕西	Shaanxi	1948835	1852950	2285	93600	5172	56274	27892
甘肃	Gansu	925781	881786	702	43293	1822	22688	12457
青海	Qinghai	285776	257126	337	28313	11935	7532	2876
宁夏	Ningxia	361240	330151	593	30496	3117	18827	9638
新疆	Xinjiang	2241828	2104929	2762	134137	15034	65120	36602

3-4-4 Continued 6

单位：万元

Unit: 10000 yuan

#税金 Taxes	#差旅费 Travel Allowance	#工会经费 Trade Unions Funds	财务费用 Financial Expenses	#利息支出 Interest Expenses	营业利润 Operating Profits	利润总额 Total Profits	应交所得税 Income Tax Payable	应付职工薪酬 Payables to Employees	应交增值税 VAT Payable
206373	**399134**	**35321**	**273246**	**995561**	**11497487**	**12595797**	**2594080**	**5071779**	**6323326**
57407	147482	14791	-306984	262209	5242731	6243756	1255580	1890074	2205853
6914	6549	373	63581	39944	308116	401122	93674	158636	797610
1947	3463	192	37747	11183	49214	121727	18360	42436	31206
581	751	90	4275	2616	13898	-1876	914	10711	22506
783	1920	62	2041	372	27951	25140	2221	10155	6509
4621	9809	674	44903	32300	154474	142610	29479	75231	78101
900	317	35	295	1205	16792	15812	3485	12147	5257
1072	1727	159	4084	2687	63427	16219	3657	9489	13965
31286	73291	5557	6490	113611	2456139	2498606	657088	1016533	861399
10052	22183	1143	48520	82568	828683	805923	109588	309618	181387
15350	23371	1541	104647	117664	227168	240652	65301	284997	133073
2925	4581	199	10689	11045	40267	41323	8652	51567	84206
4511	10403	391	22134	21860	106116	115591	27591	110192	66022
1091	1503	124	-658	454	21348	19490	1904	17929	10358
9827	12296	740	49590	55373	406983	386785	55706	155117	139414
2722	4820	420	2979	5382	30724	72269	11742	49908	43519
7722	3580	420	13833	8670	218246	69181	16879	49334	78231
3386	2099	293	3397	2874	41697	34668	4780	27920	29379
23775	46911	6048	88014	165105	839568	750828	113450	508813	992025
1222	2229	66	3698	3051	34110	35718	7490	32429	22407
280	1483	84	-178	476	7652	7922	2265	9193	20052
9388	4376	397	32618	19732	131783	284456	62431	66854	140419
2868	5046	395	18165	13517	88362	107729	13589	63274	135266
638	1546	160	1673	2495	12132	12862	3815	16040	16279
1173	2269	223	6782	8407	37844	45045	9610	34421	18811
42	56	13	638	735	-5425	1794	158	1672	26
1576	1626	172	397	810	14328	14341	2906	19724	21400
226	831	149	1355	1991	8546	7807	698	7262	142393
193	38	118	1106	79	28735	29429	560	2074	1411
356	610	65	1626	894	3573	4032	403	5000	4225
1538	1948	229	5791	6251	42305	44838	10107	23031	20620

贸易经纪与代理
Trade Broker and Agency

地区	Region	主营业务收入 Revenue from Principal Business	主营业务成本 Cost of Principal Business	主营业务税金及附加 Taxes and Other Charges on Principal Business	主营业务利润 Profits from Principal Business	其他业务利润 Profits from Other Business	销售费用 Selling Expenses	管理费用 Administrative Expenses
全国	**National Total**	**38378334**	**35621968**	**74674**	**2681692**	**196916**	**1287088**	**584340**
北京	Beijing	4102668	3395552	34537	672579	106051	168346	158395
天津	Tianjin	720193	630815	1960	87418	2234	37709	53387
河北	Hebei	108980	102827	8	6145	12	4733	789
山西	Shanxi	331943	318985	733	12225	805	6735	3680
内蒙古	Inner Mongolia	12200	11331	2	867		305	125
辽宁	Liaoning	706708	682616	148	23944	354	8815	4777
吉林	Jilin	2330	2137	4	189		65	36
黑龙江	Heilongjiang	90772	85325	45	5402	714	3105	2104
上海	Shanghai	11671942	10477879	14134	1179929	58982	738081	189408
江苏	Jiangsu	1511529	1438952	1354	71223	3228	30089	23351
浙江	Zhejiang	821392	791382	267	29743	1322	15508	8831
安徽	Anhui	44873	43215	7	1651	116	875	510
福建	Fujian	1639293	1543151	2822	93320	6015	42525	19436
江西	Jiangxi	4041	3764	56	221		55	131
山东	Shandong	967848	875557	7373	84918	3582	35668	14994
河南	Henan	8342	7822	53	467		102	112
湖北	Hubei	7656033	7603728	3268	49037	2462	16428	31841
湖南	Hunan	41365	36071	396	4898		1603	659
广东	Guangdong	6613500	6371878	5767	235855	10020	77681	64680
广西	Guangxi	82997	77833	1048	4116		3207	501
海南	Hainan							
重庆	Chongqing	47453	45425	233	1795	7	1157	282
四川	Sichuan	56037	53492	62	2483	866	2295	1007
贵州	Guizhou							
云南	Yunnan	1043067	935032	357	107678	46	86816	4052
西藏	Tibet							
陕西	Shaanxi	31424	27778	4	3642		3345	410
甘肃	Gansu							
青海	Qinghai							
宁夏	Ningxia							
新疆	Xinjiang	61405	59423	38	1944	102	1842	845

3-4-4 Continued 7

单位：万元

Unit: 10000 yuan

			财务费用 Financial Expenses		营业利润 Operating Profits	利润总额 Total Profits	应交所得税 Income Tax Payable	应付职工薪酬 Payables to Employees	应交增值税 VAT Payable
#税金 Taxes	#差旅费 Travel Allowance	#工会经费 Trade Unions Funds		#利息支出 Interest Expenses					
17386	**30862**	**2642**	**96926**	**222804**	**1213518**	**1229121**	**306785**	**403351**	**428200**
3477	8293	932	35788	125768	664046	682118	163776	117932	14589
240	650	56	1741	1598	4399	-17004	2451	25388	4451
22	87	3	501	216	133	135	4	521	64
795	4		1292		1331	2304	79	500	
5		1	209	-4	244	24	3	127	1791
102	334	65	10226	9572	1003	1495	686	3898	420
1					89	89		19	
52	111	2	-23	38	917	1076	342	874	-179
3186	13070	459	-15618	1467	346543	359471	103679	159978	191024
332	777	97	3490	6533	18784	17722	3202	9564	925
478	1266	23	4468	3330	2259	3038	1305	7737	2595
22	18	2	142	31	247	311	47	342	1795
924	655	290	4991	10886	33556	37332	8309	11278	27844
1	3	1	-1	8	35	8	2	74	39
591	592	52	12519	10879	25782	26904	6138	5159	8993
22	6		10		243	247	34	68	5
4372	731	270	17847	22864	-2377	-4418	-4095	16183	24206
28	18	3	877	49	1761	1223		185	1413
2302	3594	338	10868	14857	108319	111798	19091	39117	92944
12	76		595	503	-186	-34	57	451	797
49	43	2	210	133	154	170	29	982	384
46	34	14	171	156	144	249	58	936	1403
278	414	30	6460	13706	7011	7205	1580	1628	52525
28	18		-124		11	3	3	97	43
24	66	4	288	214	-929	-2346	4	315	129

其他批发

Other Wholesale not Classified Elsewhere

地　区	Region	主营业务收入 Revenue from Principal Business	主营业务成本 Cost of Principal Business	主营业务税金及附加 Taxes and Other Charges on Principal Business	主营业务利润 Profits from Principal Business	其他业务利润 Profits from Other Business	销售费用 Selling Expenses	管理费用 Administrative Expenses
全　国	**National Total**	**65502768**	**61752812**	**301893**	**3448063**	**146868**	**1377902**	**926696**
北　京	Beijing	3552605	3216127	11296	325182	11769	131991	96146
天　津	Tianjin	5371766	4998192	16007	357567	2794	124575	105556
河　北	Hebei	257974	217348	2791	37835	2111	6312	5602
山　西	Shanxi	277098	252429	1031	23638	3697	9623	7354
内 蒙 古	Inner Mongolia	77308	60456	1218	15634		4720	3988
辽　宁	Liaoning	539086	471653	5659	61774	493	7984	14095
吉　林	Jilin	42721	38810	513	3398		607	402
黑 龙 江	Heilongjiang	464635	435934	3072	25629	8	18502	2174
上　海	Shanghai	12148354	11122941	17616	1007797	31351	468260	262564
江　苏	Jiangsu	9073180	8732268	69066	271846	2482	75385	61764
浙　江	Zhejiang	5296659	5186202	40181	70276	5971	43705	36779
安　徽	Anhui	2793607	2667782	39155	86670	497	24921	39618
福　建	Fujian	5359235	5210071	6996	142168	3553	69725	37356
江　西	Jiangxi	855071	858800	8018	-11747	361	5169	4297
山　东	Shandong	2854081	2636853	26540	190688	6052	67403	38642
河　南	Henan	753995	677204	6437	70354	2850	24701	11436
湖　北	Hubei	338987	305260	3667	30060	28	13037	6091
湖　南	Hunan	641975	557117	8222	76636	345	32872	21561
广　东	Guangdong	9590261	9175280	12136	402845	11223	166114	104408
广　西	Guangxi	364956	348075	652	16229	616	9538	4791
海　南	Hainan	1199452	1185596	265	13591	24	2022	2638
重　庆	Chongqing	983908	924135	8783	50990	7346	12011	9896
四　川	Sichuan	514709	469847	4904	39958	49356	20554	12730
贵　州	Guizhou	49932	46020	387	3525	502	1569	3364
云　南	Yunnan	1492258	1394569	1382	96307	1526	20906	21473
西　藏	Tibet							
陕　西	Shaanxi	54985	46608	1958	6419	55	2849	2049
甘　肃	Gansu	79609	75857	113	3639	189	1565	887
青　海	Qinghai							
宁　夏	Ningxia	188661	170437	2289	15935	432	2409	3730
新　疆	Xinjiang	285703	270939	1538	13226	1237	8872	5308

3-4-4 Continued 8

单位：万元

Unit: 10000 yuan

#税金 Taxes	#差旅费 Travel Allowance	#工会经费 Trade Unions Funds	财务费用 Financial Expenses	#利息支出 Interest Expenses	营业利润 Operating Profits	利润总额 Total Profits	应交所得税 Income Tax Payable	应付职工薪酬 Payables to Employees	应交增值税 VAT Payable
41446	**41936**	**5867**	**457373**	**357901**	**959999**	**1226967**	**236324**	**538674**	**2201702**
1894	3001	458	36453	56215	116109	156561	30970	50702	75739
2515	3086	28	45077	23316	90578	68088	13407	23388	207773
369	284	39	2335	563	25696	1137	920	3387	2165
270	202	35	269	245	10090	9471	2158	3933	14487
167	204	87	-245	7	7178	7064	1971	2012	3812
428	683	116	3582	1083	36607	21848	3202	5666	28309
4	26		6	2	2383	2442	51	307	3203
138	103	9	1250	304	3734	4833	2313	2182	8309
12176	13249	1156	20283	35111	300155	320437	67142	152502	143770
3246	2596	243	46699	26445	88311	167895	27892	30710	537284
2488	1395	119	71761	41066	-70104	11316	6957	44005	405885
935	1196	300	14123	11028	8323	60418	9776	28435	258084
2236	2120	222	34264	37984	32032	33699	5940	27968	107688
346	317	36	5412	3045	-26479	7492	1889	2830	91347
3080	2221	669	16315	7339	74809	73770	12879	26453	78198
1195	486	57	7934	5945	29228	28597	2137	5894	27307
301	369	36	4516	4205	6450	-556	1021	3622	11678
2212	3469	342	2265	478	20287	16431	2413	5847	25178
4227	4831	1413	74994	91349	94992	100166	22896	73002	66217
158	230	13	1129	1023	1798	4042	884	2903	5323
48	73	12	817	750	8138	8357	215	1496	1702
842	879	86	3885	3120	33382	25211	2238	7181	32798
183	249	123	59123	1811	-2406	26998	6553	14888	28973
281	42	17	1099	1134	-115	424	419	1249	2812
1200	243	185	350	1810	58620	58252	5130	11481	9308
51	135	6	416	293	1183	1061	288	1454	5482
27	13	3	220	630	1156	1215	346	912	943
125	46	9	1360	283	8868	9037	2845	956	3783
305	186	50	1683	1320	-1005	1261	1472	3312	14145

3-4-5 各地区限额以上零售业企业损益及分配

地区	Region	主营业务收入 Revenue from Principal Business	主营业务成本 Cost of Principal Business	主营业务税金及附加 Taxes and Other Charges on Principal Business	主营业务利润 Profits from Principal Business	其他业务利润 Profits from Other Business	销售费用 Selling Expenses	管理费用 Administrative Expenses
全　国	**National Total**	**630389123**	**559241589**	**3102411**	**68045123**	**8830682**	**34940519**	**18993704**
北　京	Beijing	51133188	45136434	176026	5820728	1117892	4027266	1873125
天　津	Tianjin	14065150	12728235	51085	1285830	249700	802418	421242
河　北	Hebei	14547841	13182883	59545	1305413	235179	702232	485174
山　西	Shanxi	15584078	14227383	53977	1302718	135271	572424	366971
内蒙古	Inner Mongolia	13777276	12439099	40512	1297665	137715	479257	297858
辽　宁	Liaoning	24814301	21838768	143787	2831746	306299	1177433	1022190
吉　林	Jilin	9677241	8663314	40016	973911	122285	440590	293477
黑龙江	Heilongjiang	9520903	8322821	68274	1129808	142947	453947	360130
上　海	Shanghai	39257428	33325887	161222	5770319	1091799	3805906	1879212
江　苏	Jiangsu	54230409	48317929	228839	5683641	849431	2811626	1749546
浙　江	Zhejiang	45489456	41591560	125504	3772392	632811	2266119	1154381
安　徽	Anhui	16624241	15024219	77298	1522724	156646	814136	430856
福　建	Fujian	18697070	16707272	70775	1919023	187907	1100780	438797
江　西	Jiangxi	6797664	6113559	34277	649828	57610	335875	189512
山　东	Shandong	59144433	52481608	383865	6278960	458703	2276252	1718754
河　南	Henan	22957726	20669723	194162	2093841	238164	855788	589818
湖　北	Hubei	25841358	22300142	204911	3336305	298737	1434365	770342
湖　南	Hunan	21928918	19342542	150495	2435881	164216	1221719	646077
广　东	Guangdong	64175714	55963955	234197	7977562	1094281	4195970	1743221
广　西	Guangxi	7348779	6519846	41264	787669	104394	431314	217950
海　南	Hainan	3675081	3295720	10737	368624	56445	178494	97794
重　庆	Chongqing	17193803	15294461	139624	1759718	181053	882150	394439
四　川	Sichuan	27389282	24565142	143292	2680848	318016	1359678	627644
贵　州	Guizhou	5955953	5349737	16144	590072	51165	273882	117132
云　南	Yunnan	11660108	10442129	33990	1183989	80249	574155	295239
西　藏	Tibet	655178	559619	3962	91597	4577	29375	18437
陕　西	Shaanxi	14280755	12328561	162341	1789853	212053	733779	439266
甘　肃	Gansu	5129064	4617913	20575	490576	39580	241886	95924
青　海	Qinghai	1072725	974415	2510	95800	15008	46351	32148
宁　夏	Ningxia	2055215	1834889	8643	211683	24567	113569	56218
新　疆	Xinjiang	5708786	5081825	20563	606398	65983	301784	170833

Income and Distribution of Enterprises above Designated Size of Retail Trade by Region

单位：万元

Unit: 10000 yuan

#税金 Taxes	#差旅费 Travel Allowance	#工会经费 Trade Unions Funds	财务费用 Financial Expenses	#利息支出 Interest Expenses	营业利润 Operating Profits	利润总额 Total Profits	应交所得税 Income Tax Payable	应付职工薪酬 Payables to Employees	应交增值税 VAT Payable
788961	**525466**	**128955**	**3674745**	**2478402**	**19964178**	**17541803**	**3539626**	**15982894**	**12709418**
35406	50405	10469	233002	227734	892175	1307113	361358	1693689	1011822
11286	5338	1802	61989	42051	275936	234988	57649	369910	213774
17321	10621	2886	91314	54275	262983	214640	75176	389625	308138
21559	11265	2833	93479	34431	316233	147140	41144	259288	203059
21577	26076	1682	81356	52755	582439	430782	44561	261398	613495
43702	20438	6102	189087	133192	777072	491163	123831	644176	603000
15426	7830	3826	86767	51608	272857	221422	30443	223040	159900
19192	9808	1838	53778	32951	409543	286024	60500	233542	289546
19792	24713	6280	126213	68710	1240368	1152969	333645	1042688	710664
55290	37262	6982	332114	219521	1717409	1484729	354382	1333771	903551
53832	29948	6915	376735	328878	642254	685417	223009	1116523	598229
19161	13829	2383	79583	60535	383481	362630	65215	415209	302196
19188	18447	3491	114322	82283	529662	518506	92730	496657	317295
10127	7594	1048	49308	34113	116987	90499	25368	169048	153449
89168	53974	11239	416007	257424	2334071	2121622	343144	1194364	1049948
31234	14354	3809	110923	53049	774806	661028	103360	586316	406160
44153	23204	5843	155946	103020	1269552	763948	147419	630231	521209
26758	19638	4455	111441	52470	656674	485367	87265	485540	381661
105640	53050	24874	319472	200522	2977823	2801256	400026	1929261	1391939
16671	5874	1529	39922	26099	215376	198937	45188	250083	211848
2543	5290	906	19624	10566	125914	95910	26003	82537	95671
17958	15393	4637	70944	53172	619838	514821	71745	383147	263720
29864	17495	4383	202342	112541	818366	703951	159495	606420	718847
5119	4234	889	27487	18254	222724	189136	24092	117757	313361
10575	10379	1840	78067	60490	318232	284866	58231	356917	253498
332	498	65	718	260	47695	44720	1271	19501	16921
28226	12429	2798	85361	56934	733360	664789	107552	352867	432468
6862	5920	558	23777	18446	166693	127882	17148	104793	68523
1063	1580	156	4093	3068	28170	27489	4117	26945	21590
2621	1515	650	14239	9399	56639	48125	11597	54626	33777
7316	7067	1787	25336	19653	178847	179935	42964	153028	140159

3-4-5 续表

国有控股

State-controlled Enterprises

地区	Region	主营业务收入 Revenue from Principal Business	主营业务成本 Cost of Principal Business	主营业务税金及附加 Taxes and Other Charges on Principal Business	主营业务利润 Profits from Principal Business	其他业务利润 Profits from Other Business	销售费用 Selling Expenses	管理费用 Administrative Expenses
全国	**National Total**	**147657492**	**132438645**	**550494**	**14668353**	**1689885**	**6836638**	**3614493**
北京	Beijing	16518838	14869512	67495	1581831	237695	867680	494288
天津	Tianjin	5961682	5533641	11318	416723	33930	211669	140949
河北	Hebei	1259910	1118566	7253	134091	37864	75172	65989
山西	Shanxi	5633799	5203137	9445	421217	8744	202362	79234
内蒙古	Inner Mongolia	5781994	5389220	5712	387062	55161	163315	28502
辽宁	Liaoning	5874481	5314508	23524	536449	29769	224910	198338
吉林	Jilin	2282872	2052553	8736	221583	44368	144833	34572
黑龙江	Heilongjiang	2066768	1815185	9539	242044	12286	72179	74479
上海	Shanghai	8368483	7178810	45461	1144212	376824	673491	429835
江苏	Jiangsu	5140349	4576484	18597	545268	54754	289707	144101
浙江	Zhejiang	7638780	7118625	14486	505669	41478	226669	138267
安徽	Anhui	4707434	4305910	31349	370175	48121	181042	107850
福建	Fujian	3732559	3423354	7844	301361	36978	170894	74044
江西	Jiangxi	1363107	1203171	2238	157698	5240	62829	58160
山东	Shandong	7483427	6638893	32595	811939	72465	334493	226186
河南	Henan	3578268	3274304	18410	285554	17949	139251	87943
湖北	Hubei	8037413	7031032	41851	964530	151493	521392	237514
湖南	Hunan	8239285	7437538	36197	765550	22312	357109	205318
广东	Guangdong	18476008	15818386	60542	2597080	209419	829877	306907
广西	Guangxi	980232	834151	20505	125576	19865	59473	52953
海南	Hainan	1504843	1364641	2723	137479	25323	56456	22750
重庆	Chongqing	5128449	4560381	26940	541128	80607	333834	120917
四川	Sichuan	7612301	7073525	14738	524038	22517	257773	69423
贵州	Guizhou	2289650	2081809	3273	204568	8537	76555	26835
云南	Yunnan	3050586	2825171	4361	221054	6276	105910	39965
西藏	Tibet	451504	372944	3591	74969	363	21271	9748
陕西	Shaanxi	838722	694608	9526	134588	9929	52972	57347
甘肃	Gansu	1867702	1734735	4104	128863	3417	51667	15959
青海	Qinghai	237487	218579	409	18499	1530	9093	5103
宁夏	Ningxia	127096	115929	383	10784	1213	7224	5311
新疆	Xinjiang	1423465	1259343	7349	156773	13462	55536	55710

3-4-5 Continued

单位：万元

Unit: 10000 yuan

#税金 Taxes	#差旅费 Travel Allowance	#工会经费 Trade Unions Funds	财务费用 Financial Expenses	#利息支出 Interest Expenses	营业利润 Operating Profits	利润总额 Total Profits	应交所得税 Income Tax Payable	应付职工薪酬 Payables to Employees	应交增值税 VAT Payable
155441	**65719**	**31318**	**374016**	**291642**	**5979875**	**5331775**	**774659**	**3704659**	**2876457**
13192	6500	5421	58548	56902	454068	474338	117757	538580	199643
2918	1311	1137	18712	15557	84286	92419	14790	118651	41995
2599	541	461	2109	1639	30454	17485	13839	47131	16418
6960	2066	1161	9780	3349	138459	81907	22660	78329	46722
3826	660	209	19048	12774	231557	160540	4053	84318	249772
10475	2326	1236	10759	10153	169365	139281	15068	163870	301210
1561	426	474	8689	4372	77911	54335	4543	67716	52127
3085	3338	396	3985	3706	104384	76632	16167	52835	156267
7130	3398	2381	3995	-3822	584719	446293	77969	294744	168557
5251	3084	1185	28348	25175	139104	129776	26011	154500	70148
5306	1964	1260	8654	11378	182193	198534	44329	138974	74636
5130	1853	948	3997	6846	155174	153980	18428	96870	58939
3804	1984	785	213	7060	159794	158727	24885	101584	64279
1913	2840	539	2607	2867	40748	37917	3077	41965	28184
9403	4220	1566	44837	30036	278709	246241	33796	197789	226692
3357	1669	843	7868	3327	66239	63704	8220	89062	50963
10986	3937	1918	23810	18199	332840	220270	43635	274337	145661
7386	3577	1408	24609	16260	217489	189377	41205	165761	105139
21689	7065	3595	28690	16545	1674912	1606678	115316	431990	291310
9482	730	624	8360	2227	26020	27680	5683	54499	20509
760	632	140	486	972	80508	55199	12629	27647	16720
3443	1926	854	6894	8307	181328	179161	18481	136122	80123
5994	1453	544	25578	20047	192893	175088	58880	132812	173796
1612	749	239	2023	1344	107381	100155	5153	32417	123458
1437	1050	443	7688	5679	72405	58926	7992	51733	23573
227	341	60	187	187	44177	41901	678	13247	14805
1647	2536	546	3446	2354	30570	24021	4097	39236	17518
2086	575	214	2281	1637	62034	57108	1672	28296	20024
23	747	14	692	982	5130	5797	376	5029	3320
254	129	123	286	234	-873	1016	359	6316	4645
2506	2092	597	6842	5352	55899	57289	12909	38302	29305

3-4-6 各地区限额以上零售业企业损益及分配(按登记注册类型分)

内资企业
Domestic Funded Enterprises

地 区	Region	主营业务收入 Revenue from Principal Business	主营业务成本 Cost of Principal Business	主营业务税金及附加 Taxes and Other Charges on Principal Business	主营业务利润 Profits from Principal Business	其他业务利润 Profits from Other Business	销售费用 Selling Expenses	管理费用 Administrative Expenses
全 国	**National Total**	**550491566**	**491674396**	**2765243**	**56051927**	**6515052**	**26842842**	**15594318**
北 京	Beijing	40517125	36275111	138569	4103445	809888	2757568	1328583
天 津	Tianjin	12185204	11136050	42406	1006748	175194	565646	341732
河 北	Hebei	14270121	12939972	58931	1271218	224975	656021	476521
山 西	Shanxi	15469814	14129426	53397	1286991	128755	560873	359924
内蒙古	Inner Mongolia	13587150	12290461	40056	1256633	136912	465353	295861
辽 宁	Liaoning	22322351	19729283	130144	2462924	246829	926185	897914
吉 林	Jilin	9107251	8181692	36012	889547	115959	409463	270213
黑龙江	Heilongjiang	8883192	7774596	65228	1043368	119918	383290	321907
上 海	Shanghai	25488448	22396159	104013	2988276	654260	1991457	976549
江 苏	Jiangsu	43295214	38680885	188967	4425362	521161	1973786	1368213
浙 江	Zhejiang	40633482	37287603	106659	3239220	536809	1909493	1006194
安 徽	Anhui	15551824	14121521	72383	1357920	125329	669034	394434
福 建	Fujian	16502692	14892291	61312	1549089	153891	854500	388498
江 西	Jiangxi	6516744	5872035	33296	611413	52309	309673	180072
山 东	Shandong	56687258	50351857	375826	5959575	396595	2092069	1595532
河 南	Henan	21673780	19532090	189060	1952630	183561	791911	537481
湖 北	Hubei	24302287	21007686	196580	3098021	252884	1271164	707438
湖 南	Hunan	20884398	18480973	145920	2257505	124655	1100250	602088
广 东	Guangdong	50896225	44705838	177293	6013094	631549	2827735	1281150
广 西	Guangxi	6841796	6072793	40038	728965	96338	400934	208724
海 南	Hainan	3433746	3094356	9231	330159	49513	151860	92955
重 庆	Chongqing	15104610	13520106	123978	1460526	135158	687125	332840
四 川	Sichuan	24440975	21995297	130048	2315630	231122	1098250	519317
贵 州	Guizhou	5564696	5024331	13727	526638	41108	239007	107595
云 南	Yunnan	10115778	9111992	29896	973890	59529	467488	259091
西 藏	Tibet	651573	556785	3950	90838	4526	28896	18399
陕 西	Shaanxi	12092208	10432535	148034	1511639	170503	582337	384663
甘 肃	Gansu	5038433	4537750	20337	480346	37463	233853	94439
青 海	Qinghai	1071666	973390	2510	95766	15008	46341	32111
宁 夏	Ningxia	2051998	1832215	8633	211150	24567	112984	55947
新 疆	Xinjiang	5309529	4737320	18810	553399	58786	278296	157933

Income and Distribution of Enterprises above Designated Size of Retail Trade by Region and Type of Registration

单位：万元
Unit: 10000 yuan

#税金 Taxes	#差旅费 Travel Allowance	#工会经费 Trade Unions Funds	财务费用 Financial Expenses	#利息支出 Interest Expenses	营业利润 Operating Profits	利润总额 Total Profits	应交所得税 Income Tax Payable	应付职工薪酬 Payables to Employees	应交增值税 VAT Payable
689641	**459631**	**114265**	**3417454**	**2254923**	**17267850**	**14619221**	**2766712**	**13587689**	**10725796**
28680	36504	8315	208052	194650	701935	754966	258621	1294324	747410
9475	3847	1600	59647	39795	237416	207659	44179	293528	151322
17017	10574	2871	89660	54119	275245	227093	74666	377574	294868
21502	11048	2781	92525	33989	313570	144482	40012	255346	192042
21523	26072	1682	80918	52351	557182	426551	43412	257718	612283
40334	19176	5580	161961	112875	753438	485622	110975	564737	545047
14584	7637	3597	77011	48681	247593	196240	22090	209444	142082
17306	9363	1512	49364	28272	415687	294407	57159	208865	276247
16042	13512	4080	90905	51589	781710	681410	167286	707595	494186
50367	31804	5845	318857	205921	1283106	1122013	264088	1004127	693638
45565	26334	6178	341786	300168	553964	594632	186078	982756	510113
17975	13122	2208	76319	58194	373248	352593	58495	374770	280693
17759	17198	2683	101246	77784	423771	412294	74150	424492	272946
10054	7475	1038	47711	33623	111475	84833	23862	162441	148722
86467	51664	10905	410498	250975	2269137	2072844	325671	1143277	1001876
29847	13365	3483	111339	51559	693575	580461	83030	560334	368972
41049	22075	5463	153838	97886	1213954	709415	130020	585776	452848
24940	18642	4023	107345	48284	606735	444568	80206	436985	358214
59632	39162	21794	279302	151769	2363359	2197153	262378	1471305	945159
16111	5682	1451	38139	24090	190006	174814	39829	239047	204677
2301	3252	885	18694	10077	113020	80594	22334	78290	88505
15736	14812	4223	65506	50851	537047	418929	50992	357622	221150
27827	16119	3980	187050	100497	750276	642563	133909	513590	582586
4697	3919	763	26031	17116	195314	161193	18172	108019	304225
7891	9421	1621	77615	55457	230732	197179	41244	323358	199850
332	498	63	707	260	47414	44449	1070	19376	16784
27198	11604	2611	79520	55318	621574	550943	83212	304730	365190
6858	5909	558	23533	18446	164874	125989	16122	103267	66973
1063	1543	156	4093	3068	28184	27502	4117	26915	21586
2621	1515	650	14242	9398	56959	48445	11597	54389	33670
6886	6785	1666	24042	17864	156353	157387	37437	143693	131931

国有企业

State-owned Enterprises

地　区	Region	主营业务收入 Revenue from Principal Business	主营业务成本 Cost of Principal Business	主营业务税金及附加 Taxes and Other Charges on Principal Business	主营业务利润 Profits from Principal Business	其他业务利润 Profits from Other Business	销售费用 Selling Expenses	管理费用 Administrative Expenses
全　国	**National Total**	**48485068**	**43849795**	**155755**	**4479518**	**356965**	**1905973**	**1162523**
北　京	Beijing	1166427	984601	4439	177387	30989	84152	79940
天　津	Tianjin	4644752	4343473	6620	294659	9442	158159	75120
河　北	Hebei	505757	434779	4265	66713	18871	24663	37587
山　西	Shanxi	2443885	2223626	5832	214427	5620	99123	37519
内蒙古	Inner Mongolia	4548250	4228550	3428	316272	50835	128908	20123
辽　宁	Liaoning	1650433	1524064	4502	121867	5482	63486	43864
吉　林	Jilin	926151	863365	1242	61544	3385	44689	5714
黑龙江	Heilongjiang	1108698	1004606	4520	99572	6329	31868	19203
上　海	Shanghai	2435657	2085835	13583	336239	61559	156439	162107
江　苏	Jiangsu	1280275	1118541	5019	156715	18828	73084	52582
浙　江	Zhejiang	1299306	1198893	1941	98472	8299	49620	25367
安　徽	Anhui	1275582	1174728	3774	97080	10668	55580	27313
福　建	Fujian	664731	604389	1373	58969	6011	28623	16193
江　西	Jiangxi	190251	177996	481	11774	1288	7986	4742
山　东	Shandong	2140135	1841025	15079	284031	17073	92662	104154
河　南	Henan	1602949	1439413	14145	149391	9070	64739	58203
湖　北	Hubei	3004609	2743615	11926	249068	-1387	101352	51831
湖　南	Hunan	2109226	1896336	11934	200956	7675	80832	59704
广　东	Guangdong	5277766	4645874	15624	616268	19433	170134	98234
广　西	Guangxi	346376	304839	1821	39716	6490	25442	17041
海　南	Hainan	419339	391673	101	27565	25110	15488	5238
重　庆	Chongqing	1115910	1021376	2813	91721	6851	51095	14457
四　川	Sichuan	3193672	2983517	4270	205885	8762	99131	29846
贵　州	Guizhou	1011448	904925	1641	104882	3231	36262	15390
云　南	Yunnan	2026027	1907236	1956	116835	2623	56717	18284
西　藏	Tibet	450685	372265	3588	74832	363	21199	9722
陕　西	Shaanxi	556834	455435	6902	94497	6507	33803	41468
甘　肃	Gansu	498524	456160	1211	41153	1873	15939	10817
青　海	Qinghai	219275	203868	366	15041	1319	7662	4225
宁　夏	Ningxia	51582	43903	323	7356	1207	6172	4054
新　疆	Xinjiang	320558	270891	1037	48630	3162	20966	12482

单位：万元

Unit: 10000 yuan

#税金 Taxes	#差旅费 Travel Allowance	#工会经费 Trade Unions Funds	财务费用 Financial Expenses	#利息支出 Interest Expenses	营业利润 Operating Profits	利润总额 Total Profits	应交所得税 Income Tax Payable	应付职工薪酬 Payables to Employees	应交增值税 VAT Payable
45814	**23622**	**11084**	**117560**	**74285**	**1677654**	**1363498**	**186724**	**1171806**	**1106175**
1343	679	663	1204	1915	44843	54919	13098	71744	21276
1660	905	711	4106	3250	67240	68674	8552	79432	17532
1252	285	248	1365	699	23206	6283	11586	26032	8187
2826	1539	955	4687	1598	78688	26347	17922	32672	30985
2755	424	72	12544	8608	205469	139946	2457	57223	181300
2420	1191	284	5822	986	14029	11209	1625	31501	245984
560	133	290	2769	2674	11837	13359	55	25419	8326
1343	313	102	1145	771	54877	44682	8444	17944	138060
1785	845	708	6436	5366	82233	86992	18985	74726	63511
1375	799	416	6687	6458	43189	40348	6678	43337	16814
956	442	317	1091	2243	31812	31886	7007	34835	13278
1082	430	242	692	338	23301	22177	1134	31444	16781
424	309	134	1729	1225	18296	19036	4766	20837	11362
185	88	24	443	191	-180	-78	399	4354	3245
3824	1991	708	6788	2834	96970	72517	15460	86450	34904
2216	895	574	3426	1624	30301	30567	3110	54676	31250
2440	1215	430	5167	3267	89082	62465	5929	50821	47719
2928	2291	801	6910	4239	60955	41979	4987	40520	20520
6377	2338	1567	19765	4378	368994	311727	23518	168174	59210
1369	320	220	1101	1036	2737	3578	1335	19057	5747
139	345	25	106	449	31810	6194	1712	5761	1345
755	605	304	1903	1543	30758	19502	640	18136	10471
1901	990	182	11679	10778	72710	71313	10067	57234	22957
1003	437	137	373	127	55634	49667	3485	16314	32342
638	390	138	4671	3119	38882	37893	4265	27745	9964
224	341	59	188	187	44137	41862	678	13197	14766
902	1592	397	2770	2023	22790	16987	2820	26011	12514
405	230	131	640	434	15283	10055	507	12525	11908
19	725	12	680	971	3782	4449	56	4402	2720
173	88	104	276	214	-1907	-134	69	4953	4145
537	449	132	400	741	15899	17099	5383	14329	7052

集体企业
Collective-owned Enterprises

地　区	Region	主营业务收入 Revenue from Principal Business	主营业务成本 Cost of Principal Business	主营业务税金及附加 Taxes and Other Charges on Principal Business	主营业务利润 Profits from Principal Business	其他业务利润 Profits from Other Business	销售费用 Selling Expenses	管理费用 Administrative Expenses
全　国	**National Total**	**11233993**	**9888450**	**113813**	**1231730**	**71725**	**378222**	**370255**
北　京	Beijing	401760	339442	2312	60006	16312	40361	24841
天　津	Tianjin	164528	129781	306	34441	18	8312	2843
河　北	Hebei	454151	393938	1784	58429	2802	20722	22170
山　西	Shanxi	430997	393553	2137	35307	2909	9054	13393
内蒙古	Inner Mongolia	77887	74661	76	3150	393	753	1097
辽　宁	Liaoning	194391	163683	1641	29067	1063	5847	5198
吉　林	Jilin	102799	92748	429	9622	421	5593	2363
黑龙江	Heilongjiang	82345	68325	861	13159	568	4754	1525
上　海	Shanghai	326712	302193	913	23606	7631	16469	14593
江　苏	Jiangsu	615533	553504	4672	57357	2000	18690	14024
浙　江	Zhejiang	441303	411091	1205	29007	5429	14806	14495
安　徽	Anhui	207700	183637	524	23539	629	5272	4746
福　建	Fujian	167601	151673	762	15166	509	6843	6612
江　西	Jiangxi	39669	35274	253	4142	362	1360	1750
山　东	Shandong	2910858	2493596	29570	387692	10799	84075	100755
河　南	Henan	1739810	1562231	29971	147608	2209	36163	37937
湖　北	Hubei	1016947	898613	20991	97343	8043	27589	37747
湖　南	Hunan	164506	142901	2212	19393	742	7015	6737
广　东	Guangdong	685935	613316	2437	70182	4343	29931	19288
广　西	Guangxi	155693	137774	1828	16091	212	4778	3541
海　南	Hainan	3263	3140	3	120		19	98
重　庆	Chongqing	38248	32291	479	5478	154	1750	1795
四　川	Sichuan	210708	191315	1016	18377	187	8389	5028
贵　州	Guizhou	37852	26940	207	10705	79	795	883
云　南	Yunnan	185970	168111	835	17024	131	9287	4569
西　藏	Tibet	850	437	3	410		146	68
陕　西	Shaanxi	301596	253315	6319	41962	3775	8552	20118
甘　肃	Gansu	65460	63045	40	2375	2	864	1200
青　海	Qinghai	565	491	2	72	3		75
宁　夏	Ningxia	3321	3222	1	98	1	33	69
新　疆	Xinjiang	5035	4209	26	800			696

单位：万元
Unit: 10000 yuan

			财务费用 Financial Expenses		营业利润 Operating Profits	利润总额 Total Profits	应交所得税 Income Tax Payable	应付职工薪酬 Payables to Employees	应交增值税 VAT Payable
#税金 Taxes	#差旅费 Travel Allowance	#工会经费 Trade Unions Funds		#利息支出 Interest Expenses					
21128	**10240**	**2824**	**57092**	**28919**	**500186**	**355963**	**49304**	**272586**	**163244**
538	165	131	2750	1957	8381	7929	2111	16372	7610
74	7	5	62	31	23233	1735	743	5209	2784
313	1688	50	5712	3329	12627	3622	752	6777	4878
458	137	49	1340	826	14433	4504	757	7383	8480
10	5		115	107	1579	1811	74	893	377
434	108	71	567	155	18518	6611	471	6886	1520
240	103	11	117	84	1970	1887	77	1601	469
88	52	17	749	254	6699	4851	271	2540	1149
295	202	109	180	147	3418	4934	728	10399	3651
387	366	116	2779	1466	23930	22544	4314	11460	7211
499	143	82	781	678	4542	4990	1149	10661	5350
278	41	14	926	685	13262	13189	175	5434	2187
233	164	47	460	194	1755	2429	333	4748	1995
25	58	8	520	231	875	694	46	951	354
6938	3481	1182	17191	8999	196637	162572	22517	52146	45297
3104	676	321	8219	1961	67498	41981	4889	56461	23286
1071	229	114	7795	3823	32225	12274	1677	24861	12544
556	169	87	559	120	5824	1918	178	3420	3008
1993	691	101	1808	834	25381	21135	3835	16293	10646
430	219	28	882	209	7104	6898	171	3368	906
1	2	1			3	4	1	54	24
173	127	15	192	86	1895	1292	90	1204	255
811	82	25	719	431	4433	3914	502	3857	10591
2	59	6	147	201	9013	9049	2303	511	1341
105	571	100	1061	1107	2240	1947	321	2757	454
	6				195	195	28	540	29
2055	669	118	1023	589	12550	11093	754	14170	6625
15	16	8	431	412	-118	-119	3	1256	139
					-1	-4		33	19
1	2	1	10	5	-13	-14		34	7
4	3	6	-2		100	99	35	310	60

股份合作企业

Cooperative Enterprises

地 区	Region	主营业务收入 Revenue from Principal Business	主营业务成本 Cost of Principal Business	主营业务税金及附加 Taxes and Other Charges on Principal Business	主营业务利润 Profits from Principal Business	其他业务利润 Profits from Other Business	销售费用 Selling Expenses	管理费用 Administrative Expenses
全 国	**National Total**	**3390002**	**2994149**	**20509**	**375344**	**35980**	**150448**	**124788**
北 京	Beijing	230280	213609	329	16342	1730	9170	6722
天 津	Tianjin	350416	285071	3077	62268	19636	11386	43651
河 北	Hebei	251515	226776	1298	23441	1630	16270	5714
山 西	Shanxi	23053	21785	126	1142	116	394	508
内蒙古	Inner Mongolia	7072	6259	5	808	56	214	480
辽 宁	Liaoning	47390	41467	288	5635	20	929	1719
吉 林	Jilin	34249	31234	462	2553	38	637	1027
黑龙江	Heilongjiang	48559	42103	539	5917	875	1767	3351
上 海	Shanghai	36921	33375	101	3445	398	1359	2484
江 苏	Jiangsu	194037	173761	627	19649	989	8403	8051
浙 江	Zhejiang	70593	66284	143	4166	250	1754	878
安 徽	Anhui	187012	174102	611	12299	2617	7810	3925
福 建	Fujian	17916	15687	58	2171	62	734	658
江 西	Jiangxi	36127	31885	502	3740	680	2120	1130
山 东	Shandong	544467	511120	2271	31076	2194	8818	6922
河 南	Henan	248003	220483	2122	25398	373	7135	4821
湖 北	Hubei	84132	66993	938	16201	606	3701	2518
湖 南	Hunan	79522	59503	892	19127	414	11268	3136
广 东	Guangdong	356133	321943	568	33622	828	16160	8057
广 西	Guangxi	9042	8299	12	731	11	324	226
海 南	Hainan							
重 庆	Chongqing	150395	126678	1475	22242	22	7443	5102
四 川	Sichuan	94267	83978	1986	8303	143	3334	3007
贵 州	Guizhou	17556	15829	120	1607	13	212	594
云 南	Yunnan	121902	111355	121	10426	336	5449	3678
西 藏	Tibet							
陕 西	Shaanxi	50021	36078	1510	12433	3	3029	3218
甘 肃	Gansu	88990	59547	268	29175	546	19748	1831
青 海	Qinghai	968	893	1	74			71
宁 夏	Ningxia	7723	6508	57	1158	632	725	475
新 疆	Xinjiang	1744	1543	2	199	763	156	836

3-4-6 Continued 3

单位：万元

Unit: 10000 yuan

#税金 Taxes	#差旅费 Travel Allowance	#工会经费 Trade Unions Funds	财务费用 Financial Expenses	#利息支出 Interest Expenses	营业利润 Operating Profits	利润总额 Total Profits	应交所得税 Income Tax Payable	应付职工薪酬 Payables to Employees	应交增值税 VAT Payable
8021	**3731**	**797**	**19954**	**14086**	**117339**	**104408**	**14362**	**94863**	**58097**
388	305	25	288	277	1891	2262	594	4305	2432
879	317	276	7318	5768	19611	20167	5189	22693	13275
492	141	16	1082	999	2005	2320	909	9888	3651
5	19	1	142	82	193	199	43	561	133
14	7	52	2	1	168	57	9	367	100
210	30	6	372	352	2636	369	41	646	414
102	55	35	195	98	732	650	52	2203	168
276	22	23	159	139	1504	255	77	2452	967
28	8	27	-89	7	654	492	249	1556	538
528	124	11	1695	1572	2490	2225	475	5430	2616
74	33	3	289	220	1494	1173	272	1650	1109
34	218	12	915	274	2266	2317	105	4062	4086
40	17	7	280	94	561	566	33	779	197
10	40	1	150	43	1032	1063	324	1749	756
359	386	34	1111	726	16393	14967	882	7053	2396
590	105	49	1238	329	12583	12184	2859	5358	3460
119	261	28	1362	684	9264	8851	179	3183	1115
70	24	12	407	52	4731	763	54	2209	1469
178	117	32	236	42	10518	10574	692	7797	13021
4	19	1	29	20	165	170	15	301	103
469	1280	72	1132	1117	8586	6223	879	2340	1692
118	66	21	268	219	1837	1825	124	2525	1090
17	37	1	146	140	666	675	29	386	88
237	47	19	464	509	1226	699	32	1787	482
2268	39	9	580	261	5610	4764	134	1107	1921
483	7	8	186	63	7956	7976	8	1106	549
6	7				3	3	1	31	5
14		9	4		586	562	84	420	245
11	1	9	-6		-24	56	14	919	20

联营企业
Joint Ownership Enterprises

地 区	Region	主营业务收入 Revenue from Principal Business	主营业务成本 Cost of Principal Business	主营业务税金及附加 Taxes and Other Charges on Principal Business	主营业务利润 Profits from Principal Business	其他业务利润 Profits from Other Business	销售费用 Selling Expenses	管理费用 Administrative Expenses
全 国	**National Total**	**2169599**	**1968020**	**7733**	**193846**	**8393**	**86094**	**35568**
北 京	Beijing	50201	42684	93	7424	7	5927	392
天 津	Tianjin	57669	53783	84	3802	898	1072	1518
河 北	Hebei	11189	10577	2	610	8	304	317
山 西	Shanxi	20978	20053	19	906	160	231	763
内蒙古	Inner Mongolia							
辽 宁	Liaoning	49444	43845	297	5302		2634	1507
吉 林	Jilin							
黑龙江	Heilongjiang	14887	12577	413	1897		577	316
上 海	Shanghai	308097	286599	313	21185	1013	9109	3590
江 苏	Jiangsu	137453	129467	201	7785	561	3557	2245
浙 江	Zhejiang	143361	136531	114	6716	3	2326	544
安 徽	Anhui	10904	10294	12	598	8	222	255
福 建	Fujian	76151	70602	94	5455	163	1207	759
江 西	Jiangxi	1367	988	2	377		23	4
山 东	Shandong	150868	132969	2615	15284	899	4760	4042
河 南	Henan	134739	122298	730	11711	1	3943	1442
湖 北	Hubei	35983	33345	102	2536		443	550
湖 南	Hunan	325865	301482	561	23822	1289	11717	5629
广 东	Guangdong	317760	278387	1224	38149	2800	23837	5122
广 西	Guangxi							
海 南	Hainan							
重 庆	Chongqing	108265	97574	576	10115	271	3608	2581
四 川	Sichuan	177212	152486	219	24507	106	6815	2843
贵 州	Guizhou	1434	1258	2	174		159	2
云 南	Yunnan	14525	12993	36	1496	75	854	295
西 藏	Tibet	6136	5891	9	236	100		314
陕 西	Shaanxi	15112	11336	17	3759	30	2769	540
甘 肃	Gansu							
青 海	Qinghai							
宁 夏	Ningxia							
新 疆	Xinjiang							

3-4-6 Continued 4

单位：万元
Unit: 10000 yuan

#税金 Taxes	#差旅费 Travel Allowance	#工会经费 Trade Unions Funds	财务费用 Financial Expenses	#利息支出 Interest Expenses	营业利润 Operating Profits	利润总额 Total Profits	应交所得税 Income Tax Payable	应付职工薪酬 Payables to Employees	应交增值税 VAT Payable
2344	**914**	**201**	**10442**	**4185**	**70329**	**64944**	**9475**	**32315**	**42132**
42	42	3	258		854	1088	301	1113	872
68	26	1	517	513	1593	1583	275	639	458
4	7	2	-27	1	24	35	2	75	27
12	14		125		-54	-127	3	176	150
390	136	5	10	2	1151	1151	30	465	96
52	3		98	95	906	816		122	69
35	58	16	223	86	9282	9304	2297	5469	7727
149	8	2	299	197	2244	2184	552	2218	1288
179	8	4	-10	10	3858	3859	972	1082	1112
5	8		31	30	98	105	8	142	78
49	7	15	57	20	3669	2528	627	902	673
1	1		1	1	350	80	1	90	2
145	122	36	752	272	6629	6521	583	3101	9083
20	26	7	-53	363	6381	6054	148	1861	796
147	24	2	242	129	1300	1313	23	392	131
16	3	3	4476		3290	3144	736	1297	4252
643	81	20	734	34	11368	9065	2044	6802	11252
204	86	66	959	813	3239	3161	516	2695	1335
116	75	10	1623	1541	13335	12623	221	2522	2225
			9		4	4		135	20
7	14		93	61	329	329	95	533	259
3	32	2			23	19	2	310	100
58	133	8	24	17	459	105	38	174	129

有限责任公司

Limited Liability Corporations

地 区	Region	主营业务收入 Revenue from Principal Business	主营业务成本 Cost of Principal Business	主营业务税金及附加 Taxes and Other Charges on Principal Business	主营业务利润 Profits from Principal Business	其他业务利润 Profits from Other Business	销售费用 Selling Expenses	管理费用 Administrative Expenses
全 国	**National Total**	**200142190**	**178574344**	**895411**	**20672435**	**3250425**	**11533895**	**5853297**
北 京	Beijing	19787447	17771859	60029	1955559	428947	1413415	595020
天 津	Tianjin	3748296	3405001	13524	329771	118224	262633	102134
河 北	Hebei	6010082	5447135	25396	537551	96351	303475	208811
山 西	Shanxi	2819736	2525171	10179	284386	34359	99542	93231
内蒙古	Inner Mongolia	3798414	3307991	17914	472509	34204	166169	135446
辽 宁	Liaoning	6775977	6023185	37834	714958	115589	336154	291560
吉 林	Jilin	2522338	2233731	9288	279319	43193	128737	120834
黑龙江	Heilongjiang	2885213	2491069	16012	378132	41267	160029	106182
上 海	Shanghai	11778070	10387960	53368	1336742	426059	1001402	370298
江 苏	Jiangsu	12999747	11560045	53547	1386155	237496	813153	373164
浙 江	Zhejiang	15058231	13681040	45123	1332068	281672	857972	388808
安 徽	Anhui	6101396	5518385	28268	554743	60755	312577	165500
福 建	Fujian	6846295	6121684	32456	692155	67463	394453	157567
江 西	Jiangxi	3320062	2950533	14818	354711	28144	165699	101353
山 东	Shandong	17929808	16057875	77117	1794816	183548	816330	524623
河 南	Henan	7699335	7074947	30896	593492	113937	342011	202079
湖 北	Hubei	8350072	7185894	48505	1115673	73175	406644	253579
湖 南	Hunan	4318622	3711005	23981	583636	49211	347226	164948
广 东	Guangdong	20748719	18542634	75415	2130670	342424	1360379	517260
广 西	Guangxi	3046307	2702845	10244	333218	48980	184326	79214
海 南	Hainan	1759976	1551409	6619	201948	20087	84539	63083
重 庆	Chongqing	5987845	5415406	24992	547447	44436	231368	134375
四 川	Sichuan	8619294	7686129	65026	868139	107133	444197	203551
贵 州	Guizhou	2154548	1938153	7893	208502	30658	121461	63620
云 南	Yunnan	3069664	2696651	11124	361889	38092	170443	116673
西 藏	Tibet	87451	81585	183	5683	2676	2539	3525
陕 西	Shaanxi	7306007	6412741	79837	813429	129935	352768	201523
甘 肃	Gansu	1256216	1116604	5502	134110	18864	79595	35840
青 海	Qinghai	476364	420714	1504	54146	11365	25695	17256
宁 夏	Ningxia	976380	865964	3515	106901	9827	51474	23271
新 疆	Xinjiang	1904280	1689001	5303	209976	12356	97488	38970

3-4-6 Continued 5

单位：万元
Unit: 10000 yuan

#税金 Taxes	#差旅费 Travel Allowance	#工会经费 Trade Unions Funds	财务费用 Financial Expenses	#利息支出 Interest Expenses	营业利润 Operating Profits	利润总额 Total Profits	应交所得税 Income Tax Payable	应付职工薪酬 Payables to Employees	应交增值税 VAT Payable
240789	**156689**	**48975**	**1242793**	**865492**	**5329833**	**4541770**	**1228298**	**5426628**	**4002061**
12989	13882	3807	115861	103633	279837	309323	134955	639581	414165
3803	924	438	24774	11949	61180	62580	17229	115914	56085
6873	3547	1436	31290	19451	90782	97237	26951	161197	115656
4934	2081	457	24163	15608	18031	589	4244	56956	24326
10212	16073	915	25988	13587	178987	143181	22787	89179	148886
12000	4818	1904	64676	43662	127575	94985	56985	179867	111417
6278	2275	1306	24400	15381	48166	34842	6372	63193	41031
4702	1833	502	19074	14013	134310	56775	15397	66883	44007
10524	3859	2022	32061	25762	386598	234061	88387	339079	183236
14464	7049	1629	76021	50539	389855	328744	96732	334960	190590
16816	8735	3111	104044	100290	283468	294013	82593	431369	262458
6294	4414	860	26712	20284	113324	110182	27899	160865	96776
7439	6792	1232	42619	31008	165497	140843	36105	183609	104132
5557	4404	582	21127	14023	74090	53773	10721	85050	76858
27835	13353	3288	125484	76876	508241	486606	103054	414225	293041
7708	5197	1018	39447	21059	121497	110421	28338	218395	131592
13720	9133	1949	58218	35753	465279	249309	62574	174606	161818
4051	3066	845	21564	15319	116101	98848	22968	134419	91400
22743	13864	12292	132426	75285	477127	454301	123737	660063	400263
3884	2098	539	14264	10457	115403	104789	23923	96006	116145
1349	2198	504	17317	8728	56268	48795	14362	45286	63239
4668	5526	2924	31702	27006	219133	201642	20806	130602	78829
9658	5219	1555	61856	37652	266388	235821	86869	199706	248711
2489	2295	467	21373	13559	33192	30131	8849	53066	98243
3358	3067	859	26552	22323	87531	80501	18717	106382	107143
29	12	1	284	41	2012	2005	189	2382	951
10911	5880	1545	36772	25924	342080	328623	53397	162549	264016
1858	1562	206	9128	6892	28059	18983	8083	38190	19110
575	280	76	1841	860	20764	20674	2871	14962	10707
1336	747	298	3669	2206	38475	27805	6346	19655	11246
1734	2509	409	8090	6366	80586	81389	15861	48434	35986

股份有限公司
Share-holding Corporations Ltd.

地　区	Region	主营业务收入 Revenue from Principal Business	主营业务成本 Cost of Principal Business	主营业务税金及附加 Taxes and Other Charges on Principal Business	主营业务利润 Profits from Principal Business	其他业务利润 Profits from Other Business	销售费用 Selling Expenses	管理费用 Administrative Expenses
全　国	**National Total**	**93780637**	**83848668**	**438664**	**9493305**	**1168237**	**4297488**	**2385556**
北　京	Beijing	10243695	9384530	44787	814378	192600	517567	213421
天　津	Tianjin	304210	271918	2504	29788	5658	20692	20371
河　北	Hebei	2392407	2188511	10366	193530	54947	92347	72432
山　西	Shanxi	3381927	3148223	7814	225890	27389	133120	42622
内蒙古	Inner Mongolia	1387572	1303368	3023	81181	13311	38543	23640
辽　宁	Liaoning	4424194	3983430	21575	419189	25709	187413	195417
吉　林	Jilin	2144249	1920548	9888	213813	46753	132573	35913
黑龙江	Heilongjiang	1630848	1408373	17216	205259	28385	73359	85656
上　海	Shanghai	1957438	1578401	15713	363324	28739	188597	132894
江　苏	Jiangsu	4684464	4018622	33073	632769	82629	191642	219186
浙　江	Zhejiang	6026542	5606068	16135	404339	60236	209521	118419
安　徽	Anhui	2714798	2531886	14523	168389	28647	85923	47677
福　建	Fujian	2538068	2355033	5748	177287	40417	123219	41645
江　西	Jiangxi	1049551	935139	7291	107121	8542	47159	30078
山　东	Shandong	11076745	10072170	48289	956286	114096	412076	280638
河　南	Henan	2836589	2610810	11927	213852	12403	96291	57172
湖　北	Hubei	5004304	4151148	46585	806571	150082	466856	199748
湖　南	Hunan	6533506	6032191	22540	478775	36267	233018	121789
广　东	Guangdong	8744291	7174479	24244	1545568	53752	358769	137977
广　西	Guangxi	1187747	1031873	19753	136121	19076	57175	45053
海　南	Hainan	995097	920259	1247	73591	115	34408	12554
重　庆	Chongqing	1460411	1275589	10461	174361	47476	121639	52726
四　川	Sichuan	4627033	4184758	14042	428233	56024	223555	74642
贵　州	Guizhou	1524341	1386074	1789	136478	1286	45130	7995
云　南	Yunnan	918876	806469	3496	108911	2685	35259	14466
西　藏	Tibet	9368	8292	19	1057	293	347	541
陕　西	Shaanxi	1037008	875290	11866	149852	13563	47007	47116
甘　肃	Gansu	1816544	1686063	3752	126729	5649	57852	9417
青　海	Qinghai	39893	33457	93	6343	172	3044	4364
宁　夏	Ningxia	213649	178257	3111	32281	1596	22266	4939
新　疆	Xinjiang	875271	787440	5796	82035	9744	41121	35049

3-4-6 Continued 6

单位：万元

Unit: 10000 yuan

#税金 Taxes	#差旅费 Travel Allowance	#工会经费 Trade Unions Funds	财务费用 Financial Expenses	#利息支出 Interest Expenses	营业利润 Operating Profits	利润总额 Total Profits	应交所得税 Income Tax Payable	应付职工薪酬 Payables to Employees	应交增值税 VAT Payable
118570	**39663**	**14940**	**419351**	**314376**	**3959319**	**3753933**	**468620**	**2192862**	**1776827**
7784	3920	2508	45276	54865	290789	298397	64612	285847	112603
764	100	72	7048	7648	-10986	-2154	702	9036	4349
2605	785	526	11027	8844	73135	61011	19941	47290	58028
1258	890	143	6626	3315	68332	62741	4185	51719	24248
2341	1378	199	6100	5393	26247	25064	1297	29973	70387
8110	1767	742	14322	19371	85600	64601	11945	140353	55194
2260	708	321	10531	6464	81382	55338	5177	57207	51226
5844	3269	272	5410	3795	74962	75517	15193	51784	40858
1398	1151	665	8953	-2629	204194	224170	19626	67419	66042
8797	1944	1182	25032	21731	242808	225350	41938	135145	108733
4965	1619	667	25107	22950	128240	149083	40388	111558	59053
3532	1097	441	4592	4838	89569	89911	13784	43669	32368
2322	1005	185	2705	5451	113064	140372	9935	46567	47106
1777	531	176	9248	7322	36632	36094	7643	23600	27889
11190	5762	1637	79117	64211	315042	314973	45475	204370	267479
3145	1354	338	10951	5556	61591	55943	6680	53878	26085
13598	3022	1511	24030	18429	265986	171580	36517	212302	92731
4223	2117	667	9396	7701	168331	155019	32689	106202	90309
8895	2260	729	14128	11136	1110274	1078553	37867	165456	143354
8352	656	399	8914	2668	45296	42251	8691	47123	25364
590	236	224	204	309	24234	24556	5753	17713	11328
205	335	85	1192	507	47430	44833	7529	64257	26588
5070	723	439	57658	13187	138308	127978	6943	93719	135852
458	201	50	758	120	84047	59494	75	16142	109430
488	411	40	5232	1800	56309	41937	8966	17529	21178
2	27	1	41	4	422	449	75	282	122
4210	631	178	17062	14012	52609	47988	7342	34935	25302
2489	433	103	4306	3012	61312	59414	2073	20127	11383
214	21	29	470	384	-1364	-1364	402	2407	958
			56		10858	11028	2876	7555	6693
1686	1310	413	3858	1983	14669	13807	2301	27701	24590

私营企业
Private Enterprises

地 区	Region	主营业务收入 Revenue from Principal Business	主营业务成本 Cost of Principal Business	主营业务税金及附加 Taxes and Other Charges on Principal Business	主营业务利润 Profits from Principal Business	其他业务利润 Profits from Other Business	销售费用 Selling Expenses	管理费用 Administr-ative Expenses
全 国	**National Total**	**177226514**	**157894459**	**1024842**	**18307213**	**1540387**	**7937614**	**5332331**
北 京	Beijing	8637315	7538384	26580	1072351	139304	686976	408247
天 津	Tianjin	2669479	2418380	16116	234983	20596	95150	89780
河 北	Hebei	4313444	3937007	14746	361691	48593	183388	121874
山 西	Shanxi	5970996	5456756	23774	490466	54205	207486	160236
内蒙古	Inner Mongolia	3282509	2941886	11030	329593	34119	107885	97613
辽 宁	Liaoning	9032247	7812618	63233	1156396	97326	326200	352687
吉 林	Jilin	2999400	2689488	13432	296480	21010	88658	94188
黑龙江	Heilongjiang	2677486	2356722	20676	300088	41012	101757	96869
上 海	Shanghai	8483853	7579532	19607	884714	127382	603396	285222
江 苏	Jiangsu	22675967	20492265	89275	2094427	175466	839337	683937
浙 江	Zhejiang	17515609	16116436	41590	1357583	179971	770674	455472
安 徽	Anhui	4532814	4087451	14836	430527	19505	178443	127777
福 建	Fujian	5294602	4757050	18722	518830	34987	263890	144589
江 西	Jiangxi	1836318	1704326	9413	122579	13066	79846	39517
山 东	Shandong	19226651	16805813	180821	2240017	56297	580929	498436
河 南	Henan	6994934	6136600	96874	761460	46566	218811	160755
湖 北	Hubei	5147015	4419130	46635	681250	19806	219112	139359
湖 南	Hunan	7127373	6145009	81372	900992	27434	390955	231458
广 东	Guangdong	13464669	11962950	53021	1448698	183594	793161	469858
广 西	Guangxi	1811631	1643364	5254	163013	15737	93196	58767
海 南	Hainan	196171	175078	573	20520	2475	13772	8525
重 庆	Chongqing	5376440	4736593	79902	559945	35796	252922	112153
四 川	Sichuan	7159308	6387837	40649	730822	56981	303913	193706
贵 州	Guizhou	794091	729358	2036	62697	5745	34000	18665
云 南	Yunnan	3250349	2926921	9261	314167	13708	169231	91158
西 藏	Tibet	93033	84409	144	8480	1095	4605	4150
陕 西	Shaanxi	2310124	1933998	27417	348709	15400	117568	61502
甘 肃	Gansu	1150958	1008106	9164	133688	7112	54949	29161
青 海	Qinghai	303843	286435	453	16955	2143	8796	5364
宁 夏	Ningxia	796394	731677	1620	63097	11305	32293	23004
新 疆	Xinjiang	2101493	1892881	6619	201993	32655	116317	68304

单位：万元

Unit: 10000 yuan

#税金 Taxes	#差旅费 Travel Allowance	#工会经费 Trade Unions Funds	财务费用 Financial Expenses	#利息支出 Interest Expenses	营业利润 Operating Profits	利润总额 Total Profits	应交所得税 Income Tax Payable	应付职工薪酬 Payables to Employees	应交增值税 VAT Payable
237144	**211084**	**33533**	**1464064**	**904394**	**5200476**	**4110970**	**760018**	**4107587**	**3347479**
5597	17511	1178	42415	32003	75339	81047	42950	275362	188452
2114	1277	78	14674	10038	73489	52782	11076	56554	55249
5251	3943	574	36869	20033	67255	51188	13644	117518	100770
10787	5694	1005	51150	9883	123726	51750	12751	99865	101988
5346	7935	384	31452	22757	132651	105152	15086	65657	205899
16534	10822	2546	75542	48215	501915	305108	39437	202682	128551
4619	3977	1585	37469	23083	96390	82837	9589	53456	38487
4414	3678	557	20713	8310	121604	104072	17413	58725	47702
1968	7254	462	42560	22583	95409	123291	36239	201565	166423
24374	20893	2459	200139	121209	552062	476796	109415	461203	306828
21777	15243	1979	209135	172464	99109	108005	53342	390059	166965
6083	6261	605	38620	28855	102392	89393	13199	119687	115071
6592	7298	947	45853	33433	100816	88783	18122	145066	99390
2378	2249	210	15731	11615	-1044	-6497	4570	44645	37655
32849	24394	3540	164103	90427	1051429	942257	128333	326212	318033
12266	4868	1117	45333	19871	385661	319115	35175	154874	147451
8752	6880	1309	51204	32206	292308	165828	18988	98159	121227
12642	10711	1564	62403	20058	243378	141996	18724	142705	139633
17837	18033	6873	101237	54984	314906	268208	62807	407895	286714
1873	1986	247	12297	9414	14622	12167	4784	59271	49119
175	317	83	950	482	-252	26	345	6820	9352
7954	6377	702	25955	17775	206058	129649	18282	129544	99505
9729	8553	1699	50312	35368	238662	178551	28369	148351	151670
670	863	100	3172	2907	12555	12013	3293	20943	61843
2724	4461	408	34469	21836	34486	25008	6552	156819	54634
74	82		195	28	625	-82	98	2622	813
6237	2420	297	20156	12088	164347	125782	16954	56720	43396
1355	3468	85	7824	6655	47944	25168	5285	27409	23334
248	490	28	743	555	4139	3050	600	4316	6783
1084	678	238	10104	6849	8980	9218	2217	21743	11333
2843	2470	673	11287	8409	39518	39312	12381	51143	63210

其他企业
Other Enterprises

地　区	Region	主营业务收入 Revenue from Principal Business	主营业务成本 Cost of Principal Business	主营业务税金及附加 Taxes and Other Charges on Principal Business	主营业务利润 Profits from Principal Business	其他业务利润 Profits from Other Business	销售费用 Selling Expenses	管理费用 Administr-ative Expenses
全　国	**National Total**	**14063563**	**12656512**	**108517**	**1298534**	**82939**	**553108**	**329999**
北　京	Beijing							
天　津	Tianjin	245855	228642	176	17037	722	8241	6315
河　北	Hebei	331577	301248	1074	29255	1774	14853	7616
山　西	Shanxi	378241	340259	3517	34465	3999	11924	11654
内蒙古	Inner Mongolia	485446	427746	4580	53120	3994	22880	17463
辽　宁	Liaoning	148276	136991	774	10511	1640	3523	5963
吉　林	Jilin	378064	350579	1271	26214	1160	8577	10174
黑龙江	Heilongjiang	435156	390821	4990	39345	1482	9180	8806
上　海	Shanghai	161700	142264	415	19021	1480	14686	5361
江　苏	Jiangsu	707739	634679	2553	70507	3193	25921	15025
浙　江	Zhejiang	78538	71258	407	6873	949	2820	2210
安　徽	Anhui	521617	441037	9835	70745	2501	23206	17241
福　建	Fujian	897328	816173	2099	79056	4279	35531	20476
江　西	Jiangxi	43399	35896	536	6967	225	5481	1499
山　东	Shandong	2707728	2437288	20064	250376	11690	92419	75962
河　南	Henan	417420	365309	2396	49715	-998	22818	15072
湖　北	Hubei	1659226	1508948	20899	129379	2559	45467	22105
湖　南	Hunan	225777	192549	2428	30800	1622	18219	8686
广　东	Guangdong	1300953	1166256	4760	129937	24375	75363	25353
广　西	Guangxi	285000	243798	1126	40076	5834	35693	4883
海　南	Hainan	59899	52797	688	6414	1727	3634	3456
重　庆	Chongqing	867097	814600	3280	49217	152	17300	9651
四　川	Sichuan	359481	325278	2841	31362	1785	8916	6696
贵　州	Guizhou	23428	21795	39	1594	97	988	446
云　南	Yunnan	528466	482256	3069	43141	1879	20249	9969
西　藏	Tibet	4050	3906	6	138		60	79
陕　西	Shaanxi	515505	454343	14168	46994	1291	16841	9179
甘　肃	Gansu	161741	148225	400	13116	3419	4907	6173
青　海	Qinghai	30759	27532	92	3135	5	1143	756
宁　夏	Ningxia	2949	2684	6	259		21	135
新　疆	Xinjiang	101148	91355	28	9765	105	2248	1595

3-4-6 Continued 8

单位：万元

Unit: 10000 yuan

#税金 Taxes	#差旅费 Travel Allowance	#工会经费 Trade Unions Funds	财务费用 Financial Expenses	#利息支出 Interest Expenses	营业利润 Operating Profits	利润总额 Total Profits	应交所得税 Income Tax Payable	应付职工薪酬 Payables to Employees	应交增值税 VAT Payable
15830	**13688**	**1911**	**86197**	**49187**	**412713**	**323735**	**49911**	**289042**	**229782**
114	292	21	1147	597	2057	2292	413	4052	1591
229	179	19	2343	763	6211	5397	882	8798	3671
1223	675	171	4292	2679	10220	-1521	107	6013	1732
847	250	60	4717	1898	12080	11342	1702	14427	5334
237	304	22	650	132	2015	1589	442	2338	1873
525	387	49	1531	896	7118	7326	768	6367	2376
589	192	39	2018	896	20825	7439	364	8416	3435
10	135	70	582	268	-79	-1833	776	7382	3060
292	619	30	6205	2748	26528	23823	3984	10375	59559
298	110	14	1349	1313	1443	1624	355	1542	789
666	654	36	3832	2889	29036	25319	2191	9468	13345
661	1606	117	7543	6360	20113	17736	4230	21984	8092
121	106	38	492	197	-280	-296	157	2001	1964
3327	2175	479	15951	6631	77797	72433	9366	49719	31643
797	245	60	2777	796	8065	4197	1832	14830	5052
1202	1311	122	5820	3596	58512	37795	4134	21453	15563
455	260	45	1630	796	4126	902	-129	6214	7624
966	1776	178	8968	5077	44792	43590	7879	38825	20700
201	385	17	653	285	4681	4962	909	13922	7293
48	154	49	117	111	957	1019	162	2656	3217
1308	477	54	2473	2006	19948	12628	2250	8845	2475
424	410	49	2935	1321	14604	10538	814	5676	9491
57	26	1	53	62	204	160	139	523	919
335	460	58	5073	4703	9729	8866	2297	9805	5736
								43	2
557	240	60	1134	404	21130	15600	1773	9065	11288
253	194	17	1018	978	4437	4512	463	2655	550
2	21	11	358	297	860	693	186	765	393
14	1	1	122	125	-19	-19	5	29	2
72	45	25	416	365	5606	5625	1462	857	1013

港、澳、台商投资企业

Enterprises with Funds from Hong Kong,Macao and Taiwan

地 区	Region	主营业务收入 Revenue from Principal Business	主营业务成本 Cost of Principal Business	主营业务税金及附加 Taxes and Other Charges on Principal Business	主营业务利润 Profits from Principal Business	其他业务利润 Profits from Other Business	销售费用 Selling Expenses	管理费用 Administrative Expenses
全 国	**National Total**	**36056729**	**30383733**	**167134**	**5505862**	**854302**	**3246643**	**1557639**
北 京	Beijing	3120468	2560733	13959	545776	63045	396439	125510
天 津	Tianjin	871958	761397	5504	105057	46564	106470	33736
河 北	Hebei	6578	6219		359	941	3247	
山 西	Shanxi	76627	67484	444	8699	6147	6742	6141
内 蒙 古	Inner Mongolia	118055	87706	379	29970	803	3647	1038
辽 宁	Liaoning	1377603	1159264	9915	208424	25930	116969	80596
吉 林	Jilin	373290	306841	3534	62915	955	14677	14971
黑 龙 江	Heilongjiang	380621	331253	2189	47179	11375	32655	30270
上 海	Shanghai	6819039	5363868	28743	1426428	92641	739704	446918
江 苏	Jiangsu	5095314	4421951	17064	656299	124875	328006	232755
浙 江	Zhejiang	1986869	1777392	6465	203012	14979	127848	67621
安 徽	Anhui	391647	333872	2319	55456	8441	44287	15482
福 建	Fujian	1127246	941592	4739	180915	13731	118629	27536
江 西	Jiangxi	23312	18396	188	4728	1050	2936	1132
山 东	Shandong	817272	708344	2893	106035	14193	66350	22768
河 南	Henan	782568	682302	4284	95982	43482	25569	43958
湖 北	Hubei	592246	513454	3501	75291	23234	63112	20617
湖 南	Hunan	421782	338000	1903	81879	4794	59002	15324
广 东	Guangdong	6214511	5255542	30080	928889	257110	599526	238491
广 西	Guangxi	465895	411301	1165	53429	7271	26869	8103
海 南	Hainan	88713	73910	235	14568	189	5914	1473
重 庆	Chongqing	1626939	1419892	11680	195367	32114	137940	39506
四 川	Sichuan	997193	866391	4170	126632	18504	71058	35346
贵 州	Guizhou	200287	171700	980	27607	5392	15434	4771
云 南	Yunnan	780556	684050	1300	95206	6873	41072	13832
西 藏	Tibet							
陕 西	Shaanxi	1077831	926686	8679	142466	25946	76681	23557
甘 肃	Gansu	74168	66006	160	8002	1513	5938	716
青 海	Qinghai	1059	1025		34		10	37
宁 夏	Ningxia							
新 疆	Xinjiang	147086	127163	662	19261	2212	9910	5435

3-4-6 Continued 9

单位：万元
Unit: 10000 yuan

			财务费用 Financial Expenses		营业利润 Operating Profits	利润总额 Total Profits	应交所得税 Income Tax Payable	应付职工薪酬 Payables to Employees	应交增值税 VAT Payable
#税金 Taxes	#差旅费 Travel Allowance	#工会经费 Trade Unions Funds		#利息支出 Interest Expenses					
36298	**31563**	**5568**	**122852**	**107750**	**1480543**	**1402561**	**396230**	**1001012**	**885427**
1590	5161	587	4604	6461	80136	88540	34345	124957	102136
391	696	2	-959	-548	15460	10783	6084	35356	13293
			6	8	-1953	-1950		450	
20	204	49	568	442	1395	1386	909	3173	9758
54	4		428	404	25421	4392	1124	500	511
2367	868	192	12929	12870	22158	8417	8866	35220	33530
			6513	39	27447	27173	6854	7668	7711
948	125	109	3976	4029	-8715	-10500	2310	11823	4415
2586	6043	565	7886	5345	319909	331776	103068	137012	101734
2291	2161	458	13685	8697	206052	134250	34849	143314	105766
4893	1283	178	11415	11549	11496	13189	9518	55467	42430
712	478	98	1905	2267	2224	2355	2191	12303	7251
880	989	437	6643	1972	55476	55330	11054	35999	16870
2	32	4	629	35	1081	1136	11	1083	479
535	549	82	3890	2328	25701	24883	7616	25841	11766
1126	723	266	-1970	748	71909	71073	17948	16046	31675
1111	585	111	1181	346	15983	15451	6483	14751	15965
957	603	148	4293	3450	9182	6934	1765	23459	8134
11099	8346	1390	31373	29883	354297	366539	90275	219480	221640
530	121	70	945	1428	24784	23489	5238	9351	6872
35	8	3	736	199	6533	8969	2085	1317	1749
1533	354	337	-584	1971	50584	57297	10893	14782	33087
1571	835	261	10405	8180	28355	22433	9656	23257	16810
171	111	61	970	1196	11840	11921	3034	3685	4037
293	451	25	1605	3708	45576	46666	9110	9851	34539
534	656	96	1415	733	70760	73094	8792	30047	49364
			296		1798	1871	726	1207	1136
	37				-13	-13		30	4
69	141	39	435	11	5670	5676	1427	3584	2765

外商投资企业
Foreign Funded Enterprises

地　区	Region	主营业务收入 Revenue from Principal Business	主营业务成本 Cost of Principal Business	主营业务税金及附加 Taxes and Other Charges on Principal Business	主营业务利润 Profits from Principal Business	其他业务利润 Profits from Other Business	销售费用 Selling Expenses	管理费用 Administrative Expenses
全　国	**National Total**	**43840828**	**37183460**	**170034**	**6487334**	**1461327**	**4851034**	**1841748**
北　京	Beijing	7495596	6300591	23497	1171508	244958	873259	419032
天　津	Tianjin	1007989	830788	3175	174026	27943	130302	45774
河　北	Hebei	271142	236692	615	33835	9263	42964	8652
山　西	Shanxi	37638	30473	136	7029	369	4809	906
内蒙古	Inner Mongolia	72071	60932	77	11062		10258	958
辽　宁	Liaoning	1114347	950222	3728	160397	33541	134279	43680
吉　林	Jilin	196701	174781	470	21450	5371	16450	8292
黑龙江	Heilongjiang	257091	216972	857	39262	11655	38002	7954
上　海	Shanghai	6949941	5565860	28466	1355615	344898	1074744	455746
江　苏	Jiangsu	5839882	5215094	22808	601980	203395	509834	148578
浙　江	Zhejiang	2869105	2526565	12380	330160	81023	228778	80566
安　徽	Anhui	680770	568826	2597	109347	22877	100815	20940
福　建	Fujian	1067132	873389	4724	189019	20286	127651	22763
江　西	Jiangxi	257608	223129	793	33686	4251	23266	8308
山　东	Shandong	1639903	1421407	5146	213350	47915	117833	100454
河　南	Henan	501378	455332	818	45228	11121	38309	8379
湖　北	Hubei	946825	779002	4830	162993	22619	100089	42287
湖　南	Hunan	622739	523569	2672	96498	34767	62468	28665
广　东	Guangdong	7064979	6002574	26824	1035581	205622	768709	223579
广　西	Guangxi	41088	35753	61	5274	785	3511	1124
海　南	Hainan	152622	127453	1270	23899	6742	20720	3366
重　庆	Chongqing	462254	354463	3966	103825	13781	57085	22093
四　川	Sichuan	1951115	1703454	9074	238587	68390	190370	72981
贵　州	Guizhou	190971	153706	1438	35827	4665	19441	4766
云　南	Yunnan	763774	646087	2794	114893	13847	65594	22317
西　藏	Tibet	3605	2834	12	759	51	479	38
陕　西	Shaanxi	1110716	969340	5627	135749	15605	74761	31046
甘　肃	Gansu	16463	14156	78	2229	603	2095	769
青　海	Qinghai							
宁　夏	Ningxia	3216	2674	10	532		585	271
新　疆	Xinjiang	252171	217342	1090	33739	4985	13577	7464

3-4-6 Continued 10

单位：万元

Unit: 10000 yuan

#税金 Taxes	#差旅费 Travel Allowance	#工会经费 Trade Unions Funds	财务费用 Financial Expenses	#利息支出 Interest Expenses	营业利润 Operating Profits	利润总额 Total Profits	应交所得税 Income Tax Payable	应付职工薪酬 Payables to Employees	应交增值税 VAT Payable
63023	**34272**	**9121**	**134439**	**115730**	**1215785**	**1520021**	**376683**	**1394193**	**1098195**
5136	8740	1567	20346	26624	110105	463607	68392	274408	162276
1420	796	200	3301	2804	23060	16547	7386	41026	49158
304	47	15	1648	148	-10309	-10503	510	11601	13270
37	13	4	386		1268	1272	223	769	1259
			10		-164	-161	25	3179	700
1001	395	329	14198	7447	1476	-2877	3989	44219	24423
842	192	229	3243	2888	-2183	-1991	1498	5928	10108
938	320	218	438	651	2572	2116	1031	12854	8883
1164	5158	1635	27422	11777	138749	139783	63291	198082	114744
2632	3298	679	-429	4903	228251	228466	55446	186330	104147
3374	2331	559	23535	17162	76794	77597	27414	78300	45686
474	229	76	1359	75	8010	7683	4529	28137	14253
549	260	371	6433	2527	50415	50882	7525	36165	27478
71	87	6	968	455	4431	4531	1495	5524	4248
2167	1761	252	1619	4120	39233	23895	9857	25247	36307
261	266	60	1555	743	9323	9494	2383	9936	5513
1992	544	269	3289	4788	39615	39082	10915	29704	52397
861	393	284	-197	736	40757	33865	5294	25096	15313
34909	5542	1690	8797	18869	260168	237564	47374	238476	225140
29	71	8	838	581	586	633	122	1684	299
207	2030	17	194	290	6361	6347	1583	2930	5417
690	226	78	6022	350	32207	38595	9860	10744	9483
465	541	142	4888	3864	39736	38954	15930	69573	119451
251	204	65	486	-58	15569	16023	2886	6053	5099
2391	507	194	-1153	1325	41924	41021	7877	23707	19110
		2	11		281	271	201	125	137
494	169	90	4427	883	41026	40753	15548	18090	17914
4	11		-52		22	22		319	414
			-3	1	-320	-320		238	107
361	141	83	859	1778	16823	16871	4100	5751	5463

3-4-7 各地区限额以上零售业企业损益及分配(按国民经济行业分)

综合零售

Integrated Retail

地 区	Region	主营业务收入 Revenue from Principal Business	主营业务成本 Cost of Principal Business	主营业务税金及附加 Taxes and Other Charges on Principal Business	主营业务利润 Profits from Principal Business	其他业务利润 Profits from Other Business	销售费用 Selling Expenses	管理费用 Administr-ative Expenses
全 国	**National Total**	**163833582**	**140203036**	**1255662**	**22374884**	**5784725**	**14228991**	**7310683**
北 京	Beijing	13482804	11457346	91122	1934336	721736	1508458	628225
天 津	Tianjin	3042018	2585543	20879	435596	182330	369855	197891
河 北	Hebei	5425908	4770461	42931	612516	179111	381559	261074
山 西	Shanxi	1965735	1724022	12882	228831	68163	138372	88293
内蒙古	Inner Mongolia	1598402	1407538	11715	179149	41256	71298	69487
辽 宁	Liaoning	7244812	6188805	70510	985497	230706	487165	544059
吉 林	Jilin	2698902	2291083	21448	386371	88667	180221	129947
黑龙江	Heilongjiang	2995469	2518844	30374	446251	94964	213999	177033
上 海	Shanghai	13676817	11456456	70018	2150343	769540	1703050	703325
江 苏	Jiangsu	17510242	15058446	125285	2326511	581980	1344703	811719
浙 江	Zhejiang	9156959	7933605	59321	1164033	402928	908123	394384
安 徽	Anhui	5127761	4502370	30383	595008	116931	398486	206591
福 建	Fujian	3993214	3361574	24936	606704	90281	464389	109188
江 西	Jiangxi	1684076	1448863	13830	221383	34575	131765	48962
山 东	Shandong	19764945	17326147	121863	2316935	334377	1062869	747024
河 南	Henan	5746568	4975267	83935	687366	168610	306668	240543
湖 北	Hubei	8305467	7041303	71449	1192715	236407	687219	346761
湖 南	Hunan	4876402	4079267	45982	751153	114982	411070	234267
广 东	Guangdong	13434720	11303673	87776	2043271	625162	1550744	473683
广 西	Guangxi	1970245	1649959	28292	291994	70911	194084	80669
海 南	Hainan	409012	335823	4107	69082	18519	46339	22206
重 庆	Chongqing	4250378	3657848	32616	559914	106203	384777	142848
四 川	Sichuan	6245360	5375165	72729	797466	219516	521381	216203
贵 州	Guizhou	662525	551146	5774	105605	24617	71205	32141
云 南	Yunnan	1918766	1610913	11284	296569	34692	146964	88397
西 藏	Tibet	38036	30954	183	6899	2542	3515	4360
陕 西	Shaanxi	3798669	3175192	38526	584951	143163	317782	171870
甘 肃	Gansu	958264	818990	8727	130547	26971	74568	39573
青 海	Qinghai	275315	239764	1249	34302	10889	19026	13264
宁 夏	Ningxia	528627	441914	5448	81265	7152	51932	17620
新 疆	Xinjiang	1047166	884755	10091	152320	36845	77407	69076

Income and Distribution of Enterprises above Designated Size of Retail Trade by Region and Sector

单位：万元

Unit: 10000 yuan

#税金 Taxes	#差旅费 Travel Allowance	#工会经费 Trade Unions Funds	财务费用 Financial Expenses	#利息支出 Interest Expenses	营业利润 Operating Profits	利润总额 Total Profits	应交所得税 Income Tax Payable	应付职工薪酬 Payables to Employees	应交增值税 VAT Payable
283822	**118012**	**47874**	**992914**	**679966**	**6091986**	**5535514**	**1398079**	**6179237**	**3829484**
15139	8450	6042	72094	65371	504061	527624	148766	628090	324879
5911	1558	790	21926	19893	52210	54264	18432	156925	89008
9354	4340	1807	32351	18903	115645	92730	41901	207217	127561
3001	2323	541	20990	10628	45947	23774	5495	64069	53855
4211	1034	299	17286	11192	63569	58879	11619	53298	81706
20516	5665	2591	81282	67751	131278	123952	42414	321089	159530
5444	1399	543	33657	17348	130891	101698	15572	85109	39639
8405	2892	759	20808	13151	134645	109501	29594	106955	65251
9093	5802	1985	34557	11144	650425	520095	127453	398864	294692
23158	8922	3193	83219	43552	707233	598040	165682	628212	401696
18760	5777	2837	77235	73629	204146	243162	78941	393819	198852
8298	3020	1058	26855	18707	110784	114556	30080	189593	87484
3952	2114	1368	29211	14838	108007	137606	27247	157355	93640
4934	706	155	17875	12145	39175	33035	9916	54191	46957
40714	17334	5992	146125	105445	706041	644725	138054	562063	340110
12883	4137	1639	26259	11647	280840	243283	39466	266914	117304
17096	5323	2300	48293	35565	345475	256717	58328	331633	222316
10090	7452	1421	28309	17578	222220	178801	38674	182426	114228
18583	8812	4289	38307	24244	656824	669226	179132	571318	374352
10192	1509	711	13260	3456	74269	66773	13794	98272	86457
531	2554	183	8857	1662	10198	5268	2960	13375	12582
3900	3141	3070	12211	6208	125180	123175	25510	127642	75483
11069	2354	1152	46049	33580	237203	212971	76168	212114	166622
843	838	274	5691	4632	21182	18848	3848	26421	24343
2088	1656	702	11214	7054	86558	82290	16590	74791	42686
48	13		136		1430	1340	153	2701	864
10091	4267	1229	23606	20616	216983	187199	28979	156193	114428
1598	2308	134	7491	5730	35127	28212	7919	36476	23035
401	124	69	1348	465	11589	12589	1554	11491	7556
635	260	131	2696	1743	20571	22641	4780	19064	11531
2889	1929	612	3717	2094	42281	42540	9060	41558	30838

食品、饮料及烟草制品专门零售
Special Retail of Food, Beverages and Tobaccos

地区	Region	主营业务收入 Revenue from Principal Business	主营业务成本 Cost of Principal Business	主营业务税金及附加 Taxes and Other Charges on Principal Business	主营业务利润 Profits from Principal Business	其他业务利润 Profits from Other Business	销售费用 Selling Expenses	管理费用 Administrative Expenses
全国	**National Total**	**17070112**	**14267803**	**172743**	**2629566**	**157144**	**1047826**	**651844**
北京	Beijing	726580	530394	4100	192086	14979	115338	38635
天津	Tianjin	161267	116513	1082	43672	1754	16622	16077
河北	Hebei	88684	82769	203	5712	469	2511	2730
山西	Shanxi	366065	323201	3144	39720	2304	12904	11605
内蒙古	Inner Mongolia	118566	104384	489	13693	40	3858	4205
辽宁	Liaoning	290249	253619	2887	33743	1427	12372	15743
吉林	Jilin	266070	221673	1784	42613	1293	10533	19745
黑龙江	Heilongjiang	50142	42271	853	7018	314	1666	3248
上海	Shanghai	3100377	2840332	7082	252963	51726	86190	126177
江苏	Jiangsu	1285492	1079812	7545	198135	6352	65894	42904
浙江	Zhejiang	469876	389329	1620	78927	10493	45882	23597
安徽	Anhui	357409	314449	1279	41681	1766	17169	9683
福建	Fujian	923075	765357	13773	143945	1891	67590	26438
江西	Jiangxi	140787	114687	1036	25064	1438	8388	5113
山东	Shandong	1836187	1561122	23297	251768	3802	66351	60636
河南	Henan	632619	550541	9571	72507	2998	22156	21648
湖北	Hubei	1900386	1455538	49339	395509	4980	159562	65546
湖南	Hunan	404378	336724	6404	61250	1232	25269	19560
广东	Guangdong	1055511	791946	9830	253735	20342	99473	50518
广西	Guangxi	100771	81437	462	18872	444	14790	3466
海南	Hainan	24369	21240	32	3097	30	1086	1357
重庆	Chongqing	1175384	974455	9102	191827	20003	103661	27053
四川	Sichuan	610914	500396	8199	102319	1297	32089	15668
贵州	Guizhou	82874	53789	542	28543	123	3717	2750
云南	Yunnan	419847	367655	1333	50859	3527	14803	12595
西藏	Tibet	51604	43133	2619	5852	212	1438	3636
陕西	Shaanxi	260538	209577	4685	46276	821	20362	13186
甘肃	Gansu	128911	103304	419	25188	869	13499	5833
青海	Qinghai	3614	3099	6	509		180	320
宁夏	Ningxia	11521	10910	11	600	92	1160	817
新疆	Xinjiang	26045	24147	15	1883	126	1311	1355

单位：万元
Unit: 10000 yuan

#税金 Taxes	#差旅费 Travel Allowance	#工会经费 Trade Unions Funds	财务费用 Financial Expenses	#利息支出 Interest Expenses	营业利润 Operating Profits	利润总额 Total Profits	应交所得税 Income Tax Payable	应付职工薪酬 Payables to Employees	应交增值税 VAT Payable
30118	**23366**	**5339**	**89521**	**57449**	**1021762**	**932287**	**180752**	**523218**	**364988**
1033	785	548	905	521	51453	54436	14880	61702	33111
209	129	131	296	69	15266	15353	3006	15350	9302
149	67	32	943	535	18	629	49	2232	1420
404	247	36	2746	1778	14737	5607	915	6543	14348
487	255	25	673	630	5017	6243	931	3009	7481
744	493	330	1492	1009	5555	6233	1493	11262	5475
2218	422	509	1284	433	12048	10666	1325	6772	2934
153	70	12	348	250	2070	1959	211	1650	1244
685	713	335	1880	866	90804	97241	25638	44464	27157
2101	1723	215	9145	5884	90066	80614	16955	40182	27917
890	653	184	2497	1464	17444	21115	5737	28394	9839
345	382	93	2723	1892	11078	10346	1766	12801	4559
905	1719	166	3537	2633	48332	47703	7730	29063	26023
232	300	31	1654	1187	11703	11809	2204	4002	5694
3225	2455	451	15932	9292	112603	113106	15881	39251	37613
980	431	103	3447	1865	28248	27371	4190	17341	7283
5319	4027	408	8187	3580	167180	116183	23690	36018	34803
774	1115	261	4429	1938	14752	11193	1702	10544	5701
1780	3328	601	2542	2758	141320	129172	24399	45113	29195
171	317	35	646	540	402	815	372	7755	3834
3	44	25	239	161	445	448	72	903	293
3218	1739	318	4051	1741	77063	65605	9357	45101	18270
865	629	152	3372	2012	52561	45504	6067	14466	28200
91	131	39	85	151	21712	21488	5759	1809	3970
1022	269	91	5747	5380	21312	21087	4416	15976	3020
31	110	35	17	19	973	958	121	1839	3942
1986	567	68	8833	7250	4717	5109	602	11617	9662
54	84	48	957	626	5735	4288	1242	5581	2588
	84				10	10	3	76	44
22	12	43	308	372	-1593	-59		1286	-65
22	67	13	608	618	-1266	57	40	1119	132

纺织、服装及日用品专门零售

Special Retail of Textiles, Garments and Daily Consumer Articles

地区	Region	主营业务收入 Revenue from Principal Business	主营业务成本 Cost of Principal Business	主营业务税金及附加 Taxes and Other Charges on Principal Business	主营业务利润 Profits from Principal Business	其他业务利润 Profits from Other Business	销售费用 Selling Expenses	管理费用 Administrative Expenses
全国	**National Total**	**22947657**	**17259735**	**206572**	**5481350**	**309779**	**3129981**	**1479201**
北京	Beijing	2453641	1771797	12226	669618	45118	571529	191494
天津	Tianjin	262034	187745	1268	73021	3561	51202	16888
河北	Hebei	308255	238360	3355	66540	9954	38535	25512
山西	Shanxi	552114	478897	4498	68719	19834	37140	32487
内蒙古	Inner Mongolia	440615	342932	5460	92223	8858	11549	44398
辽宁	Liaoning	790335	672332	5925	112078	13222	73895	46632
吉林	Jilin	415176	355359	3949	55868	3322	19329	17598
黑龙江	Heilongjiang	319639	266399	5573	47667	7578	17023	14533
上海	Shanghai	3857170	2346625	23947	1486598	68084	844647	447046
江苏	Jiangsu	1201128	1023366	7078	170684	22031	98060	42382
浙江	Zhejiang	1316899	998580	7663	310656	16789	197000	82627
安徽	Anhui	349035	279406	2195	67434	2891	33681	15778
福建	Fujian	579987	460797	3423	115767	4418	59838	24136
江西	Jiangxi	123756	105222	893	17641	693	12122	4088
山东	Shandong	1750372	1494417	24723	231232	12311	54954	50008
河南	Henan	844990	714778	17422	112790	4915	40354	31782
湖北	Hubei	727008	553007	7109	166892	2107	86527	30394
湖南	Hunan	433288	347222	6040	80026	4017	47582	17717
广东	Guangdong	2966600	2030929	20421	915250	19374	555961	199751
广西	Guangxi	87731	71823	329	15579	286	15383	3023
海南	Hainan	138254	91150	1943	45161	1398	11192	8581
重庆	Chongqing	505591	417062	3532	84997	4197	37523	31323
四川	Sichuan	672168	534526	5467	132175	8275	70388	34796
贵州	Guizhou	202776	165868	1590	35318	9309	20431	7005
云南	Yunnan	151803	123680	442	27681	501	21356	4395
西藏	Tibet	3605	2834	12	759	51	479	38
陕西	Shaanxi	1175206	922415	27858	224933	6459	67386	34382
甘肃	Gansu	23420	18881	178	4361	796	1367	2259
青海	Qinghai	15233	11848	59	3326	116	2390	3595
宁夏	Ningxia	35886	29678	87	6121	1333	2945	1832
新疆	Xinjiang	243943	201803	1907	40233	7983	28216	12723

3-4-7 Continued 2

单位：万元

Unit: 10000 yuan

			财务费用 Financial Expenses		营业利润 Operating Profits	利润总额 Total Profits	应交所得税 Income Tax Payable	应付职工薪酬 Payables to Employees	应交增值税 VAT Payable
#税金 Taxes	#差旅费 Travel Allowance	#工会经费 Trade Unions Funds		#利息支出 Interest Expenses					
43663	**58434**	**7461**	**148102**	**91609**	**1077718**	**950041**	**246721**	**1075722**	**681792**
1499	7432	407	9182	7365	-57736	-57324	18556	165858	101422
1107	477	92	1780	1464	6318	5796	2625	17340	13523
947	606	103	6858	5248	6064	4060	951	12675	7665
6163	717	188	8663	6101	9916	-1960	1129	15072	9848
2924	13426	102	1154	420	44021	36610	604	21153	5393
1508	1730	158	5455	2680	-378	-2474	3238	23438	16113
928	1035	837	6605	4810	15108	5266	1167	10479	3189
650	905	178	2320	872	21378	14605	944	14601	3356
1998	8971	1164	7494	4224	255517	263049	85484	214676	104444
1109	1213	180	9917	4687	42742	32425	8281	35381	23454
2648	2785	498	24185	15814	19969	21221	14407	72094	43276
457	888	65	1919	507	18941	17379	1872	16482	15876
986	1326	310	3552	1659	30470	30396	4750	25626	12958
281	213	67	832	727	1264	454	307	5366	2281
3192	2477	228	7832	3757	130581	100588	7722	36097	23854
1468	1210	133	3556	1361	41812	33001	5614	28491	14733
1271	915	607	4850	2031	45113	30904	7912	30238	16298
964	717	129	2281	1253	16993	7765	418	19602	7130
6026	6951	1170	17337	13128	213892	202126	33620	204652	163650
26	91	2	93	144	-2133	-2051	136	3409	4005
75	225	22	1760	1738	25035	25210	5518	6151	8789
655	855	118	3726	2505	16620	14557	2536	17143	8991
1408	1839	341	4631	1317	30113	25576	4192	28239	22281
474	263	40	-505	1057	17697	18433	3963	6117	6770
64	243	15	2796	2134	-364	-212	446	4892	1677
		2	11		281	271	201	125	137
4315	311	150	4893	733	124037	119599	26580	24582	33351
25	56	7	232	216	1300	1111	146	2269	595
5	3	39	381	313	-2924	-2924	7	2392	397
33	49	3	484	347	2195	2300	321	1352	34
458	509	105	3829	2995	3876	4285	3078	9732	6302

文化、体育用品及器材专门零售
Special Retail of Culture, Sports Appliances and Equipments

地 区	Region	主营业务收入 Revenue from Principal Business	主营业务成本 Cost of Principal Business	主营业务税金及附加 Taxes and Other Charges on Principal Business	主营业务利润 Profits from Principal Business	其他业务利润 Profits from Other Business	销售费用 Selling Expenses	管理费用 Administrative Expenses
全 国	**National Total**	**14597655**	**11530998**	**148925**	**2917732**	**184803**	**1356773**	**972728**
北 京	Beijing	1832896	1470943	9610	352343	31511	203654	123616
天 津	Tianjin	159074	126578	1632	30864	4856	18436	13498
河 北	Hebei	147576	111998	790	34788	1800	10116	22883
山 西	Shanxi	358464	294849	3746	59869	2977	28693	12845
内 蒙 古	Inner Mongolia	94200	75524	1191	17485	1331	6263	8691
辽 宁	Liaoning	475511	388754	7532	79225	6221	27262	33261
吉 林	Jilin	139063	111433	835	26795	2254	9241	14360
黑 龙 江	Heilongjiang	249168	193496	1407	54265	4751	27163	15693
上 海	Shanghai	2207148	1683124	30075	493949	24834	353197	109791
江 苏	Jiangsu	1275602	999299	16476	259827	13111	111835	78546
浙 江	Zhejiang	872487	703084	12385	157018	9619	81229	50723
安 徽	Anhui	323664	246743	1658	75263	2240	29384	20876
福 建	Fujian	393987	322335	4378	67274	5544	32767	26153
江 西	Jiangxi	484446	382715	2114	99617	3153	26178	40553
山 东	Shandong	1227929	1022753	13659	191517	10934	56741	76740
河 南	Henan	403741	320677	3995	79069	7289	28202	35625
湖 北	Hubei	459645	338206	6424	115015	3075	28147	28402
湖 南	Hunan	525328	388402	5447	131479	1924	44868	50431
广 东	Guangdong	1082230	912310	6644	163276	19664	77229	72107
广 西	Guangxi	142104	110124	1676	30304	3616	13373	18406
海 南	Hainan	38455	30056	250	8149	774	4367	3542
重 庆	Chongqing	360142	281880	2074	76188	2177	25009	12344
四 川	Sichuan	177776	140682	4375	32719	1311	15231	7560
贵 州	Guizhou	69403	54414	472	14517	1996	6023	8502
云 南	Yunnan	420191	301866	4216	114109	5091	33732	35398
西 藏	Tibet	15606	13872	29	1705	293	797	910
陕 西	Shaanxi	376308	298897	2705	74706	7350	28201	28263
甘 肃	Gansu	101102	79992	1524	19586	1504	6844	9645
青 海	Qinghai	3729	2839	29	861	443	514	543
宁 夏	Ningxia	25910	20508	105	5297	812	2724	2672
新 疆	Xinjiang	154773	102646	1476	50651	2349	19356	10152

3-4-7 Continued 3

单位：万元

Unit: 10000 yuan

#税金 Taxes	#差旅费 Travel Allowance	#工会经费 Trade Unions Funds	财务费用 Financial Expenses	#利息支出 Interest Expenses	营业利润 Operating Profits	利润总额 Total Profits	应交所得税 Income Tax Payable	应付职工薪酬 Payables to Employees	应交增值税 VAT Payable
29662	**23287**	**8266**	**84962**	**55561**	**719710**	**793146**	**105806**	**859390**	**333687**
1790	2604	805	6301	6721	53427	64044	18258	121736	29685
299	186	103	874	687	3434	4535	1887	15074	2774
551	216	178	212	47	4962	6268	20	11398	3491
733	311	217	2014	414	19321	11678	2443	15028	6608
341	607	90	1013	682	2826	1967	150	5131	979
1477	816	296	11957	2762	12977	13489	4111	24656	13321
472	805	301	596	379	4757	3680	473	8441	2718
367	217	112	914	102	15246	13977	2933	10679	3809
1037	1198	317	10188	6676	46541	49384	13902	85773	43714
2526	1855	554	5269	3657	77717	85564	10681	66721	28757
2093	1121	460	11507	9458	23047	23551	4314	55862	17190
707	413	286	-465	-65	28022	24216	149	20455	7899
1000	947	383	1572	603	15845	14969	5134	25568	9306
1369	1855	393	670	1064	37364	34759	383	24304	9548
2654	2065	561	8327	4934	59260	56366	10466	59994	28996
1390	401	334	1096	468	20186	15505	1124	27754	13202
1287	1106	199	3985	3043	57464	24869	3387	15599	18475
1451	1003	445	2127	427	36107	28959	1377	22742	9865
3491	1549	983	3102	2621	31831	150490	3677	124041	17252
1194	328	183	560	428	1513	2721	228	12049	4476
177	116	145	2585	2533	-1526	-1513	200	2160	2037
163	216	5	754	622	62941	68196	696	17846	9679
185	302	136	2524	2046	8683	5709	830	6908	8974
384	196	77	545	528	1458	1404	592	4409	2609
771	795	156	6217	3466	43899	41734	8936	34436	18663
	27		35	4	256	283	92	428	99
907	1049	268	-91	686	25679	22681	2710	17216	7422
305	280	119	386	218	4260	1663	159	6542	2560
5	12	4	42	5	205	211	19	515	275
113	76	33	190	179	523	462	-14	3100	658
424	617	124	-42	170	21486	21325	6492	12824	8646

医药及医疗器材专门零售

Special Retail of Medicines and Medical Appliances

地 区	Region	主营业务收入 Revenue from Principal Business	主营业务成本 Cost of Principal Business	主营业务税金及附加 Taxes and Other Charges on Principal Business	主营业务利润 Profits from Principal Business	其他业务利润 Profits from Other Business	销售费用 Selling Expenses	管理费用 Administrative Expenses
全 国	**National Total**	**25171654**	**21894155**	**102484**	**3175015**	**127214**	**1548505**	**890772**
北 京	Beijing	2958507	2617904	6292	334311	19970	166259	103836
天 津	Tianjin	332853	299894	686	32273	1308	13628	5887
河 北	Hebei	340463	300266	684	39513	849	18740	15650
山 西	Shanxi	382176	334663	1196	46317	1413	23651	15580
内蒙古	Inner Mongolia	129418	106006	601	22811	333	10927	7448
辽 宁	Liaoning	935516	791291	6349	137876	3253	82250	37573
吉 林	Jilin	171002	137789	911	32302	1105	13554	10994
黑龙江	Heilongjiang	866001	754113	3975	107913	983	28781	49502
上 海	Shanghai	804957	654409	2952	147596	12569	83216	51218
江 苏	Jiangsu	3624214	3305137	6860	312217	18116	143372	90387
浙 江	Zhejiang	1500076	1317056	3373	179647	9426	91974	53608
安 徽	Anhui	1418836	1314574	2528	101734	2549	52503	31780
福 建	Fujian	507208	445741	1435	60032	3059	24752	12253
江 西	Jiangxi	409231	364105	886	44240	1508	24438	14123
山 东	Shandong	2258433	1902747	16257	339429	3578	119960	92253
河 南	Henan	853927	754191	9731	90005	1641	39106	22350
湖 北	Hubei	1247151	1076250	7588	163313	6065	55767	37490
湖 南	Hunan	1277185	1075716	9387	192082	5244	100588	42037
广 东	Guangdong	1524618	1252843	6168	265607	21627	175211	59443
广 西	Guangxi	794478	711932	2475	80071	2569	35016	21061
海 南	Hainan	22944	16559	43	6342	-5	4113	1479
重 庆	Chongqing	639272	552799	3000	83473	2091	42256	25189
四 川	Sichuan	372041	306627	1811	63603	1829	35330	22449
贵 州	Guizhou	114022	89752	419	23851	61	14650	6253
云 南	Yunnan	450373	328201	2130	120042	1467	82617	19202
西 藏	Tibet							
陕 西	Shaanxi	251802	209736	818	41248	1245	19795	14518
甘 肃	Gansu	134964	104975	2174	27815	341	17595	6107
青 海	Qinghai	53026	47034	138	5854	30	3319	1976
宁 夏	Ningxia	207522	189004	336	18182	374	8773	5716
新 疆	Xinjiang	589440	532843	1281	55316	2618	16365	13411

单位：万元
Unit: 10000 yuan

#税金 Taxes	#差旅费 Travel Allowance	#工会经费 Trade Unions Funds	财务费用 Financial Expenses	#利息支出 Interest Expenses	营业利润 Operating Profits	利润总额 Total Profits	应交所得税 Income Tax Payable	应付职工薪酬 Payables to Employees	应交增值税 VAT Payable
30931	**36957**	**6757**	**160761**	**122167**	**710969**	**634159**	**126908**	**976407**	**506966**
2229	6404	629	34211	32314	57824	61539	16352	92178	65452
73	117	22	2429	2152	11630	9173	2121	8114	4997
386	127	36	2427	1092	3584	2098	818	15151	6122
3325	426	120	2372	512	6108	3720	984	14577	9176
230	102	39	827	564	3952	3674	728	7262	4106
1421	1004	191	2974	1668	18273	17126	3488	44657	14355
486	354	105	1709	1282	7107	6087	1619	9967	4281
1160	3396	321	4195	3470	26302	25421	5439	34174	18248
471	1563	400	1498	366	25590	27145	6184	45005	21912
2397	3933	613	21182	16809	74514	64474	15186	89800	61731
1563	1411	546	10075	8773	33698	36378	9580	64426	24660
1007	1807	205	6613	7291	13431	12952	2987	28877	23274
885	505	137	2425	1802	23968	23917	1749	19935	11705
614	1363	128	2724	2163	3951	2773	706	15965	5088
2448	2327	479	14900	9007	114685	101815	14365	53564	51764
1771	576	138	2677	1563	26705	23473	2051	35482	14035
3279	3180	356	11204	7352	63988	44686	5065	29824	18847
1160	1578	463	7922	4469	47766	36260	5634	37674	24457
1189	1724	514	6819	4000	45968	37834	9563	99479	42656
589	622	256	6382	3569	19860	19740	5803	26150	15682
	37	26	277	128	468	628	120	1701	4730
1785	1755	228	3380	2897	14552	9970	2386	24275	10320
569	569	201	2826	1490	4829	3075	1362	22996	9523
205	201	44	816	387	2198	2261	546	7518	3060
382	333	130	2431	1237	17035	18611	3070	104536	15281
531	478	102	-214	769	8680	6369	860	13385	4508
116	395	49	979	889	3421	1983	195	10749	3103
52	102	2	58	-13	530	602	480	2255	837
244	239	90	752	722	3221	3565	1068	7151	4708
365	327	185	3893	3442	27132	26811	6400	9583	8351

汽车、摩托车、燃料及零配件专门零售
Special Retail of Motor Vehicles, Motorcycles, Fuel and Parts

地区	Region	主营业务收入 Revenue from Principal Business	主营业务成本 Cost of Principal Business	主营业务税金及附加 Taxes and Other Charges on Principal Business	主营业务利润 Profits from Principal Business	其他业务利润 Profits from Other Business	销售费用 Selling Expenses	管理费用 Administrative Expenses
全国	**National Total**	**302531317**	**280233662**	**626563**	**21671092**	**1095796**	**8373966**	**5031302**
北京	Beijing	19855491	18505493	25393	1324605	129454	643846	408498
天津	Tianjin	8564096	8034627	11173	518296	22739	236947	126674
河北	Hebei	6803912	6393860	6806	403246	22007	173399	117755
山西	Shanxi	10326803	9623340	18559	684904	15191	261973	153927
内蒙古	Inner Mongolia	10079065	9282745	16369	779951	70827	292963	118481
辽宁	Liaoning	12492524	11431463	31733	1029328	19155	313527	215875
吉林	Jilin	5226569	4864959	7540	354070	14221	166949	75039
黑龙江	Heilongjiang	3916899	3610333	18247	288319	5602	113772	72802
上海	Shanghai	10350901	9647295	9688	693918	42664	260098	215695
江苏	Jiangsu	21568683	20001660	32466	1534557	100014	588760	428182
浙江	Zhejiang	28225067	26684302	30173	1510592	112579	665858	438534
安徽	Anhui	6861782	6441489	17653	402640	14210	168020	91691
福建	Fujian	9167329	8555479	12814	599036	52074	278369	152756
江西	Jiangxi	3025852	2864958	10746	150148	7050	76212	53379
山东	Shandong	23139396	21218652	91081	1829663	28862	570553	451060
河南	Henan	11463881	10738958	34671	690252	20956	282260	156775
湖北	Hubei	9079767	8209687	31299	838781	5811	234761	155645
湖南	Hunan	12075789	11174865	40704	860220	14349	404055	199791
广东	Guangdong	36200637	32737654	67556	3395427	207143	1073799	620933
广西	Guangxi	3298701	3050488	5131	243082	16934	100479	63605
海南	Hainan	2734704	2528638	3354	202712	31416	89305	48373
重庆	Chongqing	6687757	6208782	16070	462905	18552	153273	91400
四川	Sichuan	15235385	14175914	26423	1033048	51159	468563	211710
贵州	Guizhou	4428708	4080943	6064	341701	8268	131866	49293
云南	Yunnan	7261993	6785823	10155	466015	23204	214032	108337
西藏	Tibet	528659	453217	1089	74353	811	22069	8666
陕西	Shaanxi	5808482	5368243	31495	408744	18072	155032	98404
甘肃	Gansu	3454559	3204367	5700	244492	4323	104100	23533
青海	Qinghai	619383	575441	682	43260	2461	16365	10911
宁夏	Ningxia	1007279	930074	2002	75203	9843	29147	19567
新疆	Xinjiang	3041265	2849915	3731	187619	5846	83617	44016

3-4-7 Continued 5

单位：万元

Unit: 10000 yuan

#税金 Taxes	#差旅费 Travel Allowance	#工会经费 Trade Unions Funds	财务费用 Financial Expenses	#利息支出 Interest Expenses	营业利润 Operating Profits	利润总额 Total Profits	应交所得税 Income Tax Payable	应付职工薪酬 Payables to Employees	应交增值税 VAT Payable
248333	**170800**	**31859**	**1782666**	**1221706**	**7636708**	**6424634**	**1084464**	**4286246**	**5324694**
7732	11353	1312	88895	84931	321202	333142	96549	340098	288995
3081	2343	591	30829	16328	145772	123152	24046	119639	76229
4455	4178	541	40228	23989	93852	84952	24212	103379	125128
6632	5525	1314	45932	10526	153994	68949	25578	111303	62145
11666	6439	774	51982	34210	385807	276234	25018	139491	486300
14017	7565	1679	71827	48587	447030	370599	60675	167130	347404
3700	2580	867	37938	25153	87488	82340	8798	87428	81070
7270	1524	266	21347	12638	85809	75405	15989	40658	169826
2385	3209	436	47843	35686	224346	264007	59156	140974	159552
16453	12702	1300	186627	129176	433683	372729	85042	296203	250222
22921	15005	1738	224266	198434	317145	309231	100165	387732	251111
6135	4939	400	32152	24719	123793	115280	18800	93658	71288
8020	6573	779	60209	50703	221009	188279	33408	161108	121367
2147	2410	142	21093	13853	7280	-6627	9342	42425	58594
21856	16173	2115	159326	93042	675880	633917	93629	275118	400063
8671	4862	840	58449	31746	217108	194731	34338	141803	187203
11250	5401	1010	63270	43652	390881	173828	30442	113901	155892
7665	5181	1279	51740	24296	221959	152480	34134	154961	171184
40557	19913	9350	213090	123231	1714893	1492417	116759	555806	596451
3375	2015	228	16671	15231	91593	88132	19769	68879	79177
1589	1672	415	4759	3774	88387	62917	16335	48222	60695
4517	4354	524	35763	28781	206072	160851	21706	97171	86397
12123	7582	1537	82882	57937	326465	273116	53585	243478	353978
2878	2010	361	18873	10380	150275	118201	7923	61274	266236
3088	5527	521	47812	36470	118398	89488	19631	95037	127137
208	322	26	482	199	43999	41839	698	13507	11719
5243	4086	561	34841	17921	135433	116690	25417	76560	158225
4446	1934	162	12221	9493	107887	84045	3393	34887	31812
306	1190	37	1715	1789	16728	16255	1802	8313	10582
1213	539	219	8012	5147	28375	15076	4478	16127	7100
2734	1696	537	11593	9687	54164	52978	13648	49976	71613

家用电器及电子产品专门零售

Special Retail of Household Electric Appliances and Electronic Products

地区	Region	主营业务收入 Revenue from Principal Business	主营业务成本 Cost of Principal Business	主营业务税金及附加 Taxes and Other Charges on Principal Business	主营业务利润 Profits from Principal Business	其他业务利润 Profits from Other Business	销售费用 Selling Expenses	管理费用 Administrative Expenses
全国	**National Total**	**53327771**	**47486667**	**238530**	**5602574**	**947127**	**3362117**	**1466101**
北京	Beijing	6368315	5783291	13875	571149	122583	399356	203296
天津	Tianjin	919146	839541	2227	77378	30906	67801	26578
河北	Hebei	1216977	1094650	3598	118729	12912	65259	29408
山西	Shanxi	773722	702971	2511	68240	16148	39389	21581
内蒙古	Inner Mongolia	751117	647036	1845	102236	12959	48904	21026
辽宁	Liaoning	1688090	1339185	10241	338664	27608	136364	84338
吉林	Jilin	537139	481136	1792	54211	10807	32078	20348
黑龙江	Heilongjiang	882770	737931	5617	139222	28396	42391	22464
上海	Shanghai	2950089	2695955	6699	247435	68903	250983	66717
江苏	Jiangsu	5692370	5023359	20430	648581	92445	367417	182710
浙江	Zhejiang	3149979	2856666	8325	284988	65945	225378	84999
安徽	Anhui	1472778	1339644	4097	129037	14642	86829	29081
福建	Fujian	1787754	1634921	4445	148388	26568	100002	41145
江西	Jiangxi	712385	641190	2629	68566	8864	44850	15396
山东	Shandong	4695422	4166837	34330	494255	49426	199550	110643
河南	Henan	2059606	1829763	17517	212326	29644	108455	50607
湖北	Hubei	2231153	1945004	13297	272852	33111	109746	74350
湖南	Hunan	1230899	1068029	9552	153318	18215	87093	34013
广东	Guangdong	5485805	4889799	19077	576929	146557	459099	139794
广西	Guangxi	683996	612731	1591	69674	8627	38630	17609
海南	Hainan	264635	236583	865	27187	3793	18453	10296
重庆	Chongqing	1590537	1430388	9016	151133	25139	85051	27833
四川	Sichuan	2576786	2314364	11641	250781	31301	130507	53393
贵州	Guizhou	354684	319500	1044	34140	6684	23215	9294
云南	Yunnan	799971	716301	3090	80580	11048	50736	20072
西藏	Tibet	16849	14929	27	1893	668	1006	801
陕西	Shaanxi	1522995	1302209	26646	194140	25018	86975	42903
甘肃	Gansu	228470	207209	870	20391	4195	13390	5654
青海	Qinghai	55754	50340	128	5286	622	2823	935
宁夏	Ningxia	223449	200456	589	22404	4800	14851	6735
新疆	Xinjiang	404128	364749	921	38458	8597	25537	12083

单位：万元

Unit: 10000 yuan

#税金 Taxes	#差旅费 Travel Allowance	#工会经费 Trade Unions Funds	财务费用 Financial Expenses	#利息支出 Interest Expenses	营业利润 Operating Profits	利润总额 Total Profits	应交所得税 Income Tax Payable	应付职工薪酬 Payables to Employees	应交增值税 VAT Payable
52101	**47602**	**8267**	**176851**	**110497**	**1568184**	**1368167**	**235817**	**1317356**	**900056**
2311	7348	249	1936	7881	89396	450041	29427	146396	88047
254	207	5	1949	261	11935	11988	3820	20665	11646
980	712	118	6140	3100	30845	14291	4940	28561	32880
392	651	105	3668	639	19593	14261	2586	15207	33025
1131	959	95	3521	1326	41733	13886	1984	17866	10054
1938	1655	584	5891	5043	139666	-51791	4677	35806	32286
1929	861	646	4266	1681	8004	7631	1357	11325	23367
979	577	159	3061	1734	99373	25305	5175	20914	17181
396	1178	63	7772	3248	-9576	-21845	7831	48840	10662
5111	4428	648	4411	9008	212560	180394	40493	134128	78755
3274	2580	536	21905	16283	15924	17943	7599	96493	41351
1175	1264	184	5275	4425	24165	20179	5413	36209	20295
1550	1404	144	7464	4246	26385	22696	6374	47482	25166
490	411	79	3540	2100	13495	13089	2134	18502	22345
5687	4388	605	24836	12695	209887	188451	24064	83371	98597
2296	1990	453	7233	2507	75544	52197	7894	46173	35313
3222	2053	642	9275	3976	112395	75828	12854	49633	34563
2307	1445	219	7152	1357	43177	26887	2722	28361	22350
6854	4156	1168	22053	9768	100888	58063	17772	240205	92512
661	738	43	2801	2282	19809	12441	2230	21711	10290
159	492	77	866	315	1331	1344	448	8282	5883
929	1774	217	4372	4124	59176	28882	3022	29322	21926
1973	2510	478	7881	4037	90150	79595	14490	52508	46280
197	441	38	1690	835	6644	6869	1258	9111	5960
2997	984	183	-8	2974	20830	22687	3991	21342	41559
43	27	1	38	37	716	-11	7	851	121
1941	1082	235	4348	2789	84920	79060	14784	27746	18465
169	429	18	960	806	4582	3527	3454	5407	2435
212	37	4	152	8	1998	1489	242	1191	1191
273	301	106	1487	610	4122	4300	928	4731	9364
273	524	164	918	405	8517	8489	1849	9017	6190

五金、家具及室内装修材料专门零售
Special Retail of Hardware, Furniture and Decoration Materials

地 区	Region	主营业务收入 Revenue from Principal Business	主营业务成本 Cost of Principal Business	主营业务税金及附加 Taxes and Other Charges on Principal Business	主营业务利润 Profits from Principal Business	其他业务利润 Profits from Other Business	销售费用 Selling Expenses	管理费用 Administrative Expenses
全 国	**National Total**	**14665252**	**12073858**	**243797**	**2347597**	**117298**	**869361**	**572900**
北 京	Beijing	842503	618670	6954	216879	23491	157456	52278
天 津	Tianjin	164040	135429	1224	27387	1262	18230	8262
河 北	Hebei	108861	93367	715	14779	5253	4574	5958
山 西	Shanxi	504348	439731	5148	59469	1488	6218	11791
内蒙古	Inner Mongolia	239101	189796	1933	47372	276	10146	16430
辽 宁	Liaoning	532616	466114	4831	61671	4315	21626	31084
吉 林	Jilin	67617	58736	303	8578	492	4738	3125
黑龙江	Heilongjiang	81383	65723	1434	14226	207	4073	2332
上 海	Shanghai	542015	416317	5013	120685	20693	81387	46200
江 苏	Jiangsu	1215710	1058886	9766	147058	7485	46490	42296
浙 江	Zhejiang	193171	159072	1445	32654	2637	17569	10239
安 徽	Anhui	516270	414965	16298	85007	888	15032	19289
福 建	Fujian	775554	666871	4145	104538	2011	40936	28247
江 西	Jiangxi	157708	142819	1775	13114	328	4596	5601
山 东	Shandong	2298469	1914299	39262	344908	10947	75632	70595
河 南	Henan	556431	454349	11814	90268	933	19547	19481
湖 北	Hubei	629323	515364	14978	98981	3942	28330	17610
湖 南	Hunan	321778	255986	6594	59198	3280	28890	15647
广 东	Guangdong	831702	673516	8223	149963	19697	92219	45690
广 西	Guangxi	23592	19208	212	4172	554	2495	1468
海 南	Hainan	12628	10729	22	1877		1197	565
重 庆	Chongqing	1653853	1461195	62785	129873	1904	44734	31805
四 川	Sichuan	1024549	796741	7938	219870	2366	57003	47857
贵 州	Guizhou	9338	8562	34	742	30	324	351
云 南	Yunnan	152116	140430	603	11083	441	5136	1764
西 藏	Tibet							
陕 西	Shaanxi	1013364	778546	28790	206028	1942	31400	29704
甘 肃	Gansu	21148	16114	657	4377	57	1906	1380
青 海	Qinghai							
宁 夏	Ningxia	5906	4694	34	1178		427	440
新 疆	Xinjiang	170159	97630	869	71660	380	47050	5414

3-4-7 Continued 7

单位：万元

Unit: 10000 yuan

#税金 Taxes	#差旅费 Travel Allowance	#工会经费 Trade Unions Funds	财务费用 Financial Expenses	#利息支出 Interest Expenses	营业利润 Operating Profits	利润总额 Total Profits	应交所得税 Income Tax Payable	应付职工薪酬 Payables to Employees	应交增值税 VAT Payable
25971	**25253**	**4683**	**166358**	**93166**	**864736**	**718641**	**83444**	**368597**	**310621**
2151	1633	305	11369	13274	29337	28676	11672	53736	17358
215	88	48	1542	1020	613	171	177	10540	2545
69	250	37	1379	875	8122	7978	1477	3315	2376
572	420	177	2001	1283	40121	16912	335	5197	2263
313	2901	168	2338	1741	18734	17323	836	10138	2687
834	748	117	6864	3112	6558	543	2280	9438	8202
94	196	12	237	146	970	-290	61	1512	1139
129	99	19	402	388	7627	7055	73	2350	697
541	1218	1349	11481	5555	3237	9008	3455	27321	14223
1198	1531	86	9735	5261	62804	59132	8753	20258	17646
1049	222	26	2962	3050	4576	4619	715	5949	5708
664	742	51	3574	2184	47951	42627	2606	12127	7936
1360	2338	148	5284	4314	31994	28874	3612	12602	8522
48	199	39	782	717	2463	2114	198	2538	1278
5812	4236	473	20432	10375	189128	161884	18700	54729	31079
1128	388	80	4546	708	47635	40608	6519	13582	8486
763	740	263	4718	2529	52248	20149	929	9977	8764
1177	428	121	2213	520	15628	10987	1228	7397	5482
1302	2880	726	11723	17081	19119	14671	3788	31559	24286
19	35	9	311	276	476	528	97	976	576
3	28	8	61	50	55	54	26	597	160
2576	1207	100	5420	5457	49820	37846	5720	20748	29770
584	584	135	46365	5934	71919	60140	1540	7199	16122
14	27	5	4	2	95	50	16	212	93
33	34	11	929	859	3991	3343	263	3316	1733
3087	487	121	8626	6068	129615	123706	6710	21653	83683
102	319	10	330	218	818	323	32	1021	426
44	19	7	168	169	143	143	36	335	213
94	1258	32	565		18939	19468	1591	18277	7168

无店铺及其他零售
Non-shop and Other Retails

地 区	Region	主营业务收入 Revenue from Principal Business	主营业务成本 Cost of Principal Business	主营业务税金及附加 Taxes and Other Charges on Principal Business	主营业务利润 Profits from Principal Business	其他业务利润 Profits from Other Business	销售费用 Selling Expenses	管理费用 Administrative Expenses
全 国	**National Total**	**16244124**	**14291675**	**107134**	**1845315**	**106796**	**1022998**	**618174**
北 京	Beijing	2612451	2380597	6455	225399	9050	261370	123247
天 津	Tianjin	460624	402365	10915	47344	984	9697	9488
河 北	Hebei	107205	97153	464	9588	2825	7539	4205
山 西	Shanxi	354651	305710	2293	46648	7754	24082	18864
内 蒙 古	Inner Mongolia	326792	283138	910	42744	1837	23351	7692
辽 宁	Liaoning	364649	307205	3779	53665	392	22973	13625
吉 林	Jilin	155705	141146	1455	13104	123	3948	2320
黑 龙 江	Heilongjiang	159433	133711	793	24929	153	5080	2524
上 海	Shanghai	1767953	1585374	5749	176830	32786	143138	113045
江 苏	Jiangsu	856970	767964	2934	86072	7897	45096	30420
浙 江	Zhejiang	604944	549867	1199	53878	2394	33106	15670
安 徽	Anhui	196706	170580	1206	24920	531	13032	6087
福 建	Fujian	568962	494197	1428	73337	2061	32137	18483
江 西	Jiangxi	59423	49001	369	10053	2	7327	2297
山 东	Shandong	2173281	1874633	19394	279254	4466	69642	59795
河 南	Henan	395963	331199	5507	59257	1178	9040	11008
湖 北	Hubei	1261459	1165784	3428	92247	3242	44305	14144
湖 南	Hunan	783872	616331	20388	147153	972	72304	32615
广 东	Guangdong	1593891	1371287	8502	214102	14715	112235	81301
广 西	Guangxi	247159	212145	1097	33917	453	17066	8643
海 南	Hainan	30080	24941	120	5019	519	2443	1396
重 庆	Chongqing	330888	310053	1429	19406	787	5866	4644
四 川	Sichuan	474303	420727	4710	48866	963	29186	18008
贵 州	Guizhou	31623	25763	205	5655	76	2453	1544
云 南	Yunnan	85047	67260	737	17050	280	4779	5081
西 藏	Tibet	820	679	4	137		72	26
陕 西	Shaanxi	73390	63745	819	8826	7983	6846	6036
甘 肃	Gansu	78226	64081	327	13818	525	8617	1940
青 海	Qinghai	46671	44051	219	2401	448	1735	605
宁 夏	Ningxia	9114	7651	31	1432	161	1610	819
新 疆	Xinjiang	31868	23336	272	8260	1241	2924	2603

3-4-7 Continued 8

单位：万元

Unit: 10000 yuan

#税金 Taxes	#差旅费 Travel Allowance	#工会经费 Trade Unions Funds	财务费用 Financial Expenses	#利息支出 Interest Expenses	营业利润 Operating Profits	利润总额 Total Profits	应交所得税 Income Tax Payable	应付职工薪酬 Payables to Employees	应交增值税 VAT Payable
44360	**21756**	**8449**	**72611**	**46282**	**272406**	**185213**	**77636**	**396720**	**457130**
1522	4397	172	8109	9357	-156789	-155064	6898	83893	62873
138	233	20	364	176	28759	10557	1534	6262	3750
432	126	34	777	487	-108	1634	809	5697	1496
337	645	135	5093	2549	6498	4201	1680	12291	11792
275	353	90	2562	1992	16780	15966	2690	4050	14790
1248	764	158	1347	582	16112	13487	1456	6700	6314
156	178	6	477	375	6483	4343	72	2007	1565
80	129	13	384	347	17093	12798	143	1561	9934
3186	863	231	3500	945	-46517	-55116	4545	36773	34309
1238	955	193	2609	1488	16090	11357	3310	22888	13373
634	395	88	2102	1973	6305	8199	1550	11755	6242
373	375	41	937	876	5316	5097	1543	5007	63584
530	1523	56	1069	1487	23653	24066	2726	17917	8607
12	136	14	138	159	293	-908	180	1756	1664
3581	2520	335	18297	8877	136006	120769	20262	30180	37873
648	358	89	3661	1185	36729	30858	2165	8776	8601
667	460	58	2165	1292	34809	20783	4813	13409	11251
1169	720	118	5268	632	38072	32036	1377	21833	21265
25859	3736	6074	4499	3692	53087	47258	11316	57088	51586
445	219	62	-801	173	9587	9838	2760	10883	7350
6	124	6	220	205	1521	1554	325	1147	502
215	351	57	1269	838	8413	5738	812	3899	2885
1088	1126	251	5812	4188	-3556	-1736	1260	18512	66868
33	127	10	288	282	1465	1581	188	885	321
130	538	32	931	916	6572	5837	887	2591	1743
2		1	-1		40	39		50	39
124	102	64	520	103	3296	4375	910	3916	2723
47	116	10	223	250	3561	2730	610	1860	1968
82	28	2	396	502	35	-743	11	712	708
45	20	17	142	112	-918	-305		1481	235
58	141	15	256	244	3717	3983	806	943	920

3-5-1 限额以上批发和零售业产业活动单位和个体经营户基本情况

Basic Conditions of Establishments and Getihus above Designated Size of Wholesale and Retail Trades

项 目	Item	单位数（个）Number of Units (unit)	年末从业人数（人）Engaged Persons the Year-end (person)
总 计	**Total**	**35612**	**954164**
一、批发业	**Wholesale Trade**	**4952**	**165114**
(一)按登记注册类型分	**by Type of Registration**		
1.内资企业	**Domestic Funded Enterprises**	**465**	**80781**
国有企业	State-owned Enterprises	117	8529
集体企业	Collective-owned Enterprises	15	1022
股份合作企业	Cooperative Enterprises	5	99
联营企业	Joint Ownership Enterprises	1	11
国有联营企业	State Joint Ownership Enterprises		
集体联营企业	Collective Joint Ownership Enterprises		
国有与集体联营企业	Joint State-collective Enterprises	1	11
其他联营企业	Other Joint Ownership Enterprises		
有限责任公司	Limited Liability Corporations	117	12240
国有独资公司	State Sole Funded Corporations	10	827
其他有限责任公司	Other Limited Liability Corporations	107	11413
股份有限公司	Share-holding Corporations Ltd.	61	7185
私营企业	Private Enterprises	117	48252
私营独资企业	Private-funded Enterprises	29	1262
私营合伙企业	Private Partnership Enterprises	6	300
私营有限责任公司	Private Limited Liability Corporations	70	44990
私营股份有限公司	Private Share-holding Corporations Ltd.	12	1700
其他企业	Other Enterprises	32	3443
2.港、澳、台商投资企业	**Enterprises with Funds from Hongkong, Macao and Taiwan**	**60**	**9364**
合资经营企业	Joint-venture Enterprises	14	1152
合作经营企业	Cooperative Enterprises	3	1274
独资经营企业	Enterprises with Sole Investment	32	5795
投资股份有限公司	Share-holding Corporations Ltd. with Investment	11	1143
其他港澳台商投资企业	Other Enterprises with Funds from Hongkong, Macao and Taiwan		
3.外商投资企业	**Foreign Funded Enterprises**	**128**	**13809**
中外合资经营企业	Joint-venture Enterprises	43	2774
中外合作经营企业	Cooperative Enterprises	6	817
外资企业	Enterprises with Sole Foreign Investment	67	8446
外商投资股份有限公司	Share-holding Corporations Ltd. with Foreign Investment	11	1672
其他外商投资企业	Other Foreign Funded Enterprises	1	100
4.个体经营户	**Getihus**	**4299**	**61160**

项　目	Item	单位数 (个) Number of Units (unit)	年末从业人数 (人) Engaged Persons the Year-end (person)
(二)按国民经济行业分	**by Sector**		
农畜产品批发	Wholesale of Farm Produce and Livestock Products	383	7448
食品、饮料及烟草制品批发	Wholesale of Food, Beverages and Tobaccos	1346	39678
米、面制品及食用油批发	Wholesale of Rice, Flour and Edible Oil	118	2444
肉、禽、蛋及水产品批发	Wholesale of Meal, Fowls, Eggs and Aquatic Products	288	6564
饮料及茶叶批发	Wholesale of Beverages and Teas	120	6911
烟草制品批发	Wholesales of Tobaccos	20	1413
纺织、服装及日用品批发	Wholesale of Textiles, Garments and Daily Consumer Articles	1148	54571
服装批发	Wholesale of Garments	420	5843
鞋帽批发	Wholesale of Shoes and Hats	67	1297
文化、体育用品及器材批发	Wholesale of Culture, Sports Appliances and Equipments	196	3099
文具用品批发	Wholesale of Stationeries	25	162
体育用品批发	Wholesale of Sporting Goods	2	13
图书批发	Wholesale of Books	7	166
医药及医疗器材批发	Wholesale of Medicines and Medical Appliances	119	9121
西药批发	Wholesale of Western Medicine	11	874
中药材及中成药批发	Wholesale of Chinese Traditional Medicine and Medicinal Materials	105	8173
矿产品、建材及化工产品批发	Wholesale of Mineral Products, Building Materials and Chemical Products	984	20536
煤炭及制品批发	Wholesale of Coal and Related Products	84	2341
石油及制品批发	Wholesale of Petroleum and Related Products	40	3503
金属及金属矿批发	Wholesale of Metal Materials	153	3193
建材批发	Wholesale of Building Materials	403	6995
化肥批发	Wholesale of Chemical Fertilizer	154	2436
农药批发	Wholesale of Pesticides	12	289
机械设备、五金交电及电子产品批发	Wholesale of Machinery, Hardware and Electronic Equipment	626	25595
汽车、摩托车及零配件批发	Wholesale of Motor Vehicles, Motorcycles and Parts	37	2249
家用电器批发	Wholesale of Household Electrical Appliances	96	8903
计算机、软件及辅助设备批发	Wholesale of Computer, Software and Assistant Appliances	99	4978
通讯及广播电视设备批发	Wholesale of Communication, Radios and Televisions Equipments	53	1865
贸易经纪与代理	Trade Broker and Agency	10	79
其他批发	Other Wholesale not Classified Elsewhere	140	4987

3-5-1 续表 2 Continued 2

项 目	Item	单位数（个）Number of Units (unit)	年末从业人数（人）Engaged Persons the Year-end (person)	零售业营业面积（平方米）Business Area of Retail Trade at the Year-end (m^2)
二、零售业	**Retail Trade**	**30660**	**789050**	**20474569**
(一)按登记注册类型分	**by Type of Registration**			
1.内资企业	**Domestic Funded Enterprises**	**1097**	**130573**	**2913711**
国有企业	State-owned Enterprises	151	26129	328813
集体企业	Collective-owned Enterprises	37	3589	48690
股份合作企业	Cooperative Enterprises	8	322	16701
联营企业	Joint Ownership Enterprises	3	205	19300
国有联营企业	State Joint Ownership Enterprises	1	13	2000
集体联营企业	Collective Joint Ownership Enterprises	1	12	300
国有与集体联营企业	Joint State-collective Enterprises			
其他联营企业	Other Joint Ownership Enterprises	1	180	17000
有限责任公司	Limited Liability Corporations	200	17023	870887
国有独资公司	State Sole Funded Corporations	6	229	1520
其他有限责任公司	Other Limited Liability Corporations	194	16794	869367
股份有限公司	Share-holding Corporations Ltd.	69	6499	291946
私营企业	Private Enterprises	455	67135	995565
私营独资企业	Private-funded Enterprises	178	6621	426427
私营合伙企业	Private Partnership Enterprises	47	1565	43954
私营有限责任公司	Private Limited Liability Corporations	213	57512	488513
私营股份有限公司	Private Share-holding Corporations Ltd.	17	1437	36671
其他企业	Other Enterprises	174	9671	341809
2.港、澳、台商投资企业	**Enterprises with Funds from Hongkong, Macao and Taiwan**	**121**	**9601**	**370146**
合资经营企业	Joint-venture Enterprises	25	3450	248629
合作经营企业	Cooperative Enterprises	4	113	633
独资经营企业	Enterprises with Sole Investment	88	5673	111005
投资股份有限公司	Share-holding Corporations Ltd. with Investment	4	365	9879
其他港澳台商投资企业	Other Enterprises with Funds from Hongkong, Macao and Taiwan			
3.外商投资企业	**Foreign Funded Enterprises**	**172**	**19631**	**518652**
中外合资经营企业	Joint-venture Enterprises	33	6477	210467
中外合作经营企业	Cooperative Enterprises	6	1322	41448
外资企业	Enterprises with Sole Foreign Investment	124	11523	255957
外商投资股份有限公司	Share-holding Corporations Ltd. with Foreign Investment	9	309	10780
其他外商投资企业	Other Foreign Funded Enterprises			
4.个体经营户	**Getihus**	**29270**	**629245**	**16672059**

项　　目	Item	单位数(个) Number of Units (unit)	年末从业人数(人) Engaged Persons the Year-end (person)	零售业营业面积(平方米) Business Area of Retail Trade at the Year-end (㎡)
(二)按国民经济行业分	**by Sector**			
综合零售	Integrated Retail	6632	251304	7655183
百货零售	Retail of General Merchandise	2858	81264	3427770
超级市场零售	Retail of Supermarkets	2499	91113	3285224
食品、饮料及烟草制品专门零售	Special Retail of Food, Beverages and Tobaccos	3130	102330	1264846
粮油零售	Retail of Cereal and Oil	352	5882	146512
肉、禽、蛋及水产品零售	Retail of Meat, Poultry and Eggs	517	9453	302212
饮料及茶叶零售	Retail of Beverages and Teas	841	56498	243662
烟草制品零售	Retail of Tobaccos	310	2160	54733
纺织、服装及日用品专门零售	Special Retail of Textiles, Garments and Daily Consumer Articles	4991	109285	2520737
服装零售	Retail of Garments	2780	81583	1740934
文化、体育用品及器材专门零售	Special Retail of Culture, Sports Appliances and Equipments	1727	40863	455502
体育用品零售	Retail of Sporting Goods	76	1101	22323
图书零售	Retail of Books	81	1594	32651
医药及医疗器材专门零售	Special Retail of Medicines and Medical Appliances	1149	15719	362235
药品零售	Retail of Medicines	1096	15243	354364
汽车、摩托车、燃料及零配件专门零售	Special Retail of Motor Vehicles, Motorcycles, Fuel and Parts	1969	25208	1398150
汽车零售	Retail of Motor Vehicles	331	5256	349430
机动车燃料零售	Retail of Automotive Fuels	654	10143	724727
家用电器及电子产品专门零售	Special Retail of Household Electric and Electronic Products	4143	119605	1742839
家用电器零售	Retail of Household Electric Appliances	3069	105821	1463156
计算机、软件及辅助设备零售	Retail of Computer, Software and Assistant Appliances	573	6515	131418
通信设备零售	Retail of Communication Equipments	401	6101	122034
五金、家具及室内装修材料专门零售	Special Retail of Hardware, Furniture and Decoration Materials	6215	108366	4571308
无店铺及其他零售	Non-shop and Other Retails	704	16370	503769
邮购及电子销售	Distribution of Post and E-commerce	5	570	2090
(三)按零售业态分	**by Modes of Business Operation**			
有店铺零售	Store-based Retailing	30581	784233	20460358
超市	Supermarket	4664	120727	4360511
大型超市	Hypermarket	480	36506	1649016
百货店	Department Store	2382	67589	2692515
专业店	Speciality Store	11450	271266	5791635
专卖店	Exclusive Shop	7036	141240	2900340
无店铺零售	Non-Store Selling	79	4817	14211

3-5-2 各地区限额以上批发和零售业产业活动单位和个体经营户基本情况

Basic Conditions of Establishments and Getihus above Designated Size of Wholesale and Retail Trades by Region

地区	Region	批发业 Wholesale Trade		零售业 Retail Trade	
		单位数 (个) Number of Units (unit)	年末从业人数 (人) Engaged Persons at the Year-end (person)	单位数 (个) Number of Units (unit)	年末从业人数 (人) Engaged Persons at the Year-end (person)
全　国	**National Total**	**4952**	**165114**	**30660**	**789050**
北　京	Beijing	52	5653	179	7922
天　津	Tianjin	80	2898	120	2075
河　北	Hebei	56	2080	400	9768
山　西	Shanxi	44	1179	421	16989
内蒙古	Inner Mongolia	60	5769	250	10865
辽　宁	Liaoning	154	5362	1604	28752
吉　林	Jilin	58	732	1168	28459
黑龙江	Heilongjiang	150	1210	1007	16269
上　海	Shanghai	12	4987	10	1835
江　苏	Jiangsu	698	8761	4902	58436
浙　江	Zhejiang	192	6216	479	15312
安　徽	Anhui	93	1653	693	12877
福　建	Fujian	110	4163	468	15420
江　西	Jiangxi	32	2064	276	11993
山　东	Shandong	540	14944	3487	72014
河　南	Henan	223	4842	2014	37890
湖　北	Hubei	95	11415	2597	110868
湖　南	Hunan	442	5862	2437	47610
广　东	Guangdong	1312	23496	3310	195353
广　西	Guangxi	34	2916	73	4691
海　南	Hainan	1	14	19	896
重　庆	Chongqing	301	6077	1657	20642
四　川	Sichuan	88	3706	2179	26072
贵　州	Guizhou	13	1554	96	4484
云　南	Yunnan	33	33656	355	17172
西　藏	Tibet				
陕　西	Shaanxi	13	537	348	9552
甘　肃	Gansu	6	831	41	1751
青　海	Qinghai				
宁　夏	Ningxia	13	126	6	211
新　疆	Xinjiang	47	2411	64	2872

3-5-3 限额以上批发和零售业产业活动单位和个体经营户商品购、销、存总额

Total Purchases, Sales and Inventory of Establishments and Getihus above Designated Size of Wholesale and Retail Trades

单位：万元
Unit: 10000 yuan

项　目	Item	商品购进额 Total Purchases Value	#进口 Imports	商品销售额 Total Sales Value	#出口 Exports	期末商品库存额 Inventory (year-end)
总　计	**Total**	**113358792**	**2182720**	**124993011**	**452882**	**7733811**
一、批发业	**Wholesale Trade**	**65733750**	**1959443**	**71017134**	**440952**	**3381384**
(一)按登记注册类型分	**by Type of Registration**					
1.内资企业	**Domestic Funded Enterprises**	**23352924**	**614009**	**24425037**	**194942**	**1633450**
国有企业	State-owned Enterprises	8957664	2114	9121490	2586	330887
集体企业	Collective-owned Enterprises	417239		426126		13838
股份合作企业	Cooperative Enterprises	28034		30202		902
联营企业	Joint Ownership Enterprises	1633		2103		154
国有联营企业	State Joint Ownership Enterprises					
集体联营企业	Collective Joint Ownership Enterprises					
国有与集体联营企业	Joint State-collective Enterprises	1633		2103		154
其他联营企业	Other Joint Ownership Enterprises					
有限责任公司	Limited Liability Corporations	5539210	568666	5895286	81183	343672
国有独资公司	State Sole Funded Corporations	289166		389607		2387
其他有限责任公司	Other Limited Liability Corporations	5250044	568666	5505679	81183	341285
股份有限公司	Share-holding Corporations Ltd.	3245306	43052	3462489	55142	283878
私营企业	Private Enterprises	4783178	177	4876096	56032	622845
私营独资企业	Private-funded Enterprises	125839		147496		4396
私营合伙企业	Private Partnership Enterprises	62864		60460		4313
私营有限责任公司	Private Limited Liability Corporations	4468474	177	4529175	331	609678
私营股份有限公司	Private Share-holding Corporations Ltd.	126002		138966	55701	4458
其他企业	Other Enterprises	380660		611245		37274
2.港、澳、台商投资企业	**Enterprises with Funds from Hongkong, Macao and Taiwan**	**3239495**	**565981**	**3576849**		**155183**
合资经营企业	Joint-venture Enterprises	423597		435978		32455
合作经营企业	Cooperative Enterprises	704664		826471		21
独资经营企业	Enterprises with Sole Investment	1970963	565981	2163463		118919
投资股份有限公司	Share-holding Corporations Ltd. with Investment	140271		150937		3789
其他港澳台商投资企业	Other Enterprises with Funds from Hongkong, Macao and Taiwan					
3.外商投资企业	**Foreign Funded Enterprises**	**3470681**	**29177**	**4095599**	**13207**	**174032**
中外合资经营企业	Joint-venture Enterprises	657411	26765	683009	12307	39530
中外合作经营企业	Cooperative Enterprises	81704		95200		6575
外资企业	Enterprises with Sole Foreign Investment	2506456	2412	3080987	900	120116
外商投资股份有限公司	Share-holding Corporations Ltd. with Foreign Investment	211108		221488		6442
其他外商投资企业	Other Foreign Funded Enterprises	14003		14914		1369
4.个体经营户	**Getihus**	**35670650**	**750276**	**38919649**	**232803**	**1418718**

3-5-3 续表 1 Continued 1

单位：万元
Unit: 10000 yuan

项 目	Item	商品购进额 Total Purchases Value	#进口 Imports	商品销售额 Total Sales Value	#出口 Exports	期末商品库存额 Inventory (year-end)
(二)按国民经济行业分	**by Sector**					
农畜产品批发	Wholesale of Farm Produce and Livestock Products	1921221	35420	2023877	29661	124112
食品、饮料及烟草制品批发	Wholesale of Food, Beverages and Tobaccos	8041795	56803	9749698	45518	407891
米、面制品及食用油批发	Wholesale of Rice, Flour and Edible Oil	758865	32612	831117	32612	45549
肉、禽、蛋及水产品批发	Wholesale of Meal, Fowls, Eggs and Aquatic Products	1357591	24191	1644196	12906	91282
饮料及茶叶批发	Wholesale of Beverages and Teas	1574001		1668045		122975
烟草制品批发	Wholesales of Tobaccos	382907		517727		1621
纺织、服装及日用品批发	Wholesale of Textiles, Garments and Daily Consumer Articles	8874884	177	9273234	76708	466043
服装批发	Wholesale of Garments	2273544		2379353	28385	73483
鞋帽批发	Wholesale of Shoes and Hats	161146		251158	2600	9508
文化、体育用品及器材批发	Wholesale of Culture, Sports Appliances and Equipments	2072136	13900	2200228	11060	100900
文具用品批发	Wholesale of Stationeries	93188		100698	9540	3724
体育用品批发	Wholesale of Sporting Goods	6767		7189		1002
图书批发	Wholesale of Books	19947		28679		69473
医药及医疗器材批发	Wholesale of Medicines and Medical Appliances	969690		1433467	3590	99690
西药批发	Wholesale of Western Medicine	193581		251619		17778
中药材及中成药批发	Wholesale of Chinese Traditional Medicine and Medicinal Materials	772444		1174418	3590	81431
矿产品、建材及化工产品批发	Wholesale of Mineral Products, Building Materials and Chemical Products	15729121	160001	16504114	116427	689113
煤炭及制品批发	Wholesale of Coal and Related Products	2505959		2679759		26652
石油及制品批发	Wholesale of Petroleum and Related Products	5751782	56424	6100283	59580	124316
金属及金属矿批发	Wholesale of Metal Materials	2869546	43052	2914259	51552	259605
建材批发	Wholesale of Building Materials	2769037	52209	2868811		179531
化肥批发	Wholesale of Chemical Fertilizer	914517	2678	964733	2710	71039
农药批发	Wholesale of Pesticides	42441		42168		4131
机械设备、五金交电及电子产品批发	Wholesale of Machinery, Hardware and Electronic Equipment	26399886	1661732	28048668	137025	1188364
汽车、摩托车及零配件批发	Wholesale of Motor Vehicles, Motorcycles and Parts	772215		812619		24435
家用电器批发	Wholesale of Household Electrical Appliances	3970196		4321523		153326
计算机、软件及辅助设备批发	Wholesale of Computer, Software and Assistant Appliances	8303884	1046815	9167267		485646
通讯及广播电视设备批发	Wholesale of Communication, Radios and Televisions Equipments	4662698	589998	4839264		2100
贸易经纪与代理	Trade Broker and Agency	90464	30870	102141	147	5577
其他批发	Other Wholesale not Classified Elsewhere	1634552	541	1681706	20817	299693

3-5-3 续表 2 Continued 2

单位：万元
Unit: 10000 yuan

项 目	Item	商品购进额 Total Purchases Value	#进口 Imports	商品销售额 Total Sales Value	#出口 Exports	期末商品库存额 Inventory (year-end)
二、零售业	**Retail Trade**	**47625042**	**223277**	**53975877**	**11930**	**4352428**
(一)按登记注册类型分	**by Type of Registration**					
1.内资企业	**Domestic Funded Enterprises**	**5390148**	**21792**	**6785380**	**8024**	**699642**
国有企业	State-owned Enterprises	938116	21792	1295757	8024	128566
集体企业	Collective-owned Enterprises	264636		284055		11766
股份合作企业	Cooperative Enterprises	52745		71248		5229
联营企业	Joint Ownership Enterprises	29035		29222		327
国有联营企业	State Joint Ownership Enterprises	5939		6324		121
集体联营企业	Collective Joint Ownership Enterprises	2290		2232		65
国有与集体联营企业	Joint State-collective Enterprises					
其他联营企业	Other Joint Ownership Enterprises	20807		20666		141
有限责任公司	Limited Liability Corporations	1364054		1853944		291319
国有独资公司	State Sole Funded Corporations	7485		9512		177
其他有限责任公司	Other Limited Liability Corporations	1356569		1844432		291141
股份有限公司	Share-holding Corporations Ltd.	924575		1103581		67596
私营企业	Private Enterprises	1447935		1654792		164373
私营独资企业	Private-funded Enterprises	266564		292430		25559
私营合伙企业	Private Partnership Enterprises	48920		56763		6680
私营有限责任公司	Private Limited Liability Corporations	1078943		1248402		128398
私营股份有限公司	Private Share-holding Corporations Ltd.	53508		57197		3736
其他企业	Other Enterprises	369052		492781		30465
2.港、澳、台商投资企业	**Enterprises with Funds from Hongkong, Macao and Taiwan**	**1593940**		**2145538**		**100667**
合资经营企业	Joint-venture Enterprises	538931		927648		34476
合作经营企业	Cooperative Enterprises	5765		7086		40
独资经营企业	Enterprises with Sole Investment	1029190		1159245		61346
投资股份有限公司	Share-holding Corporations Ltd. with Investment	20053		51559		4805
其他港澳台商投资企业	Other Enterprises with Funds from Hongkong, Macao and Taiwan					
3.外商投资企业	**Foreign Funded Enterprises**	**1718948**	**1083**	**2268041**	**2166**	**214025**
中外合资经营企业	Joint-venture Enterprises	498269		727409		80422
中外合作经营企业	Cooperative Enterprises	199787		207609		18038
外资企业	Enterprises with Sole Foreign Investment	1003812	1083	1302910	2166	107763
外商投资股份有限公司	Share-holding Corporations Ltd. with Foreign Investment	17079		30113		7801
其他外商投资企业	Other Foreign Funded Enterprises					
4.个体经营户	**Getihus**	**38922006**	**200402**	**42776919**	**1741**	**3338095**

3-5-3 续表 3 Continued 3

单位：万元
Unit: 10000 yuan

项 目	Item	商品购进额 Total Purchases Value	#进口 Imports	商品销售额 Total Sales Value	#出口 Exports	期末商品库存额 Inventory (year-end)
(二)按国民经济行业分	**by Sector**					
综合零售	Integrated Retail	10559435	22163	12007475	2692	1002304
百货零售	Retail of General Merchandise	4658275	11407	5348251	206	386502
超级市场零售	Retail of Supermarkets	4263481	4324	4681679	2186	480449
食品、饮料及烟草制品专门零售	Special Retail of Food, Beverages and Tobaccos	4883524	15991	5633184	7372	309771
粮油零售	Retail of Cereal and Oil	644506		784787		41319
肉、禽、蛋及水产品零售	Retail of Meat, Poultry and Eggs	1138796	2999	1252080		37599
饮料及茶叶零售	Retail of Beverages and Teas	1121866	2725	1215883	259	84869
烟草制品零售	Retail of Tobaccos	238155	5600	265480	7013	23061
纺织、服装及日用品专门零售	Special Retail of Textiles, Garments and Daily Consumer Articles	6195695	12036	7399154		845790
服装零售	Retail of Garments	3521361	9048	4008668		586164
文化、体育用品及器材专门零售	Special Retail of Culture, Sports Appliances and Equipments	2506940	76152	2956515		353508
体育用品零售	Retail of Sporting Goods	98155	581	105371		12936
图书零售	Retail of Books	147394		143857		79727
医药及医疗器材专门零售	Special Retail of Medicines and Medical	1143978	1444	1319997		123206
药品零售	Retail of Medicines	1082066	1444	1249930		111565
汽车、摩托车、燃料及零配件专门零售	Special Retail of Motor Vehicles, Motorcycles, Fuel and Parts	4024896	12192	4467866		257415
汽车零售	Retail of Motor Vehicles	903587		970185		62889
机动车燃料零售	Retail of Automotive Fuels	1916208		2168887		106283
家用电器及电子产品专门零售	Special Retail of Household Electric Appliances and Electronic Products	7740429	79828	8130934	696	418956
家用电器零售	Retail of Household Electric Appliances	3653025	735	3877447		316159
计算机、软件及辅助设备零售	Retail of Computer, Software and Assistant Appliances	1001556	1673	1049789	406	53775
通信设备零售	Retail of Communication Equipments	2951270	77140	3048366	150	40293
五金、家具及室内装修材料专门零售	Special Retail of Hardware, Furniture and Decoration Materials	9157026	605	10168235	139	733671
无店铺及其他零售	Non-shop and Other Retails	1413120	2865	1892518	1032	307806
邮购及电子销售	Distribution of Post and E-commerce	65644		65376		7157
(三)按零售业态分	**by Mode of Business Operation**					
有店铺零售	Store-based Retailing	47361648	214404	53615127	11930	4323056
超市	Supermarket	5942839	5290	6334351		623413
大型超市	Hypermarket	1880757	7760	2083658	2186	227610
百货店	Department Store	3928827	8912	4919250	306	295711
专业店	Speciality Store	19183911	185180	21188045	8593	1301457
专卖店	Exclusive Shop	9570328	3886	11178123	406	1257799
无店铺零售	Non-Store Selling	263394	8873	360751		29372

3-5-4 各地区限额以上批发业产业活动单位和个体经营户商品购、销、存情况

Total Purchases, Sales and Inventory of Establishments and Getihus above Designated Size of Wholesale Trade by Region

单位：万元
Unit: 10000 yuan

地 区	Region	商品购进额 Total Purchases Value	#进 口 Imports	商品销售额 Total Sales Value	#出 口 Exports	期末商品库存额 Inventory (year-end)
全 国	**National Total**	**65733750**	**1959443**	**71017134**	**440952**	**3381384**
北 京	Beijing	4619667	1049603	4859972		501199
天 津	Tianjin	818475	56426	952657	63170	67633
河 北	Hebei	2128114		1997877	9255	28841
山 西	Shanxi	287249		310559		25875
内蒙古	Inner Mongolia	811352		902851		49279
辽 宁	Liaoning	1719548	24901	2194130		65905
吉 林	Jilin	184021		178323		14846
黑龙江	Heilongjiang	589783		597171		48845
上 海	Shanghai	3723688		3972133		96481
江 苏	Jiangsu	3144597	55293	3491089		119628
浙 江	Zhejiang	3980429	1936	4083165	80159	132808
安 徽	Anhui	467286	2678	481582	2710	28681
福 建	Fujian	718868		759103		31461
江 西	Jiangxi	420237		479003	268	28928
山 东	Shandong	4323582	90	4717972	900	181486
河 南	Henan	1449874		1534489		83410
湖 北	Hubei	1388220		1632390	29661	298162
湖 南	Hunan	1996716	30870	2084403	478	123546
广 东	Guangdong	23524971	592289	25862132	102287	864081
广 西	Guangxi	878824	43052	939998	51552	51442
海 南	Hainan	426		621		35
重 庆	Chongqing	2344231	20023	2545690		49973
四 川	Sichuan	1380174		1501433		77611
贵 州	Guizhou	248167		258844		6389
云 南	Yunnan	2959879	82281	2842503	32612	304813
西 藏	Tibet					
陕 西	Shaanxi	64191		74074		4141
甘 肃	Gansu	105956		102993		11787
青 海	Qinghai					
宁 夏	Ningxia	52991		56480		1533
新 疆	Xinjiang	1402235		1603501	67902	82563

3-5-5 各地区限额以上零售业产业活动单位和个体经营户商品购、销、存情况

Total Purchases, Sales and Inventory of Establishments and Getihus above Designated Size of Retail Trade by Region

单位：万元

Unit: 10000 yuan

地区	Region	商品购进额 Total Purchases Value	#进口 Imports	商品销售额 Total Sales Value	#出口 Exports	期末商品库存额 Inventery (year-end)
全国	**National Total**	**47625042**	**223277**	**53975877**	**11930**	**4352428**
北京	Beijing	1402106	1069	1674881	1011	219663
天津	Tianjin	173892		431216		19955
河北	Hebei	343544		375320		47614
山西	Shanxi	722548	410	870354		72005
内蒙古	Inner Mongolia	475247		545507		171132
辽宁	Liaoning	2366119	6707	2579664	7013	199473
吉林	Jilin	1389071		1476611		178441
黑龙江	Heilongjiang	1264871	6781	1279762		132971
上海	Shanghai	137368		134512		6385
江苏	Jiangsu	4733612	20439	6037122	612	461438
浙江	Zhejiang	2047587	3428	2665201	2305	391950
安徽	Anhui	823495		821456		102829
福建	Fujian	689539	57	771201	21	80537
江西	Jiangxi	390951	1000	387487		54911
山东	Shandong	7792349		8300241		420288
河南	Henan	2071259	13286	2085406	300	203219
湖北	Hubei	6258778	5830	6969988		341207
湖南	Hunan	3584811	2281	3812153	390	323994
广东	Guangdong	5491318	157076	6134177	259	292756
广西	Guangxi	155064	555	182148		21518
海南	Hainan	16069		19371		2186
重庆	Chongqing	1777060		2338596		115699
四川	Sichuan	1733963	4328	2055685	20	236604
贵州	Guizhou	172198	16	208561		29243
云南	Yunnan	844143		916728		142067
西藏	Tibet					
陕西	Shaanxi	538832		655703		56055
甘肃	Gansu	59688	12	58577		9479
青海	Qinghai					
宁夏	Ningxia	8272		7321		1628
新疆	Xinjiang	161287		180931		17182

3-6-1 按业态分连锁零售企业基本情况

Basic Conditions of Chain Retail Enterprises by Business Categories

业　态	Business Categories	门店总数 (个) Number of Stores (unit)	从业人员 (万人) Engaged Persons (10 000 persons)	营业面积 (万平方米) Operating Area (10 000 sq.m)	商品销售额 (亿元) Total Sales Value (100 million yuan)	#零售额 Retail Value
总　计	**Total**	**195779**	**249.1**	**13670.7**	**34510.7**	**23812.5**
便利店	Convenience Store	13609	7.1	109.7	226.0	207.0
折扣店	Discount Store	948	0.8	26.9	47.6	43.7
超市	Supermarket	38554	59.0	2190.9	3398.2	2826.2
大型超市	Hypermarket	2542	33.3	1760.6	2594.5	2308.5
仓储会员店	Warehouse Club	265	5.9	234.2	795.7	502.7
百货店	Department Store	4826	26.5	1722.3	3226.8	2804.7
专业店	Specialty Store	95680	96.3	7142.5	22919.3	14209.2
#加油站	Gas Station	31845	31.7	4737.9	15742.6	9537.6
专卖店	Franchised Store	31786	16.7	366.7	1031.0	751.9
家居建材商店	Building Material Store	116	0.8	60.8	64.7	59.1
厂家直销中心	Factory Outlets Center	74	0.1	0.2	2.9	0.4
其他	Other Store	7397	2.5	56.0	204.0	99.3

3-6-2 按登记注册类型分连锁零售企业基本情况

Basic Conditions of Chain Retail Enterprises by Status of Registration

项　　目	Item	门店总数(个) Number of Stores (unit)	从业人员(万人) Employed Person (10000 person)	营业面积(万平方米) Operational Area (10000 sq.m)	商品销售额(亿元) Total Sales Value (100 million yuan)	#零售额 Retail Value
合　　计	**Total**	**195779**	**249.1**	**13670.7**	**34510.7**	**23812.5**
内资企业	**Domestic Funded Enterprises**	**169699**	**198.2**	**10818.7**	**29530.1**	**19625.4**
国有企业	State-owned Enterprises	16508	14.3	1018.5	4600.5	2439.3
集体企业	Collective-owned Enterprises	2941	1.0	28.8	50.9	43.0
股份合作企业	Cooperative Enterprises	570	0.5	18.4	28.1	18.7
联营企业	Joint Ownership Enterprises	372	0.2	3.8	7.0	5.6
国有联营企业	State Joint Ownership Enterprises	348	0.2	3.2	3.8	3.8
集体联营企业	Collective Joint Ownership Enterprises					
国有与集体联营企业	Joint State-collective Enterprises	5		0.1	0.1	0.1
其他联营企业	Other Joint Ownership Enterprises	19		0.6	3.1	1.8
有限责任公司	Limited Liability Corporations	59202	62.1	2486.4	4822.4	3657.1
国有独资公司	State Sole Funded Corporations	600	0.4	32.0	44.9	9.5
其他有限责任公司	Other Limited Liability Corporations	58602	61.8	2454.4	4777.5	3647.6
股份有限公司	Share-holding Corporations Ltd.	48461	85.7	6294.9	18261.0	11882.0
私营企业	Private Enterprises	40610	33.1	919.0	1616.4	1486.5
私营独资企业	Private-funded Enterprises	1863	0.6	9.2	15.2	12.1
私营合伙企业	Private Partnership Enterprises	309	0.4	23.9	26.0	26.0
私营有限责任公司	Private Limited Liability Corporations	34498	28.0	770.5	1338.0	1219.3
私营股份有限公司	Private Share-holding Corporations Ltd.	3940	4.0	115.4	237.2	229.2
其他企业	Other Enterprises	1035	1.3	48.9	143.9	93.1
港、澳、台商投资企业	**Enterprises with Funds from Hong Kong, Macao and Taiwan**	**5624**	**20.0**	**670.4**	**2078.0**	**1672.3**
港、澳、台商合资经营企业	Joint-venture Enterprises	2639	3.2	148.3	371.6	359.0
港、澳、台商合作经营企业	Cooperative Enterprises	286	5.1	14.7	636.8	336.4
港、澳、台商独资经营企业	Enterprises with Sole Investment	2426	8.1	255.8	725.3	635.0
港、澳、台商投资股份有限公司	Share-holding Corporations Ltd. with Investment					
其他港澳台商投资企业	Other Enterprises with Funds from Hongkong, Macao and Taiwan	273	3.7	251.6	344.2	341.9
外商投资企业	**Foreign Funded Enterprises**	**20456**	**30.8**	**1228.3**	**2902.6**	**2514.7**
中外合资经营企业	Joint-venture Enterprises	4503	18.2	847.5	1914.9	1643.1
中外合作经营企业	Cooperative Enterprises	2013	3.1	37.9	241.6	167.1
外资企业	Enterprises with Sole Foreign Investment	13918	9.5	337.6	739.5	697.9
外商投资股份有限公司	Share-holding Corporations Ltd. with Foreign Investment	22	0.1	5.4	6.6	6.6
其他外商投资企业	Other Foreign Funded Enterprises					

3-6-3 按行业分连锁零售企业基本情况

Basic Conditions of Chain Retail Enterprises by Sector

项 目	Item	门店总数（个）Number of Stores (unit)	从业人员（万人）Employed Person (10000 person)	营业面积（万平方米）Operational Area (10000 sq.m)
总 计	**Total**	**195779**	**249.1**	**13670.7**
一、批发业	**Wholesale Trade**	**53167**	**32.0**	**3586.9**
农畜产品批发	Wholesale of Farm Produce and Livestock Products	2914	0.9	0.5
食品、饮料及烟草制品专门批发	Wholesale of Food, Beverages and Tobaccos	5282	3.4	76.0
纺织、服装及日用品批发	Wholesale of Textiles, Garments and Daily Consumer Articles	7052	2.8	41.1
文化、体育用品及器材批发	Wholesale of Culture, Sports Appliances and Equipments	485	1.4	70.6
医药及医疗器材批发	Wholesale of Medicines and Medical Appliances	3664	1.3	23.1
矿产品、建材及化工产品批发	Wholesale of Mineral Products, Building Materials and	30917	20.8	3346.4
机械设备、五金交电及电子产品批发	Wholesale of Machinery, Hardware and Electronic Equipment	1870	1.1	21.1
贸易经济及代理	Trade Broker and Agency			
其他批发	Other Wholesale not Classified Elsewhere	983	0.3	8.0
二、零售业	**Retail Trade**	**142612**	**217.1**	**10083.8**
综合零售	Integrated Retail	63493	135.1	6080.1
食品、饮料及烟草制品专门零售	Retail of Food, Beverages and Tobaccos	7516	4.1	51.1
纺织、服装及日用品专门零售	Special Retail of Textiles, Garments and Daily	18185	8.1	152.3
文化、体育用品及器材专门零售	Retail of Culture, Sports Appliances and Equipments	1643	3.3	105.8
医药及医疗器材专门零售	Retail of Medicines and Medical Appliances	32486	18.7	397.7
汽车、摩托车、燃料及零配件专门零售	Retail of Motor Vehicles, Motorcycles, Fuel	13711	14.6	1692.3
家用电器及电子产品专门零售	Special Retail of Household Electric Appliances and Electronic Products	5144	31.9	1529.5
五金、家具及室内装修材料专门零售	Special Retail of Hardware, Furniture and Decoration Materials	147	1.1	69.0
无店铺及其他零售	Non-shop and Other Retails	287	0.3	6.1

3-6-3 续表 Continued

项 目	Item	商品销售额（亿元）Total Sales (100 million yuan)	#零售额 Retail
总 计	**Total**	**34510.7**	**23812.5**
一、批发业	**Wholesale Trade**	**10850.0**	**5053.0**
农畜产品批发	Wholesale of Farm Produce and Livestock Products	166.6	0.9
食品、饮料及烟草制品专门批发	Wholesale of Food, Beverages and Tobaccos	664.7	36.5
纺织、服装及日用品批发	Wholesale of Textiles, Garments and Daily Consumer Articles	86.5	73.3
文化、体育用品及器材批发	Wholesale of Culture, Sports Appliances and Equipments	216.8	90.3
医药及医疗器材批发	Wholesale of Medicines and Medical Appliances	58.7	28.3
矿产品、建材及化工产品批发	Wholesale of Mineral Products, Building Materials and	9524.3	4784.3
机械设备、五金交电及电子产品批发	Wholesale of Machinery, Hardware and Electronic Equipment	106.2	18.5
贸易经济及代理	Trade Broker and Agency		
其他批发	Other Wholesale not Classified Elsewhere	26.3	20.9
二、零售业	**Retail Trade**	**23660.7**	**18759.4**
综合零售	Integrated Retail	10733.7	8908.5
食品、饮料及烟草制品专门零售	Retail of Food, Beverages and Tobaccos	222.6	189.5
纺织、服装及日用品专门零售	Special Retail of Textiles, Garments and Daily	339.5	293.2
文化、体育用品及器材专门零售	Retail of Culture, Sports Appliances and Equipments	273.9	220.4
医药及医疗器材专门零售	Retail of Medicines and Medical Appliances	501.7	463.2
汽车、摩托车、燃料及零配件专门零售	Retail of Motor Vehicles, Motorcycles, Fuel	7542.7	5535.1
家用电器及电子产品专门零售	Special Retail of Household Electric Appliances and Electronic Products	3891.1	3018.5
五金、家具及室内装修材料专门零售	Special Retail of Hardware, Furniture and Decoration Materials	87.0	78.7
无店铺及其他零售	Non-shop and Other Retails	68.4	52.4

3-6-4 各地区连锁零售企业基本情况

Basic Conditions of Chain Retail Enterprises by Region

年份 Year	地区 Region	门店总数（个）Number of Stores (unit)	从业人数（万人）Employed Person (10 000 persons)	营业面积（万平方米）Selling Space (10 000 sq.m)	商品销售额（亿元）Total Revenue of Sales (100 million yuan)	#零售额 Retail Sales
2004		77631	128.2	7202.6	8393.6	6163.1
2005		105684	160.1	8687.5	12587.8	8569.5
2006		128924	187.1	8979.0	14952.2	10764.8
2007		145366	186.2	10044.0	17754.3	13066.8
2008		168502	197.1	10197.8	20466.5	14369.7
2009		175677	210.9	11809.2	22240.0	15860.3
2010		176792	225.2	12756.8	27385.4	19009.5
2011		195779	249.1	13670.7	34510.7	23812.5
北京	Beijing	6950	15.0	637.2	2352.2	1737.6
天津	Tianjin	1866	3.8	251.3	690.0	473.3
河北	Hebei	4168	5.0	513.8	1054.3	612.8
山西	Shanxi	2376	3.3	122.4	328.2	250.2
内蒙古	Inner Mongolia	1772	1.4	42.9	564.6	560.7
辽宁	Liaoning	5547	5.8	364.4	860.1	506.0
吉林	Jilin	867	1.2	59.3	145.8	131.4
黑龙江	Heilongjiang	1520	2.1	60.7	244.4	196.3
上海	Shanghai	19658	30.9	987.6	3573.8	2244.2
江苏	Jiangsu	18247	42.2	1861.0	5232.9	3139.0
浙江	Zhejiang	27346	17.1	1062.5	2115.7	1542.2
安徽	Anhui	8811	8.6	455.2	1341.9	838.4
福建	Fujian	3526	7.4	530.5	1079.3	931.3
江西	Jiangxi	2996	4.8	292.2	901.2	481.3
山东	Shandong	9123	16.8	1089.7	2337.2	1756.0
河南	Henan	5719	7.0	569.8	720.6	537.1
湖北	Hubei	4803	12.3	575.7	1189.8	997.3
湖南	Hunan	5548	6.3	486.0	816.1	721.2
广东	Guangdong	29170	27.7	2099.1	5398.4	4047.6
广西	Guangxi	3438	3.8	336.3	709.8	353.5
海南	Hainan	234	0.1	3.6	3.7	3.4
重庆	Chongqing	11316	8.6	333.0	862.5	640.6
四川	Sichuan	9770	6.9	207.0	430.6	338.2
贵州	Guizhou	723	0.5	9.3	12.0	11.7
云南	Yunnan	3632	3.5	195.6	442.7	245.5
西藏	Tibet	15	0.1	2.5	1.9	1.9
陕西	Shaanxi	652	1.9	71.2	245.0	87.8
甘肃	Gansu	407	0.6	22.4	87.7	72.1
青海	Qinghai	76	0.5	14.3	14.5	14.0
宁夏	Ningxia	1897	1.0	64.2	150.9	69.2
新疆	Xinjiang	3606	2.9	350.0	603.2	270.7

3-6-4 续表 Continued

年 份 Year	地 区 Region	商品购进总额(亿元) Total Purchases (100 million yuan)	统一配送商品购进额(亿元) Centralized Purchase and Delivery (100 million yuan)	自有配送中心配送商品购进额 Self Centralized Purchase and Delivery	非自有配送中心配送商品购进额 Non-self Centralized Purchase and Delivery
	2004	7130.1	5545.6	4481.7	1063.9
	2005	10734.6	8409.4	6696.1	1251.8
	2006	13447.4	10565.7	7729.7	1384.0
	2007	15917.0	12542.4	9057.0	1707.3
	2008	17193.1	13782.1	8654.9	3118.8
	2009	19343.7	14723.1	9616.9	2647.2
	2010	24044.6	17412.5	10910.3	3373.4
	2011	29653.0	22919.6	13458.8	3384.1
北 京	Beijing	2068.7	994.3	305.1	253.3
天 津	Tianjin	702.6	551.3	45.5	502.5
河 北	Hebei	958.2	631.2	419.4	16.8
山 西	Shanxi	211.7	99.7	24.4	2.3
内蒙古	Inner Mongolia	556.8	554.1	497.3	0.5
辽 宁	Liaoning	767.2	590.7	267.8	120.1
吉 林	Jilin	136.7	126.7	107.0	
黑龙江	Heilongjiang	223.5	211.4	156.1	23.1
上 海	Shanghai	2779.7	2069.1	982.2	305.5
江 苏	Jiangsu	4501.0	3608.6	3344.4	171.2
浙 江	Zhejiang	1984.5	1810.2	1349.1	46.5
安 徽	Anhui	1285.6	1010.6	460.8	32.6
福 建	Fujian	769.4	473.1	169.5	36.6
江 西	Jiangxi	461.9	391.6	206.3	34.2
山 东	Shandong	2012.5	1399.1	1175.3	105.7
河 南	Henan	689.9	373.1	188.7	5.8
湖 北	Hubei	1020.1	753.9	583.5	52.2
湖 南	Hunan	709.1	610.5	199.8	8.3
广 东	Guangdong	4937.2	4358.4	1640.5	1525.9
广 西	Guangxi	350.8	317.6	133.2	3.5
海 南	Hainan	3.8	3.5	0.5	
重 庆	Chongqing	830.6	504.8	306.7	61.5
四 川	Sichuan	388.0	358.3	149.5	19.3
贵 州	Guizhou	11.3	11.2	4.7	1.9
云 南	Yunnan	292.0	281.3	83.9	9.9
西 藏	Tibet	2.2	2.2		
陕 西	Shaanxi	190.4	128.1	89.5	7.8
甘 肃	Gansu	87.8	87.8	5.1	
青 海	Qinghai	9.5	5.4		
宁 夏	Ningxia	172.5	167.8	164.7	1.7
新 疆	Xinjiang	537.9	434.2	398.5	35.6

住宿和餐饮业篇

HOTELS AND CATERING SERVICES

第 4 篇

4-1-1 限额以上住宿和餐饮业企业基本情况

Basic Conditions of Enterprises above Designated Size of Hotels and Catering Services

项　目	Item	法人单位数（个）Number of Corporation Enterprises (unit)	年末从业人数（人）Engaged Persons at the Year-end (person)	年末餐饮营业面积（平方米）Business Area of Catering Services at the Year-end (m²)
总　计	**Total**	**39002**	**4434618**	**136308019**
一、住宿业	**Hotels**	**16506**	**2156638**	**42796990**
#国有控股	State-controlled Enterprises	3934	628444	10959710
(一)按登记注册类型分	**by Type of Registration**			
1.内资企业	**Domestic Funded Enterprises**	**15503**	**1897017**	**39306003**
国有企业	State-owned Enterprises	3013	424571	8026305
集体企业	Collective-owned Enterprises	642	57792	1056246
股份合作企业	Cooperative Enterprises	190	18378	405588
联营企业	Joint Ownership Enterprises	71	8417	167583
国有联营企业	State Joint Ownership Enterprises	34	4052	78185
集体联营企业	Collective Joint Ownership Enterprises	14	1198	35658
国有与集体联营企业	Joint State-collective Enterprises	9	1431	9530
其他联营企业	Other Joint Ownership Enterprises	14	1736	44210
有限责任公司	Limited Liability Corporations	4148	623603	12652840
国有独资公司	State Sole Funded Corporations	125	22673	368728
其他有限责任公司	Other Limited Liability Corporations	4023	600930	12284112
股份有限公司	Share-holding Corporations Ltd.	567	81131	1768983
私营企业	Private Enterprises	6193	610168	13300176
私营独资企业	Private-funded Enterprises	1465	102348	2783471
私营合伙企业	Private Partnership Enterprises	373	28370	616231
私营有限责任公司	Private Limited Liability Corporations	4004	443360	9101511
私营股份有限公司	Private Share-holding Corporations Ltd.	351	36090	798963
其他企业	Other Enterprises	679	72957	1928282
2.港、澳、台商投资企业	**Enterprises with Funds from Hongkong, Macao and Taiwan**	**574**	**153000**	**2139569**
合资经营企业	Joint-venture Enterprises	275	78299	881726
合作经营企业	Cooperative Enterprises	68	20407	300251
独资经营企业	Enterprises with Sole Investment	206	48204	802660
投资股份有限公司	Share-holding Corporations Ltd. with Investment	21	5484	130331
其他港澳台商投资企业	Other Enterprises with Funds from Hongkong, Macao and Taiwan	4	606	24601
3.外商投资企业	**Foreign Funded Enterprises**	**429**	**106621**	**1351418**
中外合资经营企业	Joint-venture Enterprises	185	47604	621727
中外合作经营企业	Cooperative Enterprises	61	16433	217399
外资企业	Enterprises with Sole Foreign Investment	168	37839	444209
外商投资股份有限公司	Share-holding Corporations Ltd. with Foreign Investment	12	3839	50433
其他外商投资企业	Other Foreign Funded Enterprises	3	906	17650
(二)按国民经济行业分	**by Sector**			
旅游饭店	Tourist Hotel	11462	1769016	34763888
一般旅馆	Fonda	4556	345890	6941721
其他住宿服务	Others	488	41732	1091381

4-1-1 续表 Continued

项 目	Item	法人单位数(个) Number of Corporation Enterprises (unit)	年末从业人数(人) Engaged Persons at the Year-end (person)	年末餐饮营业面积(平方米) Business Area of Catering Services at the Year-end (㎡)
二、餐饮业	**Catering Services**	**22496**	**2277980**	**93511029**
#国有控股	State-controlled Enterprises	954	134741	43178521
(一)按登记注册类型分	**by Type of Registration**			
1.内资企业	**Domestic Funded Enterprises**	**21235**	**1737628**	**87087915**
国有企业	State-owned Enterprises	675	70681	2081841
集体企业	Collective-owned Enterprises	376	22163	595254
股份合作企业	Cooperative Enterprises	273	17901	535483
联营企业	Joint Ownership Enterprises	24	2005	51147
国有联营企业	State Joint Ownership Enterprises	2	96	2900
集体联营企业	Collective Joint Ownership Enterprises	8	630	15950
国有与集体联营企业	Joint State-collective Enterprises	2	83	4216
其他联营企业	Other Joint Ownership Enterprises	12	1196	28081
有限责任公司	Limited Liability Corporations	4116	429247	51351248
国有独资公司	State Sole Funded Corporations	43	7728	154814
其他有限责任公司	Other Limited Liability Corporations	4073	421519	51196434
股份有限公司	Share-holding Corporations Ltd.	461	70143	1768857
私营企业	Private Enterprises	14001	1036316	28332362
私营独资企业	Private-funded Enterprises	4245	212538	6402653
私营合伙企业	Private Partnership Enterprises	726	41897	1211563
私营有限责任公司	Private Limited Liability Corporations	8435	730054	19422935
私营股份有限公司	Private Share-holding Corporations Ltd.	595	51827	1295211
其他企业	Other Enterprises	1309	89172	2371723
2.港、澳、台商投资企业	**Enterprises with Funds from Hongkong, Macao and Taiwan**	**642**	**159081**	**2797147**
合资经营企业	Joint-venture Enterprises	174	53553	650546
合作经营企业	Cooperative Enterprises	35	7310	94567
独资经营企业	Enterprises with Sole Investment	419	94062	1950273
投资股份有限公司	Share-holding Corporations Ltd. with Investment	12	4000	98761
其他港澳台商投资企业	Other Enterprises with Funds from Hongkong, Macao and Taiwan	2	156	3000
3.外商投资企业	**Foreign Funded Enterprises**	**619**	**381271**	**3625967**
中外合资经营企业	Joint-venture Enterprises	177	97028	1125740
中外合作经营企业	Cooperative Enterprises	34	6217	86207
外资企业	Enterprises with Sole Foreign Investment	377	274200	2304720
外商投资股份有限公司	Share-holding Corporations Ltd. with Foreign Investment	24	3059	72899
其他外商投资企业	Other Foreign Funded Enterprises	7	767	36401
(二)按国民经济行业分	**by Sector**			
正餐服务	Dinner	20921	1745282	87846012
快餐服务	Snack	799	438324	3664657
饮料及冷饮服务	Beverage and Cold Drink	186	16700	309266
其他餐饮服务	Others	590	77674	1691094

4-1-2 各地区限额以上住宿业企业基本情况
Basic Conditions of Enterprises above Designated Size of Hotels by Region

地区	Region	住宿业 Hotels		#国有控股 State-controlled Enterprises	
		法人单位数(个) Number of Corporation Enterprises (unit)	年末从业人数(人) Engaged Persons at the Year-end (person)	法人单位数(个) Number of Corporation Enterprises (unit)	年末从业人数(人) Engaged Persons at the Year-end (person)
全国	**National Total**	**16506**	**2156638**	**3934**	**628444**
北京	Beijing	1210	161791	529	87780
天津	Tianjin	219	25042	74	9613
河北	Hebei	489	72119	174	26226
山西	Shanxi	400	58708	112	15989
内蒙古	Inner Mongolia	332	35671	67	10285
辽宁	Liaoning	558	58972	154	19814
吉林	Jilin	200	22726	75	10076
黑龙江	Heilongjiang	247	25926	94	12138
上海	Shanghai	648	85520	191	38152
江苏	Jiangsu	940	157563	199	34447
浙江	Zhejiang	1222	161204	178	27316
安徽	Anhui	459	53408	105	14670
福建	Fujian	606	81573	115	18372
江西	Jiangxi	372	42644	95	10163
山东	Shandong	962	117969	211	39976
河南	Henan	953	93113	200	29832
湖北	Hubei	567	60436	107	15491
湖南	Hunan	653	90788	126	21258
广东	Guangdong	1731	306866	260	55408
广西	Guangxi	425	50931	89	13355
海南	Hainan	286	63183	51	13493
重庆	Chongqing	298	39786	54	8410
四川	Sichuan	840	68898	145	17958
贵州	Guizhou	264	27069	59	6949
云南	Yunnan	478	54223	121	16838
西藏	Tibet	42	4714	20	2829
陕西	Shaanxi	537	72116	130	23325
甘肃	Gansu	205	24133	73	9682
青海	Qinghai	60	6313	14	2322
宁夏	Ningxia	65	6676	12	2168
新疆	Xinjiang	238	26557	100	14109

4-1-3 各地区限额以上住宿业企业基本情况(按登记注册类型分)

Basic Conditions of Enterprises above Designated Size of Hotels by Region and Type of Registration

地区	Region	内资企业 Domestic Funded Enterprises		国有企业 State-owned Enterprises	
		法人单位数(个) Number of Corporation Enterprises (unit)	年末从业人数(人) Engaged Persons at the Year-end (person)	法人单位数(个) Number of Corporation Enterprises (unit)	年末从业人数(人) Engaged Persons at the Year-end (person)
全国	**National Total**	**15503**	**1897017**	**3013**	**424571**
北京	Beijing	1142	134160	325	42090
天津	Tianjin	198	22536	56	6322
河北	Hebei	477	69936	161	22531
山西	Shanxi	393	57137	107	14040
内蒙古	Inner Mongolia	324	33241	54	7954
辽宁	Liaoning	492	48052	127	14453
吉林	Jilin	191	20720	66	8862
黑龙江	Heilongjiang	231	23496	74	9901
上海	Shanghai	592	71866	115	21051
江苏	Jiangsu	871	144655	146	22646
浙江	Zhejiang	1159	142217	123	17146
安徽	Anhui	440	49999	62	7673
福建	Fujian	522	60429	92	12513
江西	Jiangxi	355	40383	81	9390
山东	Shandong	925	110701	192	36333
河南	Henan	932	88121	176	24302
湖北	Hubei	544	54945	92	12078
湖南	Hunan	627	84545	99	14447
广东	Guangdong	1499	237567	181	29884
广西	Guangxi	402	43674	75	9739
海南	Hainan	255	47003	28	3859
重庆	Chongqing	287	36881	37	5331
四川	Sichuan	817	66018	108	13749
贵州	Guizhou	259	26070	53	5392
云南	Yunnan	455	50257	92	10359
西藏	Tibet	41	4621	20	2829
陕西	Shaanxi	516	65941	105	18590
甘肃	Gansu	202	23417	66	8854
青海	Qinghai	58	5873	13	2028
宁夏	Ningxia	64	6570	6	1091
新疆	Xinjiang	233	25986	81	9134

4-1-3 续表 1 Continued 1

地区	Region	集体企业 Collective-owned Enterprises 法人单位数(个) Number of Corporation Enterprises (unit)	集体企业 Collective-owned Enterprises 年末从业人数(人) Engaged Persons at the Year-end (person)	股份合作企业 Cooperative Enterprises 法人单位数(个) Number of Corporation Enterprises (unit)	股份合作企业 Cooperative Enterprises 年末从业人数(人) Engaged Persons at the Year-end (person)
全国	**National Total**	**642**	**57792**	**190**	**18378**
北京	Beijing	65	6300	38	2922
天津	Tianjin	13	968	3	341
河北	Hebei	22	2584	6	442
山西	Shanxi	27	2841	1	35
内蒙古	Inner Mongolia	6	426	6	625
辽宁	Liaoning	42	2084	1	20
吉林	Jilin	6	286	2	88
黑龙江	Heilongjiang	3	224	2	415
上海	Shanghai	29	2851	1	
江苏	Jiangsu	42	3509	2	114
浙江	Zhejiang	44	4296	8	437
安徽	Anhui	6	399	7	517
福建	Fujian	12	597	7	633
江西	Jiangxi	7	468	19	1970
山东	Shandong	52	6600	9	607
河南	Henan	57	4751	6	450
湖北	Hubei	19	1878	8	955
湖南	Hunan	15	1553	14	2673
广东	Guangdong	74	6728	9	748
广西	Guangxi	13	965	4	564
海南	Hainan	2	115	4	400
重庆	Chongqing	12	1036	1	16
四川	Sichuan	13	1059	12	1225
贵州	Guizhou	3	167	3	115
云南	Yunnan	20	1794	7	551
西藏	Tibet	1	48	1	106
陕西	Shaanxi	17	1239	6	888
甘肃	Gansu	8	830	1	88
青海	Qinghai	6	306	2	433
宁夏	Ningxia				
新疆	Xinjiang	6	890		

地 区	Region	联营企业 Joint Ownership Enterprises		有限责任公司 Limited Liability Corporations	
		法人单位数 (个) Number of Corporation Enterprises (unit)	年末从业人数 (人) Engaged Persons at the Year-end (person)	法人单位数 (个) Number of Corporation Enterprises (unit)	年末从业人数 (人) Engaged Persons at the Year-end (person)
全 国	**National Total**	**71**	**8417**	**4148**	**623603**
北 京	Beijing	2	277	407	60726
天 津	Tianjin	1	44	56	8172
河 北	Hebei	1	75	131	22683
山 西	Shanxi	1	40	65	12460
内蒙古	Inner Mongolia	1	103	87	9864
辽 宁	Liaoning	2	109	108	14402
吉 林	Jilin	1	192	41	4805
黑龙江	Heilongjiang	2	30	66	6619
上 海	Shanghai	4	759	129	22045
江 苏	Jiangsu	5	577	192	30187
浙 江	Zhejiang	6	1163	303	48294
安 徽	Anhui			139	19577
福 建	Fujian	5	1579	126	16205
江 西	Jiangxi			79	12446
山 东	Shandong	1	20	216	32405
河 南	Henan	5	189	171	21542
湖 北	Hubei	1	200	160	17512
湖 南	Hunan	4	206	129	24964
广 东	Guangdong	16	1503	468	95701
广 西	Guangxi			86	9802
海 南	Hainan	2	83	142	31106
重 庆	Chongqing			95	15278
四 川	Sichuan	3	185	234	15681
贵 州	Guizhou			92	11528
云 南	Yunnan	3	425	117	16849
西 藏	Tibet			6	507
陕 西	Shaanxi	2	119	164	23592
甘 肃	Gansu			55	7315
青 海	Qinghai			7	794
宁 夏	Ningxia			14	2045
新 疆	Xinjiang	3	539	63	8497

4-1-3 续表 3 Continued 3

地区	Region	股份有限公司 Share-holding Corporations Ltd.		私营企业 Private Enterprises	
		法人单位数 (个) Number of Corporation Enterprises (unit)	年末从业人数 (人) Engaged Persons at the Year-end (person)	法人单位数 (个) Number of Corporation Enterprises (unit)	年末从业人数 (人) Engaged Persons at the Year-end (person)
全国	**National Total**	**567**	**81131**	**6193**	**610168**
北京	Beijing	19	3257	286	18588
天津	Tianjin	1	20	57	4026
河北	Hebei	20	3784	114	15414
山西	Shanxi	10	1817	165	23945
内蒙古	Inner Mongolia	22	1850	131	10631
辽宁	Liaoning	6	597	195	15168
吉林	Jilin	8	300	61	5150
黑龙江	Heilongjiang	12	2062	63	3789
上海	Shanghai	10	1325	297	22354
江苏	Jiangsu	29	5953	439	80110
浙江	Zhejiang	25	7504	649	63105
安徽	Anhui	30	4820	178	15003
福建	Fujian	8	1108	252	24898
江西	Jiangxi	24	2173	131	12797
山东	Shandong	50	6176	339	22774
河南	Henan	53	5431	414	27760
湖北	Hubei	20	2727	204	16997
湖南	Hunan	38	7375	297	30733
广东	Guangdong	29	5955	631	84534
广西	Guangxi	21	2658	168	16229
海南	Hainan	20	3560	36	4383
重庆	Chongqing	18	2658	99	8538
四川	Sichuan	48	3266	377	29083
贵州	Guizhou	2	167	83	6510
云南	Yunnan	15	1945	161	15036
西藏	Tibet	3	236	7	672
陕西	Shaanxi	17	1453	167	15945
甘肃	Gansu	4	346	60	5170
青海	Qinghai			19	1375
宁夏	Ningxia			42	3344
新疆	Xinjiang	5	608	71	6107

地 区	Region	港、澳、台商投资企业 Enterprises with Funds from Hongkong, Macao and Taiwan		外商投资企业 Foreign Funded Enterprises	
		法人单位数（个） Number of Corporation Enterprises (unit)	年末从业人数（人） Engaged Persons at the Year-end (person)	法人单位数（个） Number of Corporation Enterprises (unit)	年末从业人数（人） Engaged Persons at the Year-end (person)
全 国	**National Total**	**574**	**153000**	**429**	**106621**
北 京	Beijing	39	18443	29	9188
天 津	Tianjin	6	548	15	1958
河 北	Hebei	6	1098	6	1085
山 西	Shanxi	5	1371	2	200
内 蒙 古	Inner Mongolia	3	1365	5	1065
辽 宁	Liaoning	38	7984	28	2936
吉 林	Jilin	4	823	5	1183
黑 龙 江	Heilongjiang	11	1498	5	932
上 海	Shanghai	25	6553	31	7101
江 苏	Jiangsu	31	5727	38	7181
浙 江	Zhejiang	34	12920	29	6067
安 徽	Anhui	13	2234	6	1175
福 建	Fujian	50	12805	34	8339
江 西	Jiangxi	9	1057	8	1204
山 东	Shandong	23	4874	14	2394
河 南	Henan	14	4040	7	952
湖 北	Hubei	19	4862	4	629
湖 南	Hunan	21	5505	5	738
广 东	Guangdong	144	39562	88	29737
广 西	Guangxi	16	5025	7	2232
海 南	Hainan	13	4914	18	11266
重 庆	Chongqing	5	948	6	1957
四 川	Sichuan	15	2423	8	457
贵 州	Guizhou	4	791	1	208
云 南	Yunnan	10	2156	13	1810
西 藏	Tibet			1	93
陕 西	Shaanxi	10	2692	11	3483
甘 肃	Gansu	2	231	1	485
青 海	Qinghai			2	440
宁 夏	Ningxia			1	106
新 疆	Xinjiang	4	551	1	20

4-1-4 各地区限额以上住宿业企业基本情况(按国民经济行业分)

Basic Conditions of Enterprises above Designated Size of Hotels by Region and Sector

地区	Region	旅游饭店 Tourist Hotel		一般旅馆 Fonda		其他住宿服务 Others	
		法人单位数(个) Number of Corporation Enterprises (unit)	年末从业人数(人) Engaged Persons at the Year-end (person)	法人单位数(个) Number of Corporation Enterprises (unit)	年末从业人数(人) Engaged Persons at the Year-end (person)	法人单位数(个) Number of Corporation Enterprises (unit)	年末从业人数(人) Engaged Persons at the Year-end (person)
全国	**National Total**	**11462**	**1769016**	**4556**	**345890**	**488**	**41732**
北京	Beijing	715	131428	469	28242	26	2121
天津	Tianjin	107	14924	86	7581	26	2537
河北	Hebei	333	53823	140	14863	16	3433
山西	Shanxi	236	41613	145	14443	19	2652
内蒙古	Inner Mongolia	229	27288	95	8040	8	343
辽宁	Liaoning	429	53187	109	4843	20	942
吉林	Jilin	164	19831	29	2076	7	819
黑龙江	Heilongjiang	176	21201	59	4034	12	691
上海	Shanghai	344	64644	274	17615	30	3261
江苏	Jiangsu	720	111053	197	44999	23	1511
浙江	Zhejiang	897	141335	317	18752	8	1117
安徽	Anhui	342	45813	109	6894	8	701
福建	Fujian	431	69856	151	9648	24	2069
江西	Jiangxi	279	34522	86	7658	7	464
山东	Shandong	667	98494	277	18491	18	984
河南	Henan	537	67665	388	23755	28	1693
湖北	Hubei	363	48361	188	11157	16	918
湖南	Hunan	443	74830	180	14147	30	1811
广东	Guangdong	1308	269277	373	32783	50	4806
广西	Guangxi	334	44555	86	5866	5	510
海南	Hainan	270	61588	14	976	2	619
重庆	Chongqing	193	33859	79	4479	26	1448
四川	Sichuan	532	56284	281	10542	27	2072
贵州	Guizhou	183	22068	72	4339	9	662
云南	Yunnan	366	44798	99	8307	13	1118
西藏	Tibet	42	4714				
陕西	Shaanxi	368	56662	150	13814	19	1640
甘肃	Gansu	149	20299	49	3378	7	456
青海	Qinghai	52	5950	6	249	2	114
宁夏	Ningxia	51	5616	12	840	2	220
新疆	Xinjiang	202	23478	36	3079		

4-1-5 各地区限额以上餐饮业企业基本情况
Basic Conditions of Enterprises above Designated Size of Catering Services by Region

地 区	Region	餐饮业 Catering Services		#国有控股 State-controlled Enterprises	
		法人单位数 (个) Number of Corporation Enterprises (unit)	年末从业人数 (人) Engaged Persons at the Year-end (person)	法人单位数 (个) Number of Corporation Enterprises (unit)	年末从业人数 (人) Engaged Persons at the Year-end (person)
全 国	**National Total**	**22496**	**2277980**	**954**	**134741**
北 京	Beijing	2091	224433	125	21435
天 津	Tianjin	414	58772	24	2304
河 北	Hebei	411	43624	25	3168
山 西	Shanxi	498	65247	37	4658
内蒙古	Inner Mongolia	430	38204	22	2521
辽 宁	Liaoning	684	47590	24	1709
吉 林	Jilin	163	10881	13	1733
黑龙江	Heilongjiang	251	16982	14	955
上 海	Shanghai	1519	188685	50	9986
江 苏	Jiangsu	1719	193255	76	8464
浙 江	Zhejiang	1186	146780	32	6947
安 徽	Anhui	729	56734	34	3688
福 建	Fujian	630	73774	25	3693
江 西	Jiangxi	251	24208	14	1233
山 东	Shandong	2451	168769	132	15541
河 南	Henan	1410	76369	35	7054
湖 北	Hubei	930	89832	45	4858
湖 南	Hunan	471	50924	19	2053
广 东	Guangdong	2388	340826	49	11843
广 西	Guangxi	237	23286	14	1075
海 南	Hainan	94	8753	2	101
重 庆	Chongqing	762	70178	21	2629
四 川	Sichuan	1209	92388	26	1782
贵 州	Guizhou	152	15121	13	2269
云 南	Yunnan	222	23787	17	2154
西 藏	Tibet	7	476		
陕 西	Shaanxi	768	84727	37	8211
甘 肃	Gansu	234	20765	15	1298
青 海	Qinghai	31	3826	4	306
宁 夏	Ningxia	98	11059	3	526
新 疆	Xinjiang	56	7725	7	547

4-1-6 各地区限额以上餐饮业企业基本情况(按登记注册类型分)

Basic Conditions of Enterprises above Designated Size of Catering Services by Region and Type of Registration

地 区	Region	内资企业 Domestic Funded Enterprises		国有企业 State-owned Enterprises	
		法人单位数(个) Number of Corporation Enterprises (unit)	年末从业人数(人) Engaged Persons at the Year-end (person)	法人单位数(个) Number of Corporation Enterprises (unit)	年末从业人数(人) Engaged Persons at the Year-end (person)
全 国	**National Total**	**21235**	**1737628**	**675**	**70681**
北 京	Beijing	1938	165061	36	2417
天 津	Tianjin	369	28072	13	1109
河 北	Hebei	405	42865	24	2937
山 西	Shanxi	490	58659	34	3306
内蒙古	Inner Mongolia	423	37215	17	1976
辽 宁	Liaoning	588	30825	22	1579
吉 林	Jilin	158	10688	10	1408
黑龙江	Heilongjiang	207	13102	13	930
上 海	Shanghai	1302	105817	21	3009
江 苏	Jiangsu	1627	133938	61	5771
浙 江	Zhejiang	1146	101840	19	2230
安 徽	Anhui	717	54925	23	2269
福 建	Fujian	570	55559	22	3096
江 西	Jiangxi	238	19746	13	1188
山 东	Shandong	2397	146950	111	12888
河 南	Henan	1395	69086	28	1027
湖 北	Hubei	894	74956	43	4043
湖 南	Hunan	453	44033	16	1600
广 东	Guangdong	2147	223149	31	7276
广 西	Guangxi	230	20487	14	1078
海 南	Hainan	87	7773	2	101
重 庆	Chongqing	753	62074	10	1382
四 川	Sichuan	1177	80065	19	1262
贵 州	Guizhou	149	14696	11	1161
云 南	Yunnan	212	18291	11	669
西 藏	Tibet	7	476		
陕 西	Shaanxi	743	75789	25	2355
甘 肃	Gansu	231	19997	15	1298
青 海	Qinghai	30	3721	3	246
宁 夏	Ningxia	97	10849	1	98
新 疆	Xinjiang	55	6924	7	972

4-1-6 续表 1 Continued 1

地 区	Region	集体企业 Collective-owned Enterprises		股份合作企业 Cooperative Enterprises	
		法人单位数（个） Number of Corporation Enterprises (unit)	年末从业人数（人） Engaged Persons at the Year-end (person)	法人单位数（个） Number of Corporation Enterprises (unit)	年末从业人数（人） Engaged Persons at the Year-end (person)
全 国	**National Total**	**376**	**22163**	**273**	**17901**
北 京	Beijing	45	1911	70	2672
天 津	Tianjin	10	450	2	545
河 北	Hebei	7	570	9	519
山 西	Shanxi	12	1205	4	261
内 蒙 古	Inner Mongolia	3	160	5	633
辽 宁	Liaoning	21	499	5	234
吉 林	Jilin	8	442	1	93
黑 龙 江	Heilongjiang	1	70	3	88
上 海	Shanghai	28	2733	7	535
江 苏	Jiangsu	19	1072	6	493
浙 江	Zhejiang	3	263	7	1107
安 徽	Anhui	5	402	5	274
福 建	Fujian	7	755	2	171
江 西	Jiangxi	2	122	10	653
山 东	Shandong	52	2699	23	1702
河 南	Henan	22	854	6	488
湖 北	Hubei	10	669	13	845
湖 南	Hunan	3	80	6	389
广 东	Guangdong	56	4205	37	2577
广 西	Guangxi	4	206	11	676
海 南	Hainan				
重 庆	Chongqing	24	975	7	369
四 川	Sichuan	13	608	14	1263
贵 州	Guizhou			4	136
云 南	Yunnan	5	203	2	146
西 藏	Tibet				
陕 西	Shaanxi	13	837	10	699
甘 肃	Gansu	2	160	3	254
青 海	Qinghai			1	79
宁 夏	Ningxia	1	13		
新 疆	Xinjiang				

4-1-6 续表 2 Continued 2

地 区	Region	联营企业 Joint Ownership Enterprises		有限责任公司 Limited Liability Corporations	
		法人单位数(个) Number of Corporation Enterprises (unit)	年末从业人数(人) Engaged Persons at the Year-end (person)	法人单位数(个) Number of Corporation Enterprises (unit)	年末从业人数(人) Engaged Persons at the Year-end (person)
全 国	**National Total**	**24**	**2005**	**4116**	**429247**
北 京	Beijing	1	20	503	56796
天 津	Tianjin			80	9943
河 北	Hebei	1	120	105	9790
山 西	Shanxi			81	9698
内蒙古	Inner Mongolia			144	14079
辽 宁	Liaoning			74	5052
吉 林	Jilin	3	276	31	2760
黑龙江	Heilongjiang			37	2186
上 海	Shanghai	3	235	94	13387
江 苏	Jiangsu	1	85	186	23107
浙 江	Zhejiang	1	48	165	17448
安 徽	Anhui	2	51	148	11160
福 建	Fujian			94	9448
江 西	Jiangxi	1	65	47	3701
山 东	Shandong	2	116	369	30170
河 南	Henan			206	16173
湖 北	Hubei	1	323	243	28381
湖 南	Hunan	1	45	77	9970
广 东	Guangdong	3	488	359	52474
广 西	Guangxi	2	73	38	3984
海 南	Hainan			47	4169
重 庆	Chongqing			139	13416
四 川	Sichuan	1		395	25477
贵 州	Guizhou			45	6678
云 南	Yunnan			52	4807
西 藏	Tibet			4	233
陕 西	Shaanxi			259	34437
甘 肃	Gansu	1	60	59	5798
青 海	Qinghai			8	1426
宁 夏	Ningxia			20	2392
新 疆	Xinjiang			7	707

4-1-6 续表 3 Continued 3

地 区	Region	股份有限公司 Share-holding Corporations Ltd. 法人单位数(个) Number of Corporation Enterprises (unit)	股份有限公司 Share-holding Corporations Ltd. 年末从业人数(人) Engaged Persons at the Year-end (person)	私营企业 Private Enterprises 法人单位数(个) Number of Corporation Enterprises (unit)	私营企业 Private Enterprises 年末从业人数(人) Engaged Persons at the Year-end (person)
全 国	**National Total**	**461**	**70143**	**14001**	**1036316**
北 京	Beijing	42	9590	1241	91655
天 津	Tianjin	3	632	204	12207
河 北	Hebei	15	1598	220	25467
山 西	Shanxi	10	1344	307	38575
内 蒙 古	Inner Mongolia	26	2675	193	14420
辽 宁	Liaoning	7	290	443	21695
吉 林	Jilin	12	1168	82	4069
黑 龙 江	Heilongjiang	2	44	126	8267
上 海	Shanghai	5	637	1131	84260
江 苏	Jiangsu	31	3512	1277	96981
浙 江	Zhejiang	10	3337	934	76972
安 徽	Anhui	22	1787	457	35147
福 建	Fujian	5	523	388	38514
江 西	Jiangxi	9	828	139	12238
山 东	Shandong	61	9765	1494	73787
河 南	Henan	41	2162	1009	44795
湖 北	Hubei	22	2032	495	34072
湖 南	Hunan	15	1906	311	27815
广 东	Guangdong	21	4890	1457	135479
广 西	Guangxi	4	204	136	12642
海 南	Hainan	6	485	21	2023
重 庆	Chongqing	15	9637	478	31365
四 川	Sichuan	38	3135	665	47021
贵 州	Guizhou	1	130	74	5554
云 南	Yunnan	1	25	114	10308
西 藏	Tibet			3	243
陕 西	Shaanxi	27	5578	349	27167
甘 肃	Gansu	7	640	129	10662
青 海	Qinghai			15	1722
宁 夏	Ningxia	2	246	72	8047
新 疆	Xinjiang	1	1343	37	3147

地区	Region	港、澳、台商投资企业 Enterprises with Funds from Hongkong, Macao and Taiwan		外商投资企业 Foreign Funded Enterprises	
		法人单位数 (个) Number of Corporation Enterprises (unit)	年末从业人数 (人) Engaged Persons at the Year-end (person)	法人单位数 (个) Number of Corporation Enterprises (unit)	年末从业人数 (人) Engaged Persons at the Year-end (person)
全　国	**National Total**	**642**	**159081**	**619**	**381271**
北　京	Beijing	72	21915	81	37457
天　津	Tianjin	16	802	29	29898
河　北	Hebei	4	451	2	308
山　西	Shanxi	2	617	6	5971
内蒙古	Inner Mongolia	2	157	5	832
辽　宁	Liaoning	34	2936	62	13829
吉　林	Jilin	1	121	4	72
黑龙江	Heilongjiang	21	1782	23	2098
上　海	Shanghai	103	48236	114	34632
江　苏	Jiangsu	52	9361	40	49956
浙　江	Zhejiang	20	3012	20	41928
安　徽	Anhui	6	987	6	822
福　建	Fujian	36	6609	24	11606
江　西	Jiangxi	8	1622	5	2840
山　东	Shandong	21	2508	33	19311
河　南	Henan	4	486	11	6797
湖　北	Hubei	17	2167	19	12709
湖　南	Hunan	9	796	9	6095
广　东	Guangdong	172	44699	69	72978
广　西	Guangxi	4	441	3	2358
海　南	Hainan	6	902	1	78
重　庆	Chongqing	4	1182	5	6922
四　川	Sichuan	12	856	20	11467
贵　州	Guizhou	1	70	2	355
云　南	Yunnan	5	1115	5	4381
西　藏	Tibet				
陕　西	Shaanxi	9	5092	16	3846
甘　肃	Gansu	1	159	2	609
青　海	Qinghai			1	105
宁　夏	Ningxia			1	210
新　疆	Xinjiang			1	801

4-1-7 各地区限额以上餐饮业企业基本情况(按国民经济行业分)

Basic Conditions of Enterprises above Designated Size of Catering Services by Region and Sector

地　区	Region	正餐服务 Dinner		快餐服务 Snack	
		法人单位数 (个) Number of Corporation Enterprises (unit)	年末从业人数 (人) Engaged Persons at the Year-end (person)	法人单位数 (个) Number of Corporation Enterprises (unit)	年末从业人数 (人) Engaged Persons at the Year-end (person)
全　国	**National Total**	**20921**	**1745282**	**799**	**438324**
北　京	Beijing	1872	172445	135	42115
天　津	Tianjin	364	27197	24	29526
河　北	Hebei	402	43037	6	527
山　西	Shanxi	483	58660	10	6200
内蒙古	Inner Mongolia	423	37537	3	397
辽　宁	Liaoning	635	32914	26	12946
吉　林	Jilin	161	10853	2	28
黑龙江	Heilongjiang	241	15752	8	1171
上　海	Shanghai	1332	128901	73	39942
江　苏	Jiangsu	1583	123698	65	60025
浙　江	Zhejiang	1081	99689	44	43205
安　徽	Anhui	697	53081	18	2895
福　建	Fujian	584	59131	24	13445
江　西	Jiangxi	242	21108	6	2860
山　东	Shandong	2366	145604	57	21564
河　南	Henan	1288	66939	85	8037
湖　北	Hubei	886	75412	23	12303
湖　南	Hunan	446	43410	14	6685
广　东	Guangdong	2191	224302	97	99686
广　西	Guangxi	226	20192	10	2969
海　南	Hainan	93	8481	1	272
重　庆	Chongqing	696	60569	17	7095
四　川	Sichuan	1119	64103	22	11173
贵　州	Guizhou	149	14938	1	60
云　南	Yunnan	213	18444	4	4722
西　藏	Tibet	6	428	1	48
陕　西	Shaanxi	738	78791	13	5150
甘　肃	Gansu	227	19676	4	797
青　海	Qinghai	30	3747		
宁　夏	Ningxia	95	10835	2	164
新　疆	Xinjiang	52	5408	4	2317

4-1-7 续表 Continued

地 区	Region	饮料及冷饮服务 Beverage and Cold Drink 法人单位数(个) Number of Corporation Enterprises (unit)	饮料及冷饮服务 Beverage and Cold Drink 年末从业人数(人) Engaged Persons at the Year-end (person)	其他餐饮服务 Others 法人单位数(个) Number of Corporation Enterprises (unit)	其他餐饮服务 Others 年末从业人数(人) Engaged Persons at the Year-end (person)
全 国	**National Total**	**186**	**16700**	**590**	**77674**
北 京	Beijing	34	2913	50	6960
天 津	Tianjin	4	115	22	1934
河 北	Hebei	1	40	2	20
山 西	Shanxi			5	387
内蒙古	Inner Mongolia	1	150	3	120
辽 宁	Liaoning	11	444	12	1286
吉 林	Jilin				
黑龙江	Heilongjiang	1	39	1	20
上 海	Shanghai	23	4934	91	14908
江 苏	Jiangsu	11	2766	60	6766
浙 江	Zhejiang	24	783	37	3103
安 徽	Anhui	6	220	8	538
福 建	Fujian	9	345	13	853
江 西	Jiangxi	1	32	2	208
山 东	Shandong	7	281	21	1320
河 南	Henan	5	111	32	1282
湖 北	Hubei	4	194	17	1923
湖 南	Hunan	2	84	9	745
广 东	Guangdong	16	2757	84	14081
广 西	Guangxi			1	125
海 南	Hainan				
重 庆	Chongqing	2	15	47	2499
四 川	Sichuan	20	321	48	16791
贵 州	Guizhou	2	123		
云 南	Yunnan	2	33	3	588
西 藏	Tibet				
陕 西	Shaanxi			17	786
甘 肃	Gansu			3	292
青 海	Qinghai			1	79
宁 夏	Ningxia			1	60
新 疆	Xinjiang				

4-2-1 限额以上住宿和餐饮业企业经营情况

项　目	Item	营业额 Business Revenue	客房收入 from Hotel Rooms
总　计	**Total**	**70709417**	**17378437**
一、住宿业	**Hotels**	**32618930**	**15353203**
#国有控股	State-controlled Enterprises	9861027	4390876
(一)按登记注册类型分	**by Type of Registration**		
1.内资企业	**Domestic Funded Enterprises**	**27067339**	**12700074**
国有企业	State-owned Enterprises	6082458	2693910
集体企业	Collective-owned Enterprises	793890	341351
股份合作企业	Cooperative Enterprises	221330	105901
联营企业	Joint Ownership Enterprises	131615	61425
国有联营企业	State Joint Ownership Enterprises	60376	30776
集体联营企业	Collective Joint Ownership Enterprises	22019	10736
国有与集体联营企业	Joint State-collective Enterprises	25428	8722
其他联营企业	Other Joint Ownership Enterprises	23793	11190
有限责任公司	Limited Liability Corporations	9411406	4465569
国有独资公司	State Sole Funded Corporations	380021	174750
其他有限责任公司	Other Limited Liability Corporations	9031386	4290819
股份有限公司	Share-holding Corporations Ltd.	1267296	561661
私营企业	Private Enterprises	8187516	3993212
私营独资企业	Private-funded Enterprises	1446489	710595
私营合伙企业	Private Partnership Enterprises	346040	179594
私营有限责任公司	Private Limited Liability Corporations	5874258	2857612
私营股份有限公司	Private Share-holding Corporations Ltd.	520730	245411
其他企业	Other Enterprises	971827	477047
2.港、澳、台商投资企业	**Enterprises with Funds from Hongkong, Macao and Taiwan**	**3200515**	**1507781**
合资经营企业	Joint-venture Enterprises	1655286	807376
合作经营企业	Cooperative Enterprises	453351	197161
独资经营企业	Enterprises with Sole Investment	996047	454150
投资股份有限公司	Share-holding Corporations Ltd. with Investment	89259	45571
其他港澳台商投资企业	Other Enterprises with Funds from Hongkong, Macao and Taiwan	6572	3523
3.外商投资企业	**Foreign Funded Enterprises**	**2351076**	**1145349**
中外合资经营企业	Joint-venture Enterprises	1100901	522441
中外合作经营企业	Cooperative Enterprises	358547	168406
外资企业	Enterprises with Sole Foreign Investment	834497	432279
外商投资股份有限公司	Share-holding Corporations Ltd. with Foreign Investment	45746	19131
其他外商投资企业	Other Foreign Funded Enterprises	11385	3092
(二)按国民经济行业分	**by Sector**		
旅游饭店	Tourist Hotel	27520492	12356093
一般旅馆	Fonda	4523871	2686026
其他住宿服务	Others	574567	311084

Business of Enterprises above Designated Size of Hotels and Catering Services

单位：万元

Unit: 10000 yuan

餐费收入 from Meals	商品销售额 from Commodities	其他收入 Others	客房数 (间) Hotel Rooms (unit)	床位数 (个) Hotel Beds (unit)	餐位数 (位) Seats for Meal (unit)
47557566	**1930497**	**3842917**	**2968365**	**5013242**	**17127490**
13219823	**890617**	**3155287**	**2543225**	**4264094**	**6383004**
3948035	308634	1213482	667223	1144256	1695853
11134757	**722389**	**2510119**	**2280780**	**3864780**	**5824950**
2512857	168561	707130	451106	783032	1273632
343346	17195	91999	66032	124818	180717
85545	7281	22602	22805	47296	55392
52784	3573	13834	31934	61286	28037
21504	504	7592	4487	7651	8660
10164	500	618	1806	3666	8750
10693	2293	3720	1381	2443	3407
10423	276	1904	24260	47526	7220
3840406	216867	888564	712847	1206096	1745460
151565	10625	43082	24203	40257	55170
3688841	206243	845483	688644	1165839	1690290
502653	78000	124983	91118	151791	239010
3403047	204613	586645	810779	1341072	2030082
601036	52089	82769	123388	219361	429380
137744	8891	19811	33164	56729	92552
2439754	130614	446278	611253	991702	1391326
224514	13019	37787	42974	73280	116824
394121	26299	74361	94159	149389	272620
1206953	**127249**	**358533**	**145493**	**225449**	**341894**
619711	31395	196805	70350	108920	166488
172824	44470	38895	16848	26327	35548
377636	51213	113049	52761	81890	123228
34152	172	9364	4746	7204	14600
2630		419	788	1108	2030
878113	**40979**	**286635**	**116952**	**173865**	**216160**
392565	18533	167362	52417	78465	111367
150294	10628	29219	14226	22822	35269
311875	9947	80396	46610	66683	61975
16257	1330	9028	3109	5032	5493
7122	541	630	590	863	2056
11642867	768705	2752826	1940883	3272105	5306904
1385088	109925	342832	550493	899924	947029
191867	11987	59629	51849	92065	129071

项 目	Item	营业额 Business Revenue	客房收入 from Hotel Rooms
二、餐饮业	**Catering Services**	**38090487**	**2025234**
#国有控股	State-controlled Enterprises	2017022	266160
(一)按登记注册类型分	**by Type of Registration**		
1.内资企业	**Domestic Funded Enterprises**	**28150753**	**1925717**
国有企业	State-owned Enterprises	982252	207481
集体企业	Collective-owned Enterprises	351337	43061
股份合作企业	Cooperative Enterprises	296093	21955
联营企业	Joint Ownership Enterprises	48962	1317
国有联营企业	State Joint Ownership Enterprises	2745	464
集体联营企业	Collective Joint Ownership Enterprises	31035	15
国有与集体联营企业	Joint State-collective Enterprises	2151	84
其他联营企业	Other Joint Ownership Enterprises	13032	754
有限责任公司	Limited Liability Corporations	6726728	546050
国有独资公司	State Sole Funded Corporations	107456	5172
其他有限责任公司	Other Limited Liability Corporations	6619272	540878
股份有限公司	Share-holding Corporations Ltd.	1177840	83449
私营企业	Private Enterprises	17241862	911455
私营独资企业	Private-funded Enterprises	3898726	216922
私营合伙企业	Private Partnership Enterprises	680513	46015
私营有限责任公司	Private Limited Liability Corporations	11768513	602300
私营股份有限公司	Private Share-holding Corporations Ltd.	894110	46218
其他企业	Other Enterprises	1325679	110949
2.港、澳、台商投资企业	**Enterprises with Funds from Hongkong, Macao and Taiwan**	**3038182**	**55931**
合资经营企业	Joint-venture Enterprises	834434	21004
合作经营企业	Cooperative Enterprises	175347	2223
独资经营企业	Enterprises with Sole Investment	1920710	31202
投资股份有限公司	Share-holding Corporations Ltd. with Investment	106296	1502
其他港澳台商投资企业	Other Enterprises with Funds from Hongkong, Macao and Taiwan	1396	
3.外商投资企业	**Foreign Funded Enterprises**	**6901552**	**43586**
中外合资经营企业	Joint-venture Enterprises	1786135	31652
中外合作经营企业	Cooperative Enterprises	136510	2027
外资企业	Enterprises with Sole Foreign Investment	4913761	9230
外商投资股份有限公司	Share-holding Corporations Ltd. with Foreign Investment	48829	386
其他外商投资企业	Other Foreign Funded Enterprises	16317	292
(二)按国民经济行业分	**by Sector**		
正餐服务	Restaurant	28961830	1976324
快餐服务	Snack Counter	7476175	9465
饮料及冷饮服务	Beverage and Cold Drink	399531	987
其他餐饮服务	Others	1252951	38459

4-2-1 Continued

单位：万元

Unit: 10000 yuan

餐费收入 from Meals	商品销售额 from Commodities	其他收入 Others	客房数 (间) Hotel Rooms (unit)	床位数 (个) Hotel Beds (unit)	餐位数 (位) Seats for Meal (unit)
34337743	**1039880**	**687630**	**425140**	**749148**	**10744486**
1512386	127154	111322	48535	87166	546952
24664623	**964092**	**596322**	**399085**	**712507**	**9162039**
683758	42616	48398	38653	70533	336605
278233	15838	14206	8423	15705	141913
245415	16882	11841	4657	8686	105592
38483	8950	212	248	473	11941
2133		148	45	108	440
22146	8858	16	26	48	6489
2019		48	26	48	276
12185	92	1	151	269	4736
5693158	267127	220394	106712	187994	2038020
69146	12983	20156	1796	2950	28868
5624012	254144	200238	104916	185044	2009152
990901	73376	30114	20062	36504	312098
15586248	495821	248337	197559	353703	5756820
3478524	149526	53754	50732	96834	1455139
603366	22633	8499	10821	18768	264020
10706773	305188	154252	125732	220520	3769496
797585	18474	31832	10274	17581	268165
1148427	43482	22821	22771	38909	459050
2890449	**54909**	**36892**	**18270**	**23702**	**507710**
781004	18193	14234	12403	14540	146722
159672	10054	3398	250	516	17623
1846399	25886	17222	5352	8338	325580
102172	583	2039	265	308	17235
1202	194				550
6782671	**20879**	**54416**	**7785**	**12939**	**1074737**
1727820	9374	17289	4198	6917	265250
119834	577	14073	310	595	22547
4874470	7522	22539	2464	3903	766475
44608	3406	429	718	1294	14786
15939		86	95	230	5679
25427559	954564	603384	414606	726823	9090377
7400405	29097	37209	3721	10407	1287130
369863	20580	8102	251	417	113855
1139916	35640	38936	6562	11501	253124

4-2-2 各地区限额以上住宿业企业经营情况

Business of Enterprises above Designated Size of Hotels by Region

单位：万元

Unit: 10000 yuan

地区	Region	营业额 Business Revenue	客房收入 from Hotel Rooms	餐费收入 from Meals	商品销售额 from Commodities	其他收入 Others
全国	**National Total**	**32618930**	**15353203**	**13219823**	**890617**	**3155287**
北京	Beijing	3500274	1712774	1074761	97273	615467
天津	Tianjin	379265	185726	139850	7570	46120
河北	Hebei	814925	327708	406733	17376	63107
山西	Shanxi	642686	289585	286840	18835	47426
内蒙古	Inner Mongolia	473076	220790	211702	14335	26249
辽宁	Liaoning	1043796	516925	416455	18579	91837
吉林	Jilin	301309	138169	135442	3954	23744
黑龙江	Heilongjiang	322574	185192	112760	11883	12740
上海	Shanghai	1953069	999058	671144	35759	247107
江苏	Jiangsu	2137657	833252	1050328	92738	161339
浙江	Zhejiang	2918609	1204884	1438997	41755	232973
安徽	Anhui	672410	295704	311581	22356	42768
福建	Fujian	1203277	505099	558527	54661	84990
江西	Jiangxi	487880	253817	186906	17015	30143
山东	Shandong	1881603	831174	848122	73271	129035
河南	Henan	1222777	609005	469726	57165	86881
湖北	Hubei	864139	450559	321280	23367	68934
湖南	Hunan	1274594	592436	558962	37847	85350
广东	Guangdong	4519863	2071403	1800722	80241	567497
广西	Guangxi	570092	274393	232717	22117	40866
海南	Hainan	954988	597389	279173	10796	67630
重庆	Chongqing	609106	271245	256938	17462	63462
四川	Sichuan	1271691	665313	451990	39757	114631
贵州	Guizhou	275464	157576	95786	5705	16397
云南	Yunnan	637187	349957	202767	19597	64867
西藏	Tibet	47997	27860	12787	769	6581
陕西	Shaanxi	896332	421704	393472	26171	54985
甘肃	Gansu	237729	126387	89525	4956	16862
青海	Qinghai	64574	38896	20140	1109	4429
宁夏	Ningxia	71846	35570	27133	3874	5269
新疆	Xinjiang	368142	163655	156557	12327	35604

4-2-2 续表 Continued

国有控股
State-controlled Enterprises

单位：万元
Unit: 10000 yuan

地 区	Region	营业额 Business Revenue	客房收入 from Hotel Rooms	餐费收入 from Meals	商品销售额 from Commodities	其他收入 Others
全 国	**National Total**	**9861027**	**4390876**	**3948035**	**308634**	**1213482**
北 京	Beijing	1855171	849190	612473	33472	360036
天 津	Tianjin	148367	63854	60576	4894	19043
河 北	Hebei	318218	117858	167342	8013	25005
山 西	Shanxi	166776	76495	75849	2486	11946
内蒙古	Inner Mongolia	134026	54731	64760	4447	10088
辽 宁	Liaoning	290924	140009	122185	3673	25057
吉 林	Jilin	123458	57839	55312	1122	9185
黑龙江	Heilongjiang	118473	61824	45156	6597	4896
上 海	Shanghai	850742	366044	306203	24434	154061
江 苏	Jiangsu	633454	213422	302763	59087	58182
浙 江	Zhejiang	529881	218373	245304	11519	54685
安 徽	Anhui	199846	91121	89090	8340	11296
福 建	Fujian	300738	140047	141092	2248	17351
江 西	Jiangxi	120453	60350	48759	5117	6226
山 东	Shandong	575571	233084	253984	21463	67040
河 南	Henan	354283	164074	135516	22962	31732
湖 北	Hubei	200015	106220	71072	6448	16276
湖 南	Hunan	326316	133631	152391	14358	25936
广 东	Guangdong	919323	433067	348297	8596	129363
广 西	Guangxi	164521	66405	71670	13092	13355
海 南	Hainan	182037	116074	53964	868	11131
重 庆	Chongqing	110922	47603	47529	3568	12223
四 川	Sichuan	280447	134749	101945	6922	36830
贵 州	Guizhou	83140	42737	32737	2746	4920
云 南	Yunnan	217662	102167	74430	9240	31825
西 藏	Tibet	29684	17902	7713	104	3965
陕 西	Shaanxi	251273	112947	109974	7294	21058
甘 肃	Gansu	108596	56518	39826	3428	8824
青 海	Qinghai	27660	15577	9385	944	1753
宁 夏	Ningxia	30294	14304	11183	1065	3742
新 疆	Xinjiang	208759	82663	89556	10087	26453

4-2-3 各地区限额以上住宿业企业经营情况(按登记注册类型分)

Business of Enterprises above Designated Size of Hotels by Region and Type of Registration

内资企业
Domestic Funded Enterprises

单位：万元
Unit: 10000 yuan

地　区	Region	营业额 Business Revenue	客房收入 from Hotel Rooms	餐费收入 from Meals	商品销售额 from Commodities	其他收入 Others
全　国	**National Total**	**27067339**	**12700074**	**11134757**	**722389**	**2510119**
北　京	Beijing	2548098	1272192	808399	47014	420494
天　津	Tianjin	326285	156219	120635	7526	41905
河　北	Hebei	785540	316253	393399	15553	60335
山　西	Shanxi	616012	275631	275923	18726	45732
内蒙古	Inner Mongolia	422940	202515	191123	6614	22687
辽　宁	Liaoning	792875	392335	317136	12760	70645
吉　林	Jilin	254778	120365	113648	3820	16945
黑龙江	Heilongjiang	268780	154959	93497	9970	10354
上　海	Shanghai	1531379	778916	510637	27621	214205
江　苏	Jiangsu	1895378	725517	932952	91340	145569
浙　江	Zhejiang	2501150	1038172	1231540	38842	192596
安　徽	Anhui	622576	271231	292205	21455	37684
福　建	Fujian	811339	354944	383799	17065	55531
江　西	Jiangxi	460837	238414	177747	15943	28733
山　东	Shandong	1737129	755306	795997	69244	116581
河　南	Henan	1141673	572464	438196	53077	77937
湖　北	Hubei	764158	398641	284945	21932	58641
湖　南	Hunan	1186565	552595	524953	36060	72958
广　东	Guangdong	3190789	1434566	1298686	53926	403611
广　西	Guangxi	479030	227282	193942	19777	38028
海　南	Hainan	693038	431356	206447	8656	46579
重　庆	Chongqing	543339	242303	232511	15768	52757
四　川	Sichuan	1118671	583110	398227	38893	98441
贵　州	Guizhou	262297	151586	89197	5674	15840
云　南	Yunnan	574400	315598	182080	19493	57229
西　藏	Tibet	46066	26560	12194	769	6543
陕　西	Shaanxi	776320	359530	352627	22733	41430
甘　肃	Gansu	228319	121201	85897	4956	16265
青　海	Qinghai	59098	36131	17734	1008	4226
宁　夏	Ningxia	69896	34495	26258	3874	5269
新　疆	Xinjiang	358587	159689	152227	12300	34370

国有企业
State-owned Enterprises

单位：万元
Unit: 10000 yuan

地 区	Region	营业额 Business Revenue	客房收入 from Hotel Rooms	餐费收入 from Meals	商品销售额 from Commodities	其他收入 Others
全 国	**National Total**	**6082458**	**2693910**	**2512857**	**168561**	**707131**
北 京	Beijing	753225	347062	259399	14008	132756
天 津	Tianjin	78199	32454	31302	1388	13055
河 北	Hebei	259454	99044	134702	5528	20181
山 西	Shanxi	144467	67499	65333	2361	9275
内蒙古	Inner Mongolia	94018	40890	43685	3475	5969
辽 宁	Liaoning	222939	107696	95156	2984	17103
吉 林	Jilin	105168	49082	48191	1033	6863
黑龙江	Heilongjiang	93910	47918	38824	3624	3544
上 海	Shanghai	462497	189668	160358	7809	104663
江 苏	Jiangsu	361669	127595	185089	14671	34314
浙 江	Zhejiang	321986	128346	153989	4136	35515
安 徽	Anhui	95523	37531	45734	4341	7917
福 建	Fujian	204793	95547	96054	457	12735
江 西	Jiangxi	108785	55227	43365	5099	5094
山 东	Shandong	530391	216114	232413	20144	61720
河 南	Henan	274300	124432	108963	17773	23131
湖 北	Hubei	147541	80883	50179	5858	10622
湖 南	Hunan	199843	84137	95007	7844	12855
广 东	Guangdong	515620	237812	191621	7451	78736
广 西	Guangxi	117405	43393	55106	11964	6943
海 南	Hainan	39716	23246	12490	364	3616
重 庆	Chongqing	68109	30342	29044	1963	6761
四 川	Sichuan	216090	101297	80898	4995	28900
贵 州	Guizhou	61019	33260	23193	806	3760
云 南	Yunnan	122488	60293	40000	6299	15896
西 藏	Tibet	29684	17902	7713	104	3965
陕 西	Shaanxi	196583	89166	88361	5755	13301
甘 肃	Gansu	97011	50651	36231	3338	6792
青 海	Qinghai	25746	14500	9368	944	934
宁 夏	Ningxia	16951	8033	6557	184	2176
新 疆	Xinjiang	117329	52891	44535	1864	18039

4-2-3 续表 2 Continued 2

集体企业
Collective-owned Enterprises

单位：万元
Unit: 10000 yuan

地 区	Region	营业额 Business Revenue	客房收入 from Hotel Rooms	餐费收入 from Meals	商品销售额 from Commodities	其他收入 Others
全 国	**National Total**	**793890**	**341351**	**343346**	**17195**	**91999**
北 京	Beijing	103826	48409	25721	1597	28100
天 津	Tianjin	14916	3748	5885	169	5115
河 北	Hebei	29951	13012	14314	1930	695
山 西	Shanxi	27238	14366	10672	639	1560
内蒙古	Inner Mongolia	4792	2132	2583	33	44
辽 宁	Liaoning	33666	16086	15793	212	1575
吉 林	Jilin	3109	1639	1174	22	274
黑龙江	Heilongjiang	1052	978	36	9	30
上 海	Shanghai	40967	11412	22800	267	6489
江 苏	Jiangsu	54174	20913	26419	787	6055
浙 江	Zhejiang	77406	38048	30276	813	8269
安 徽	Anhui	4114	1738	1891	352	133
福 建	Fujian	9273	2892	3008	54	3318
江 西	Jiangxi	5599	3108	2452	26	14
山 东	Shandong	131047	43437	77958	4085	5567
河 南	Henan	55874	26782	22784	1766	4542
湖 北	Hubei	30824	15503	11385	577	3359
湖 南	Hunan	27065	12225	14094	159	588
广 东	Guangdong	54000	23969	20068	1491	8473
广 西	Guangxi	8654	3677	3036	319	1622
海 南	Hainan	1130	786	274		71
重 庆	Chongqing	13347	6036	6678	289	344
四 川	Sichuan	11078	4965	4324	417	1371
贵 州	Guizhou	1981	1241	565	157	17
云 南	Yunnan	14667	7959	4996	181	1531
西 藏	Tibet	511	233	10		268
陕 西	Shaanxi	13116	6120	5662	599	734
甘 肃	Gansu	4897	3287	1311	20	279
青 海	Qinghai	4229	2500	1398		331
宁 夏	Ningxia					
新 疆	Xinjiang	11388	4150	5780	224	1233

4-2-3 续表 3 Continued 3

股份合作企业
Cooperative Enterprises

单位：万元
Unit: 10000 yuan

地　区	Region	营业额 Business Revenue	客房收入 from Hotel Rooms	餐费收入 from Meals	商品销售额 from Commodities	其他收入 Others
全　国	**National Total**	**221330**	**105901**	**85545**	**7281**	**22602**
北　京	Beijing	40743	21847	10362	791	7745
天　津	Tianjin	3996	2155	329	63	1448
河　北	Hebei	5291	3315	1423		553
山　西	Shanxi	560	258	136		166
内蒙古	Inner Mongolia	8981	3680	3814	702	785
辽　宁	Liaoning	372	295	77		
吉　林	Jilin	1105	484	615	6	
黑龙江	Heilongjiang	6538	2398	1457	2224	460
上　海	Shanghai					
江　苏	Jiangsu	1833	810	381	8	634
浙　江	Zhejiang	7344	4314	2318	17	696
安　徽	Anhui	4846	1543	3028	194	81
福　建	Fujian	6194	2006	3047	51	1089
江　西	Jiangxi	28511	13749	12250	1203	1309
山　东	Shandong	8917	3641	4525	426	326
河　南	Henan	4312	2525	1474	141	172
湖　北	Hubei	9143	2970	4905	467	802
湖　南	Hunan	35098	17285	14251	351	3211
广　东	Guangdong	8342	2337	5779	144	83
广　西	Guangxi	5681	3302	2235		144
海　南	Hainan	3788	2550	981	44	213
重　庆	Chongqing	404	404			
四　川	Sichuan	12237	5399	5688	188	962
贵　州	Guizhou	1182	1143	39		
云　南	Yunnan	4629	2888	1230	200	311
西　藏	Tibet	792	327	335		130
陕　西	Shaanxi	7309	2761	4181	62	305
甘　肃	Gansu	546	319	227		
青　海	Qinghai	2636	1198	460		977
宁　夏	Ningxia					
新　疆	Xinjiang					

4-2-3 续表 4 Continued 4

联营企业
Joint Ownership Enterprises

单位：万元
Unit: 10000 yuan

地 区	Region	营业额 Business Revenue	客房收入 from Hotel Rooms	餐费收入 from Meals	商品销售额 from Commodities	其他收入 Others
全 国	**National Total**	**131615**	**61425**	**52784**	**3573**	**13834**
北 京	Beijing	4406	1351	2606	4	445
天 津	Tianjin	567	223	284		61
河 北	Hebei	650	66	580	4	
山 西	Shanxi	217	157	60		
内蒙古	Inner Mongolia	2232	407	1825		
辽 宁	Liaoning	1738	512	451	17	758
吉 林	Jilin	4685	1660	1835		1190
黑龙江	Heilongjiang	514	314	144	36	19
上 海	Shanghai	12120	5226	4551	445	1899
江 苏	Jiangsu	12210	3524	5499	2022	1165
浙 江	Zhejiang	16039	7016	7766	239	1018
安 徽	Anhui					
福 建	Fujian	32211	17048	13225	298	1640
江 西	Jiangxi					
山 东	Shandong	246	98	149		
河 南	Henan	3589	2906	379	199	106
湖 北	Hubei	3141	1423	470	85	1163
湖 南	Hunan	3612	2137	1403	71	1
广 东	Guangdong	19310	10506	5018	90	3696
广 西	Guangxi					
海 南	Hainan	450	328	65		57
重 庆	Chongqing					
四 川	Sichuan	4132	2422	1610		100
贵 州	Guizhou					
云 南	Yunnan	5132	2358	2295	3	476
西 藏	Tibet					
陕 西	Shaanxi	518	429	81		7
甘 肃	Gansu					
青 海	Qinghai					
宁 夏	Ningxia					
新 疆	Xinjiang	3896	1313	2490	59	33

4-2-3 续表 5 Continued 5

有限责任公司
Limited Liability Corporations

单位：万元
Unit: 10000 yuan

地区	Region	营业额 Business Revenue	客房收入 from Hotel Rooms	餐费收入 from Meals	商品销售额 from Commodities	其他收入 Others
全国	**National Total**	**9411406**	**4465569**	**3840406**	**216868**	**888564**
北京	Beijing	1225659	621566	389284	21747	193062
天津	Tianjin	143758	70093	53751	4570	15345
河北	Hebei	241770	102525	116236	3104	19905
山西	Shanxi	142193	57458	67965	4248	12522
内蒙古	Inner Mongolia	135216	62928	65572	868	5848
辽宁	Liaoning	234985	110932	96349	1820	25885
吉林	Jilin	66483	34201	26533	1356	4394
黑龙江	Heilongjiang	74966	44855	23733	1774	4604
上海	Shanghai	506403	243502	185174	16360	61368
江苏	Jiangsu	509169	208444	255951	8314	36461
浙江	Zhejiang	906596	366592	455797	14694	69513
安徽	Anhui	262118	110410	126197	9491	16021
福建	Fujian	213210	111306	82938	2737	16228
江西	Jiangxi	138668	71588	54894	4161	8025
山东	Shandong	466091	190477	238506	15287	21820
河南	Henan	257122	123306	99703	13188	20926
湖北	Hubei	238860	140618	76880	3688	17674
湖南	Hunan	374531	162478	177190	10375	24487
广东	Guangdong	1213393	524623	512962	23607	152201
广西	Guangxi	107739	56921	35309	1814	13696
海南	Hainan	511197	323861	148869	7236	31231
重庆	Chongqing	240242	103910	102677	8140	25516
四川	Sichuan	309908	170866	102207	8462	28373
贵州	Guizhou	121530	68759	41741	3156	7874
云南	Yunnan	237502	132743	76488	7498	20774
西藏	Tibet	5434	2455	1020	623	1338
陕西	Shaanxi	294717	144538	129222	6866	14090
甘肃	Gansu	69595	36101	25881	808	6804
青海	Qinghai	7222	4359	1826		1037
宁夏	Ningxia	23219	10751	8596	1894	1979
新疆	Xinjiang	131914	52404	60958	8986	9566

4-2-3 续表 6 Continued 6

股份有限公司 单位：万元
Share-holding Corporations Ltd Unit: 10000 yuan

地区	Region	营业额 Business Revenue	客房收入 from Hotel Rooms	餐费收入 from Meals	商品销售额 from Commodities	其他收入 Others
全国	**National Total**	**1267297**	**561661**	**502653**	**78000**	**124983**
北京	Beijing	79784	33641	22290	2232	21621
天津	Tianjin					
河北	Hebei	46126	14258	22722	1972	7175
山西	Shanxi	21844	9579	10720	768	777
内蒙古	Inner Mongolia	19038	9925	8360	212	542
辽宁	Liaoning	9711	7389	2209	5	108
吉林	Jilin	5152	2689	2323	28	111
黑龙江	Heilongjiang	33333	23953	8759	172	449
上海	Shanghai	20262	11075	6137	657	2392
江苏	Jiangsu	147772	39532	49191	42559	16491
浙江	Zhejiang	134875	60119	58774	4376	11606
安徽	Anhui	61911	34442	24491	794	2184
福建	Fujian	18389	6638	9776	1439	536
江西	Jiangxi	29138	16567	11213	715	643
山东	Shandong	99471	41378	42157	8214	7723
河南	Henan	78419	35516	33890	3473	5540
湖北	Hubei	41457	17203	18211	1503	4541
湖南	Hunan	128502	55392	59273	3502	10336
广东	Guangdong	83664	34101	36846	782	11935
广西	Guangxi	30682	13969	11800	1629	3285
海南	Hainan	29220	17575	9993	223	1429
重庆	Chongqing	45796	22379	16608	1041	5768
四川	Sichuan	51016	27587	17630	1139	4659
贵州	Guizhou	1255	894	355	3	2
云南	Yunnan	22565	12390	8423	288	1465
西藏	Tibet	3101	1325	1209		568
陕西	Shaanxi	14485	6952	5169	236	2129
甘肃	Gansu	3346	1978	1061		306
青海	Qinghai					
宁夏	Ningxia					
新疆	Xinjiang	6983	3214	3065	40	664

4-2-3 续表 7 Continued 7

私营企业
Private Enterprises

单位：万元
Unit: 10000 yuan

地 区	Region	营业额 Business Revenue	客房收入 from Hotel Rooms	餐费收入 from Meals	商品销售额 from Commodities	其他收入 Others
全 国	**National Total**	**8187517**	**3993212**	**3403047**	**204613**	**586645**
北 京	Beijing	340455	198316	98737	6636	36765
天 津	Tianjin	66374	37745	21957	724	5948
河 北	Hebei	176450	71553	90982	2684	11230
山 西	Shanxi	252468	114946	109913	8648	18961
内蒙古	Inner Mongolia	136067	70279	56208	1059	8521
辽 宁	Liaoning	267385	138439	100300	6140	22507
吉 林	Jilin	60511	26654	29541	1335	2981
黑龙江	Heilongjiang	53323	31128	19277	1708	1210
上 海	Shanghai	441905	290600	115467	2074	33763
江 苏	Jiangsu	777774	312314	395814	20387	49259
浙 江	Zhejiang	1031336	431815	519083	14567	65871
安 徽	Anhui	165519	75221	76943	4951	8404
福 建	Fujian	295239	110451	159646	9869	15274
江 西	Jiangxi	136948	70775	48857	4328	12987
山 东	Shandong	404397	214808	155453	18082	16054
河 南	Henan	413140	229124	148540	14754	20723
湖 北	Hubei	246031	117157	102789	8300	17786
湖 南	Hunan	382786	198232	152285	13172	19098
广 东	Guangdong	1118361	513798	455328	17349	131886
广 西	Guangxi	174023	88615	71591	3889	9928
海 南	Hainan	59908	35204	19182	110	5412
重 庆	Chongqing	125699	60189	51603	3814	10093
四 川	Sichuan	489414	255272	179447	22983	31712
贵 州	Guizhou	56408	35237	17128	1489	2554
云 南	Yunnan	129235	77008	37491	4257	10478
西 藏	Tibet	5455	3762	1424		269
陕 西	Shaanxi	205742	88843	101031	7630	8238
甘 肃	Gansu	46584	25880	18007	790	1906
青 海	Qinghai	14214	9818	3469	32	895
宁 夏	Ningxia	29176	15398	10921	1746	1111
新 疆	Xinjiang	85193	44630	34632	1108	4822

4-2-3 续表 8 Continued 8

其他企业
Other Enterprises

单位：万元
Unit: 10000 yuan

地 区	Region	营业额 Business Revenue	客房收入 from Hotel Rooms	餐费收入 from Meals	商品销售额 from Commodities	其他收入 Others
全 国	**National Total**	**971827**	**477047**	**394121**	**26299**	**74361**
北 京	Beijing					
天 津	Tianjin	18474	9801	7127	612	933
河 北	Hebei	25849	12480	12441	331	597
山 西	Shanxi	27026	11369	11124	2062	2471
内蒙古	Inner Mongolia	22596	12274	9079	266	978
辽 宁	Liaoning	22080	10986	6802	1582	2709
吉 林	Jilin	8565	3957	3436	41	1132
黑龙江	Heilongjiang	5144	3416	1268	423	38
上 海	Shanghai	47225	27432	16151	9	3633
江 苏	Jiangsu	30777	12383	14608	2594	1191
浙 江	Zhejiang	5569	1922	3538		109
安 徽	Anhui	28546	10346	13922	1332	2945
福 建	Fujian	32030	9055	16104	2160	4711
江 西	Jiangxi	13188	7400	4716	412	661
山 东	Shandong	96568	45354	44837	3006	3371
河 南	Henan	54918	27873	22464	1783	2798
湖 北	Hubei	47161	22884	20126	1455	2696
湖 南	Hunan	35128	20708	11452	587	2381
广 东	Guangdong	178100	87421	71064	3014	16602
广 西	Guangxi	34845	17405	14865	164	2410
海 南	Hainan	47629	27807	14593	679	4550
重 庆	Chongqing	49742	19044	25900	522	4276
四 川	Sichuan	24797	15302	6422	708	2364
贵 州	Guizhou	18923	11050	6176	64	1633
云 南	Yunnan	38182	19959	11158	767	6298
西 藏	Tibet	1089	556	484	42	6
陕 西	Shaanxi	43851	20720	18919	1586	2625
甘 肃	Gansu	6340	2985	3178		177
青 海	Qinghai	5053	3756	1213	32	52
宁 夏	Ningxia	550	314	184	50	3
新 疆	Xinjiang	1886	1087	767	18	13

4-2-3 续表 9 Continued 9

港、澳、台商投资企业 单位：万元
Enterprises with Funds from Hong Kong, Macao and Taiwan Unit: 10000 yuan

地 区	Region	营业额 Business Revenue	客房收入 from Hotel Rooms	餐费收入 from Meals	商品销售额 from Commodities	其他收入 Others
全 国	**National Total**	**3200515**	**1507781**	**1206953**	**127249**	**358533**
北 京	Beijing	627563	302995	176461	47106	101002
天 津	Tianjin	6953	4990	1801		161
河 北	Hebei	16575	4726	7739	1803	2308
山 西	Shanxi	23753	13134	8816	109	1695
内蒙古	Inner Mongolia	23902	9938	10448	971	2546
辽 宁	Liaoning	196902	97712	80446	4971	13773
吉 林	Jilin	12332	3933	7849	81	469
黑龙江	Heilongjiang	22532	12087	8139	789	1518
上 海	Shanghai	192333	106372	69641	1119	15202
江 苏	Jiangsu	106706	46657	53456	505	6088
浙 江	Zhejiang	285421	108562	146480	2217	28163
安 徽	Anhui	34871	18174	13440	613	2644
福 建	Fujian	235692	82527	101636	35752	15777
江 西	Jiangxi	12538	7099	4821	162	456
山 东	Shandong	101773	53066	35110	3575	10022
河 南	Henan	65029	28271	25858	3105	7795
湖 北	Hubei	90918	46595	32978	1385	9960
湖 南	Hunan	77450	33979	30329	1788	11354
广 东	Guangdong	677329	315259	254935	15703	91433
广 西	Guangxi	65260	31318	29706	2330	1906
海 南	Hainan	115367	76183	30861	593	7730
重 庆	Chongqing	16956	9561	4333	498	2564
四 川	Sichuan	95920	52442	35739	692	7047
贵 州	Guizhou	9678	4474	4855	30	318
云 南	Yunnan	30727	16045	11052	72	3559
西 藏	Tibet					
陕 西	Shaanxi	43130	15808	14404	1256	11662
甘 肃	Gansu	3630	2185	1294		151
青 海	Qinghai					
宁 夏	Ningxia					
新 疆	Xinjiang	9277	3688	4329	26	1233

4-2-3 续表 10 Continued 10

外商投资企业
Foreign Funded Enterprises

单位：万元
Unit: 10000 yuan

地区	Region	营业额 Business Revenue	客房收入 from Hotel Rooms	餐费收入 from Meals	商品销售额 from Commodities	其他收入 Others
全国	**National Total**	**2351076**	**1145349**	**878113**	**40979**	**286635**
北京	Beijing	324613	137587	89902	3153	93972
天津	Tianjin	46028	24517	17414	44	4054
河北	Hebei	12810	6730	5595	21	464
山西	Shanxi	2921	820	2101		
内蒙古	Inner Mongolia	26234	8337	10132	6750	1016
辽宁	Liaoning	54019	26878	18874	849	7419
吉林	Jilin	34199	13871	13946	52	6330
黑龙江	Heilongjiang	31262	18145	11124	1125	868
上海	Shanghai	229357	113770	90867	7019	17700
江苏	Jiangsu	135574	61079	63920	892	9682
浙江	Zhejiang	132038	58150	60977	696	12215
安徽	Anhui	14963	6299	5935	289	2440
福建	Fujian	156246	67628	73093	1844	13682
江西	Jiangxi	14504	8303	4338	910	954
山东	Shandong	42701	22802	17015	452	2432
河南	Henan	16075	8270	5672	983	1149
湖北	Hubei	9064	5323	3357	50	334
湖南	Hunan	10579	5862	3679		1038
广东	Guangdong	651745	321578	247101	10612	72453
广西	Guangxi	25803	15793	9069	9	932
海南	Hainan	146583	89850	41865	1547	13321
重庆	Chongqing	48812	19381	20095	1195	8141
四川	Sichuan	57100	29761	18024	172	9143
贵州	Guizhou	3489	1516	1734		239
云南	Yunnan	32061	18315	9635	32	4079
西藏	Tibet	1931	1300	593		37
陕西	Shaanxi	76882	46366	26441	2182	1893
甘肃	Gansu	5781	3001	2334		446
青海	Qinghai	5477	2765	2406	101	203
宁夏	Ningxia	1949	1075	875		
新疆	Xinjiang	279	279			

4-2-4 各地区限额以上住宿业企业经营情况(按国民经济行业分)

Business of Enterprises above Designated Size of Hotels by Region and Sector

旅游饭店 | 单位：万元
Tourist Hotel | Unit: 10000 yuan

地区	Region	营业额 Business Revenue	客房收入 from Hotel Rooms	餐费收入 from Meals	商品销售额 from Commodities	其他收入 Others
全国	**National Total**	**27520492**	**12356093**	**11642867**	**768705**	**2752826**
北京	Beijing	2934138	1337464	968438	88084	540152
天津	Tianjin	259803	116792	103193	6237	33581
河北	Hebei	617304	247327	310643	10693	48641
山西	Shanxi	479559	205621	221982	14086	37870
内蒙古	Inner Mongolia	372114	163262	174021	11799	23031
辽宁	Liaoning	940514	449227	392630	16354	82304
吉林	Jilin	269714	122915	121184	3848	21767
黑龙江	Heilongjiang	260988	141266	97538	10546	11638
上海	Shanghai	1500185	705756	570274	34175	189980
江苏	Jiangsu	1958385	724051	994929	89052	150354
浙江	Zhejiang	2591036	994022	1341551	40096	215367
安徽	Anhui	580196	250425	272081	19082	38609
福建	Fujian	1042778	422806	492430	52327	75216
江西	Jiangxi	402096	205007	156977	13001	27111
山东	Shandong	1547394	643756	731619	57674	114345
河南	Henan	827712	384250	333415	41461	68587
湖北	Hubei	675803	343820	256082	18252	57648
湖南	Hunan	1050762	470246	476518	27755	76244
广东	Guangdong	4011067	1745107	1683024	73462	509474
广西	Guangxi	505690	235938	213664	21251	34837
海南	Hainan	944549	592373	274207	10692	67276
重庆	Chongqing	500440	221479	218225	14632	46104
四川	Sichuan	1045769	524001	387400	31958	102410
贵州	Guizhou	226516	124893	82411	4975	14237
云南	Yunnan	538745	293258	174961	14316	56211
西藏	Tibet	47997	27860	12787	769	6581
陕西	Shaanxi	728766	346615	317005	21299	43846
甘肃	Gansu	204333	104692	78734	4692	16215
青海	Qinghai	61643	36599	19640	1109	4295
宁夏	Ningxia	61415	30454	22653	3161	5147
新疆	Xinjiang	333083	144813	142653	11868	33749

一般旅馆 单位：万元

Fonda Unit: 10000 yuan

地区	Region	营业额 Business Revenue	客房收入 from Hotel Rooms	餐费收入 from Meals	商品销售额 from Commodities	其他收入 Others
全国	**National Total**	**4523871**	**2686026**	**1385088**	**109925**	**342832**
北京	Beijing	535092	359951	99453	8446	67242
天津	Tianjin	83755	50213	24286	1156	8100
河北	Hebei	162572	66763	81006	4688	10115
山西	Shanxi	136690	68276	59202	3483	5730
内蒙古	Inner Mongolia	96530	55723	35773	2334	2700
辽宁	Liaoning	85296	55822	18945	2187	8343
吉林	Jilin	19662	11019	7468	106	1069
黑龙江	Heilongjiang	55096	40024	13266	796	1011
上海	Shanghai	369715	236130	77061	1547	54978
江苏	Jiangsu	155084	94684	47582	3517	9301
浙江	Zhejiang	314106	204737	90378	1634	17358
安徽	Anhui	85519	42585	36170	3139	3626
福建	Fujian	135806	72664	54604	1845	6693
江西	Jiangxi	80873	46222	27896	3999	2756
山东	Shandong	311132	174129	108321	14800	13883
河南	Henan	374012	211188	130640	14921	17263
湖北	Hubei	174693	97119	62019	4812	10744
湖南	Hunan	200348	109860	73490	8496	8502
广东	Guangdong	455217	296090	101950	6078	51100
广西	Guangxi	56145	36036	17264	822	2024
海南	Hainan	8501	3713	4331	104	354
重庆	Chongqing	84877	39096	29359	2312	14109
四川	Sichuan	192710	123904	52087	7085	9635
贵州	Guizhou	43558	29603	11935	688	1332
云南	Yunnan	90981	52355	25662	5228	7737
西藏	Tibet					
陕西	Shaanxi	142607	66075	67845	4272	4416
甘肃	Gansu	28039	18069	9079	264	628
青海	Qinghai	1695	1506	55		134
宁夏	Ningxia	8502	3631	4060	713	99
新疆	Xinjiang	35059	18843	13904	458	1854

4-2-4 续表 2 Continued 2

其他住宿服务 单位：万元
Others Unit: 10000 yuan

地 区	Region	营业额 Business Revenue	客房收入 from Hotel Rooms	餐费收入 from Meals	商品销售额 from Commodities	其他收入 Others
全 国	**National Total**	**574567**	**311084**	**191867**	**11987**	**59629**
北 京	Beijing	31045	15359	6870	743	8073
天 津	Tianjin	35708	18720	12371	177	4439
河 北	Hebei	35049	13619	15084	1996	4352
山 西	Shanxi	26438	15688	5657	1266	3826
内蒙古	Inner Mongolia	4433	1804	1909	203	517
辽 宁	Liaoning	17986	11876	4881	39	1190
吉 林	Jilin	11933	4235	6790		908
黑龙江	Heilongjiang	6490	3901	1956	542	91
上 海	Shanghai	83169	57172	23810	37	2150
江 苏	Jiangsu	24188	14518	7818	169	1684
浙 江	Zhejiang	13467	6124	7069	25	249
安 徽	Anhui	6694	2695	3331	135	534
福 建	Fujian	24693	9629	11493	489	3082
江 西	Jiangxi	4910	2588	2033	14	276
山 东	Shandong	23076	13289	8182	797	807
河 南	Henan	21053	13568	5671	783	1031
湖 北	Hubei	13643	9620	3179	303	542
湖 南	Hunan	23485	12330	8954	1597	604
广 东	Guangdong	53579	30207	15748	701	6923
广 西	Guangxi	8257	2420	1789	44	4004
海 南	Hainan	1938	1303	635		
重 庆	Chongqing	23789	10669	9354	517	3249
四 川	Sichuan	33213	17409	12503	714	2587
贵 州	Guizhou	5390	3080	1440	42	828
云 南	Yunnan	7461	4344	2144	54	919
西 藏	Tibet					
陕 西	Shaanxi	24959	9014	8622	601	6722
甘 肃	Gansu	5357	3626	1711		19
青 海	Qinghai	1237	791	445		
宁 夏	Ningxia	1929	1485	421		23
新 疆	Xinjiang					

4-2-5 各地区限额以上餐饮业企业经营情况

Business of Enterprises above Designated Size of Catering Services by Region

单位：万元

Unit: 10000 yuan

地 区	Region	营业额 Business Revenue	客房收入 from Hotel Rooms	餐费收入 from Meals	商品销售额 from Commodities	其他收入 Others
全 国	**National Total**	**38090487**	**2025234**	**34337743**	**1039880**	**687630**
北 京	Beijing	4804801	43504	4585830	74484	100983
天 津	Tianjin	918284	26801	862110	7024	22349
河 北	Hebei	459241	53865	385659	12283	7434
山 西	Shanxi	809923	121958	652100	19583	16282
内蒙古	Inner Mongolia	527265	82221	428276	7692	9076
辽 宁	Liaoning	1295650	32508	1238381	12217	12543
吉 林	Jilin	192199	33994	146361	4917	6926
黑龙江	Heilongjiang	262072	15246	214692	28803	3331
上 海	Shanghai	3702249	53355	3568563	34064	46268
江 苏	Jiangsu	2973632	208982	2664118	55914	44618
浙 江	Zhejiang	2658100	163466	2389502	51324	53809
安 徽	Anhui	722246	67372	582308	55252	17314
福 建	Fujian	1176200	64118	1060749	36413	14920
江 西	Jiangxi	320294	28745	261320	27574	2656
山 东	Shandong	3162156	261788	2624671	215715	59983
河 南	Henan	1323362	98703	1150472	45966	28221
湖 北	Hubei	1310269	96942	1158395	37878	17055
湖 南	Hunan	851260	76860	728070	26600	19730
广 东	Guangdong	5164547	165966	4826616	86983	84982
广 西	Guangxi	278116	17504	251476	4169	4967
海 南	Hainan	131831	3599	117730	2331	8171
重 庆	Chongqing	1215986	67883	1087806	42439	17858
四 川	Sichuan	1676162	71498	1523505	42240	38919
贵 州	Guizhou	154059	10954	133511	6986	2608
云 南	Yunnan	331796	8710	302072	12238	8777
西 藏	Tibet	7370		7370		
陕 西	Shaanxi	1153833	100170	947671	74929	31063
甘 肃	Gansu	237355	18214	213418	4711	1012
青 海	Qinghai	34822	4324	29464	240	794
宁 夏	Ningxia	124621	17175	96744	6854	3848
新 疆	Xinjiang	110787	8811	98783	2058	1135

4-2-5 续表 Continued

国有控股
State-controlled Enterprises

单位：万元
Unit: 10000 yuan

地区	Region	营业额 Business Revenue	客房收入 from Hotel Rooms	餐费收入 from Meals	商品销售额 from Commodities	其他收入 Others
全国	**National Total**	**2017022**	**266161**	**1512386**	**127154**	**111322**
北京	Beijing	418026	9213	354084	17894	36834
天津	Tianjin	34627	1257	28852	2802	1717
河北	Hebei	31995	4456	24175	2657	707
山西	Shanxi	68898	23956	41807	2182	953
内蒙古	Inner Mongolia	28485	8120	19723	296	346
辽宁	Liaoning	20180	4592	14510	330	748
吉林	Jilin	30298	8510	20168	221	1400
黑龙江	Heilongjiang	11546	3887	6780	543	336
上海	Shanghai	186187	11580	143249	27903	3454
江苏	Jiangsu	106640	20323	77158	3473	5686
浙江	Zhejiang	147183	8249	132990	3286	2658
安徽	Anhui	44788	11582	25754	1594	5858
福建	Fujian	48737	9430	37466	188	1653
江西	Jiangxi	12589	3786	8468	234	101
山东	Shandong	223152	42497	154031	18759	7865
河南	Henan	85636	5150	78411	1222	853
湖北	Hubei	56656	11806	40359	1304	3188
湖南	Hunan	22901	6992	14903	467	539
广东	Guangdong	179480	23913	118212	19404	17951
广西	Guangxi	9015	2393	6020	367	235
海南	Hainan	844	272	546		26
重庆	Chongqing	44577	9249	31043	1929	2356
四川	Sichuan	25575	6751	16227	1344	1252
贵州	Guizhou	14814	3658	9494	1013	649
云南	Yunnan	27611	2243	17587	5534	2247
西藏	Tibet					
陕西	Shaanxi	108091	13232	73016	10883	10960
甘肃	Gansu	13395	4605	8178	354	258
青海	Qinghai	3764	1445	2187	27	105
宁夏	Ningxia	5277	1365	3618	22	273
新疆	Xinjiang	6058	1650	3368	925	115

4-2-6 各地区限额以上餐饮业企业经营情况(按登记注册类型分)

Business of Enterprises above Designated Size of Catering Services by Region and Type of Registration

内资企业 Domestic Funded Enterprises

单位：万元 Unit: 10000 yuan

地区	Region	营业额 Business Revenue	客房收入 from Hotel Rooms	餐费收入 from Meals	商品销售额 from Commodities	其他收入 Others
全国	**National Total**	**28150753**	**1925717**	**24664623**	**964092**	**596322**
北京	Beijing	3113930	43396	2936082	57056	77396
天津	Tianjin	474794	24600	422539	6272	21384
河北	Hebei	449892	52261	377915	12282	7434
山西	Shanxi	720462	120498	566546	19464	13954
内蒙古	Inner Mongolia	511359	82221	412370	7692	9076
辽宁	Liaoning	687431	29852	637730	9088	10762
吉林	Jilin	190820	33980	145065	4849	6926
黑龙江	Heilongjiang	181979	15246	146644	17281	2809
上海	Shanghai	2020576	52679	1892331	32907	42660
江苏	Jiangsu	2149184	189027	1869738	49014	41405
浙江	Zhejiang	2090217	145363	1849150	47677	48028
安徽	Anhui	687225	66894	547836	55190	17304
福建	Fujian	831882	51815	736812	33008	10248
江西	Jiangxi	244947	28008	190733	23889	2317
山东	Shandong	2845523	253610	2319127	213896	58890
河南	Henan	1206659	98348	1042884	45664	19764
湖北	Hubei	1021583	93606	874855	37050	16072
湖南	Hunan	694072	76106	572035	26600	19332
广东	Guangdong	3308308	143685	3025166	71891	67566
广西	Guangxi	213270	17504	186630	4169	4967
海南	Hainan	116320	3599	105099	2122	5500
重庆	Chongqing	1117401	66714	991685	42250	16752
四川	Sichuan	1433306	69986	1285004	42145	36171
贵州	Guizhou	148651	10954	128103	6986	2608
云南	Yunnan	252551	8710	228441	9673	5727
西藏	Tibet	7370		7370		
陕西	Shaanxi	982618	98662	787354	72118	24483
甘肃	Gansu	209615	18214	185678	4711	1012
青海	Qinghai	34363	4194	29135	240	794
宁夏	Ningxia	118724	17175	90847	6854	3848
新疆	Xinjiang	85722	8811	73718	2058	1135

4-2-6 续表 1 Continued 1

国有企业
State-controlled Enterprises

单位：万元
Unit: 10000 yuan

地区	Region	营业额 Business Revenue	客房收入 from Hotel Rooms	餐费收入 from Meals	商品销售额 from Commodities	其他收入 Others
全国	**National Total**	**982252**	**207481**	**683758**	**42616**	**48398**
北京	Beijing	42292	1414	35938	1522	3418
天津	Tianjin	18534	1039	14075	2802	618
河北	Hebei	29429	3932	22220	2600	678
山西	Shanxi	48528	14030	31884	2234	380
内蒙古	Inner Mongolia	19633	7897	11179	255	302
辽宁	Liaoning	18932	3975	13955	330	672
吉林	Jilin	26595	8489	16486	221	1400
黑龙江	Heilongjiang	11091	3887	6325	543	336
上海	Shanghai	47794	8182	36666	38	2909
江苏	Jiangsu	75086	15701	53338	2665	3382
浙江	Zhejiang	65899	5721	57495	2276	407
安徽	Anhui	27538	7315	13094	1579	5550
福建	Fujian	45635	8502	35637	188	1307
江西	Jiangxi	12053	3610	8167	234	44
山东	Shandong	184249	38847	124560	15028	5814
河南	Henan	20213	3826	14665	871	851
湖北	Hubei	50332	9419	38244	1340	1329
湖南	Hunan	16858	6992	9094	233	539
广东	Guangdong	100074	22491	64362	521	12701
广西	Guangxi	9649	2376	6474	611	188
海南	Hainan	844	272	546		26
重庆	Chongqing	13896	1703	10122	531	1541
四川	Sichuan	19635	5369	12299	1214	754
贵州	Guizhou	11046	1372	8014	1013	648
云南	Yunnan	6999	1653	5099	159	88
西藏	Tibet					
陕西	Shaanxi	32806	9459	18342	3188	1816
甘肃	Gansu	13395	4605	8178	354	258
青海	Qinghai	3376	1445	1800	27	105
宁夏	Ningxia	939	139	774	22	6
新疆	Xinjiang	8902	3822	4729	21	330

4-2-6 续表 2 Continued 2

集体企业 | 单位：万元
Collective-owned Enterprises | Unit: 10000 yuan

地区	Region	营业额 Business Revenue	客房收入 from Hotel Rooms	餐费收入 from Meals	商品销售额 from Commodities	其他收入 Others
全国	**National Total**	**351337**	**43061**	**278233**	**15838**	**14206**
北京	Beijing	30363	249	28961	570	583
天津	Tianjin	6268	186	4974	233	875
河北	Hebei	4836	1212	3240	328	56
山西	Shanxi	9395	3011	5276	276	831
内蒙古	Inner Mongolia	1698	458	1105		134
辽宁	Liaoning	17749	796	16879	36	38
吉林	Jilin	6199	1498	4389		312
黑龙江	Heilongjiang	607		498	109	
上海	Shanghai	26642	400	24095		2147
江苏	Jiangsu	21708	2781	17633	294	1000
浙江	Zhejiang	2887	1078	1693		116
安徽	Anhui	5274	848	3507	902	18
福建	Fujian	10352	1225	5882	3184	60
江西	Jiangxi	3232	810	2351	71	
山东	Shandong	66557	8886	52644	4567	460
河南	Henan	18406	5036	12937	337	95
湖北	Hubei	7175	1966	4911	221	78
湖南	Hunan	1386	267	1073	24	23
广东	Guangdong	68856	7289	55141	575	5852
广西	Guangxi	2037	237	1647	136	17
海南	Hainan					
重庆	Chongqing	17874	507	14527	2316	525
四川	Sichuan	8085	1597	4570	938	980
贵州	Guizhou					
云南	Yunnan	2165	442	1699	19	5
西藏	Tibet					
陕西	Shaanxi	10118	2021	7435	662	
甘肃	Gansu	1271	188	1053	30	
青海	Qinghai					
宁夏	Ningxia	200	76	114	10	
新疆	Xinjiang					

4-2-6 续表 3 Continued 3

股份合作企业
Cooperative Enterprises

单位：万元
Unit: 10000 yuan

地区	Region	营业额 Business Revenue	客房收入 from Hotel Rooms	餐费收入 from Meals	商品销售额 from Commodities	其他收入 Others
全国	**National Total**	**296093**	**21955**	**245415**	**16882**	**11841**
北京	Beijing	51915	342	50843	420	311
天津	Tianjin	8320	2372	2307	545	3096
河北	Hebei	5411	10	5295	106	
山西	Shanxi	5688	655	5033		
内蒙古	Inner Mongolia	4972	1354	3583	35	
辽宁	Liaoning	4727	132	4595		
吉林	Jilin	1596		1596		
黑龙江	Heilongjiang	848	134	474	168	72
上海	Shanghai	6215	1097	5000	75	42
江苏	Jiangsu	6196	366	5446	375	9
浙江	Zhejiang	16396	598	15379	140	279
安徽	Anhui	2800	366	2094	340	
福建	Fujian	2468		2468		
江西	Jiangxi	9659	384	7455	1592	227
山东	Shandong	27306	4664	19462	2977	204
河南	Henan	5009	141	2730	1595	544
湖北	Hubei	9173	1170	6830	319	855
湖南	Hunan	9463	249	9214		
广东	Guangdong	49394	60	48911	376	46
广西	Guangxi	6796	732	5270	406	388
海南	Hainan					
重庆	Chongqing	5941	1604	3833	479	26
四川	Sichuan	43053	2576	28602	6298	5578
贵州	Guizhou	1522	137	1345	41	
云南	Yunnan	710		689	22	
西藏	Tibet					
陕西	Shaanxi	7767	2404	4694	575	94
甘肃	Gansu	2568	411	2087		71
青海	Qinghai	181		181		
宁夏	Ningxia					
新疆	Xinjiang					

4-2-6 续表 4 Continued 4

联营企业 单位：万元
Joint Ownership Enterprises Unit: 10000 yuan

地 区	Region	营业额 Business Revenue	客房收入 from Hotel Rooms	餐费收入 from Meals	商品销售额 from Commodities	其他收入 Others
全 国	**National Total**	**48962**	**1317**	**38483**	**8950**	**212**
北 京	Beijing	277		263	13	1
天 津	Tianjin					
河 北	Hebei	705		705		
山 西	Shanxi					
内蒙古	Inner Mongolia					
辽 宁	Liaoning					
吉 林	Jilin	2512	754	1679	79	
黑龙江	Heilongjiang					
上 海	Shanghai	3605		3605		
江 苏	Jiangsu	948		948		
浙 江	Zhejiang	588		588		
安 徽	Anhui	1774		1774		
福 建	Fujian					
江 西	Jiangxi	2041	464	1429		148
山 东	Shandong	2448	15	2400	18	16
河 南	Henan					
湖 北	Hubei	22101		13261	8840	
湖 南	Hunan	1729		1729		
广 东	Guangdong	5380		5380		
广 西	Guangxi	727	84	596		48
海 南	Hainan					
重 庆	Chongqing					
四 川	Sichuan	202		202		
贵 州	Guizhou					
云 南	Yunnan					
西 藏	Tibet					
陕 西	Shaanxi					
甘 肃	Gansu	3925		3925		
青 海	Qinghai					
宁 夏	Ningxia					
新 疆	Xinjiang					

4-2-6 续表 5 Continued 5

有限责任公司
Limited Liability Corporations

单位：万元
Unit: 10000 yuan

地 区	Region	营业额 Business Revenue	客房收入 from Hotel Rooms	餐费收入 from Meals	商品销售额 from Commodities	其他收入 Others
全 国	**National Total**	**6726728**	**546050**	**5693158**	**267127**	**220394**
北 京	Beijing	1102515	15077	995688	33088	58661
天 津	Tianjin	161493	13465	140750	785	6493
河 北	Hebei	91121	9692	77207	3326	896
山 西	Shanxi	124281	22493	95590	2525	3673
内蒙古	Inner Mongolia	177265	35256	137224	1750	3036
辽 宁	Liaoning	124880	6906	115459	3	2512
吉 林	Jilin	43699	9446	30541	1027	2685
黑龙江	Heilongjiang	33228	3882	26331	1941	1074
上 海	Shanghai	292009	11084	244980	28112	7833
江 苏	Jiangsu	373026	45956	306534	5792	14743
浙 江	Zhejiang	394099	42026	310814	21898	19361
安 徽	Anhui	142715	22474	104010	12874	3357
福 建	Fujian	117681	19805	95401	420	2056
江 西	Jiangxi	44501	4865	33839	5261	537
山 东	Shandong	464560	60615	360206	28761	14978
河 南	Henan	232137	27949	185915	10200	8074
湖 北	Hubei	371996	33147	324947	6535	7367
湖 南	Hunan	155367	14240	131751	4163	5213
广 东	Guangdong	823892	45328	730678	30251	17635
广 西	Guangxi	51084	1906	47951	26	1201
海 南	Hainan	65097	1156	58958	438	4544
重 庆	Chongqing	223052	20589	188705	7087	6671
四 川	Sichuan	436918	22003	392253	9141	13522
贵 州	Guizhou	66308	3502	58315	3736	755
云 南	Yunnan	83703	1777	72595	8121	1211
西 藏	Tibet	4391		4391		
陕 西	Shaanxi	427395	42386	339882	35052	10074
甘 肃	Gansu	50277	3253	45240	1723	60
青 海	Qinghai	12794	1637	10347	138	673
宁 夏	Ningxia	22423	3444	15574	1978	1428
新 疆	Xinjiang	12823	692	11084	976	72

4-2-6 续表 6 Continued 6

股份有限公司 单位：万元

Share-holding Corporations Ltd. Unit: 10000 yuan

地 区	Region	营业额 Business Revenue	客房收入 from Hotel Rooms	餐费收入 from Meals	商品销售额 from Commodities	其他收入 Others
全 国	**National Total**	**1177840**	**83449**	**990901**	**73376**	**30114**
北 京	Beijing	228190		220078	2785	5327
天 津	Tianjin	11751		11062	29	660
河 北	Hebei	23365	3674	19676	15	
山 西	Shanxi	12776	3269	8839	492	176
内 蒙 古	Inner Mongolia	73310	2236	70948	83	44
辽 宁	Liaoning	5844	890	4954		
吉 林	Jilin	20615	5492	14331	417	374
黑 龙 江	Heilongjiang	1570	91	1375	104	
上 海	Shanghai	10051		10051		
江 苏	Jiangsu	53522	5841	45263	2131	287
浙 江	Zhejiang	62048	666	59113	1928	341
安 徽	Anhui	18664	2398	15837	316	113
福 建	Fujian	6224	610	5614		
江 西	Jiangxi	10177	673	7977	1528	
山 东	Shandong	189621	27983	122047	34593	4999
河 南	Henan	26432	3063	21822	702	845
湖 北	Hubei	27031	4810	18367	2171	1684
湖 南	Hunan	28485	6304	19336	1088	1758
广 东	Guangdong	80946	3017	60908	13758	3263
广 西	Guangxi	1940	328	1438	59	115
海 南	Hainan	7923	290	7555	53	25
重 庆	Chongqing	121457	1762	118735	731	229
四 川	Sichuan	57779	6418	46814	2147	2401
贵 州	Guizhou	1721		1721		
云 南	Yunnan	1053		1053		
西 藏	Tibet					
陕 西	Shaanxi	74753	2790	56836	8063	7064
甘 肃	Gansu	7186	178	6855	154	
青 海	Qinghai					
宁 夏	Ningxia	2170	668	1472	29	2
新 疆	Xinjiang	11236		10827		409

私营企业 单位：万元
Private Enterprises Unit: 10000 yuan

地区	Region	营业额 Business Revenue	客房收入 from Hotel Rooms	餐费收入 from Meals	商品销售额 from Commodities	其他收入 Others
全国	**National Total**	**17241862**	**911455**	**15586248**	**495821**	**248337**
北京	Beijing	1658379	26314	1604311	18660	9095
天津	Tianjin	222675	7416	206377	1867	7015
河北	Hebei	272542	30556	230690	5790	5506
山西	Shanxi	472593	66235	385062	13077	8219
内蒙古	Inner Mongolia	198746	27863	159894	5544	5446
辽宁	Liaoning	483373	17118	450256	8460	7539
吉林	Jilin	80906	7720	68020	3018	2149
黑龙江	Heilongjiang	110454	6070	91202	12571	612
上海	Shanghai	1614624	31263	1549192	4608	29562
江苏	Jiangsu	1566165	115659	1392073	37011	21423
浙江	Zhejiang	1538468	95007	1395179	21035	27247
安徽	Anhui	447004	27838	375670	36979	6517
福建	Fujian	601173	19331	546724	28615	6504
江西	Jiangxi	151306	15237	120817	14039	1213
山东	Shandong	1631721	89555	1403143	111005	28019
河南	Henan	846263	56535	752159	29107	8461
湖北	Hubei	477464	34589	422566	15680	4628
湖南	Hunan	447576	42011	375437	18753	11375
广东	Guangdong	1973058	57793	1868185	23350	23730
广西	Guangxi	126451	10841	109867	2923	2822
海南	Hainan	31128	861	28717	1118	432
重庆	Chongqing	635282	32181	568498	27831	6772
四川	Sichuan	832376	31019	767148	21386	12824
贵州	Guizhou	57661	4393	50505	1800	963
云南	Yunnan	130429	4097	121594	1051	3688
西藏	Tibet	2979		2979		
陕西	Shaanxi	359063	29849	303504	22349	3360
甘肃	Gansu	117685	7668	107230	2312	476
青海	Qinghai	15770	1112	14566	76	16
宁夏	Ningxia	92466	12849	72443	4767	2407
新疆	Xinjiang	46085	2480	42244	1041	320

4-2-6 续表 8 Continued 8

其他企业 单位：万元

Other Enterprises Unit: 10000 yuan

地区	Region	营业额 Business Revenue	客房收入 from Hotel Rooms	餐费收入 from Meals	商品销售额 from Commodities	其他收入 Others
全国	**National Total**	**1325679**	**110949**	**1148427**	**43482**	**22821**
北京	Beijing					
天津	Tianjin	45755	122	42995	12	2626
河北	Hebei	22484	3185	18883	117	299
山西	Shanxi	47202	10806	34863	859	674
内蒙古	Inner Mongolia	35736	7157	28437	26	115
辽宁	Liaoning	31927	36	31632	258	1
吉林	Jilin	8698	581	8023	88	6
黑龙江	Heilongjiang	24182	1182	20440	1845	715
上海	Shanghai	19637	654	18742	73	168
江苏	Jiangsu	52532	2724	48503	744	561
浙江	Zhejiang	9832	266	8889	399	278
安徽	Anhui	41456	5656	31851	2201	1749
福建	Fujian	48348	2341	45087	600	321
江西	Jiangxi	11979	1967	8698	1165	149
山东	Shandong	279059	23045	234666	16948	4400
河南	Henan	58199	1798	52657	2853	892
湖北	Hubei	56312	8507	45729	1944	132
湖南	Hunan	33208	6045	24401	2339	423
广东	Guangdong	206708	7708	191602	3060	4339
广西	Guangxi	14586	1000	13388	9	189
海南	Hainan	11329	1021	9323	512	473
重庆	Chongqing	99899	8369	87267	3275	988
四川	Sichuan	35257	1005	33118	1021	114
贵州	Guizhou	10393	1551	8204	397	241
云南	Yunnan	27491	742	25712	301	736
西藏	Tibet					
陕西	Shaanxi	70717	9752	56662	2229	2075
甘肃	Gansu	13307	1912	11110	138	148
青海	Qinghai	2242		2242		
宁夏	Ningxia	526		472	49	6
新疆	Xinjiang	6676	1817	4834	20	4

4-2-6 续表 9 Continued 9

港、澳、台商投资企业 单位：万元

Enterprises with Funds from Hongkong, Macao and Taiwan Unit: 10000 yuan

地 区	Region	营业额 Business Revenue	客房收入 from Hotel Rooms	餐费收入 from Meals	商品销售额 from Commodities	其他收入 Others
全 国	**National Total**	**3038182**	**55931**	**2890450**	**54909**	**36892**
北 京	Beijing	602978		588415	11203	3361
天 津	Tianjin	23784		22160	719	905
河 北	Hebei	6896	502	6394		
山 西	Shanxi	8553	1460	4935	119	2039
内 蒙 古	Inner Mongolia	3271		3271		
辽 宁	Liaoning	73438	1020	69384	2192	842
吉 林	Jilin	785		785		
黑 龙 江	Heilongjiang	39726		33696	5987	44
上 海	Shanghai	775449		771656	991	2802
江 苏	Jiangsu	158123	16384	132637	6650	2452
浙 江	Zhejiang	47627	3811	42676	559	581
安 徽	Anhui	27862		27800	62	
福 建	Fujian	169295	3611	159879	2688	3117
江 西	Jiangxi	18354	583	15351	2300	119
山 东	Shandong	49071	4733	42695	1390	253
河 南	Henan	6260		5063	86	1111
湖 北	Hubei	41483	704	40296	388	94
湖 南	Hunan	14013	557	13173		283
广 东	Guangdong	752443	19082	707585	14575	11201
广 西	Guangxi	5797		5797		
海 南	Hainan	14328		11448	209	2671
重 庆	Chongqing	13503	1170	11039	189	1105
四 川	Sichuan	74529	1068	71989		1473
贵 州	Guizhou	754		754		
云 南	Yunnan	28380		24348	2565	1467
西 藏	Tibet					
陕 西	Shaanxi	80772	1246	76514	2039	973
甘 肃	Gansu	711		711		
青 海	Qinghai					
宁 夏	Ningxia					
新 疆	Xinjiang					

4-2-6 续表 10 Continued 10

外商投资企业 单位：万元

Foreign Funded Enterprises Unit: 10000 yuan

地 区	Region	营业额 Business Revenue	客房收入 from Hotel Rooms	餐费收入 from Meals	商品销售额 from Commodities	其他收入 Others
全 国	**National Total**	**6901552**	**43586**	**6782671**	**20879**	**54416**
北 京	Beijing	1087893	108	1061333	6226	20226
天 津	Tianjin	419707	2201	417412	33	61
河 北	Hebei	2453	1102	1350	1	
山 西	Shanxi	80909		80619		289
内蒙古	Inner Mongolia	12634		12634		
辽 宁	Liaoning	534781	1637	531267	938	940
吉 林	Jilin	594	14	511	69	
黑龙江	Heilongjiang	40366		34352	5536	479
上 海	Shanghai	906224	676	904576	166	806
江 苏	Jiangsu	666325	3571	661743	250	762
浙 江	Zhejiang	520257	14293	497677	3088	5199
安 徽	Anhui	7159	477	6672		10
福 建	Fujian	175023	8692	164057	718	1556
江 西	Jiangxi	56993	153	55236	1385	220
山 东	Shandong	267563	3444	262849	430	840
河 南	Henan	110443	355	102526	216	7347
湖 北	Hubei	247203	2631	243243	440	889
湖 南	Hunan	143175	197	142862		116
广 东	Guangdong	1103796	3199	1093866	517	6215
广 西	Guangxi	59050		59050		
海 南	Hainan	1184		1184		
重 庆	Chongqing	85082		85082		
四 川	Sichuan	168327	444	166512	95	1276
贵 州	Guizhou	4654		4654		
云 南	Yunnan	50865		49283		1582
西 藏	Tibet					
陕 西	Shaanxi	90443	262	83803	772	5606
甘 肃	Gansu	27030		27030		
青 海	Qinghai	459	130	329		
宁 夏	Ningxia	5897		5897		
新 疆	Xinjiang	25065		25065		

4-2-7 各地区限额以上餐饮业企业经营情况(按国民经济行业分)

Business of Enterprises above Designated Size of Catering Services by Region and Sector

正餐服务 单位：万元

Dinner Unit: 10000 yuan

地　区	Region	营业额 Business Revenue	客房收入 from Hotel Rooms	餐费收入 from Meals	商品销售额 from Commodities	其他收入 Others
全　国	**National Total**	**28961830**	**1976324**	**25427559**	**954564**	**603384**
北　京	Beijing	3515183	43504	3355049	48760	67871
天　津	Tianjin	456186	19162	415066	4775	17183
河　北	Hebei	455035	53850	382007	11764	7414
山　西	Shanxi	719810	118422	565650	19459	16280
内蒙古	Inner Mongolia	513880	81824	421787	4482	5787
辽　宁	Liaoning	744738	30785	691525	10915	11513
吉　林	Jilin	190285	33994	145282	4917	6092
黑龙江	Heilongjiang	244062	15114	196988	28645	3316
上　海	Shanghai	2650270	43794	2531310	33794	41372
江　苏	Jiangsu	2026280	203624	1731902	46721	44034
浙　江	Zhejiang	2037199	161408	1781911	44376	49504
安　徽	Anhui	647330	66856	514820	54196	11459
福　建	Fujian	887383	63418	776153	33327	14486
江　西	Jiangxi	254578	28745	196068	27195	2570
山　东	Shandong	2812691	259822	2286005	208450	58414
河　南	Henan	1181555	96882	1013941	42874	27858
湖　北	Hubei	1032590	92164	888971	36257	15199
湖　南	Hunan	684219	76454	563385	24985	19394
广　东	Guangdong	3427416	163568	3109996	75436	78416
广　西	Guangxi	209708	17063	183510	4169	4967
海　南	Hainan	126306	3599	112205	2331	8171
重　庆	Chongqing	1038554	64062	921377	39225	13890
四　川	Sichuan	1192749	71361	1041921	41218	38249
贵　州	Guizhou	150072	10954	129524	6986	2608
云　南	Yunnan	263735	8710	237225	12072	5727
西　藏	Tibet	6972		6972		
陕　西	Shaanxi	1054756	98664	856586	74276	25231
甘　肃	Gansu	207857	18214	183919	4711	1012
青　海	Qinghai	34641	4324	29283	240	794
宁　夏	Ningxia	123447	17175	95570	6854	3848
新　疆	Xinjiang	72344	8811	61653	1154	726

4-2-7 续表 1 Continued 1

快餐服务 单位：万元

Snack Unit: 10000 yuan

地 区	Region	营业额 Business Revenue	客房收入 from Hotel Rooms	餐费收入 from Meals	商品销售额 from Commodities	其他收入 Others
全 国	**National Total**	**7476175**	**9465**	**7400405**	**29097**	**37209**
北 京	Beijing	1094993		1065305	12744	16944
天 津	Tianjin	415103	22	413207	1089	786
河 北	Hebei	3241	15	2687	519	20
山 西	Shanxi	84506	843	83658	6	
内 蒙 古	Inner Mongolia	4071	215	3856		
辽 宁	Liaoning	528949		528852	79	18
吉 林	Jilin	1914		1079		835
黑 龙 江	Heilongjiang	16645		16486	159	
上 海	Shanghai	652882	703	651945	90	144
江 苏	Jiangsu	807663	255	806107	1234	67
浙 江	Zhejiang	550602	672	546993	813	2125
安 徽	Anhui	64230	437	57824	1056	4913
福 建	Fujian	265107	280	264761	63	3
江 西	Jiangxi	58588		58123	379	86
山 东	Shandong	314302	654	309414	3067	1168
河 南	Henan	113923	1209	109651	2751	312
湖 北	Hubei	240223	396	239455	364	8
湖 南	Hunan	152272	122	151546	483	121
广 东	Guangdong	1483696	83	1479207	2375	2031
广 西	Guangxi	67818	441	67377		
海 南	Hainan	5526		5526		
重 庆	Chongqing	127955	2288	125096	567	5
四 川	Sichuan	204297		204030	170	96
贵 州	Guizhou	2552		2552		
云 南	Yunnan	58774		57141	166	1467
西 藏	Tibet	398		398		
陕 西	Shaanxi	88333	831	81828	22	5652
甘 肃	Gansu	28273		28273		
青 海	Qinghai					
宁 夏	Ningxia	899		899		
新 疆	Xinjiang	38443		37130	904	409

4-2-7 续表 2 Continued 2

饮料及冷饮服务 单位：万元

Beverage and Cold Drink Unit: 10000 yuan

地 区	Region	营业额 Business Revenue	客房收入 from Hotel Rooms	餐费收入 from Meals	商品销售额 from Commodities	其他收入 Others
全 国	**National Total**	**399531**	**987**	**369863**	**20580**	**8102**
北 京	Beijing	84053		68386	11671	3996
天 津	Tianjin	5910		5324	586	
河 北	Hebei	346		346		
山 西	Shanxi					
内 蒙 古	Inner Mongolia	7400		1000	3210	3190
辽 宁	Liaoning	10699		9844	842	12
吉 林	Jilin					
黑 龙 江	Heilongjiang	986		971		15
上 海	Shanghai	139490		139448		42
江 苏	Jiangsu	28504		28359	145	
浙 江	Zhejiang	15315	423	14082	397	413
安 徽	Anhui	1953		1953		
福 建	Fujian	5286		4715	410	162
江 西	Jiangxi	370		370		
山 东	Shandong	8940		7398	1543	
河 南	Henan	1867		1867		
湖 北	Hubei	1505	43	1273	189	
湖 南	Hunan	459		459		
广 东	Guangdong	61556	414	59788	1237	116
广 西	Guangxi					
海 南	Hainan					
重 庆	Chongqing	1866		1866		
四 川	Sichuan	21250	107	20637	351	156
贵 州	Guizhou	1435		1435		
云 南	Yunnan	343		343		
西 藏	Tibet					
陕 西	Shaanxi					
甘 肃	Gansu					
青 海	Qinghai					
宁 夏	Ningxia					
新 疆	Xinjiang					

4-2-7 续表 3 Continued 3

其他餐饮服务
Others

单位：万元
Unit: 10000 yuan

地 区	Region	营业额 Business Revenue	客房收入 from Hotel Rooms	餐费收入 from Meals	商品销售额 from Commodities	其他收入 Others
全 国	**National Total**	**1252951**	**38459**	**1139916**	**35640**	**38936**
北 京	Beijing	110573		97091	1310	12171
天 津	Tianjin	41085	7618	28514	574	4380
河 北	Hebei	619		619		
山 西	Shanxi	5608	2694	2793	118	2
内蒙古	Inner Mongolia	1914	181	1634		99
辽 宁	Liaoning	11263	1723	8160	381	999
吉 林	Jilin					
黑龙江	Heilongjiang	379	132	247		
上 海	Shanghai	259607	8857	245859	180	4711
江 苏	Jiangsu	111186	5103	97751	7814	518
浙 江	Zhejiang	54984	964	46516	5738	1767
安 徽	Anhui	8733	79	7712		943
福 建	Fujian	18424	420	15120	2615	270
江 西	Jiangxi	6758		6758		
山 东	Shandong	26222	1312	21854	2656	400
河 南	Henan	26016	612	25013	342	51
湖 北	Hubei	35952	4339	28697	1068	1848
湖 南	Hunan	14311	285	12680	1132	214
广 东	Guangdong	191880	1902	177624	7935	4419
广 西	Guangxi	589		589		
海 南	Hainan					
重 庆	Chongqing	47611	1534	39467	2646	3964
四 川	Sichuan	257866	30	256917	501	417
贵 州	Guizhou					
云 南	Yunnan	8944		7362		1582
西 藏	Tibet					
陕 西	Shaanxi	10744	676	9257	631	180
甘 肃	Gansu	1226		1226		
青 海	Qinghai	181		181		
宁 夏	Ningxia	276		276		
新 疆	Xinjiang					

4-3-1 限额以上住宿和餐饮业企业年末资产负债

Assets and Liabilities of Enterprises above Designated Size of Hotels and Catering Services at the Year-end

项目	Item	流动资产合计 Total Working Capitals	#存货 Stock	固定资产原价 Original Value of Fixed Assets
总计	**Total**	**40834019**	**3379479**	**73511505**
一、住宿业	**Hotels**	**26969321**	**1804014**	**59172451**
#国有控股	State-controlled Enterprises	6732336	474746	22735340
(一)按登记注册类型分	**by Type of Registration**			
1.内资企业	**Domestic Funded Enterprises**	**21182170**	**1473061**	**45068463**
国有企业	State-owned Enterprises	3773219	300819	13609806
集体企业	Collective-owned Enterprises	414521	31972	1290720
股份合作企业	Cooperative Enterprises	151593	10608	460538
联营企业	Joint Ownership Enterprises	72391	4389	248059
国有联营企业	State Joint Ownership Enterprises	39036	1908	140238
集体联营企业	Collective Joint Ownership Enterprises	9363	490	25183
国有与集体联营企业	Joint State-collective Enterprises	11788	1161	57062
其他联营企业	Other Joint Ownership Enterprises	12204	830	25576
有限责任公司	Limited Liability Corporations	8223932	478708	16437760
国有独资公司	State Sole Funded Corporations	221858	15015	1136939
其他有限责任公司	Other Limited Liability Corporations	8002074	463693	15300821
股份有限公司	Share-holding Corporations Ltd.	1208073	59956	2106152
私营企业	Private Enterprises	6687777	540850	9833814
私营独资企业	Private-funded Enterprises	796206	64901	1403779
私营合伙企业	Private Partnership Enterprises	222703	11250	364328
私营有限责任公司	Private Limited Liability Corporations	5159240	442389	7399146
私营股份有限公司	Private Share-holding Corporations Ltd.	509628	22310	666561
其他企业	Other Enterprises	650664	45757	1081613
2.港、澳、台商投资企业	**Enterprises with Funds from Hongkong, Macao and Taiwan**	**3439864**	**193823**	**8336528**
合资经营企业	Joint venture Enterprises	1849675	127477	4354039
合作经营企业	Cooperative Enterprises	508053	15017	1125219
独资经营企业	Enterprises with Sole Investment	991658	47557	2597155
投资股份有限公司	Share-holding Corporations Ltd. with Investment	86960	3632	230391
其他港澳台商投资企业	Other Enterprises with Funds from Hongkong, Macao and Taiwan	3517	140	29725
3.外商投资企业	**Foreign Funded Enterprises**	**2347287**	**137130**	**5767461**
中外合资经营企业	Joint-venture Enterprises	1087252	55714	2436461
中外合作经营企业	Cooperative Enterprises	305421	29318	900633
外资企业	Enterprises with Sole Foreign Investment	652285	30832	2156232
外商投资股份有限公司	Share-holding Corporations Ltd. with Foreign Investment	299799	20986	265942
其他外商投资企业	Other Foreign Funded Enterprises	2530	281	8194
(二)按国民经济行业分	**by Sector**			
旅游饭店	Tourist Hotel	23616008	1557638	53683606
一般旅馆	Fonda	2990183	218127	4711259
其他住宿服务	Others	363130	28249	777586

项　　目	Item	累计折旧 Accumulated Depreciation	#本年折旧 Current Year Depreciation
总　　计	**Total**	**26749083**	**3810092**
一、住宿业	**Hotels**	**22089222**	**2838338**
#国有控股	State-controlled Enterprises	9147634	983745
(一)按登记注册类型分	**by Type of Registration**		
1.内资企业	**Domestic Funded Enterprises**	**15733901**	**2248210**
国有企业	State-owned Enterprises	5239550	607779
集体企业	Collective-owned Enterprises	525974	59810
股份合作企业	Cooperative Enterprises	149197	35678
联营企业	Joint Ownership Enterprises	113505	9006
国有联营企业	State Joint Ownership Enterprises	68202	5063
集体联营企业	Collective Joint Ownership Enterprises	12414	1326
国有与集体联营企业	Joint State-collective Enterprises	25431	1972
其他联营企业	Other Joint Ownership Enterprises	7457	646
有限责任公司	Limited Liability Corporations	5526680	829079
国有独资公司	State Sole Funded Corporations	371585	41507
其他有限责任公司	Other Limited Liability Corporations	5155095	787572
股份有限公司	Share-holding Corporations Ltd.	758458	101024
私营企业	Private Enterprises	3084271	550758
私营独资企业	Private-funded Enterprises	382437	70031
私营合伙企业	Private Partnership Enterprises	104810	21671
私营有限责任公司	Private Limited Liability Corporations	2407207	421386
私营股份有限公司	Private Share-holding Corporations Ltd.	189817	37670
其他企业	Other Enterprises	336266	55075
2.港、澳、台商投资企业	**Enterprises with Funds from Hongkong, Macao and Taiwan**	**3812058**	**313950**
合资经营企业	Joint-venture Enterprises	2219945	161595
合作经营企业	Cooperative Enterprises	545277	36546
独资经营企业	Enterprises with Sole Investment	965571	106496
投资股份有限公司	Share-holding Corporations Ltd. with Investment	73787	7959
其他港澳台商投资企业	Other Enterprises with Funds from Hongkong, Macao and Taiwan	7479	1356
3.外商投资企业	**Foreign Funded Enterprises**	**2543263**	**276178**
中外合资经营企业	Joint-venture Enterprises	1196569	113889
中外合作经营企业	Cooperative Enterprises	487260	23790
外资企业	Enterprises with Sole Foreign Investment	817245	128319
外商投资股份有限公司	Share-holding Corporations Ltd. with Foreign Investment	37583	9823
其他外商投资企业	Other Foreign Funded Enterprises	4606	358
(二)按国民经济行业分	**by Sector**		
旅游饭店	Tourist Hotel	20401569	2498849
一般旅馆	Fonda	1473521	290651
其他住宿服务	Others	214133	48838

4-3-1 Continued 1

单位：万元

Unit:10000 yuan

资产合计 Total Assets	负债合计 Total Liabilities	所有者权益合计 Total Owners' Equities	实收资本 Paicl-up Capitals			
				#国家资本 State-owned Capitals	# 港澳台资本 Capitals from Hongkong, Macao and Taiwan	# 外商资本 Foreign Capitals
116665126	**79418989**	**37247248**	**37170946**	**8668096**	**3962346**	**2751387**
84422662	**57667109**	**26757731**	**27682070**	**8114204**	**3215511**	**1916273**
27006025	14974299	12031726	10679906	7546659	189367	90132
67048565	**45064518**	**21986226**	**20893041**	**7609094**	**72075**	**35312**
15524235	8618687	6905548	5916934	4919573	816	3030
1447288	976469	470819	471255	4771	5	
560559	376935	183624	186744	27445		200
251509	147670	103839	92566	49939		
134246	68280	65966	51739	36955		
31158	10984	20173	9708			
47989	45067	2922	20499	7883		
38117	23340	14777	10620	5100		
26154724	18145068	8009656	7968302	2190269	11481	15326
1370207	854769	515438	507280	300600		
24784517	17290300	7494218	7461023	1889669	11481	15326
3422221	2149252	1272969	932835	317169	5425	705
17883937	13494685	4391430	4606086	10088	2102	1266
2323378	1425950	897429	806764	4784	450	41
572185	380356	191828	162736	1842	22	23
13681742	10697810	2986111	3300956	2974	1630	1202
1306631	990569	316063	335629	487		
1804092	1155752	648341	718319	89841	52246	14786
10552438	**7779343**	**2773095**	**4090854**	**333007**	**2926064**	**68346**
5513815	4153421	1360394	1841156	230404	978104	58310
1291993	986196	305796	571451	90524	378081	2479
3431659	2408593	1023065	1536736		1455251	4097
279001	205868	73133	129137	12079	102254	3460
35971	25264	10707	12374		12374	
6821659	**4823249**	**1998410**	**2698174**	**172103**	**217371**	**1812616**
2910519	2018157	892362	1073297	130479	83701	486855
818132	819539	-1408	314864	29241	59660	155630
2400987	1351334	1049653	1231233	11708	68045	1119510
643059	601852	41206	58628	675		50622
48963	32367	16596	20153		5964	
74628860	51226543	23402317	24466074	7566229	3083649	1735386
8613614	5563355	3052438	2838367	456017	108121	158099
1180188	877212	302976	377629	91958	23741	22788

项　目	Item	流动资产合计 Working Assets	#存货 Stock	固定资产原价 Original Value of Fixed Assets
二、餐饮业	**Catering Services**	**13864699**	**1575465**	**14339054**
#国有控股	State-controlled Enterprises	961332	80171	1524607
(一)按登记注册类型分	**by Type of Registration**			
1.内资企业	**Domestic Funded Enterprises**	**11474755**	**1234671**	**11542464**
国有企业	State-owned Enterprises	404150	40134	933308
集体企业	Collective-owned Enterprises	106234	11336	158107
股份合作企业	Cooperative Enterprises	178154	41847	175496
联营企业	Joint Ownership Enterprises	9862	1495	18126
国有联营企业	State Joint Ownership Enterprises	369	215	1352
集体联营企业	Collective Joint Ownership Enterprises	3732	978	13281
国有与集体联营企业	Joint State-collective Enterprises	2199	27	429
其他联营企业	Other Joint Ownership Enterprises	3563	274	3065
有限责任公司	Limited Liability Corporations	3484821	370100	3279356
国有独资公司	State Sole Funded Corporations	48703	3574	28421
其他有限责任公司	Other Limited Liability Corporations	3436118	366526	3250935
股份有限公司	Share-holding Corporations Ltd.	636978	49663	651427
私营企业	Private Enterprises	6269716	670099	5826621
私营独资企业	Private-funded Enterprises	974397	119560	1338241
私营合伙企业	Private Partnership Enterprises	154862	18892	202325
私营有限责任公司	Private Limited Liability Corporations	4808961	494240	4006231
私营股份有限公司	Private Share-holding Corporations Ltd.	331495	37407	279824
其他企业	Other Enterprises	384840	49998	500023
2.港、澳、台商投资企业	**Enterprises with Funds from Hongkong, Macao and Taiwan**	**1157965**	**107438**	**1175886**
合资经营企业	Joint-venture Enterprises	299701	34810	342338
合作经营企业	Cooperative Enterprises	68440	7156	77481
独资经营企业	Enterprises with Sole Investment	714802	63211	743865
投资股份有限公司	Share-holding Corporations Ltd. with Investment	74831	2194	11759
其他港澳台商投资企业	Other Enterprises with Funds from Hongkong, Macao and Taiwan	191	68	444
3.外商投资企业	**Foreign Funded Enterprises**	**1231978**	**233355**	**1620704**
中外合资经营企业	Joint-venture Enterprises	380685	67602	641745
中外合作经营企业	Cooperative Enterprises	34526	2769	36363
外资企业	Enterprises with Sole Foreign Investment	781497	154638	922188
外商投资股份有限公司	Share-holding Corporations Ltd. with Foreign Investment	30336	7157	16286
其他外商投资企业	Other Foreign Funded Enterprises	4935	1189	4123
(二)按国民经济行业分	**by Sector**			
正餐服务	Dinner	11938680	1256118	12410876
快餐服务	Snack	1248447	260227	1496457
饮料及冷饮服务	Beverage and Cold Drink	126173	12177	79396
其他餐饮服务	Others	551398	46943	352325

4-3-1 Continued 2

单位：万元
Unit:10000 yuan

累计折旧 Accumulation Depreciation	#本年折旧 Current Year Depreciation	资产合计 Total Assets	负债合计 Total liabilities	所有者权益合计 Total Owners' Equities	实收资本 Paid-up Capitals	#国家资本 State-owned Capitals	#港澳台资本 Capitals from Hongkong, Macao and Taiwan	#外商资本 Foreign Capitals
4659861	**971753**	**32242465**	**21751880**	**10489517**	**9488877**	**553893**	**746835**	**835114**
539427	86400	2736970	1759525	976376	697294	464305	4626	5013
3437766	**743492**	**26222727**	**17842003**	**8379656**	**7597148**	**529798**	**10442**	**14408**
294196	40824	1373316	880696	491552	404667	335691		
58188	6802	252425	197082	55343	97866	170		
57061	11531	435271	286719	148552	98986	1251	40	40
2551	428	29552	12728	16824	12162	450		
129	7	2008	756	1252	681	450		
1097	114	17153	5768	11385	8777			
165	49	3303	1214	2088	1603			
1161	259	7089	4989	2099	1102			
983658	207506	7852452	5586016	2266436	2053628	133011	4569	7867
10247	2255	145536	99013	46523	27841	16238		
973411	205251	7706916	5487003	2219913	2025788	116772	4569	7867
198800	43434	1668980	851181	817799	377541	50089	29	3073
1705484	401047	13612971	9399033	4213939	4289279	8040	4853	2837
326703	75970	2506438	1312311	1194127	881034	6265	254	40
56900	14622	379904	193507	186397	242910			
1233383	294113	9999384	7404334	2595050	2991318	1775	4599	2797
88498	16342	727246	488880	238365	174017			
137828	31920	997760	628548	369211	263017	1096	951	590
556960	**79395**	**2443593**	**1657040**	**786554**	**862405**	**10206**	**684957**	**39311**
171187	24145	666732	518028	148704	240629	8751	133578	22049
32611	6934	138180	99660	38520	53010	1057	45449	230
349143	46885	1530123	977267	552856	542550		499859	17032
4013	1426	107928	61908	46020	25899	398	6070	
6	4	631	176	454	316			
665135	**148867**	**3576144**	**2252837**	**1323307**	**1029324**	**13889**	**51437**	**781395**
235763	46740	1170009	706992	463018	307650	13689	18966	141356
20895	6124	95600	47502	48098	59400		25100	29138
399965	94294	2223710	1447994	775716	618388		7171	576578
7004	1378	74537	41809	32728	34554	200		27195
1507	331	12288	8540	3748	9333		199	7128
3828783	780075	27683366	19060674	8621624	8342096	501718	557939	404842
670358	157538	3336240	2054761	1281479	749927	9880	124161	348189
32304	7927	216577	87199	129378	92163	1203	30910	35274
128415	26214	1006281	549246	457036	304690	41092	33825	46809

4-3-2 各地区限额以上住宿和餐饮业企业年末资产负债
Assets and Liabilities of Enterprises above Designated Size of Hotels and Catering Services by Region at the Year-end

单位：万元
Unit: 10000 yuan

地区	Region	资产总计 Total Assets	#流动资产合计 Total Working Capitals	#固定资产合计 Total Fixed Assets	负债合计 Total Liabilities	所有者权益合计 Total Owners' Equities
全国	**National Total**	**116665126**	**40834019**	**50156254**	**79418989**	**37247248**
北京	Beijing	13990980	5121011	5266375	10091628	3899352
天津	Tianjin	1875770	717261	696064	1384613	491157
河北	Hebei	2925458	1005296	1527652	2090008	835450
山西	Shanxi	2335981	842482	1087817	1694794	641187
内蒙古	Inner Mongolia	2057470	705420	980625	1306874	750596
辽宁	Liaoning	3890972	1508273	1793238	2704634	1186337
吉林	Jilin	1119534	291516	694583	659463	460071
黑龙江	Heilongjiang	1026214	277208	598625	628716	396429
上海	Shanghai	7429457	2768762	2859860	4746402	2683055
江苏	Jiangsu	8624100	2844166	3688711	5988880	2635220
浙江	Zhejiang	10830715	4125301	4321248	7927126	2903589
安徽	Anhui	2930971	981824	1290138	1975677	955293
福建	Fujian	3644351	1272408	1401619	2134563	1509788
江西	Jiangxi	1687895	532734	744349	986467	701428
山东	Shandong	6658960	2241217	3224054	4405914	2253046
河南	Henan	3306577	1179170	1441270	2145754	1160822
湖北	Hubei	3271627	924612	1556781	2202579	1069048
湖南	Hunan	3540159	1007509	1851513	2314583	1225576
广东	Guangdong	13837460	5205563	5439681	9790881	4048758
广西	Guangxi	1765608	550944	853955	1233140	532469
海南	Hainan	3190836	1203875	1369622	2387357	803479
重庆	Chongqing	2339725	935442	898445	1596956	742769
四川	Sichuan	5398281	1733683	2070340	3489656	1908625
贵州	Guizhou	792000	286377	361209	490688	301311
云南	Yunnan	2415137	791856	1171097	1397513	1017624
西藏	Tibet	242349	35845	145601	97133	145217
陕西	Shaanxi	2935755	924074	1400160	1982482	953273
甘肃	Gansu	860109	277015	422933	494112	365997
青海	Qinghai	291585	81589	162044	123503	168083
宁夏	Ningxia	459538	174463	283195	327483	132055
新疆	Xinjiang	989551	287124	553450	619408	370144

4-3-3 各地区限额以上住宿业企业年末资产负债

Assets and Liabilities of Enterprises above Designated Size of Hotels by Region at the Year-end

单位：万元

Unit: 10000 yuan

地 区	Region	资产总计 Total Assets	#流动资产合计 Total Working Capitals	#固定资产合计 Total Fixed Assets	负债合计 Total Liabilities	所有者权益合计 Total Owners' Equities
全 国	**National Total**	**84422662**	**26969321**	**39536363**	**57667109**	**26757731**
北 京	Beijing	10528442	3214324	4655040	7422556	3105886
天 津	Tianjin	1079468	332007	489184	829493	249975
河 北	Hebei	2367466	772736	1300034	1699780	667686
山 西	Shanxi	1368311	418063	711254	1023189	345122
内蒙古	Inner Mongolia	1145773	357646	623930	725100	420673
辽 宁	Liaoning	2918256	1102648	1430659	2064759	853497
吉 林	Jilin	829487	219360	527986	523618	305869
黑龙江	Heilongjiang	831936	198578	519632	530997	300939
上 海	Shanghai	5067364	1462712	2342481	2979781	2087583
江 苏	Jiangsu	5828228	1708802	2708886	4011192	1817037
浙 江	Zhejiang	8158821	2936477	3446326	5954643	2204178
安 徽	Anhui	2038686	642754	948383	1401652	637035
福 建	Fujian	2773411	924878	1082915	1630827	1142584
江 西	Jiangxi	1319483	391142	601266	781779	537704
山 东	Shandong	3767613	1248355	1963520	2469823	1297790
河 南	Henan	2396080	849447	1087242	1669266	726814
湖 北	Hubei	2025598	498422	1082347	1316400	709198
湖 南	Hunan	2822702	767768	1511623	1910324	912379
广 东	Guangdong	10776052	3826123	4549394	7626032	3152199
广 西	Guangxi	1560623	466179	775379	1119095	441528
海 南	Hainan	3091985	1151436	1339714	2312255	779730
重 庆	Chongqing	1487472	573333	607129	1151022	336450
四 川	Sichuan	3614885	1002573	1599397	2415563	1199322
贵 州	Guizhou	612334	196263	305432	372059	240276
云 南	Yunnan	2059484	629838	1048681	1140935	918549
西 藏	Tibet	238625	33246	145038	94812	143813
陕 西	Shaanxi	1841981	507853	1026782	1371704	470277
甘 肃	Gansu	588748	167967	321298	350851	237896
青 海	Qinghai	216819	60125	121342	79082	137737
宁 夏	Ningxia	189513	56259	173638	121430	68083
新 疆	Xinjiang	877018	252010	490434	567093	309925

4-3-3 续表 Continued

国有控股 单位：万元

State-controlled Enterprises Unit: 10000 yuan

地 区	Region	资产总计 Total Assets	#流动资产合计 Total Working Capitals	#固定资产合计 Total Fixed Assets	负债合计 Total Liabilities	所有者权益合计 Total Owners' Equities
全 国	**National Total**	**27006025**	**6732336**	**14288213**	**14974299**	**12031726**
北 京	Beijing	5331278	1208307	2534360	3131610	2199669
天 津	Tianjin	570031	145328	261042	444656	125375
河 北	Hebei	950260	210125	631971	547253	403007
山 西	Shanxi	377419	106492	234775	225524	151894
内蒙古	Inner Mongolia	266155	72695	159818	151683	114472
辽 宁	Liaoning	727286	208599	436123	386897	340389
吉 林	Jilin	359210	75990	240129	224693	134517
黑龙江	Heilongjiang	339005	71584	214994	193737	145268
上 海	Shanghai	2659431	599556	1261751	1164621	1494810
江 苏	Jiangsu	2063581	456380	1062550	1089081	974500
浙 江	Zhejiang	1304952	398614	617218	657870	647082
安 徽	Anhui	558515	147663	304903	348773	209742
福 建	Fujian	624534	160118	268222	286329	338205
江 西	Jiangxi	366477	87457	180008	186476	180001
山 东	Shandong	1477353	430872	865441	815044	662309
河 南	Henan	676782	208318	375232	481118	195664
湖 北	Hubei	570624	95693	372372	316661	253963
湖 南	Hunan	998554	236936	510678	603671	394883
广 东	Guangdong	2273918	729841	1050430	1189359	1084559
广 西	Guangxi	433649	78420	254203	266437	167212
海 南	Hainan	747830	169657	448053	463909	283921
重 庆	Chongqing	251751	44454	126433	148966	102785
四 川	Sichuan	751800	181284	403848	434807	316993
贵 州	Guizhou	132632	37750	74537	62869	69764
云 南	Yunnan	680085	213434	368344	281235	398850
西 藏	Tibet	156592	21176	100102	65264	91328
陕 西	Shaanxi	529205	108816	336456	355778	173428
甘 肃	Gansu	232697	63408	138671	138562	94135
青 海	Qinghai	82916	17630	61389	21907	61009
宁 夏	Ningxia	52453	17386	98497	33375	19078
新 疆	Xinjiang	459051	128357	295665	256135	202916

4-3-4 各地区限额以上住宿业企业年末资产负债(按登记注册类型分)

Assets and Liabilities of Enterprises above Designated Size of Hotels by Region and Type of Registration at the Year-end

内资企业　　　　单位：万元

Domestic Funded Enterprises　　　　Unit: 10000 yuan

地　区	Region	资产总计 Total Assets	#流动资产合计 Total Working Capitals	#固定资产合计 Total Fixed Assets	负债合计 Total Liabilities	所有者权益合计 Total Owners' Equities
全　国	**National Total**	**67048565**	**21182170**	**31521617**	**45064518**	**21986226**
北　京	Beijing	7631778	2335766	3581592	5613571	2018206
天　津	Tianjin	913775	269137	431512	686515	227260
河　北	Hebei	2235368	753349	1203946	1531889	703479
山　西	Shanxi	1337672	406439	695187	999298	338374
内蒙古	Inner Mongolia	945026	320245	473000	586956	358070
辽　宁	Liaoning	2132690	774715	1034961	1513077	619612
吉　林	Jilin	705790	190140	443787	438431	267358
黑龙江	Heilongjiang	671773	173748	406815	408501	263272
上　海	Shanghai	4108922	1155137	1806116	2157528	1951394
江　苏	Jiangsu	5029934	1517737	2274756	3430913	1599021
浙　江	Zhejiang	6425858	2199907	2696542	4722621	1703237
安　徽	Anhui	1791906	598250	844072	1198707	593199
福　建	Fujian	1721613	597446	696177	896868	824746
江　西	Jiangxi	1210691	349992	566341	709376	501316
山　东	Shandong	3417071	1175705	1728879	2182801	1234270
河　南	Henan	2055442	670346	958859	1367329	688112
湖　北	Hubei	1750704	426758	936347	1071222	679482
湖　南	Hunan	2548821	693969	1357975	1740044	808777
广　东	Guangdong	6814423	2411368	2795995	4971554	1845048
广　西	Guangxi	1147291	374302	515640	768735	378556
海　南	Hainan	2069459	684318	933979	1452432	617028
重　庆	Chongqing	1221412	461950	505485	932540	288872
四　川	Sichuan	3205863	929893	1340473	2064767	1141097
贵　州	Guizhou	591119	191078	298781	356245	234874
云　南	Yunnan	1830782	555563	949841	1011895	818886
西　藏	Tibet	237902	32523	145038	94394	143509
陕　西	Shaanxi	1526773	425748	847218	1081399	445374
甘　肃	Gansu	561807	163279	299045	334426	227381
青　海	Qinghai	159259	46223	94862	67661	91598
宁　夏	Ningxia	176322	47566	171179	116206	60117
新　疆	Xinjiang	871320	249570	487222	556616	314704

4-3-4 续表 1 Continued 1

国有企业 单位：万元

State-owned Enterprises Unit: 10000 yuan

地　区	Region	资产总计 Total Assets	#流动资产合计 Total Working Capitals	#固定资产合计 Total Fixed Assets	负债合计 Total Liabilities	所有者权益合计 Total Owners' Equities
全　国	**National Total**	**15524235**	**3773219**	**8931403**	**8618687**	**6905548**
北　京	Beijing	2102113	432384	1316198	1301454	800659
天　津	Tianjin	178449	39832	117841	162755	15695
河　北	Hebei	736924	162014	489805	500194	236730
山　西	Shanxi	349133	95868	220309	204453	144680
内蒙古	Inner Mongolia	175618	44334	107446	95378	80240
辽　宁	Liaoning	544615	166979	321697	287917	256698
吉　林	Jilin	279800	68222	169360	162941	116859
黑龙江	Heilongjiang	278893	55403	177416	140291	138602
上　海	Shanghai	1465751	330282	683760	653708	812043
江　苏	Jiangsu	1209292	250261	672459	544462	664830
浙　江	Zhejiang	568115	173710	279291	278497	289618
安　徽	Anhui	323501	99514	162735	205987	117513
福　建	Fujian	391249	90549	196121	165697	225552
江　西	Jiangxi	329803	72214	171060	154731	175072
山　东	Shandong	1301353	417063	731162	698515	602838
河　南	Henan	513678	142261	299551	343432	170246
湖　北	Hubei	393741	71907	264713	252163	141578
湖　南	Hunan	467144	79958	319597	282585	184560
广　东	Guangdong	1174972	348337	546630	645963	529009
广　西	Guangxi	314283	62204	168689	172570	141713
海　南	Hainan	161002	40879	95271	132061	28941
重　庆	Chongqing	137599	25593	66889	75305	62294
四　川	Sichuan	571013	133553	318324	343235	227778
贵　州	Guizhou	97938	26665	59300	37125	60813
云　南	Yunnan	327766	84825	196997	130231	197535
西　藏	Tibet	156592	21176	100102	65264	91328
陕　西	Shaanxi	421715	81148	265632	293730	127985
甘　肃	Gansu	198791	55937	118344	129181	69610
青　海	Qinghai	82825	17151	61496	21618	61207
宁　夏	Ningxia	19136	13437	72756	14566	4570
新　疆	Xinjiang	251434	69561	160453	122680	128754

4-3-4 续表 2 Continued 2

集体企业 单位：万元

Collective-owned Enterprises Unit: 10000 yuan

地 区	Region	资产总计 Total Assets	#流动资产合计 Total Working Capitals	#固定资产合计 Total Fixed Assets	负债合计 Total Liabilities	所有者权益合计 Total Owners' Equities
全 国	**National Total**	**1447288**	**414521**	**821127**	**976469**	**470819**
北 京	Beijing	327771	91956	198560	236399	91372
天 津	Tianjin	40870	12613	25573	24998	15873
河 北	Hebei	43333	8879	28308	19389	23945
山 西	Shanxi	53145	12308	26315	42610	10535
内 蒙 古	Inner Mongolia	5347	1202	2641	3474	1874
辽 宁	Liaoning	35358	10275	20220	17572	17786
吉 林	Jilin	6181	2169	1235	4566	1615
黑 龙 江	Heilongjiang	5251	1453	2880	4441	810
上 海	Shanghai	59929	19772	35798	35395	24534
江 苏	Jiangsu	86187	28463	46091	62028	24159
浙 江	Zhejiang	152560	32181	87370	109581	42979
安 徽	Anhui	17035	3537	10887	9982	7053
福 建	Fujian	8531	3258	4504	4635	3896
江 西	Jiangxi	8047	2765	4876	2534	5513
山 东	Shandong	148525	35866	96230	70105	78420
河 南	Henan	93468	29868	40139	83905	9563
湖 北	Hubei	38728	11259	23494	19038	19690
湖 南	Hunan	42558	22623	18020	28210	14349
广 东	Guangdong	103410	35103	52331	65300	38110
广 西	Guangxi	13654	3300	9795	8531	5123
海 南	Hainan	2185	368	1308	787	1397
重 庆	Chongqing	13121	4906	6817	12770	351
四 川	Sichuan	34737	6920	23625	28574	6163
贵 州	Guizhou	807	291	354	344	463
云 南	Yunnan	23895	6956	13132	18714	5181
西 藏	Tibet	2635	149	2486	1327	1308
陕 西	Shaanxi	40678	14275	18785	27352	13325
甘 肃	Gansu	14226	3399	9275	11510	2716
青 海	Qinghai	3661	1687	1823	1810	1851
宁 夏	Ningxia					
新 疆	Xinjiang	21455	6721	8254	20592	863

4-3-4 续表 3 Continued 3

股份合作企业 单位：万元

Cooperative Enterprises Unit: 10000 yuan

地 区	Region	资产总计 Total Assets	#流动资产合计 Total Working Capitals	#固定资产合计 Total Fixed Assets	负债合计 Total Liabilities	所有者权益合计 Total Owners' Equities
全 国	**National Total**	**560559**	**151593**	**339242**	**376935**	**183624**
北 京	Beijing	80801	29663	42783	52521	28281
天 津	Tianjin	30723	9189	19572	26300	4423
河 北	Hebei	7352	1217	5872	5561	1791
山 西	Shanxi	549	394	155	264	285
内蒙古	Inner Mongolia	18181	10270	6682	10360	7822
辽 宁	Liaoning	267	64	128	173	94
吉 林	Jilin	1965	110	1855	276	1688
黑龙江	Heilongjiang	21557	11191	9072	21282	274
上 海	Shanghai					
江 苏	Jiangsu	6391	5027	1069	4060	2332
浙 江	Zhejiang	11337	3219	5921	8755	2581
安 徽	Anhui	10032	2334	7269	5258	4774
福 建	Fujian	23592	2709	8971	8664	14929
江 西	Jiangxi	85202	11551	67408	40640	44562
山 东	Shandong	21971	12232	9008	11115	10856
河 南	Henan	10377	1586	5420	7187	3190
湖 北	Hubei	20936	3014	16202	17067	3868
湖 南	Hunan	106645	11368	82968	86872	19773
广 东	Guangdong	6285	1798	1932	4821	1464
广 西	Guangxi	23917	18165	4115	21290	2627
海 南	Hainan	19960	1157	17364	19992	-31
重 庆	Chongqing	1800	600	1200	800	1000
四 川	Sichuan	19198	3969	9096	9996	9202
贵 州	Guizhou	1406	601	805	535	872
云 南	Yunnan	10644	3580	4716	3757	6887
西 藏	Tibet	7577	209	4998	4577	3000
陕 西	Shaanxi	8190	4362	3720	2621	5569
甘 肃	Gansu	524	85	256	21	503
青 海	Qinghai	3183	1931	686	2173	1010
宁 夏	Ningxia					
新 疆	Xinjiang					

4-3-4 续表 4 Continued 4

联营企业 单位：万元

Joint Ownership Enterprises Unit: 10000 yuan

地区	Region	资产总计 Total Assets	#流动资产合计 Total Working Capitals	#固定资产合计 Total Fixed Assets	负债合计 Total Liabilities	所有者权益合计 Total Owners' Equities
全国	**National Total**	**251509**	**72391**	**138492**	**147670**	**103839**
北京	Beijing	5628	2528	1306	6531	-903
天津	Tianjin	1406	64	1216	1822	-416
河北	Hebei	508	342	166	776	-268
山西	Shanxi	692	254	380	312	380
内蒙古	Inner Mongolia	1294	202	1092	343	951
辽宁	Liaoning	542	442	69	1238	-696
吉林	Jilin	13703	1438	12266	8712	4991
黑龙江	Heilongjiang	1682	615	371	484	1197
上海	Shanghai	36535	5549	28190	29853	6682
江苏	Jiangsu	9217	2933	4376	11813	-2596
浙江	Zhejiang	19961	11571	6503	10250	9711
安徽	Anhui					
福建	Fujian	62726	22072	33322	15711	47015
江西	Jiangxi					
山东	Shandong					
河南	Henan	2294	1026	453	1284	1010
湖北	Hubei	16201	2112	9945	9346	6855
湖南	Hunan	3599	692	1505	1491	2107
广东	Guangdong	51675	14747	22500	23552	28123
广西	Guangxi					
海南	Hainan	1652	107	1546	1221	432
重庆	Chongqing					
四川	Sichuan	7777	1025	5699	10492	-2715
贵州	Guizhou					
云南	Yunnan	4029	2213	947	1870	2158
西藏	Tibet					
陕西	Shaanxi	2712	347	2195	7756	-5044
甘肃	Gansu					
青海	Qinghai					
宁夏	Ningxia					
新疆	Xinjiang	7676	2113	4448	2812	4864

4-3-4 续表 5 Continued 5

有限责任公司 单位：万元

Limited Liability Corporations Unit: 10000 yuan

地 区	Region	资产总计 Total Assets	#流动资产合计 Total Working Capitals	#固定资产合计 Total Fixed Assets	负债合计 Total Liabilities	所有者权益合计 Total Owners' Equities
全 国	**National Total**	**26154724**	**8223932**	**11713823**	**18145068**	**8009656**
北 京	Beijing	4171760	1308259	1732792	3126117	1045643
天 津	Tianjin	450958	144503	165625	296371	154588
河 北	Hebei	755148	269861	395374	475020	280128
山 西	Shanxi	246474	82899	109211	219102	27372
内 蒙 古	Inner Mongolia	315352	122130	155342	189201	126151
辽 宁	Liaoning	628162	166295	354536	442750	185412
吉 林	Jilin	199024	46341	140970	118967	80057
黑 龙 江	Heilongjiang	167166	54695	99497	89666	77500
上 海	Shanghai	1544632	398404	739936	672861	871772
江 苏	Jiangsu	1616304	461169	696940	1167512	448792
浙 江	Zhejiang	2698501	758647	1357126	1968357	730145
安 徽	Anhui	766086	285217	321125	499519	266567
福 建	Fujian	647801	253316	225630	390382	257420
江 西	Jiangxi	300313	107893	110899	216319	83994
山 东	Shandong	1052919	323066	527110	760252	292668
河 南	Henan	590755	189473	239282	396786	193969
湖 北	Hubei	589348	131754	288012	367304	222044
湖 南	Hunan	839288	239606	486783	659845	179443
广 东	Guangdong	2841775	1004299	1103873	2269414	572360
广 西	Guangxi	294471	94962	131333	196206	98265
海 南	Hainan	1310346	513588	494175	894407	415939
重 庆	Chongqing	625986	213250	274867	516528	109458
四 川	Sichuan	1196897	325752	372764	734012	462885
贵 州	Guizhou	304406	101605	148204	209026	95380
云 南	Yunnan	716951	261495	345921	385265	331686
西 藏	Tibet	21360	2606	13208	7030	14330
陕 西	Shaanxi	589047	174207	319050	465953	123094
甘 肃	Gansu	215752	59928	100566	126735	89017
青 海	Qinghai	15286	4325	5244	10169	5117
宁 夏	Ningxia	72203	13268	51937	36499	35704
新 疆	Xinjiang	370255	111122	206495	237497	132758

4-3-4 续表 6 Continued 6

股份有限公司 单位：万元

Share-holding Corporations Ltd. Unit: 10000 yuan

地 区	Region	资产总计 Total Assets	#流动资产合计 Total Working Capitals	#固定资产合计 Total Fixed Assets	负债合计 Total Liabilities	所有者权益合计 Total Owners' Equities
全 国	**National Total**	**3422221**	**1208073**	**1399126**	**2149252**	**1272969**
北 京	Beijing	290323	156418	93571	238928	51396
天 津	Tianjin					
河 北	Hebei	167111	80178	39093	128253	38858
山 西	Shanxi	32152	6420	19280	15102	17050
内 蒙 古	Inner Mongolia	110193	37618	37629	69297	40896
辽 宁	Liaoning	10555	8015	556	7977	2578
吉 林	Jilin	4853	902	3854	1160	3693
黑 龙 江	Heilongjiang	39654	10844	27011	42040	-2386
上 海	Shanghai	40453	10938	13145	20060	20393
江 苏	Jiangsu	325029	108724	115757	157401	167628
浙 江	Zhejiang	376068	178075	92100	212469	163599
安 徽	Anhui	143267	25442	97691	100966	42301
福 建	Fujian	21661	10824	8323	13956	7705
江 西	Jiangxi	75720	20604	43295	44387	31333
山 东	Shandong	229096	103200	108161	188454	40642
河 南	Henan	121159	48243	47056	66983	54176
湖 北	Hubei	89075	21103	56262	29008	60067
湖 南	Hunan	448304	160812	110993	257379	190925
广 东	Guangdong	206104	77992	84908	104631	101473
广 西	Guangxi	49698	8838	34970	28885	20813
海 南	Hainan	268343	28233	165094	183176	85167
重 庆	Chongqing	63872	29295	24070	45780	18092
四 川	Sichuan	158469	36689	87067	106450	52019
贵 州	Guizhou	8877	346	1212	7960	917
云 南	Yunnan	70181	21723	38305	37890	32292
西 藏	Tibet	12345	4767	7337	2853	9492
陕 西	Shaanxi	28726	5447	21099	21493	7233
甘 肃	Gansu	8377	1809	6383	2595	5782
青 海	Qinghai					
宁 夏	Ningxia					
新 疆	Xinjiang	22558	4575	14905	13722	8836

4-3-4 续表 7 Continued 7

私营企业 单位：万元

Private Enterprises Unit: 10000 yuan

地区	Region	资产总计 Total Assets	#流动资产合计 Total Working Capitals	#固定资产合计 Total Fixed Assets	负债合计 Total Liabilities	所有者权益合计 Total Owners' Equities
全国	**National Total**	**17883937**	**6687777**	**7357291**	**13494685**	**4391430**
北京	Beijing	653382	314558	196383	651622	1759
天津	Tianjin	197287	57135	95393	165164	32123
河北	Hebei	475866	212533	217421	359538	116328
山西	Shanxi	623885	199558	299479	500012	123872
内蒙古	Inner Mongolia	290005	97906	143806	211333	78672
辽宁	Liaoning	870729	405561	316655	720226	150503
吉林	Jilin	179929	65257	101566	136300	43628
黑龙江	Heilongjiang	138048	33448	81239	100353	37695
上海	Shanghai	931763	373481	294362	718490	213273
江苏	Jiangsu	1724168	645339	711824	1446489	277680
浙江	Zhejiang	2592088	1041419	865544	2128617	463472
安徽	Anhui	432977	166917	186120	303899	129078
福建	Fujian	489010	189602	192150	263763	225247
江西	Jiangxi	382553	126829	152017	232108	150445
山东	Shandong	563524	236053	224460	388970	174554
河南	Henan	607594	206373	277716	367278	240316
湖北	Hubei	534040	172431	237711	340379	193661
湖南	Hunan	593769	169070	313697	381357	212412
广东	Guangdong	2124750	807836	859611	1699164	427765
广西	Guangxi	352592	158176	132433	270342	82250
海南	Hainan	216938	79591	104272	159994	56944
重庆	Chongqing	240235	113338	76011	169182	71053
四川	Sichuan	1167864	402760	498138	803968	363896
贵州	Guizhou	138604	50613	68996	79016	59589
云南	Yunnan	537405	119644	299168	359419	177986
西藏	Tibet	35129	2935	15330	12668	22460
陕西	Shaanxi	373168	118428	185559	230669	142499
甘肃	Gansu	109859	38147	54852	56974	52886
青海	Qinghai	30641	9346	19900	16040	14601
宁夏	Ningxia	81417	18957	44824	64192	17224
新疆	Xinjiang	194723	54537	90655	157160	37563

4-3-4 续表 8 Continued 8

其他企业
Other Enterprises

单位：万元
Unit: 10000 yuan

地区	Region	资产总计 Total Assets	#流动资产合计 Total Working Capitals	#固定资产合计 Total Fixed Assets	负债合计 Total Liabilities	所有者权益合计 Total Owners' Equities
全国	**National Total**	**1804092**	**650664**	**821113**	**1155752**	**648341**
北京	Beijing					
天津	Tianjin	14080	5801	6292	9106	4975
河北	Hebei	49126	18327	27907	43158	5968
山西	Shanxi	31643	8739	20059	17444	14200
内蒙古	Inner Mongolia	29036	6584	18362	7572	21465
辽宁	Liaoning	42462	17084	21100	35225	7237
吉林	Jilin	20336	5702	12682	5509	14827
黑龙江	Heilongjiang	19524	6099	9329	9944	9580
上海	Shanghai	29859	16712	10925	27161	2698
江苏	Jiangsu	53346	15821	26239	37150	16196
浙江	Zhejiang	7229	1085	2686	6096	1133
安徽	Anhui	99009	15289	58246	73096	25913
福建	Fujian	77043	25116	27156	34060	42983
江西	Jiangxi	29054	8136	16786	18657	10397
山东	Shandong	99683	48227	32748	65391	34292
河南	Henan	116117	51516	49243	100475	15643
湖北	Hubei	68635	13179	40008	36915	31720
湖南	Hunan	47515	9840	24412	42307	5208
广东	Guangdong	305454	121256	124210	158711	146743
广西	Guangxi	98676	28657	34306	70911	27765
海南	Hainan	89033	20396	54951	60795	28239
重庆	Chongqing	138799	74968	55631	112175	26624
四川	Sichuan	49908	19227	25761	28040	21868
贵州	Guizhou	39081	10957	19910	22240	16842
云南	Yunnan	139912	55128	50654	74750	65161
西藏	Tibet	2266	682	1578	676	1590
陕西	Shaanxi	62538	27534	31179	31825	30713
甘肃	Gansu	14279	3975	9369	7411	6867
青海	Qinghai	23664	11783	5711	15852	7812
宁夏	Ningxia	3567	1904	1663	948	2619
新疆	Xinjiang	3219	942	2012	2154	1065

港、澳、台商投资企业 单位：万元

Enterprises with Funds from Hongkong, Macao and Taiwan Unit: 10000 yuan

地 区	Region	资产总计 Total Assets	#流动资产合计 Total Working Capitals	#固定资产合计 Total Fixed Assets	负债合计 Total Liabilities	所有者权益合计 Total Owners' Equities
全 国	**National Total**	**10552438**	**3439864**	**4729725**	**7779343**	**2773095**
北 京	Beijing	1940316	489009	657504	1152074	788243
天 津	Tianjin	81465	16807	27624	65463	16002
河 北	Hebei	61447	10466	37989	94886	-33439
山 西	Shanxi	23431	9608	11144	17958	5473
内蒙古	Inner Mongolia	127446	17850	102455	82610	44836
辽 宁	Liaoning	607553	261439	314550	320624	286929
吉 林	Jilin	38686	11785	20465	35287	3399
黑龙江	Heilongjiang	107739	13065	79695	98834	8905
上 海	Shanghai	506824	116648	307820	552447	-45624
江 苏	Jiangsu	318927	100113	142749	248320	70607
浙 江	Zhejiang	1215741	563950	523979	810000	405741
安 徽	Anhui	215270	41461	78194	174148	41122
福 建	Fujian	625254	222145	179695	501033	124221
江 西	Jiangxi	57984	15966	16582	34424	23561
山 东	Shandong	275577	47349	190268	232832	42745
河 南	Henan	288782	158130	109532	270615	18167
湖 北	Hubei	242647	66763	125042	214778	27868
湖 南	Hunan	240637	69028	127193	150007	90630
广 东	Guangdong	2384136	857847	1077444	1749585	634551
广 西	Guangxi	323007	77898	185687	271300	51707
海 南	Hainan	289023	110487	140945	173803	115220
重 庆	Chongqing	89496	33618	42884	81293	8204
四 川	Sichuan	179531	33826	89105	257303	-77773
贵 州	Guizhou	12200	4755	5701	8811	3390
云 南	Yunnan	119841	42760	47081	85977	33865
西 藏	Tibet					
陕 西	Shaanxi	165121	42084	79098	83317	81804
甘 肃	Gansu	8762	2654	6108	1162	7600
青 海	Qinghai					
宁 夏	Ningxia					
新 疆	Xinjiang	5598	2356	3196	10455	-4857

外商投资企业 Foreign Funded Enterprises

单位：万元 Unit: 10000 yuan

地区	Region	资产总计 Total Assets	#流动资产合计 Total Working Capitals	#固定资产合计 Total Fixed Assets	负债合计 Total Liabilities	所有者权益合计 Total Owners' Equities
全 国	**National Total**	**6821659**	**2347287**	**3285021**	**4823249**	**1998410**
北 京	Beijing	956348	389549	415944	656911	299437
天 津	Tianjin	84228	46063	30049	77516	6713
河 北	Hebei	70651	8921	58099	73005	-2354
山 西	Shanxi	7208	2016	4923	5933	1275
内蒙古	Inner Mongolia	73301	19551	48474	55533	17768
辽 宁	Liaoning	178013	66495	81148	231057	-53044
吉 林	Jilin	85011	17435	63735	49899	35112
黑龙江	Heilongjiang	52424	11765	33122	23662	28762
上 海	Shanghai	451619	190927	228546	269806	181813
江 苏	Jiangsu	479367	90952	291382	331959	147409
浙 江	Zhejiang	517222	172620	225806	422021	95201
安 徽	Anhui	31510	3043	26117	28797	2713
福 建	Fujian	426544	105287	207043	232926	193618
江 西	Jiangxi	50807	25184	18344	37979	12828
山 东	Shandong	74965	25301	44373	54191	20775
河 南	Henan	51857	20971	18851	31322	20535
湖 北	Hubei	32247	4900	20958	30400	1847
湖 南	Hunan	33244	4770	26456	20273	12972
广 东	Guangdong	1577493	556907	675955	904892	672600
广 西	Guangxi	90326	13979	74052	79061	11265
海 南	Hainan	733503	356630	264791	686021	47483
重 庆	Chongqing	176563	77765	58760	137190	39374
四 川	Sichuan	229491	38854	169819	93493	135998
贵 州	Guizhou	9015	430	950	7003	2012
云 南	Yunnan	108861	31514	51760	43064	65798
西 藏	Tibet	723	723		418	304
陕 西	Shaanxi	150087	40021	100466	206988	-56901
甘 肃	Gansu	18179	2033	16145	15263	2915
青 海	Qinghai	57560	13902	26480	11421	46139
宁 夏	Ningxia	13191	8693	2459	5224	7967
新 疆	Xinjiang	100	84	16	22	78

4-3-5 各地区限额以上住宿业企业年末资产负债(按国民经济行业分)

Assets and Liabilities of Enterprises above Designated Size of Hotels by Region and Sector at the Year-end

旅游饭店 单位：万元

Tourist Hotel Unit: 10000 yuan

地 区	Region	资产总计 Total Assets	#流动资产合计 Total Working Capitals	#固定资产合计 Total Fixed Assets	负债合计 Total Liabilities	所有者权益合计 Total Owners' Equities
全 国	**National Total**	**74628860**	**23616008**	**35457922**	**51226543**	**23402317**
北 京	Beijing	9090242	2694218	4180370	6533477	2556765
天 津	Tianjin	863335	259470	375667	683462	179873
河 北	Hebei	1841762	586962	1011903	1342647	499115
山 西	Shanxi	1082894	328868	575476	821461	261434
内 蒙 古	Inner Mongolia	942151	277186	519117	577029	365122
辽 宁	Liaoning	2670925	1012402	1307082	1894960	775965
吉 林	Jilin	773872	193100	507614	485146	288726
黑 龙 江	Heilongjiang	747493	174368	470516	489149	258344
上 海	Shanghai	4150707	1157991	2113730	2329827	1820880
江 苏	Jiangsu	5543613	1602231	2592358	3821607	1722006
浙 江	Zhejiang	7423795	2677998	3187136	5392563	2031232
安 徽	Anhui	1776297	569332	801973	1223686	552612
福 建	Fujian	2513692	830401	987943	1474724	1038968
江 西	Jiangxi	1120937	327312	522751	663035	457902
山 东	Shandong	3244539	1059325	1746454	2074434	1170105
河 南	Henan	1900704	692420	856583	1359388	541317
湖 北	Hubei	1721383	414239	944894	1144087	577296
湖 南	Hunan	2606585	716337	1391355	1788047	818538
广 东	Guangdong	9858957	3481268	4184023	7054272	2804685
广 西	Guangxi	1413482	381456	737609	999891	413592
海 南	Hainan	3068432	1140084	1328740	2295959	772473
重 庆	Chongqing	1284995	514590	523773	1015992	269003
四 川	Sichuan	3146609	858001	1387177	2111776	1034833
贵 州	Guizhou	508818	158835	250806	328081	180737
云 南	Yunnan	1798744	561632	892536	966442	832302
西 藏	Tibet	238625	33246	145038	94812	143813
陕 西	Shaanxi	1579764	417924	905596	1225699	354064
甘 肃	Gansu	527235	149515	283674	320176	207059
青 海	Qinghai	208129	58287	116927	74226	133903
宁 夏	Ningxia	158064	50211	150672	105736	52328
新 疆	Xinjiang	822081	236802	458432	534753	287328

4-3-5 续表 1 Continued 1

一般旅馆 单位：万元

Fonda Unit: 10000 yuan

地 区	Region	资产总计 Total Assets	#流动资产合计 Total Working Capitals	#固定资产合计 Total Fixed Assets	负债合计 Total Liabilities	所有者权益合计 Total Owners' Equities
全 国	**National Total**	**8613614**	**2990183**	**3474725**	**5563355**	**3052438**
北 京	Beijing	1347667	502281	405951	805265	542402
天 津	Tianjin	156115	57193	73953	92054	64061
河 北	Hebei	408483	159018	206375	245065	163418
山 西	Shanxi	243748	79221	107385	167607	76141
内蒙古	Inner Mongolia	201187	79759	103436	146226	54961
辽 宁	Liaoning	161871	58581	75129	120915	40956
吉 林	Jilin	39018	11572	18491	22945	16073
黑龙江	Heilongjiang	77008	21822	44383	35981	41027
上 海	Shanghai	804646	258250	196082	577090	227556
江 苏	Jiangsu	260714	96361	107218	164103	96611
浙 江	Zhejiang	707194	252359	251036	537661	169533
安 徽	Anhui	210856	68617	106215	134089	76767
福 建	Fujian	201319	67342	70719	111765	89554
江 西	Jiangxi	186312	57687	76365	114554	71758
山 东	Shandong	489381	174724	199401	362408	126973
河 南	Henan	468512	147069	219767	294045	174467
湖 北	Hubei	255604	76831	123603	141270	114334
湖 南	Hunan	193005	44971	110143	106511	86494
广 东	Guangdong	821015	316313	329705	492363	330831
广 西	Guangxi	138879	79856	35703	114665	24214
海 南	Hainan	19826	10611	8760	11580	8246
重 庆	Chongqing	178107	53893	70315	110353	67755
四 川	Sichuan	393011	123840	174478	260067	132944
贵 州	Guizhou	97313	33154	52791	41443	55870
云 南	Yunnan	227018	55153	141338	153961	73057
西 藏	Tibet					
陕 西	Shaanxi	195692	64555	91601	126386	69306
甘 肃	Gansu	51615	16955	30449	27786	23829
青 海	Qinghai	6913	1567	3139	4470	2443
宁 夏	Ningxia	16651	5423	8793	8390	8261
新 疆	Xinjiang	54936	15208	32002	32339	22597

4-3-5 续表 2 Continued 2

其他住宿服务 单位：万元

Others Unit: 10000 yuan

地 区	Region	资产总计 Total Assets	#流动资产合计 Total Working Capitals	#固定资产合计 Total Fixed Assets	负债合计 Total Liabilities	所有者权益合计 Total Owners' Equities
全 国	**National Total**	**1180188**	**363130**	**603716**	**877212**	**302976**
北 京	Beijing	90533	17826	68719	83814	6719
天 津	Tianjin	60018	15344	39565	53978	6041
河 北	Hebei	117221	26756	81756	112069	5153
山 西	Shanxi	41670	9974	28393	34122	7547
内蒙古	Inner Mongolia	2435	702	1377	1844	591
辽 宁	Liaoning	85460	31666	48448	48884	36576
吉 林	Jilin	16597	14689	1882	15527	1069
黑龙江	Heilongjiang	7435	2388	4733	5867	1568
上 海	Shanghai	112011	46471	32670	72865	39147
江 苏	Jiangsu	23901	10210	9310	25482	-1581
浙 江	Zhejiang	27832	6121	8155	24419	3413
安 徽	Anhui	51533	4806	40194	43877	7656
福 建	Fujian	58400	27134	24253	44338	14062
江 西	Jiangxi	12234	6143	2150	4190	8044
山 东	Shandong	33693	14306	17666	32981	713
河 南	Henan	26864	9958	10891	15833	11031
湖 北	Hubei	48611	7352	13850	31043	17569
湖 南	Hunan	23112	6460	10125	15765	7347
广 东	Guangdong	96079	28541	35666	79397	16683
广 西	Guangxi	8262	4867	2066	4540	3722
海 南	Hainan	3727	741	2214	4716	-989
重 庆	Chongqing	24370	4849	13041	24678	-308
四 川	Sichuan	75265	20733	37741	43720	31545
贵 州	Guizhou	6203	4274	1835	2535	3669
云 南	Yunnan	33722	13052	14808	20532	13190
西 藏	Tibet					
陕 西	Shaanxi	66525	25375	29586	19619	46906
甘 肃	Gansu	9897	1497	7174	2890	7008
青 海	Qinghai	1777	271	1275	386	1391
宁 夏	Ningxia	14799	625	14174	7304	7495
新 疆	Xinjiang					

4-3-6 各地区限额以上餐饮业企业年末资产负债

Assets and Liabilitiest of Enterprises above Designated Size of Catering Services by Region at the Year-end

单位：万元

Unit: 10000 yuan

地 区	Region	资产总计 Total Assets	#流动资产合计 Total Working Capitals	#固定资产合计 Total Fixed Assets	负债合计 Total Liabilities	所有者权益合计 Total Owners' Equities
全 国	**National Total**	**32242465**	**13864699**	**10619891**	**21751880**	**10489517**
北 京	Beijing	3462538	1906687	611335	2669072	793466
天 津	Tianjin	796301	385255	206879	555119	241182
河 北	Hebei	557993	232560	227618	390228	167765
山 西	Shanxi	967670	424419	376563	671605	296065
内蒙古	Inner Mongolia	911698	347774	356696	581775	329923
辽 宁	Liaoning	972716	405624	362579	639876	332841
吉 林	Jilin	290047	72156	166597	135845	154202
黑龙江	Heilongjiang	194278	78630	78994	97719	95490
上 海	Shanghai	2362093	1306050	517379	1766621	595473
江 苏	Jiangsu	2795872	1135365	979825	1977688	818183
浙 江	Zhejiang	2671895	1188824	874921	1972484	699411
安 徽	Anhui	892285	339070	341756	574026	318259
福 建	Fujian	870940	347530	318703	503736	367204
江 西	Jiangxi	368412	141592	143083	204688	163725
山 东	Shandong	2891348	992862	1260535	1936091	955256
河 南	Henan	910497	329724	354027	476488	434008
湖 北	Hubei	1246030	426190	474434	886180	359850
湖 南	Hunan	717457	239741	339890	404259	313198
广 东	Guangdong	3061408	1379441	890287	2164850	896559
广 西	Guangxi	204985	84765	78576	114045	90941
海 南	Hainan	98851	52439	29908	75102	23750
重 庆	Chongqing	852254	362109	291316	445934	406320
四 川	Sichuan	1783396	731111	470943	1074093	709303
贵 州	Guizhou	179665	90113	55778	118630	61036
云 南	Yunnan	355653	162019	122416	256578	99075
西 藏	Tibet	3724	2599	563	2321	1404
陕 西	Shaanxi	1093775	416221	373378	610778	482997
甘 肃	Gansu	271362	109048	101635	143261	128100
青 海	Qinghai	74766	21464	40702	44420	30346
宁 夏	Ningxia	270024	118205	109557	206053	63971
新 疆	Xinjiang	112534	35114	63017	52315	60219

国有控股
State-controlled Enterprises

单位：万元
Unit: 10000 yuan

地区	Region	资产总计 Total Assets	#流动资产合计 Total Working Capitals	#固定资产合计 Total Fixed Assets	负债合计 Total Liabilities	所有者权益合计 Total Owners' Equities
全国	**National Total**	**2736970**	**961332**	**1108262**	**1759525**	**976376**
北京	Beijing	473800	217090	125368	323977	149823
天津	Tianjin	64147	24481	19333	52036	12111
河北	Hebei	24023	7473	12303	36305	-12283
山西	Shanxi	85150	34037	40782	72564	12587
内蒙古	Inner Mongolia	58346	15851	34229	38307	20039
辽宁	Liaoning	36623	10304	22287	27166	9458
吉林	Jilin	76650	27082	42622	47508	29142
黑龙江	Heilongjiang	6145	-2280	6318	8198	-3121
上海	Shanghai	308913	143306	54075	208484	100429
江苏	Jiangsu	181136	63842	90649	133838	47298
浙江	Zhejiang	152789	66206	34790	58730	94059
安徽	Anhui	84811	16835	57061	68855	15956
福建	Fujian	107289	23956	57293	55998	51291
江西	Jiangxi	13710	5122	8076	5938	7772
山东	Shandong	309386	90829	158849	182539	126847
河南	Henan	42600	9495	20385	20031	22569
湖北	Hubei	81825	17099	43526	53365	28460
湖南	Hunan	37420	9544	22013	16770	20651
广东	Guangdong	188884	57081	56258	118547	70337
广西	Guangxi	19560	3310	12165	14340	5220
海南	Hainan	2900	1310	1586	2164	736
重庆	Chongqing	76112	36892	35087	55857	20255
四川	Sichuan	43275	9995	26444	13711	29564
贵州	Guizhou	19747	7080	7755	17412	2335
云南	Yunnan	43449	20403	11706	27123	16325
西藏	Tibet					
陕西	Shaanxi	133656	34472	59225	60812	72843
甘肃	Gansu	23733	3862	19012	12291	11442
青海	Qinghai	10108	1325	6658	8957	1151
宁夏	Ningxia	18601	2172	13399	16771	1830
新疆	Xinjiang	12183	3160	9009	932	11251

4-3-7 各地区限额以上餐饮业企业年末资产负债(按登记注册类型分)

Assets and Liabilities of Enterprises above Designated Size of Catering Services by Region and Type of Registration at the Year-end

内资企业　　　　　　　　　　　　　　　　　　　　　单位：万元

Domestic Funded Enterprises　　　　　　　　　　　　Unit: 10000 yuan

地区	Region	资产总计 Total Assets	#流动资产合计 Total Working Capitals	#固定资产合计 Total Fixed Assets	负债合计 Total Liabilities	所有者权益合计 Total Owners' Equities
全国	**National Total**	**26222727**	**11474755**	**8923672**	**17842003**	**8379656**
北京	Beijing	2541877	1457061	442396	2052121	489756
天津	Tianjin	616121	327344	161219	453557	162564
河北	Hebei	550323	228008	225011	387933	162391
山西	Shanxi	931539	405903	370176	653404	278135
内蒙古	Inner Mongolia	899615	341229	355734	577079	322536
辽宁	Liaoning	642469	267793	280619	425082	217387
吉林	Jilin	289367	72024	166204	135427	153940
黑龙江	Heilongjiang	159313	58153	69715	79895	78349
上海	Shanghai	1515459	865534	339809	1176546	338913
江苏	Jiangsu	2282947	982082	792024	1689911	593037
浙江	Zhejiang	2107392	1053612	646877	1555789	551604
安徽	Anhui	844036	330652	335726	551042	292993
福建	Fujian	604719	240497	231541	337408	267311
江西	Jiangxi	308428	117575	122371	176592	131836
山东	Shandong	2644882	918855	1156441	1764828	880054
河南	Henan	793972	305969	326581	402221	391751
湖北	Hubei	1078956	383506	410759	750644	328312
湖南	Hunan	659875	225436	316389	370081	289794
广东	Guangdong	1951658	894458	595842	1444643	507016
广西	Guangxi	177374	72148	73442	101570	75804
海南	Hainan	75692	45854	17458	55239	20453
重庆	Chongqing	786036	343366	269994	411034	375002
四川	Sichuan	1625797	673876	419768	961894	663904
贵州	Guizhou	175764	87974	55207	115315	60449
云南	Yunnan	315458	146091	107776	236725	78733
西藏	Tibet	3724	2599	563	2321	1404
陕西	Shaanxi	946087	364099	326764	546993	399094
甘肃	Gansu	259796	101855	100254	140027	119768
青海	Qinghai	74715	21430	40686	44350	30366
宁夏	Ningxia	256449	109842	104469	193672	62777
新疆	Xinjiang	102887	29934	61859	48662	54225

4-3-7 续表 1 Continued 1

国有企业 单位：万元

State-owned Enterprises Unit: 10000 yuan

地 区	Region	资产总计 Total Assets	#流动资产合计 Total Working Capitals	#固定资产合计 Total Fixed Assets	负债合计 Total Liabilities	所有者权益合计 Total Owners' Equities
全 国	**National Total**	**1373316**	**404150**	**700820**	**880696**	**491552**
北 京	Beijing	41549	22850	7675	24308	17241
天 津	Tianjin	32634	9295	16928	24429	8205
河 北	Hebei	22770	6628	12090	35321	-12551
山 西	Shanxi	35614	14831	12944	23573	12041
内 蒙 古	Inner Mongolia	51348	12360	32130	31400	19948
辽 宁	Liaoning	34829	10205	20593	24821	10009
吉 林	Jilin	70733	25742	42441	41905	28828
黑 龙 江	Heilongjiang	5090	-2904	5904	7180	-3158
上 海	Shanghai	34888	19403	15034	17494	17395
江 苏	Jiangsu	141740	42157	76340	116241	25499
浙 江	Zhejiang	40501	18566	11440	20138	20363
安 徽	Anhui	59421	8994	42260	49282	10140
福 建	Fujian	40578	15325	16865	21520	19057
江 西	Jiangxi	13459	4912	8045	5785	7674
山 东	Shandong	288971	74183	133421	173857	115114
河 南	Henan	9712	3419	4865	3818	5894
湖 北	Hubei	60970	14536	35600	36663	24307
湖 南	Hunan	32596	8313	20323	13070	19526
广 东	Guangdong	136397	32574	50078	101132	35265
广 西	Guangxi	19840	3453	12180	14266	5575
海 南	Hainan	2900	1310	1586	2164	736
重 庆	Chongqing	40756	24228	14828	32116	8640
四 川	Sichuan	30209	7243	18804	8699	21510
贵 州	Guizhou	9650	4536	2899	7460	2190
云 南	Yunnan	9466	4408	4723	5683	3782
西 藏	Tibet					
陕 西	Shaanxi	28728	6857	16434	16053	12675
甘 肃	Gansu	23733	3862	19012	12291	11442
青 海	Qinghai	9066	1214	6658	8015	1051
宁 夏	Ningxia	942	140	17	674	268
新 疆	Xinjiang	44228	5512	38705	1342	42886

4-3-7 续表 2 Continued 2

集体企业 单位：万元

Collective-owned Enterprises Unit: 10000 yuan

地 区	Region	资产总计 Total Assets	#流动资产合计 Total Working Capitals	#固定资产合计 Total Fixed Assets	负债合计 Total Liabilities	所有者权益合计 Total Owners' Equities
全 国	**National Total**	**252425**	**106234**	**107386**	**197082**	**55343**
北 京	Beijing	18947	10688	3180	12676	6272
天 津	Tianjin	9142	4783	3866	5629	3513
河 北	Hebei	3182	1796	1253	1864	1318
山 西	Shanxi	11819	4460	7135	5704	6115
内蒙古	Inner Mongolia	3040	617	1657	1717	1324
辽 宁	Liaoning	4879	2349	1734	2314	2565
吉 林	Jilin	9341	1086	8093	5125	4217
黑龙江	Heilongjiang	558	558			558
上 海	Shanghai	15930	8843	5450	13006	2924
江 苏	Jiangsu	25894	13080	8431	21330	4564
浙 江	Zhejiang	2931	1099	1818	1499	1432
安 徽	Anhui	5556	925	4232	5719	-163
福 建	Fujian	8776	3666	4859	5700	3076
江 西	Jiangxi	3251	674	1532	1053	2198
山 东	Shandong	46032	12926	27678	20738	25294
河 南	Henan	5324	1933	2125	2454	2870
湖 北	Hubei	12640	1455	6782	11720	920
湖 南	Hunan	1615	289	1314	814	801
广 东	Guangdong	41438	28293	7110	69427	-27989
广 西	Guangxi	950	301	559	752	198
海 南	Hainan					
重 庆	Chongqing	6458	2496	3541	1918	4540
四 川	Sichuan	2698	1532	1053	1618	1081
贵 州	Guizhou					
云 南	Yunnan	1583	667	639	1377	206
西 藏	Tibet					
陕 西	Shaanxi	9836	1569	3046	2454	7382
甘 肃	Gansu	525	86	298	404	121
青 海	Qinghai					
宁 夏	Ningxia	82	64	2	74	8
新 疆	Xinjiang					

股份合作企业
Cooperative Enterprises

单位：万元
Unit: 10000 yuan

地 区	Region	资产总计 Total Assets	#流动资产合计 Total Working Capitals	#固定资产合计 Total Fixed Assets	负债合计 Total Liabilities	所有者权益合计 Total Owners' Equities
全 国	**National Total**	**435271**	**178154**	**122010**	**286719**	**148552**
北 京	Beijing	20768	13541	3600	17524	3244
天 津	Tianjin	7905	4222	3150	1780	6125
河 北	Hebei	4421	1540	2618	3118	1303
山 西	Shanxi	1679	564	1065	929	750
内蒙古	Inner Mongolia	17588	8456	5911	7142	10446
辽 宁	Liaoning	7778	4908	449	6208	1570
吉 林	Jilin	1210	225	181	710	500
黑龙江	Heilongjiang	2678	896	787	491	2187
上 海	Shanghai	11439	6661	1783	8080	3359
江 苏	Jiangsu	3490	1285	1607	1783	1707
浙 江	Zhejiang	28308	10456	4223	16935	11373
安 徽	Anhui	3926	1778	1072	2886	1040
福 建	Fujian	2223	321	91	352	1871
江 西	Jiangxi	9019	5417	2209	5821	3198
山 东	Shandong	31339	9857	19169	26876	4462
河 南	Henan	3552	1102	1812	2123	1429
湖 北	Hubei	46957	17926	19947	37797	9160
湖 南	Hunan	3308	791	1700	1300	2008
广 东	Guangdong	10472	6992	1232	7201	3271
广 西	Guangxi	4747	3187	1484	1097	3650
海 南	Hainan					
重 庆	Chongqing	2783	615	747	2725	58
四 川	Sichuan	179734	65770	36769	114124	65609
贵 州	Guizhou	1394	221	447	445	950
云 南	Yunnan	5986	1028	979	3528	2458
西 藏	Tibet					
陕 西	Shaanxi	11610	4273	5399	6895	4715
甘 肃	Gansu	10593	5762	3576	8756	1837
青 海	Qinghai	366	363	4	94	272
宁 夏	Ningxia					
新 疆	Xinjiang					

4-3-7 续表 4 Continued 4

联营企业 单位：万元

Joint Ownership Enterprises Unit: 10000 yuan

地 区	Region	资产总计 Total Assets	#流动资产合计 Total Working Capitals	#固定资产合计 Total Fixed Assets	负债合计 Total Liabilities	所有者权益合计 Total Owners' Equities
全 国	**National Total**	**29552**	**9862**	**15585**	**12728**	**16824**
北 京	Beijing	115	25	17	104	11
天 津	Tianjin					
河 北	Hebei	245	195	50	240	5
山 西	Shanxi					
内蒙古	Inner Mongolia					
辽 宁	Liaoning					
吉 林	Jilin	3592	1172	1149	1782	1810
黑龙江	Heilongjiang					
上 海	Shanghai	594	581	13	809	-215
江 苏	Jiangsu	146	140	7	101	45
浙 江	Zhejiang	669	66	596	61	608
安 徽	Anhui	4064	47	4017	3807	257
福 建	Fujian					
江 西	Jiangxi	1951	322	1223	756	1195
山 东	Shandong	1631	883	74	951	680
河 南	Henan					
湖 北	Hubei	10721	2621	7601	524	10197
湖 南	Hunan	3015	2050	211	929	2086
广 东	Guangdong	2396	1541	538	2320	76
广 西	Guangxi	335	187	63	304	31
海 南	Hainan					
重 庆	Chongqing					
四 川	Sichuan	15				15
贵 州	Guizhou					
云 南	Yunnan					
西 藏	Tibet					
陕 西	Shaanxi					
甘 肃	Gansu	64	34	27	41	23
青 海	Qinghai					
宁 夏	Ningxia					
新 疆	Xinjiang					

4-3-7 续表 5 Continued 5

有限责任公司 单位：万元

Limited Liability Corporations Unit: 10000 yuan

地　区	Region	资产总计 Total Assets	#流动资产合计 Total Working Capitals	#固定资产合计 Total Fixed Assets	负债合计 Total Liabilities	所有者权益合计 Total Owners' Equities
全　国	**National Total**	**7852452**	**3484821**	**2547783**	**5586016**	**2266436**
北　京	Beijing	1036792	610213	206949	876468	160324
天　津	Tianjin	202907	120069	32365	156118	46789
河　北	Hebei	138108	50717	62098	83895	54213
山　西	Shanxi	141562	73530	49653	102566	38996
内蒙古	Inner Mongolia	451339	198457	146206	326031	125308
辽　宁	Liaoning	117366	37468	66354	84792	32574
吉　林	Jilin	92294	21783	50598	27855	64439
黑龙江	Heilongjiang	28890	8113	13024	13567	15323
上　海	Shanghai	390328	189669	61717	264400	125929
江　苏	Jiangsu	406450	181953	115542	297902	108549
浙　江	Zhejiang	516979	235282	203599	401587	115392
安　徽	Anhui	189286	69451	78204	115334	73951
福　建	Fujian	203182	53211	90383	123069	80113
江　西	Jiangxi	72566	28920	31221	44245	28321
山　东	Shandong	763131	218472	410757	580191	182940
河　南	Henan	258973	129747	74876	185555	73418
湖　北	Hubei	419284	164971	134581	323274	96011
湖　南	Hunan	156544	58719	68179	96683	59860
广　东	Guangdong	554530	275520	160483	399678	154852
广　西	Guangxi	25800	11648	9722	19503	6298
海　南	Hainan	37765	22644	7411	30698	7067
重　庆	Chongqing	259120	111067	80914	148897	110223
四　川	Sichuan	522160	249875	95778	323077	199083
贵　州	Guizhou	98514	53936	27149	70148	28366
云　南	Yunnan	95924	50548	24024	69265	26659
西　藏	Tibet	1337	430	441	621	716
陕　西	Shaanxi	439281	179774	140006	271157	168123
甘　肃	Gansu	69810	24880	25277	36703	33108
青　海	Qinghai	43466	10560	27749	23947	19520
宁　夏	Ningxia	103760	33562	49376	76645	27115
新　疆	Xinjiang	15007	9635	3150	12149	2858

股份有限公司 单位：万元
Share-holding Corporations Ltd. Unit: 10000 yuan

地区	Region	资产总计 Total Assets	#流动资产合计 Total Working Capitals	#固定资产合计 Total Fixed Assets	负债合计 Total Liabilities	所有者权益合计 Total Owners' Equities
全国	**National Total**	**1668980**	**636978**	**479842**	**851181**	**817799**
北京	Beijing	350377	151476	50541	120030	230347
天津	Tianjin	56863	17592	32451	44010	12852
河北	Hebei	26312	9123	11933	23064	3249
山西	Shanxi	24848	14162	7408	10404	14443
内蒙古	Inner Mongolia	83314	36235	14907	39319	43994
辽宁	Liaoning	4855	1893	2868	2461	2395
吉林	Jilin	36108	5224	25020	21311	14798
黑龙江	Heilongjiang	356	347	10	129	227
上海	Shanghai	8188	4606	771	2481	5707
江苏	Jiangsu	87358	42098	20341	58025	29334
浙江	Zhejiang	94915	36992	17389	26316	68600
安徽	Anhui	31864	11805	11162	21418	10446
福建	Fujian	5082	1730	2236	891	4191
江西	Jiangxi	3953	1845	1296	1693	2260
山东	Shandong	266234	77824	74733	208283	57951
河南	Henan	24087	5913	14275	7704	16383
湖北	Hubei	36310	9617	15752	22027	14283
湖南	Hunan	56205	14455	34471	36458	19747
广东	Guangdong	51735	19015	7702	17525	34210
广西	Guangxi	3096	757	1876	1000	2095
海南	Hainan	6730	2877	2224	3066	3664
重庆	Chongqing	188556	93475	52888	88064	100492
四川	Sichuan	119837	49299	42102	56905	62932
贵州	Guizhou	446	363	83	269	177
云南	Yunnan	1145	1119	22	719	427
西藏	Tibet					
陕西	Shaanxi	78476	17360	26602	28734	49742
甘肃	Gansu	6136	3487	1922	2849	3287
青海	Qinghai					
宁夏	Ningxia	3885	1274	2611	2121	1763
新疆	Xinjiang	11709	5019	4250	3907	7802

私营企业
Private Enterprises

单位：万元
Unit: 10000 yuan

地区	Region	资产总计 Total Assets	#流动资产合计 Total Working Capitals	#固定资产合计 Total Fixed Assets	负债合计 Total Liabilities	所有者权益合计 Total Owners' Equities
全国	**National Total**	**13612971**	**6269716**	**4558161**	**9399033**	**4213939**
北京	Beijing	1073330	648267	170433	1001012	72318
天津	Tianjin	255086	155614	47340	184538	70549
河北	Hebei	333066	150993	125698	223576	109490
山西	Shanxi	646605	276484	258592	461997	184608
内蒙古	Inner Mongolia	246078	70422	146069	136486	109591
辽宁	Liaoning	447043	204471	171273	291203	155841
吉林	Jilin	71796	15832	37254	34894	36902
黑龙江	Heilongjiang	99827	40554	40415	46709	53118
上海	Shanghai	1047976	633298	253337	865632	182345
江苏	Jiangsu	1579688	690992	552703	1179395	400293
浙江	Zhejiang	1416742	747156	405539	1087468	329274
安徽	Anhui	504527	220734	177244	324352	180175
福建	Fujian	318993	157598	104421	171243	147749
江西	Jiangxi	191408	70937	72594	110114	81294
山东	Shandong	1056659	423775	427488	623340	433318
河南	Henan	458489	155198	215592	187751	270738
湖北	Hubei	440590	157679	158803	286344	154246
湖南	Hunan	380660	130218	181458	207861	172799
广东	Guangdong	1052371	491934	332519	786580	265791
广西	Guangxi	112387	48189	42826	59421	52967
海南	Hainan	23599	16691	4668	17398	6201
重庆	Chongqing	249789	94130	104673	119654	130135
四川	Sichuan	743425	295548	209203	441286	302139
贵州	Guizhou	56219	24782	19909	32394	23824
云南	Yunnan	181708	79060	72210	146217	35492
西藏	Tibet	2388	2170	122	1700	688
陕西	Shaanxi	287871	109141	114646	146219	141652
甘肃	Gansu	136074	58075	44842	72567	63507
青海	Qinghai	20870	8755	6188	12051	8819
宁夏	Ningxia	147530	74577	52439	114071	33459
新疆	Xinjiang	30180	16445	7664	25559	4621

4-3-7 续表 8 Continued 8

其他企业
Other Enterprises

单位：万元
Unit: 10000 yuan

地区	Region	资产总计 Total Assets	#流动资产合计 Total Working Capitals	#固定资产合计 Total Fixed Assets	负债合计 Total Liabilities	所有者权益合计 Total Owners' Equities
全国	**National Total**	**997760**	**384840**	**392085**	**628548**	**369211**
北京	Beijing					
天津	Tianjin	51585	15769	25119	37054	14531
河北	Hebei	22219	7017	9272	16855	5364
山西	Shanxi	69413	21873	33379	48232	21181
内蒙古	Inner Mongolia	46909	14683	8855	34984	11925
辽宁	Liaoning	25719	6500	17348	13285	12435
吉林	Jilin	4292	962	1469	1846	2446
黑龙江	Heilongjiang	21914	10591	9577	11820	10094
上海	Shanghai	6115	2472	1706	4646	1469
江苏	Jiangsu	38181	10377	17054	15133	23047
浙江	Zhejiang	6348	3996	2274	1786	4561
安徽	Anhui	45393	16919	17534	28245	17148
福建	Fujian	25887	8647	12687	14634	11254
江西	Jiangxi	12822	4549	4253	7125	5697
山东	Shandong	190887	100935	63122	130592	60295
河南	Henan	33835	8656	13036	12816	21020
湖北	Hubei	51485	14702	31694	32296	19189
湖南	Hunan	25932	10603	8734	12965	12967
广东	Guangdong	102320	38588	36180	60781	41540
广西	Guangxi	10217	4428	4731	5228	4990
海南	Hainan	4698	2332	1570	1912	2786
重庆	Chongqing	38574	17354	12403	17660	20914
四川	Sichuan	27718	4610	16057	16184	11534
贵州	Guizhou	9541	4136	4720	4599	4942
云南	Yunnan	19646	9262	5179	9937	9709
西藏	Tibet					
陕西	Shaanxi	90286	45125	20632	75482	14804
甘肃	Gansu	12862	5669	5301	6417	6445
青海	Qinghai	947	539	88	244	704
宁夏	Ningxia	250	225	24	87	164
新疆	Xinjiang	1764	-6677	8089	5705	-3942

4-3-7 续表 9 Continued 9

港、澳、台商投资企业

Enterprises with Funds from Hongkong,Macao and Taiwan

单位：万元

Unit: 10000 yuan

地　区	Region	资产总计 Total Assets	#流动资产合计 Total Working Capitals	#固定资产合计 Total Fixed Assets	负债合计 Total Liabilities	所有者权益合计 Total Owners' Equities
全　国	**National Total**	**2443593**	**1157965**	**666406**	**1657040**	**786554**
北　京	Beijing	426847	268205	64256	317615	109233
天　津	Tianjin	12105	6824	1910	8389	3716
河　北	Hebei	3845	3077	532	1032	2814
山　西	Shanxi	4827	3322	1054	4229	598
内蒙古	Inner Mongolia	1953	564	281	432	1522
辽　宁	Liaoning	74249	30662	32655	51114	23135
吉　林	Jilin	149	6	16		149
黑龙江	Heilongjiang	19271	13006	4953	7117	12154
上　海	Shanghai	414849	242544	79362	258240	156609
江　苏	Jiangsu	223036	68802	100347	115478	107558
浙　江	Zhejiang	121726	30028	26707	97358	24368
安　徽	Anhui	13500	3587	4598	8943	4556
福　建	Fujian	139494	65998	40653	104052	35443
江　西	Jiangxi	35649	17256	15312	19396	16253
山　东	Shandong	83326	38429	37296	56429	26897
河　南	Henan	46450	3943	3724	23859	22591
湖　北	Hubei	34090	15297	13415	25168	8923
湖　南	Hunan	8856	3024	4491	4883	3973
广　东	Guangdong	562850	273577	162481	410687	152164
广　西	Guangxi	3112	2118	362	1900	1212
海　南	Hainan	22844	6464	12308	19837	3007
重　庆	Chongqing	30651	3506	16811	20284	10367
四　川	Sichuan	69358	24559	19016	58947	10411
贵　州	Guizhou	460	34	425	156	304
云　南	Yunnan	16759	5961	4185	10436	6323
西　藏	Tibet					
陕　西	Shaanxi	73202	27042	19252	31034	42168
甘　肃	Gansu	134	130	5	26	108
青　海	Qinghai					
宁　夏	Ningxia					
新　疆	Xinjiang					

4-3-7 续表 10 Continued 10

外商投资企业
Foreign Funded Enterprises

单位：万元
Unit: 10000 yuan

地 区	Region	资产总计 Total Assets	#流动资产合计 Total Working Capitals	#固定资产合计 Total Fixed Assets	负债合计 Total Liabilities	所有者权益合计 Total Owners' Equities
全 国	**National Total**	**3576144**	**1231978**	**1029812**	**2252837**	**1323307**
北 京	Beijing	493813	181420	104684	299336	194477
天 津	Tianjin	168075	51087	43751	93173	74903
河 北	Hebei	3824	1475	2075	1264	2560
山 西	Shanxi	31304	15194	5333	13972	17332
内 蒙 古	Inner Mongolia	10129	5981	681	4265	5865
辽 宁	Liaoning	255998	107169	49306	163679	92319
吉 林	Jilin	532	126	377	418	114
黑 龙 江	Heilongjiang	15694	7471	4325	10707	4987
上 海	Shanghai	431785	197972	98208	331835	99951
江 苏	Jiangsu	289889	84481	87453	172300	117589
浙 江	Zhejiang	442777	105184	201337	319337	123440
安 徽	Anhui	34749	4831	1432	14040	20709
福 建	Fujian	126727	41036	46509	62276	64450
江 西	Jiangxi	24336	6761	5400	8700	15636
山 东	Shandong	163139	35579	66797	114835	48305
河 南	Henan	70074	19812	23722	50408	19666
湖 北	Hubei	132983	27387	50261	110368	22615
湖 南	Hunan	48726	11282	19010	29296	19431
广 东	Guangdong	546900	211406	131964	309521	237380
广 西	Guangxi	24500	10499	4773	10575	13925
海 南	Hainan	315	121	143	26	290
重 庆	Chongqing	35566	15238	4511	14616	20950
四 川	Sichuan	88241	32676	32160	53253	34989
贵 州	Guizhou	3441	2106	146	3159	283
云 南	Yunnan	23436	9967	10455	9417	14018
西 藏	Tibet					
陕 西	Shaanxi	74485	25080	27362	32751	41735
甘 肃	Gansu	11432	7064	1377	3208	8224
青 海	Qinghai	51	34	16	71	-20
宁 夏	Ningxia	13576	8363	5088	12381	1195
新 疆	Xinjiang	9647	5180	1158	3653	5994

4-3-8 各地区限额以上餐饮业企业年末资产负债(按国民经济行业)

Assets and Liabilities of Enterprises above Designated Size of Catering Services by Region and Sector at the Year-end

正餐服务 单位：万元

Dinner Unit: 10000 yuan

地 区	Region	资产总计 Total Assets	#流动资产合计 Total Working Capitals	#固定资产合计 Total Fixed Assets	负债合计 Total Liabilities	所有者权益合计 Total Owners' Equities
全 国	**National Total**	**27683366**	**11938680**	**9445917**	**19060674**	**8621624**
北 京	Beijing	2760448	1543264	472637	2188119	572330
天 津	Tianjin	554984	271602	157382	412164	142821
河 北	Hebei	554872	231537	225661	387552	167320
山 西	Shanxi	928701	407944	365484	658628	270073
内 蒙 古	Inner Mongolia	905365	345353	353354	579883	325483
辽 宁	Liaoning	718133	303324	307827	499826	218307
吉 林	Jilin	289838	72018	166535	135845	153993
黑 龙 江	Heilongjiang	181646	74919	75972	89756	90822
上 海	Shanghai	1861448	1043792	401644	1399992	461456
江 苏	Jiangsu	2396961	992929	873033	1740508	656453
浙 江	Zhejiang	2385881	1059765	798887	1776033	609849
安 徽	Anhui	853286	318657	332770	547077	306210
福 建	Fujian	734039	308449	280020	414555	319484
江 西	Jiangxi	343347	132091	137470	197526	145822
山 东	Shandong	2718696	948556	1198051	1816814	901882
河 南	Henan	846340	312547	325057	448836	397504
湖 北	Hubei	1098583	377612	431391	777527	321056
湖 南	Hunan	646048	219273	309720	364933	281115
广 东	Guangdong	2236245	1047967	684975	1776401	459844
广 西	Guangxi	175516	71091	72979	100896	74620
海 南	Hainan	95999	50419	29112	74001	21998
重 庆	Chongqing	642084	289249	212890	338286	303798
四 川	Sichuan	1561780	633645	409760	968817	592963
贵 州	Guizhou	178517	90035	55641	118585	59933
云 南	Yunnan	313376	147569	106814	235134	78242
西 藏	Tibet	3402	2474	366	2273	1129
陕 西	Shaanxi	1007697	379831	353763	578027	429670
甘 肃	Gansu	256036	99492	99420	138216	117820
青 海	Qinghai	74400	21102	40698	44326	30073
宁 夏	Ningxia	269438	117929	109246	205931	63507
新 疆	Xinjiang	90260	24247	57361	44210	46050

4-3-8 续表 1 Continued 1

快餐服务
Snack

单位：万元
Unit: 10000 yuan

地区	Region	资产总计 Total Assets	#流动资产合计 Total Working Capitals	#固定资产合计 Total Fixed Assets	负债合计 Total Liabilities	所有者权益合计 Total Owners' Equities
全国	**National Total**	**3336240**	**1248447**	**880374**	**2054761**	**1281479**
北京	Beijing	532626	241115	118135	345456	187170
天津	Tianjin	203875	86756	43533	121407	82467
河北	Hebei	3029	986	1906	2650	379
山西	Shanxi	32357	15129	6237	11226	21131
内蒙古	Inner Mongolia	2382	1332	495	1073	1309
辽宁	Liaoning	219216	86029	40586	129649	89567
吉林	Jilin	209	139	62		209
黑龙江	Heilongjiang	10645	3565	2662	6595	4051
上海	Shanghai	232844	101074	59690	212488	20356
江苏	Jiangsu	319428	110707	77457	211302	108126
浙江	Zhejiang	233226	94200	65456	167311	65915
安徽	Anhui	27028	14792	4893	20589	6438
福建	Fujian	118680	31648	32012	84010	34670
江西	Jiangxi	20874	6180	4802	7031	13844
山东	Shandong	148792	34967	50735	102350	46443
河南	Henan	44080	8714	19787	19836	24243
湖北	Hubei	98315	19649	31192	79526	18788
湖南	Hunan	58349	14438	24549	34873	23476
广东	Guangdong	651997	218606	177578	308463	343534
广西	Guangxi	29321	13547	5593	12963	16357
海南	Hainan	2852	2020	797	1101	1751
重庆	Chongqing	119087	58544	46292	51081	68007
四川	Sichuan	90505	27115	31080	67612	22894
贵州	Guizhou	280				280
云南	Yunnan	25667	4586	14023	14227	11440
西藏	Tibet	322	126	197	47	275
陕西	Shaanxi	74002	32587	13292	29339	44663
甘肃	Gansu	13486	8767	1451	4333	9153
青海	Qinghai					
宁夏	Ningxia	491	265	226	117	374
新疆	Xinjiang	22274	10867	5656	8106	14169

饮料及冷饮服务 单位：万元

Beverage and Cold Drink Unit: 10000 yuan

地 区	Region	资产总计 Total Assets	#流动资产合计 Total Working Capitals	#固定资产合计 Total Fixed Assets	负债合计 Total Liabilities	所有者权益合计 Total Owners' Equities
全 国	**National Total**	**216577**	**126173**	**55620**	**87199**	**129378**
北 京	Beijing	61575	44374	13252	32663	28912
天 津	Tianjin	358	189	57	547	-189
河 北	Hebei	22	14	5	12	10
山 西	Shanxi					
内蒙古	Inner Mongolia	2270	170	2100		2270
辽 宁	Liaoning	8848	4456	1990	2174	6674
吉 林	Jilin					
黑龙江	Heilongjiang	1009	128	268	569	439
上 海	Shanghai	61187	39166	8454	34621	26565
江 苏	Jiangsu	19991	6102	10425	-8873	28864
浙 江	Zhejiang	8406	6311	1302	5633	2773
安 徽	Anhui	1389	437	668	1157	232
福 建	Fujian	4308	1170	2826	480	3829
江 西	Jiangxi	559	11	489	13	547
山 东	Shandong	4054	1332	2249	1770	2283
河 南	Henan	1407	166	132	124	1284
湖 北	Hubei	1318	644	500	576	742
湖 南	Hunan	288	119	73	238	50
广 东	Guangdong	28245	17586	5026	10614	17631
广 西	Guangxi					
海 南	Hainan					
重 庆	Chongqing	260	146	114	69	191
四 川	Sichuan	9823	3503	5234	4665	5158
贵 州	Guizhou	868	78	137	45	823
云 南	Yunnan	392	72	320	102	290
西 藏	Tibet					
陕 西	Shaanxi					
甘 肃	Gansu					
青 海	Qinghai					
宁 夏	Ningxia					
新 疆	Xinjiang					

4-3-8 续表 3 Continued 3

其他餐饮服务

Others

单位：万元

Unit: 10000 yuan

地 区	Region	资产总计 Total Assets	#流动资产合计 Total Working Capitals	#固定资产合计 Total Fixed Assets	负债合计 Total Liabilities	所有者权益合计 Total Owners' Equities
全 国	**National Total**	**1006281**	**551398**	**237979**	**549246**	**457036**
北 京	Beijing	107888	77933	7311	102834	5054
天 津	Tianjin	37084	26708	5908	21001	16083
河 北	Hebei	70	24	46	14	56
山 西	Shanxi	6612	1345	4842	1751	4861
内 蒙 古	Inner Mongolia	1680	919	747	819	861
辽 宁	Liaoning	26520	11815	12177	8227	18293
吉 林	Jilin					
黑 龙 江	Heilongjiang	978	18	92	800	178
上 海	Shanghai	206614	122018	47592	119519	87095
江 苏	Jiangsu	59492	25627	18911	34752	24740
浙 江	Zhejiang	44381	28548	9276	23507	20874
安 徽	Anhui	10581	5184	3425	5203	5379
福 建	Fujian	13913	6263	3845	4692	9221
江 西	Jiangxi	3632	3311	321	119	3513
山 东	Shandong	19807	8008	9500	15158	4649
河 南	Henan	18670	8297	9052	7693	10977
湖 北	Hubei	47814	28285	11352	28551	19264
湖 南	Hunan	12772	5911	5548	4216	8556
广 东	Guangdong	144922	95283	22708	69372	75550
广 西	Guangxi	149	127	4	185	-37
海 南	Hainan					
重 庆	Chongqing	90822	14171	32020	56498	34324
四 川	Sichuan	121288	66848	24870	33000	88288
贵 州	Guizhou					
云 南	Yunnan	16218	9792	1259	7115	9103
西 藏	Tibet					
陕 西	Shaanxi	12076	3803	6323	3412	8664
甘 肃	Gansu	1839	789	764	712	1128
青 海	Qinghai	366	363	4	94	272
宁 夏	Ningxia	95	11	84	5	91
新 疆	Xinjiang					

4-4-1 限额以上住宿和餐饮业企业损益及分配

项　目	Item	主营业务收入 Revenue from Principal Business	主营业务成本 Cost of Principal Business
总　计	**Total**	**70011993**	**30942055**
一、住宿业	**Hotels**	**32654855**	**11788139**
#国有控股	State-controlled Enterprises	9810520	3354937
(一)按登记注册类型分	**by Type of Registration**		
1.内资企业	**Domestic Funded Enterprises**	**26715464**	**9920422**
国有企业	State-owned Enterprises	6026953	2202165
集体企业	Collective-owned Enterprises	768542	347323
股份合作企业	Cooperative Enterprises	220328	82108
联营企业	Joint Ownership Enterprises	130460	47311
国有联营企业	State Joint Ownership Enterprises	59040	20356
集体联营企业	Collective Joint Ownership Enterprises	21946	9942
国有与集体联营企业	Joint State-collective Enterprises	25925	9304
其他联营企业	Other Joint Ownership Enterprises	23550	7710
有限责任公司	Limited Liability Corporations	9373490	3132811
国有独资公司	State Sole Funded Corporations	376680	116015
其他有限责任公司	Other Limited Liability Corporations	8996810	3016796
股份有限公司	Share-holding Corporations Ltd.	1227833	529385
私营企业	Private Enterprises	8023153	3194736
私营独资企业	Private-funded Enterprises	1396815	685299
私营合伙企业	Private Partnership Enterprises	331468	163611
私营有限责任公司	Private Limited Liability Corporations	5782395	2135660
私营股份有限公司	Private Share-holding Corporations Ltd.	512476	210166
其他企业	Other Enterprises	944704	384583
2.港、澳、台商投资企业	**Enterprises with Funds from Hongkong, Macao and Taiwan**	**3612858**	**1237094**
合资经营企业	Joint-venture Enterprises	2096550	801853
合作经营企业	Cooperative Enterprises	447123	127654
独资经营企业	Enterprises with Sole Investment	973439	274975
投资股份有限公司	Share-holding Corporations Ltd. with Investment	89324	31393
其他港澳台商投资企业	Other Enterprises with Funds from Hongkong, Macao and Taiwan	6422	1219
3.外商投资企业	**Foreign Funded Enterprises**	**2326533**	**630623**
中外合资经营企业	Joint-venture Enterprises	1092423	241815
中外合作经营企业	Cooperative Enterprises	352311	100010
外资企业	Enterprises with Sole Foreign Investment	813555	275218
外商投资股份有限公司	Share-holding Corporations Ltd. with Foreign Investment	57101	9680
其他外商投资企业	Other Foreign Funded Enterprises	11143	3900
(二)按国民经济行业分	**by Sector**		
旅游饭店	Tourist Hotel	27684547	9747523
一般旅馆	Fonda	4408539	1821410
其他住宿服务	Others	561770	219207

Income and Distribution of Enterprises above Designated Size of Hotels and Catering Services

单位：万元
Unit: 10000 yuan

主营业务税金及附加 Taxes and Other Charges on Principal Business	主营业务利润 Profits from Principal Business	其他业务利润 Profits from Other Business	销售费用 Selling Expenses	管理费用 Administrative Expenses	
					#税 金 Taxes
3719436	**35350502**	**439724**	**19023756**	**12612207**	**516493**
1751466	**19115250**	**290954**	**9238216**	**8573816**	**348815**
520268	5935315	86032	2893347	2907949	132897
1444979	**15350063**	**234781**	**7805290**	**6798467**	**274801**
314141	3510647	58282	1840204	1751249	72696
40950	380269	10079	191936	180803	7403
11780	126440	1742	65859	56836	2252
6848	76301	768	40724	33821	1741
3399	35285	214	19848	14193	959
799	11205	492	6215	3732	226
1432	15189	33	7530	9098	432
1218	14622	30	7131	6798	125
522001	5718678	69121	2838440	2587432	102727
20707	239958	2170	121432	128880	7643
501294	5478720	66951	2717008	2458551	95084
64585	633863	16975	291711	263431	14619
435124	4393293	68043	2289125	1731084	66416
70315	641201	9992	290114	208922	10987
17890	149967	1925	71832	53023	3083
321906	3324829	51649	1793063	1355474	47580
25013	277297	4478	134116	113666	4766
49550	510571	9771	247290	193811	6948
177233	**2198531**	**33180**	**853649**	**1063196**	**46753**
95397	1199300	14951	446439	543309	22769
23935	295534	2065	132355	122680	6689
52614	645850	15393	248981	363933	16454
4942	52989	643	22937	30522	451
345	4858	128	2938	2753	391
129254	**1566656**	**22993**	**579277**	**712152**	**27261**
61064	789544	6499	261174	361615	13292
19552	232749	6086	106706	86822	3291
44588	493749	10391	187108	228690	10314
3399	44022	18	20222	32527	323
651	6592		4067	2499	41
1494959	16442065	229644	7842875	7486899	306434
227207	2359922	57637	1245537	937850	38717
29301	313262	3674	149804	149067	3664

项 目	Item	#差旅费 Travel Allowance	#工会经费 Trade Unions Funds
总 计	**Total**	**142914**	**60537**
一、住宿业	**Hotels**	**69435**	**36921**
#国有控股	State-controlled Enterprises	19927	16735
(一)按登记注册类型分	**by Type of Registration**		
1.内资企业	**Domestic Funded Enterprises**	**59140**	**31473**
国有企业	State-owned Enterprises	13276	10535
集体企业	Collective-owned Enterprises	1748	857
股份合作企业	Cooperative Enterprises	538	311
联营企业	Joint Ownership Enterprises	303	156
国有联营企业	State Joint Ownership Enterprises	178	95
集体联营企业	Collective Joint Ownership Enterprises	25	12
国有与集体联营企业	Joint State-collective Enterprises	70	16
其他联营企业	Other Joint Ownership Enterprises	30	34
有限责任公司	Limited Liability Corporations	19067	10549
国有独资公司	State Sole Funded Corporations	801	711
其他有限责任公司	Other Limited Liability Corporations	18266	9837
股份有限公司	Share-holding Corporations Ltd.	2247	1470
私营企业	Private Enterprises	20036	6599
私营独资企业	Private-funded Enterprises	3396	1557
私营合伙企业	Private Partnership Enterprises	977	304
私营有限责任公司	Private Limited Liability Corporations	14457	4413
私营股份有限公司	Private Share-holding Corporations Ltd.	1205	325
其他企业	Other Enterprises	1924	997
2.港、澳、台商投资企业	**Enterprises with Funds from Hongkong, Macao and Taiwan**	**6756**	**3547**
合资经营企业	Joint-venture Enterprises	3567	2486
合作经营企业	Cooperative Enterprises	899	325
独资经营企业	Enterprises with Sole Investment	2143	686
投资股份有限公司	Share-holding Corporations Ltd. with Investment	128	28
其他港澳台商投资企业	Other Enterprises with Funds from Hongkong, Macao and Taiwan	19	21
3.外商投资企业	**Foreign Funded Enterprises**	**3539**	**1901**
中外合资经营企业	Joint-venture Enterprises	1631	1235
中外合作经营企业	Cooperative Enterprises	703	254
外资企业	Enterprises with Sole Foreign Investment	1060	389
外商投资股份有限公司	Share-holding Corporations Ltd. with Foreign Investment	140	15
其他外商投资企业	Other Foreign Funded Enterprises	5	8
(二)按国民经济行业分	**by Sector**		
旅游饭店	Tourist Hotel	56667	31976
一般旅馆	Fonda	11473	4440
其他住宿服务	Others	1295	505

4-4-1 Continued 1

单位：万元
Unit: 10000 yuan

财务费用 Financial Expenses	#利息支出 Interest Expenses	营业利润 Operating Profits	利润总额 Total Profits	应交所得税 Income Tax Payable	应付职工薪酬 Payables to Employees
1777668	**1080264**	**2372978**	**1818885**	**863865**	**11498820**
1262242	**843111**	**367918**	**195955**	**337096**	**6025175**
256701	190917	-10125	19615	100365	2162472
1044672	**679316**	**-46562**	**-186866**	**231931**	**5035520**
134263	93945	-147834	-118905	41481	1341000
11137	5699	7343	-881	7632	137381
7631	5643	-2096	-5409	1788	43511
1636	195	999	-594	1908	27917
862	126	695	362	726	14529
99	63	1651	527	941	3100
463	7	-1859	-1725	55	5190
212		512	242	186	5097
419130	290751	-61419	-89948	83403	1805557
10477	7598	-20968	-19192	2275	89394
408653	283153	-40451	-70756	81128	1716163
46567	33539	54118	43534	12313	206276
396400	236611	51209	-46493	73761	1309915
47282	26709	104659	62099	20591	203988
15669	12527	11364	3819	3135	50603
302268	179450	-70961	-113510	47889	971824
31182	17926	6146	1099	2145	83500
27907	12932	51119	31831	9645	163962
141073	**105727**	**212390**	**188061**	**53289**	**606163**
75770	47884	173304	160631	38756	362408
21986	19074	20601	12329	4692	67375
37030	37364	25281	23748	9312	158675
6224	1379	-6028	-7900	525	16314
64	25	-768	-747	5	1392
76496	**58067**	**202090**	**194760**	**51876**	**383492**
52211	34129	121733	99894	25733	189014
16539	9080	28852	33179	7253	47711
6338	13839	61597	61658	18465	132204
1132	809	-9843	307	435	12140
276	210	-250	-278	-9	2424
1135715	762005	218976	127328	274936	5193947
111187	70805	146653	75327	53387	730154
15341	10301	2290	-6699	8773	101075

项　目	Item	主营业务收入 Revenue from Principal Business	主营业务成本 Cost of Principal Business
二、餐饮业	**Catering Services**	**37357138**	**19153916**
#国有控股	State-controlled Enterprises	1992729	999935
(一)按登记注册类型分	**by Type of Registration**		
1.内资企业	**Domestic Funded Enterprises**	**27502212**	**14819419**
国有企业	State-owned Enterprises	949060	512906
集体企业	Collective-owned Enterprises	331842	199182
股份合作企业	Cooperative Enterprises	291672	154861
联营企业	Joint Ownership Enterprises	48734	37846
国有联营企业	State Joint Ownership Enterprises	2745	1917
集体联营企业	Collective Joint Ownership Enterprises	30773	26443
国有与集体联营企业	Joint State-collective Enterprises	2163	813
其他联营企业	Other Joint Ownership Enterprises	13054	8673
有限责任公司	Limited Liability Corporations	6736800	3343108
国有独资公司	State Sole Funded Corporations	106669	40065
其他有限责任公司	Other Limited Liability Corporations	6630131	3303044
股份有限公司	Share-holding Corporations Ltd.	1166946	557505
私营企业	Private Enterprises	16728952	9294744
私营独资企业	Private-funded Enterprises	3613176	2219501
私营合伙企业	Private Partnership Enterprises	656278	395694
私营有限责任公司	Private Limited Liability Corporations	11582744	6169427
私营股份有限公司	Private Share-holding Corporations Ltd.	876754	510122
其他企业	Other Enterprises	1248207	719268
2.港、澳、台商投资企业	**Enterprises with Funds from Hongkong, Macao and Taiwan**	**3030675**	**1266330**
合资经营企业	Joint-venture Enterprises	832846	398050
合作经营企业	Cooperative Enterprises	172920	71669
独资经营企业	Enterprises with Sole Investment	1917218	763618
投资股份有限公司	Share-holding Corporations Ltd. with Investment	106296	32266
其他港澳台商投资企业	Other Enterprises with Funds from Hongkong, Macao and Taiwan	1396	728
3.外商投资企业	**Foreign Funded Enterprises**	**6824250**	**3068166**
中外合资经营企业	Joint-venture Enterprises	1777466	808900
中外合作经营企业	Cooperative Enterprises	136346	70112
外资企业	Enterprises with Sole Foreign Investment	4844059	2160120
外商投资股份有限公司	Share-holding Corporations Ltd. with Foreign Investment	48433	24046
其他外商投资企业	Other Foreign Funded Enterprises	17946	4988
(二)按国民经济行业分	**by Sector**		
正餐服务	Dinner	28295834	14892807
快餐服务	Snack	7429134	3453580
饮料及冷饮服务	Beverage and Cold Drink	388955	122582
其他餐饮服务	Others	1243214	684947

4-4-1 Continued 2

单位：万元
Unit: 10000 yuan

主营业务税金及附加 Taxes and Other Charges on Principal Business	主营业务利润 Profits from Principal Business	其他业务利润 Profits from Other Business	销售费用 Selling Expenses	管理费用 Administrative Expenses	
					#税 金 Taxes
1967969	**16235253**	**148771**	**9785540**	**4038391**	**167678**
94206	898588	15155	502868	348331	10884
1422140	**11260653**	**126779**	**6471659**	**3149074**	**126326**
42570	393584	7584	208821	173383	5566
16031	116629	3657	58397	42031	2381
15598	121213	1001	65897	35568	2507
1244	9644	262	4300	2374	60
176	652			336	14
238	4092		1295	723	37
114	1236		737	20	
715	3666	262	2268	1296	9
354780	3038912	40631	1839246	858644	28386
5180	61424	526	29774	33742	555
349600	2977487	40105	1809472	824902	27831
59438	550003	8276	286008	143329	5120
868527	6565681	61515	3759564	1773641	75350
167694	1225981	11502	504936	292684	20079
31045	229539	1576	107119	63014	3008
624232	4789085	41632	2964054	1330593	48081
45557	321075	6805	183455	87350	4182
63953	464986	3854	249427	120103	6956
167529	**1596816**	**13883**	**1098083**	**311611**	**6916**
46597	388199	3498	249984	89774	1842
8577	92674	640	57739	26680	991
106369	1047231	9745	743537	188129	3916
5901	68129		46790	6711	154
84	584		33	318	12
378300	**3377784**	**8109**	**2215798**	**577706**	**34437**
98605	869961	-15297	546038	144879	6603
8223	58011	363	36389	18291	202
267905	2416034	22836	1610398	409903	27361
2579	21808	207	14519	4082	262
990	11968		8455	550	9
1484986	11918041	124543	6950904	3300638	132568
403732	3571822	14514	2383271	562347	30838
21198	245175	402	166534	32094	851
58054	500213	9312	284831	143313	3422

项　目	Item	#差旅费 Travel Allowance	#工会经费 Trade Unions Funds
二、餐饮业	**Catering Services**	**73479**	**23616**
#国有控股	State-controlled Enterprises	3800	2630
(一)按登记注册类型分	**by Type of Registration**		
1.内资企业	**Domestic Funded Enterprises**	**59903**	**19727**
国有企业	State-owned Enterprises	1741	1048
集体企业	Collective-owned Enterprises	607	442
股份合作企业	Cooperative Enterprises	618	389
联营企业	Joint Ownership Enterprises	238	42
国有联营企业	State Joint Ownership Enterprises		
集体联营企业	Collective Joint Ownership Enterprises	232	40
国有与集体联营企业	Joint State-collective Enterprises		1
其他联营企业	Other Joint Ownership Enterprises	5	
有限责任公司	Limited Liability Corporations	16932	6261
国有独资公司	State Sole Funded Corporations	230	322
其他有限责任公司	Other Limited Liability Corporations	16702	5938
股份有限公司	Share-holding Corporations Ltd.	2285	1244
私营企业	Private Enterprises	34734	9349
私营独资企业	Private-funded Enterprises	7819	2340
私营合伙企业	Private Partnership Enterprises	1516	403
私营有限责任公司	Private Limited Liability Corporations	23324	6216
私营股份有限公司	Private Share-holding Corporations Ltd.	2075	389
其他企业	Other Enterprises	2748	954
2.港、澳、台商投资企业	**Enterprises with Funds from Hongkong, Macao and Taiwan**	**5500**	**1363**
合资经营企业	Joint-venture Enterprises	1196	402
合作经营企业	Cooperative Enterprises	334	54
独资经营企业	Enterprises with Sole Investment	3367	901
投资股份有限公司	Share-holding Corporations Ltd. with Investment	585	1
其他港澳台商投资企业	Other Enterprises with Funds from Hongkong, Macao and Taiwan	18	6
3.外商投资企业	**Foreign Funded Enterprises**	**8076**	**2526**
中外合资经营企业	Joint-venture Enterprises	1951	521
中外合作经营企业	Cooperative Enterprises	552	76
外资企业	Enterprises with Sole Foreign Investment	5483	1902
外商投资股份有限公司	Share-holding Corporations Ltd. with Foreign Investment	84	27
其他外商投资企业	Other Foreign Funded Enterprises	6	
(二)按国民经济行业分	**by Sector**		
正餐服务	Dinner	58867	19205
快餐服务	Snack	11444	3299
饮料及冷饮服务	Beverage and Cold Drink	889	246
其他餐饮服务	Others	2280	866

4-4-1 Continued 3

单位：万元

Unit: 10000 yuan

财务费用 Financial Expenses	#利息支出 Interest Expenses	营业利润 Operating Profits	利润总额 Total Profits	应交所得税 Income Tax Payable	应付职工薪酬 Payables to Employees
515426	**237153**	**2005060**	**1622929**	**526769**	**5473645**
29587	14490	67664	80051	23741	403377
466401	**208829**	**1256626**	**903608**	**337364**	**4114540**
15433	9540	4871	-6219	8622	172184
3777	1134	15476	11372	3192	50692
4202	2079	16741	16700	3782	43626
524	74	2735	1088	644	3907
44		271	13	258	187
236	13	1837	419	222	1350
26	15	453	481	120	113
217	46	173	175	43	2258
125281	61680	184023	129092	75657	1064221
251	130	-2112	-1804	292	22965
125030	61550	186135	130895	75365	1041256
26671	9133	122179	128016	21061	196071
273878	117426	827569	572411	212222	2408104
51437	19343	386840	276312	63784	415097
9844	3028	50855	39994	7646	147209
200711	90448	343953	216355	128296	1731843
11885	4607	45920	39751	12496	113956
16635	7764	83033	51147	12185	175735
24400	**13520**	**184444**	**180568**	**50985**	**461566**
7164	3659	44744	46433	13609	136083
1956	422	6959	6364	2077	30044
14112	9113	117062	114510	32101	275863
1155	313	15458	13178	3048	19258
13	13	221	83	150	318
24626	**14804**	**563991**	**538754**	**138421**	**897538**
8769	6801	154822	149486	35972	263111
1330	273	2330	1304	1035	20240
13356	6938	401631	385896	100877	603615
1075	738	2341	-41	526	8901
97	55	2866	2109	10	1670
486120	218809	1260863	897793	347973	4262027
21276	15420	621115	604428	150832	979496
920	470	45982	43900	10103	49903
7110	2454	77101	76808	17862	182219

4-4-2 各地区限额以上住宿和餐饮业企业损益及分配

地　区	Region	主营业务收入 Revenue from Principal Busines	主营业务成本 Cost of Principal Business	主营业务税金及附加 Taxes and Other Charges on Principal Business	主营业务利润 Profits from Principal Business	其他业务利润 Profits from Other Business	销售费用 Selling Expenses	管理费用 Administrative Expenses
全　国	**National Total**	**70011993**	**30942055**	**3719436**	**35350502**	**439724**	**19023756**	**12612207**
北　京	Beijing	8280866	3106730	449691	4724445	51569	2674362	1714009
天　津	Tianjin	1296057	596314	70914	628829	7759	364071	210911
河　北	Hebei	1249291	586456	69020	593815	3692	357975	259773
山　西	Shanxi	1406936	704723	73953	628260	8048	365737	240805
内蒙古	Inner Mongolia	982832	457097	46934	478801	4560	220387	183282
辽　宁	Liaoning	2319488	1090688	122424	1106376	9903	539331	422461
吉　林	Jilin	487801	224822	25190	237789	2335	107733	114523
黑龙江	Heilongjiang	578343	249583	37471	291289	2768	138284	126155
上　海	Shanghai	5575330	2182546	304279	3088505	33269	1877069	1047837
江　苏	Jiangsu	5082519	2264304	266195	2552020	6181	1408863	950168
浙　江	Zhejiang	5975834	2755286	306344	2914204	64184	1552048	1088573
安　徽	Anhui	1369750	657595	72335	639820	11879	363894	242559
福　建	Fujian	2352294	1067118	133941	1151235	15495	611157	385308
江　西	Jiangxi	787213	353584	41318	392311	4130	197017	148552
山　东	Shandong	4602888	2367462	223513	2011913	21335	963016	684824
河　南	Henan	2483190	1407684	111153	964353	17621	432637	312256
湖　北	Hubei	2143188	1057655	111928	973605	8659	535451	335178
湖　南	Hunan	2067931	970620	103423	993888	16461	441350	389104
广　东	Guangdong	9649996	3965822	549427	5134747	60515	2899302	1623451
广　西	Guangxi	837860	321624	47767	468469	10757	268599	185269
海　南	Hainan	1139626	300009	64795	774822	4270	295222	320004
重　庆	Chongqing	1746959	987881	75629	683449	10803	315522	231059
四　川	Sichuan	2907706	1232103	158522	1517081	22605	810655	502260
贵　州	Guizhou	426676	176182	24314	226180	3812	118252	96630
云　南	Yunnan	950941	394199	50578	506164	12766	262501	203008
西　藏	Tibet	54132	18097	3235	32800	53	18435	13322
陕　西	Shaanxi	2016346	887760	104970	1023616	16258	540531	342355
甘　肃	Gansu	469374	226059	26497	216818	3715	115376	77134
青　海	Qinghai	98819	34309	5485	59025	732	33277	23759
宁　夏	Ningxia	195574	82295	11578	101701	605	63569	38590
新　疆	Xinjiang	476237	215449	26613	234175	2985	132137	99091

Income and Distribution of Enterprises above Designated Size of Hotels and Catering Services by Region

单位：万元

Unit: 10000 yuan

#税金 Taxes	#差旅费 Travel Allowance	#工会经费 Trade Unions Funds	财务费用 Financial Expenses	#利息支出 Interest Expenses	营业利润 Operating Profits	利润总额 Total Profits	应交所得税 Income Tax Payable	应付职工薪酬 Payables to Employees
516493	**142914**	**60537**	**1777668**	**1080264**	**2372978**	**1818885**	**863865**	**11498820**
79047	17617	8923	178448	147489	241980	243150	115596	1617163
23771	1050	1268	22999	12926	45040	40476	20286	206200
9452	2208	1944	44142	29889	-63626	-66484	6606	247723
8102	2553	917	46740	18161	-18720	-48108	11354	228385
9068	2339	1169	14152	8840	65616	31367	13697	183269
18615	4609	2361	42154	23744	112355	91315	32475	290224
5576	1305	498	13083	8433	4195	4399	5667	72215
5732	1032	717	9706	5415	19556	12327	7065	87021
19027	6976	2369	103821	34938	124341	155810	71740	858526
31791	6844	2584	137355	69617	57757	29255	51472	798340
37353	11214	5105	248114	195264	100888	125587	72160	988196
10687	3722	881	47384	35422	-372	-8567	13793	240776
16069	5490	2041	61297	40620	111583	100606	35202	436922
5422	1656	719	26251	17267	24459	5375	7419	127396
32355	12103	2876	111124	50508	275506	215714	101986	626637
16272	3852	1478	52609	25331	177781	145066	35058	306867
15522	5188	2893	57144	31719	55005	19699	16924	305254
16807	4459	2506	88083	52154	93011	11106	22348	321828
69328	21344	6966	204834	127009	384234	268507	107850	1684469
8619	2384	1286	27074	18442	-1920	-2893	2295	163623
10007	2413	1036	28962	7130	136432	138672	16214	185680
7639	4130	1187	37870	22029	112184	64336	18661	236394
13930	6259	3034	78504	37510	147504	121077	34061	447596
4058	1181	672	12458	7734	2562	-242	4329	88706
9164	2384	1148	22037	16595	30979	23051	13659	171104
125	227	186	819	184	476	436	236	12968
15647	4479	2174	37094	21150	122797	97944	15208	327521
4144	1557	406	9236	5942	18769	6116	3815	84254
1850	281	124	2438	765	517	749	188	22650
3199	542	282	6757	4156	-6537	-6484	333	40195
8118	1519	788	4979	3883	-1370	-478	6172	90720

4-4-3 各地区限额以上住宿业企业损益及分配

地 区	Region	主营业务收入 Revenue from Principal Business	主营业务成本 Cost of Principal Business	主营业务税金及附加 Taxes and Other Charges on Principal Business	主营业务利润 Profits from Principal Business	其他业务利润 Profits from Other Business	销售费用 Selling Expenses	管理费用 Administrative Expenses
全 国	**National Total**	**32654855**	**11788139**	**1751466**	**19115250**	**290954**	**9238216**	**8573816**
北 京	Beijing	3495528	943650	189860	2362018	25718	1034046	1173824
天 津	Tianjin	376775	135769	20621	220385	2262	117906	115050
河 北	Hebei	798741	338564	44563	415614	3252	240367	210096
山 西	Shanxi	609593	283355	32492	293746	4936	164034	144371
内蒙古	Inner Mongolia	465692	202942	22775	239975	3580	112023	111866
辽 宁	Liaoning	1037735	416140	54545	567050	8197	253696	300075
吉 林	Jilin	296407	126191	16600	153616	1844	79909	80305
黑龙江	Heilongjiang	320882	108207	18349	194326	2129	92062	97652
上 海	Shanghai	1928104	497334	105190	1325580	18121	650605	622301
江 苏	Jiangsu	2136009	818754	111726	1205529	15416	586198	596424
浙 江	Zhejiang	3324076	1321601	163694	1838781	49463	900325	780903
安 徽	Anhui	660481	270984	35620	353877	8321	189588	158898
福 建	Fujian	1186578	427550	65939	693089	11467	352531	259911
江 西	Jiangxi	475514	176851	25494	273169	2395	135087	115604
山 东	Shandong	1809956	793175	93867	922914	15173	444408	389031
河 南	Henan	1195913	598911	54552	542450	6504	259055	225540
湖 北	Hubei	854182	378924	41149	434109	4526	208037	196755
湖 南	Hunan	1242589	500180	64262	678147	10779	277826	301872
广 东	Guangdong	4451528	1424798	263777	2762953	42029	1424329	1124467
广 西	Guangxi	565196	183412	31340	350444	9392	196687	158091
海 南	Hainan	1009157	233608	56568	718981	3711	258407	304090
重 庆	Chongqing	596991	261707	28211	307073	1829	137490	142241
四 川	Sichuan	1246047	394546	70090	781411	14863	378306	318086
贵 州	Guizhou	274529	97342	15628	161559	3662	82022	73208
云 南	Yunnan	629165	219650	33717	375798	9792	189334	164273
西 藏	Tibet	46762	13253	2803	30706	53	16783	13229
陕 西	Shaanxi	883905	315653	46257	521995	5544	241438	220832
甘 肃	Gansu	235696	100434	14069	121193	2667	60802	56812
青 海	Qinghai	64361	18057	3515	42789	717	24060	17174
宁 夏	Ningxia	71340	26683	3443	41214	141	25524	16474
新 疆	Xinjiang	365427	159914	20750	184763	2473	105332	84364

Income and Distribution of Enterprises above Designated Size of Hotels by Region

单位：万元
Unit: 10000 yuan

#税金 Taxes	#差旅费 Travel Allowance	#工会经费 Trade Unions Funds	财务费用 Financial Expenses	#利息支出 Interest Expenses	营业利润 Operating Profits	利润总额 Total Profits	应交所得税 Income Tax Payable	应付职工薪酬 Payables to Employees
348815	**69435**	**36921**	**1262242**	**843111**	**367918**	**195955**	**337096**	**6025175**
62928	7881	5405	137847	128841	67294	71484	51982	807489
2331	309	693	16737	11257	-25209	-24286	1083	75827
8327	1397	1456	37281	25850	-68121	-68608	3450	167499
5226	1545	647	26511	10506	-37277	-52589	2235	110057
4921	914	480	5911	5052	13873	444	7136	89489
15176	2138	958	28187	16778	-6653	-12867	7364	165711
4014	994	296	9826	6664	-15149	-10651	2224	48564
3389	757	313	7856	4827	-1594	-4525	3489	54638
13713	2784	1705	64709	30793	13717	29528	30718	330787
23666	2661	1467	91843	47003	-57368	-61306	13596	374974
25703	6137	3935	191852	158255	21782	36093	36677	548775
7624	2033	601	30934	25526	-15501	-14331	4970	128985
10993	2562	1514	50012	32825	42775	39545	15762	239456
3821	1244	538	21827	14256	2843	-11840	4586	83843
15068	3970	1234	49070	26238	56876	37397	28986	288687
10691	2003	917	37205	20362	20755	18059	12819	178397
8593	2354	1044	29514	16695	4587	-3824	2961	130244
12922	2463	1634	72508	46208	37451	-3136	12242	211962
47212	9581	3838	154299	100660	104718	46514	44097	888542
7535	1856	1200	23585	17166	-18682	-12571	-3923	119059
9322	2106	938	27725	6853	133981	140521	15854	168516
4210	1464	677	29925	19322	473	-437	5571	98621
8708	2850	1410	53245	26910	46036	34196	10671	205347
2804	832	463	9142	5691	816	421	3039	57455
8032	1571	976	17256	13243	14144	7333	8731	127071
125	218	179	796	169	150	234	217	11593
8859	2039	1225	23054	14967	41703	28115	5289	158120
2919	1106	268	5851	4366	385	-3711	1247	47867
975	256	109	1076	555	1148	1257	101	15354
1588	108	94	2540	1835	-3110	-4988	94	14815
7425	1302	709	4120	3437	-8926	-5515	3829	77431

国有控股

State-controlled Enterprises

地　区	Region	主营业务收入 Revenue from Principal Business	主营业务成本 Cost of Principal Business	主营业务税金及附加 Taxes and Other Charges on Principal Business	主营业务利润 Profits from Principal Business	其他业务利润 Profits from Other Business	销售费用 Selling Expenses	管理费用 Administrative Expenses
全　国	**National Total**	**9810520**	**3354937**	**520268**	**5935315**	**86032**	**2893347**	**2907949**
北　京	Beijing	1864961	485164	101357	1278440	9055	546373	648606
天　津	Tianjin	147463	58028	8130	81305	862	38273	53588
河　北	Hebei	315713	142154	17164	156395	1491	97417	86327
山　西	Shanxi	162776	74277	8087	80412	1737	44906	46167
内蒙古	Inner Mongolia	129762	69127	6431	54204	680	24278	29016
辽　宁	Liaoning	289751	134961	14757	140033	2181	76091	83027
吉　林	Jilin	118383	51675	7581	59127	829	37740	35286
黑龙江	Heilongjiang	118885	51471	6127	61287	990	30122	38506
上　海	Shanghai	842143	213390	44799	583954	9971	283158	288625
江　苏	Jiangsu	643652	250553	31930	361169	4191	170791	197159
浙　江	Zhejiang	527862	162916	28017	336929	10844	168865	146196
安　徽	Anhui	193385	90014	10434	92937	4876	48059	46219
福　建	Fujian	294437	82613	16194	195630	5193	108663	75361
江　西	Jiangxi	117114	42802	6095	68217	583	34841	31134
山　东	Shandong	567002	226588	30581	309833	4568	164982	156826
河　南	Henan	349359	161189	16578	171592	1690	88163	80979
湖　北	Hubei	200586	89432	9477	101677	717	49953	50238
湖　南	Hunan	321290	135847	15781	169662	1591	54159	85852
广　东	Guangdong	914070	247839	50763	615468	8626	310150	261709
广　西	Guangxi	162000	58834	8086	95080	2928	54116	42826
海　南	Hainan	200228	35454	10552	154222	768	55623	70622
重　庆	Chongqing	104511	43672	5191	55648	-660	27302	31339
四　川	Sichuan	274417	83022	14375	177020	3295	94603	72153
贵　州	Guizhou	82419	29347	4699	48373	1053	26267	20989
云　南	Yunnan	215521	69421	11838	134262	2965	75672	63313
西　藏	Tibet	28382	5121	1760	21501	-46	12205	8672
陕　西	Shaanxi	251846	85938	13031	152877	1545	77671	70115
甘　肃	Gansu	107433	47104	6203	54126	1292	26208	26020
青　海	Qinghai	27656	7607	1384	18665	425	9351	9544
宁　夏	Ningxia	30238	13340	1185	15713	164	11648	4665
新　疆	Xinjiang	207277	106036	11682	89559	1629	45698	46870

4-4-3 Continued

单位：万元

Unit: 10000 yuan

#税金 Taxes	#差旅费 Travel Allowance	#工会经费 Trade Unions Funds	财务费用 Financial Expenses	#利息支出 Interest Expenses	营业利润 Operating Profits	利润总额 Total Profits	应交所得税 Income Tax Payable	应付职工薪酬 Payables to Employees
132897	**19927**	**16735**	**256701**	**190917**	**-10125**	**19615**	**100365**	**2162472**
37439	3977	3809	50354	48955	52649	57874	28542	481882
1815	112	152	11127	9520	-20837	-17237	172	30967
3147	587	991	12178	10494	-37412	-35225	737	74859
2166	406	192	2218	457	-11785	-17193	437	35715
1216	194	77	962	662	626	-1050	82	25165
4351	649	327	3553	2132	-20385	-21207	1063	57367
1954	189	96	1489	277	-15071	-10639	301	24257
1567	311	157	1513	172	-8119	-8661	380	24169
8812	1513	1156	20210	11624	5236	14166	14362	172713
8264	740	762	15759	12268	-13738	-8876	3434	121430
4831	922	1249	20942	20694	14583	29011	5483	121466
3096	523	302	2593	1647	2780	3467	1104	41755
2326	676	566	8727	5167	8263	9031	4177	73437
1994	274	189	3193	2417	-397	-3712	1417	22294
4749	999	448	10411	6503	-16979	-13619	4191	108101
3292	486	395	9785	6884	-5871	-2411	2686	62818
2836	614	328	5232	4389	-3592	2821	376	37751
4911	528	746	20930	12553	14022	7912	4009	60359
12816	1827	1647	16004	10852	37722	30449	13065	218945
2303	388	472	4927	3752	-3845	-3865	748	39996
2349	341	173	6851	3192	22960	24003	3856	41569
522	376	171	4362	1289	-8025	-6520	218	22713
2987	746	507	10279	6206	3322	-3225	2321	54918
777	243	202	612	286	1521	2188	821	19605
2102	601	424	2741	2241	-4670	-4046	2708	47802
	81	133	531	79	246	162	205	7243
2885	559	401	6445	3941	151	-626	753	55847
1247	330	113	1214	836	1966	558	255	20297
662	167	91	330	279	-54	227	21	4861
380	28	8	330	197	-751	-61		5792
5101	543	454	902	956	-4642	-4082	2443	46381

4-4-4 各地区限额以上住宿业企业损益及分配(按登记注册类型分)

内资企业

Domestic Funded Enterprises

地 区	Region	主营业务收入 Revenue from Principal Business	主营业务成本 Cost of Principal Business	主营业务税金及附加 Taxes and Other Charges on Principal Business	主营业务利润 Profits from Principal Business	其他业务利润 Profits from Other Business	销售费用 Selling Expenses	管理费用 Administrative Expense
全 国	**National Total**	**26715464**	**9920422**	**1444979**	**15350063**	**234781**	**7805290**	**6798467**
北 京	Beijing	2551068	703986	139667	1707415	23262	826829	871123
天 津	Tianjin	324432	115153	17689	191590	2215	108859	93508
河 北	Hebei	768821	329030	42668	397123	2844	233857	193328
山 西	Shanxi	585876	273532	31155	281189	4936	156689	139035
内蒙古	Inner Mongolia	415942	180707	20355	214880	3580	103260	90317
辽 宁	Liaoning	787893	354591	41168	392134	6506	197196	196080
吉 林	Jilin	249717	112801	14118	122798	1830	69399	66551
黑龙江	Heilongjiang	266974	98169	15072	153733	2115	77078	75501
上 海	Shanghai	1508170	392274	81492	1034404	11828	516994	498062
江 苏	Jiangsu	1888176	747478	98262	1042436	12731	511122	504396
浙 江	Zhejiang	2470540	851370	136638	1482532	35628	776759	641875
安 徽	Anhui	610256	258096	33061	319099	8294	174620	139729
福 建	Fujian	798264	301983	45415	450866	8699	252341	161158
江 西	Jiangxi	448423	168885	24288	255250	2255	127080	105699
山 东	Shandong	1680681	764638	86838	829205	10196	410747	334725
河 南	Henan	1117434	582363	50244	484827	5748	230159	197455
湖 北	Hubei	754619	347422	35774	371423	3706	184300	161627
湖 南	Hunan	1157027	470813	59520	626694	10686	250440	279513
广 东	Guangdong	3148345	1011907	189920	1946518	25508	1079770	763168
广 西	Guangxi	469870	164880	26211	278779	8765	168000	110063
海 南	Hainan	736279	190777	40825	504677	3447	196747	208659
重 庆	Chongqing	531571	245883	24776	260912	1699	120934	120368
四 川	Sichuan	1093810	363403	61368	669039	14646	341440	267526
贵 州	Guizhou	261363	94806	14875	151682	3662	76256	69693
云 南	Yunnan	566905	202742	30705	333458	9768	175306	146891
西 藏	Tibet	44831	12954	2667	29210	50	16342	12486
陕 西	Shaanxi	767743	281610	39830	446303	4308	216146	183524
甘 肃	Gansu	226286	98247	13547	114492	2572	58195	53015
青 海	Qinghai	58885	17033	3212	38640	686	21440	15830
宁 夏	Ningxia	69390	25432	3403	40555	141	25310	15955
新 疆	Xinjiang	355872	157458	20218	178196	2473	101679	81606

Income and Distribution of Enterprises above Designated Size of Hotels by Region and Type of Registration

单位：万元

Unit: 10000 yuan

#税金 Taxes	#差旅费 Travel Allowance	#工会经费 Trade Unions Funds	财务费用 Financial Expense	#利息支出 Interest Expense	营业利润 Operating Profit	利润总额 Total Profit	应交所得税 Income Tax Payable	应付职工薪酬 Payables to Employees
274801	**59140**	**31473**	**1044672**	**679316**	**-46562**	**-186866**	**231931**	**5035520**
40901	5843	3738	97371	87207	-62170	-51919	18103	592151
2012	235	638	11689	8992	-18412	-17602	841	66011
8221	1328	1439	36287	25637	-62750	-63171	3395	161625
5185	1452	637	25763	10102	-36406	-51560	2134	105661
4265	891	437	8546	6468	16455	2943	7136	77920
11190	1516	652	25538	14734	-20086	-25047	4223	120514
3748	888	286	7600	4493	-19489	-13341	609	44899
2932	639	289	5208	2240	-2415	-5232	1845	46696
10655	2318	1389	46730	26539	-7971	6009	20693	279349
20358	2235	1346	83307	43715	-38222	-36923	12208	327303
22061	5304	3349	158596	126620	-53629	-45327	18962	463768
7111	1841	532	26074	21053	-11303	-9667	4913	119997
6549	1758	957	25150	17627	21521	19601	10056	168572
3657	1204	524	20846	13632	3677	-10263	4478	77936
14311	3823	1178	41457	23701	53761	34932	27826	269697
9701	1892	903	29529	15886	27044	24914	12436	166644
8054	2220	959	23564	14804	4886	-2585	2748	115291
12050	2382	1593	68132	43763	40015	709	11931	194686
28002	7566	3298	122666	75752	8644	-15922	27099	668400
5334	1603	1037	19791	12192	-10356	-8206	-1413	98788
7991	1493	778	22801	4119	79820	76599	11653	123972
3072	1314	546	23796	12987	-2530	-3526	3322	88323
8151	2717	1304	52628	26709	21432	8835	7693	185591
2594	807	439	8642	5342	719	256	3024	54918
6692	1363	881	16722	12466	3795	-3220	8171	114984
125	218	179	796	169	-164	-80	217	11258
7583	1831	1025	22058	12238	28567	14951	2414	140456
2585	848	254	5811	4306	32	-4083	1197	45832
975	256	109	1047	555	960	1067	100	14036
1588	92	94	2492	1835	-2988	-4864	94	14728
7149	1263	687	4039	3435	-9000	-5146	3822	75514

4-4-4 续表 1

国有企业
State-owned Enterprises

地区	Region	主营业务收入 Revenue from Principal Business	主营业务成本 Cost of Principal Business	主营业务税金及附加 Taxes and Other Charges on Principal Business	主营业务利润 Profits from Principal Business	其他业务利润 Profits from Other Business	销售费用 Selling Expenses	管理费用 Administr-ative Expenses
全　国	**National Total**	**6026953**	**2202165**	**314141**	**3510647**	**58282**	**1840204**	**1751249**
北　京	Beijing	759970	220286	41273	498411	6494	244407	270254
天　津	Tianjin	77383	25472	4115	47796	582	24817	28344
河　北	Hebei	257250	121692	13916	121642	1396	80183	64004
山　西	Shanxi	140412	63213	6827	70372	1718	38532	42164
内蒙古	Inner Mongolia	90303	56257	4525	29521	651	13637	15001
辽　宁	Liaoning	221994	113687	10803	97504	941	51142	62254
吉　林	Jilin	101532	47405	6552	47575	730	29885	31115
黑龙江	Heilongjiang	93960	42825	4967	46168	956	23014	30884
上　海	Shanghai	457992	107842	24318	325832	2224	155544	161358
江　苏	Jiangsu	379341	145154	18829	215358	3172	106883	119322
浙　江	Zhejiang	317165	98937	16624	201604	5781	102532	89913
安　徽	Anhui	91592	38936	4886	47770	3874	26957	26679
福　建	Fujian	199545	59395	10781	129369	3648	72898	50807
江　西	Jiangxi	105757	43102	5298	57357	404	29107	26013
山　东	Shandong	522362	211432	28129	282801	4169	148719	140911
河　南	Henan	270502	129550	12179	128773	1377	68408	61050
湖　北	Hubei	146453	69194	6886	70373	636	36576	37905
湖　南	Hunan	194867	93383	7902	93582	1382	40942	48748
广　东	Guangdong	508006	121167	28173	358666	7197	193863	152542
广　西	Guangxi	114914	42755	5545	66614	2500	42450	27463
海　南	Hainan	39592	10085	2095	27412	350	16004	16226
重　庆	Chongqing	64483	29997	3072	31414	-656	13453	16809
四　川	Sichuan	211441	62294	10892	138255	2769	74119	53569
贵　州	Guizhou	60582	21631	3454	35497	355	18617	15625
云　南	Yunnan	119709	42539	6453	70717	1634	40325	35122
西　藏	Tibet	28382	5121	1760	21501	-46	12205	8672
陕　西	Shaanxi	197740	68965	10433	118342	1106	59797	58239
甘　肃	Gansu	95909	44392	5560	45957	1140	22362	22166
青　海	Qinghai	25742	7445	1348	16949	425	8739	8449
宁　夏	Ningxia	16907	5597	420	10890		8073	2734
新　疆	Xinjiang	115170	52413	6127	56630	1373	36015	26910

4-4-4 Continued 1

单位：万元

Unit: 10000 yuan

#税金 Taxes	#差旅费 Travel Allowance	#工会经费 Trade Unions Funds	财务费用 Financial Expenses	#利息支出 Interest Expenses	营业利润 Operating Profits	利润总额 Total Profits	应交所得税 Income Tax Payable	应付职工薪酬 Payables to Employees
72696	**13276**	**10535**	**134263**	**93945**	**-147834**	**-118905**	**41481**	**1341000**
12808	2004	1656	18812	17944	-27843	-20662	3935	210617
1247	92	112	2205	1987	-7000	-4204	137	19252
2493	466	923	10970	9689	-31542	-29402	622	63809
2130	381	164	1922	547	-11170	-16224	387	32011
970	183	79	572	298	969	839	136	18928
2385	491	235	2021	772	-17061	-16922	664	40477
1551	170	69	1361	277	-14551	-10129	78	20436
1324	269	131	288	68	-7315	-7550	182	20110
4096	1037	613	10823	7371	3325	10736	9299	90965
5318	392	449	10053	7564	-16097	-7617	1433	77140
3845	469	821	5600	5305	9380	15480	3581	73722
2141	201	159	520	19	-615	-1288	513	20074
1620	464	359	4883	2488	4577	5070	2208	50308
1734	254	192	2664	2003	-55	-3321	452	19989
3339	853	387	8387	4950	-10241	-7023	4204	97232
2416	384	322	6112	3652	-5403	-4300	1941	47771
2061	556	221	4036	3599	-8072	-1320	352	29070
1700	353	429	10754	3594	-4246	-4804	746	37867
7027	1321	1070	9046	6716	11306	6736	6428	132868
1436	318	296	3482	3074	-4272	-4617	347	26074
1163	118	85	960	482	-5433	-5015	88	9526
257	114	67	1492	1038	-999	-308	139	14965
2103	442	368	7913	4634	5448	-1145	1486	40953
621	189	142	463	291	1158	1332	610	13746
1552	387	314	1635	1409	-4782	-4450	434	26828
	81	133	531	79	246	162	205	7243
1970	484	324	4523	2262	-3111	-3644	320	43233
1049	315	97	1030	683	1529	151	184	18008
662	167	91	335	279	-69	212	20	4378
107	23	1	238	154	-155	-1		3342
1572	302	230	635	717	-5742	-5676	353	30059

集体企业

Collective-owned Enterprises

地 区	Region	主营业务收入 Revenue from Principal Business	主营业务成本 Cost of Principal Business	主营业务税金及附加 Taxes and Other Charges on Principal Business	主营业务利润 Profits from Principal Business	其他业务利润 Profits from Other Business	销售费用 Selling Expenses	管理费用 Administrative Expenses
全 国	**National Total**	**768542**	**347323**	**40950**	**380269**	**10079**	**191936**	**180803**
北 京	Beijing	103652	23947	5724	73981	2518	23591	49727
天 津	Tianjin	14239	8473	432	5334		632	2526
河 北	Hebei	28449	16008	1596	10845	89	7067	4904
山 西	Shanxi	24851	13254	1458	10139	445	7135	3567
内蒙古	Inner Mongolia	4792	2415	226	2151	3	872	660
辽 宁	Liaoning	32479	18193	1841	12445	248	6817	4165
吉 林	Jilin	2995	1546	213	1236	245	590	552
黑龙江	Heilongjiang	1052	304	66	682		679	360
上 海	Shanghai	27671	11568	1609	14494	1290	7250	9678
江 苏	Jiangsu	52325	27142	3059	22124	630	12945	9454
浙 江	Zhejiang	77601	27273	4679	45649	907	24820	23151
安 徽	Anhui	3978	1688	196	2094	42	740	1234
福 建	Fujian	9229	4415	635	4179	-13	2019	1064
江 西	Jiangxi	6072	2313	356	3403		1858	931
山 东	Shandong	127600	66325	5769	55506	1550	32995	9032
河 南	Henan	53184	30670	2371	20143	248	9565	8968
湖 北	Hubei	30222	12556	1339	16327	79	6712	10157
湖 南	Hunan	27330	11584	1245	14501	86	5538	6831
广 东	Guangdong	56215	23665	3510	29040	1077	18046	12422
广 西	Guangxi	8521	2770	507	5244	153	3252	2706
海 南	Hainan	1131	178	62	891		655	307
重 庆	Chongqing	13288	6081	675	6532	127	3001	2810
四 川	Sichuan	11907	16363	629	-5085	4	1112	1603
贵 州	Guizhou	1964	1393	108	463	17	346	114
云 南	Yunnan	14484	5857	818	7809	149	4264	3035
西 藏	Tibet	511	336	31	144			112
陕 西	Shaanxi	12233	4834	687	6712	12	3325	3395
甘 肃	Gansu	4897	1557	290	3050	144	1542	1696
青 海	Qinghai	4277	1308	240	2729		1142	1362
宁 夏	Ningxia							
新 疆	Xinjiang	11393	3309	581	7503	31	3428	4279

4-4-4 Continued 2

单位：万元

Unit: 10000 yuan

#税金 Taxes	#差旅费 Travel Allowance	#工会经费 Trade Unions Funds	财务费用 Financial Expenses	#利息支出 Interest Expenses	营业利润 Operating Profits	利润总额 Total Profits	应交所得税 Income Tax Payable	应付职工薪酬 Payables to Employees
7403	**1748**	**857**	**11137**	**5699**	**7343**	**-881**	**7632**	**137381**
2102	157	178	534	269	3439	3469	1072	22937
17	1	5	43		2133	-144	11	4462
270	30	14	244	209	-1282	-1601	82	5517
290	36	32	502	310	-689	-1350	14	4102
23	5	1	20		603	71	3	1158
194	51	38	60	19	1653	-755	103	4657
4	5	2	22	1	317	294	20	453
39		1	-3		-353	-353	65	389
72	103	9	313	198	-1457	-439	181	5838
258	134	14	553	291	-197	-729	310	9080
585	164	147	3063	559	-4478	-4378	388	13966
	48	2	544	536	-382	-371		682
50	17	4	44	13	1040	1151	308	1850
52	20	2	56	21	559	29	24	950
516	176	39	1239	658	13849	10745	3503	12605
476	42	35	775	361	1082	984	260	8163
632	19	24	583	396	-1056	-1682	8	5414
184	204	1	506	384	1713	1161	398	2947
888	208	147	847	540	-1103	-3076	711	14066
120	38	19	126	121	-685	-168	-127	2134
16	3		8		-79	-80		229
99	67	5	170	135	677	609	96	2418
75	59	40	293	270	-8089	-8193	43	1691
7		2	4		16	15	2	359
36	22	16	81	19	579	577	83	3675
6	1		25	25	7	36	1	109
235	100	11	151	120	-146	-248	26	2171
94	9	52	31		-73	-249	5	1207
25	11	9	19	6	206	243	6	1443
40	19	10	288	240	-460	3552	39	2713

股份合作企业

Cooperative Enterprises

地 区	Region	主营业务收入 Revenue from Principal Business	主营业务成本 Cost of Principal Business	主营业务税金及附加 Taxes and Other Charges on Principal Business	主营业务利润 Profits from Principal Business	其他业务利润 Profits from Other Business	销售费用 Selling Expenses	管理费用 Administrative Expenses
全 国	**National Total**	**220328**	**82108**	**11780**	**126440**	**1742**	**65859**	**56836**
北 京	Beijing	40978	9937	2174	28867	122	16943	12376
天 津	Tianjin	4465	2852	199	1414		1146	621
河 北	Hebei	4848	1961	288	2599		1119	1146
山 西	Shanxi	560	302		258		39	134
内 蒙 古	Inner Mongolia	8981	3972	350	4659	1	1864	1711
辽 宁	Liaoning	372	190	21	161		135	21
吉 林	Jilin	1105	767	40	298		169	103
黑 龙 江	Heilongjiang	6965	3363	233	3369	3	447	2238
上 海	Shanghai							
江 苏	Jiangsu	1833	469	102	1262		705	446
浙 江	Zhejiang	7117	2328	363	4426	346	2390	1932
安 徽	Anhui	4691	1788	317	2586		1747	460
福 建	Fujian	5802	2122	459	3221	8	2184	637
江 西	Jiangxi	27758	10846	1629	15283	-54	6177	7345
山 东	Shandong	8653	3706	475	4472	20	2008	2043
河 南	Henan	4258	2156	195	1907	41	1520	675
湖 北	Hubei	9152	4705	208	4239	11	1288	2615
湖 南	Hunan	35927	12125	2062	21740	430	9456	11994
广 东	Guangdong	8467	4380	522	3565	333	2671	1706
广 西	Guangxi	5956	2255	314	3387	79	1544	1806
海 南	Hainan	3684	943	163	2578	45	1613	942
重 庆	Chongqing	404	283	14	107		15	2
四 川	Sichuan	11851	3672	695	7484	-53	5059	2012
贵 州	Guizhou	1182	304	95	783	123	310	609
云 南	Yunnan	4038	2100	251	1687	240	1164	867
西 藏	Tibet	792	153	50	589		677	317
陕 西	Shaanxi	7309	3622	403	3284	48	2461	857
甘 肃	Gansu	546	159	40	347		343	
青 海	Qinghai	2636	648	119	1869		670	1222
宁 夏	Ningxia							
新 疆	Xinjiang							

4-4-4 Continued 3

单位：万元

Unit: 10000 yuan

#税金 Taxes	#差旅费 Travel Allowance	#工会经费 Trade Unions Funds	财务费用 Financial Expenses	#利息支出 Interest Expense	营业利润 Operating Profits	利润总额 Total Profits	应交所得税 Income Tax Payable	应付职工薪酬 Payables to Employees
2252	**538**	**311**	**7631**	**5643**	**-2096**	**-5409**	**1788**	**43511**
409	56	88	539	686	-869	-398	332	10035
			27		-380	-372		762
119	6	5	44	38	290	278	53	751
					84	84	6	18
27	12	5	47	13	1039	52	2	1352
21					5	5	1	38
19		1	20		7	-1		98
			541		147	146		952
65	2	4	44	36	67	70	2	441
90	19	9	311	265	139	135	69	1407
85	68		228	222	152	163	67	991
44	6	3	226	141	183	179	54	1379
187	59	53	268	373	1447	-581	1054	4539
49	4	3	76	3	366	462	169	1500
3	3		30	3	-278	-295	10	739
42	10	11	27	63	321	379	29	1486
610	121	49	3741	3225	-2973	-4163	75	6965
96	10	5	62	7	-541	-521		1319
22	17		610	153	-495	-144	-306	971
61	35	5	260	164	-190	-220		958
			2		89	89		29
151	27	31	364	158	-4	125	109	2578
			6		-20	-23		259
87	80	40	140	84	-256	-368	62	981
			2		-407	-360		239
43	4		24	9	-5	-119		1804
			1		3	3		106
24		1	-7		-16	-16	2	816

4-4-4 续表 4

联营企业

Joint Ownership Enterprises

地区	Region	主营业务收入 Revenue from Principal Business	主营业务成本 Cost of Principal Business	主营业务税金及附加 Taxes and Other Charges on Principal Business	主营业务利润 Profits from Principal Business	其他业务利润 Profits from Other Business	销售费用 Selling Expenses	管理费用 Administrative Expenses
全国	**National Total**	**130460**	**47311**	**6848**	**76301**	**768**	**40724**	**33821**
北京	Beijing	4406	1163	234	3009		1608	2286
天津	Tianjin	567	250	33	284		251	73
河北	Hebei	650	397	36	217		19	247
山西	Shanxi	220	148	9	63			16
内蒙古	Inner Mongolia	2232	1680	88	464	391	101	
辽宁	Liaoning	1188	413	60	715		349	415
吉林	Jilin	3557	640	329	2588		1849	473
黑龙江	Heilongjiang	508	298	28	182			106
上海	Shanghai	12120	3138	660	8322		4968	5110
江苏	Jiangsu	12397	5438	692	6267	33	2729	3273
浙江	Zhejiang	16039	5245	805	9989		4576	4233
安徽	Anhui							
福建	Fujian	32084	9351	1579	21154	108	11297	7193
江西	Jiangxi							
山东	Shandong							
河南	Henan	3549	2214	154	1181		569	224
湖北	Hubei	3146	362	174	2610		917	1564
湖南	Hunan	3618	1945	81	1592		379	450
广东	Guangdong	19039	7835	1059	10145	237	5683	4891
广西	Guangxi							
海南	Hainan	467	38	25	404		294	121
重庆	Chongqing							
四川	Sichuan	4132	1726	236	2170		2023	1281
贵州	Guizhou							
云南	Yunnan	5200	1618	294	3288		1943	1231
西藏	Tibet							
陕西	Shaanxi	518	129	23	366		259	63
甘肃	Gansu							
青海	Qinghai							
宁夏	Ningxia							
新疆	Xinjiang	4824	3285	249	1290		910	572

4-4-4 Continued 4

单位：万元

Unit: 10000 yuan

#税金 Taxes	#差旅费 Travel Allowance	#工会经费 Trade Unions Funds	财务费用 Financial Expenses	#利息支出 Interest Expenses	营业利润 Operating Profits	利润总额 Total Profits	应交所得税 Income Tax Payable	应付职工薪酬 Payables to Employees
1741	**303**	**156**	**1636**	**195**	**999**	**-594**	**1908**	**27917**
37	13	2	30		-914	-915		1160
			4		-43	-43	7	71
					-49	-78		149
9	6				45			49
					754		757	319
			1		-50	-50	16	192
202		13	13		254	254	202	658
12			8		69	69		90
2	1	11	328		-2084	-2059	100	2708
389	6	1	42	3	253	265	31	1670
23	62	25	118		1071	1016	81	3775
545	143	38	460		2369	2409	423	6619
36		1	96	30	292	292	6	342
104	10		22		107	26		700
154	6	3	31	30	733	646	12	558
156	13	34	247	75	-392	-1111	266	5013
5	1	1			-12	-11		156
48	5	5	126		-1260	-1160	3	998
6	18	9	24		91	115	5	1513
16		2	57	57	-14			162
	18	12	31		-222	-261		1015

有限责任公司

Limited Liability Corporations

地 区	Region	主营业务收入 Revenue from Principal Business	主营业务成本 Cost of Principal Business	主营业务税金及附加 Taxes and Other Charges on Principal Business	主营业务利润 Profits from Principal Business	其他业务利润 Profits from Other Business	销售费用 Selling Expenses	管理费用 Administrative Expenses
全 国	**National Total**	**9373490**	**3132811**	**522001**	**5718678**	**69121**	**2838440**	**2587432**
北 京	Beijing	1226614	316715	67575	842324	9548	391111	429196
天 津	Tianjin	143350	47952	7915	87483	607	51513	33441
河 北	Hebei	235348	86113	13748	135487	1158	76606	73091
山 西	Shanxi	137766	65506	7669	64591	893	39287	27789
内蒙古	Inner Mongolia	135416	44397	7116	83903	221	37386	41192
辽 宁	Liaoning	238071	88298	13094	136679	1811	70686	71763
吉 林	Jilin	67241	25328	3579	38334	497	22693	14730
黑龙江	Heilongjiang	74330	23131	4097	47102	158	23270	19359
上 海	Shanghai	502944	142124	27046	333774	4285	156582	167180
江 苏	Jiangsu	502725	177923	27580	297222	3650	142508	156455
浙 江	Zhejiang	901108	294580	49858	556670	10577	285954	240201
安 徽	Anhui	257477	101876	14722	140879	2975	84715	58650
福 建	Fujian	211961	68067	12072	131822	2996	70296	54020
江 西	Jiangxi	136981	40280	7749	88952	826	48644	37084
山 东	Shandong	457275	195890	25226	236159	2053	121602	104032
河 南	Henan	255134	107199	13192	134743	719	65600	61074
湖 北	Hubei	237103	95917	12049	129137	1872	61753	57375
湖 南	Hunan	365250	121979	21014	222257	2985	88457	100671
广 东	Guangdong	1193976	377129	72018	744829	6970	418399	298367
广 西	Guangxi	105647	33447	6023	66177	1722	40432	24944
海 南	Hainan	559567	149011	30388	380168	1065	131855	148659
重 庆	Chongqing	235128	106565	11080	117483	1125	56620	61173
四 川	Sichuan	308176	108518	16921	182737	3607	88378	86108
贵 州	Guizhou	121426	41654	6746	73026	2006	36316	36324
云 南	Yunnan	237052	69253	12659	155140	2197	77500	59554
西 藏	Tibet	5434	1950	325	3159		1559	1693
陕 西	Shaanxi	289568	96190	16368	177010	1383	89752	68731
甘 肃	Gansu	69204	24840	4649	39715	912	21657	19317
青 海	Qinghai	7203	1977	372	4854	46	2560	1813
宁 夏	Ningxia	23191	11451	1325	10415	79	6346	4268
新 疆	Xinjiang	131824	67550	7827	56447	182	28404	29181

单位：万元

Unit: 10000 yuan

#税金 Taxes	#差旅费 Travel Allowance	#工会经费 Trade Unions Funds	财务费用 Financial Expenses	#利息支出 Interest Expenses	营业利润 Operating Profits	利润总额 Total Profits	应交所得税 Income Tax Payable	应付职工薪酬 Payables to Employees
102727	**19067**	**10549**	**419130**	**290751**	**-61419**	**-89948**	**83403**	**1805557**
21173	2507	1666	62116	56674	-29499	-26170	10139	275836
564	68	67	6653	6879	-1665	-1075	457	25982
3375	267	241	10328	7912	-23337	-23700	547	50067
894	263	160	6094	1748	-7717	-8317	154	22996
864	263	206	1696	1287	3922	-389	463	24818
4441	442	172	7280	5655	-11091	-11077	823	39513
915	198	110	1966	1585	-633	-1076	154	11587
1052	135	92	1041	209	3590	3158	432	13845
4136	609	593	14025	8348	168	2359	7109	97660
5674	630	398	22289	11634	-19945	-16689	2727	92487
7073	2022	1223	67352	57040	-23062	-18824	6176	174148
2560	614	163	16457	13817	-15981	-13538	2401	51968
1913	456	300	12545	11143	-1133	-277	2741	45752
494	241	114	7709	5047	-3672	-5880	1036	25303
5225	1338	302	17788	10354	-4871	-6602	5088	82352
2612	667	276	10744	7184	-8183	-8243	2043	45505
2265	781	311	6579	3046	5371	1494	1181	37638
4173	802	585	28107	16986	3841	-10046	1370	63427
9532	2314	995	47988	31026	-11873	-15807	10042	249653
1908	343	155	4129	2998	-1597	-2220	2065	24488
5470	910	527	13017	1407	87808	85415	11666	86522
1988	580	250	15653	6531	-14864	-14412	786	38211
2559	583	409	13924	6799	-2680	-2762	2376	54444
1450	381	204	3954	2435	-1596	-1919	2157	25024
2125	424	333	5488	3619	14729	11966	5829	43564
1	40	5	28	2	-121	110	3	1164
2598	556	293	9318	5565	10534	4976	1066	53562
1110	219	73	2833	2062	-3183	-3896	174	16234
25	18	1	334	41	193	76		1551
499	36	32	597	720	-639	-2626	46	4624
4059	362	296	1100	999	-4235	-3958	2156	25635

4-4-4 续表 6

股份有限公司

Share-holding Corporations Ltd.

地　区	Region	主营业务收入 Revenue from Principal Business	主营业务成本 Cost of Principal Business	主营业务税金及附加 Taxes and Other Charges on Principal Business	主营业务利润 Profits from Principal Business	其他业务利润 Profits from Other Business	销售费用 Selling Expenses	管理费用 Administrative Expenses
全　国	**National Total**	**1227833**	**529385**	**64585**	**633863**	**16975**	**291711**	**263431**
北　京	Beijing	76796	37419	4072	35305	1170	10508	14786
天　津	Tianjin							
河　北	Hebei	45905	16778	2303	26824	23	12895	9181
山　西	Shanxi	18235	11553	883	5799	528	2835	3196
内蒙古	Inner Mongolia	18987	8503	972	9512		6015	4533
辽　宁	Liaoning	9702	3534	524	5644		680	4548
吉　林	Jilin	5129	3228	156	1745	339	688	868
黑龙江	Heilongjiang	33835	6819	1980	25036	5	14005	9413
上　海	Shanghai	19428	5002	1060	13366	517	8349	6885
江　苏	Jiangsu	141072	74237	6055	60780	616	26105	26742
浙　江	Zhejiang	129782	40962	7346	81474	5264	49082	23138
安　徽	Anhui	60664	31651	3050	25963	584	9049	10991
福　建	Fujian	18088	6514	1291	10283	72	5421	4294
江　西	Jiangxi	28621	13865	1352	13404	72	3274	6718
山　东	Shandong	93902	51293	5381	37228	946	16982	14903
河　南	Henan	77690	43810	3316	30564	500	16473	12008
湖　北	Hubei	40730	14117	2143	24470	268	13153	8549
湖　南	Hunan	126375	52471	6649	67255	573	16611	24912
广　东	Guangdong	84170	30753	4811	48606	226	21569	24804
广　西	Guangxi	29720	10384	1554	17782	431	9478	7430
海　南	Hainan	24317	6945	2102	15270	1116	7881	12830
重　庆	Chongqing	44567	23101	2185	19281	49	8231	7277
四　川	Sichuan	48974	18104	2867	28003	1985	17728	10521
贵　州	Guizhou	1413	231	78	1104		170	771
云　南	Yunnan	22362	6829	1089	14444	899	6948	8382
西　藏	Tibet	3101	1894	155	1052		289	579
陕　西	Shaanxi	14065	4599	702	8764	604	4677	1864
甘　肃	Gansu	3295	1328	122	1845	178	1320	750
青　海	Qinghai							
宁　夏	Ningxia							
新　疆	Xinjiang	6912	3462	390	3060	12	1296	2560

4-4-4 Continued 6

单位：万元

Unit: 10000 yuan

#税金 Taxes	#差旅费 Travel Allowance	#工会经费 Trade Unions Funds	财务费用 Financial Expenses	#利息支出 Interest Expenses	营业利润 Operating Profits	利润总额 Total Profits	应交所得税 Income Tax Payable	应付职工薪酬 Payables to Employees
14619	**2247**	**1470**	**46567**	**33539**	**54118**	**43534**	**12313**	**206276**
1454	53	28	9200	8370	1982	2528	1142	14323
253	69	63	2423	1886	2351	3224	1133	6185
93	45	25	245	171	208	-695	218	2671
659	67	55	1951	1633	-2908	-3023	92	4398
14	4	27	94		323	320	27	1224
1	10	1	78		450	422	8	674
267	66	29	251	23	1371	1281	451	3945
189	17	22	88	37	-1277	-914	39	4665
1196	104	100	1144	745	10512	10816	1244	18434
1038	255	226	4669	2945	9846	7408	1598	24313
756	303	96	984	691	5473	5261	102	11577
478	4	5	404	22	-179	74	164	2509
83	117	14	2135	437	1187	815	77	3995
1426	152	59	3003	2275	3317	3386	530	12966
1242	66	34	844	508	1772	4346	1300	10931
671	118	116	989	719	1781	1029	74	6462
1584	81	157	10519	9320	18376	11155	2837	17207
1020	64	84	1176	462	1230	737	277	19874
166	27	70	495	6	722	-235	253	7256
289	93	55	1078	77	-5410	-5438	-151	4593
128	82	33	1072	665	2747	2531	86	7132
681	276	74	1826	1308	-89	-424	415	10266
45	1	1	168	168	-4	-1	1	306
426	69	37	1024	694	-1011	-1468	204	4668
15	45	40	108	54	76	78	6	809
320	24	9	382	104	2306	1388	2	2677
2			4	4	-50	-157	110	562
125	33	12	212	215	-984	-909	76	1655

私营企业
Private Enterprises

地 区	Region	主营业务收入 Revenue from Principal Business	主营业务成本 Cost of Principal Business	主营业务税金及附加 Taxes and Other Charges on Principal Business	主营业务利润 Profits from Principal Business	其他业务利润 Profits from Other Business	销售费用 Selling Expenses	管理费用 Administr-ative Expenses
全 国	**National Total**	**8023153**	**3194736**	**435124**	**4393293**	**68043**	**2289125**	**1731084**
北 京	Beijing	338652	94520	18615	225517	3411	138663	92500
天 津	Tianjin	65954	21082	3929	40943	1026	22119	27416
河 北	Hebei	171137	73782	9432	87923	81	49728	34566
山 西	Shanxi	240720	104392	13189	123139	938	65621	59507
内蒙古	Inner Mongolia	133240	53392	6025	73823	1811	38630	24121
辽 宁	Liaoning	262737	116446	14040	132251	3456	64149	49877
吉 林	Jilin	59564	30511	2765	26288	19	11054	15404
黑龙江	Heilongjiang	51903	19506	3501	28896	434	14941	12554
上 海	Shanghai	440792	108849	24059	307884	3512	177412	137189
江 苏	Jiangsu	767681	304200	40433	423048	3830	211230	180879
浙 江	Zhejiang	1016161	380574	56653	578934	12753	306187	257169
安 徽	Anhui	163044	68100	8373	86571	731	45039	34601
福 建	Fujian	289936	139558	16845	133533	1875	77239	38523
江 西	Jiangxi	131161	52630	7348	71183	721	35059	26160
山 东	Shandong	386848	203575	17160	166113	1094	67283	47256
河 南	Henan	400312	239432	16638	144242	2835	57671	47115
湖 北	Hubei	240710	125303	11132	104275	813	54214	37563
湖 南	Hunan	368349	162750	18816	186783	4637	82150	75527
广 东	Guangdong	1103581	392029	69596	641956	8510	365326	228901
广 西	Guangxi	167469	61739	10026	95704	3605	58867	37021
海 南	Hainan	59948	11470	3351	45127	678	22528	15643
重 庆	Chongqing	126542	58900	5715	61927	943	27426	23911
四 川	Sichuan	473173	143939	27737	301497	3904	145744	106493
贵 州	Guizhou	55934	22195	3284	30455	375	14798	13278
云 南	Yunnan	126575	55769	7124	63682	4292	33832	28906
西 藏	Tibet	5621	2932	303	2386		1453	925
陕 西	Shaanxi	202316	87092	9191	106033	621	41631	40602
甘 肃	Gansu	46487	21716	2470	22301	197	10580	8872
青 海	Qinghai	14011	3451	815	9745	6	6660	2228
宁 夏	Ningxia	28742	8198	1618	18926	61	10716	8883
新 疆	Xinjiang	83856	26705	4946	52205	877	31176	17499

4-4-4 Continued 7

单位：万元

Unit: 10000 yuan

#税金 Taxes	#差旅费 Travel Allowance	#工会经费 Trade Unions Funds	财务费用 Financial Expenses	#利息支出 Interest Expenses	营业利润 Operating Profits	利润总额 Total Profits	应交所得税 Income Tax Payable	应付职工薪酬 Payables to Employees
66416	**20036**	**6599**	**396400**	**236611**	**51209**	**-46493**	**73761**	**1309915**
2920	1053	122	6140	3265	-8466	-9771	1482	57244
121	55	454	2638	126	-10204	-10574	218	13034
1464	434	171	10029	5291	-6187	-8772	821	30488
1717	678	241	16632	7250	-18082	-25075	624	41021
1546	295	58	4066	3155	8786	5011	3410	22447
4000	511	159	15701	7959	6007	3305	2587	32119
892	501	86	4021	2631	-4171	-1990	128	9344
203	169	31	2683	1883	-878	-2438	702	6659
2058	523	106	20732	10585	-19371	-16419	3952	69274
7330	952	364	48507	23024	-13472	-22363	6285	122889
9400	2308	897	77094	59961	-46566	-46496	7027	171270
1303	506	88	7128	5649	427	424	1508	29805
1834	632	146	6237	3575	13313	9737	3649	53835
1095	502	148	7261	5566	3422	-1997	1698	21518
3088	1111	355	9607	4589	43033	26639	13429	49651
2599	672	198	8752	3415	33332	27954	6592	46094
1938	684	227	9980	6027	3328	-2837	637	30669
3250	758	330	14024	10190	20740	5973	6427	60007
8415	3193	711	55737	33256	660	-5726	8246	212908
954	678	418	8601	5080	-5161	-1518	-4305	30879
493	175	71	6725	1542	708	11	45	10839
346	381	155	5029	4491	6507	4824	985	17675
2503	1253	329	26952	12998	26112	20125	3208	69634
335	209	73	2942	2051	-193	-303	184	11334
1944	287	110	7671	5937	-2919	-6476	1380	25430
103	25	2	100	10	-93	-181		1349
1894	603	340	5872	3260	18435	12148	801	29643
306	293	31	1814	1459	1235	-27	736	8453
136	40	5	304	174	552	438	71	3815
954	32	53	1658	960	-2274	-2292	36	6656
1276	523	123	1765	1256	2649	2176	1198	13936

4-4-4 续表 8

其他企业
Other Enterprises

地区	Region	主营业务收入 Revenue from Principal Business	主营业务成本 Cost of Principal Business	主营业务税金及附加 Taxes and Other Charges on Principal Business	主营业务利润 Profits from Principal Business	其他业务利润 Profits from Other Business	销售费用 Selling Expenses	管理费用 Administr-ative Expenses
全国	**National Total**	**944704**	**384583**	**49550**	**510571**	**9771**	**247290**	**193811**
北京	Beijing							
天津	Tianjin	18474	9071	1065	8338		8383	1087
河北	Hebei	25234	12300	1348	11586	96	6240	6188
山西	Shanxi	23113	15163	1121	6829	415	3240	2664
内蒙古	Inner Mongolia	21991	10092	1054	10845	503	4755	3100
辽宁	Liaoning	21352	13832	787	6733	51	3237	3037
吉林	Jilin	8594	3377	485	4732		2470	3305
黑龙江	Heilongjiang	4421	1923	199	2299	559	723	588
上海	Shanghai	47225	13750	2741	30734		6888	10663
江苏	Jiangsu	30803	12915	1512	16376	800	8019	7826
浙江	Zhejiang	5569	1470	312	3787		1218	2138
安徽	Anhui	28810	14057	1518	13235	89	6373	7115
福建	Fujian	31620	12562	1752	17306	6	10988	4621
江西	Jiangxi	12073	5849	556	5668	286	2963	1448
山东	Shandong	84042	32416	4698	46928	365	21158	16550
河南	Henan	52806	27333	2199	23274	29	10353	6342
湖北	Hubei	47104	25267	1843	19994	28	9688	5900
湖南	Hunan	35312	14576	1753	18983	593	6907	10382
广东	Guangdong	174892	54948	10231	109713	958	54214	39535
广西	Guangxi	37644	11530	2243	23871	277	11976	8692
海南	Hainan	47574	12107	2639	32828	192	15917	13930
重庆	Chongqing	47158	20956	2034	24168	113	12188	8386
四川	Sichuan	24156	8788	1392	13976	2429	7277	5939
贵州	Guizhou	18861	7398	1109	10354	786	5699	2972
云南	Yunnan	37485	18776	2018	16691	357	9332	9795
西藏	Tibet	990	568	42	380	96	159	188
陕西	Shaanxi	43995	16179	2023	25793	535	14245	9775
甘肃	Gansu	5948	4255	417	1276		391	214
青海	Qinghai	5017	2204	319	2494	209	1669	756
宁夏	Ningxia	549	186	40	323	1	175	70
新疆	Xinjiang	1893	736	100	1057		450	606

4-4-4 Continued 8

单位：万元

Unit: 10000 yuan

#税金 Taxes	#差旅费 Travel Allowance	#工会经费 Trade Unions Funds	财务费用 Financial Expenses	#利息支出 Interest Expenses	营业利润 Operating Profits	利润总额 Total Profits	应交所得税 Income Tax Payable	应付职工薪酬 Payables to Employees
6948	**1924**	**997**	**27907**	**12932**	**51119**	**31831**	**9645**	**163962**
63	18		121		-1254	-1190	11	2448
248	56	23	2250	610	-2996	-3119	138	4659
52	42	17	368	76	915	18	732	2794
177	68	34	194	82	3290	383	2274	4500
136	17	22	382	330	129	127	2	2295
163	3	4	121		-1163	-1116	19	1650
35	1	5	399	56	954	456	14	707
103	28	35	423		12725	12745	14	8239
128	14	16	676	418	656	-677	177	5162
8	6	2	390	546	41	330	41	1167
267	102	24	213	119	-376	-318	322	4900
66	37	102	351	246	1352	1257	510	6322
13	11	1	753	186	790	672	139	1642
667	189	33	1356	872	8308	7326	904	13391
319	59	38	2176	734	4430	4177	287	7098
342	43	49	1348	955	3106	327	469	3852
395	57	40	450	35	1833	786	66	5710
868	443	253	7563	3670	9355	2847	1129	32699
729	182	78	2349	761	1132	697	660	6987
494	159	35	752	447	2429	1937	4	11151
254	89	36	378	127	3312	3141	1231	7893
32	72	49	1230	542	1993	2269	54	5027
137	28	17	1106	396	1358	1156	70	3889
516	76	22	660	704	-2637	-3116	175	8325
	26		1		128	75	2	345
506	61	46	1731	861	568	451	201	7205
24	12	2	99	97	572	92	-11	1262
104	20	3	61	54	94	115	1	2035
27	1	7			79	56	12	106
78	7	4	8	9	-6	-70		502

港、澳、台商投资企业

Enterprises with Funds from Hongkong, Macao and Taiwan

地区	Region	主营业务收入 Revenue from Principal Business	主营业务成本 Cost of Principal Business	主营业务税金及附加 Taxes and Other Charges on Principal Business	主营业务利润 Profits from Principal Business	其他业务利润 Profits from Other Business	销售费用 Selling Expenses	管理费用 Administrative Expenses
全国	**National Total**	**3612858**	**1237094**	**177233**	**2198531**	**33180**	**853649**	**1063196**
北京	Beijing	619554	183394	32471	403689	841	132632	182330
天津	Tianjin	6848	3092	389	3367	27	1810	4610
河北	Hebei	17155	6335	1162	9658	370	4378	7110
山西	Shanxi	20851	8506	1179	11166		6060	5235
内蒙古	Inner Mongolia	23902	11815	1284	10803		5788	10986
辽宁	Liaoning	196272	47104	10469	138699	648	39186	80300
吉林	Jilin	12315	3556	685	8074	13	4490	3517
黑龙江	Heilongjiang	22548	5986	1300	15262		5663	11278
上海	Shanghai	194167	49323	10980	133864	547	63987	67867
江苏	Jiangsu	113701	31997	6272	75432	693	32820	40276
浙江	Zhejiang	722000	429893	19780	272327	12922	89100	101662
安徽	Anhui	35292	9335	1754	24203		10673	13673
福建	Fujian	231971	80970	11778	139223	1786	59207	54069
江西	Jiangxi	12586	5073	711	6802	81	3864	3115
山东	Shandong	86776	17741	4695	64340	4873	24776	39188
河南	Henan	64575	11678	3565	49332	338	23636	25669
湖北	Hubei	90356	29096	4898	56362	819	21921	28320
湖南	Hunan	74443	24274	4114	46055	80	26215	18641
广东	Guangdong	679676	194825	38140	446711	8291	198409	221843
广西	Guangxi	64203	13678	3482	47043	341	21588	33982
海南	Hainan	115982	16998	6419	92565	31	21288	35942
重庆	Chongqing	16956	3184	919	12853		3845	15311
四川	Sichuan	95596	22182	5490	67924	209	23613	26730
贵州	Guizhou	9678	1904	550	7224		5103	1896
云南	Yunnan	30709	7325	1753	21631	15	8421	10227
西藏	Tibet							
陕西	Shaanxi	41839	14344	2278	25217	159	10859	15067
甘肃	Gansu	3630	1031	201	2398	96	746	1645
青海	Qinghai							
宁夏	Ningxia							
新疆	Xinjiang	9276	2457	516	6303		3575	2709

4-4-4 Continued 9

单位：万元

Unit: 10000 yuan

#税金 Taxes	#差旅费 Travel Allowance	#工会经费 Trade Unions Funds	财务费用 Financial Expenses	#利息支出 Interest Expenses	营业利润 Operating Profits	利润总额 Total Profits	应交所得税 Income Tax Payable	应付职工薪酬 Payables to Employees
46753	**6756**	**3547**	**141073**	**105727**	**212390**	**188061**	**53289**	**606163**
13627	1451	1071	23047	27109	99502	94507	20927	143168
105	14		1619	349	-4646	-4543	145	636
5	51	11	556	116	-2016	-2074	21	3082
41	77		523	404	-651	-554	46	4156
			-1364		-4607	-4171		8076
3197	541	261	2823	1532	17038	17364	2896	38000
66	77	2	1758	1694	-1678	-1508	26	1849
111	85	21	2659	2518	-4341	-4421	52	4561
1333	315	127	11709	2712	-9168	-7697	2218	31959
538	223	61	1577	-1512	1453	822	829	20992
2526	563	501	15735	17185	79929	80645	14959	61453
512	184	66	4631	4354	-4779	-5298		6921
2935	513	414	15608	12556	12123	10494	1819	39898
136	35	3	552	476	-648	-630	88	2483
587	45	40	6108	1648	-850	-1358	987	12751
875	29	14	6049	2988	-5694	-6268	381	9941
522	129	76	6745	1890	1208	242	207	13520
522	68	34	4245	2389	-2972	-4256	311	15166
14404	1094	324	21753	17365	13662	-6552	7120	125256
1717	202	114	3069	4119	-11364	-7619	-3061	13596
589	265	84	5445	1594	30995	28984	2843	17096
242	136	19	2833	2509	-7164	-7113		2597
527	126	79	1620	50	16188	16826	237	10432
7	19	16	147	34	78	146	10	2039
824	134	38	441	386	2568	4241	146	6153
516	84	144	1090	1200	-1805	-1748	74	7742
13	258	6	16	60	87	103	8	772
275	39	22	81	2	-61	-504		1869

外商投资企业
Foreign Funded Enterprises

地　区	Region	主营业务收入 Revenue from Principal Business	主营业务成本 Cost of Principal Business	主营业务税金及附加 Taxes and Other Charges on Principal Business	主营业务利润 Profits from Principal Business	其他业务利润 Profits from Other Business	销售费用 Selling Expenses	管理费用 Administr-ative Expenses
全　国	**National Total**	**2326533**	**630623**	**129254**	**1566656**	**22993**	**579277**	**712152**
北　京	Beijing	324906	56270	17722	250914	1615	74585	120371
天　津	Tianjin	45495	17523	2544	25428	20	7237	16932
河　北	Hebei	12765	3198	733	8834	39	2132	9657
山　西	Shanxi	2866	1318	159	1389		1285	101
内蒙古	Inner Mongolia	25847	10419	1136	14292		2975	10563
辽　宁	Liaoning	53569	14445	2908	36216	1042	17315	23695
吉　林	Jilin	34374	9835	1797	22742		6020	10237
黑龙江	Heilongjiang	31361	4052	1977	25332	14	9322	10873
上　海	Shanghai	225767	55736	12718	157313	5746	69625	56373
江　苏	Jiangsu	134132	39280	7192	87660	1992	42256	51752
浙　江	Zhejiang	131536	40338	7276	83922	913	34466	37366
安　徽	Anhui	14933	3553	805	10575	26	4295	5496
福　建	Fujian	156343	44597	8746	103000	981	40983	44684
江　西	Jiangxi	14504	2893	496	11115	60	4143	6789
山　东	Shandong	42500	10796	2335	29369	104	8886	15118
河　南	Henan	13903	4870	743	8290	418	5260	2416
湖　北	Hubei	9206	2407	477	6322		1816	6809
湖　南	Hunan	11119	5093	627	5399	13	1171	3718
广　东	Guangdong	623507	218067	35718	369722	8231	146150	139456
广　西	Guangxi	31123	4854	1647	24622	286	7099	14046
海　南	Hainan	156896	25833	9324	121739	233	40373	59490
重　庆	Chongqing	48464	12641	2515	33308	129	12711	6562
四　川	Sichuan	56641	8961	3232	44448	8	13254	23830
贵　州	Guizhou	3489	632	203	2654		664	1618
云　南	Yunnan	31551	9583	1259	20709	10	5608	7154
西　藏	Tibet	1931	300	137	1494	3	441	743
陕　西	Shaanxi	74323	19699	4150	50474	1078	14433	22241
甘　肃	Gansu	5781	1156	321	4304		1862	2152
青　海	Qinghai	5477	1024	302	4151	32	2621	1344
宁　夏	Ningxia	1949	1251	40	658		214	518
新　疆	Xinjiang	279		16	263		78	50

4-4-4 Continued 10

单位：万元

Unit: 10000 yuan

#税金 Taxes	#差旅费 Travel Allowance	#工会经费 Trade Unions Funds	财务费用 Financial Expenses	#利息支出 Interest Expenses	营业利润 Operating Profits	利润总额 Total Profits	应交所得税 Income Tax Payable	应付职工薪酬 Payables to Employees
27261	**3539**	**1901**	**76496**	**58067**	**202090**	**194760**	**51876**	**383492**
8400	587	596	17430	14525	29962	28895	12952	72170
214	60	55	3428	1916	-2151	-2142	97	9181
101	18	6	438	98	-3355	-3363	35	2792
	16	9	225		-221	-475	55	240
656	22	43	-1270	-1416	2024	1673		3493
789	80	45	-173	512	-3605	-5184	245	7197
200	29	8	467	477	6018	4198	1589	1816
346	33	4	-11	69	5161	5128	1592	3382
1725	151	190	6270	1542	30855	31216	7807	19478
2770	204	61	6959	4800	-20599	-25204	558	26678
1115	270	85	17521	14450	-4518	775	2756	23555
	8	3	230	118	581	634	57	2067
1509	291	144	9255	2642	9130	9450	3887	30986
28	5	12	429	148	-187	-946	20	3423
170	102	16	1505	889	3965	3824	173	6239
114	82		1627	1489	-595	-587	2	1812
17	5	9	-795		-1507	-1482	6	1434
350	13	7	131	57	408	412		2110
4807	921	215	9881	7543	82411	68988	9878	94887
484	51	50	725	856	3038	3255	550	6675
742	349	76	-522	1140	23166	34937	1358	27447
896	14	112	3296	3826	10167	10201	2249	7701
30	7	28	-1003	152	8415	8535	2741	9324
203	6	8	352	316	20	20	6	499
515	74	57	93	391	7781	6312	414	5935
					314	314		334
760	124	57	-94	1528	14941	14911	2801	9922
321		8	24		266	269	41	1263
			29	1	189	190	1	1318
	16		48		-122	-125		88
					135	135	7	48

4-4-5 各地区限额以上住宿业企业损益及分配(按国民经济行业分)

旅游饭店

Tourist Hotel

地　区	Region	主营业务收入 Revenue from Principal Business	主营业务成本 Cost of Principal Business	主营业务税金及附加 Taxes and Other Charges on Principal Business	主营业务利润 Profits from Principal Business	其他业务利润 Profits from Other Business	销售费用 Selling Expenses	管理费用 Administrative Expenses
全　国	**National Total**	**27684547**	**9747523**	**1494959**	**16442065**	**229644**	**7842875**	**7486899**
北　京	Beijing	2932627	780756	158995	1992876	15115	825772	1007330
天　津	Tianjin	257142	101180	14024	141938	957	66519	84794
河　北	Hebei	606203	242156	34041	330006	2582	198318	164123
山　西	Shanxi	454609	207697	24195	222717	2281	123006	112634
内蒙古	Inner Mongolia	367625	159571	18418	189636	3336	91191	93562
辽　宁	Liaoning	937967	360405	50208	527354	7221	235878	279785
吉　林	Jilin	265278	107708	14379	143191	1578	73488	74258
黑龙江	Heilongjiang	259778	86006	14295	159477	1737	73581	85001
上　海	Shanghai	1475183	398487	80119	996577	15263	487122	471725
江　苏	Jiangsu	1960937	746486	102335	1112116	13744	532111	556409
浙　江	Zhejiang	2998389	1231647	145944	1620798	43644	771233	698397
安　徽	Anhui	569445	229239	30795	309411	6945	165975	140363
福　建	Fujian	1028517	365522	57215	605780	9382	306491	226351
江　西	Jiangxi	392640	137313	21177	234150	1425	114451	101083
山　东	Shandong	1502185	636567	80697	784921	14469	386974	346480
河　南	Henan	813451	370483	40782	402186	3312	202652	184381
湖　北	Hubei	672902	285553	32906	354443	3330	170434	169276
湖　南	Hunan	1030054	387804	54462	587788	8859	236183	273907
广　东	Guangdong	3959008	1232451	234900	2491657	31124	1272966	1015498
广　西	Guangxi	503103	163198	27720	312185	8561	174819	142638
海　南	Hainan	998820	228727	56037	714056	3330	254345	301190
重　庆	Chongqing	493712	203113	23982	266617	2380	119645	122719
四　川	Sichuan	1024362	308095	58492	657775	10001	313078	263847
贵　州	Guizhou	226469	78267	12720	135482	2859	68105	62145
云　南	Yunnan	531599	172130	28510	330959	7882	166107	144744
西　藏	Tibet	46762	13253	2803	30706	53	16783	13229
陕　西	Shaanxi	720278	249039	37565	433674	2833	200078	189328
甘　肃	Gansu	202914	85545	12289	105080	2401	52231	51943
青　海	Qinghai	61449	16730	3354	41365	714	23345	16476
宁　夏	Ningxia	60923	22050	2868	36005	23	22214	14483
新　疆	Xinjiang	330218	140344	18735	171139	2305	97782	78802

Income and Distribution of Enterprises above Designated Size of Hotels by Region and Sector

单位：万元

Unit: 10000 yuan

#税金 Taxes	#差旅费 Travel Allowance	#工会经费 Trade Unions Funds	财务费用 Financial Expenses	#利息支出 Interest Expenses	营业利润 Operating Profits	利润总额 Total Profits	应交所得税 Income Tax Payable	应付职工薪酬 Payables to Employees
306434	**56667**	**31976**	**1135715**	**762005**	**218976**	**127328**	**274936**	**5193947**
56601	6201	4847	125831	118524	57325	60377	46118	695210
1702	217	641	15713	10652	-22305	-21805	502	52466
5560	1117	1345	32454	23453	-61544	-59630	2648	128271
3164	1162	498	23218	8908	-34741	-43859	1729	81083
3862	624	405	3410	3107	4926	-2205	1618	74671
14000	1911	866	27292	16343	-8320	-11627	6226	149386
3847	896	271	8456	6158	-11996	-8894	2189	44514
2935	642	279	7278	4741	-5126	-5685	2336	46313
11336	1757	1402	54554	23968	1538	12822	20541	261210
22734	2513	1360	87034	45145	-53869	-53743	11711	345997
23329	5241	3665	175764	145214	26837	42380	33548	493165
6976	1674	552	27794	22819	-15892	-13442	3995	113358
10312	2129	1390	46311	30591	36669	34375	13367	208015
3230	1099	483	17619	11092	2234	-11195	4094	69688
12117	2652	864	41707	21776	25566	13534	19068	247530
8398	1456	676	30773	16821	-18167	-15348	7662	134896
6916	1815	821	24116	14704	-5745	-8278	2043	107912
11145	2073	1364	68026	44347	18761	-7654	10020	181869
41835	8315	3206	141272	92978	94877	47443	38796	797187
6938	1463	984	21037	15370	-17903	-11899	-2957	106988
9237	1916	931	27554	6700	135808	142219	15808	166146
3841	1231	619	28212	18331	-2321	-2608	5214	86310
6491	2343	1158	45371	22332	44713	34691	9136	166294
2578	618	390	7953	4784	111	25	2664	47611
7169	1332	792	14995	11528	12435	8144	7332	108509
125	218	179	796	169	150	234	217	11593
7824	1563	952	18974	12772	27724	19705	4603	128585
2681	959	249	5225	3955	-1923	-4899	917	42036
944	235	105	914	391	1302	1414	96	14757
1408	92	66	2217	1052	-2814	-2448	78	12636
7201	1202	623	3847	3282	-9332	-4819	3617	69744

4-4-5 续表 1

一般旅馆

Fonda

地区	Region	主营业务收入 Revenue from Principal Business	主营业务成本 Cost of Principal Business	主营业务税金及附加 Taxes and Other Charges on Principal Business	主营业务利润 Profits from Principal Business	其他业务利润 Profits from Other Business	销售费用 Selling Expenses	管理费用 Administr-ative Expenses
全国	**National Total**	**4408539**	**1821410**	**227207**	**2359922**	**57637**	**1245537**	**937850**
北京	Beijing	532540	153540	29293	349707	10267	199376	153932
天津	Tianjin	83524	22535	4728	56261	1007	40428	19465
河北	Hebei	157307	82518	8572	66217	670	36170	31095
山西	Shanxi	130146	63481	7201	59464	2548	33245	26763
内蒙古	Inner Mongolia	94565	42174	4221	48170	123	20203	17476
辽宁	Liaoning	82084	42727	3854	35503	975	16212	16654
吉林	Jilin	19452	11638	1567	6247	265	3456	3399
黑龙江	Heilongjiang	55113	19167	3692	32254	187	16949	11947
上海	Shanghai	370147	80185	20538	269424	2374	139765	124296
江苏	Jiangsu	150967	64120	8122	78725	1671	46085	29772
浙江	Zhejiang	311912	86374	16998	208540	5764	121857	79771
安徽	Anhui	84216	37925	4495	41796	1375	22873	16284
福建	Fujian	133911	52562	7011	74338	1979	39500	28971
江西	Jiangxi	77999	37852	4078	36069	960	19168	13010
山东	Shandong	286297	146828	12525	126944	703	54127	40294
河南	Henan	361345	216805	12802	131738	3192	53347	39201
湖北	Hubei	167653	85608	7214	74831	1113	36541	24986
湖南	Hunan	190247	99673	8957	81617	1388	38027	24363
广东	Guangdong	440363	177761	25830	236772	10525	132495	92230
广西	Guangxi	54727	19017	3213	32497	784	19421	14003
海南	Hainan	8208	4452	431	3325	381	2179	1900
重庆	Chongqing	80629	45391	3079	32159	-575	13265	16771
四川	Sichuan	188643	73411	9758	105474	4634	53543	47640
贵州	Guizhou	42685	16610	2648	23427	657	12449	9747
云南	Yunnan	90208	44878	4689	40641	1502	21426	16136
西藏	Tibet							
陕西	Shaanxi	140837	58483	7555	74799	2697	35290	25675
甘肃	Gansu	27445	11404	1562	14479	178	7612	4517
青海	Qinghai	1676	938	93	645	3	211	443
宁夏	Ningxia	8487	3783	468	4236	118	2767	1550
新疆	Xinjiang	35209	19570	2016	13623	169	7551	5562

4-4-5 Continued 1

单位：万元

Unit: 10000 yuan

#税金 Taxes	#差旅费 Travel Allowance	#工会经费 Trade Unions Funds	财务费用 Financial Expenses	#利息支出 Interest Expenses	营业利润 Operating Profits	利润总额 Total Profits	应交所得税 Income Tax Payable	应付职工薪酬 Payables to Employees
38717	**11473**	**4440**	**111187**	**70805**	**146653**	**75327**	**53387**	**730154**
6076	1611	476	9201	7684	14471	15580	5796	105806
487	60	44	592	270	-3202	-3256	482	16261
2590	198	104	3169	1929	-3550	-5975	712	32181
1897	354	140	2417	887	-572	-5516	502	24220
1019	287	75	2397	1945	8218	2127	5312	14133
868	200	82	804	366	2808	863	1126	12866
130	52	15	785	453	-1132	-1590	34	3091
422	111	31	538	86	3007	1156	1105	7053
2018	937	260	8789	5998	3480	7045	6977	56677
661	120	100	4517	1793	347	-3548	1714	25022
2353	875	254	15808	12830	-4302	-5545	3055	52574
486	332	48	2981	2549	979	-314	924	13819
495	349	107	2839	1568	5021	4117	1733	27344
582	131	53	4006	3028	830	-416	492	13373
2890	1250	356	7003	4142	26184	19314	9102	38940
2141	469	201	5994	3296	36077	30857	4310	40655
1591	486	219	4852	1898	9516	3952	899	20926
1615	338	228	4029	1544	17063	4359	2204	26201
4902	1133	594	11583	6703	11988	2085	5033	77726
574	331	209	2506	1784	-2649	-644	-2853	11064
85	181	5	165	153	-537	-410	40	1609
335	175	53	1623	965	1891	1802	235	9616
2051	460	211	6490	3414	2600	842	1473	33108
222	167	67	1168	900	714	532	373	8585
789	211	141	2001	1458	2560	28	1372	16604
861	408	242	3614	2142	12924	7650	677	25803
220	115	19	567	411	1957	1360	330	5189
31	19	3	162	164	-167	-170		383
104	15	19	314	289	-277	-264	16	1636
224	100	86	273	156	406	-696	212	7687

4-4-5 续表 2

其他住宿服务
Others

地　区	Region	主营业务收入 Revenue from Principal Business	主营业务成本 Cost of Principal Business	主营业务税金及附加 Taxes and Other Charges on Principal Business	主营业务利润 Profits from Principal Business	其他业务利润 Profits from Other Business	销售费用 Selling Expenses	管理费用 Administrative Expenses
全　国	**National Total**	**561770**	**219207**	**29301**	**313262**	**3674**	**149804**	**149067**
北　京	Beijing	30361	9354	1572	19435	336	8897	12562
天　津	Tianjin	36109	12054	1869	22186	298	10959	10792
河　北	Hebei	35230	13890	1950	19390		5879	14878
山　西	Shanxi	24839	12177	1095	11567	107	7783	4974
内蒙古	Inner Mongolia	3501	1197	135	2169	121	629	829
辽　宁	Liaoning	17684	13008	483	4193		1607	3636
吉　林	Jilin	11677	6845	655	4177		2965	2648
黑龙江	Heilongjiang	5991	3034	362	2595	205	1533	704
上　海	Shanghai	82774	18662	4533	59579	484	23718	26281
江　苏	Jiangsu	24106	8149	1270	14687	2	8002	10243
浙　江	Zhejiang	13775	3580	752	9443	56	7235	2735
安　徽	Anhui	6820	3820	330	2670		740	2250
福　建	Fujian	24151	9466	1713	12972	105	6540	4589
江　西	Jiangxi	4875	1686	239	2950	10	1468	1511
山　东	Shandong	21475	9779	646	11050		3307	2257
河　南	Henan	21116	11624	969	8523		3056	1957
湖　北	Hubei	13627	7763	1029	4835	83	1062	2494
湖　南	Hunan	22288	12703	843	8742	532	3616	3602
广　东	Guangdong	52157	14586	3048	34523	380	18868	16739
广　西	Guangxi	7367	1197	406	5764	47	2448	1449
海　南	Hainan	2129	429	101	1599		1883	1000
重　庆	Chongqing	22650	13203	1150	8297	24	4580	2752
四　川	Sichuan	33042	13040	1839	18163	229	11686	6599
贵　州	Guizhou	5375	2465	260	2650	145	1468	1316
云　南	Yunnan	7358	2643	518	4197	408	1802	3393
西　藏	Tibet							
陕　西	Shaanxi	22790	8131	1138	13521	15	6070	5829
甘　肃	Gansu	5338	3485	219	1634	88	959	352
青　海	Qinghai	1237	390	68	779	1	504	256
宁　夏	Ningxia	1930	850	107	973		543	441
新　疆	Xinjiang							

单位：万元

Unit: 10000 yuan

#税金 Taxes	#差旅费 Travel Allowance	#工会经费 Trade Unions Funds	财务费用 Financial Expenses	#利息支出 Interest Expenses	营业利润 Operating Profits	利润总额 Total Profits	应交所得税 Income Tax Payable	应付职工薪酬 Payables to Employees
3664	**1295**	**505**	**15341**	**10301**	**2290**	**-6699**	**8773**	**101075**
251	69	83	2815	2633	-4501	-4473	67	6473
142	32	9	432	335	298	774	99	7101
178	82	8	1658	469	-3028	-3003	91	7047
165	29	9	876	711	-1964	-3215	4	4755
40	3		104		729	522	206	685
308	27	11	91	70	-1141	-2103	12	3459
37	45	10	585	54	-2021	-167	1	959
33	4	4	39		524	4	49	1272
358	90	44	1366	826	8699	9662	3200	12899
271	29	7	291	64	-3846	-4015	171	3955
21	21	16	281	211	-753	-743	74	3037
162	28	2	160	157	-587	-576	51	1808
186	85	17	863	666	1085	1052	662	4097
10	14	2	202	136	-221	-229		782
62	68	14	359	320	5127	4549	816	2218
152	78	40	438	245	2846	2550	847	2845
86	53	4	546	93	816	502	19	1406
163	52	42	454	318	1628	158	17	3891
476	133	38	1444	979	-2147	-3013	268	13630
22	62	8	42	12	1871	-27	1887	1007
	10	2	6		-1290	-1289	6	761
33	58	5	91	26	903	369	122	2694
166	46	41	1384	1165	-1277	-1337	62	5944
4	47	6	20	7	-9	-136	2	1259
74	28	43	260	258	-850	-840	26	1958
174	69	31	466	52	1056	760	9	3733
18	32		59		350	-172		643
	2	2			13	13	5	214
75	1	9	9	494	-19	-2276		543

4-4-6 各地区限额以上餐饮业企业损益及分配

地 区	Region	主营业务收入 Revenue from Principal Business	主营业务成本 Cost of Principal Business	主营业务税金及附加 Taxes and Other Charges on Principal Business	主营业务利润 Profits from Principal Business	其他业务利润 Profits from Other Business	销售费用 Selling Expenses	管理费用 Administrative Expenses
全 国	**National Total**	**37357138**	**19153916**	**1967969**	**16235253**	**148771**	**9785540**	**4038391**
北 京	Beijing	4785338	2163081	259831	2362426	25852	1640316	540186
天 津	Tianjin	919282	460545	50292	408445	5498	246165	95861
河 北	Hebei	450550	247892	24457	178201	440	117609	49677
山 西	Shanxi	797342	421368	41460	334514	3112	201704	96434
内蒙古	Inner Mongolia	517140	254155	24159	238826	979	108364	71416
辽 宁	Liaoning	1281754	674548	67879	539327	1706	285635	122386
吉 林	Jilin	191394	98631	8590	84173	492	27824	34218
黑龙江	Heilongjiang	257462	141376	19121	96965	639	46222	28503
上 海	Shanghai	3647226	1685212	199089	1762925	15148	1226464	425536
江 苏	Jiangsu	2946510	1445549	154469	1346492	-9235	822665	353744
浙 江	Zhejiang	2651758	1433686	142650	1075422	14721	651723	307670
安 徽	Anhui	709269	386611	36715	285943	3558	174306	83661
福 建	Fujian	1165716	639568	68002	458146	4029	258626	125397
江 西	Jiangxi	311700	176733	15824	119143	1735	61929	32948
山 东	Shandong	2792932	1574288	129646	1088998	6162	518607	295793
河 南	Henan	1287277	808773	56600	421904	11117	173583	86716
湖 北	Hubei	1289006	678731	70779	539496	4134	327414	138422
湖 南	Hunan	825342	470440	39161	315741	5682	163524	87232
广 东	Guangdong	5198468	2541023	285650	2371795	18487	1474973	498985
广 西	Guangxi	272664	138212	16427	118025	1365	71912	27179
海 南	Hainan	130469	66401	8227	55841	560	36814	15914
重 庆	Chongqing	1149968	726174	47418	376376	8974	178032	88818
四 川	Sichuan	1661658	837558	88432	735668	7742	432349	184174
贵 州	Guizhou	152146	78841	8686	64619	151	36230	23422
云 南	Yunnan	321776	174549	16861	130366	2974	73167	38735
西 藏	Tibet	7370	4843	431	2096		1652	93
陕 西	Shaanxi	1132442	572107	58713	501622	10713	299093	121523
甘 肃	Gansu	233678	125625	12428	95625	1048	54574	20323
青 海	Qinghai	34457	16253	1971	16233	14	9216	6585
宁 夏	Ningxia	124234	55612	8136	60486	464	38045	22116
新 疆	Xinjiang	110811	55534	5863	49414	512	26805	14726

Income and Distribution of Enterprises above Designated Size of Catering Services by Region

单位：万元
Unit: 10000 yuan

#税金 Taxes	#差旅费 Travel Allowance	#工会经费 Trade Unions Funds	财务费用 Financial Expenses	#利息支出 Interest Expenses	营业利润 Operating Profits	利润总额 Total Profits	应交所得税 Income Tax Payable	应付职工薪酬 Payables to Employees
167678	**73479**	**23616**	**515426**	**237153**	**2005060**	**1622929**	**526769**	**5473645**
16119	9736	3519	40600	18647	174686	171666	63614	809674
21440	741	576	6262	1669	70249	64763	19203	130373
1125	811	488	6861	4039	4495	2124	3155	80225
2875	1008	271	20229	7655	18557	4482	9119	118327
4147	1425	689	8241	3788	51744	30923	6561	93780
3439	2471	1403	13967	6966	119008	104182	25112	124513
1562	311	203	3258	1769	19344	15050	3443	23651
2343	275	404	1851	588	21150	16852	3576	32383
5315	4192	664	39111	4145	110624	126282	41021	527739
8125	4183	1117	45512	22614	115125	90561	37877	423366
11650	5077	1170	56262	37009	79105	89494	35483	439421
3063	1689	280	16450	9897	15129	5764	8823	111791
5076	2927	527	11284	7795	68808	61061	19440	197465
1601	412	180	4424	3011	21616	17215	2833	43553
17286	8132	1642	62055	24270	218629	178317	73000	337950
5581	1849	561	15403	4969	157025	127007	22240	128471
6929	2834	1849	27630	15024	50417	23524	13963	175010
3885	1997	872	15574	5946	55560	14242	10106	109866
22115	11763	3128	50535	26348	279516	221993	63754	795927
1084	528	86	3490	1275	16762	9678	6218	44563
686	306	98	1237	277	2451	-1849	360	17164
3430	2666	510	7945	2707	111711	64773	13090	137773
5222	3409	1624	25259	10599	101468	86880	23390	242249
1255	349	209	3316	2042	1746	-663	1290	31251
1133	813	172	4781	3351	16835	15718	4928	44034
	9	7	24	14	327	202	18	1375
6788	2440	949	14040	6184	81094	69829	9918	169401
1226	451	138	3385	1577	18384	9827	2569	36388
875	25	15	1363	210	-631	-509	87	7296
1611	434	189	4217	2321	-3428	-1496	238	25380
693	216	80	860	446	7556	5037	2343	13289

4-4-6 续表

国有控股

State-controlled Enterprises

地 区	Region	主营业务收入 Revenue from Principal Business	主营业务成本 Cost of Principal Business	主营业务税金及附加 Taxes and Other Charges on Principal Business	主营业务利润 Profits from Principal Business	其他业务利润 Profits from Other Business	销售费用 Selling Expenses	管理费用 Administrative Expenses
全 国	**National Total**	**1992729**	**999935**	**94206**	**898588**	**15155**	**502868**	**348331**
北 京	Beijing	438498	189578	22952	225968	5096	134191	79231
天 津	Tianjin	43127	27015	2142	13970	53	9889	6740
河 北	Hebei	24999	14547	1251	9201	51	6871	2819
山 西	Shanxi	68538	31497	3659	33382	568	8430	18674
内蒙古	Inner Mongolia	29006	11924	1203	15879		5050	10190
辽 宁	Liaoning	20091	10196	919	8976	82	3731	4066
吉 林	Jilin	29819	12539	1396	15884		4374	12324
黑龙江	Heilongjiang	11160	8982	496	1682	218	1380	905
上 海	Shanghai	180381	91710	7802	80869	1518	47646	26962
江 苏	Jiangsu	107746	50134	5970	51642	115	28633	27366
浙 江	Zhejiang	146420	76273	5821	64326	1061	37264	18678
安 徽	Anhui	44785	23419	2194	19172	256	11689	11238
福 建	Fujian	48408	25574	2116	20718	615	14745	7586
江 西	Jiangxi	12589	6824	575	5190	676	3568	1648
山 东	Shandong	203693	114045	8051	81597	1472	40568	33740
河 南	Henan	85056	48656	4115	32285	137	17426	5873
湖 北	Hubei	56946	37215	2236	17495	533	8814	8231
湖 南	Hunan	22603	10412	1050	11141	360	4656	5892
广 东	Guangdong	174922	82522	8310	84090	1021	47611	25497
广 西	Guangxi	7905	4226	401	3278	182	2133	2012
海 南	Hainan	844	547	29	268	13	121	167
重 庆	Chongqing	38691	20083	1742	16866	219	9227	9500
四 川	Sichuan	22993	9566	1238	12189	183	8040	4697
贵 州	Guizhou	14285	8427	643	5215	54	2543	3309
云 南	Yunnan	27484	16754	915	9815	155	3952	4445
西 藏	Tibet							
陕 西	Shaanxi	106514	55300	5776	45438	267	31975	11053
甘 肃	Gansu	10237	5799	417	4021	146	2378	1907
青 海	Qinghai	3760	1616	206	1938		1412	537
宁 夏	Ningxia	5252	1731	284	3237	6	3041	1303
新 疆	Xinjiang	5980	2828	297	2855	99	1513	1741

4-4-6 Continued

单位：万元
Unit: 10000 yuan

#税金 Taxes	#差旅费 Travel Allowance	#工会经费 Trade Unions Funds	财务费用 Financial Expenses	#利息支出 Interest Expenses	营业利润 Operating Profits	利润总额 Total Profits	应交所得税 Income Tax Payable	应付职工薪酬 Payables to Employees
10884	**3800**	**2630**	**29587**	**14490**	**67664**	**80051**	**23741**	**403377**
1997	935	1065	2744	1875	20461	25731	7302	110601
64	47	33	189	48	-2796	-2837	206	8133
100	8	32	841	583	-1279	-1132	37	5588
250	72	48	3942	351	2903	-1010	352	10114
332	55	19	422	24	203	-391	100	7417
32	39	15	789	777	468	-903	185	3270
14	12	10	506	44	-1319	-1375	43	4093
6	6	2	20	2	-405	-1286	45	2325
26	99	151	4022	260	19080	21194	1421	29748
964	128	91	1134	283	-5381	-6287	1237	25073
243	339	189	2129	1512	8258	25318	1280	28475
417	149	54	257	41	-3760	-4381	171	6747
417	37	54	321	218	-1201	-1391	720	9908
40	28	9	120	70	495	322	9	2719
1950	391	178	3094	878	5853	3837	5098	30894
112	28	12	352	10	8746	7890	1708	9331
207	116	47	1375	806	-379	-371	276	8103
118	109	25	811	576	133	-198	175	4227
1031	263	326	4494	3931	15945	12439	1623	37607
193	10	9	192	188	-876	-399	-355	2086
29	2	2	2	2	-10			210
286	203	22	167	349	-856	165	55	14666
146	79	32	228	177	-596	-1094	125	5339
482	26	37	29	8	-649	-845	26	6404
77	50	36	-146	41	1701	1592	437	5567
939	380	113	1266	1379	4743	6552	1336	18987
100	26	6	226	34	-343	-475	119	2601
150	3		14	13	-24	64	8	472
149	158	8	27		-1129	-429		1597
13	4	5	21	13	-321	-248	3	1072

4-4-7 各地区限额以上餐饮业企业损益及分配(按登记注册类型分)

内资企业

Domestic Funded Enterprises

地区	Region	主营业务收入 Revenue from Principal Business	主营业务成本 Cost of Principal Business	主营业务税金及附加 Taxes and Other Charges on Principal Business	主营业务利润 Profits from Principal Business	其他业务利润 Profits from Other Business	销售费用 Selling Expenses	管理费用 Administrative Expenses
全国	**National Total**	**27502212**	**14819419**	**1422140**	**11260653**	**126779**	**6471659**	**3149074**
北京	Beijing	3109176	1463942	168238	1476996	18755	1037911	394936
天津	Tianjin	479831	262440	25747	191644	2465	115253	61621
河北	Hebei	441184	242725	23960	174499	440	115634	48493
山西	Shanxi	708474	381053	36531	290890	3097	180149	89096
内蒙古	Inner Mongolia	501235	246603	23383	231249	979	104609	70730
辽宁	Liaoning	673000	394893	33834	244273	1089	111142	70697
吉林	Jilin	190076	97971	8550	83555	492	27652	34142
黑龙江	Heilongjiang	178847	97290	13807	67750	621	26909	23484
上海	Shanghai	1999698	995610	106767	897321	13669	601729	249373
江苏	Jiangsu	2122672	1121403	110055	891214	7150	540074	272467
浙江	Zhejiang	2074871	1153619	110425	810827	11520	485207	249871
安徽	Anhui	674246	372316	34758	267172	3558	159226	81669
福建	Fujian	821263	484755	48479	288029	2888	144885	95034
江西	Jiangxi	236791	136292	11579	88920	1735	43435	28091
山东	Shandong	2479269	1423356	112341	943572	6131	425044	267733
河南	Henan	1177876	760523	50424	366929	3688	133922	76778
湖北	Hubei	1007368	546638	55439	405291	4066	242041	110900
湖南	Hunan	674446	397468	31008	245970	5246	119262	76535
广东	Guangdong	3347533	1722945	183314	1441274	17296	819621	349260
广西	Guangxi	207896	110179	12780	84937	1216	52344	23035
海南	Hainan	115525	61597	7276	46652	280	32201	11153
重庆	Chongqing	1064586	690702	42813	331071	6300	145031	80696
四川	Sichuan	1419134	718891	74867	625376	3982	361482	162773
贵州	Guizhou	146739	76690	8348	61701	113	34882	22174
云南	Yunnan	241046	133898	12850	94298	1821	51826	32419
西藏	Tibet	7370	4843	431	2096		1652	93
陕西	Shaanxi	958041	495125	49015	413901	6144	243020	106719
甘肃	Gansu	205938	113260	10897	81781	1048	48081	18405
青海	Qinghai	33998	16075	1945	15978	14	8959	6555
宁夏	Ningxia	118337	52451	7819	58067	464	36862	21486
新疆	Xinjiang	85746	43868	4460	37418	512	21616	12659

Income and Distribution of Enterprises above Designated Size of Catering Services by Region and Type of Registration

单位：万元
Unit: 10000 yuan

#税金 Taxes	#差旅费 Travel Allowance	#工会经费 Trade Unions Funds	财务费用 Financial Expenses	#利息支出 Interest Expenses	营业利润 Operating Profits	利润总额 Total Profits	应交所得税 Income Tax Payable	应付职工薪酬 Payables to Employees
126326	**59903**	**19727**	**466401**	**208829**	**1256626**	**903608**	**337364**	**4114540**
7796	6330	2612	33019	13208	36048	47195	30648	539964
786	346	75	6157	1658	15939	12062	5434	81492
1038	780	487	6835	4039	3977	1772	3048	79082
2819	993	270	20229	7616	3832	-10175	5833	108047
4138	1418	685	8233	3788	48614	29322	6061	91385
3118	1283	737	11766	5972	51751	37950	8533	66646
1559	306	202	3236	1750	18997	15172	3440	23369
1693	215	371	1374	358	16899	13150	1685	24834
4288	2580	626	30349	3747	47725	50420	21371	300222
7260	3372	896	40433	19526	45505	22677	20306	322860
9982	4096	938	49115	30530	42302	55237	22391	337511
3057	1539	274	16095	9816	13785	4585	8521	106487
4215	2587	463	7856	4908	45108	38237	12672	145265
1081	390	180	4194	3010	14974	10574	2820	34301
16797	7810	1569	59082	23624	197969	154875	65892	297762
5476	1480	490	14332	4793	145293	115663	19580	116503
6264	2449	1716	24897	14234	31990	7921	9645	144769
3609	1942	863	14088	5912	41726	2043	6842	90205
18220	9565	2588	49066	22507	156227	110855	35693	519701
1084	515	85	3376	1271	7351	1601	4185	36663
297	254	75	1150	262	2444	-1047	348	14640
3370	2416	492	7737	2670	105036	58838	11744	125744
5143	3113	1453	23277	9009	81857	67167	18470	211771
1254	341	197	2918	1715	1783	258	1152	30314
1102	596	138	4693	3191	7359	6230	2783	34623
	9	7	24	14	327	202	18	1375
6573	2071	820	13333	5571	60386	48211	5476	149470
1192	449	137	3539	1577	12797	4300	1292	34828
875	21	15	1362	210	-598	-476	87	7171
1548	421	189	3709	1898	-3526	-1512	238	24489
693	216	80	926	446	2748	302	1157	13048

国有企业

State-owned Enterprises

地 区	Region	主营业务收入 Revenue from Principal Business	主营业务成本 Cost of Principal Business	主营业务税金及附加 Taxes and Other Charges on Principal Business	主营业务利润 Profits from Principal Business	其他业务利润 Profits from Other Business	销售费用 Selling Expenses	管理费用 Administrative Expenses
全 国	**National Total**	**949060**	**512906**	**42570**	**393584**	**7584**	**208821**	**173383**
北 京	Beijing	43074	19631	2148	21295	1905	15690	6323
天 津	Tianjin	18187	10151	794	7242	49	4536	3761
河 北	Hebei	22427	13323	1108	7996	-3	6673	2248
山 西	Shanxi	48252	29784	2288	16180	140	7507	4003
内蒙古	Inner Mongolia	20515	8270	800	11445		2829	8787
辽 宁	Liaoning	18843	9897	851	8095	82	3146	3791
吉 林	Jilin	26397	10842	1234	14321		3483	11709
黑龙江	Heilongjiang	10705	8778	445	1482	218	1208	867
上 海	Shanghai	47324	24074	2287	20963	327	11160	7824
江 苏	Jiangsu	76283	37917	3951	34415	114	19082	20899
浙 江	Zhejiang	66404	34792	2539	29073	68	11581	9127
安 徽	Anhui	27560	13879	1211	12470	212	8855	6793
福 建	Fujian	45314	24293	1994	19027	455	14003	6111
江 西	Jiangxi	12053	6560	549	4944	676	3421	1587
山 东	Shandong	166726	96309	6355	64062	1101	31770	26733
河 南	Henan	19329	14576	595	4158	42	1393	792
湖 北	Hubei	50568	33916	1993	14659	533	7225	7267
湖 南	Hunan	16596	7619	718	8259	57	3157	4343
广 东	Guangdong	98708	43829	5000	49879	823	27599	16843
广 西	Guangxi	8527	4801	442	3284	182	2156	2003
海 南	Hainan	844	547	29	268	13	121	167
重 庆	Chongqing	13249	9321	495	3433	7	2510	3612
四 川	Sichuan	17486	7793	929	8764	95	5142	3263
贵 州	Guizhou	10518	6542	447	3529	54	2176	2237
云 南	Yunnan	6999	3397	341	3261	19	1277	1980
西 藏	Tibet							
陕 西	Shaanxi	32851	21700	2099	9052	80	4259	3554
甘 肃	Gansu	10237	5799	417	4021	146	2378	1907
青 海	Qinghai	3373	1016	182	2175		1412	491
宁 夏	Ningxia	939	401	49	489		585	42
新 疆	Xinjiang	8772	3149	281	5342	189	2488	4321

4-4-7 Continued 1

单位：万元

Unit: 10000 yuan

#税金 Taxes	#差旅费 Travel Allowance	#工会经费 Trade Unions Funds	财务费用 Financial Expenses	#利息支出 Interest Expenses	营业利润 Operating Profits	利润总额 Total Profits	应交所得税 Income Tax Payable	应付职工薪酬 Payables to Employees
5566	**1741**	**1048**	**15433**	**9540**	**4871**	**-6219**	**8622**	**172184**
129	22	133	105	27	1839	1915	424	11659
42	17	18	100	45	-1106	-1151	143	4233
100	5	32	840	583	-1768	-1133	12	4939
228	53	13	682	375	4127	168	322	5813
321	36	17	40	20	-212	-490	88	5738
28	39	15	788	777	448	-926	184	3186
14	11	9	249	16	-1121	-1184	43	3482
6	6	2	17	2	-392	-1273	45	2253
2	5	79	140	-2	2048	2139	316	6833
495	107	49	1197	279	-6654	-6909	508	17806
141	116	87	1878	1460	6556	6553	294	8768
333	129	37	196	25	-3166	-3742	34	4102
206	35	51	275	154	-795	-982	677	8465
40	27	9	120	70	458	285	9	2626
1401	242	150	2146	513	4654	2957	4917	24947
57	17	9	85	6	1933	1370	143	1719
201	118	50	922	368	-208	-154	94	6985
96	104	22	446	243	363	232	175	3025
745	94	105	4457	3924	1357	-2006	182	19694
194	10	8	192	188	-884	-407	-354	2104
29	2	2	2	2	-10			210
84	119	16	-268	2	-1439	-859	25	2941
80	63	24	226	172	229	-266	74	3946
40	21	32	22	8	-885	-947	7	3592
45	7	12	26	27	-3	-89	19	1154
247	271	51	293	194	1019	2372	113	5899
100	26	6	226	34	-343	-475	119	2604
150	3		13	13	259	262	8	363
1	2	6	1		-138	-140		339
13	36	5	20	16	-1296	-1340	3	2759

集体企业

Collective-owned Enterprises

地 区	Region	主营业务收入 Revenue from Principal Business	主营业务成本 Cost of Principal Business	主营业务税金及附加 Taxes and Other Charges on Principal Business	主营业务利润 Profits from Principal Business	其他业务利润 Profits from Other Business	销售费用 Selling Expenses	管理费用 Administrative Expenses
全 国	**National Total**	**331842**	**199182**	**16031**	**116629**	**3657**	**58397**	**42031**
北 京	Beijing	28801	15228	1492	12081	2	8547	3791
天 津	Tianjin	6270	3586	297	2387		1634	871
河 北	Hebei	4912	2236	156	2520	2	1140	1231
山 西	Shanxi	9392	4181	420	4791	13	2250	1641
内蒙古	Inner Mongolia	1698	821	77	800		607	132
辽 宁	Liaoning	17663	11248	877	5538	31	1099	2202
吉 林	Jilin	6199	4150	286	1763		533	697
黑龙江	Heilongjiang	607	514	55	38			
上 海	Shanghai	24441	13015	1400	10026	322	6843	3689
江 苏	Jiangsu	21359	11898	1144	8317		4710	3375
浙 江	Zhejiang	2883	1222	157	1504	1	795	920
安 徽	Anhui	5266	2321	284	2661	4	1157	1385
福 建	Fujian	9913	4819	582	4512		2499	2107
江 西	Jiangxi	3232	1462	181	1589		578	706
山 东	Shandong	55084	36650	2377	16057	67	4253	4951
河 南	Henan	17964	13950	808	3206	7	966	737
湖 北	Hubei	7383	3617	380	3386		1333	1176
湖 南	Hunan	1386	846	110	430		131	147
广 东	Guangdong	66678	39580	3482	23616	3096	13958	8504
广 西	Guangxi	2014	1196	295	523	14	312	222
海 南	Hainan							
重 庆	Chongqing	16726	14558	196	1972	65	365	426
四 川	Sichuan	8269	4145	424	3700	23	2561	902
贵 州	Guizhou							
云 南	Yunnan	2159	1262	114	783	10	502	389
西 藏	Tibet							
陕 西	Shaanxi	10118	5959	360	3799		1559	1273
甘 肃	Gansu	1228	574	59	595		66	504
青 海	Qinghai							
宁 夏	Ningxia	200	144	18	38			54
新 疆	Xinjiang							

4-4-7 Continued 2

单位：万元

Unit: 10000 yuan

#税金 Taxes	#差旅费 Travel Allowance	#工会经费 Trade Unions Funds	财务费用 Financial Expenses	#利息支出 Interest Expenses	营业利润 Operating Profits	利润总额 Total Profits	应交所得税 Income Tax Payable	应付职工薪酬 Payables to Employees
2381	**607**	**442**	**3777**	**1134**	**15476**	**11372**	**3192**	**50692**
110	38	16	190	61	-445	-405	62	5308
	7	2	17		-101	-143	14	1097
34	31	1	11	4	141	172	6	918
9	17	1	219	38	47	43	36	1720
14	1		1	1	59	59		354
15	10	1	46		2222	1445	61	852
102	22	4	22	13	511	302	62	942
					38	38		176
18	8	11	102		-285	327	189	5386
47	21	3	289	9	-57	-424	87	2529
157	22	6	16	5	-226	-183	5	861
1	9	2	33	4	90	77	58	847
15	48	25	243	232	-337	-380	115	2989
	1		98	98	207	207	53	135
417	184	37	591	154	6328	6192	696	5667
146	21	5	188	15	1323	1017	101	1351
50	8	6	343	121	533	-632		950
4			33		118	52	10	218
782	88	290	659	203	3601	2987	1332	13028
			6	2	-2		-24	418
8	27	21	191	69	1055	488	204	1518
39	29	6	54	26	206	105	107	1341
37	1	1	16		-115	-111	1	406
359	16	2	411	78	556	139	17	1337
		1			25	17		327
18	2				-17	-17		17

4-4-7 续表 3

股份合作企业

Cooperative Enterprises

地区	Region	主营业务收入 Revenue from Principal Business	主营业务成本 Cost of Principal Business	主营业务税金及附加 Taxes and Other Charges on Principal Business	主营业务利润 Profits from Principal Business	其他业务利润 Profits from Other Business	销售费用 Selling Expenses	管理费用 Administrative Expenses
全国	**National Total**	**291672**	**154861**	**15598**	**121213**	**1001**	**65897**	**35568**
北京	Beijing	50318	28888	2789	18641	206	13953	4280
天津	Tianjin	8250	1721	427	6102		3479	1665
河北	Hebei	5218	3226	321	1671	5	1256	228
山西	Shanxi	5485	4696	76	713		472	139
内蒙古	Inner Mongolia	4972	2970	64	1938		747	774
辽宁	Liaoning	4718	2969	831	918		935	608
吉林	Jilin	1596	695	88	813		890	87
黑龙江	Heilongjiang	878	391	59	428		84	137
上海	Shanghai	6215	2562	319	3334	39	2171	1430
江苏	Jiangsu	6144	3378	347	2419		1940	454
浙江	Zhejiang	16248	11235	753	4260	109	1676	981
安徽	Anhui	2828	1265	168	1395		1010	257
福建	Fujian	2468	1334	179	955		481	378
江西	Jiangxi	9319	5740	516	3063	107	665	1923
山东	Shandong	25640	12925	1618	11097	43	5622	3987
河南	Henan	5129	3930	138	1061	80	350	245
湖北	Hubei	8724	4054	354	4316	11	2177	1158
湖南	Hunan	9353	5096	382	3875	66	1075	478
广东	Guangdong	49572	23577	2740	23255	121	9613	5631
广西	Guangxi	6503	3250	390	2863	95	1645	744
海南	Hainan							
重庆	Chongqing	6424	4939	228	1257		864	562
四川	Sichuan	43064	18814	2165	22085		12553	6894
贵州	Guizhou	1522	713	58	751		344	293
云南	Yunnan	710	632	56	22		208	154
西藏	Tibet							
陕西	Shaanxi	7707	3847	343	3517	119	1469	1655
甘肃	Gansu	2489	1884	187	418		190	417
青海	Qinghai	181	130	1	50		32	9
宁夏	Ningxia							
新疆	Xinjiang							

4-4-7 Continued 3

单位：万元

Unit: 10000 yuan

#税金 Taxes	#差旅费 Travel Allowance	#工会经费 Trade Unions Funds	财务费用 Financial Expenses	#利息支出 Interest Expenses	营业利润 Operating Profits	利润总额 Total Profits	应交所得税 Income Tax Payable	应付职工薪酬 Payables to Employees
2507	**618**	**389**	**4202**	**2079**	**16741**	**16700**	**3782**	**43626**
43	90	10	276	83	338	341	106	6899
			3		956	1084	196	1904
			23	5	168	88	85	1061
			58	56	44	44	14	351
1	1		57	11	361	-57	482	1930
16	13	3	111	12	-737	-1419	8	448
	1	2	34	28	-199	-192		247
1			115		92	-12	104	192
2	17	22	68	-7	-238	1698	344	1509
7	20	1	49		-23	-104	14	982
40	35	64	348	277	1365	1132	366	2228
9	1		126	110	1	1	1	426
	2	6	1		96	96	47	316
33	16	14	95	44	488	434	91	1241
140	149	32	544	259	988	364	77	2948
100	3	9	24	1	522	450	125	672
347	70	45	154	39	843	827	62	1112
67			72	2	2361	1117	85	988
824	18	17	483	6	7649	7660	710	6929
19	5	9	129		424	448	-27	1504
23	17	10	48	29	-216	-251	33	593
717	38	110	1206	971	1533	3049	761	7040
	3	2			115	40	16	190
4	2	5	13	13	-354	-361		231
89	104	12	153	138	358	430	86	1328
27	15	19	13	2	-202	-214		265
					9	9		95

联营企业

Joint Ownership Enterprises

地　区	Region	主营业务收入 Revenue from Principal Business	主营业务成本 Cost of Principal Business	主营业务税金及附加 Taxes and Other Charges on Principal Business	主营业务利润 Profits from Principal Business	其他业务利润 Profits from Other Business	销售费用 Selling Expenses	管理费用 Administrative Expenses
全　国	**National Total**	**48734**	**37846**	**1244**	**9644**	**262**	**4300**	**2374**
北　京	Beijing	263	135	14	114	7	23	82
天　津	Tianjin							
河　北	Hebei	705	377	36	292		230	26
山　西	Shanxi							
内蒙古	Inner Mongolia							
辽　宁	Liaoning							
吉　林	Jilin	2604	1795	146	663	254	306	425
黑龙江	Heilongjiang							
上　海	Shanghai	3565	1730	200	1635		1335	309
江　苏	Jiangsu	949	529	53	367		347	
浙　江	Zhejiang	588	414	22	152		134	49
安　徽	Anhui	1774	1634	44	96			53
福　建	Fujian							
江　西	Jiangxi	2041	1359	137	545			286
山　东	Shandong	2186	1847	59	280		199	58
河　南	Henan							
湖　北	Hubei	22101	18786	58	3257		663	581
湖　南	Hunan	1729	558	97	1074		605	
广　东	Guangdong	5364	4297	297	770		283	311
广　西	Guangxi	739	407	35	297		144	125
海　南	Hainan							
重　庆	Chongqing							
四　川	Sichuan	202	95	35	72			66
贵　州	Guizhou							
云　南	Yunnan							
西　藏	Tibet							
陕　西	Shaanxi							
甘　肃	Gansu	3925	3885	11	29		32	3
青　海	Qinghai							
宁　夏	Ningxia							
新　疆	Xinjiang							

4-4-7 Continued 4

单位：万元

Unit: 10000 yuan

#税金 Taxes	#差旅费 Travel Allowance	#工会经费 Trade Unions Funds	财务费用 Financial Expenses	#利息支出 Interest Expenses	营业利润 Operating Profits	利润总额 Total Profits	应交所得税 Income Tax Payable	应付职工薪酬 Payables to Employees
60	**238**	**42**	**524**	**74**	**2735**	**1088**	**644**	**3907**
					15	15	6	30
					36	36	13	222
	5		113	45	74	74	16	437
			33		-4	-4		352
			7		13	13	3	172
			3		-34	-32		105
14			45		-2	-2		111
					258		258	102
4	18	20	21		3	-57	211	232
33	212	21	201	7	1813	453		754
			26	15	444	473	118	36
1	2		74	6	92	93	11	1117
8		1	1	1	28	27	7	123
					6	6		7
			1		-7	-7		108

有限责任公司

Limited Liability Corporations

地区	Region	主营业务收入 Revenue from Principal Business	主营业务成本 Cost of Principal Business	主营业务税金及附加 Taxes and Other Charges on Principal Business	主营业务利润 Profits from Principal Business	其他业务利润 Profits from Other Business	销售费用 Selling Expenses	管理费用 Administrative Expenses
全国	**National Total**	**6736800**	**3343108**	**354780**	**3038912**	**40631**	**1839246**	**858644**
北京	Beijing	1113979	519024	60148	534807	9162	375724	146516
天津	Tianjin	170124	83147	9586	77391	1086	46130	20249
河北	Hebei	90757	48221	5322	37214	109	26090	11121
山西	Shanxi	122986	61550	6688	54748	606	24704	28329
内蒙古	Inner Mongolia	171698	76059	9186	86453	862	49242	31138
辽宁	Liaoning	122522	73715	5407	43400	180	26537	11457
吉林	Jilin	43826	22795	2127	18904	76	3765	8685
黑龙江	Heilongjiang	32557	17333	2017	13207	60	4756	6271
上海	Shanghai	283222	136989	13342	132891	3508	73702	44468
江苏	Jiangsu	368093	169509	20014	178570	2980	115512	52474
浙江	Zhejiang	391529	198461	20891	172177	3211	106356	60659
安徽	Anhui	135639	75029	6872	53738	1173	31577	19400
福建	Fujian	117193	58736	6715	51742	743	30406	17281
江西	Jiangxi	43979	22393	2342	19244	363	11542	4833
山东	Shandong	439674	231159	20059	188456	1903	106215	63417
河南	Henan	224938	125053	11060	88825	1309	48784	25746
湖北	Hubei	366806	178483	23683	164640	1242	112383	40932
湖南	Hunan	151914	86435	6899	58580	2728	35893	19174
广东	Guangdong	920256	422342	45962	451952	4307	225777	84982
广西	Guangxi	50717	27273	3018	20426	3	14284	3693
海南	Hainan	64921	31094	4134	29693	235	21049	6039
重庆	Chongqing	217122	123480	9599	84043	2232	43993	22715
四川	Sichuan	432706	223210	24108	185388	451	117293	51516
贵州	Guizhou	65752	32451	3793	29508	10	17832	10856
云南	Yunnan	74180	43592	3826	26762	819	14937	7116
西藏	Tibet	4391	3370	271	750		605	65
陕西	Shaanxi	417576	203197	22109	192270	958	123704	47092
甘肃	Gansu	50139	26277	3031	20831	163	14813	5041
青海	Qinghai	12960	6569	760	5631	6	4040	1860
宁夏	Ningxia	22399	9682	1200	11517	84	8221	4201
新疆	Xinjiang	12247	6482	612	5153	62	3382	1320

4-4-7 Continued 5

单位：万元

Unit: 10000 yuan

#税金 Taxes	#差旅费 Travel Allowance	#工会经费 Trade Unions Funds	财务费用 Financial Expenses	#利息支出 Interest Expenses	营业利润 Operating Profits	利润总额 Total Profits	应交所得税 Income Tax Payable	应付职工薪酬 Payables to Employees
28386	**16932**	**6261**	**125281**	**61680**	**184023**	**129092**	**75657**	**1064221**
3049	2362	1420	12257	5377	9460	18146	14240	202861
373	131	13	2315	309	9783	8483	2863	29219
206	270	41	853	421	-741	-1322	574	18132
666	135	54	5187	1283	-2814	-5226	569	19094
1047	488	120	3980	2269	2909	-451	617	34666
508	216	51	1645	633	3941	3698	1646	9731
603	98	37	836	282	5673	4687	995	5906
291	39	261	223	131	2016	1529	176	3799
1372	448	219	4933	283	31854	30870	3917	40891
1613	708	224	5102	2531	8491	4856	4347	62832
1432	583	248	11641	6165	-260	-1755	3558	57013
523	210	40	3254	2145	669	-415	1727	20035
1163	279	30	2908	2138	1822	331	1871	22704
215	97	14	1385	976	1800	1542	438	7034
3720	1007	237	13489	8808	7351	6517	6911	65493
693	251	51	4282	1661	11033	5798	2909	30827
1335	693	1036	14551	10378	-1460	-7954	4380	57502
361	977	436	2177	1391	4145	2009	616	21467
3397	4808	532	13966	7561	37290	28316	10514	131021
139	80	2	654	178	1768	124	1630	8132
64	110	43	599	36	2258	810	185	8830
582	341	74	1553	503	18003	6098	1850	30471
1083	1315	485	7111	2222	9889	5615	4173	67904
494	97	48	1567	578	-740	-1175	588	13226
489	163	70	1013	445	4501	4567	1145	10085
	9	7	15	14	66	33		725
1632	649	390	5288	1799	17187	14743	2925	65595
485	160	47	700	318	440	242	164	9804
483	6	537	45	-745	-462	21	2793	
340	183	17	923	577	-1744	-1368	93	4912
27	21	16	338	224	177	208	15	1516

4-4-7 续表 6

股份有限公司

Share-holding Corporations Ltd.

地区	Region	主营业务收入 Revenue from Principal Business	主营业务成本 Cost of Principal Business	主营业务税金及附加 Taxes and Other Charges on Principal Business	主营业务利润 Profits from Principal Business	其他业务利润 Profits from Other Business	销售费用 Selling Expenses	管理费用 Administr-ative Expenses
全国	**National Total**	**1166946**	**557505**	**59438**	**550003**	**8276**	**286008**	**143329**
北京	Beijing	226601	86848	12308	127445	1559	73532	33024
天津	Tianjin	11090	3629	656	6805	660	4560	1563
河北	Hebei	23311	12721	1008	9582		6939	1903
山西	Shanxi	12493	5923	668	5902	593	3486	1232
内蒙古	Inner Mongolia	72278	40975	1620	29683		8165	5479
辽宁	Liaoning	5700	3162	390	2148		1431	619
吉林	Jilin	20290	7904	987	11399	145	6646	2123
黑龙江	Heilongjiang	1570	135	14	1421		110	58
上海	Shanghai	10034	5482	494	4058	922	4154	364
江苏	Jiangsu	52928	28235	3059	21634	59	11675	5818
浙江	Zhejiang	62039	30854	3100	28085	95	21686	8849
安徽	Anhui	18628	10882	993	6753	13	4472	2501
福建	Fujian	6465	3630	303	2532		968	354
江西	Jiangxi	10096	5853	717	3526	3	1602	1002
山东	Shandong	185766	68847	9794	107125	134	44885	35598
河南	Henan	27070	17358	1297	8415	9	4590	2097
湖北	Hubei	27826	14595	1355	11876	608	5044	4266
湖南	Hunan	28406	15476	1519	11411	452	5734	3985
广东	Guangdong	78494	39640	3662	35192	300	19367	9452
广西	Guangxi	2024	834	88	1102		453	337
海南	Hainan	7565	3977	521	3067	7	1815	955
重庆	Chongqing	121250	79025	6865	35360	1393	5777	6904
四川	Sichuan	57498	26998	3170	27330	132	14889	8254
贵州	Guizhou	1721	804	91	826		753	52
云南	Yunnan	1053	718	65	270		249	126
西藏	Tibet							
陕西	Shaanxi	74159	33572	3715	36872	898	26647	4904
甘肃	Gansu	7186	4082	276	2828	143	1957	397
青海	Qinghai							
宁夏	Ningxia	2170	1037	77	1056	9	510	242
新疆	Xinjiang	11236	4311	629	6296	142	3913	873

4-4-7 Continued 6

单位：万元

Unit: 10000 yuan

#税金 Taxes	#差旅费 Travel Allowance	#工会经费 Trade Unions Funds	财务费用 Financial Expenses	#利息支出 Interest Expenses	营业利润 Operating Profits	利润总额 Total Profits	应交所得税 Income Tax Payable	应付职工薪酬 Payables to Employees
5120	**2285**	**1244**	**26671**	**9133**	**122179**	**128016**	**21061**	**196071**
684	872	303	2752	2250	25088	25581	5689	52939
			1329		1354	1316		2952
21	43	4	376	48	365	387	124	3266
84	23	2	484	298	1294	585	35	1952
691	155	219	1530	109	14521	11389	944	6214
109	6	21	12		86	-85	89	394
238	43	41	964	851	1811	1794	61	3176
7					1253	1250		84
3	46	26	-9	12	471	501	113	1822
54	24	18	1781	975	2418	1596	411	7886
95	234	66	471	164	-1870	15173	511	13358
284	53	14	1090	716	-1297	-2493	30	3754
3	7	2	48	5	1163	281	37	780
10	13		23	3	902	761	129	2114
624	203	116	9188	427	17494	17759	4239	22701
248	26	7	136	23	1602	1596	121	3769
120	55	59	801	496	2348	1321	144	2778
146	105	40	2056	976	87	-3177	137	4331
426	107	136	676	168	14849	14734	1186	13817
2	2	2	14	9	299		303	352
15	2	4	120	52	185	84	1	847
223	57	12	1428	309	22752	23541	4167	22150
360	88	110	604	323	3715	3489	835	7443
3	11	8	3	3	19	19	5	412
	3		21	7	-126	-128	26	44
594	72	27	670	820	8899	8296	972	13420
66		3	9	1	609	331	294	1332
	5		60	60	255	278		439
13	30	5	37	30	1634	1838	460	1549

私营企业
Private Enterprises

地 区	Region	主营业务收入 Revenue from Principal Business	主营业务成本 Cost of Principal Business	主营业务税金及附加 Taxes and Other Charges on Principal Business	主营业务利润 Profits from Principal Business	其他业务利润 Profits from Other Business	销售费用 Selling Expenses	管理费用 Administrative Expenses
全 国	**National Total**	**16728952**	**9294744**	**868527**	**6565681**	**61515**	**3759564**	**1773641**
北 京	Beijing	1646141	794188	89337	762616	5914	550442	200920
天 津	Tianjin	220668	131202	11472	77994	599	48022	28218
河 北	Hebei	271503	149225	14896	107382	220	68666	29206
山 西	Shanxi	461893	247481	24330	190082	1722	129439	48327
内蒙古	Inner Mongolia	194345	101532	9669	83144	117	35529	19934
辽 宁	Liaoning	471494	276455	23715	171324	796	71325	47862
吉 林	Jilin	80223	43894	3198	33131	17	10717	9938
黑龙江	Heilongjiang	108583	56480	9357	42746	343	17298	13712
上 海	Shanghai	1606229	802649	87641	715939	8551	497201	189840
江 苏	Jiangsu	1544856	839713	78472	626671	3997	374519	184554
浙 江	Zhejiang	1526082	870909	82374	572799	8036	341842	168667
安 徽	Anhui	441136	244820	22949	173367	1807	103311	46623
福 建	Fujian	592434	362467	36164	193803	1476	88379	64603
江 西	Jiangxi	145637	86912	6463	52262	547	23592	16575
山 东	Shandong	1368595	842293	59987	466315	2232	184067	108798
河 南	Henan	829014	545395	34769	248850	2236	73418	44962
湖 北	Hubei	469893	262934	25399	181560	1494	102327	51269
湖 南	Hunan	433613	259912	19940	153761	1833	69162	46068
广 东	Guangdong	1927727	1037248	110549	779930	7698	477761	204011
广 西	Guangxi	122843	65655	7568	49620	887	29192	14460
海 南	Hainan	31028	20028	1771	9229		6630	3007
重 庆	Chongqing	602261	401801	22314	178146	2011	79527	40496
四 川	Sichuan	827841	420923	42446	364472	3281	200270	89039
贵 州	Guizhou	56939	31289	3340	22310	37	11051	6808
云 南	Yunnan	128795	69446	7018	52331	924	25780	20980
西 藏	Tibet	2979	1474	161	1344		1047	28
陕 西	Shaanxi	345957	190528	17022	138407	3666	72559	39258
甘 肃	Gansu	117463	64419	6366	46678	579	25787	9363
青 海	Qinghai	15243	7244	877	7122	9	3066	4065
宁 夏	Ningxia	92103	40861	6446	44796	368	27452	16897
新 疆	Xinjiang	45434	25370	2515	17549	120	10188	5153

4-4-7 Continued 7

单位：万元

Unit: 10000 yuan

#税金 Taxes	#差旅费 Travel Allowance	#工会经费 Trade Unions Funds	财务费用 Financial Expenses	#利息支出 Interest Expenses	营业利润 Operating Profits	利润总额 Total Profits	应交所得税 Income Tax Payable	应付职工薪酬 Payables to Employees
75350	**34734**	**9349**	**273878**	**117426**	**827569**	**572411**	**212222**	**2408104**
3781	2947	730	17439	5409	-247	1602	10120	260269
245	166	26	1972	1207	3868	1442	2095	36050
539	405	393	4539	2952	5192	3115	2114	46989
1769	732	183	12159	4546	1793	-3532	3799	71709
1731	627	290	2284	1366	25509	17212	3748	34238
2419	979	614	8665	4303	44266	33399	5945	47270
599	125	110	959	516	11533	9328	2035	7990
1059	135	30	918	175	11457	9429	1161	15389
2886	2048	269	24791	3409	12311	13641	16093	240213
4857	2414	572	31649	15662	40035	22831	14600	224559
7904	3097	463	34716	22449	35593	33125	17622	254159
1589	1045	167	10591	6468	14709	10021	6102	70356
2641	2137	330	3972	2240	40252	36495	9265	102586
763	222	143	2281	1665	10483	7062	1806	19481
9243	5282	910	28560	10991	146963	109162	46085	145001
4026	1132	401	9012	2991	123689	101887	15629	72892
3931	1094	458	7137	2512	22336	10328	4689	67589
2655	705	353	8695	3019	31872	529	5595	56594
10694	4126	1242	26798	9663	80505	51432	19077	302033
652	318	37	2146	729	4708	859	2937	21246
189	103	20	316	172	-724	-1911	134	3539
2080	1699	299	4266	1464	55731	25903	4954	58125
2813	1565	597	13494	5111	64910	53959	12021	120729
641	188	80	1201	1047	3266	2387	479	10761
502	264	50	3076	2336	3770	3078	1375	18864
			9		261	169	18	650
3134	613	325	5762	2372	24530	16703	1187	51404
497	213	60	2454	1109	9645	2690	666	18615
161	12	15	804	152	-575	-737	58	3413
1188	230	164	2723	1261	-1909	-291	134	18721
163	111	22	490	134	1837	1098	680	6674

其他企业

Other Enterprises

地 区	Region	主营业务收入 Revenue from Principal Business	主营业务成本 Cost of Principal Business	主营业务税金及附加 Taxes and Other Charges on Principal Business	主营业务利润 Profits from Principal Business	其他业务利润 Profits from Other Business	销售费用 Selling Expenses	管理费用 Administrative Expenses
全 国	**National Total**	**1248207**	**719268**	**63953**	**464986**	**3854**	**249427**	**120103**
北 京	Beijing							
天 津	Tianjin	45241	29004	2516	13721	71	6892	5294
河 北	Hebei	22352	13396	1113	7843	106	4641	2532
山 西	Shanxi	47973	27438	2061	18474	23	12291	5426
内蒙古	Inner Mongolia	35729	15975	1968	17786		7491	4487
辽 宁	Liaoning	32061	17446	1763	12852		6669	4157
吉 林	Jilin	8941	5895	482	2564		1310	479
黑龙江	Heilongjiang	23948	13659	1861	8428		3454	2438
上 海	Shanghai	18670	9109	1086	8475		5164	1449
江 苏	Jiangsu	52063	30226	3015	18822		12289	4894
浙 江	Zhejiang	9097	5732	589	2776		1138	619
安 徽	Anhui	41416	22485	2237	16694	349	8844	4656
福 建	Fujian	47477	29477	2541	15459	214	8150	4201
江 西	Jiangxi	10434	6013	675	3746	39	2036	1179
山 东	Shandong	235599	133327	12092	90180	652	48033	24190
河 南	Henan	54432	40261	1758	12413	5	4421	2199
湖 北	Hubei	54067	30253	2218	21596	178	10889	4250
湖 南	Hunan	31448	21525	1344	8579	111	3505	2341
广 东	Guangdong	200734	112433	11622	76679	949	45264	19527
广 西	Guangxi	14528	6764	944	6820	35	4159	1452
海 南	Hainan	11167	5951	822	4394	25	2587	985
重 庆	Chongqing	87555	57579	3116	26860	592	11996	5981
四 川	Sichuan	32068	16915	1589	13564		8774	2840
贵 州	Guizhou	10287	4891	619	4777	11	2727	1928
云 南	Yunnan	27150	14851	1429	10870	50	8874	1675
西 藏	Tibet							
陕 西	Shaanxi	69674	36322	3367	29985	424	12823	8983
甘 肃	Gansu	13272	6340	552	6380	17	2859	773
青 海	Qinghai	2242	1117	125	1000		409	130
宁 夏	Ningxia	526	327	29	170	3	94	50
新 疆	Xinjiang	8057	4558	422	3077		1645	993

4-4-7 Continued 8

单位：万元

Unit: 10000 yuan

#税金 Taxes	#差旅费 Travel Allowance	#工会经费 Trade Unions Funds	财务费用 Financial Expenses	#利息支出 Interest Expenses	营业利润 Operating Profits	利润总额 Total Profits	应交所得税 Income Tax Payable	应付职工薪酬 Payables to Employees
6956	**2748**	**954**	**16635**	**7764**	**83033**	**51147**	**12185**	**175735**
126	26	16	422	97	1185	1032	122	6037
138	26	17	193	27	584	428	120	3554
65	34	17	1441	1020	-660	-2257	1059	7407
335	110	39	342	13	5467	1660	183	8246
23	20	32	500	247	1526	1837	600	4765
4		1	61		714	363	229	1190
330	35	79	101	51	2435	2189	199	2941
5	8		291	51	1569	1247	399	3218
187	79	30	359	71	1282	818	336	6094
214	9	3	43	11	1178	1224	35	1020
304	92	14	761	349	2781	1138	569	6858
187	80	19	410	139	2908	2396	660	7425
20	13		193	154	378	284	35	1568
1248	726	69	4545	2471	14189	11982	2756	30774
206	29	9	605	96	5193	3546	553	5272
247	200	41	788	313	5785	3733	277	7101
280	51	13	583	266	2336	808	107	3547
1350	321	267	1954	977	10884	7640	2680	32062
72	99	27	235	165	1010	551	-285	2785
	37	6	113		734	-29	27	1214
370	156	61	520	294	9150	3919	512	9947
50	17	120	582	184	1369	1212	500	3361
76	21	27	124	79	8	-66	57	2133
25	156	1	528	364	-316	-726	216	3839
520	348	12	757	170	7837	5528	177	10487
17	36	3	136	113	2630	1716	49	1773
80			8		453	453		507
			2		27	25	11	62
477	19	32	41	42	397	-1501		549

港、澳、台商投资企业

Enterprises with Funds from Hongkong, Macao and Taiwan

地区	Region	主营业务收入 Revenue from Principal Business	主营业务成本 Cost of Principal Business	主营业务税金及附加 Taxes and Other Charges on Principal Business	主营业务利润 Profits from Principal Business	其他业务利润 Profits from Other Business	销售费用 Selling Expenses	管理费用 Administrative Expenses
全国	**National Total**	**3030675**	**1266330**	**167529**	**1596816**	**13883**	**1098083**	**311611**
北京	Beijing	601253	229862	32764	338627	1444	227121	52507
天津	Tianjin	19695	9351	1059	9285	315	5945	3037
河北	Hebei	6820	4332	359	2129		1062	671
山西	Shanxi	8553	2307	484	5762	15	2768	1714
内蒙古	Inner Mongolia	3271	1277	190	1804		310	251
辽宁	Liaoning	71559	31935	3991	35633	3	21857	7334
吉林	Jilin	785	243	6	536		48	19
黑龙江	Heilongjiang	39315	22934	2755	13626	2	7932	3123
上海	Shanghai	775971	329576	44011	402384	2046	277776	86984
江苏	Jiangsu	157365	62946	8818	85601	622	50934	27966
浙江	Zhejiang	57037	26143	2790	28104	780	21018	6572
安徽	Anhui	27864	10761	1562	15541		12552	1690
福建	Fujian	170162	75657	9352	85153	320	65618	11154
江西	Jiangxi	17916	12283	1058	4575		3522	727
山东	Shandong	48095	23019	2478	22598	-16	15631	5288
河南	Henan	5815	2638	445	2732	2228	1786	914
湖北	Hubei	41313	21726	2157	17430	51	9852	5304
湖南	Hunan	15263	9347	607	5309	137	2589	1336
广东	Guangdong	745636	309981	40777	394878	1451	277499	71942
广西	Guangxi	5796	2133	330	3333		3049	185
海南	Hainan	13760	4165	885	8710	279	4395	4562
重庆	Chongqing	13424	3688	756	8980	2674	6893	3744
四川	Sichuan	74619	26110	4022	44487	38	32621	6544
贵州	Guizhou	754	282	72	400		24	225
云南	Yunnan	26913	12920	1372	12621	1116	10838	1400
西藏	Tibet							
陕西	Shaanxi	81011	30396	4390	46225	378	34212	6318
甘肃	Gansu	711	321	40	350		230	100
青海	Qinghai							
宁夏	Ningxia							
新疆	Xinjiang							

4-4-7 Continued 9

单位：万元
Unit: 10000 yuan

#税金 Taxes	#差旅费 Travel Allowance	#工会经费 Trade Unions Funds	财务费用 Financial Expenses	#利息支出 Interest Expenses	营业利润 Operating Profits	利润总额 Total Profits	应交所得税 Income Tax Payable	应付职工薪酬 Payables to Employees
6916	**5500**	**1363**	**24400**	**13520**	**184444**	**180568**	**50985**	**461566**
1046	1774	655	6192	4074	56263	56106	17112	92243
			50	4	566	472	219	2659
2	28		21		375	305	98	895
49	6	1	54	39	1220	1223		1944
			6		1238	828	85	296
124	202	57	236	62	6178	6262	1441	7457
1					469			140
316	38	21	170	13	2231	1884	1017	3760
538	944	20	3085	276	42053	51895	12725	134198
661	255	18	1742	772	5622	4511	2031	24470
56	102	4	1368	559	379	-1980	686	9210
6	148	6	336	81	964	801	269	4195
331	231	48	3063	2543	5614	4414	1881	25838
377	10	1	186	1	140	133	13	2941
237	244	53	1148	358	516	-68	466	7471
55	25	10	331		1930	1807	238	791
96	128	17	863	497	1462	1246	311	6189
74	5	3	631	33	943	42	91	1623
2303	954	280	1984	2050	44902	40350	9637	108782
	14	1	13		87	70	39	806
385	45	24	65	15	-31	-840		2340
50	15	2	43	37	1035	229	26	1231
37	53	5	1588	1354	3774	3589	752	8764
			13	13	138		138	186
12	134	18	230	127	1269	1278	356	1999
162	147	120	983	613	5089	5993	1350	10976
	1				20	20	5	163

4-4-7 续表 10

外商投资企业

Foreign Funded Enterprises

地　区	Region	主营业务收入 Revenue from Principal Business	主营业务成本 Cost of Principal Business	主营业务税金及附加 Taxes and Other Charges on Principal Business	主营业务利润 Profits from Principal Business	其他业务利润 Profits from Other Business	销售费用 Selling Expenses	管理费用 Administrative Expenses
全　国	**National Total**	**6824250**	**3068166**	**378300**	**3377784**	**8109**	**2215798**	**577706**
北　京	Beijing	1074909	469277	58829	546803	5652	375284	92742
天　津	Tianjin	419755	188755	23487	207513	2718	124967	31203
河　北	Hebei	2546	835	138	1573		913	513
山　西	Shanxi	80316	38008	4446	37862		18787	5623
内蒙古	Inner Mongolia	12634	6276	586	5772		3444	435
辽　宁	Liaoning	537195	247720	30054	259421	614	152636	44356
吉　林	Jilin	533	418	34	81		124	57
黑龙江	Heilongjiang	39299	21152	2560	15587	16	11380	1897
上　海	Shanghai	871557	360026	48311	463220	-567	346959	89178
江　苏	Jiangsu	666473	261200	35596	369677	-17008	231658	53311
浙　江	Zhejiang	519850	253924	29435	236491	2421	145498	51227
安　徽	Anhui	7159	3534	396	3229		2528	302
福　建	Fujian	174290	79156	10171	84963	821	48123	19209
江　西	Jiangxi	56993	28158	3187	25648		14973	4130
山　东	Shandong	265568	127912	14827	122829	47	77932	22773
河　南	Henan	103586	45613	5731	52242	5201	37875	9025
湖　北	Hubei	240325	110366	13183	116776	17	75521	22219
湖　南	Hunan	135634	63626	7546	64462	299	41674	9361
广　东	Guangdong	1105298	508098	61559	535641	-260	377853	77783
广　西	Guangxi	58971	25901	3317	29753	149	16519	3958
海　南	Hainan	1184	640	66	478		218	199
重　庆	Chongqing	71958	31784	3850	36324		26108	4378
四　川	Sichuan	167906	92556	9543	65807	3721	38246	14858
贵　州	Guizhou	4654	1869	266	2519	38	1324	1023
云　南	Yunnan	53817	27730	2640	23447	37	10503	4916
西　藏	Tibet							
陕　西	Shaanxi	93390	46587	5308	41495	4191	21861	8485
甘　肃	Gansu	27030	12045	1491	13494		6262	1818
青　海	Qinghai	459	177	26	256		258	31
宁　夏	Ningxia	5897	3161	317	2419		1183	630
新　疆	Xinjiang	25065	11666	1402	11997		5189	2067

单位：万元
Unit: 10000 yuan

#税金 Taxes	#差旅费 Travel Allowance	#工会经费 Trade Unions Funds	财务费用 Financial Expenses	#利息支出 Interest Expenses	营业利润 Operating Profits	利润总额 Total Profits	应交所得税 Income Tax Payable	应付职工薪酬 Payables to Employees
34437	**8076**	**2526**	**24626**	**14804**	**563991**	**538754**	**138421**	**897538**
7277	1632	252	1390	1366	82374	68365	15854	177467
20654	396	501	55	7	53744	52229	13550	46222
85	4	1	5		143	47	10	248
8	9		-54		13506	13434	3286	8336
9	7	4	2		1892	774	415	2099
197	986	608	1965	932	61078	59969	15138	50409
2	5		22	19	-121	-122	3	142
334	23	12	306	217	2020	1818	874	3789
489	669	18	5677	123	20846	23968	6925	93319
205	555	202	3338	2316	63997	63374	15539	76037
1612	879	229	5779	5920	36424	36236	12406	92700
	3		20		379	379	34	1109
530	109	17	366	344	18086	18410	4887	26363
143	11		44		6502	6508		6311
253	79	20	1824	288	20145	23510	6642	32717
51	344	61	740	176	9803	9537	2422	11177
569	256	116	1870	293	16966	14357	4006	24051
203	49	6	856	1	12891	12158	3173	18038
1593	1245	260	-516	1792	78388	70788	18424	167444
			101	5	9324	8008	1994	7094
4	7		22		38	38	13	184
9	235	15	165		5640	5706	1321	10798
42	243	166	395	236	15837	16124	4168	21715
1	8	12	386	315	-175	-921		751
19	82	16	-141	33	8207	8210	1789	7412
53	221	10	-277		15619	15625	3093	8954
34	1	1	154		5368	5507	1272	1396
	5		1		-33	-33		125
63	14		508	423	98	16		891
			-66		4808	4735	1186	241

4-4-8 各地区限额以上餐饮业企业损益及分配(按国民经济行业分)

正餐服务

Dinner

地　区	Region	主营业务收入 Revenue from Principal Business	主营业务成本 Cost of Principal Business	主营业务税金及附加 Taxes and Other Charges on Principal Business	主营业务利润 Profits from Principal Business	其他业务利润 Profits from Other Business	销售费用 Selling Expenses	管理费用 Administrative Expenses
全　国	**National Total**	**28295834**	**14892807**	**1484986**	**11918041**	**124543**	**6950904**	**3300638**
北　京	Beijing	3516697	1607317	191876	1717504	13703	1180331	430241
天　津	Tianjin	462088	246149	24888	191051	2599	117661	55109
河　北	Hebei	446869	245695	24277	176897	438	116394	49494
山　西	Shanxi	708801	377506	36789	294506	3062	182531	90592
内蒙古	Inner Mongolia	507956	249736	22956	235264	979	106764	70901
辽　宁	Liaoning	729498	424520	37223	267755	1362	122943	78681
吉　林	Jilin	189480	96982	8558	83940	492	27700	34123
黑龙江	Heilongjiang	239417	133695	18177	87545	624	39638	26666
上　海	Shanghai	2598897	1206797	143086	1249014	11122	848475	321378
江　苏	Jiangsu	2000605	1050517	104939	845149	7343	506040	280347
浙　江	Zhejiang	2026669	1116579	110199	799891	11197	489572	257410
安　徽	Anhui	634490	349467	33134	251889	3509	147632	81039
福　建	Fujian	877074	488928	53362	334784	3284	172097	106459
江　西	Jiangxi	246074	142583	11966	91525	1735	46508	28278
山　东	Shandong	2450341	1400579	111781	937981	5749	423751	270098
河　南	Henan	1149620	727914	50465	371241	10737	151954	77919
湖　北	Hubei	1024208	560069	56551	407588	3902	242148	114080
湖　南	Hunan	664582	389858	30821	243903	5432	119757	76652
广　东	Guangdong	3458004	1719798	189590	1548616	15398	891826	368670
广　西	Guangxi	204346	108609	12692	83045	1216	51092	22322
海　南	Hainan	124944	64493	7921	52530	559	35883	14314
重　庆	Chongqing	975680	607636	39397	328647	6140	158818	75282
四　川	Sichuan	1178505	605194	63728	509583	4052	301665	141861
贵　州	Guizhou	148160	77492	8471	62197	151	35820	22269
云　南	Yunnan	252230	140631	13381	98218	1821	54668	32795
西　藏	Tibet	6972	4657	414	1901		1514	81
陕　西	Shaanxi	1039798	527482	53744	458572	6042	266396	115070
甘　肃	Gansu	204180	112262	10795	81123	1048	47622	18366
青　海	Qinghai	34277	16123	1970	16184	14	9185	6576
宁　夏	Ningxia	123060	55085	8082	59893	464	37657	21988
新　疆	Xinjiang	72316	38457	3757	30102	370	16865	11578

Income and Distribution of Enterprises above Designated Size of Catering Services by Region and Sector

单位：万元

Unit: 10000 yuan

#税金 Taxes	#差旅费 Travel Allowance	#工会经费 Trade Unions Funds	财务费用 Financial Expenses	#利息支出 Interest Expenses	营业利润 Operating Profits	利润总额 Total Profits	应交所得税 Income Tax Payable	应付职工薪酬 Payables to Employees
132568	**58867**	**19205**	**486120**	**218809**	**1260863**	**897793**	**347973**	**4262027**
11021	7440	2554	40238	17130	87842	88584	45156	611034
733	391	56	6028	1658	16225	11266	5264	78350
1096	805	486	6858	4037	4590	2210	3149	79242
2863	1000	269	20319	7631	3445	-10092	5828	109145
4129	1410	685	8204	3788	50334	30129	6371	92327
3290	1475	760	13166	7070	54293	39746	9061	71498
1562	311	203	3257	1769	19331	15036	3442	23576
2321	253	397	1697	451	20292	16053	3315	30175
3779	3604	414	34286	3921	76785	78780	26910	364354
7660	3181	701	40601	19794	25572	2322	16455	312564
10063	4094	901	50292	31692	18524	31729	21063	341682
3030	1430	266	15440	9175	11331	3333	7888	102386
4884	2688	481	9910	6209	51558	44152	14872	158977
1601	412	180	4394	3004	14120	9993	2437	36948
16955	7772	1596	59957	23999	190049	147409	64634	298314
5207	1792	551	14559	4889	137280	108760	19244	115429
6238	2530	1689	25661	14880	30078	6942	9419	147551
3663	1973	863	14123	5778	39233	1338	6924	88472
19588	5693	2531	51573	22909	166433	118354	37818	538412
1066	505	77	3345	1237	7456	1611	4349	36174
636	284	87	1224	268	1683	-2033	360	16389
3217	2489	465	6887	2524	94767	49882	8951	123781
4734	3132	1401	22257	9503	48026	34390	10668	182571
1255	343	208	3316	2042	886	-739	1276	30766
1102	630	150	4845	3240	7909	6820	2856	35475
	7		20	7	288	163	18	1284
6541	2133	827	13671	5685	72892	61188	7954	157210
1207	448	138	3530	1577	12644	4148	1287	34415
875	25	15	1363	210	-640	-518	87	7201
1611	432	187	4214	2321	-3502	-1536	236	25228
646	187	69	888	415	1141	-1627	681	11099

快餐服务
Snack

地 区	Region	主营业务收入 Revenue from Principal Business	主营业务成本 Cost of Principal Business	主营业务税金及附加 Taxes and Other Charges on Principal Business	主营业务利润 Profits from Principal Business	其他业务利润 Profits from Other Business	销售费用 Selling Expenses	管理费用 Administrative Expenses
全 国	**National Total**	**7429134**	**3453580**	**403732**	**3571822**	**14514**	**2383271**	**562347**
北 京	Beijing	1076521	457787	58758	559976	11879	403058	87408
天 津	Tianjin	414364	190925	23282	200157	2863	118745	34041
河 北	Hebei	3135	1919	128	1088		1130	124
山 西	Shanxi	83572	40496	4551	38525	56	18243	5702
内蒙古	Inner Mongolia	4071	1688	211	2172		984	383
辽 宁	Liaoning	528689	239022	29766	259901	315	156400	40204
吉 林	Jilin	1914	1649	32	233		124	96
黑龙江	Heilongjiang	16696	6851	879	8966		6314	1684
上 海	Shanghai	650919	319939	35317	295663	450	226981	56926
江 苏	Jiangsu	809598	325360	42599	441639	-16997	276135	64845
浙 江	Zhejiang	548422	271872	29428	247122	2307	147553	41025
安 徽	Anhui	64146	30542	3227	30377	49	25068	2226
福 建	Fujian	265082	134019	13673	117390	741	84788	16940
江 西	Jiangxi	58497	28596	3375	26526		15261	4266
山 东	Shandong	309046	151714	16364	140968	38	90245	22560
河 南	Henan	111293	64261	5302	41730	171	20838	7038
湖 北	Hubei	233663	106083	12690	114890	7	75021	20494
湖 南	Hunan	145979	71203	7781	66995	58	42933	9929
广 东	Guangdong	1485209	688651	82372	714186	219	515087	100877
广 西	Guangxi	67729	29368	3702	34659	149	20550	4814
海 南	Hainan	5526	1908	306	3312		931	1600
重 庆	Chongqing	127230	85604	6879	34747	2674	15434	8272
四 川	Sichuan	204200	107045	11334	85821	3607	55359	15389
贵 州	Guizhou	2552	812	146	1594		122	702
云 南	Yunnan	60303	26876	3308	30119	1116	18161	4397
西 藏	Tibet	398	187	18	193		138	12
陕 西	Shaanxi	82717	38863	4596	39258	4671	31058	5252
甘 肃	Gansu	28273	12903	1550	13820		6308	1930
青 海	Qinghai							
宁 夏	Ningxia	899	362	53	484		364	65
新 疆	Xinjiang	38495	17078	2106	19311	142	9940	3149

4-4-8 Continued 1

单位：万元

Unit: 10000 yuan

#税金 Taxes	#差旅费 Travel Allowance	#工会经费 Trade Unions Funds	财务费用 Financial Expenses	#利息支出 Interest Expenses	营业利润 Operating Profits	利润总额 Total Profits	应交所得税 Income Tax Payable	应付职工薪酬 Payables to Employees
30838	**11444**	**3299**	**21276**	**15420**	**621115**	**604428**	**150832**	**979496**
4924	1237	681	-91	1048	81571	77880	15962	166095
20621	174	509	88	11	53368	52578	13617	44793
1	2		-1	-1	-165	-156	6	884
10	8	1	-134	24	14748	14527	3291	8400
9	7	4	11		794	772	186	753
56	872	603	713	-139	62898	62633	15713	49316
			1		13	14		75
12	12	4	137	135	832	773	256	1970
427	122	23	4033	14	8177	12384	6004	106852
278	872	296	4109	2349	79274	78898	19591	96920
927	863	204	5250	4891	55509	54965	13189	85883
10	255	14	951	681	2181	2130	836	7834
99	218	40	1333	1585	15080	14775	4256	34563
			20		6981	6975	169	6118
204	277	36	1961	160	26038	28884	8054	36360
330	51	9	653	64	13346	12009	2576	10459
543	265	135	1567	11	17598	14602	4090	22577
215	14	8	1009	139	13204	12336	3179	18907
1853	5443	412	-2474	2897	100168	90457	22804	216882
18	24	9	145	39	9298	8056	1860	8189
49	22	12	13	9	768	184		775
5	15	8	873	44	13033	12250	4009	8468
18	204	152	870	859	17513	17708	4316	25678
					771			263
27	157	4	109	98	8568	8537	2003	5786
	3	7	4	7	38	38		91
157	299	118	311	464	7308	7859	1923	10771
	1		-155		5737	5676	1279	1552
1	2	2	3		52	18		92
47	30	11	-29	31	6415	6664	1662	2190

4-4-8 续表 2

饮料及冷饮服务

Beverage and Cold Drink

地　区	Region	主营业务收入 Revenue from Principal Business	主营业务成本 Cost of Principal Business	主营业务税金及附加 Taxes and Other Charges on Principal Business	主营业务利润 Profits from Principal Business	其他业务利润 Profits from Other Business	销售费用 Selling Expenses	管理费用 Administr-ative Expenses
全　国	**National Total**	**388955**	**122582**	**21198**	**245175**	**402**	**166534**	**32094**
北　京	Beijing	83976	24136	4226	55614	15	37859	8068
天　津	Tianjin	1932	710	117	1105		903	169
河　北	Hebei	346	168	19	159		72	23
山　西	Shanxi							
内蒙古	Inner Mongolia	3200	1920	960	320		29	15
辽　宁	Liaoning	10641	3683	472	6486	15	4142	846
吉　林	Jilin							
黑龙江	Heilongjiang	971	476	66	429	15	271	146
上　海	Shanghai	138025	37427	7122	93476	125	64236	11118
江　苏	Jiangsu	28504	7660	1626	19218		16054	396
浙　江	Zhejiang	14773	5650	711	8412	168	3992	2998
安　徽	Anhui	1933	986	87	860		712	196
福　建	Fujian	5280	3322	490	1468	5	525	407
江　西	Jiangxi	370	89	21	260		152	
山　东	Shandong	8584	3975	423	4186		2369	304
河　南	Henan	1867	1255	74	538		172	169
湖　北	Hubei	1411	633	76	702		319	496
湖　南	Hunan	637	193	45	399		336	6
广　东	Guangdong	61548	20610	3448	37490		26456	3858
广　西	Guangxi							
海　南	Hainan							
重　庆	Chongqing	1866	1738	11	117		49	16
四　川	Sichuan	21316	7277	1135	12904	59	7559	2413
贵　州	Guizhou	1435	537	70	828		288	451
云　南	Yunnan	343	139	1	203		41	
西　藏	Tibet							
陕　西	Shaanxi							
甘　肃	Gansu							
青　海	Qinghai							
宁　夏	Ningxia							
新　疆	Xinjiang							

4-4-8 Continued 2

单位：万元
Unit: 10000 yuan

			财务费用 Financial Expenses		营业利润 Operating Profits	利润总额 Total Profits	应交所得税 Income Tax Payable	应付职工薪酬 Payables to Employees
#税金 Taxes	#差旅费 Travel Allowance	#工会经费 Trade Unions Funds		#利息支出 Interest Expenses				
851	**889**	**246**	**920**	**470**	**45982**	**43900**	**10103**	**49903**
39	437	148	106	110	9572	9285	2184	11882
10	10		11		22	22	8	376
	2		1	1	63	63		86
6	8		4		272			360
37	63	18	67	15	1446	1426	160	1227
9	6	2	7		21	18	5	188
91	113	7	77	295	18172	19888	5153	20371
1	6		108		2661	2635	52	1456
55	45	13	142	19	1461	-1161	191	2468
7			18		-66	-128	23	311
15	9	4	33	2	508	489	53	723
			1		108			48
10	2	1	41	3	1473	811	48	578
7	1	1	10	3	188	188	36	154
1	3	1	8		-122	-121	3	497
1			2		54	40		196
541	172	49	177	17	6999	7813	1620	6917
	6		3		49	49	12	43
20	2	2	105	5	2850	2344	541	1765
	6				89	76	14	221
					162	162		37

其他餐饮服务

Others

地 区	Region	主营业务收入 Revenue from Principal Business	主营业务成本 Cost of Principal Business	主营业务税金及附加 Taxes and Other Charges on Principal Business	主营业务利润 Profits from Principal Business	其他业务利润 Profits from Other Business	销售费用 Selling Expenses	管理费用 Administrative Expenses
全 国	**National Total**	**1243214**	**684947**	**58054**	**500213**	**9312**	**284831**	**143313**
北 京	Beijing	108144	73841	4971	29332	255	19069	14470
天 津	Tianjin	40899	22760	2007	16132	36	8857	6543
河 北	Hebei	200	110	34	56	2	13	36
山 西	Shanxi	4970	3366	120	1484	-6	930	139
内蒙古	Inner Mongolia	1914	812	32	1070		587	117
辽 宁	Liaoning	12925	7323	419	5183	15	2150	2656
吉 林	Jilin							
黑龙江	Heilongjiang	379	355		24			8
上 海	Shanghai	259386	121050	13565	124771	3451	86772	36114
江 苏	Jiangsu	107804	62013	5304	40487	419	24437	8157
浙 江	Zhejiang	61895	39585	2312	19998	1049	10606	6238
安 徽	Anhui	8701	5616	267	2818		895	200
福 建	Fujian	18280	13299	477	4504		1216	1591
江 西	Jiangxi	6758	5466	463	829		8	404
山 东	Shandong	24962	18020	1078	5864	376	2243	2831
河 南	Henan	24496	15343	759	8394	208	619	1591
湖 北	Hubei	29724	11946	1463	16315	225	9926	3352
湖 南	Hunan	14144	9186	514	4444	192	499	645
广 东	Guangdong	193707	111965	10240	71502	2870	41604	25580
广 西	Guangxi	589	236	34	319		270	42
海 南	Hainan							
重 庆	Chongqing	45192	31196	1132	12864	160	3732	5248
四 川	Sichuan	257638	118042	12235	127361	23	67766	24512
贵 州	Guizhou							
云 南	Yunnan	8900	6902	171	1827	37	297	1542
西 藏	Tibet							
陕 西	Shaanxi	9926	5762	372	3792		1639	1201
甘 肃	Gansu	1226	460	83	683		644	27
青 海	Qinghai	181	130	1	50		32	9
宁 夏	Ningxia	276	166	2	108		24	63
新 疆	Xinjiang							

4-4-8 Continued 3

单位：万元

Unit: 10000 yuan

#税金 Taxes	#差旅费 Travel Allowance	#工会经费 Trade Unions Funds	财务费用 Financial Expenses	#利息支出 Interest Expenses	营业利润 Operating Profits	利润总额 Total Profits	应交所得税 Income Tax Payable	应付职工薪酬 Payables to Employees
3422	**2280**	**866**	**7110**	**2454**	**77101**	**76808**	**17862**	**182219**
135	623	136	348	359	-4300	-4082	312	20664
77	167	11	136		633	897	313	6855
28	4	2	2	2	7	7		12
3		1	44		364	46		782
3			23		343	21	5	340
56	62	21	22	21	371	376	178	2472
1	5	1	10	1	7	7		50
1019	354	221	715	-84	7490	15230	2955	36163
187	124	121	695	471	7618	6706	1779	12426
606	75	51	579	407	3611	3961	1039	9388
16	4		41	41	1683	429	76	1259
78	12	3	10		1663	1646	258	3202
			10	7	408	247	227	439
118	82	10	96	108	1070	1214	264	2698
37	5	1	181	14	6211	6050	384	2429
147	36	24	394	134	2864	2101	451	4385
6	10	1	441	28	3070	528	3	2292
134	455	136	1259	526	5915	5369	1512	33716
					8	11	9	201
208	157	36	183	139	3862	2592	118	5480
450	72	70	2027	233	33079	32439	7865	32236
4	26	18	-172	13	197	199	69	2736
91	8	4	58	35	894	783	41	1420
19	1		10		3	3	3	420
					9	9		95
					22	22	2	60

4-5-1 限额以上住宿和餐饮业产业活动单位和个体经营户基本情况

Basic Conditions of Establishments and Getihus above Designated Size of Hotels and Catering Services

项　目	Item	单位数（个）Number of Units (unit)	年末从业人数（人）Engaged Persons at the Year-end (person)
总　计	**Total**	**35669**	**1245475**
一、住宿业	**Hotels**	**3867**	**245920**
(一)按登记注册类型分	**by Type of Registration**		
1.内资企业	**Domestic Funded Enterprises**	**922**	**129989**
国有企业	State-owned Enterprises	265	30399
集体企业	Collective-owned Enterprises	42	3008
股份合作企业	Cooperative Enterprises	9	1082
联营企业	Joint Ownership Enterprises	3	718
国有联营企业	State Joint Ownership Enterprises	1	512
集体联营企业	Collective Joint Ownership Enterprises		
国有与集体联营企业	Joint State-collective Enterprises		
其他联营企业	Other Joint Ownership Enterprises	2	206
有限责任公司	Limited Liability Corporations	285	51237
国有独资公司	State Sole Funded Corporations	9	1274
其他有限责任公司	Other Limited Liability Corporations	276	49963
股份有限公司	Share-holding Corporations Ltd.	59	10722
私营企业	Private Enterprises	230	30739
私营独资企业	Private-funded Enterprises	61	10369
私营合伙企业	Private Partnership Enterprises	16	948
私营有限责任公司	Private Limited Liability Corporations	142	18288
私营股份有限公司	Private Share-holding Corporations Ltd.	11	1134
其他企业	Other Enterprises	29	2084
2.港、澳、台商投资企业	**Enterprises with Funds from Hongkong, Macao and Taiwan**	**37**	**15011**
合资经营企业	Joint-venture Enterprises	23	8259
合作经营企业	Cooperative Enterprises	1	892
独资经营企业	Enterprises with Sole Investment	11	5216
投资股份有限公司	Share-holding Corporations Ltd. with Investment	2	644
其他港澳台商投资企业	Other Enterprises with Funds from Hongkong, Macao and Taiwan		
3.外商投资企业	**Foreign Funded Enterprises**	**31**	**10676**
中外合资经营企业	Joint-venture Enterprises	11	5119
中外合作经营企业	Cooperative Enterprises	6	2808
外资企业	Enterprises with Sole Foreign Investment	11	2319
外商投资股份有限公司	Share-holding Corporations Ltd. With Foreign Investment	2	405
其他外商投资企业	Other Foreign Funded Enterprises	1	25
4.个体经营户	**Getihus**	**2877**	**90244**
(二)按国民经济行业分	**by Sector**		
旅游饭店	Tourist Hotel	1428	157111
一般旅馆	Fonda	2300	82460
其他住宿服务	Others	139	6349

4-5-1 续表 1 Continued 1

项　目	Item	单位数 (个) Number of Units (unit)	年末从业人数 (人) Engaged Persons at the Year-end (person)	年末餐饮营业面积 (平方米) Business Area of Catering Services at the Year-end (m²)
二、餐饮业	**Catering Services**	**31802**	**999555**	**26809987**
(一)按登记注册类型分	**by Type of Registration**			
1.内资企业	**Domestic Funded Enterprises**	**1118**	**72407**	**1826360**
国有企业	State-owned Enterprises	146	10854	309738
集体企业	Collective-owned Enterprises	73	3886	96263
股份合作企业	Cooperative Enterprises	4	731	10234
联营企业	Joint Ownership Enterprises	5	265	10100
国有联营企业	State Joint Ownership Enterprises	1	67	200
集体联营企业	Collective Joint Ownership Enterprises	1	51	300
国有与集体联营企业	Joint State-collective Enterprises	1	70	3000
其他联营企业	Other Joint Ownership Enterprises	2	77	6600
有限责任公司	Limited Liability Corporations	136	14798	257936
国有独资公司	State Sole Funded Corporations	7	277	5446
其他有限责任公司	Other Limited Liability Corporations	129	14521	252490
股份有限公司	Share-holding Corporations Ltd.	26	3880	78850
私营企业	Private Enterprises	518	28703	757989
私营独资企业	Private-funded Enterprises	288	11791	391698
私营合伙企业	Private Partnership Enterprises	45	1821	42335
私营有限责任公司	Private Limited Liability Corporations	169	13634	291229
私营股份有限公司	Private Share-holding Corporations Ltd.	16	1457	32727
其他企业	Other Enterprises	210	9290	305250

4-5-1 续表 2 continued 2

项 目	Item	单位数（个）Number of Units (unit)	年末从业人数（人）Engaged Persons at the Year-end (person)	年末餐饮营业面积（平方米）Business Area of Catering Services at the Year-end (㎡)
2.港、澳、台商投资企业	**Enterprises with Funds from Hongkong, Macao and Taiwan**	**22**	**1944**	**38528**
合资经营企业	Joint-venture Enterprises	6	601	12166
合作经营企业	Cooperative Enterprises	2	82	958
独资经营企业	Enterprises with Sole Investment	13	1151	17404
投资股份有限公司	Share-holding Corporations Ltd. with Investment			
其他港澳台商投资企业	Other Enterprises with Funds from Hongkong, Macao and Taiwan	1	110	8000
3.外商投资企业	**Foreign Funded Enterprises**	**73**	**5073**	**67709**
中外合资经营企业	Joint-venture Enterprises	4	435	5130
中外合作经营企业	Cooperative Enterprises	4	729	17385
外资企业	Enterprises with Sole Foreign Investment	59	3556	40216
外商投资股份有限公司	Share-holding Corporations Ltd. With Foreign Investment	4	267	3498
其他外商投资企业	Other Foreign Funded Enterprises	2	86	1480
4.个体经营户	**Getihus**	**30589**	**920131**	**24877390**
(二)按国民经济行业分	**by Sector**			
正餐服务	Dinner	29790	938739	25400078
快餐服务	Snack	889	33406	684373
饮料及冷饮服务	Beverage and Cold Drink	334	8588	225795
其他餐饮服务	Others	789	18822	499741

4-5-2 各地区限额以上住宿和餐饮业产业活动单位和个体经营户基本情况

Basic Conditions of Establishments and Getihus above Designated Size of Hotels and Catering Services by Region

地区	Region	住宿业 Hotels		餐饮业 Catering Services	
		单位数（个）Number of Units (unit)	年末从业人数（人）Engaged Persons at the Year-end (person)	单位数（个）Number of Units (unit)	年末从业人数（人）Engaged Persons at the Year-end (person)
全国	**National Total**	**3867**	**245920**	**31802**	**999555**
北京	Beijing	174	30485	175	11027
天津	Tianjin	16	2775	168	5822
河北	Hebei	65	7828	479	21091
山西	Shanxi	48	4928	274	15391
内蒙古	Inner Mongolia	95	3888	451	16451
辽宁	Liaoning	154	16153	1826	84418
吉林	Jilin	139	3750	1175	39174
黑龙江	Heilongjiang	130	3376	676	15901
上海	Shanghai	39	12820	12	1797
江苏	Jiangsu	289	17385	3962	98938
浙江	Zhejiang	177	15138	1350	53806
安徽	Anhui	57	2535	716	20963
福建	Fujian	58	4247	763	19496
江西	Jiangxi	82	5546	357	16252
山东	Shandong	283	8374	4497	120152
河南	Henan	386	11196	2268	59819
湖北	Hubei	246	6799	2055	53581
湖南	Hunan	369	22714	1472	49064
广东	Guangdong	198	13032	2256	100182
广西	Guangxi	51	2566	246	12188
海南	Hainan	31	1725	121	5778
重庆	Chongqing	164	5541	2681	56292
四川	Sichuan	231	11790	2606	70842
贵州	Guizhou	69	6147	165	8125
云南	Yunnan	130	7871	373	13034
西藏	Tibet	2	116	1	36
陕西	Shaanxi	63	5760	352	13289
甘肃	Gansu	25	1398	126	6828
青海	Qinghai	1	30	6	255
宁夏	Ningxia	11	1484	42	2031
新疆	Xinjiang	84	8523	151	7532

4-5-3 限额以上住宿和餐饮业产业活动单位和个体经营户经营情况

项　目	Item	营业额 Business Revenue	客房收入 from Hotel Rooms
总　计	**Total**	**23216428**	**2829266**
一、住宿业	**Hotels**	**4211503**	**2342857**
(一)按登记注册类型分	**by Type of Registration**		
1.内资企业	**Domestic Funded Enterprises**	**2097342**	**1050568**
国有企业	State-owned Enterprises	447912	213813
集体企业	Collective-owned Enterprises	36034	16178
股份合作企业	Cooperative Enterprises	14286	7073
联营企业	Joint Ownership Enterprises	8699	3172
国有联营企业	State Joint Ownership Enterprises	4788	1264
集体联营企业	Collective Joint Ownership Enterprises		
国有与集体联营企业	Joint State-collective Enterprises		
其他联营企业	Other Joint Ownership Enterprises	3912	1908
有限责任公司	Limited Liability Corporations	930717	470307
国有独资公司	State Sole Funded Corporations	42002	22764
其他有限责任公司	Other Limited Liability Corporations	888716	447543
股份有限公司	Share-holding Corporations Ltd.	208918	105285
私营企业	Private Enterprises	426807	222919
私营独资企业	Private-funded Enterprises	107844	51768
私营合伙企业	Private Partnership Enterprises	11940	6358
私营有限责任公司	Private Limited Liability Corporations	300048	161966
私营股份有限公司	Private Share-holding Corporations Ltd.	6975	2827
其他企业	Other Enterprises	23968	11821
2.港、澳、台商投资企业	**Enterprises with Funds from Hongkong, Macao and Taiwan**	**399737**	**211120**
合资经营企业	Joint-venture Enterprises	207741	108752
合作经营企业	Cooperative Enterprises	58814	34776
独资经营企业	Enterprises with Sole Investment	119164	60447
投资股份有限公司	Share-holding Corporations Ltd. with Investment	14018	7146
其他港澳台商投资企业	Other Enterprises with Funds from Hongkong, Macao and Taiwan		
3.外商投资企业	**Foreign Funded Enterprises**	**293368**	**160828**
中外合资经营企业	Joint-venture Enterprises	132311	65565
中外合作经营企业	Cooperative Enterprises	96878	58712
外资企业	Enterprises with Sole Foreign Investment	52668	29614
外商投资股份有限公司	Share-holding Corporations Ltd. With Foreign Investment	9337	6256
其他外商投资企业	Other Foreign Funded Enterprises	2174	681
4.个体经营户	**Getihus**	**1421056**	**920341**
(二)按国民经济行业分	**by Sector**		
旅游饭店	Tourist Hotel	2829452	1437207
一般旅馆	Fonda	1280518	846290
其他住宿服务	Others	101533	59361

Business of Establishments and Getihus above Designated Size of Hotels and Catering Services

单位：万元

Unit: 10000 yuan

			客房数 (间) Hotel Rooms (unit)	床位数 (个) Hotel Beds (unit)	餐位数 (位) Seats for Meal (unit)
餐费收入 from Meals	商品销售额 from Commodities	其他收入 Others			
19088447	**952501**	**346359**	**444930**	**800208**	**8659849**
1523641	**103307**	**241788**	**336249**	**594096**	**751912**
836956	**44916**	**164903**	**148697**	**253622**	**350808**
177206	13807	43087	31418	55565	104033
15921	1456	2479	3217	6222	13133
6830	57	326	1021	1789	3686
4971	372	185	679	856	1299
3451		72	398	436	839
1520	372	113	281	420	460
370277	17658	72475	55479	90531	120558
16376	106	2755	1314	2262	2698
353901	17552	69720	54165	88269	117860
76284	3308	24041	12175	22464	23642
174556	7765	21567	42392	71859	77158
44549	2680	8847	6640	13327	22885
4482	878	222	1200	2422	3638
121997	3834	12251	33537	54483	47808
3529	373	246	1015	1627	2827
10911	494	743	2316	4336	7299
161072	**6327**	**21217**	**11930**	**16577**	**24156**
78824	4832	15333	7491	10308	15252
21709		2330	825	1017	1442
54630	1201	2885	2925	4005	6070
5909	294	669	689	1247	1392
110405	**1652**	**20483**	**10411**	**14600**	**16015**
57494	1407	7844	4452	6034	7750
33435	165	4567	2727	3413	4376
15610	11	7433	2660	4307	2969
2601	15	465	472	650	420
1264	55	174	100	196	500
415209	**50411**	**35185**	**165211**	**309297**	**360933**
1144823	62735	184778	177325	299805	473315
344907	38760	50562	150478	278796	256053
33912	1812	6448	8446	15495	22544

项　目	Item	营业额 Business Revenue	客房收入 from Hotel Rooms
二、餐饮业	**Catering Services**	**19004925**	**486408**
(一)按登记注册类型分	**by Type of Registration**		
1.内资企业	**Domestic Funded Enterprises**	**1131267**	**101317**
国有企业	State-owned Enterprises	168626	15386
集体企业	Collective-owned Enterprises	65181	3591
股份合作企业	Cooperative Enterprises	22020	9384
联营企业	Joint Ownership Enterprises	3801	504
国有联营企业	State Joint Ownership Enterprises	1738	226
集体联营企业	Collective Joint Ownership Enterprises	334	46
国有与集体联营企业	Joint State-collective Enterprises	791	
其他联营企业	Other Joint Ownership Enterprises	938	232
有限责任公司	Limited Liability Corporations	166571	21421
国有独资公司	State Sole Funded Corporations	5740	330
其他有限责任公司	Other Limited Liability Corporations	160831	21090
股份有限公司	Share-holding Corporations Ltd.	81264	5689
私营企业	Private Enterprises	457734	37042
私营独资企业	Private-funded Enterprises	188196	9788
私营合伙企业	Private Partnership Enterprises	25204	1310
私营有限责任公司	Private Limited Liability Corporations	223794	25164
私营股份有限公司	Private Share-holding Corporations Ltd.	20541	780
其他企业	Other Enterprises	166072	8300
2.港、澳、台商投资企业	**Enterprises with Funds from Hongkong, Macao and Taiwan**	**31223**	**1229**
合资经营企业	Joint-venture Enterprises	8477	298
合作经营企业	Cooperative Enterprises	994	
独资经营企业	Enterprises with Sole Investment	16726	931
投资股份有限公司	Share-holding Corporations Ltd. with Investment		
其他港澳台商投资企业	Other Enterprises with Funds from Hongkong, Macao and Taiwan	5027	
3.外商投资企业	**Foreign Funded Enterprises**	**164666**	**23434**
中外合资经营企业	Joint-venture Enterprises	8482	
中外合作经营企业	Cooperative Enterprises	26113	
外资企业	Enterprises with Sole Foreign Investment	123711	23404
外商投资股份有限公司	Share-holding Corporations Ltd. With Foreign Investment	5111	
其他外商投资企业	Other Foreign Funded Enterprises	1249	30
4.个体经营户	**Getihus**	**17677769**	**360427**
(二)按国民经济行业分	**by Sector**		
正餐服务	Restaurant	17746141	477291
快餐服务	Snack Counter	589726	4185
饮料及冷饮服务	Beverage and Cold Drink	249041	582
其他餐饮服务	Others	420018	4350

4-5-3 Continued

单位：万元

Unit: 10000 yuan

餐费收入 from Meals	商品销售额 from Commodities	其他收入 Others	客房数（间） Hotel Rooms (unit)	床位数（个） Hotel Beds (unit)	餐位数（位） Seats for Meal (unit)
17564806	**849195**	**104572**	**108681**	**206112**	**7907937**
948425	**60876**	**20649**	**21425**	**37939**	**494913**
139776	8970	4494	3455	6684	109448
58508	2908	173	995	1867	28889
12212	50	375	482	705	4041
2724	572		309	900	1860
1084	428		216	728	200
143	144		20	40	120
791					900
706			73	132	640
128915	10804	5431	4942	8247	55610
4629	587	194	255	493	2834
124287	10217	5237	4687	7754	52776
70375	2743	2457	1178	2039	21751
396715	19179	4799	8305	13930	177826
166006	9691	2710	2338	4206	96789
21752	1423	719	682	1144	15016
189291	7979	1360	4965	8076	58630
19665	86	9	320	504	7391
139200	15650	2921	1759	3567	95488
26833	**2898**	**263**	**330**	**542**	**15597**
5689	2490		64	119	1569
994					768
15123	408	263	266	423	12760
5027					500
137606	**872**	**2753**	**841**	**1646**	**24433**
8482					1627
25220		893			1680
97574	872	1860	817	1598	19192
5111					1495
1219			24	48	439
16451943	**784549**	**80906**	**86085**	**165985**	**7372994**
16387706	781592	99607	106730	202401	7451111
567206	16681	1653	974	1711	219739
217743	29086	1630	143	303	55148
392151	21836	1681	834	1697	181939

4-5-4 各地区限额以上住宿业产业活动单位和个体经营户经营情况

Business of Establishments and Getihus above Designated Size of Hotels by Region

单位：万元

Unit: 10000 yuan

地 区	Region	营业额 Business Revenue	客房收入 from Hotel Rooms	餐费收入 from Meals	商品销售额 from Commodities	其他收入 Others
全 国	**National Total**	**4211503**	**2342857**	**1523641**	**103307**	**241788**
北 京	Beijing	914199	506812	322576	8776	76035
天 津	Tianjin	45417	21508	18420	305	5184
河 北	Hebei	59078	22660	31617	914	3887
山 西	Shanxi	79741	26147	33984	4245	15365
内蒙古	Inner Mongolia	54408	28683	23484	1096	1145
辽 宁	Liaoning	184698	104895	62806	5956	11042
吉 林	Jilin	94111	44700	43151	4024	2237
黑龙江	Heilongjiang	59829	48278	8284	2694	573
上 海	Shanghai	336392	175285	139515	2446	19146
江 苏	Jiangsu	333110	177321	127751	9483	18555
浙 江	Zhejiang	242908	120213	105127	2892	14766
安 徽	Anhui	27298	14406	11039	1358	495
福 建	Fujian	72582	34912	31732	1192	4747
江 西	Jiangxi	55732	30375	21259	1910	2189
山 东	Shandong	190414	104131	68301	13563	4419
河 南	Henan	180893	115300	57286	4173	4134
湖 北	Hubei	141791	91127	41139	6313	3211
湖 南	Hunan	218950	147496	59243	6982	5229
广 东	Guangdong	184778	115130	58190	2554	8905
广 西	Guangxi	18941	10906	7439	85	512
海 南	Hainan	12912	6788	5036	624	464
重 庆	Chongqing	133867	79409	45185	3290	5982
四 川	Sichuan	194603	123882	56493	3382	10846
贵 州	Guizhou	54049	32368	16533	1421	3726
云 南	Yunnan	86141	50497	25646	2876	7121
西 藏	Tibet	1381	920	456		5
陕 西	Shaanxi	80093	29254	36436	9280	5123
甘 肃	Gansu	13939	9310	4334	138	158
青 海	Qinghai	318	165	153		
宁 夏	Ningxia	15614	7458	7966	82	109
新 疆	Xinjiang	123317	62523	53063	1254	6478

4-5-5 各地区限额以上餐饮业产业活动单位和个体经营户经营情况
Business of Establishments and Getihus above Designated Size of Catering Services by Region

单位：万元
Unit: 10000 yuan

地区	Region	营业额 Business Revenue	客房收入 from Hotel Rooms	餐费收入 from Meals	商品销售额 from Commodities	其他收入 Others
全国	**National Total**	**19004925**	**486408**	**17564806**	**849195**	**104572**
北京	Beijing	206232	4328	199049	1431	1424
天津	Tianjin	80613	1611	75720	2665	617
河北	Hebei	226435	7582	209772	7807	1275
山西	Shanxi	172218	13187	151114	5810	2108
内蒙古	Inner Mongolia	221066	17308	198560	4844	354
辽宁	Liaoning	1206761	20733	1171442	12925	1661
吉林	Jilin	669397	6598	650649	10841	1309
黑龙江	Heilongjiang	346892	4478	312227	29264	923
上海	Shanghai	46691	22379	22359	92	1861
江苏	Jiangsu	2275592	58859	2057245	145658	13831
浙江	Zhejiang	876572	24430	834811	12804	4583
安徽	Anhui	298660	11194	273894	12616	956
福建	Fujian	359044	6324	342884	8231	1605
江西	Jiangxi	219096	6149	176924	33746	2277
山东	Shandong	2902415	43822	2551881	283559	23152
河南	Henan	1019022	32052	936795	44460	5715
湖北	Hubei	1479667	59026	1348073	64594	7974
湖南	Hunan	1060933	60344	956407	36020	8162
广东	Guangdong	1462906	16615	1430126	10805	5360
广西	Guangxi	116907	5817	108810	1636	645
海南	Hainan	80134	1228	77085	1532	290
重庆	Chongqing	1531333	21157	1456877	47374	5925
四川	Sichuan	1477757	14669	1423691	33076	6322
贵州	Guizhou	98615	2802	90585	4778	449
云南	Yunnan	162877	2951	154441	4483	1002
西藏	Tibet	461		456		5
陕西	Shaanxi	219668	11183	182946	21880	3659
甘肃	Gansu	68536	4773	62615	975	173
青海	Qinghai	2650	63	2571	16	
宁夏	Ningxia	28332	792	25605	1583	352
新疆	Xinjiang	87446	3955	79194	3691	607

4-6-1 按登记注册类型分连锁餐饮企业基本情况

Basic Conditions of Chain Catering Enterprises by Status of Registration

项 目	Item	门店总数（个）Number of Stores (unit)	从业人员（万人）Employed Person (10000 person)	营业面积（万平方米）Operational Area (10000 sq.m)
合 计	**Total**	**16285**	**83.3**	**821.4**
内资企业	**Domestic Funded Enterprises**	**6684**	**28.6**	**426.5**
国有企业	State-owned Enterprises	21	0.1	1.2
集体企业	Collective-owned Enterprises	16	0.1	1.9
股份合作企业	Cooperative Enterprises	19	0.1	3.2
联营企业	Joint Ownership Enterprises			
国有联营企业	State Joint Ownership Enterprises			
集体联营企业	Collective Joint Ownership Enterprises			
国有与集体联营企业	Joint State-collective Enterprises			
其他联营企业	Other Joint Ownership Enterprises			
有限责任公司	Limited Liability Corporations	2107	8.7	124.9
国有独资公司	State Sole Funded Corporations	34	0.3	2.6
其他有限责任公司	Other Limited Liability Corporations	2073	8.4	122.3
股份有限公司	Share-holding Corporations Ltd.	744	5.4	81.0
私营企业	Private Enterprises	3670	14.0	210.4
私营独资企业	Private-funded Enterprises	103	0.4	8.2
私营合伙企业	Private Partnership Enterprises			
私营有限责任公司	Private Limited Liability Corporations	3382	12.6	168.3
私营股份有限公司	Private Share-holding Corporations Ltd.	185	1.0	33.9
其他企业	Other Enterprises	107	0.2	4.0
港、澳、台商投资企业	**Enterprises with Funds from Hong Kong, Macao and Taiwan**	**2094**	**8.1**	**77.9**
港、澳、台商合资经营企业	Joint-venture Enterprises	611	3.5	25.0
港、澳、台商合作经营企业	Cooperative Enterprises	9	0.1	1.2
港、澳、台商独资经营企业	Enterprises with Sole Investment	1413	4.2	40.6
港、澳、台商投资股份有限公司	Share-holding Corporations Ltd. with Investment	61	0.4	11.1
其他港澳台商投资企业	Other Enterprises with Funds from Hongkong, Macao and Taiwan			
外商投资企业	**Foreign Funded Enterprises**	**7507**	**46.6**	**316.9**
中外合资经营企业	Joint-venture Enterprises	1571	11.2	64.9
中外合作经营企业	Cooperative Enterprises	52	**0.2**	**2.2**
外资企业	Enterprises with Sole Foreign Investment	5402	30.6	216.7
外商投资股份有限公司	Share-holding Corporations Ltd. With Foreign Investment	482	4.6	33.2
其他外商投资企业	Other Foreign Funded Enterprises			

4-6-1 续表 Continued

项　目	Item	餐位数 (万个) Number of Dining-seats (10000 units)	营业额 (亿元) Business Revenue (100 million yuan)	#餐费及商品销售收入 From Meals and Commodities
合　计	**Total**	**277.1**	**1120.4**	**1098.7**
内资企业	**Domestic Funded Enterprises**	**132.9**	**351.5**	**350.0**
国有企业	State-owned Enterprises	0.5	2.2	2.2
集体企业	Collective-owned Enterprises	0.4	2.0	1.9
股份合作企业	Cooperative Enterprises	0.9	2.4	2.4
联营企业	Joint Ownership Enterprises			
国有联营企业	State Joint Ownership Enterprises			
集体联营企业	Collective Joint Ownership Enterprises			
国有与集体联营企业	Joint State-collective Enterprises			
其他联营企业	Other Joint Ownership Enterprises			
有限责任公司	Limited Liability Corporations	45.5	98.2	97.4
国有独资公司	State Sole Funded Corporations	1.1	3.5	3.5
其他有限责任公司	Other Limited Liability Corporations	44.4	94.7	94.0
股份有限公司	Share-holding Corporations Ltd.	15.6	83.8	83.8
私营企业	Private Enterprises	69.2	160.5	160.0
私营独资企业	Private-funded Enterprises	3.1	5.5	5.5
私营合伙企业	Private Partnership Enterprises			
私营有限责任公司	Private Limited Liability Corporations	60.1	132.1	131.7
私营股份有限公司	Private Share-holding Corporations Ltd.	6.0	22.9	22.8
其他企业	Other Enterprises	0.8	2.6	2.4
港、澳、台商投资企业	**Enterprises with Funds from Hong Kong, Macao and Taiwan**	**25.9**	**147.8**	**147.8**
港、澳、台商合资经营企业	Joint-venture Enterprises	8.1	48.4	48.4
港、澳、台商合作经营企业	Cooperative Enterprises	0.2	2.3	2.3
港、澳、台商独资经营企业	Enterprises with Sole Investment	15.9	86.1	86.0
港、澳、台商投资股份有限公司	Share-holding Corporations Ltd. with Investment	1.6	11.1	11.1
其他港、澳、台商投资企业	Other Enterprises with Funds from Hongkong, Macao and Taiwan			
外商投资企业	**Foreign Funded Enterprises**	**118.3**	**621.0**	**600.9**
中外合资经营企业	Joint-venture Enterprises	23.1	151.6	151.4
中外合作经营企业	Cooperative Enterprises	0.8	4.1	4.1
外资企业	Enterprises with Sole Foreign Investment	82.2	458.2	438.2
外商投资股份有限公司	Share-holding Corporations Ltd. with Foreign Investment	12.1	7.1	7.1
其他外商投资企业	Other Foreign Funded Enterprises			

4-6-2 按行业分连锁餐饮企业基本情况
Basic Conditions of Chain Catering Enterprises by Sector

行 业	Sector	门店总数 (个) Number of Stores (unit)	从业人数 (万人) Engaged Persons (10 000 persons)	营业面积 (万平方米) Operating Area (10 000 sq.m)
总 计	**Total**	**16285**	**83.3**	**821.4**
正餐服务	Restaurant	6237	35.8	510.6
快餐服务	Snack Counter	8893	45.5	289.7
饮料及冷饮服务	Beverages and Cold Drinks	809	1.1	14.0
其他餐饮服务	Others	346	0.9	7.1

4-6-2 续表 Continued

业 态	Business Categories	餐位数 (万个) Number of Dining-seats (10 000 units)	营业额 (亿元) Business Revenue (100 million yuan)	#餐费及商品销售收入 From Meals and Commodities
总 计	**Total**	**277.1**	**1120.4**	**1098.7**
正餐服务	Restaurant	162.5	408.6	406.3
快餐服务	Snack Counter	109.4	671.6	652.2
饮料及冷饮服务	Beverages and Cold Drinks	3.3	26.3	26.3
其他餐饮服务	Others	1.9	13.9	13.8

4-6-3 各地区连锁餐饮企业基本情况

Basic Conditions of Chain Catering Enterprises by Region

年份 Year	地区 Region	门店总数（个） Number of Stores (unit)	从业人数（万人） Employed Person (10000 persons)	营业面积（万平方米） Operational Area (10000 sq.m)	餐位数（万个） Number of dining-seat (10000 unit)	营业额（亿元） Business Revenue (100 million yuan)
	2004	7578	37.9	352.6	180.1	348.2
	2005	9748	50.1	478.1	245.8	454.4
	2006	11360	55.7	588.2	274.8	563.8
	2007	12743	62.6	629.2	280.0	640.0
	2008	12561	66.1	651.9	253.1	806.9
	2009	13739	65.2	691.6	248.9	879.3
	2010	15333	70.6	742.6	263.8	955.4
	2011	16285	83.3	821.4	277.1	1120.4
北　京	Beijing	2776	12.7	157.4	40.5	213.2
天　津	Tianjin	331	3.1	15.2	4.7	39.9
河　北	Hebei	7	0.1	1.5	0.5	1.7
山　西	Shanxi	95	0.8	6.2	2.2	9.1
内蒙古	Inner Mongolia	714	4.9	39.5	13.7	11.1
辽　宁	Liaoning	402	2.9	12.4	6.2	51.2
吉　林	Jilin	14	0.1	0.8	0.2	0.6
黑龙江	Heilongjiang	69	0.3	3.9	1.3	3.5
上　海	Shanghai	1616	6.0	49.2	14.4	112.8
江　苏	Jiangsu	1259	6.4	42.4	13.8	82.4
浙　江	Zhejiang	1426	7.0	87.3	23.6	97.2
安　徽	Anhui	256	0.9	42.6	6.0	10.2
福　建	Fujian	812	2.8	18.7	7.6	39.1
江　西	Jiangxi	78	0.7	7.4	1.8	8.0
山　东	Shandong	180	1.9	18.5	4.5	29.1
河　南	Henan	180	0.8	10.0	3.4	10.4
湖　北	Hubei	360	2.6	31.9	10.6	41.5
湖　南	Hunan	195	1.0	10.5	3.2	15.9
广　东	Guangdong	2210	10.9	75.8	29.2	156.0
广　西	Guangxi	63	0.5	2.4	0.9	5.8
海　南	Hainan	4		0.1		0.6
重　庆	Chongqing	2288	12.7	148.9	72.3	125.4
四　川	Sichuan	460	1.6	18.3	8.4	28.3
贵　州	Guizhou	10	0.1	2.2	0.3	1.8
云　南	Yunnan	212	0.8	8.4	4.3	9.9
西　藏	Tibet	3				
陕　西	Shaanxi	109	1.0	6.0	1.8	10.2
甘　肃	Gansu	10	0.1	0.5	0.1	0.6
青　海	Qinghai					
宁　夏	Ningxia					
新　疆	Xinjiang	146	0.4	3.4	1.3	4.9

年 份 Year	地 区 Region	#餐费及商品销售收入 From Meals and Commodities	商品购进总额（亿元）Total Purchases Value (100 million yuan)	统一配送商品购进额（亿元）Centralized Purchase and Delivery (100 million yuan)	#自有配送中心配送商品购进额 Self Centralized Purchase and Delivery	#非自有配送中心配送商品购进额 Non-self Centralized Purchase and Delivery
	2004	345.3	124.6	89.3	64.7	24.6
	2005	447.2	171.5	109.1	77.9	31.0
	2006	563.2	201.2	127.5	93.6	33.7
	2007	639.3	274.9	168.8	110.0	30.9
	2008	796.2	271.6	192.5	118.7	35.3
	2009	878.5	362.0	239.8	138.0	50.7
	2010	952.9	455.8	298.8	159.5	51.4
	2011	1098.7	518.9	343.1	190.0	65.1
北 京	Beijing	212.8	78.2	42.3	24.9	16.0
天 津	Tianjin	39.9	33.4	0.4	0.4	
河 北	Hebei	1.7	1.3			
山 西	Shanxi	9.1	4.2	3.6	3.4	0.1
内蒙古	Inner Mongolia	11.1	10.4	9.8	8.2	1.4
辽 宁	Liaoning	51.2	27.1	21.5	16.3	1.0
吉 林	Jilin	0.6	0.5			
黑龙江	Heilongjiang	3.5	1.6	1.5	0.8	0.4
上 海	Shanghai	112.8	36.4	32.3	12.1	3.0
江 苏	Jiangsu	82.4	36.4	34.4	13.9	11.9
浙 江	Zhejiang	97.0	40.0	32.4	23.0	6.1
安 徽	Anhui	10.2	4.2	3.1	1.8	0.3
福 建	Fujian	39.1	15.2	11.0	4.6	2.0
江 西	Jiangxi	8.0	5.9	5.2	0.2	4.6
山 东	Shandong	8.6	6.8	1.1	0.1	
河 南	Henan	10.3	5.4	3.6	3.1	
湖 北	Hubei	41.3	25.7	24.0	17.5	1.1
湖 南	Hunan	15.8	13.1	11.7	10.2	0.1
广 东	Guangdong	155.9	60.5	56.3	18.9	9.1
广 西	Guangxi	5.8	2.3	2.3	2.3	
海 南	Hainan	0.6	0.2			
重 庆	Chongqing	125.4	77.3	15.8	8.4	4.8
四 川	Sichuan	28.3	10.8	10.7	7.2	1.1
贵 州	Guizhou	1.8	1.0			
云 南	Yunnan	9.9	12.7	12.6	10.6	1.6
西 藏	Tibet					
陕 西	Shaanxi	10.2	6.6	6.0	1.1	
甘 肃	Gansu	0.6	0.3	0.1		
青 海	Qinghai					
宁 夏	Ningxia					
新 疆	Xinjiang	4.7	1.4	1.4	1.0	0.3

国际收支篇

BALANCE OF PAYMENTS

第 5 篇

5-1 国际收支概况

Brief Table of BOP of China

单位：亿美元

Unit: USD 100 million

年 份 Year	经常项目差额 Current Account Balance	资本和金融项目差额 Capital and Financial Account Balance	储备资产变动 Reserve Assets	净误差与遗漏 Net Errors and Omissions
1982	56.74	-17.36	-42.17	2.79
1983	42.40	-13.72	-26.95	-1.73
1984	20.30	-37.52	5.31	11.91
1985	-114.17	84.85	54.22	-24.90
1986	-70.35	65.44	17.27	-12.32
1987	3.00	27.31	-16.60	-13.71
1988	-38.03	52.69	-4.55	-10.11
1989	-43.18	64.28	-22.02	0.92
1990	119.97	-27.74	-60.89	-31.34
1991	132.71	45.80	-110.91	-67.60
1992	64.01	-2.51	21.02	-82.52
1993	-119.04	234.74	-17.67	-98.03
1994	76.58	326.44	-305.27	-97.75
1995	16.18	386.75	-224.63	-178.30
1996	72.42	399.67	-316.62	-155.47
1997	369.63	210.15	-357.24	-222.54
1998	314.71	-63.21	-64.26	-187.24
1999	211.14	51.80	-85.05	-177.88
2000	205.19	19.22	-105.48	-118.93
2001	174.05	347.75	-473.25	-48.56
2002	354.22	322.91	-755.07	77.94
2003	458.75	527.26	-1170.23	184.22
2004	686.59	1106.6	-2063.64	270.45
2005	1608.18	629.64	-2070.16	-167.66
2006	2498.66	100.37	-2470.25	-128.77
2007	3718.33	735.09	-4617.44	164.02
2008	4261.07	189.65	-4189.78	-260.94
2009	2971.42	1448.28	-3984.22	-435.48
2010	3053.74	2260.45	-4717.39	-596.80
2011	2017.14	2210.56	-3878.01	-349.69

5-2 国际收支平衡表

Balance of Payments

单位：万美元

Unit: USD 10000

项　目	Item	2010 差额 Balance	2010 贷方 Credit	2010 借方 Debit	2011 差额 Balance	2011 贷方 Credit	2011 借方 Debit
一、经常帐户	**Current Account**	**30537396.7**	**194676304.0**	**164138907.3**	**20171419.2**	**228683653.3**	**208512234.0**
A.货物和服务	Goods and Services	23206208	175262076.3	152055868.3	18832077.4	208666006.7	189833929.3
a.货物	Goods	25417989.7	158141748.2	132723758.5	24354893.2	190382058.5	166027165.3
b.服务	Services	-2211781.7	17120328.1	19332109.8	-5522815.8	18283948.2	23806764.0
1.运输	Transportation	-2904620.1	3421051.1	6325671.3	-4487481.1	3556989.9	8044471.0
2.旅游	Travel	-906603.1	4581400	5488003.1	-2412105.3	4846400.0	7258505.3
3.通讯服务	Communication Services	8294.1	122006.8	113712.7	53580.1	172637.5	119057.3
4.建筑服务	Construction Services	942284.5	1449468.6	507184.1	1099590.9	1472434.4	372843.6
5.保险服务	Insurance Services	-1402768.9	172690.6	1575459.5	-1672005.6	301772.1	1973777.7
6. 金融服务	Financial Services	-5618.1	133112.3	138730,4	10252.9	84936.1	74683.2
7.计算机和信息服务	Computer and Information Services	629096.7	925634.5	296537.8	833792.1	1218205.9	384413.8
8.专有权利使用费和特许费	Royalties and License Fees	-1220906.3	83048.4	1303954.6	-1396280.7	74330.2	1470610.9
9.咨询	Consultation Services	767578.3	2276960.1	1509381.8	980987.5	2839141.9	1858154.4
10.广告、宣传	Advertising and Public Opinion Polling	84495	288524.6	204029.6	124465.8	401793.8	277328.1
11.电影、音像	Audiovisual and Related Services	-24790.5	12291.5	37082	-27678.5	12277.6	39956.2
12.其他商业服务	Other Business Services	1841051.6	3558676.6	1717625	1401262.7	3227751.9	1826489.2
13.别处未提及的政府服务	Government Services,n.i.e	-19275	95463	114738	-31196.4	75277.0	106473.4
B.收益	Income	3037953.5	14462155	11424201.5	-1186775.7	14460635.1	15647410.7
1.职工报酬	Compensation of Employees	1218058.6	1363604.1	145545.5	1495022.4	1656837.1	161814.7
2.投资收益	Investment Income	1819894.9	13098550.9	11278655.9	-2681798.1	12803797.9	15485596.0
C.经常转移	Current Transfers	4293235.2	4952072.8	658837.6	2526117.5	5557011.5	3030894.0
1.各级政府	General Government	-27175.8	2203.5	29379.3	-258697.9	1582.4	260280.3
2.其它部门	Other Sectors	4320411	4949869.3	629458.3	2784815.3	5555429.1	2770613.8
二、资本和金融帐户	**Capital and Financial Account**	**22604474.2**	**110802915.1**	**88198440.9**	**22105603.1**	**139824125.8**	**117718522.7**
A.资本帐户	Capital Account	463033.3	481538.7	18505.4	544628.8	562053.1	17424.6
B.金融帐户	Financial Account	22141440.9	110321376.4	88179935.5	21560974.3	139262072.4	117701098.1
1.直接投资	Direct Investment	12493007	21436387.2	8943380.2	17044868.8	27166277.7	10121408.9
1.1 我国在外直接投资	Abroad	-6015067.4	760682.1	6775749.6	-4969459.7	1740744.5	6710204.2
1.2 外国在华直接投资	In China	18508074.4	20675705.1	2167630.6	22014328.5	25425533.2	3411204.7
2.证券投资	Portfolio Investment	2403844.2	6358455.9	3954611.7	1963914.6	5194699.3	3230784.6
2.1 资产	Assets	-764250.6	2682442.5	3446693.1	624768.7	2549388.4	1924619.7
2.1.1 股本证券	Equity Securities	-842909.1	1146958.6	1989867.7	110411.9	1122893.5	1012481.6
2.1.2 债务证券	Debt	78658.4	1535483.9	1456825.4	514356.8	1426494.9	912138.1
2.1.2.1 (中)长期债务	Bonds and Notes	185176.8	1280995.5	1095818.6	499139.4	1374149.7	875010.3
2.1.2.2 货币市场工具	Money Market Instruments	-106518.4	254488.4	361006.8	15217.4	52345.2	37127.8

5-2 续表 Continued

单位：万美元

Unit: USD 10000

项　目	Item	2010			2011		
		差　额 Balance	贷　方 Credit	借　方 Debit	差　额 Balance	贷　方 Credit	借　方 Debit
2.2 负债	Liabilities	3168094.9	3676013.4	507918.5	1339146.0	2645310.9	1306164.9
2.2.1 股本证券	Equity Securities	3135709.4	3452780.4	317071.0	530842.8	1519553.5	988710.7
2.2.2 债务证券	Debt Securities	32385.5	223233.0	190847.5	808303.2	1125757.4	317454.2
2.2.2.1 (中)长期债务	Bonds and Notes	32370.5	223218.0	190847.5	297508.7	614962.9	317454.2
2.2.2.2 货币市场工具	Money Market Instruments	15.0	15.0		510794.5	510794.5	
3.其它投资	Other Investment	7244589.7	82526533.3	75281943.6	2552190.8	106901095.4	104348904.6
3.1 资产	Assets	-11626201.7	7496587.0	19122788.7	-16681562.6	10877499.4	27559062.0
3.1.1 贸易信贷	Trade Credits	-6163533.6	46430.0	6209963.6	-7095781.0		7095781.0
长期	Long-term	-431447.4	3250.1	434697.5	-141915.6		141915.6
短期	Short-term	-5732086.2	43179.9	5775266.2	-6953865.4		6953865.4
3.1.2 贷款	Loans	-2104133.6	1970054.8	4074188.4	-4527504.4	607117.3	5134621.7
长期	Long-term	-2766737.9		2766737.9	-4332048.5	76726.5	4408775.0
短期	Short-term	662604.3	1970054.8	1307450.5	-195456.0	530390.8	725846.8
3.1.3 货币和存款	Currency and Deposits	-5801344.1	3032079.2	8833423.3	-9874279.0	5011545.8	14885824.8
3.1.4 其它资产	Other Assets	2442809.6	2448022.9	5213.4	4816001.8	5258836.3	442834.4
长期	Long-term						
短期	Short-term	2442809.6	2448022.9	5213.4	4816001.8	5258836.3	442834.4
3.2 负债	Liabilities	18870791.4	75029946.3	56159154.9	19233753.4	96023596.0	76789842.6
3.2.1 贸易信贷	Trade Credits	4951541.9	5826955.1	875413.3	3802691.0	4542691.0	740000.0
长期	Long-term	346607.9	407886.9	61278.9	64565.4	77515.4	12950.0
短期	Short-term	4604934.0	5419068.3	814134.3	3738125.6	4465175.6	727050.0
3.2.2 贷款	Loans	7910472.8	58598471.7	50687998.9	10506106.4	73430894.2	62924787.8
长期	Long-term	1004886.1	2636637.7	1631751.6	1302105.0	5384660.9	4082555.9
短期	Short-term	6905586.7	55961834.0	49056247.3	9204001.4	68046233.3	58842231.9
3.2.3 货币和存款	Currency and Deposits	6034711.7	10382092.6	4347380.8	4828309.6	17194554.4	12366244.8
3.2.4 其它负债	Other Liabilities	-25935.0	222426.9	248362.0	96646.4	855456.4	758810.0
长期	Long-term	-38374.2	7087.2	45461.4	-147585.0	243376.3	390961.3
短期	Short-term	12439.2	215339.7	202900.6	244231.4	612080.1	367848.7
三、储备资产	**Reserves Assets**	**-47173902.7**		**47173902.7**	**-38780145.2**	**101643.9**	**38881789.0**
3.1 货币黄金	Monetary Gold						
3.2 特别提款权	Special Drawing Rights	-10710.3		10710.3	46518.2	46518.2	
3.3 在基金组织的储备头寸	Reserve Position in the Fund	-207558.4		207558.4	-344905.4	55125.7	400031.0
3.4 外汇	Foreign Exchange	-46955634.0		46955634.0	-38481758.0		38481758.0
3.5 其它债权	Other Claims						
四、净误差与遗漏	**Net Errors and Omissions**	**-5967968.2**		**5967968.2**	**-3496877.1**		**3496877.1**

5-3 外债概况

Notes of China's External Debt at the Year-end

单位：亿美元

Unit: USD 100 million

年 份 Year	合 计 Outstanding Debt	中长期外债 Long-term Debt	短期外债 Short-term Debt
1985	158.3	94.1	64.2
1986	214.8	167.1	47.7
1987	302.1	244.8	57.3
1988	400.0	326.9	73.1
1989	413.0	370.3	42.7
1990	525.5	457.8	67.7
1991	605.6	502.6	103.0
1992	693.2	584.7	108.5
1993	835.7	700.2	135.5
1994	928.1	823.9	104.2
1995	1065.9	946.8	119.1
1996	1162.8	1021.7	141.1
1997	1309.6	1128.2	181.4
1998	1460.4	1287.0	173.4
1999	1518.3	1366.5	151.8
2000	1457.3	1326.5	130.8
2001	2033.0	1195.3	837.7
2002	2026.3	1155.5	870.8
2003	2193.6	1165.9	1027.7
2004	2629.9	1242.9	1387.0
2005	2965.4	1249.0	1716.4
2006	3385.9	1393.6	1992.3
2007	3892.2	1535.3	2356.9
2008	3901.6	1638.8	2262.8
2009	4286.5	1693.9	2592.6
2010	5489.4	1732.4	3757.0
2011	6950.0	1941.0	5009.0
构成 Proportion (%)			
1985	100.0	59.4	40.6
1986	100.0	77.8	22.2
1987	100.0	81.1	18.9
1988	100.0	81.7	18.3
1989	100.0	89.7	10.3
1990	100.0	87.1	12.9
1991	100.0	83.0	17.0
1992	100.0	84.4	15.6
1993	100.0	83.8	16.2
1994	100.0	88.8	11.2
1995	100.0	88.8	11.2
1996	100.0	87.9	12.1
1997	100.0	86.1	13.9
1998	100.0	88.1	11.9
1999	100.0	90.0	10.0
2000	100.0	91.0	9.0
2001	100.0	58.8	41.2
2002	100.0	57.0	43.0
2003	100.0	53.2	46.8
2004	100.0	47.3	52.7
2005	100.0	42.1	57.9
2006	100.0	41.2	58.8
2007	100.0	39.4	60.6
2008	100.0	42.0	58.0
2009	100.0	39.5	60.5
2010	100.0	31.6	68.4
2011	100.0	27.9	72.1

注：2009年,国家外汇管理局对贸易信贷抽样调查方法进行了调整，为保证数据的可比性，2001-2008年末贸易信贷余额及外债余额也相应进行了调整(下同)。

5-4 外债来源

Source of China's External Debt

单位：亿美元
Unit: USD 100 million

年 份 Year	合 计 Outstanding Debt	政府贷款 Government Loans	国际金融组织贷款 International financial Institutions Loans	商业贷款 Commercial Loans	其 他 Others	贸易信贷 trade credits
1985	158.38	36.34	11.85	64.51	45.68	
1986	214.83	49.37	26.31	75.97	63.18	
1987	302.05	50.17	37.40	121.79	92.69	
1988	400.03	66.48	42.53	189.82	101.20	
1989	412.99	69.49	53.44	216.74	73.32	
1990	525.45	83.90	62.86	291.84	86.85	
1991	605.61	95.06	70.71	315.90	123.94	
1992	693.21	114.95	84.15	354.79	139.32	
1993	835.73	143.15	104.64	410.80	177.14	
1994	928.06	195.91	129.39	473.34	129.42	
1995	1065.91	220.58	147.99	526.27	171.07	
1996	1162.75	221.64	167.39	569.44	204.28	
1997	1309.60	207.82	192.12	647.68	261.98	
1998	1460.43	224.06	229.54	682.21	324.62	
1999	1518.30	265.60	251.39	653.80	347.51	
2000	1457.27	246.05	263.49	947.73		
2001	2033.03	237.04	275.66	972.33		548.00
2002	2026.33	244.23	277.02	929.08		576.00
2003	2193.60	254.20	264.67	1051.73		623.00
2004	2629.92	322.08	251.01	1247.83		809.00
2005	2965.45	271.95	267.88	1362.62		1063.00
2006	3385.88	276.66	278.11	1635.11		1196.00
2007	3892.18	300.57	283.71	1820.90		1487.00
2008	3901.61	324.73	270.54	2010.34		1296.00
2009	4286.47	349.23	333.75	1986.49		1617.00
2010	5489.38	320.84	355.46	2701.08		2112.00
2011	6949.97	333.00	350.00	3774.97		2492.00

注：2001年以后“合计”项中取消了“其他”项，增加了“贸易信贷”项。
Note: The summation of external debt deletes the others and adds trade credits after 2001.

5-5 外债来源构成

Structure of China's External Debt

单位：%
Unit: %

年 份 Year	合 计 Outstanding Debt	政府贷款 Government Loans	国际金融组织贷款 International financial Institutions Loans	商业贷款 Commercial Loans	其 他 Others	贸易信贷 trade credits
1985	100.0	22.9	7.5	40.7	28.8	
1986	100.0	23.0	12.2	35.4	29.4	
1987	100.0	16.6	12.4	40.3	30.7	
1988	100.0	16.6	10.6	47.5	25.3	
1989	100.0	16.8	12.9	52.5	17.8	
1990	100.0	16.0	12.0	55.5	16.5	
1991	100.0	15.7	11.7	52.2	20.5	
1992	100.0	16.6	12.1	51.2	20.1	
1993	100.0	17.1	12.5	49.2	21.2	
1994	100.0	21.1	13.9	51.0	14.0	
1995	100.0	20.7	13.9	49.4	16.0	
1996	100.0	19.0	14.4	49.0	17.6	
1997	100.0	15.9	14.7	49.4	20.0	
1998	100.0	15.4	15.7	46.7	22.2	
1999	100.0	17.5	16.5	43.1	22.9	
2000	100.0	16.9	18.0	65.0		
2001	100.0	11.7	13.6	47.8		27.0
2002	100.0	12.1	13.7	45.9		28.4
2003	100.0	11.6	12.1	47.9		28.4
2004	100.0	12.2	9.5	47.4		30.8
2005	100.0	9.1	9.0	45.9		35.8
2006	100.0	8.2	8.2	48.3		35.3
2007	100.0	7.7	7.3	46.8		38.2
2008	100.0	8.3	6.9	51.5		33.2
2009	100.0	8.1	7.8	46.3		37.7
2010	100.0	5.8	6.5	49.2		38.5
2011	100.0	4.8	5.0	54.3		35.9

注：2001年以后“合计”项中取消了“其他”项，增加了“贸易信贷”项。
Note: The summation of external debt deletes the others and adds trade credits after 2001.

5-6 外债风险指标

Risk Indicators on Foreign Debts

单位：%

Unit: %

年 份 Year	偿债率 Debt Service Ratio	负债率 Liability Ratio	债务率 Foreign Debt Ratio
1985	2.7	5.2	56.0
1986	15.4	7.3	72.1
1987	9.0	9.4	77.1
1988	6.5	10.0	87.1
1989	8.3	9.2	86.4
1990	8.7	13.6	91.6
1991	8.5	14.9	91.9
1992	7.1	14.4	87.9
1993	10.2	13.6	96.5
1994	9.1	16.6	78.0
1995	7.6	14.6	72.4
1996	6.0	13.6	67.7
1997	7.3	13.7	63.2
1998	10.9	14.3	70.4
1999	11.2	14.0	68.7
2000	9.2	12.2	52.1
2001	7.5	15.3	67.9
2002	7.9	13.9	55.5
2003	6.9	13.4	45.2
2004	3.2	13.6	40.2
2005	3.1	13.1	35.4
2006	2.1	12.5	31.9
2007	2.0	11.1	29.0
2008	1.8	8.6	24.7
2009	2.9	8.6	32.2
2010	1.6	9.3	29.2
2011	1.7	9.5	33.3

注：1.偿债率指偿还外债本息与当年贸易和非贸易外汇收入(国际收支口径)之比。

2.负债率指外债余额与当年国民生产总值之比。

3.债务率指外债余额与当年贸易和非贸易外汇收入(国际收支口径)之比。

4.国家外汇管理局根据调整后的1993-2004年度国内生产总值数据对负债率指标的数据进行了相应的调整。

Note: a) Debt service ratio refers to the ratio of the payment of principal and interest of foreign debts to the foreign exchange receipts from foreign trade and non trade services of the current year.

b) Liability ratio refers to the ratio of the balance of foreign debts to the gross national product of the current year.

c) Foreign debt ratio refers to the ratio of the balance of foreign debts to the foreign exchange receipts from foreign trade and non-trade services of the current year.

d) According to the adjusted 1993-2004 annual GDP data ,liability ratio data is adjusted accordingly by State Administration of Foreign Exchange.

5-7 人民币市场汇率(年平均汇价)

Reference Exchange Rate of Renminbi(Period Average)

单位：人民币元

Unit: RMB yuan

年 份 Year	美 元 US Dollar (100)	欧 元 EURO (100)	日 元 Japanese Yen (100)	港 币 Hong Kong Dollar (100)	英镑 Pound (100)
1981	170.50		0.77	30.41	
1982	189.25		0.76	31.15	
1983	197.57		0.83	27.36	
1984	232.70		0.98	29.71	
1985	293.67		1.25	37.57	
1986	345.28		2.07	44.22	
1987	372.21		2.58	47.74	
1988	372.21		2.91	47.70	
1989	376.51		2.74	48.28	
1990	478.32		3.32	61.39	
1991	532.33		3.96	68.45	
1992	551.46		4.36	71.24	
1993	576.20		5.20	74.41	
1994	861.87		8.44	111.53	
1995	835.10		8.92	107.96	
1996	831.42		7.64	107.51	
1997	828.98		6.86	107.09	
1998	827.91		6.35	106.88	
1999	827.83		7.29	106.66	
2000	827.84		7.69	106.18	
2001	827.70		6.81	106.08	
2002	827.70	800.58	6.62	106.07	
2003	827.70	936.13	7.15	106.24	
2004	827.68	1029.00	7.66	106.23	
2005	819.17	1019.53	7.45	105.30	
2006	797.18	1001.90	6.86	102.62	
2007	760.40	1041.75	6.46	97.46	1522.13
2008	694.51	1022.27	6.74	89.19	1286.64
2009	683.1	952.7	7.30	88.12	1071.97
2010	676.95	897.25	7.73	87.13	1045.72
2011	645.88	900.11	8.11	82.97	1036.39

5-8 人民币市场汇率(年末价)

Reference Exchange Rate of Renminbi(End of Period)

单位：人民币元
Unit: RMB yuan

年 份 Year	美 元 US Dollar (100)	欧 元 EURO (100)	日 元 Japanese Yen (100)	港 币 Hong Kong Dollar (100)	英镑 Pound (100)
1981	174.55		0.79	30.80	
1982	192.27		0.82	29.80	
1983	198.09		0.85	25.30	
1984	257.55		1.13	35.90	
1985	320.15		1.59	40.79	
1986	372.21		2.33	47.68	
1987	372.21		3.01	47.90	
1988	372.21		2.98	47.61	
1989	472.21		3.29	60.48	
1990	522.21		3.87	67.00	
1991	543.42		4.32	69.42	
1992	575.18		4.61	74.31	
1993	580.00		5.21	75.09	
1994	844.62		8.48	109.14	
1995	831.74		8.05	107.96	
1996	829.84		7.20	107.24	
1997	827.96		6.35	106.99	
1998	827.87		7.17	106.78	
1999	827.93		8.09	106.51	
2000	827.81		7.24	106.06	
2001	827.66		6.30	106.06	
2002	827.73	863.60	6.90	106.11	
2003	827.67	1033.83	7.73	106.57	
2004	827.65	1126.27	7.97	106.37	
2005	807.02	957.97	6.87	104.03	
2006	780.87	1026.65	6.56	100.47	
2007	730.46	1066.69	6.11	93.64	1458.07
2008	683.46	965.90	7.57	88.19	987.98
2009	682.82	979.71	7.38	88.05	1097.8
2010	662.27	880.65	8.13	85.09	1021.82
2011	630.09	816.25	8.11	81.07	971.16

5-9 国家外汇储备和外债余额

Foreign Exchange Reserves and Outstanding External Debt

年 份 Year	黄金储备 (万盎司) Gold Reserves (10000 Ounces)	外汇储备 (亿美元) Foreign Exchange Reserves (USD 100 millions)	外债余额 (亿美元) Outstanding External Debt (USD 100 millions)
1979	1280	8.40	
1980	1280	-12.96	
1981	1267	27.08	
1982	1267	69.86	
1983	1267	89.01	
1984	1267	82.20	
1985	1267	26.44	158.28
1986	1267	20.72	214.84
1987	1267	29.23	302.05
1988	1267	33.72	400.02
1989	1267	55.50	412.99
1990	1267	110.93	525.45
1991	1267	217.12	605.61
1992	1267	194.43	693.21
1993	1267	211.99	835.74
1994	1267	516.20	928.06
1995	1267	735.97	1065.91
1996	1267	1050.49	1162.75
1997	1267	1398.90	1309.58
1998	1267	1449.59	1460.43
1999	1267	1546.75	1518.3
2000	1267	1655.74	1457.3
2001	1608	2121.65	1701.1
2002	1929	2864.07	1713.56
2003	1929	4032.51	1936.34
2004	1929	6099.32	2285.96
2005	1929	8188.72	2810.44
2006	1929	10663.44	3229.88
2007	1929	15282.49	3736.18
2008	1929	19460.30	3746.61
2009	3389	23991.52	4286.47
2010	3389	28473.38	5489.38
2011	3389	31811.48	6949.97

对外贸易篇

FOREIGN TRADE

第 6 篇

6-1 进出口额(按美元计算)
Total Value of Imports and Exports By USD

单位：亿美元
Unit: USD 100 million

年　份 Year	进出口总额 Total	出口额 Exports	进口额 Imports	差额(+顺差,-逆差) Balance
1950	11.3	5.5	5.8	-0.3
1955	31.4	14.1	17.3	-3.2
1960	38.1	18.6	19.5	-0.9
1961	29.4	14.9	14.5	0.4
1962	26.6	14.9	11.7	3.2
1963	29.2	16.5	12.7	3.8
1964	34.7	19.2	15.5	3.7
1965	42.5	22.3	20.2	2.1
1966	46.2	23.7	22.5	1.2
1967	41.6	21.4	20.2	1.2
1968	40.5	21.0	19.5	1.5
1969	40.3	22.0	18.3	3.7
1970	45.9	22.6	23.3	-0.7
1971	48.4	26.4	22.0	4.4
1972	63.0	34.4	28.6	5.8
1973	109.8	58.2	51.6	6.6
1974	145.7	69.5	76.2	-6.7
1975	147.5	72.6	74.9	-2.3
1976	134.3	68.5	65.8	2.7
1977	148.0	75.9	72.1	3.8
1978	206.4	97.5	108.9	-11.4
1979	293.3	136.6	156.7	-20.1
1980	381.4	181.2	200.2	-19.0
1981	440.3	220.1	220.2	-0.1
1982	416.1	223.2	192.9	30.3
1983	436.2	222.3	213.9	8.4
1984	535.5	261.4	274.1	-12.7
1985	696.0	273.5	422.5	-149.0
1986	738.5	309.4	429.1	-119.7
1987	826.5	394.4	432.1	-37.7
1988	1027.9	475.2	552.7	-77.5
1989	1116.8	525.4	591.4	-66.0
1990	1154.4	620.9	533.5	87.4
1991	1357.0	719.1	637.9	81.2
1992	1655.3	849.4	805.9	43.5
1993	1957.0	917.4	1039.6	-122.2
1994	2366.2	1210.1	1156.1	54.0
1995	2808.6	1487.8	1320.8	167.0
1996	2898.8	1510.5	1388.3	122.2
1997	3251.6	1827.9	1423.7	404.2
1998	3239.5	1837.1	1402.4	434.7
1999	3606.3	1949.3	1657.0	292.3
2000	4742.9	2492.0	2250.9	241.1
2001	5096.5	2661.0	2435.5	225.5
2002	6207.7	3256.0	2951.7	304.3
2003	8509.9	4382.3	4127.6	254.7
2004	11545.5	5933.3	5612.3	320.9
2005	14219.1	7619.5	6599.5	1020.0
2006	17604.4	9689.8	7914.6	1774.8
2007	21765.7	12204.6	9561.2	2618.3
2008	25632.6	14306.9	11325.7	2981.3
2009	22075.4	12016.1	10059.2	1956.9
2010	29740.0	15777.5	13962.4	1815.1
2011	36418.6	18983.8	17434.8	1549.0

注：1.本表1979年以前为外贸业务统计数，1980年以后为海关进出口统计数。以下诸表同。
　　2.进出口差额负数为入超。

Note: a) Figures before 1980 are recorded by the Ministry of Foreign Trade and figures since 1980 are recorded by General Administration of Customs. The same to the following tables.
b) Negative figures in balance refer to unfavourable positions.

6-2 进出口额(按人民币计算)

Total Value of Imports and Exports by RMB

单位：亿元

Unit: USD 100 million

年 份 Year	进出口总额 Total	出口额 Exports	进口额 Imports	差额(+顺差,-逆差) Balance
1950	41.3	20.0	21.3	-1.3
1955	109.8	48.7	61.1	-12.4
1960	128.4	63.3	65.1	-1.8
1961	90.7	47.7	43.0	4.7
1962	80.9	47.1	33.8	13.3
1963	85.7	50.0	35.7	14.3
1964	97.5	55.4	42.1	13.3
1965	118.4	63.1	55.3	7.8
1966	127.1	66.0	61.1	4.9
1967	112.2	58.8	53.4	5.4
1968	108.5	57.6	50.9	6.7
1969	107.0	59.8	47.2	12.6
1970	112.9	56.8	56.1	0.7
1971	120.9	68.5	52.4	16.1
1972	146.9	82.9	64.0	18.9
1973	220.5	116.9	103.6	13.3
1974	292.2	139.4	152.8	-13.4
1975	290.4	143.0	147.4	-4.4
1976	264.1	134.8	129.3	5.5
1977	272.5	139.7	132.8	6.9
1978	355.0	167.6	187.4	-19.8
1979	454.6	211.7	242.9	-31.2
1980	570.0	271.2	298.8	-27.6
1981	735.3	367.6	367.7	-0.1
1982	771.3	413.8	357.5	56.3
1983	860.1	438.3	421.8	16.5
1984	1201.0	580.5	620.5	-40.0
1985	2066.7	808.9	1257.8	-448.9
1986	2580.4	1082.1	1498.3	-416.2
1987	3084.2	1470.0	1614.2	-144.2
1988	3821.8	1766.7	2055.1	-288.4
1989	4155.9	1956.0	2199.9	-243.9
1990	5560.1	2985.8	2574.3	411.5
1991	7225.8	3827.1	3398.7	428.4
1992	9119.6	4676.3	4443.3	233.0
1993	11271.0	5284.8	5986.2	-701.4
1994	20381.9	10421.8	9960.1	461.7
1995	23499.9	12451.8	11048.1	1403.7
1996	24133.8	12576.4	11557.4	1019.0
1997	26967.2	15160.7	11806.5	3354.2
1998	26849.7	15223.6	11626.1	3597.5
1999	29896.3	16159.8	13736.5	2423.3
2000	39273.2	20634.4	18638.8	1995.6
2001	42183.6	22024.4	20159.2	1865.2
2002	51378.2	26947.9	24430.3	2517.6
2003	70483.5	36287.9	34195.6	2092.3
2004	95539.1	49103.3	46435.8	2667.5
2005	116921.8	62648.1	54273.7	8374.4
2006	140974.0	77597.2	63376.9	14220.3
2007	166863.7	93563.6	73300.1	20263.5
2008	179921.5	100394.9	79526.5	20868.4
2009	150648.1	82029.7	68618.4	13411.3
2010	201722.1	107022.8	94699.3	12323.5
2011	236402.0	123240.6	113161.4	10079.2

6-3 进出口额指数(按美元计算)

Indices of Total Value of Imports and Exports by USD

(1980年 =100) (Year of 1980 =100)

年 份 Year	进出口总额 Total	出口额 Exports	进口额 Imports
1980	100.00	100.00	100.00
1981	115.44	121.47	109.99
1982	109.10	123.18	96.35
1983	114.37	122.68	106.84
1984	140.40	144.26	136.91
1985	182.49	150.94	211.04
1986	193.63	170.75	214.34
1987	216.70	217.66	215.83
1988	269.51	262.25	276.07
1989	292.82	289.96	295.40
1990	302.67	342.66	266.48
1991	355.79	396.85	318.63
1992	434.01	468.76	402.55
1993	513.11	506.29	519.28
1994	620.40	667.83	577.47
1995	736.39	821.08	659.74
1996	760.04	833.61	693.46
1997	852.54	1008.77	711.14
1998	849.37	1013.85	700.50
1999	945.54	1075.77	827.67
2000	1243.55	1375.28	1124.33
2001	1336.26	1468.54	1216.53
2002	1627.61	1796.91	1474.38
2003	2231.23	2418.49	2061.74
2004	3027.14	3274.39	2803.35
2005	3728.13	4205.02	3296.45
2006	4615.62	5347.33	3953.35
2007	5699.33	6720.62	4774.98
2008	6720.65	7895.66	5657.15
2009	5787.98	6631.41	5024.59
2010	7797.58	8707.25	6974.25
2011	9548.67	10476.72	8708.71

6-4 进出口额增长速度(按美元计算)

Growth Rates of Import and Export Value by USD

(上年=100) (Percentage change over previous year)

年 份 Year	进出口总额 Total (%)	出口额 Exports (%)	进口额 Imports (%)
1980	30.0	32.7	27.8
1981	15.4	21.5	10.0
1982	-5.5	1.4	-12.4
1983	4.8	-0.4	10.9
1984	22.8	17.6	28.1
1985	30.0	4.6	54.1
1986	6.1	13.1	1.6
1987	11.9	27.5	0.7
1988	24.4	20.5	27.9
1989	8.6	10.6	7.0
1990	3.4	18.2	-9.8
1991	17.6	15.8	19.6
1992	22.0	18.1	26.3
1993	18.2	8.0	29.0
1994	20.9	31.9	11.2
1995	18.7	22.9	14.2
1996	3.2	1.5	5.1
1997	12.2	21.0	2.5
1998	-0.4	0.5	-1.5
1999	11.3	6.1	18.2
2000	31.5	27.8	35.8
2001	7.5	6.8	8.2
2002	21.8	22.4	21.2
2003	37.1	34.6	39.8
2004	35.7	35.4	36.0
2005	23.2	28.4	17.6
2006	23.8	27.2	20.0
2007	23.5	25.7	20.8
2008	17.9	17.5	18.5
2009	-13.9	-16.0	-11.2
2010	34.7	31.3	38.8
2011	22.5	20.3	24.9

6-5 中国出口额占国内生产总值的比重
China's Export Proportion in GDP

单位：人民币亿元
Unit: RMB 100 million yuan

年 份 Year	国内生产总值 GDP	出 口 额 Exports	出口占国内生产总值的比重(%) Exports Proportion(%)
1980	4545.6	271.2	6.0
1981	4891.6	367.6	7.5
1982	5323.4	413.8	7.8
1983	5962.7	438.3	7.4
1984	7208.1	580.5	8.1
1985	9016.0	808.9	9.0
1986	10275.2	1082.1	10.5
1987	12058.6	1470.0	12.2
1988	15042.8	1766.7	11.7
1989	16992.3	1956.0	11.5
1990	18667.8	2985.8	16.0
1991	21781.5	3827.1	17.6
1992	26923.5	4676.3	17.4
1993	35333.9	5284.8	15.0
1994	48197.9	10421.8	21.6
1995	60793.7	12451.8	20.5
1996	71176.6	12576.4	17.7
1997	78973.0	15160.7	19.2
1998	84402.3	15223.6	18.0
1999	89677.1	16159.8	18.0
2000	99214.6	20634.4	20.8
2001	109655.2	22024.4	20.1
2002	120332.7	26947.9	22.4
2003	135822.8	36287.9	26.7
2004	159878.3	49103.3	30.7
2005	184937.4	62648.1	33.9
2006	216314.4	77597.2	35.9
2007	265810.3	93563.6	35.2
2008	314045.4	100394.9	32.0
2009	340902.8	82029.7	24.1
2010	401512.8	107022.8	26.7
2011	471563.7	123240.6	26.1

6-6 中国出口额占世界出口总额的比重和位次
China's Export Share and Ranking in the World

单位：亿美元
Unit: USD 100 million

年份 Year	世界出口总额 World Exports	中国出口额 China Exports	中国出口额占世界出口总额的比重(%) China's Share (%)	位次 Ranking
1980	20340	181	0.9	26
1981	20100	220	1.1	19
1982	18830	223	1.2	17
1983	18460	222	1.2	17
1984	19560	261	1.3	18
1985	19540	274	1.4	17
1986	21380	309	1.4	16
1987	25160	394	1.6	16
1988	28690	475	1.7	16
1989	30980	525	1.7	14
1990	34490	621	1.8	15
1991	35150	719	2.0	13
1992	37660	849	2.3	11
1993	37820	917	2.4	11
1994	43260	1210	2.8	11
1995	51640	1488	2.9	11
1996	54030	1511	2.8	11
1997	55910	1827	3.3	10
1998	55010	1837	3.3	9
1999	57120	1949	3.4	9
2000	64650	2492	3.9	7
2001	61910	2661	4.3	6
2002	64920	3256	5.0	5
2003	75860	4382	5.8	4
2004	92180	5933	6.4	3
2005	104950	7620	7.3	3
2006	121200	9690	8.0	3
2007	140120	12205	8.7	2
2008	161320	14307	8.9	2
2009	125310	12016	9.6	1
2010	152540	15778	10.3	1
2011	182170	18984	10.4	1

注：根据WTO网站公布的数据对历年"世界出口总额"进行了调整。
Note:"World Exports" from 1980 to 2009 is adjusted according to the statistics from WTO website.

6-7 分贸易方式进出口总额

Imports and Exports by Customs Regime

单位：万美元

Unit: USD 10000

贸易方式	Customs Regime	2010		2011	
		出口 Exports	进口 Imports	出口 Exports	进口 Imports
合　计	**Total**	**157775432**	**139624401**	**189838089**	**174348356**
一般贸易	Ordinary Trade	72061246	76927582	91703371	100762113
国家间、国际组织无偿援助和赠送的物资	Aid or Donation between Governments or by International Organizations	29380	2204	47133	1582
其他捐赠物资	Other Donation	260	18461	1076	26469
补偿贸易	Compensation Trade	46		20	2
来料加工装配贸易	Processing and Assembling with Materials Provided Abroad	11230397	9937455	10765049	9363358
进料加工贸易	Processing with Imported Materials	62797525	31810718	72763304	37612210
寄售代销贸易	Goods on Consignment	112	163	227	177
边境小额贸易	Border Trade	1640930	964062	2020289	1444897
加工贸易进口设备	Equipment Imported for Processing and Assembling		121861		88598
对外承包工程出口货物	Contracting Projects	1261464		1492431	
租赁贸易	Goods on Lease	14500	563520	16770	546401
外商投资企业作为投资进口的设备、物品	Equipment or Materials Invested by Foreign-invested Enterprises		1630581		1746479
出料加工贸易	Outward Processing	18547	12547	19858	7310
易货贸易	Barter Trade	121	114	86	217
免税外汇商品	Duty-free Commodities		1028		1338
保税监管场所进出境货物	Customs Trade through Bonded Supervision Areas	3536619	6110779	4329312	7964748
海关特殊监管区域物流货物	Logistics Goods By Customs Special Control Area	3650122	10926913	4966717	14078728
海关特殊监管区域进口设备	Equipment Imported Into Customs Special Control Area		399396		474068
其他	Others	1534165	197019	1712444	229660

注：自2011年起，表中原指标“华侨、港澳台同胞、外籍华人捐赠物资”、“保税仓库进出境货物”、“保税区仓储转口货物”和“出口加工区进口设备”分别更名为“其他捐赠物资”、“保税监管场所进出境货物”、“海关特殊监管区域物流货物”和“海关特殊监管区域进口设备”。

Note: Since 2011, "Donation by Overseas Chinese, Compatriots in Hongkong, Macau or Taiwan, or Chinese with Foreign Citizenship", "Customs Warehousing Trade","Entrepot Trade by Bonded Area","Equipment Imported in the Export Processing Zones" respectively change the name to "Other Donation","Customs Trade through Bonded Supervision Areas","Logistics Goods By Customs Special Control Area","Equipment Imported Into Customs Special Control Area".

6-8 一般贸易与加工贸易进出口额

Imports and Exports by Conventional Trade and Processing Trade

单位：亿美元

Unit: USD 100 million

年 份 Year	一般贸易 Conventional Trade		加工贸易 Processing Trade		其他贸易 Other Trading Forms	
	出 口 Exports	进 口 Imports	出 口 Exports	进 口 Imports	出 口 Exports	进 口 Imports
1981	208.00	203.66	11.31	15.04	0.79	1.50
1982	206.69	170.17	15.77	21.28	0.74	1.45
1983	201.60	187.68	20.01	24.01	0.69	2.21
1984	231.62	238.49	29.29	31.47	0.49	4.14
1985	237.30	372.72	33.16	42.74	3.04	7.04
1986	250.95	352.07	51.41	63.90	7.04	13.13
1987	296.43	287.72	81.38	95.02	16.59	49.36
1988	325.96	352.08	128.33	137.46	20.91	63.16
1989	315.52	356.14	188.04	156.78	21.84	78.48
1990	354.60	262.00	254.20	187.60	12.10	83.90
1991	381.20	295.40	324.30	250.30	13.60	92.20
1992	436.80	336.20	396.07	315.14	16.53	154.56
1993	432.00	380.45	442.36	363.60	43.04	295.55
1994	615.60	355.20	569.80	475.70	24.70	325.20
1995	713.61	433.81	737.18	583.59	37.01	303.40
1996	628.24	393.63	843.27	622.75	38.99	371.92
1997	779.74	390.30	996.02	702.06	52.14	331.34
1998	742.35	436.80	1044.54	685.99	50.22	279.58
1999	791.35	670.40	1108.82	735.78	49.14	250.81
2000	1051.81	1000.79	1376.52	925.58	63.70	324.57
2001	1118.81	1134.56	1474.34	939.74	67.83	361.23
2002	1361.87	1291.11	1799.27	1222.00	94.82	438.59
2003	1820.34	1877.00	2418.49	1629.35	143.45	621.22
2004	2436.06	2481.45	3279.70	2216.95	217.50	913.89
2005	3150.63	2796.33	4164.67	2740.12	304.23	1063.08
2006	4162.33	3330.74	5103.55	3214.72	423.81	1369.15
2007	5393.55	4286.64	6175.60	3684.74	623.20	1590.20
2008	6628.62	5720.93	6751.14	3783.77	927.17	1820.92
2009	5298.12	5344.70	5868.62	3222.91	849.37	1491.62
2010	7206.12	7692.76	7402.79	4174.82	1168.63	2094.86
2011	9170.34	10076.21	8352.84	4697.56	1460.64	2661.07

6-9 一般贸易与加工贸易进出口增长速度
Growth Rates of Imports and Exports by Conventional Trade and Processing Trade

(上年=100) (Percentage change over previous year)

年 份 Year	一般贸易 Conventional Trade		加工贸易 Processing Trade		其他贸易 Other Trading Forms	
	出 口(%) Exports	进 口(%) Imports	出 口(%) Exports	进 口(%) Imports	出 口(%) Exports	进 口(%) Imports
1982	-0.6	-16.4	39.4	41.5	-6.3	-3.3
1983	-2.5	10.3	26.9	12.8	-6.8	52.4
1984	14.9	27.1	46.4	31.1	-29.0	87.3
1985	2.5	56.3	13.2	35.8	520.4	70.0
1986	5.8	-5.5	55.0	49.5	131.6	86.5
1987	18.1	-18.3	58.3	48.7	135.7	275.9
1988	10.0	22.4	57.7	44.7	26.0	28.0
1989	-3.2	1.2	46.5	14.1	4.4	24.3
1990	12.4	-26.4	35.2	19.7	-44.6	6.9
1991	7.5	12.7	27.6	33.4	12.4	9.9
1992	14.6	13.8	22.1	25.9	21.5	67.6
1993	-1.1	13.2	11.7	15.4	160.4	91.2
1994	42.5	-6.6	28.8	30.8	-42.6	10.0
1995	15.9	22.1	29.4	22.7	49.8	-6.7
1996	-12.0	-9.3	14.4	6.7	5.3	22.6
1997	24.1	-0.8	18.1	12.7	33.7	-10.9
1998	-4.8	11.9	4.9	-2.3	-3.7	-15.6
1999	6.6	53.5	6.2	7.3	-2.2	-10.3
2000	32.9	49.3	24.1	25.8	29.6	29.4
2001	6.4	13.4	7.1	1.5	6.5	11.3
2002	21.7	13.8	22.0	30.0	39.8	21.4
2003	33.7	45.4	34.4	33.3	51.3	41.6
2004	33.8	32.2	35.6	36.1	51.6	47.1
2005	29.3	12.7	27.0	23.6	39.9	16.3
2006	32.1	19.1	22.5	17.3	39.3	28.8
2007	29.6	28.7	21.0	14.6	47.0	16.1
2008	23.1	33.5	9.3	2.7	50.1	14.6
2009	-20.1	-6.6	-13.1	-14.8	-8.4	-18.1
2010	36.0	43.9	26.1	29.5	37.6	40.4
2011	27.3	31.0	12.8	12.5	25.0	27.0

6-10 按国际贸易标准分类的进出口简表

Brief Table of Imports and Exports by SITC

单位：亿美元

Unit: USD 100 million

年份 Year	初级产品 Primary Goods		工业制成品 Manufactured Goods	
	出口 Exports	进口 Imports	出口 Exports	进口 Imports
1980	91.14	69.59	90.05	130.58
1981	102.48	80.44	117.59	139.71
1982	100.50	76.34	122.71	116.51
1983	96.20	58.08	126.06	155.82
1984	119.34	52.08	142.05	222.02
1985	138.28	52.89	135.22	369.63
1986	112.72	56.49	196.70	372.55
1987	132.31	69.15	262.06	363.01
1988	144.06	100.68	331.10	452.07
1989	150.78	117.54	374.60	473.86
1990	158.86	98.53	462.05	434.92
1991	161.45	108.34	556.98	529.57
1992	170.04	132.55	679.36	673.30
1993	166.66	142.10	750.78	897.49
1994	197.08	164.86	1012.98	991.28
1995	214.85	244.17	1272.95	1076.67
1996	219.25	254.41	1291.23	1133.92
1997	239.53	286.20	1588.39	1137.50
1998	204.89	229.49	1632.20	1172.88
1999	199.41	268.46	1749.90	1388.53
2000	254.60	467.39	2237.43	1783.55
2001	263.38	457.43	2397.60	1978.10
2002	285.40	492.71	2970.56	2458.99
2003	348.12	727.63	4034.16	3399.96
2004	405.49	1172.67	5527.77	4439.62
2005	490.37	1477.14	7129.16	5122.39
2006	529.19	1871.29	9160.17	6043.32
2007	615.09	2430.85	11562.67	7128.65
2008	779.57	3623.95	13527.36	7701.67
2009	631.12	2898.04	11384.83	7161.19
2010	816.86	4338.50	14960.69	9623.94
2011	1005.45	6042.69	17978.36	11392.15

6-11 按国际贸易标准分类的进出口增长速度

Growth Rates of Imports and Exports by SITC

(上年=100) (Percentage change over previous year)

年 份 Year	初级产品 Primary Goods		工业制成品 Manufactured Goods	
	出 口 Exports (%)	进 口 Imports (%)	出 口 Exports (%)	进 口 Imports (%)
1981	12.4	15.6	30.6	7.0
1982	-1.9	-5.1	4.4	-16.6
1983	-4.3	-23.9	2.7	33.7
1984	24.1	-10.3	12.7	42.5
1985	15.9	1.6	-4.8	66.5
1986	-18.5	6.8	45.5	0.8
1987	17.4	22.4	33.2	-2.6
1988	8.9	45.6	26.3	24.5
1989	4.7	16.7	13.1	4.8
1990	5.4	-16.2	23.3	-8.2
1991	1.6	10.0	20.5	21.8
1992	5.3	22.3	22.0	27.1
1993	-2.0	7.2	10.5	33.3
1994	18.3	16.0	34.9	10.5
1995	9.0	48.1	25.7	8.6
1996	2.0	4.2	1.4	5.3
1997	9.2	12.5	23.0	0.3
1998	-14.5	-19.8	2.8	3.1
1999	-2.7	17.0	7.2	18.4
2000	27.7	74.1	27.9	28.4
2001	3.4	-2.1	7.2	10.9
2002	8.4	7.7	23.9	24.3
2003	22.0	47.7	35.8	38.3
2004	16.5	61.2	37.0	30.6
2005	20.9	26.0	29.0	15.4
2006	7.9	26.7	28.5	18.0
2007	16.2	29.9	26.2	18.0
2008	26.7	49.1	17.0	8.0
2009	-19.0	-20.0	-15.8	-7.0
2010	29.4	49.7	31.4	34.4
2011	23.1	39.3	20.2	18.4

6-12 按国际贸易标准分类的出口商品金额
Value of Exports by SITC

单位：亿美元
Unit: USD 100 million

商品分类	Category	2009	2010	2011
总　　额	**Total**	**12016.1181**	**15777.54315**	**18983.81**
一、初级产品	**Primary Goods**	**631.11794**	**816.85755**	**1005.45**
食品及主要供食用的活动物	Food and Live Animals Chiefly for food	326.27782	411.4826	504.93
饮料及烟类	Beverages and Tobacco	16.40951	19.0591	22.76
非食用原料	Crude Materials,Inedible,Except Fuels	81.53077	116.03027	149.77
矿物燃料、润滑油及有关原料	Mineral Fuels，Lubricants and Related Materials	203.73732	266.73092	322.74
动植物油、脂及蜡	Animal and Vegetable Oils，Fats and Waxes	3.16252	3.55465	5.26
二、工业制成品	**Manufactured Goods**	**11384.8347**	**14960.6856**	**17978.36**
化学成品及有关产品	Chemicals and Related Products	620.17021	875.71926	1147.88
轻纺产品、橡胶制品、矿冶产品及其制品	Manufactured Goods Classified Chiefly by Material	1848.1598	2491.08067	3195.60
机械及运输设备	Machinery and Transport Equipment	5902.74465	7802.68755	9017.74
杂项制品	Miscellaneous Manufactured Articles	2997.46872	3776.51927	4593.70
未分类的其他商品	Products Not Classified Elsewhere	16.29134	14.67884	23.43

6-13 按国际贸易标准分类的进口商品金额
Value of Imports by SITC

单位：亿美元
Unit: USD 100 million

商品分类	Category	2009	2010	2011
总　　额	**Total**	**10059.232**	**13962.4401**	**17434.84**
一、初级产品	**Primary Goods**	**2898.04194**	**4338.49922**	**6042.69**
食品及主要供食用的活动物	Food and Live Animals Chiefly for food	148.27193	215.7029	287.74
饮料及烟类	Beverages and Tobacco	19.53647	24.2817	36.85
非食用原料	Crude Materials,Inedible,Except Fuels	1413.46691	2121.11239	2849.23
矿物燃料、润滑油及有关原料	Mineral Fuels，Lubricants and Related Materials	1240.37598	1889.999	2757.76
动植物油、脂及蜡	Animal and Vegetable Oils，Fats and Waxes	76.39065	87.40324	111.12
二、工业制成品	**Manufactured Goods**	**7161.19002**	**9623.94084**	**11392.15**
化学成品及有关产品	Chemicals and Related Products	1120.9004	1496.99773	1811.06
轻纺产品、橡胶制品、矿冶产品及其制品	Manufactured Goods Classified Chiefly by Material	1077.39087	1312.78148	1503.04
机械及运输设备	Machinery and Transport Equipment	4077.9684	5494.20649	6305.70
杂项制品	Miscellaneous Manufactured Articles	851.86068	1135.60489	1277.22
未分类的其他商品	Products Not Classified Elsewhere	33.06968	184.35024	495.13

6-14 按国际贸易标准分类的出口商品构成
Composition of Exports by SITC

单位：%
Unit: %

商品分类	Category	2009	2010	2011
总　　额	**Total**	**100.00**	**100.00**	**100.00**
一、初级产品	**Primary Goods**	**5.25**	**5.18**	**5.30**
食品及主要供食用的活动物	Food and Live Animals Chiefly for food	2.72	2.61	2.66
饮料及烟类	Beverages and Tobacco	0.14	0.12	0.12
非食用原料	Crude Materials,Inedible,Except Fuels	0.68	0.74	0.79
矿物燃料、润滑油及有关原料	Mineral Fuels，Lubricants and Related Materials	1.70	1.69	1.70
动植物油、脂及蜡	Animal and Vegetable Oils，Fats and Waxes	1.55	0.02	0.03
二、工业制成品	**Manufactured Goods**	**94.75**	**94.82**	**94.70**
化学成品及有关产品	Chemicals and Related Products	5.16	5.55	6.05
轻纺产品、橡胶制品、矿冶产品及其制品	Manufactured Goods Classified Chiefly by Material	15.38	15.79	16.83
机械及运输设备	Machinery and Transport Equipment	49.12	49.45	47.50
杂项制品	Miscellaneous Manufactured Articles	24.95	23.94	24.20
未分类的其他商品	Products Not Classified Elsewhere	0.14	0.09	0.12

6-15 按国际贸易标准分类的进口商品构成
Composition of Imports by SITC

单位：%
Unit: %

商品分类	Category	2009	2010	2011
总　　额	**Total**	**100.00**	**100.00**	**100.00**
一、初级产品	**Primary Goods**	**28.81**	**31.07**	**34.66**
食品及主要供食用的活动物	Food and Live Animals Chiefly for food	1.47	1.54	1.65
饮料及烟类	Beverages and Tobacco	0.19	0.17	0.21
非食用原料	Crude Materials,Inedible,Except Fuels	14.05	15.19	16.34
矿物燃料、润滑油及有关原料	Mineral Fuels，Lubricants and Related Materials	12.33	13.54	15.82
动植物油、脂及蜡	Animal and Vegetable Oils，Fats and Waxes	0.76	0.63	0.64
二、工业制成品	**Manufactured Goods**	**71.19**	**68.92**	**65.34**
化学成品及有关产品	Chemicals and Related Products	11.14	10.72	10.39
轻纺产品、橡胶制品、矿冶产品及其制品	Manufactured Goods Classified Chiefly by Material	10.71	9.40	8.62
机械及运输设备	Machinery and Transport Equipment	40.54	39.35	36.17
杂项制品	Miscellaneous Manufactured Articles	8.47	8.13	7.33
未分类的其他商品	Products Not Classified Elsewhere	0.33	1.32	2.84

6-16 出口商品分类金额

Value of Exports by HS

单位：亿元

Unit: 100 million

商品分类	HS Section and Division	2010 人民币 RMB Yuan	2010 美元 USD	2011 人民币 RMB Yuan	2011 美元 USD
总　　额	**Total**	**107022.84**	**15777.54**	**123240.56**	**18983.81**
第一类　活动物；动物产品	**LIVE ANIMALS；ANIMAL PRODUCTS**	**814.40**	**120.17**	**970.84**	**149.66**
01章　活动物	Live animals	30.74	4.54	36.91	5.71
02章　肉及食用杂碎	Meat and edible meat offal	67.38	9.95	69.80	10.75
03章　鱼、甲壳动物、软体动物及其他水生无脊椎动物	Fish and crustaceans molluscs and other aquatic invertebrates	596.66	88.07	712.58	109.85
04章　乳品；蛋品；天然蜂蜜；其他食用动物产品	Dairy produce；birds' eggs；natural honey；edible products of animal origin，not elsewhere specified or included	27.44	4.05	32.36	4.99
05章　其他动物产品	Products of animal origin，not elsewhere specified or included	92.18	13.57	119.18	18.36
第二类　植物产品	**VEGETABLE PRODUCTS**	**1075.27**	**158.69**	**1219.34**	**187.69**
06章　活树及其他活植物；鳞茎、根及类似品；插花及装饰用簇叶	Live tree and other plants；bulbs，roots and the like；cut flowers and ornamental foliage	13.96	2.06	14.85	2.29
07章　食用蔬菜、根及块茎	Edible vegetables and certain roots and tubers	506.59	74.77	567.06	87.23
08章　食用水果及坚果；甜瓜或柑桔属水果的果皮	Edible fruit and nuts；peel of citrus fruit or melons	181.31	26.79	206.63	31.88
09章　咖啡、茶、马黛茶及调味香料	Coffee，tea，mate and spices	112.44	16.57	131.41	20.21
10章　谷物	Cereals	36.62	5.39	39.47	6.09
11章　制粉工业产品；麦芽；淀粉；菊粉；面筋	Products of the milling industry；malt；starches；inulin；wheat gluten	37.44	5.52	38.19	5.87
12章　含油子仁及果实；杂项子仁及果实；工业用或药用植物；稻草、秸秆及饲料	Oil seeds and oleaginous fruits；miscellaneous grains，seeds and fruit；industrial or medicinal plants；straw and fodder	138.77	20.48	152.49	23.46
13章　虫胶；树胶、树脂及其他植物液、汁	Lac；gums，resins and other vegetable saps and extracts	43.82	6.46	63.70	9.81
14章　编结用植物材料；其他植物产品	Vegetable plaiting materials；vegetable products not elsewhere specified or included	4.32	0.64	5.54	0.85
第三类　动、植物油、脂及其分解产品；精制的食用油脂；动、植物蜡	**ANIMAL OR VEGETABLE FATS AND OILS AND THEIR CLEAVAGE PRODUCTS；PREPARED EDIBLE FATS；ANIMAL OR VEGETABLE WAXES**	**25.08**	**3.69**	**35.40**	**5.44**
15章　动、植物油、脂及其分解产品；精制的食用油脂；动、植物蜡	Animal or vegetable fats and oils and their cleavage products；prepared edible fats；animal or vegetable waxes	25.08	3.69	35.40	5.44
第四类　食品；饮料、酒及醋；烟草、烟草及烟草代用品的制品	**PREPARED FOODSTUFFS；BEVERAGES, SPIRITS AND VINEGAR；TOBACCO AND MANUFACTURED TOBACCO SUBSTITUTES**	**1313.88**	**193.71**	**1579.55**	**243.38**
16章　肉、鱼、甲壳动物、软体动物及其他水生无脊椎动物的制品	Preparations of meat，of fish or of crustaceans，molluscs or other aquatic invertebrates	397.48	58.64	509.57	78.66
17章　糖及糖食	Sugars and sugar confectionery	71.87	10.60	83.83	12.90
18章　可可及可可制品	Cocoa and cocoa preparations	14.41	2.13	20.42	3.15
19章　谷物、粮食粉、淀粉或乳的制品；糕饼点心	Preparations of cereals，flour，starch or milk；pastry-cooks' products	78.67	11.60	97.55	15.02

6-16 续表 1 Continued 1

单位：亿元
Unit: 100 million

商品分类	HS Section and Division	2010 人民币 RMB Yuan	2010 美元 USD	2011 人民币 RMB Yuan	2011 美元 USD
20章 蔬菜、水果、坚果或植物其他部分的制品	Preparations of vegetables, fruit，nuts or other parts of plants	376.17	55.45	453.54	69.79
21章 杂项食品	Miscellaneous edible preparations	105.78	15.59	130.23	20.06
22章 饮料、酒及醋	Beverages，spirits and vinegar	67.47	9.95	76.76	11.83
23章 食品工业的残渣及废料；配制的动物饲料	Residues and waste from the food industries；prepared animal fodder	132.82	19.55	133.66	20.57
24章 烟草及烟草代用品的制品	Tobacco and manufactured tobacco substitutes	69.20	10.20	73.99	11.41
第五类 矿产品	**MINERAL PRODUCTS**	**2064.07**	**303.75**	**2361.92**	**362.88**
25章 盐；硫磺；泥土及石料；石膏料、石灰及水泥	Salt；sulphur；earths and stone；plastering materials，lime and cement	211.87	31.20	222.21	34.19
26章 矿砂、矿渣及矿灰	Ores，slag and ash	39.40	5.80	38.80	5.94
27章 矿物燃料、矿物油及其蒸馏产品；沥青物质；矿物蜡	Mineral fuels，mineral oils and products of their distillation; bituminous substances; mineral waxes	1812.79	266.75	2100.91	322.75
第六类 化学工业及其相关工业的产品	**PRODUCTS OF THE CHEMICAL OR INDUSTRIES ALLIED**	**5087.23**	**749.73**	**6310.25**	**970.91**
28章 无机化学品；贵金属、稀土金属、放射性元素及其同位素的有机及无机化合物	Inorganic chemicals；organic or inorganic compounds of precious metals，of rare- earth metals, of radioactive elements or of isotopes	798.01	117.63	1124.76	173.08
29章 有机化学品	Organic chemicals	2135.17	314.52	2555.90	392.92
30章 药品	Pharmaceutical products	304.21	44.82	352.01	54.21
31章 肥料	Fertilizers	367.91	54.32	512.98	79.24
32章 鞣料浸膏及染料浸膏；鞣酸及其衍生物；染料、颜料及其他着色料；油漆及清漆；油灰及其他类似胶粘剂；墨水、油墨	Tanning or dyeing extracts；tannins and their derivatives；dyes，pigments and other colouring matter；paints and varnishes；putty and other mastics；inks	292.47	43.09	357.91	55.04
33章 精油及香膏；芳香料制品及化妆盥洗品	Essential oils and retinoid；perfumery，cosmetic or toilet preparations	169.13	24.94	196.55	30.29
34章 肥皂、有机表面活性剂、洗涤剂、润滑剂、人造蜡、调制蜡、光洁剂、蜡烛及类似品、塑型用膏、“牙科用蜡”及牙科用熟石膏制剂	Soap，organic surface-active agents，washing preparations，lubricating preparations，artificial waxes，prepared waxes，polishing or scouring preparations，candles and similar articles，modelling pastes，“dental waxes” and dental preparations with a basis of plast	137.47	20.26	173.87	26.78
35章 蛋白类物质；改性淀粉；胶；酶	Albuminoidal substances；modified starches；glues；enzymes	118.77	17.50	132.81	20.45
36章 炸药；烟火制品；火柴；引火合金；易燃材料制品	Explosives；pyrotechnic products；matches；pyrophoric alloys；certain combustible preparations	44.19	6.52	50.51	7.80
37章 照相及电影用品	Photographic or cinematographic goods	72.80	10.73	76.34	11.74
38章 杂项化学产品	Miscellaneous chemical products	647.08	95.40	776.62	119.34
第七类 塑料及其制品，橡胶及其制品	**PLASTICS AND ARTICLES THEREOF RUBBER AND ARTICLES THEREOF**	**3364.25**	**495.92**	**4306.62**	**663.46**
39章 塑料及其制品	Plastics and articles thereof	2353.77	346.96	2948.33	454.21
40章 橡胶及其制品	Rubber and articles thereof	1010.49	148.96	1358.29	209.25
第八类 生皮、皮革、毛皮及其制品；鞍具及挽具；旅行用品、手提包及类似品；动物肠线(蚕胶丝除外)制品	**RAW HIDES AND SKINS，LEATHER，FUR SKINS AND ARTICLES THEREOF；SADDLERY AND HARNESS；TRAVEL GOODS，HANDBAGS AND SIMILAR CONTAINERS；ARTICLES OF ANIMAL GUT(OTHER THAN SILK-WORM GUT)**	**1575.77**	**232.46**	**1942.05**	**299.45**
41章 生皮(毛皮除外)及皮革	Raw hides and skins(other than fur skins) and leather	27.93	4.12	29.41	4.53

6-16 续表 2 Continued 2

单位：亿元
Unit: 100 million

商品分类	HS Section and Division	2010 人民币 RMB Yuan	2010 美元 USD	2011 人民币 RMB Yuan	2011 美元 USD
42章 皮革制品；鞍具及挽具；旅行用品、手提包及类似容器；动物肠线(蚕胶丝除外)制品	Articles of leather；saddlery and harness；travel goods，hand bags and similar containers；articles of animal gut (other than silk-worm gut)	1413.14	208.45	1743.99	268.92
43章 毛皮、人造毛皮及其制品	Fur skins and artificial fur；manufactures thereof	134.70	19.88	168.65	26.00
第九类 木及木制品；木炭；软木及软木制品；稻草，秸秆、针茅或其他编结材料制品；篮筐及柳条编结品	**WOOD AND ARTICLES OF WOOD；WOOD CHAR-COAL；CORK AND ARTICLES OF CORK；MANUFACTURES OF STRAW，OF ESPARTO OR OF OTHER PLAITING MATERIALS；BASKET WARE AND WICKERWORK**	**759.29**	**111.88**	**854.37**	**131.57**
44章 木及木制品；木炭	Wood and articles of wood；wood charcoal	655.04	96.52	737.22	113.54
45章 软木及软木制品	Cork and articles of cork	1.10	0.16	1.15	0.18
46章 稻草、秸秆、针茅或其他编结材料制品；篮筐及柳条编结品	Manufactures of straw，of esparto or of other plaiting Materials；basket ware and wickerwork	103.16	15.20	116.00	17.85
第十类 木浆及其他纤维状纤维素浆；纸及纸板的废碎品；纸、纸板及其制品	**PULP OF WOOD OR OF OTHER FIBROUS CELLULOSIC MATERIAL；WASTE AND SCRAP OF PAPER OR PAPERBOARD；PAPER AND PAPERBOARD AND ARTICLES THEREOF**	**841.54**	**124.06**	**1053.21**	**162.42**
47章 木浆及其他纤维状纤维素浆；纸及纸板的废碎品	Pulp of wood or of other fibrous cellulosic material；waste and scrap of paper or paperboard	9.49	1.40	15.06	2.31
48章 纸及纸板；纸浆、纸或纸板制品	Paper and paperboard；articles of paper pulp，of paper or paperboard	648.59	95.61	836.83	129.05
49章 书籍、报纸、印刷图画及其他印制品；手稿、打字稿及设计图纸	Printed books，newspapers，pictures and other products of the printing industry；manuscripts，typescripts and plans	183.46	27.04	201.32	31.06
第十一类 纺织原料及纺织制品	**TEXTILES AND TEXTILE ARTICLES**	**13534.27**	**1995.33**	**15615.73**	**2405.39**
50章 蚕丝	Silk	111.30	16.42	113.46	17.46
51章 羊毛、动物细毛或粗毛；马毛纱线及其机织物	Wool，fine or coarse animal hair；horsehair yarn and woven fabric	160.33	23.62	192.52	29.59
52章 棉花	Cotton	886.01	130.67	1007.34	154.98
53章 其他植物纺织纤维；纸纱线及其机织物	Other vegetable textile fibres；paper yarn and woven fabrics of paper yarn	58.88	8.70	73.52	11.31
54章 化学纤维长丝	Man-made filaments	684.21	100.85	897.26	138.15
55章 化学纤维短纤	Man-made short fibres	539.90	79.57	726.90	111.76
56章 絮胎、毡呢及无纺织物；特种纱线；线、绳、索、缆及其制品	Wadding，felt and nonwoven；special yarns；twine，cordage，ropes and cables and articles thereof	182.07	26.83	224.54	34.58
57章 地毯及纺织材料的其他铺地制品	Carpets and other textile floor coverings	132.65	19.55	150.80	23.24
58章 特种机织物；簇绒织物；花边；装饰毯；装饰带；刺绣品	Special woven fabrics；tufted textile fabrics；lace；tapestries；trimmings；embroidery	258.11	38.05	296.78	45.70
59章 浸渍、涂布、包覆或层压的纺织物；工业用纺织制品	Impregnated，coated，covered or laminated textile fabrics；textile articles of a kind suitable for industrial use	381.59	56.26	471.24	72.54
60章 针织物及钩编织物	Knitted or crocheted fabrics	588.13	86.67	694.53	106.98
61章 针织或钩编的服装及衣着附件	Articles of apparel and clothing accessories，knitted or crocheted	4523.68	667.10	5199.56	801.64
62章 非针织或非钩编的服装及衣着附件	Articles of apparel and clothing accessories，not knitted or crocheted	3687.62	543.61	4095.44	630.74

6-16 续表 3 Continued 3

单位：亿元
Unit: 100 million

商品分类	HS Section and Division	2010 人民币 RMB Yuan	2010 美元 USD	2011 人民币 RMB Yuan	2011 美元 USD
63章 其他纺织制成品；成套物品；旧衣着及旧纺织品；碎织物	Other made up textile articles；sets；worn clothing and worn textile articles；rags articles；rags	1339.79	197.44	1471.84	226.73
第十二类 鞋、帽、伞、杖、鞭及其零件；已加工的羽毛及其制品；人造花；人发制品	**FOOTWEAR，HEADGEAR，UMBRELLAS，SUN UMBRELLAS，WALKING-STICKS，SEAT-STICKS，WHIPS，RIDING-CROPS AND PARTS THEREOF；PREPARED FEATHERS AND ARTICLES MADE THEREWITH；ARTIFICIAL FLOWERS；ARTICLES OF HUMAN HAIR**	**2978.88**	**439.12**	**3405.92**	**524.64**
64章 鞋靴、护腿和类似品及其零件	Footwear，gaiters and the like；parts of such articles	2417.45	356.36	2709.17	417.22
65章 帽类及其零件	Headgear and parts thereof	189.84	27.98	229.50	35.37
66章 雨伞、阳伞、手杖、鞭子、马鞭及其零件	Umbrellas，sun umbrellas，walking-sticks，seat-sticks，whips，riding-crops and parts thereof	165.31	24.36	187.29	28.81
67章 已加工羽毛、羽绒及其制品；人造花；人发制品	Prepared feathers and down and articles made of feathers or of down；artificial flowers；articles of human hair	206.28	30.42	279.96	43.24
第十三类 石料、石膏、水泥、石棉、云母及类似材料的制品；陶瓷产品；玻璃及其制品	**ARTICLES OF STONE，PLASTER，CEMENT，ASBESTOS，MICA OR SIMILAR MATERIALS；CERAMIC PRODUCTS；GLASS AND GLASSWARE**	**1845.75**	**272.12**	**2206.90**	**340.21**
68章 石料、石膏、水泥、石棉、云母及类似材料的制品	Articles of stone，plaster，cement，asbestos，mica or similar materials；ceramic products；glass and glassware	392.56	57.87	477.59	73.66
69章 陶瓷产品	Ceramic products	752.52	111.00	911.22	140.52
70章 玻璃及其制品	Glass and glassware	700.66	103.25	818.09	126.03
第十四类 天然或养殖珍珠、宝石或半宝石、贵金属、包贵金属及其制品；仿首饰；硬币	**NATURAL OR CULTURED PEARLS，PRECIOUS OR SEMI-PRECIOUS STONES，PRECIOUS METALS，METALS CLAD WITH PRECIOUS METAL AND STONES，PRECIOUS METALS，METALS CLAD WITH PRECIOUS METAL AND ARTICLES THEREOF；IMITATION JEWELLERY；COIN**	**848.48**	**125.46**	**1784.70**	**275.04**
71章 天然或养殖珍珠、宝石或半宝石、贵金属、包贵金属及其制品；仿首饰；硬币	Natural or cultured pearls，precious or semi-precious stones，precious metals，metals clad with precious metal and articles thereof；imitation jewellery；coin	848.48	125.46	1784.70	275.04
第十五类 贱金属及其制品	**BASE METALS AND ARTICLES OF BASE METAL**	**7522.67**	**1107.99**	**9416.23**	**1449.21**
72章 钢铁	Iron and steel	1966.36	289.32	2593.03	398.76
73章 钢铁制品	Articles of iron or steel	2656.70	391.35	3324.44	511.96
74章 铜及其制品	Copper and articles thereof	325.84	48.02	439.78	67.44
75章 镍及其制品	Nickel and articles thereof	88.22	12.99	68.67	10.54
76章 铝及其制品	Aluminium and articles thereof	986.18	145.31	1211.32	186.48
78章 铅及其制品	Lead and articles thereof	11.77	1.73	10.49	1.61
79章 锌及其制品	Zinc and articles thereof	19.42	2.86	18.81	2.89
80章 锡及其制品	Tin and articles thereof	11.73	1.74	11.39	1.74
81章 其他贱金属、金属陶瓷及其制品	Other base metals；cermets；articles thereof	205.86	30.31	242.24	37.18
82章 贱金属工具、器具、利口器、餐匙、餐叉及其零件	Tools，implements，cutlery，spoons and forks，of base metal；parts thereof of base metal	601.73	88.70	724.93	111.73
83章 贱金属杂项制品	Miscellaneous articles of base metal	648.86	95.67	771.14	118.88

6-16 续表 4 Continued 4

单位：亿元
Unit: 100 million

商品分类	HS Section and Division	2010		2011	
		人民币 RMB Yuan	美元 USD	人民币 RMB Yuan	美元 USD
第十六类 机器、机械器具、电气设备及其零件；录音机及放声机、电视图像、声音的录制和重放设备及其零件、附件	**MACHINERY AND MECHANICAL APPLIANCES; ELECTRICAL EQUIPMENT; PARTS THEREOF; SOUND RECORDERS AND REPRODUCERS, TELEVISION IMAGE AND SOUND RECORDERS AND REPRODUCERS; AND PARTS AND ACCESSORIES OF RECORDERS AND REPRODUCERS; AND PARTS AND ACCESSORIES OF SUCH ARTICLES**	**47375.95**	**6985.68**	**51890.44**	**7995.19**
84章 核反应堆、锅炉、机器、机械器具及其零件	Nuclear reactors, boilers, machinery and mechanical appliances; parts thereof	21016.04	3098.14	22961.70	3537.63
85章 电机、电气设备及其零件；录音机及放声机、电视图像、声音的录制和重放设备及其零件、附件	Electrical machinery and equipment and parts thereof; sound recorders and reproducers, television image and sound recorders and reproducers, and parts and accessories of such articles	26359.91	3887.55	28928.73	4457.56
第十七类 车辆、航空器、船舶及有关运输设备	**VEHICLES, AIRCRAFT, VESSELS AND ASSOCIATED TRANSPORT EQUIPMENT**	**6030.77**	**888.74**	**7088.42**	**1091.07**
86章 铁道及电车道机车、车辆及其零件；铁道及电车轨道固定装置及其零件、附件；各种机械(包括电动机械)交通信号设备	Railway or tramway locomotives, rolling-stock and parts thereof; railway or tramway track fixtures and fittings and parts thereof; mechanical(including electro-mechanical) traffic signalling equipment of all kinds	603.56	89.15	931.07	143.16
87章 车辆及其零件、附件，但铁道及电车道车辆除外	Vehicles other than railway or tramway rolling-stock, and parts and accessories thereof	2606.06	383.98	3216.56	495.40
88章 航空器、航天器及其零件	Aircraft, spacecraft, and parts thereof	85.93	12.65	106.11	16.30
89章 船舶及浮动结构体	Ships, boats and floating structures	2735.23	402.96	2834.68	436.21
第十八类 光学、照相、电影、计量、检验、医疗或外科用仪器及设备、精密仪器及设备；钟表；乐器；上述物品的零件、附件	**OPTICAL, PHOTOGRAPHIC, CINEMATOGRAPHIC, MEASURING, CHECKING, PRECISION, MEDICAL OR SURGICAL INSTRUMENTS AND APPARATUS; CLOCKS AND WATCHES; MUSICAL INSTRUMENTS; PARTS AND ACCESSORIES THEREOF**	**3841.49**	**566.25**	**4282.95**	**659.97**
90章 光学、照相、电影、计量、检验、医疗或外科用仪器及设备、精密仪器及设备；上述物品的零件、附件	Optical, photographic, cinematographic, measuring, checking, precision medical or surgical instruments and apparatus; parts and accessories thereof	3535.39	521.10	3938.64	606.85
91章 钟表及其零件	Clocks and watches and parts thereof	206.64	30.49	238.94	36.88
92章 乐器及其零件、附件	Musical instruments; parts and accessories of such articles	99.47	14.66	105.36	16.24
第十九类 武器、弹药及其零件、附件	**ARMS AND AMMUNITION; PARTS AND ACCESSORIES THEREOF**	**6.61**	**0.98**	**7.59**	**1.17**
93章 武器、弹药及其零件、附件	Arms and ammunition; parts and accessories thereof	6.61	0.98	7.59	1.17
第二十类 杂项制品	**MISCELLANEOUS MANUFACTURED ARTICLES**	**6007.01**	**885.54**	**6732.30**	**1037.89**
94章 家具；寝具、褥垫、弹簧床垫、软坐垫及类似的填充制品；未列名灯具及照明装置；发光标志、发光名牌及类似品；活动房屋	Furniture; bedding, mattresses, mattress supports, cushions and similar stuffed furnishings; lamps and lighting fittings, not elsewhere specified or included; illuminated signs, illuminated	3431.42	505.84	3850.89	593.36
95章 玩具、游戏品、运动用品及其零件、附件	Toys, games and sports requisites; parts and accessories thereof	1987.84	293.07	2222.89	343.04
96章 杂项制品	Miscellaneous manufactured articles	587.75	86.63	658.52	101.48
第二十一类 艺术品、收藏品及古物	**WORKS OF ART, COLLECTORS' PIECES AND ANTIQUES**	**10.87**	**1.60**	**24.16**	**3.75**
97章 艺术品、收藏品及古物	Works of art, collectors' pieces and antiques	10.87	1.60	24.16	3.75
第二十二类 特殊交易品及未分类商品	**COMMODITIES AND TRANSACTIONS NOT CLASSIFIED ACCORDING TO KIND**	**99.31**	**14.67**	**151.69**	**23.42**
98章 特殊交易品及未分类商品	Commodities and transactions not classified according to kind	99.31	14.67	151.69	23.42

6-17 进口商品分类金额

Value of Imports by HS

单位：亿元
Unit: 100 million

商品分类	HS Section and Division	2010 人民币 RMB Yuan	2010 美元 USD	2011 人民币 RMB Yuan	2011 美元 USD
总　　额	**Total**	**94699.30**	**13962.44**	**113161.39**	**17434.84**
第一类　活动物；动物产品	**LIVE ANIMALS；ANIMAL PRODUCTS**	**628.96**	**92.78**	**808.42**	**124.64**
01章　活动物	Live animals	18.26	2.69	24.39	3.77
02章　肉及食用杂碎	Meat and edible meat offal	150.74	22.25	220.94	34.12
03章　鱼、甲壳动物、软体动物及其他水生无脊椎动物	Fish and crustaceans molluscs and other aquatic invertebrates	295.87	43.66	362.12	55.89
04章　乳品；蛋品；天然蜂蜜；其他食用动物产品	Dairy produce；birds' eggs；natural honey；edible products of animal origin，not elsewhere specified or included	135.74	20.00	173.12	26.58
05章　其他动物产品	Products of animal origin，not elsewhere specified or included	28.34	4.18	27.85	4.29
第二类　植物产品	**VEGETABLE PRODUCTS**	**2254.57**	**332.46**	**2611.33**	**402.25**
06章　活树及其他活植物；鳞茎、根及类似品；插花及装饰用簇叶	Live tree and other plants；bulbs，roots and the like；cut flowers and ornamental foliage	7.03	1.04	8.34	1.29
07章　食用蔬菜、根及块茎	Edible vegetables and certain roots and tubers	103.04	15.16	118.62	18.24
08章　食用水果及坚果；甜瓜或柑桔属水果的果皮	Edible fruit and nuts；peel of citrus fruit or melons	145.00	21.40	197.21	30.37
09章　咖啡、茶、马黛茶及调味香料	Coffee，tea，mate and spices	10.17	1.50	15.09	2.32
10章　谷物	Cereals	101.97	15.01	130.30	20.16
11章　制粉工业产品；麦芽；淀粉；菊粉；面筋	Products of the milling industry；malt；starches；inulin；wheat gluten	30.59	4.51	35.18	5.41
12章　含油子仁及果实；杂项子仁及果实；工业用或药用植物；稻草、秸秆及饲料	Oil seeds and oleaginous fruits；miscellaneous grains，seeds and fruit；industrial or medicinal plants；straw and fodder	1834.91	270.62	2080.41	320.44
13章　虫胶；树胶、树脂及其他植物液、汁	Lac；gums，resins and other vegetable saps and extracts	8.19	1.21	10.27	1.58
14章　编结用植物材料；其他植物产品	Vegetable plaiting materials；vegetable products not elsewhere specified or included	13.68	2.01	15.90	2.44
第三类　动、植物油、脂及其分解产品；精制的食用油脂；动、植物蜡	**ANIMAL OR VEGETABLE FATS AND OILS AND THEIR CLEAVAGE PRODUCTS；PREPARED EDIBLE FATS；ANIMAL OR VEGETABLE WAXES**	**602.11**	**88.84**	**748.83**	**115.40**
15章　动、植物油、脂及其分解产品；精制的食用油脂；动、植物蜡	Animal or vegetable fats and oils and their cleavage products；prepared edible fats；animal or vegetable waxes	602.11	88.84	748.83	115.40
第四类　食品；饮料、酒及醋；烟草、烟草及烟草代用品的制品	**PREPARED FOODSTUFFS；BEVERAGES，SPIRITS AND VINEGAR；TOBACCO AND MANUFACTURED TOBACCO SUBSTITUTES**	**651.58**	**96.08**	**828.87**	**127.97**
16章　肉、鱼、甲壳动物、软体动物及其他水生无脊椎动物的制品	Preparations of meat，of fish or of crustaceans，molluscs or other aquatic invertebrates	6.81	1.00	11.67	1.80
17章　糖及糖食	Sugars and sugar confectionery	70.35	10.37	137.40	21.32
18章　可可及可可制品	Cocoa and cocoa preparations	29.59	4.37	39.11	6.05
19章　谷物、粮食粉、淀粉或乳的制品；糕饼点心	Preparations of cereals，flour，starch or milk；pastry-cooks' products	82.83	12.21	105.24	16.24

6-17 续表 1 Continued 1

单位：亿元
Unit: 100 million

商品分类	HS Section and Division	2010 人民币 RMB Yuan	2010 美元 USD	2011 人民币 RMB Yuan	2011 美元 USD
20章 蔬菜、水果、坚果或植物其他部分的制品	Preparations of vegetables, fruit, nuts or other parts of plants	31.32	4.62	38.49	5.93
21章 杂项食品	Miscellaneous edible preparations	46.10	6.79	56.18	8.66
22章 饮料、酒及醋	Beverages, spirits and vinegar	111.60	16.46	165.86	25.56
23章 食品工业的残渣及废料；配制的动物饲料	Residues and waste from the food industries; prepared animal fodder	219.62	32.34	201.37	31.02
24章 烟草及烟草代用品的制品	Tobacco and manufactured tobacco substitutes	53.37	7.91	73.57	11.38
第五类 矿产品	**MINERAL PRODUCTS**	**20553.04**	**3030.28**	**28059.55**	**4322.49**
25章 盐；硫磺；泥土及石料；石膏料、石灰及水泥	Salt; sulphur; earths and stone; plastering materials, lime and cement	305.61	45.09	375.92	57.95
26章 矿砂、矿渣及矿灰	Ores, slag and ash	7426.67	1095.10	9785.65	1506.40
27章 矿物燃料、矿物油及其蒸馏产品；沥青物质；矿物蜡	Mineral fuels, mineral oils and products of their distillation; bituminous substances; mineral waxes	12820.76	1890.08	17897.99	2758.14
第六类 化学工业及其相关工业的产品	**PRODUCTS OF THE CHEMICAL OR INDUSTRIES ALLIED**	**6321.99**	**932.07**	**7657.87**	**1179.62**
28章 无机化学品；贵金属、稀土金属、放射性元素及其同位素的有机及无机化合物	Inorganic chemicals; organic or inorganic compounds of precious metals, of rare- earth metals, of radioactive elements or of isotopes	675.41	99.65	710.29	109.31
29章 有机化学品	Organic chemicals	3273.28	482.61	4097.92	631.31
30章 药品	Pharmaceutical products	490.94	72.36	671.57	103.47
31章 肥料	Fertilizers	174.46	25.72	223.66	34.50
32章 鞣料浸膏及染料浸膏；鞣酸及其衍生物；染料、颜料及其他着色料；油漆及清漆；油灰及其他类似胶粘剂；墨水、油墨	Tanning or dyeing extracts; tannins and their derivatives; dyes, pigments and other colouring matter; paints and varnishes; putty and other mastics; inks	300.43	44.28	294.82	45.40
33章 精油及香膏； 芳香料制品及化妆盥洗品	Essential oils and retinoid; perfumery, cosmetic or toilet preparations	101.93	15.02	125.72	19.38
34章 肥皂、有机表面活性剂、洗涤剂、润滑剂、人造蜡、调制蜡、光洁剂、蜡烛及类似品、塑型用膏、“牙科用蜡”及牙科用熟石膏制剂	Soap, organic surface-active agents, washing preparations, lubricating preparations, artificial waxes, prepared waxes, polishing or scouring preparations, candles and similar articles, modelling pastes, “dental waxes” and dental preparations with a basis of plast	188.51	27.78	213.66	32.91
35章 蛋白类物质；改性淀粉；胶；酶	Albuminoidal substances; modified starches; glues; enzymes	149.19	22.00	173.09	26.68
36章 炸药；烟火制品；火柴；引火合金；易燃材料制品	Explosives; pyrotechnic products; matches; pyrophoric alloys; certain combustible preparations	5.03	0.74	5.93	0.91
37章 照相及电影用品	Photographic or cinematographic goods	130.87	19.29	140.49	21.67
38章 杂项化学产品	Miscellaneous chemical products	831.93	122.61	1000.73	154.08
第七类 塑料及其制品，橡胶及其制品	**PLASTICS AND ARTICLES THEREOF RUBBER AND ARTICLES THEREOF**	**5468.34**	**806.30**	**6054.04**	**932.59**
39章 塑料及其制品	Plastics and articles thereof	4320.92	637.04	4557.67	701.97
40章 橡胶及其制品	Rubber and articles thereof	1147.42	169.26	1496.38	230.62
第八类 生皮、皮革、毛皮及其制品；鞍具及挽具；旅行用品、手提包及类似品；动物肠线(蚕胶丝除外)制品	**RAW HIDES AND SKINS, LEATHER, FUR SKINS AND ARTICLES THEREOF; SADDLERY AND HARNESS; TRAVEL GOODS, HANDBAGS AND SIMILAR CONTAINERS; ARTICLES OF ANIMAL GUT(OTHER THAN SILK-WORM GUT)**	**522.32**	**76.99**	**607.28**	**93.57**
41章 生皮(毛皮除外)及皮革	Raw hides and skins(other than fur skins) and leather	402.99	59.40	444.29	68.45

单位：亿元
Unit: 100 million

商品分类	HS Section and Division	2010 人民币 RMB Yuan	2010 美元 USD	2011 人民币 RMB Yuan	2011 美元 USD
42章 皮革制品；鞍具及挽具；旅行用品、手提包及类似容器；动物肠线(蚕胶丝除外)制品	Articles of leather；saddlery and harness；travel goods，hand bags and similar containers；articles of animal gut (other than silk-worm gut)	76.11	11.23	109.41	16.87
43章 毛皮、人造毛皮及其制品	Fur skins and artificial fur；manufactures thereof	43.22	6.37	53.57	8.24
第九类 木及木制品；木炭；软木及软木制品；稻草、秸秆、针茅或其他编结材料制品；篮筐及柳条编结品	**WOOD AND ARTICLES OF WOOD；WOOD CHAR-COAL；CORK AND ARTICLES OF CORK；MANUFACTURES OF STRAW，OF ESPARTO OR OF OTHER PLAITING MATERIALS；BASKET WARE AND WICKERWORK**	**765.61**	**112.89**	**1032.96**	**159.18**
44章 木及木制品；木炭	Wood and articles of wood；wood charcoal	762.01	112.36	1029.12	158.59
45章 软木及软木制品	Cork and articles of cork	2.97	0.44	3.09	0.48
46章 稻草、秸秆、针茅或其他编结材料制品；篮筐及柳条编结品	Manufactures of straw，of esparto or of other plaiting Materials；basket ware and wickerwork	0.63	0.09	0.75	0.12
第十类 木浆及其他纤维状纤维素浆；纸及纸板的废碎品；纸、纸板及其制品	**PULP OF WOOD OR OF OTHER FIBROUS CELLULOSIC MATERIAL；WASTE AND SCRAP OF PAPER OR PAPERBOARD；PAPER AND PAPERBOARD AND ARTICLES THEREOF**	**1361.04**	**200.65**	**1647.86**	**253.75**
47章 木浆及其他纤维状纤维素浆；纸及纸板的废碎品	Pulp of wood or of other fibrous cellulosic material；waste and scrap of paper or paperboard	961.70	141.81	1228.01	189.07
48章 纸及纸板；纸浆、纸或纸板制品	Paper and paperboard；articles of paper pulp，of paper or paperboard	312.93	46.12	328.20	50.55
49章 书籍、报纸、印刷图画及其他印制品；手稿、打字稿及设计图纸	Printed books，newspapers，pictures and other products of the printing industry；manuscripts，typescripts and plans	86.40	12.72	91.64	14.12
第十一类 纺织原料及纺织制品	**TEXTILES AND TEXTILE ARTICLES**	**2005.37**	**295.80**	**2438.08**	**375.88**
50章 蚕丝	Silk	8.43	1.24	7.27	1.12
51章 羊毛、动物细毛或粗毛；马毛纱线及其机织物	Wool，fine or coarse animal hair；horsehair yarn and woven fabric	191.82	28.28	249.37	38.41
52章 棉花	Cotton	719.57	106.21	954.88	147.30
53章 其他植物纺织纤维；纸纱线及其机织物	Other vegetable textile fibres；paper yarn and woven fabrics of paper yarn	37.94	5.60	49.48	7.61
54章 化学纤维长丝	Man-made filaments	256.66	37.84	263.57	40.63
55章 化学纤维短纤	Man-made short fibres	204.70	30.19	233.53	35.99
56章 絮胎、毡呢及无纺织物；特种纱线；线、绳、索、缆及其制品	Wadding，felt and nonwoven；special yarns；twine，cordage，ropes and cables and articles thereof	76.44	11.27	77.16	11.89
57章 地毯及纺织材料的其他铺地制品	Carpets and other textile floor coverings	8.84	1.30	8.90	1.37
58章 特种机织物；簇绒织物；花边；装饰毯；装饰带；刺绣品	Special woven fabrics；tufted textile fabrics；lace；tapestries；trimmings；embroidery	47.09	6.94	47.51	7.32
59章 浸渍、涂布、包覆或层压的纺织物；工业用纺织制品	Impregnated，coated，covered or laminated textile fabrics；textile articles of a kind suitable for industrial use	125.33	18.47	129.49	19.94
60章 针织物及钩编织物	Knitted or crocheted fabrics	159.10	23.46	158.66	24.47
61章 针织或钩编的服装及衣着附件	Articles of apparel and clothing accessories，knitted or crocheted	55.49	8.18	77.00	11.87
62章 非针织或非钩编的服装及衣着附件	Articles of apparel and clothing accessories，not knitted or crocheted	96.18	14.20	154.61	23.85

6-17 续表 3 Continued 3

单位：亿元

Unit: 100 million

商品分类	HS Section and Division	2010 人民币 RMB Yuan	2010 美元 USD	2011 人民币 RMB Yuan	2011 美元 USD
63章 其他纺织制成品；成套物品；旧衣着及旧纺织品；碎织物	Other made up textile articles；sets；worn clothing and worn textile articles；rags articles；rags	17.77	2.62	26.63	4.11
第十二类 鞋、帽、伞、杖、鞭及其零件；已加工的羽毛及其制品；人造花；人发制品	**FOOTWEAR，HEADGEAR，UMBRELLAS，SUN UMBRELLAS，WALKING-STICKS，SEAT-STICKS，WHIPS，RIDING-CROPS AND PARTS THEREOF；PREPARED FEATHERS AND ARTICLES MADE THEREWITH；ARTIFICIAL FLOWERS；ARTICLES OF HUMAN HAIR**	**92.86**	**13.70**	**124.47**	**19.19**
64章 鞋靴、护腿和类似品及其零件	Footwear，gaiters and the like；parts of such articles	75.71	11.17	100.79	15.54
65章 帽类及其零件	Headgear and parts thereof	1.98	0.29	2.32	0.36
66章 雨伞、阳伞、手杖、鞭子、马鞭及其零件	Umbrellas，sun umbrellas，walking-sticks，seat-sticks，whips，riding-crops and parts thereof	0.42	0.06	0.62	0.10
67章 已加工羽毛、羽绒及其制品；人造花；人发制品	Prepared feathers and down and articles made of feathers or of down；artificial flowers；articles of human hair	14.76	2.18	20.73	3.20
第十三类 石料、石膏、水泥、石棉、云母及类似材料的制品；陶瓷产品；玻璃及其制品	**ARTICLES OF STONE，PLASTER，CEMENT，ASBESTOS，MICA OR SIMILAR MATERIALS；CERAMIC PRODUCTS；GLASS AND GLASSWARE**	**442.33**	**65.23**	**541.79**	**83.54**
68章 石料、石膏、水泥、石棉、云母及类似材料的制品	Articles of stone，plaster，cement，asbestos，mica or similar materials；ceramic products；glass and glassware	72.28	10.65	87.26	13.44
69章 陶瓷产品	Ceramic products	39.78	5.86	48.24	7.43
70章 玻璃及其制品	Glass and glassware	330.28	48.72	406.29	62.67
第十四类 天然或养殖珍珠、宝石或半宝石、贵金属、包贵金属及其制品；仿首饰；硬币	**NATURAL OR CULTURED PEARLS，PRECIOUS OR SEMI-PRECIOUS STONES，PRECIOUS METALS，METALS CLAD WITH PRECIOUS METAL AND STONES，PRECIOUS METALS，METALS CLAD WITH PRECIOUS METAL AND ARTICLES THEREOF；IMITATION JEWELLERY；COIN**	**734.99**	**108.47**	**968.59**	**149.12**
71章 天然或养殖珍珠、宝石或半宝石、贵金属、包贵金属及其制品；仿首饰；硬币	Natural or cultured pearls，precious or semi-precious stones，precious metals，metals clad with precious metal and articles thereof；imitation jewellery；coin	734.99	108.47	968.59	149.12
第十五类 贱金属及其制品	**BASE METALS AND ARTICLES OF BASE METAL**	**6994.63**	**1030.93**	**7712.60**	**1188.36**
72章 钢铁	Iron and steel	1718.45	253.27	1842.71	283.79
73章 钢铁制品	Articles of iron or steel	621.43	91.51	664.02	102.25
74章 铜及其制品	Copper and articles thereof	3134.79	462.11	3518.06	542.42
75章 镍及其制品	Nickel and articles thereof	400.93	59.10	479.63	73.74
76章 铝及其制品	Aluminium and articles thereof	596.72	87.96	634.24	97.72
78章 铅及其制品	Lead and articles thereof	9.08	1.34	8.97	1.38
79章 锌及其制品	Zinc and articles thereof	82.63	12.18	82.86	12.77
80章 锡及其制品	Tin and articles thereof	37.58	5.54	54.64	8.47
81章 其他贱金属、金属陶瓷及其制品	Other base metals；cermets；articles thereof	101.38	14.95	98.13	15.09
82章 贱金属工具、器具、利口器、餐匙、餐叉及其零件	Tools，implements，cutlery，spoons and forks，of base metal；parts thereof of base metal	187.58	27.64	211.37	32.55
83章 贱金属杂项制品	Miscellaneous articles of base metal	104.07	15.34	117.95	18.18

6-17 续表 4 Continued 4

单位：亿元

Unit: 100 million

商品分类	HS Section and Division	2010 人民币 RMB Yuan	2010 美元 USD	2011 人民币 RMB Yuan	2011 美元 USD
第十六类 机器、机械器具、电气设备及其零件；录音机及放声机、电视图像、声音的录制和重放设备及其零件、附件	**MACHINERY AND MECHANICAL APPLIANCES；ELECTRICAL EQUIPMENT；PARTS THEREOF；SOUND RECORDERS AND REPRODUCERS，TELEVISION IMAGE AND SOUND RECORDERS AND REPRODUCERS；AND PARTS AND ACCESSORIES OF RECORDERS AND REPRODUCERS；AND PARTS AND ACCESSORIES OF SUCH ARTICLES**	**32994.26**	**4864.72**	**35712.45**	**5502.46**
84章 核反应堆、锅炉、机器、机械器具及其零件	Nuclear reactors，boilers，machinery and mechanical appliances；parts thereof	11677.71	1721.57	12942.21	1992.95
85章 电机、电气设备及其零件；录音机及放声机、电视图像、声音的录制和重放设备及其零件、附件	Electrical machinery and equipment and parts thereof；sound recorders and reproducers，television image and sound recorders and reproducers，and parts and accessories of such articles	21316.55	3143.15	22770.24	3509.51
第十七类 车辆、航空器、船舶及有关运输设备	**VEHICLES，AIRCRAFT，VESSELS AND ASSOCIATED TRANSPORT EQUIPMENT**	**4453.81**	**655.95**	**5390.40**	**830.30**
86章 铁道及电车道机车、车辆及其零件；铁道及电车轨道固定装置及其零件、附件；各种机械(包括电动机械)交通信号设备	Railway or tramway locomotives，rolling-stock and parts thereof；railway or tramway track fixtures and fittings and parts thereof；mechanical(including electro-mechanical) traffic signalling equipment of all kinds	137.53	20.21	128.81	19.83
87章 车辆及其零件、附件，但铁道及电车道车辆除外	Vehicles other than railway or tramway rolling-stock，and parts and accessories thereof	3360.03	495.05	4249.17	654.65
88章 航空器、航天器及其零件	Aircraft，spacecraft，and parts thereof	842.24	123.91	879.39	135.42
89章 船舶及浮动结构体	Ships，boats and floating structures	114.01	16.78	133.02	20.40
第十八类 光学、照相、电影、计量、检验、医疗或外科用仪器及设备、精密仪器及设备；钟表；乐器；上述物品的零件、附件	**OPTICAL，PHOTOGRAPHIC，CINEMATOGRAPHIC，MEASURING，CHECKING，PRECISION，MEDICAL OR SURGICAL INSTRUMENTS AND APPARATUS；CLOCKS AND WATCHES；MUSICAL INSTRUMENTS；PARTS AND ACCESSORIES THEREOF**	**6262.96**	**923.36**	**6662.71**	**1026.74**
90章 光学、照相、电影、计量、检验、医疗或外科用仪器及设备、精密仪器及设备；上述物品的零件、附件	Optical，photographic，cinematographic，measuring，checking，precision medical or surgical instruments and apparatus；parts and accessories thereof	6099.12	899.20	6434.14	991.38
91章 钟表及其零件	Clocks and watches and parts thereof	148.31	21.88	210.96	32.64
92章 乐器及其零件、附件	Musical instruments；parts and accessories of such articles	15.53	2.29	17.62	2.72
第十九类 武器、弹药及其零件、附件	**ARMS AND AMMUNITION；PARTS AND ACCESSORIES THEREOF**	**0.20**	**0.03**	**0.52**	**0.08**
93章 武器、弹药及其零件、附件	Arms and ammunition；parts and accessories thereof	0.20	0.03	0.52	0.08
第二十类 杂项制品	**MISCELLANEOUS MANUFACTURED ARTICLES**	**341.26**	**50.33**	**339.03**	**52.32**
94章 家具；寝具、褥垫、弹簧床垫、软坐垫及类似的填充制品；未列名灯具及照明装置；发光标志、发光名牌及类似品；活动房屋	Furniture；bedding，mattresses，mattress supports，cushions and similar stuffed furnishings；lamps and lighting fittings，not elsewhere specified or included；illuminated signs，illuminated	207.44	30.60	180.43	27.80
95章 玩具、游戏品、运动用品及其零件、附件	Toys，games and sports requisites；parts and accessories thereof	69.42	10.23	92.73	14.36
96章 杂项制品	Miscellaneous manufactured articles	64.40	9.49	65.87	10.15
第二十一类 艺术品、收藏品及古物	**WORKS OF ART，COLLECTORS' PIECES AND ANTIQUES**	**1.74**	**0.26**	**2.74**	**0.42**
97章 艺术品、收藏品及古物	Works of art，collectors' pieces and antiques	1.74	0.26	2.74	0.42
第二十二类 特殊交易品及未分类商品	**COMMODITIES AND TRANSACTIONS NOT CLASSIFIED ACCORDING TO KIND**	**1245.31**	**184.33**	**3211.02**	**494.98**
98章 特殊交易品及未分类商品	Commodities and transactions not classified according to kind	1245.31	184.33	3211.02	494.98

6-18 一般贸易进出口商品分类金额

Value of Imports and Exports in Ordinary by HS

单位：亿元

Unit: 100 million

商品分类	HS Section and Division	出口 Exports 人民币 RMB Yuan	美元 USD	进口 Imports 人民币 RMB Yuan	美元 USD
总　　额	**Total**	**59541.73**	**9170.34**	**65410.22**	**10076.21**
第一类　活动物；动物产品	**LIVE ANIMALS；ANIMAL PRODUCTS**	**664.13**	**102.39**	**480.81**	**74.07**
01章　活动物	Live animals	36.86	5.70	24.33	3.76
02章　肉及食用杂碎	Meat and edible meat offal	68.58	10.57	212.51	32.81
03章　鱼、甲壳动物、软体动物及其他水生无脊椎动物	Fish and crustaceans molluscs and other aquatic invertebrates	430.73	66.41	89.79	13.83
04章　乳品；蛋品；天然蜂蜜；其他食用动物产品	Dairy produce；birds' eggs；natural honey；edible products of animal origin，not elsewhere specified or included	31.18	4.80	146.12	22.43
05章　其他动物产品	Products of animal origin，not elsewhere specified or included	96.78	14.91	8.06	1.24
第二类　植物产品	**VEGETABLE PRODUCTS**	**1080.64**	**166.32**	**2419.44**	**372.71**
06章　活树及其他活植物；鳞茎、根及类似品；插花及装饰用簇叶	Live tree and other plants；bulbs，roots and the like；cut flowers and ornamental foliage	14.04	2.16	8.07	1.25
07章　食用蔬菜、根及块茎	Edible vegetables and certain roots and tubers	535.38	82.36	114.30	17.57
08章　食用水果及坚果；甜瓜或柑桔属水果的果皮	Edible fruit and nuts；peel of citrus fruit or melons	159.90	24.68	155.94	24.01
09章　咖啡、茶、马黛茶及调味香料	Coffee，tea，mate and spices	124.80	19.19	11.37	1.75
10章　谷物	Cereals	30.91	4.76	120.39	18.63
11章　制粉工业产品；麦芽；淀粉；菊粉；面筋	Products of the milling industry；malt；starches；inulin；wheat gluten	26.75	4.11	30.70	4.72
12章　含油子仁及果实；杂项子仁及果实；工业用或药用植物；稻草、秸秆及饲料	Oil seeds and oleaginous fruits；miscellaneous grains，seeds and fruit；industrial or medicinal plants；straw and fodder	137.99	21.22	1955.59	301.23
13章　虫胶；树胶、树脂及其他植物液、汁	Lac；gums，resins and other vegetable saps and extracts	45.62	7.03	8.28	1.28
14章　编结用植物材料；其他植物产品	Vegetable plaiting materials；vegetable products not elsewhere specified or included	5.23	0.81	14.80	2.27
第三类　动、植物油、脂及其分解产品；精制的食用油脂；动、植物蜡	**ANIMAL OR VEGETABLE FATS AND OILS AND THEIR CLEAVAGE PRODUCTS；PREPARED EDIBLE FATS；ANIMAL OR VEGETABLE WAXES**	**26.46**	**4.07**	**601.88**	**92.79**
15章　动、植物油、脂及其分解产品；精制的食用油脂；动、植物蜡	Animal or vegetable fats and oils and their cleavage products；prepared edible fats；animal or vegetable waxes	26.46	4.07	601.88	92.79
第四类　食品；饮料、酒及醋；烟草、烟草及烟草代用品的制品	**PREPARED FOODSTUFFS；BEVERAGES，SPIRIT AND VINEGAR；TOBACCO AND MANUFACTURED TOBACCO SUBSTITUTES**	**1302.53**	**200.70**	**665.46**	**102.74**
16章　肉、鱼、甲壳动物、软体动物及其他水生无脊椎动物的制品	Preparations of meat，of fish or of crustaceans，mollu or other aquatic invertebrates	402.58	62.15	3.27	0.50
17章　糖及糖食	Sugars and sugar confectionery	72.27	11.12	128.25	19.91
18章　可可及可可制品	Cocoa and cocoa preparations	11.10	1.71	29.29	4.53
19章　谷物、粮食粉、淀粉或乳的制品；糕饼点心	Preparations of cereals，flour，starch or milk；pastry-cooks' products	70.86	10.91	86.74	13.39

6-18 续表 1 Continued 1

单位：亿元
Unit: 100 million

商品分类	HS Section and Division	出口 Exports 人民币 RMB Yuan	出口 Exports 美元 USD	进口 Imports 人民币 RMB Yuan	进口 Imports 美元 USD
20章 蔬菜、水果、坚果或植物其他部分的制品	Preparations of vegetables, fruit，nuts or other parts of plants	383.89	59.08	34.42	5.30
21章 杂项食品	Miscellaneous edible preparations	101.13	15.58	44.74	6.90
22章 饮料、酒及醋	Beverages，spirits and vinegar	65.56	10.11	67.82	10.43
23章 食品工业的残渣及废料；配制的动物饲料	Residues and waste from the food industries；prepared animal fodder	126.09	19.41	199.66	30.76
24章 烟草及烟草代用品的制品	Tobacco and manufactured tobacco substitutes	69.04	10.64	71.27	11.03
第五类 矿产品	**MINERAL PRODUCTS**	**716.58**	**109.96**	**23876.57**	**3678.04**
25章 盐；硫磺；泥土及石料；石膏料、石灰及水泥	Salt；sulphur；earths and stone；plastering materials，lime and cement	207.07	31.86	342.11	52.74
26章 矿砂、矿渣及矿灰	Ores，slag and ash	7.22	1.11	9094.39	1400.00
27章 矿物燃料、矿物油及其蒸馏产品；沥青物质；矿物蜡	Mineral fuels，mineral oils and products of their distillation; bituminous substances; mineral waxes	502.29	77.00	14440.06	2225.30
第六类 化学工业及其相关工业的产品	**PRODUCTS OF THE CHEMICAL OR INDUSTRIES ALLIED**	**5225.74**	**804.11**	**5045.19**	**777.12**
28章 无机化学品；贵金属、稀土金属、放射性元素及其同位素的有机及无机化合物	Inorganic chemicals；organic or inorganic compounds of precious metals，of rare- earth metals, of radioactive elements or of isotopes	1025.56	157.82	489.32	75.27
29章 有机化学品	Organic chemicals	2138.22	328.73	2786.00	429.28
30章 药品	Pharmaceutical products	242.66	37.35	374.77	57.75
31章 肥料	Fertilizers	487.56	75.33	179.18	27.63
32章 鞣料浸膏及染料浸膏；鞣酸及其衍生物；染料、颜料及其他着色料；油漆及清漆；油灰及其他类似胶粘剂；墨水、油墨	Tanning or dyeing extracts；tannins and their derivatives；dyes，pigments and other colouring matter；paints and varnishes；putty and other mastics；inks	333.13	51.24	178.09	27.42
33章 精油及香膏；芳香料制品及化妆盥洗品	Essential oils and retinoid；perfumery，cosmetic or toilet preparations	106.87	16.47	60.11	9.27
34章 肥皂、有机表面活性剂、洗涤剂、润滑剂、人造蜡、调制蜡、光洁剂、蜡烛及类似品、塑型用膏、“牙科用蜡”及牙科用熟石膏制剂	Soap，organic surface-active agents，washing preparations，lubricating preparations，artificial waxes，prepared waxes，polishing or scouring preparations，candles and similar articles，modelling pastes，“dental waxcs” and dental preparations with a basis of plast	128.09	19.73	178.72	27.53
35章 蛋白类物质；改性淀粉；胶；酶	Albuminoidal substances；modified starches；glues；enzymes	100.38	15.46	82.98	12.79
36章 炸药；烟火制品；火柴；引火合金；易燃材料制品	Explosives；pyrotechnic products；matches；pyrophoric alloys；certain combustible preparations	49.18	7.59	3.35	0.52
37章 照相及电影用品	Photographic or cinematographic goods	31.54	4.85	65.65	10.12
38章 杂项化学产品	Miscellaneous chemical products	582.53	89.54	647.01	99.56
第七类 塑料及其制品，橡胶及其制品	**PLASTICS AND ARTICLES THEREOF RUBBER AND ARTICLES THEREOF**	**1792.68**	**276.33**	**2786.85**	**429.20**
39章 塑料及其制品	Plastics and articles thereof	1501.99	231.55	2194.31	337.98
40章 橡胶及其制品	Rubber and articles thereof	290.69	44.78	592.53	91.22
第八类 生皮、皮革、毛皮及其制品；鞍具及挽具；旅行用品、手提包及类似品；动物肠线(蚕胶丝除外)制品	**RAW HIDES AND SKINS，LEATHER，FUR SKINS AND ARTICLES THEREOF；SADDLERY AND HARNESS；TRAVEL GOODS，HANDBAGS AND SIMILAR CONTAINERS；ARTICLES OF ANIMAL GUT(OTHER THAN SILK-WORM GUT)**	**1421.03**	**219.18**	**274.85**	**42.36**
41章 生皮(毛皮除外)及皮革	Raw hides and skins(other than fur skins) and leather	10.36	1.59	173.01	26.66

6-18 续表 2 Continued 2

单位：亿元

Unit: 100 million

商品分类		HS Section and Division	出口 Exports 人民币 RMB Yuan	出口 Exports 美元 USD	进口 Imports 人民币 RMB Yuan	进口 Imports 美元 USD
42章	皮革制品；鞍具及挽具；旅行用品、手提包及类似容器；动物肠线(蚕胶丝除外)制品	Articles of leather；saddlery and harness；travel goods，hand bags and similar containers；articles of animal gut (other than silk-worm gut)	1293.60	199.54	86.74	13.37
43章	毛皮、人造毛皮及其制品	Fur skins and artificial fur；manufactures thereof	117.07	18.05	15.10	2.33
第九类	**木及木制品；木炭；软木及软木制品；稻草、秸秆、针茅或其他编结材料制品；篮筐及柳条编结品**	**WOOD AND ARTICLES OF WOOD；WOOD CHAR-COAL；CORK AND ARTICLES OF CORK；MANUFACTURES OF STRAW，OF ESPARTO OR OF OTHER PLAITING MATERIALS；BASKET WARE AND WICKERWORK**	**727.27**	**112.01**	**743.23**	**114.55**
44章	木及木制品；木炭	Wood and articles of wood；wood charcoal	615.29	94.78	739.91	114.04
45章	软木及软木制品	Cork and articles of cork	1.03	0.16	2.99	0.46
46章	稻草、秸秆、针茅或其他编结材料制品；篮筐及柳条编结品	Manufactures of straw，of esparto or of other plaiting Materials；basket ware and wickerwork	110.94	17.08	0.33	0.05
第十类	**木浆及其他纤维状纤维素浆；纸及纸板的废碎品；纸、纸板及其制品**	**PULP OF WOOD OR OF OTHER FIBROUS CELLULOSIC MATERIAL；WASTE AND SCRAP OF PAPER OR PAPERBOARD；PAPER AND PAPERBOARD AND ARTICLES THEREOF**	**527.19**	**81.40**	**1191.57**	**183.41**
47章	木浆及其他纤维状纤维素浆；纸及纸板的废碎品	Pulp of wood or of other fibrous cellulosic material；waste and scrap of paper or paperboard	12.95	1.98	944.26	145.31
48章	纸及纸板；纸浆、纸或纸板制品	Paper and paperboard；articles of paper pulp，of paper or paperboard	427.29	65.99	200.23	30.83
49章	书籍、报纸、印刷图画及其他印制品；手稿、打字稿及设计图纸	Printed books，newspapers，pictures and other products of the printing industry；manuscripts，typescripts and plans	86.95	13.43	47.07	7.26
第十一类	**纺织原料及纺织制品**	**TEXTILES AND TEXTILE ARTICLES**	**11783.91**	**1814.85**	**1096.39**	**169.04**
50章	蚕丝	Silk	111.71	17.19	1.22	0.19
51章	羊毛、动物细毛或粗毛；马毛纱线及其机织物	Wool，fine or coarse animal hair；horsehair yarn and woven fabric	120.83	18.56	132.97	20.48
52章	棉花	Cotton	721.17	110.99	445.83	68.79
53章	其他植物纺织纤维；纸纱线及其机织物	Other vegetable textile fibres；paper yarn and woven fabrics of paper yarn	59.38	9.13	29.36	4.51
54章	化学纤维长丝	Man-made filaments	714.67	110.07	77.48	11.94
55章	化学纤维短纤	Man-made short fibres	542.30	83.42	122.58	18.90
56章	絮胎、毡呢及无纺织物；特种纱线；线、绳、索、缆及其制品	Wadding，felt and nonwoven；special yarns；twine，cordage，ropes and cables and articles thereof	174.66	26.90	33.76	5.20
57章	地毯及纺织材料的其他铺地制品	Carpets and other textile floor coverings	128.29	19.77	5.37	0.83
58章	特种机织物；簇绒织物；花边；装饰毯；装饰带；刺绣品	Special woven fabrics；tufted textile fabrics；lace；tapestries；trimmings；embroidery	262.88	40.48	7.07	1.09
59章	浸渍、涂布、包覆或层压的纺织物；工业用纺织制品	Impregnated，coated，covered or laminated textile fabrics；textile articles of a kind suitable for industrial use	380.11	58.51	39.30	6.05
60章	针织物及钩编织物	Knitted or crocheted fabrics	511.76	78.81	19.55	3.02
61章	针织或钩编的服装及衣着附件	Articles of apparel and clothing accessories，Knitted or crocheted	4008.34	617.75	56.59	8.72
62章	非针织或非钩编的服装及衣着附件	Articles of apparel and clothing accessories，not knitted or crocheted	2899.45	446.39	111.01	17.12

6-18 续表 3 Continued 3

单位：亿元
Unit: 100 million

商品分类	HS Section and Division	出口 Exports		进口 Imports	
		人民币 RMB Yuan	美元 USD	人民币 RMB Yuan	美元 USD
63章 其他纺织制成品；成套物品；旧衣着及旧纺织品；碎织物	Other made up textile articles; sets; worn clothing and worn textile articles; rags articles; rags	1148.36	176.88	14.29	2.21
第十二类 鞋、帽、伞、杖、鞭及其零件；已加工的羽毛及其制品；人造花；人发制品	**FOOTWEAR, HEADGEAR, UMBRELLAS, SUN UMBRELLAS, WALKING-STICKS, SEAT-STICKS, WHIPS, RIDING-CROPS AND PARTS THEREOF; PREPARED FEATHERS AND ARTICLES MADE THEREWITH; ARTIFICIAL FLOWERS; ARTICLES OF HUMAN HAIR**	**2136.31**	**329.14**	**82.43**	**12.71**
64章 鞋靴、护腿和类似品及其零件	Footwear, gaiters and the like; parts of such articles	1614.45	248.66	80.68	12.44
65章 帽类及其零件	Headgear and parts thereof	164.76	25.39	1.29	0.20
66章 雨伞、阳伞、手杖、鞭子、马鞭及其零件	Umbrellas, sun umbrellas, walking-sticks, seat-sticks, whips, riding-crops and parts thereof	150.78	23.20	0.22	0.03
67章 已加工羽毛、羽绒及其制品；人造花；人发制品	Prepared feathers and down and articles made of feathers or of down; artificial flowers; articles of human hair	206.33	31.88	0.24	0.04
第十三类 石料、石膏、水泥、石棉、云母及类似材料的制品；陶瓷产品；玻璃及其制品	**ARTICLES OF STONE, PLASTER, CEMENT, ASBESTOS, MICA OR SIMILAR MATERIALS; CERAMIC PRODUCTS; GLASS AND GLASSWARE**	**1875.37**	**289.12**	**202.13**	**31.16**
68章 石料、石膏、水泥、石棉、云母及类似材料的制品	Articles of stone, plaster, cement, asbestos, mica or similar materials; ceramic products; glass and glassware	421.33	64.99	52.57	8.10
69章 陶瓷产品	Ceramic products	865.10	133.40	35.67	5.49
70章 玻璃及其制品	Glass and glassware	588.94	90.73	113.90	17.57
第十四类 天然或养殖珍珠、宝石或半宝石、贵金属、包贵金属及其制品；仿首饰；硬币	**NATURAL OR CULTURED PEARLS, PRECIOUS OR SEMI-PRECIOUS STONES, PRECIOUS METALS, METALS CLAD WITH PRECIOUS METAL AND STONES, PRECIOUS METALS, METALS CLAD WITH PRECIOUS METAL AND ARTICLES THEREOF; IMITATION JEWELLERY; COIN**	**168.45**	**25.96**	**447.81**	**68.87**
71章 天然或养殖珍珠、宝石或半宝石、贵金属、包贵金属及其制品；仿首饰；硬币	Natural or cultured pearls, precious or semi-precious stones, precious metals, metals clad with precious metal and articles thereof; imitation jewellery; coin	168.45	25.96	447.81	68.87
第十五类 贱金属及其制品	**BASE METALS AND ARTICLES OF BASE METAL**	**7284.92**	**1121.37**	**4460.53**	**687.69**
72章 钢铁	Iron and steel	2244.46	345.23	1076.06	165.77
73章 钢铁制品	Articles of iron or steel	2704.54	416.48	412.80	63.53
74章 铜及其制品	Copper and articles thereof	108.52	16.69	2128.91	328.67
75章 镍及其制品	Nickel and articles thereof	9.06	1.39	197.19	30.26
76章 铝及其制品	Aluminium and articles thereof	883.60	135.99	314.73	48.49
78章 铅及其制品	Lead and articles thereof	6.34	0.97	4.10	0.63
79章 锌及其制品	Zinc and articles thereof	8.06	1.24	36.08	5.56
80章 锡及其制品	Tin and articles thereof	4.94	0.75	18.47	2.88
81章 其他贱金属、金属陶瓷及其制品	Other base metals; cermets; articles thereof	222.53	34.15	53.10	8.16
82章 贱金属工具、器具、利口器、餐匙、餐叉及其零件	Tools, implements, cutlery, spoons and forks, of base metal; parts thereof of base metal	526.39	81.13	150.01	23.10
83章 贱金属杂项制品	Miscellaneous articles of base metal	566.47	87.34	69.08	10.64

6-18 续表 4 Continued 4

单位：亿元
Unit: 100 million

商品分类	HS Section and Division	出口 Exports 人民币 RMB Yuan	出口 Exports 美元 USD	进口 Imports 人民币 RMB Yuan	进口 Imports 美元 USD
第十六类 机器、机械器具、电气设备及其零件；录音机及放声机、电视图像、声音的录制和重放设备及其零件、附件	**MACHINERY AND MECHANICAL APPLIANCES; ELECTRICAL EQUIPMENT; PARTS THEREOF; SOUND RECORDERS AND REPRODUCERS, TELEVISION IMAGE AND SOUND RECORDERS AND REPRODUCERS; AND PARTS AND ACCESSORIES OF RECORDERS AND REPRODUCERS; AND PARTS AND ACCESSORIES OF SUCH ARTICLES**	**14642.74**	**2255.06**	**12061.10**	**1856.93**
84章 核反应堆、锅炉、机器、机械器具及其零件	Nuclear reactors，boilers，machinery and mechanical appliances；parts thereof	6371.92	981.01	6859.57	1055.93
85章 电机、电气设备及其零件；录音机及放声机、电视图像、声音的录制和重放设备及其零件、附件	Electrical machinery and equipment and parts thereof；sound recorders and reproducers，television image and sound recorders and reproducers，and parts and accessories of such articles	8270.82	1274.05	5201.53	801.00
第十七类 车辆、航空器、船舶及有关运输设备	**VEHICLES，AIRCRAFT，VESSELS AND ASSOCIATED TRANSPORT EQUIPMENT**	**2728.85**	**420.32**	**4662.81**	**718.28**
86章 铁道及电车道机车、车辆及其零件；铁道及电车轨道固定装置及其零件、附件；各种机械(包括电动机械)交通信号设备	Railway or tramway locomotives，rolling-stock and parts thereof；railway or tramway track fixtures and fittings and parts thereof；mechanical(including electro-mechanical) traffic signalling equipment of all kinds	116.71	17.99	107.18	16.50
87章 车辆及其零件、附件，但铁道及电车道车辆除外	Vehicles other than railway or tramway rolling-stock，and parts and accessories thereof	2502.64	385.47	4069.56	626.95
88章 航空器、航天器及其零件	Aircraft，spacecraft，and parts thereof	41.09	6.31	364.45	56.17
89章 船舶及浮动结构体	Ships，boats and floating structures	68.41	10.54	121.62	18.66
第十八类 光学、照相、电影、计量、检验、医疗或外科用仪器及设备、精密仪器及设备；钟表；乐器；上述物品的零件、附件	**OPTICAL，PHOTOGRAPHIC，CINEMATOGRAPHIC，MEASURING，CHECKING，PRECISION，MEDICAL OR SURGICAL INSTRUMENTS AND APPARATUS; CLOCKS AND WATCHES; MUSICAL INSTRUMENTS; PARTS AND ACCESSORIES THEREOF**	**997.10**	**153.65**	**2176.06**	**335.28**
90章 光学、照相、电影、计量、检验、医疗或外科用仪器及设备、精密仪器及设备；上述物品的零件、附件	Optical，photographic，cinematographic，measuring，checking，precision medical or surgical instruments and apparatus；parts and accessories thereof	868.13	133.75	2059.50	317.25
91章 钟表及其零件	Clocks and watches and parts thereof	73.60	11.36	106.36	16.46
92章 乐器及其零件、附件	Musical instruments；parts and accessories of such articles	55.37	8.53	10.19	1.57
第十九类 武器、弹药及其零件、附件	**ARMS AND AMMUNITION；PARTS AND ACCESSORIES THEREOF**	**7.49**	**1.15**	**0.52**	**0.08**
93章 武器、弹药及其零件、附件	Arms and ammunition；parts and accessories thereof	7.49	1.15	0.52	0.08
第二十类 杂项制品	**MISCELLANEOUS MANUFACTURED ARTICLES**	**4296.73**	**662.27**	**163.32**	**25.16**
94章 家具；寝具、褥垫、弹簧床垫、软坐垫及类似的填充制品；未列名灯具及照明装置；发光标志、发光名牌及类似品；活动房屋	Furniture；bedding，mattresses，mattress supports，cushions and similar stuffed furnishings；lamps and lighting fittings，not elsewhere specified or included；illuminated signs，illuminated	3055.82	470.88	114.78	17.68
95章 玩具、游戏品、运动用品及其零件、附件	Toys，games and sports requisites；parts and accessories thereof	798.53	123.23	22.79	3.51
96章 杂项制品	Miscellaneous manufactured articles	442.37	68.16	25.74	3.96
第二十一类 艺术品、收藏品及古物	**WORKS OF ART，COLLECTORS' PIECES AND ANTIQUES**	**22.87**	**3.55**	**1.76**	**0.27**
97章 艺术品、收藏品及古物	Works of art，collectors' pieces and antiques	22.87	3.55	1.76	0.27
第二十二类 特殊交易品及未分类商品	**COMMODITIES AND TRANSACTIONS NOT CLASSIFIED ACCORDING TO KIND**	**112.76**	**17.43**	**1969.53**	**303.75**
98章 特殊交易品及未分类商品	Commodities and transactions not classified according to kind	112.76	17.43	1969.53	303.75

6-19 加工贸易进出口商品分类金额

Value of Imports and Exports in Processing Trade by HS

单位：亿元

Unit: 100 million

商品分类	HS Section and Division	出口 Exports 人民币 RMB Yuan	出口 Exports 美元 USD	进口 Imports 人民币 RMB Yuan	进口 Imports 美元 USD
总额	**Total**	**54219.99**	**8352.84**	**30481.60**	**4697.56**
第一类 活动物；动物产品	**LIVE ANIMALS；ANIMAL PRODUCTS**	**292.47**	**45.07**	**220.91**	**34.11**
01章 活动物	Live animals				
02章 肉及食用杂碎	Meat and edible meat offal	0.74	0.12	6.97	1.08
03章 鱼、甲壳动物、软体动物及其他水生无脊椎动物	Fish and crustaceans molluscs and other aquatic invertebrates	269.13	41.47	192.91	29.79
04章 乳品；蛋品；天然蜂蜜；其他食用动物产品	Dairy produce；birds' eggs；natural honey；edible products of animal origin，not elsewhere specified or included	0.40	0.06	1.49	0.23
05章 其他动物产品	Products of animal origin，not elsewhere specified or included	22.20	3.42	19.54	3.01
第二类 植物产品	**VEGETABLE PRODUCTS**	**48.15**	**7.41**	**63.69**	**9.80**
06章 活树及其他活植物；鳞茎、根及类似品；插花及装饰用簇叶	Live tree and other plants；bulbs，roots and the like；cut flowers and ornamental foliage	0.27	0.04	0.01	0.00
07章 食用蔬菜、根及块茎	Edible vegetables and certain roots and tubers	3.28	0.50	1.58	0.24
08章 食用水果及坚果；甜瓜或柑桔属水果的果皮	Edible fruit and nuts；peel of citrus fruit or melons	11.58	1.78	18.71	2.89
09章 咖啡、茶、马黛茶及调味香料	Coffee，tea，mate and spices	4.32	0.67	1.78	0.27
10章 谷物	Cereals			8.76	1.35
11章 制粉工业产品；麦芽；淀粉；菊粉；面筋	Products of the milling industry；malt；starches；inulin；wheat gluten	7.25	1.12	3.92	0.60
12章 含油子仁及果实；杂项子仁及果实；工业用或药用植物；稻草、秸秆及饲料	Oil seeds and oleaginous fruits；miscellaneous grains，seeds and fruit；industrial or medicinal plants；straw and fodder	3.94	0.61	27.64	4.25
13章 虫胶；树胶、树脂及其他植物液、汁	Lac；gums，resins and other vegetable saps and extracts	17.33	2.67	0.69	0.11
14章 编结用植物材料；其他植物产品	Vegetable plaiting materials；vegetable products not elsewhere specified or included	0.17	0.03	0.60	0.09
第三类 动、植物油、脂及其分解产品；精制的食用油脂；动、植物蜡	**ANIMAL OR VEGETABLE FATS AND OILS AND THEIR CLEAVAGE PRODUCTS；PREPARED EDIBLE FATS；ANIMAL OR VEGETABLE WAXES**	**6.38**	**0.98**	**23.06**	**3.54**
15章 动、植物油、脂及其分解产品；精制的食用油脂；动、植物蜡	Animal or vegetable fats and oils and their cleavage products；prepared edible fats；animal or vegetable waxes	6.38	0.98	23.06	3.54
第四类 食品；饮料、酒及醋；烟草、烟草及烟草代用品的制品	**PREPARED FOODSTUFFS；BEVERAGES, SPIRITS AND VINEGAR；TOBACCO AND MANUFACTURED TOBACCO SUBSTITUTES**	**242.94**	**37.44**	**24.41**	**3.77**
16章 肉、鱼、甲壳动物、软体动物及其他水生无脊椎动物的制品	Preparations of meat，of fish or of crustaceans，molluscs or other aquatic invertebrates	106.28	16.40	7.52	1.16
17章 糖及糖食	Sugars and sugar confectionery	9.14	1.41	7.44	1.15
18章 可可及可可制品	Cocoa and cocoa preparations	8.21	1.27	2.60	0.40
19章 谷物、粮食粉、淀粉或乳的制品；糕饼点心	Preparations of cereals，flour，starch or milk；pastry-cooks' products	20.43	3.15	0.67	0.10

6-19 续表 1 Continued 1

单位：亿元
Unit: 100 million

商品分类	HS Section and Division	出口 Exports 人民币 RMB Yuan	出口 Exports 美元 USD	进口 Imports 人民币 RMB Yuan	进口 Imports 美元 USD
20章 蔬菜、水果、坚果或植物其他部分的制品	Preparations of vegetables, fruit，nuts or other parts of plants	64.20	9.87	1.58	0.24
21章 杂项食品	Miscellaneous edible preparations	24.67	3.80	3.59	0.55
22章 饮料、酒及醋	Beverages，spirits and vinegar	4.18	0.64	0.49	0.08
23章 食品工业的残渣及废料；配制的动物饲料	Residues and waste from the food industries；prepared animal fodder	5.65	0.87	0.49	0.08
24章 烟草及烟草代用品的制品	Tobacco and manufactured tobacco substitutes	0.20	0.03	0.03	0.00
第五类 矿产品	**MINERAL PRODUCTS**	**545.66**	**83.79**	**1147.89**	**176.51**
25章 盐；硫磺；泥土及石料；石膏料、石灰及水泥	Salt；sulphur；earths and stone；plastering materials，lime and cement	0.10	0.02	17.77	2.74
26章 矿砂、矿渣及矿灰	Ores，slag and ash			85.72	13.15
27章 矿物燃料、矿物油及其蒸馏产品；沥青物质；矿物蜡	Mineral fuels，mineral oils and products of their distillation; bituminous substances; mineral waxes	545.56	83.77	1044.40	160.63
第六类 化学工业及其相关工业的产品	**PRODUCTS OF THE CHEMICAL OR INDUSTRIES ALLIED**	**826.39**	**127.06**	**1357.57**	**209.02**
28章 无机化学品；贵金属、稀土金属、放射性元素及其同位素的有机及无机化合物	Inorganic chemicals；organic or inorganic compounds of precious metals，of rare- earth metals, of radioactive elements or of isotopes	77.33	11.90	152.08	23.38
29章 有机化学品	Organic chemicals	358.22	55.08	644.77	99.20
30章 药品	Pharmaceutical products	83.17	12.79	47.83	7.39
31章 肥料	Fertilizers			0.04	0.01
32章 鞣料浸膏及染料浸膏；鞣酸及其衍生物；染料、颜料及其他着色料；油漆及清漆；油灰及其他类似胶粘剂；墨水、油墨	Tanning or dyeing extracts；tannins and their derivatives；dyes，pigments and other colouring matter；paints and varnishes；putty and other mastics；inks	2.32	0.36	84.53	13.03
33章 精油及香膏；芳香料制品及化妆盥洗品	Essential oils and retinoid；perfumery，cosmetic or toilet preparations	69.94	10.77	13.35	2.06
34章 肥皂、有机表面活性剂、洗涤剂、润滑剂、人造蜡、调制蜡、光洁剂、蜡烛及类似品、塑型用膏、“牙科用蜡”及牙科用熟石膏制剂	Soap，organic surface-active agents，washing preparations，lubricating preparations，artificial waxes，prepared waxes，polishing or scouring preparations，candles and similar articles，modelling pastes，“dental waxes” and dental preparations with a basis of plast	33.76	5.20	19.16	2.95
35章 蛋白类物质；改性淀粉；胶；酶	Albuminoidal substances；modified starches；glues；enzymes	19.84	3.05	72.08	11.12
36章 炸药；烟火制品；火柴；引火合金；易燃材料制品	Explosives；pyrotechnic products；matches；pyrophoric alloys；certain combustible preparations	1.09	0.17	2.58	0.40
37章 照相及电影用品	Photographic or cinematographic goods	38.12	5.87	63.05	9.72
38章 杂项化学产品	Miscellaneous chemical products	142.59	21.87	258.09	39.77
第七类 塑料及其制品，橡胶及其制品	**PLASTICS AND ARTICLES THEREOF RUBBER AND ARTICLES THEREOF**	**2167.13**	**333.71**	**2305.37**	**355.20**
39章 塑料及其制品	Plastics and articles thereof	1167.72	179.73	1797.63	276.91
40章 橡胶及其制品	Rubber and articles thereof	999.41	153.98	507.75	78.29
第八类 生皮、皮革、毛皮及其制品；鞍具及挽具；旅行用品、手提包及类似品；动物肠线（蚕胶丝除外）制品	**RAW HIDES AND SKINS，LEATHER，FUR SKINS AND ARTICLES THEREOF；SADDLERY AND HARNESS；TRAVEL GOODS，HANDBAGS AND SIMILAR CONTAINERS；ARTICLES OF ANIMAL GUT(OTHER THAN SILK-WORM GUT)**	**359.95**	**55.45**	**307.63**	**47.38**
41章 生皮(毛皮除外)及皮革	Raw hides and skins(other than fur skins) and leather	16.69	2.57	261.46	40.28

6-19 续表 2 Continued 2

单位：亿元
Unit: 100 million

商品分类	HS Section and Division	出口 Exports		进口 Imports	
		人民币 RMB Yuan	美元 USD	人民币 RMB Yuan	美元 USD
42章 皮革制品；鞍具及挽具；旅行用品、手提包及类似容器；动物肠线(蚕胶丝除外)制品	Articles of leather；saddlery and harness；travel goods，hand bags and similar containers；articles of animal gut (other than silk-worm gut)	292.22	45.01	8.07	1.24
43章 毛皮、人造毛皮及其制品	Fur skins and artificial fur；manufactures thereof	51.03	7.87	38.09	5.86
第九类 木及木制品；木炭；软木及软木制品；稻草，秸秆、针茅或其他编结材料制品；篮筐及柳条编结品	**WOOD AND ARTICLES OF WOOD；WOOD CHAR-COAL；CORK AND ARTICLES OF CORK；MANUFACTURES OF STRAW，OF ESPARTO OR OF OTHER PLAITING MATERIALS；BASKET WARE AND WICKERWORK**	**110.63**	**17.03**	**78.73**	**12.13**
44章 木及木制品；木炭	Wood and articles of wood；wood charcoal	106.80	16.44	78.41	12.08
45章 软木及软木制品	Cork and articles of cork	0.02	0.00	0.09	0.01
46章 稻草、秸秆、针茅或其他编结材料制品；篮筐及柳条编结品	Manufactures of straw，of esparto or of other plaiting Materials；basket ware and wickerwork	3.81	0.59	0.22	0.03
第十类 木浆及其他纤维状纤维素浆；纸及纸板的废碎品；纸、纸板及其制品	**PULP OF WOOD OR OF OTHER FIBROUS CELLULOSIC MATERIAL；WASTE AND SCRAP OF PAPER OR PAPERBOARD；PAPER AND PAPERBOARD AND ARTICLES THEREOF**	**460.39**	**70.90**	**313.90**	**48.33**
47章 木浆及其他纤维状纤维素浆；纸及纸板的废碎品	Pulp of wood or of other fibrous cellulosic material；waste and scrap of paper or paperboard			169.27	26.06
48章 纸及纸板；纸浆、纸或纸板制品	Paper and paperboard；articles of paper pulp，of paper or paperboard	360.38	55.48	109.75	16.91
49章 书籍、报纸、印刷图画及其他印制品；手稿、打字稿及设计图纸	Printed books，newspapers，pictures and other products of the printing industry；manuscripts，typescripts and plans	100.00	15.42	34.89	5.37
第十一类 纺织原料及纺织制品	**TEXTILES AND TEXTILE ARTICLES**	**2630.70**	**405.12**	**1030.33**	**158.86**
50章 蚕丝	Silk	0.88	0.14	5.64	0.87
51章 羊毛、动物细毛或粗毛；马毛纱线及其机织物	Wool，fine or coarse animal hair；horsehair yarn and woven fabric	66.76	10.27	66.85	10.30
52章 棉花	Cotton	246.82	37.93	350.73	54.11
53章 其他植物纺织纤维；纸纱线及其机织物	Other vegetable textile fibres；paper yarn and woven fabrics of paper yarn	8.28	1.27	12.70	1.95
54章 化学纤维长丝	Man-made filaments	160.78	24.71	171.69	26.47
55章 化学纤维短纤	Man-made short fibres	158.23	24.28	98.22	15.13
56章 絮胎、毡呢及无纺织物；特种纱线；线、绳、索、缆及其制品	Wadding，felt and nonwoven；special yarns；twine，cordage，ropes and cables and articles thereof	39.48	6.08	39.86	6.15
57章 地毯及纺织材料的其他铺地制品	Carpets and other textile floor coverings	14.49	2.23	1.34	0.21
58章 特种机织物；簇绒织物；花边；装饰毯；装饰带；刺绣品	Special woven fabrics；tufted textile fabrics；lace；tapestries；trimmings；embroidery	23.92	3.68	38.34	5.91
59章 浸渍、涂布、包覆或层压的纺织物；工业用纺织制品	Impregnated，coated，covered or laminated textile fabrics；textile articles of a kind suitable for industrial use	74.57	11.48	84.41	13.00
60章 针织物及钩编织物	Knitted or crocheted fabrics	172.45	26.57	135.09	20.83
61章 针织或钩编的服装及衣着附件	Articles of apparel and clothing accessories，Knitted or crocheted	560.60	86.46	6.74	1.04
62章 非针织或非钩编的服装及衣着附件	Articles of apparel and clothing accessories，not knitted or crocheted	937.28	144.43	14.54	2.24

单位：亿元
Unit: 100 million

商品分类	HS Section and Division	出口 Exports 人民币 RMB Yuan	出口 Exports 美元 USD	进口 Imports 人民币 RMB Yuan	进口 Imports 美元 USD
63章 其他纺织制成品；成套物品；旧衣着及旧纺织品；碎织物	Other made up textile articles；sets；worn clothing and worn textile articles；rags articles；rags	166.16	25.58	4.20	0.65
第十二类 鞋、帽、伞、杖、鞭及其零件；已加工的羽毛及其制品；人造花；人发制品	**FOOTWEAR，HEADGEAR，UMBRELLAS，SUN UMBRELLAS，WALKING-STICKS，SEAT-STICKS，WHIPS，RIDING-CROPS AND PARTS THEREOF；PREPARED FEATHERS AND ARTICLES MADE THEREWITH；ARTIFICIAL FLOWERS；ARTICLES OF HUMAN HAIR**	**851.33**	**131.06**	**37.29**	**5.75**
64章 鞋靴、护腿和类似品及其零件	Footwear，gaiters and the like；parts of such articles	741.79	114.18	16.37	2.52
65章 帽类及其零件	Headgear and parts thereof	37.27	5.74	0.55	0.08
66章 雨伞、阳伞、手杖、鞭子、马鞭及其零件	Umbrellas，sun umbrellas，walking-sticks，seat-sticks，whips，riding-crops and parts thereof	22.38	3.44	0.30	0.05
67章 已加工羽毛、羽绒及其制品；人造花；人发制品	Prepared feathers and down and articles made of feathers or of down；artificial flowers；articles of human hair	49.89	7.69	20.07	3.10
第十三类 石料、石膏、水泥、石棉、云母及类似材料的制品；陶瓷产品；玻璃及其制品	**ARTICLES OF STONE，PLASTER，CEMENT，ASBESTOS，MICA OR SIMILAR MATERIALS；CERAMIC PRODUCTS；GLASS AND GLASSWARE**	**179.60**	**27.67**	**298.07**	**45.97**
68章 石料、石膏、水泥、石棉、云母及类似材料的制品	Articles of stone，plaster，cement，asbestos，mica or similar materials；ceramic products；glass and glassware	39.51	6.09	24.38	3.76
69章 陶瓷产品	Ceramic products	12.48	1.93	9.04	1.39
70章 玻璃及其制品	Glass and glassware	127.61	19.65	264.65	40.82
第十四类 天然或养殖珍珠、宝石或半宝石、贵金属、包贵金属及其制品；仿首饰；硬币	**NATURAL OR CULTURED PEARLS，PRECIOUS OR SEMI-PRECIOUS STONES，PRECIOUS METALS，METALS CLAD WITH PRECIOUS METAL AND STONES，PRECIOUS METALS，METALS CLAD WITH PRECIOUS METAL AND ARTICLES THEREOF；IMITATION JEWELLERY；COIN**	**1539.60**	**237.21**	**391.77**	**60.31**
71章 天然或养殖珍珠、宝石或半宝石、贵金属、包贵金属及其制品；仿首饰；硬币	Natural or cultured pearls，precious or semi-precious stones，precious metals，metals clad with precious metal and articles thereof；imitation jewellery；coin	1539.60	237.21	391.77	60.31
第十五类 贱金属及其制品	**BASE METALS AND ARTICLES OF BASE METAL**	**1247.51**	**191.94**	**2049.69**	**315.68**
72章 钢铁	Iron and steel	234.74	36.04	634.36	97.66
73章 钢铁制品	Articles of iron or steel	350.15	53.93	187.23	28.86
74章 铜及其制品	Copper and articles thereof	225.43	34.64	688.31	105.99
75章 镍及其制品	Nickel and articles thereof	12.86	1.98	92.86	14.28
76章 铝及其制品	Aluminium and articles thereof	192.54	29.65	284.89	43.91
78章 铅及其制品	Lead and articles thereof	3.04	0.47	3.23	0.50
79章 锌及其制品	Zinc and articles thereof	2.35	0.36	26.55	4.09
80章 锡及其制品	Tin and articles thereof	2.58	0.40	30.50	4.71
81章 其他贱金属、金属陶瓷及其制品	Other base metals；cermets；articles thereof	10.75	1.65	37.56	5.79
82章 贱金属工具、器具、利口器、餐匙、餐叉及其零件	Tools，implements，cutlery，spoons and forks，of base metal；parts thereof of base metal	98.95	15.24	24.87	3.83
83章 贱金属杂项制品	Miscellaneous articles of base metal	114.12	17.58	39.31	6.06

6-19 续表 4 Continued 4

单位：亿元
Unit: 100 million

商品分类	HS Section and Division	出口 Exports		进口 Imports	
		人民币 RMB Yuan	美元 USD	人民币 RMB Yuan	美元 USD
第十六类 机器、机械器具、电气设备及其零件；录音机及放声机、电视图像、声音的录制和重放设备及其零件、附件	**MACHINERY AND MECHANICAL APPLIANCES; ELECTRICAL EQUIPMENT; PARTS THEREOF; SOUND RECORDERS AND REPRODUCERS, TELEVISION IMAGE AND SOUND RECORDERS AND REPRODUCERS; AND PARTS AND ACCESSORIES OF RECORDERS AND REPRODUCERS; AND PARTS AND ACCESSORIES OF SUCH ARTICLES**	**33743.43**	**5200.00**	**15856.39**	**2444.59**
84章 核反应堆、锅炉、机器、机械器具及其零件	Nuclear reactors, boilers, machinery and mechanical appliances; parts thereof	14975.75	2308.16	2607.76	401.98
85章 电机、电气设备及其零件；录音机及放声机、电视图像、声音的录制和重放设备及其零件、附件	Electrical machinery and equipment and parts thereof; sound recorders and reproducers, television image and sound recorders and reproducers, and parts and accessories of such articles	18767.69	2891.84	13248.63	2042.61
第十七类 车辆、航空器、船舶及有关运输设备	**VEHICLES, AIRCRAFT, VESSELS AND ASSOCIATED TRANSPORT EQUIPMENT**	**4129.38**	**635.25**	**100.84**	**15.55**
86章 铁道及电车道机车、车辆及其零件；铁道及电车轨道固定装置及其零件、附件；各种机械(包括电动机械)交通信号设备	Railway or tramway locomotives, rolling-stock and parts thereof; railway or tramway track fixtures and fittings and parts thereof; mechanical(including electro-mechanical) traffic signalling equipment of all kinds	779.26	119.78	18.41	2.84
87章 车辆及其零件、附件，但铁道及电车道车辆除外	Vehicles other than railway or tramway rolling-stock, and parts and accessories thereof	598.52	92.13	68.49	10.57
88章 航空器、航天器及其零件	Aircraft, spacecraft, and parts thereof	43.98	6.76	11.73	1.81
89章 船舶及浮动结构体	Ships, boats and floating structures	2707.62	416.57	2.21	0.34
第十八类 光学、照相、电影、计量、检验、医疗或外科用仪器及设备、精密仪器及设备；钟表；乐器；上述物品的零件、附件	**OPTICAL, PHOTOGRAPHIC, CINEMATOGRAPHIC, MEASURING, CHECKING, PRECISION, MEDICAL OR SURGICAL INSTRUMENTS AND APPARATUS; CLOCKS AND WATCHES; MUSICAL INSTRUMENTS; PARTS AND ACCESSORIES THEREOF**	**2790.82**	**430.01**	**3518.34**	**542.16**
90章 光学、照相、电影、计量、检验、医疗或外科用仪器及设备、精密仪器及设备；上述物品的零件、附件	Optical, photographic, cinematographic, measuring, checking, precision medical or surgical instruments and apparatus; parts and accessories thereof	2633.83	405.79	3468.92	534.54
91章 钟表及其零件	Clocks and watches and parts thereof	119.41	18.43	43.64	6.74
92章 乐器及其零件、附件	Musical instruments; parts and accessories of such articles	37.58	5.79	5.77	0.89
第十九类 武器、弹药及其零件、附件	**ARMS AND AMMUNITION; PARTS AND ACCESSORIES THEREOF**	**0.03**			
93章 武器、弹药及其零件、附件	Arms and ammunition; parts and accessories thereof	0.03			
第二十类 杂项制品	**MISCELLANEOUS MANUFACTURED ARTICLES**	**2008.72**	**309.78**	**115.12**	**17.78**
94章 家具；寝具、褥垫、弹簧床垫、软坐垫及类似的填充制品；未列名灯具及照明装置；发光标志、发光名牌及类似品；活动房屋	Furniture; bedding, mattresses, mattress supports, cushions and similar stuffed furnishings; lamps and lighting fittings, not elsewhere specified or included; illuminated signs, illuminated	648.22	99.85	26.78	4.13
95章 玩具、游戏品、运动用品及其零件、附件	Toys, games and sports requisites; parts and accessories thereof	1236.69	190.85	52.34	8.10
96章 杂项制品	Miscellaneous manufactured articles	123.82	19.07	36.00	5.55
第二十一类 艺术品、收藏品及古物	**WORKS OF ART, COLLECTORS' PIECES AND ANTIQUES**	**0.04**	**0.01**		
97章 艺术品、收藏品及古物	Works of art, collectors' pieces and antiques	0.04	0.01		
第二十二类 特殊交易品及未分类商品	**COMMODITIES AND TRANSACTIONS NOT CLASSIFIED ACCORDING TO KIND**	**38.74**	**5.96**	**1240.62**	**191.10**
98章 特殊交易品及未分类商品	Commodities and transactions not classified according to kind	38.74	5.96	1240.62	191.10

6-20 对香港地区进出口商品分类金额

Value of Exports and Imports from Hongkong by HS

单位：亿元

Unit: 100 million

商品分类	HS Section and Division	2010		2011	
		出口 Exports	进口 Imports	出口 Exports	进口 Imports
总额	**Total**	**2183.02**	**122.60**	**2679.83**	**154.92**
第一类 活动物；动物产品	**LIVE ANIMALS；ANIMAL PRODUCTS**	**16.48**	**0.01**	**20.73**	**0.02**
01章 活动物	Live animals	3.79		4.92	
02章 肉及食用杂碎	Meat and edible meat offal	6.46		7.06	
03章 鱼、甲壳动物、软体动物及其他水生无脊椎动物	Fish and crustaceans molluscs and other aquatic invertebrates	4.81		6.99	0.01
04章 乳品；蛋品；天然蜂蜜；其他食用动物产品	Dairy produce；birds' eggs；natural honey；edible products of animal origin，not elsewhere specified or included	1.28		1.64	
05章 其他动物产品	Products of animal origin，not elsewhere specified or included	0.13		0.13	0.01
第二类 植物产品	**VEGETABLE PRODUCTS**	**6.85**	**0.01**	**9.49**	**0.01**
06章 活树及其他活植物；鳞茎、根及类似品；插花及装饰用簇叶	Live tree and other plants；bulbs，roots and the like；cut flowers and ornamental foliage	0.04		0.04	
07章 食用蔬菜、根及块茎	Edible vegetables and certain roots and tubers	2.57		4.23	
08章 食用水果及坚果；甜瓜或柑桔属水果的果皮	Edible fruit and nuts；peel of citrus fruit or melons	0.52		0.81	
09章 咖啡、茶、马黛茶及调味香料	Coffee，tea，mate and spices	0.67	0.01	0.85	0.01
10章 谷物	Cereals	0.30		0.24	
11章 制粉工业产品；麦芽；淀粉；菊粉；面筋	Products of the milling industry；malt；starches；inulin；wheat gluten	0.69		0.87	
12章 含油子仁及果实；杂项子仁及果实；工业用或药用植物；稻草、秸秆及饲料	Oil seeds and oleaginous fruits；miscellaneous grains，seeds and fruit；industrial or medicinal plants；straw and fodder	1.90		2.20	
13章 虫胶；树胶、树脂及其他植物液、汁	Lac；gums，resins and other vegetable saps and extracts	0.11		0.21	
14章 编结用植物材料；其他植物产品	Vegetable plaiting materials；vegetable products not elsewhere specified or included	0.05		0.05	
第三类 动、植物油、脂及其分解产品；精制的食用油脂；动、植物蜡	**ANIMAL OR VEGETABLE FATS AND OILS AND THEIR CLEAVAGE PRODUCTS；PREPARED EDIBLE FATS；ANIMAL OR VEGETABLE WAXES**	**0.61**	**0.05**	**0.53**	**0.04**
15章 动、植物油、脂及其分解产品；精制的食用油脂；动、植物蜡	Animal or vegetable fats and oils and their cleavage products；prepared edible fats；animal or vegetable waxes	0.61	0.05	0.53	0.04
第四类 食品；饮料、酒及醋；烟草、烟草及烟草代用品的制品	**PREPARED FOODSTUFFS；BEVERAGES, SPIRITS AND VINEGAR；TOBACCO AND MANUFACTURED TOBACCO SUBSTITUTES**	**18.64**	**0.99**	**25.47**	**1.22**
16章 肉、鱼、甲壳动物、软体动物及其他水生无脊椎动物的制品	Preparations of meat，of fish or of crustaceans，molluscs or other aquatic invertebrates	4.54		8.28	
17章 糖及糖食	Sugars and sugar confectionery	0.57	0.09	0.66	0.11
18章 可可及可可制品	Cocoa and cocoa preparations	0.34	0.01	0.60	0.01
19章 谷物、粮食粉、淀粉或乳的制品；糕饼点心	Preparations of cereals，flour，starch or milk；pastry-cooks' products	2.36	0.46	2.79	0.62

6-20 续表 1 Continued 1

单位：亿美元
Unit: USD100 million

商品分类	HS Section and Division	2010 出口 Exports	2010 进口 Imports	2011 出口 Exports	2011 进口 Imports
20章 蔬菜、水果、坚果或植物其他部分的制品	Preparations of vegetables, fruit, nuts or other parts of plants	1.01	0.01	1.21	0.02
21章 杂项食品	Miscellaneous edible preparations	2.04	0.20	2.41	0.23
22章 饮料、酒及醋	Beverages, spirits and vinegar	5.86	0.05	7.41	0.04
23章 食品工业的残渣及废料；配制的动物饲料	Residues and waste from the food industries; prepared animal fodder	0.07	0.00	0.10	0.00
24章 烟草及烟草代用品的制品	Tobacco and manufactured tobacco substitutes	1.85	0.17	2.01	0.19
第五类 矿产品	**MINERAL PRODUCTS**	**53.72**	**3.43**	**65.84**	**5.18**
25章 盐；硫磺；泥土及石料；石膏料、石灰及水泥	Salt; sulphur; earths and stone; plastering materials, lime and cement	0.69	0.00	0.87	0.00
26章 矿砂、矿渣及矿灰	Ores, slag and ash	0.03	0.00	0.02	0.00
27章 矿物燃料、矿物油及其蒸馏产品；沥青物质；矿物蜡	Mineral fuels, mineral oils and products of their distillation; bituminous substances; mineral waxes	52.99	3.43	64.95	5.17
第六类 化学工业及其相关工业的产品	**PRODUCTS OF THE CHEMICAL OR INDUSTRIES ALLIED**	**21.47**	**5.20**	**26.88**	**6.53**
28章 无机化学品；贵金属、稀土金属、放射性元素及其同位素的有机及无机化合物	Inorganic chemicals; organic or inorganic compounds of precious metals, of rare- earth metals, of radioactive elements or of isotopes	2.19	0.17	4.71	0.32
29章 有机化学品	Organic chemicals	3.52	0.09	3.58	0.07
30章 药品	Pharmaceutical products	1.66	2.90	2.29	3.02
31章 肥料	Fertilizers	0.01	0.00	0.02	0.00
32章 鞣料浸膏及染料浸膏；鞣酸及其衍生物；染料、颜料及其他着色料；油漆及清漆；油灰及其他类似胶粘剂；墨水、油墨	Tanning or dyeing extracts; tannins and their derivatives; dyes, pigments and other colouring matter; paints and varnishes; putty and other mastics; inks	2.84	0.41	2.67	0.38
33章 精油及香膏；芳香料制品及化妆盥洗品	Essential oils and retinoid; perfumery, cosmetic or toilet preparations	2.32	0.52	2.99	0.61
34章 肥皂、有机表面活性剂、洗涤剂、润滑剂、人造蜡、调制蜡、光洁剂、蜡烛及类似品、塑型用膏、"牙科用蜡"及牙科用熟石膏制剂	Soap, organic surface-active agents, washing preparations, lubricating preparations, artificial waxes, prepared waxes, polishing or scouring preparations, candles and similar articles, modelling pastes, "dental waxes" and dental preparations with a basis of plast	1.28	0.17	1.58	0.23
35章 蛋白类物质；改性淀粉；胶；酶	Albuminoidal substances; modified starches; glues; enzymes	2.09	0.09	2.31	0.10
36章 炸药；烟火制品；火柴；引火合金；易燃材料制品	Explosives; pyrotechnic products; matches; pyrophoric alloys; certain combustible preparations	0.02	0.00	0.03	0.00
37章 照相及电影用品	Photographic or cinematographic goods	1.66	0.01	1.90	0.02
38章 杂项化学产品	Miscellaneous chemical products	3.89	0.84	4.79	1.79
第七类 塑料及其制品，橡胶及其制品	**PLASTICS AND ARTICLES THEREOF RUBBER AND ARTICLES THEREOF**	**37.27**	**18.58**	**42.74**	**17.38**
39章 塑料及其制品	Plastics and articles thereof	34.65	18.26	39.68	17.17
40章 橡胶及其制品	Rubber and articles thereof	2.62	0.32	3.06	0.21
第八类 生皮、皮革、毛皮及其制品；鞍具及挽具；旅行用品、手提包及类似品；动物肠线(蚕胶丝除外)制品	**RAW HIDES AND SKINS, LEATHER, FUR SKINS AND ARTICLES THEREOF; SADDLERY AND HARNESS; TRAVEL GOODS, HANDBAGS AND SIMILAR CONTAINERS; ARTICLES OF ANIMAL GUT(OTHER THAN SILK-WORM GUT)**	**18.93**	**0.38**	**21.21**	**0.76**
41章 生皮(毛皮除外)及皮革	Raw hides and skins(other than fur skins) and leather	1.62	0.19	1.96	0.16

6-20 续表 2 Continued 2

单位：亿美元

Unit: USD100 million

商品分类	HS Section and Division	2010 出口 Exports	2010 进口 Imports	2011 出口 Exports	2011 进口 Imports
42章 皮革制品；鞍具及挽具；旅行用品、手提包及类似容器；动物肠线(蚕胶丝除外)制品	Articles of leather；saddlery and harness；travel goods，hand bags and similar containers；articles of animal gut (other than silk-worm gut)	12.26	0.05	13.43	0.12
43章 毛皮、人造毛皮及其制品	Fur skins and artificial fur；manufactures thereof	5.05	0.14	5.82	0.48
第九类 木及木制品；木炭；软木及软木制品；稻草，秸秆、针茅或其他编结材料制品；篮筐及柳条编结品	**WOOD AND ARTICLES OF WOOD；WOOD CHAR-COAL；CORK AND ARTICLES OF CORK；MANUFACTURES OF STRAW，OF ESPARTO OR OF OTHER PLAITING MATERIALS；BASKET WARE AND WICKERWORK**	**2.31**	**0.03**	**2.45**	**0.03**
44章 木及木制品；木炭	Wood and articles of wood；wood charcoal	2.21	0.03	2.34	0.03
45章 软木及软木制品	Cork and articles of cork			0.00	0.00
46章 稻草、秸秆、针茅或其他编结材料制品；篮筐及柳条编结品	Manufactures of straw，of esparto or of other plaiting Materials；basket ware and wickerwork	0.10	0.00	0.11	0.00
第十类 木浆及其他纤维状纤维素浆；纸及纸板的废碎品；纸、纸板及其制品	**PULP OF WOOD OR OF OTHER FIBROUS CELLULOSIC MATERIAL；WASTE AND SCRAP OF PAPER OR PAPERBOARD；PAPER AND PAPERBOARD AND ARTICLES THEREOF**	**17.62**	**3.75**	**19.52**	**4.30**
47章 木浆及其他纤维状纤维素浆；纸及纸板的废碎品	Pulp of wood or of other fibrous cellulosic material；waste and scrap of paper or paperboard	0.00	2.36	0.00	3.06
48章 纸及纸板；纸浆、纸或纸板制品	Paper and paperboard；articles of paper pulp，of paper or paperboard	11.18	0.67	12.31	0.58
49章 书籍、报纸、印刷图画及其他印制品；手稿、打字稿及设计图纸	Printed books，newspapers，pictures and other products of the printing industry；manuscripts，typescripts and plans	6.44	0.72	7.20	0.66
第十一类 纺织原料及纺织制品	**TEXTILES AND TEXTILE ARTICLES**	**145.04**	**8.27**	**149.76**	**6.50**
50章 蚕丝	Silk	1.13	0.07	1.19	0.08
51章 羊毛、动物细毛或粗毛；马毛纱线及其机织物	Wool，fine or coarse animal hair；horsehair yarn and woven fabric	7.01	0.09	5.26	0.07
52章 棉花	Cotton	27.04	2.87	24.79	1.97
53章 其他植物纺织纤维；纸纱线及其机织物	Other vegetable textile fibres；paper yarn and woven fabrics of paper yarn	1.14	0.03	0.94	0.03
54章 化学纤维长丝	Man-made filaments	4.51	0.45	5.24	0.36
55章 化学纤维短纤	Man-made short fibres	6.18	0.34	9.69	0.20
56章 絮胎、毡呢及无纺织物；特种纱线；线、绳、索、缆及其制品	Wadding，felt and nonwoven；special yarns；twine，cordage，ropes and cables and articles thereof	0.97	0.19	1.02	0.18
57章 地毯及纺织材料的其他铺地制品	Carpets and other textile floor coverings	0.51	0.01	0.66	0.00
58章 特种机织物；簇绒织物；花边；装饰毯；装饰带；刺绣品	Special woven fabrics；tufted textile fabrics；lace；tapestries；trimmings；embroidery	4.55	0.56	4.78	0.53
59章 浸渍、涂布、包覆或层压的纺织物；工业用纺织制品	Impregnated，coated，covered or laminated textile fabrics；textile articles of a kind suitable for industrial use	4.00	0.34	4.18	0.30
60章 针织物及钩编织物	Knitted or crocheted fabrics	19.32	1.59	20.44	1.18
61章 针织或钩编的服装及衣着附件	Articles of apparel and clothing accessories，knitted or crocheted	41.47	0.83	43.06	0.59
62章 非针织或非钩编的服装及衣着附件	Articles of apparel and clothing accessories，not knitted or crocheted	25.05	0.76	25.73	0.90

6-20 续表 3 Continued 3

单位：亿美元

Unit: USD100 million

商品分类	HS Section and Division	2010 出口 Exports	2010 进口 Imports	2011 出口 Exports	2011 进口 Imports
63章 其他纺织制成品；成套物品；旧衣着及旧纺织品；碎织物	Other made up textile articles; sets; worn clothing and worn textile articles; rags articles; rags	2.16	0.15	2.80	0.10
第十二类 鞋、帽、伞、杖、鞭及其零件；已加工的羽毛及其制品；人造花；人发制品	**FOOTWEAR, HEADGEAR, UMBRELLAS, SUN UMBRELLAS, WALKING-STICKS, SEAT-STICKS, WHIPS, RIDING-CROPS AND PARTS THEREOF; PREPARED FEATHERS AND ARTICLES MADE THEREWITH; ARTIFICIAL FLOWERS; ARTICLES OF HUMAN HAIR**	**14.94**	**0.12**	**15.76**	**0.13**
64章 鞋靴、护腿和类似品及其零件	Footwear, gaiters and the like; parts of such articles	11.54	0.10	12.56	0.11
65章 帽类及其零件	Headgear and parts thereof	0.99		1.05	0.00
66章 雨伞、阳伞、手杖、鞭子、马鞭及其零件	Umbrellas, sun umbrellas, walking-sticks, seat-sticks, whips, riding-crops and parts thereof	0.94		0.95	0.02
67章 已加工羽毛、羽绒及其制品；人造花；人发制品	Prepared feathers and down and articles made of feathers or of down; artificial flowers; articles of human hair	1.45	0.02	1.20	0.01
第十三类 石料、石膏、水泥、石棉、云母及类似材料的制品；陶瓷产品；玻璃及其制品	**ARTICLES OF STONE, PLASTER, CEMENT, ASBESTOS, MICA OR SIMILAR MATERIALS; CERAMIC PRODUCTS; GLASS AND GLASSWARE**	**9.36**	**0.40**	**13.34**	**0.40**
68章 石料、石膏、水泥、石棉、云母及类似材料的制品	Articles of stone, plaster, cement, asbestos, mica or similar materials; ceramic products; glass and glassware	2.37	0.01	2.79	0.01
69章 陶瓷产品	Ceramic products	1.52	0.00	1.78	0.00
70章 玻璃及其制品	Glass and glassware	5.47	0.39	8.77	0.38
第十四类 天然或养殖珍珠、宝石或半宝石、贵金属、包贵金属及其制品；仿首饰；硬币	**NATURAL OR CULTURED PEARLS, PRECIOUS OR SEMI-PRECIOUS STONES, PRECIOUS METALS, METALS CLAD WITH PRECIOUS METAL AND STONES, PRECIOUS METALS, METALS CLAD WITH PRECIOUS METAL AND ARTICLES THEREOF; IMITATION JEWELLERY; COIN**	**79.08**	**1.49**	**223.27**	**1.69**
71章 天然或养殖珍珠、宝石或半宝石、贵金属、包贵金属及其制品；仿首饰；硬币	Natural or cultured pearls, precious or semi-precious stones, precious metals, metals clad with precious metal and articles thereof; imitation jewellery; coin	79.08	1.49	223.27	1.69
第十五类 贱金属及其制品	**BASE METALS AND ARTICLES OF BASE METAL**	**49.25**	**9.59**	**55.45**	**20.65**
72章 钢铁	Iron and steel	7.09	1.67	7.18	1.59
73章 钢铁制品	Articles of iron or steel	9.93	0.20	11.37	0.18
74章 铜及其制品	Copper and articles thereof	12.10	3.89	12.82	10.64
75章 镍及其制品	Nickel and articles thereof	1.77	0.01	2.91	0.01
76章 铝及其制品	Aluminium and articles thereof	9.87	3.45	10.76	7.82
78章 铅及其制品	Lead and articles thereof	0.01		0.01	0.00
79章 锌及其制品	Zinc and articles thereof	0.17	0.02	0.26	0.03
80章 锡及其制品	Tin and articles thereof	0.05	0.09	0.20	0.08
81章 其他贱金属、金属陶瓷及其制品	Other base metals; cermets; articles thereof	0.62	0.04	0.98	0.08
82章 贱金属工具、器具、利口器、餐匙、餐叉及其零件	Tools, implements, cutlery, spoons and forks, of base metal; parts thereof of base metal	2.85	0.05	3.28	0.04
83章 贱金属杂项制品	Miscellaneous articles of base metal	4.79	0.18	5.68	0.18

单位：亿美元
Unit: USD100 million

商品分类	HS Section and Division	2010 出口 Exports	2010 进口 Imports	2011 出口 Exports	2011 进口 Imports
第十六类 机器、机械器具、电气设备及其零件；录音机及放声机、电视图像、声音的录制和重放设备及其零件、附件	**MACHINERY AND MECHANICAL APPLIANCES；ELECTRICAL EQUIPMENT；PARTS THEREOF；SOUND RECORDERS AND REPRODUCERS，TELEVISION IMAGE AND SOUND RECORDERS AND REPRODUCERS；AND PARTS AND ACCESSORIES OF RECORDERS AND REPRODUCERS；AND PARTS AND ACCESSORIES OF SUCH ARTICLES**	**1398.10**	**37.89**	**1632.57**	**34.96**
84章 核反应堆、锅炉、机器、机械器具及其零件	Nuclear reactors，boilers，machinery and mechanical appliances；parts thereof	411.38	5.90	461.71	6.17
85章 电机、电气设备及其零件；录音机及放声机、电视图像、声音的录制和重放设备及其零件、附件	Electrical machinery and equipment and parts thereof；sound recorders and reproducers，television image and sound recorders and reproducers，and parts and accessories of such articles	986.72	31.99	1170.86	28.79
第十七类 车辆、航空器、船舶及有关运输设备	**VEHICLES，AIRCRAFT，VESSELS AND ASSOCIATED TRANSPORT EQUIPMENT**	**107.76**	**0.06**	**144.45**	**0.08**
86章 铁道及电车道机车、车辆及其零件；铁道及电车轨道固定装置及其零件、附件；各种机械(包括电动机械)交通信号设备	Railway or tramway locomotives，rolling-stock and parts thereof；railway or tramway track fixtures and fittings and parts thereof；mechanical(including electro-mechanical) traffic signalling equipment of all kinds	18.67	0.00	31.78	0.00
87章 车辆及其零件、附件，但铁道及电车道车辆除外	Vehicles other than railway or tramway rolling-stock，and parts and accessories thereof	4.94	0.03	5.28	0.02
88章 航空器、航天器及其零件	Aircraft，spacecraft，and parts thereof	1.77	0.00	3.43	0.01
89章 船舶及浮动结构体	Ships，boats and floating structures	82.38	0.03	103.97	0.04
第十八类 光学、照相、电影、计量、检验、医疗或外科用仪器及设备、精密仪器及设备；钟表；乐器；上述物品的零件、附件	**OPTICAL，PHOTOGRAPHIC，CINEMATOGRAPHIC，MEASURING，CHECKING，PRECISION，MEDICAL OR SURGICAL INSTRUMENTS AND APPARATUS；CLOCKS AND WATCHES；MUSICAL INSTRUMENTS；PARTS AND ACCESSORIES THEREOF**	**149.22**	**3.94**	**165.02**	**3.06**
90章 光学、照相、电影、计量、检验、医疗或外科用仪器及设备、精密仪器及设备；上述物品的零件、附件	Optical，photographic，cinematographic，measuring，checking，precision medical or surgical instruments and apparatus；parts and accessories thereof	135.91	3.49	150.14	2.4837
91章 钟表及其零件	Clocks and watches and parts thereof	12.41	0.42	14.17	0.56
92章 乐器及其零件、附件	Musical instruments；parts and accessories of such articles	0.91	0.02	0.70	0.02
第十九类 武器、弹药及其零件、附件	**ARMS AND AMMUNITION；PARTS AND ACCESSORIES THEREOF**	**0.08**		**0.11**	
93章 武器、弹药及其零件、附件	Arms and ammunition；parts and accessories thereof	0.08		0.11	
第二十类 杂项制品	**MISCELLANEOUS MANUFACTURED ARTICLES**	**34.54**	**0.72**	**39.99**	**0.73**
94章 家具；寝具、褥垫、弹簧床垫、软坐垫及类似的填充制品；未列名灯具及照明装置；发光标志、发光名牌及类似品；活动房屋	Furniture；bedding，mattresses，mattress supports，cushions and similar stuffed furnishings；lamps and lighting fittings，not elsewhere specified or included；illuminated signs，illuminated	10.98	0.08	12.67	0.18
95章 玩具、游戏品、运动用品及其零件、附件	Toys，games and sports requisites；parts and accessories thereof	17.83	0.05	19.76	0.02
96章 杂项制品	Miscellaneous manufactured articles	5.73	0.59	7.55	0.53
第二十一类 艺术品、收藏品及古物	**WORKS OF ART，COLLECTORS' PIECES AND ANTIQUES**	**0.04**	**0.02**	**0.03**	**0.02**
97章 艺术品、收藏品及古物	Works of art，collectors' pieces and antiques	0.04	0.02	0.03	0.02
第二十二类 特殊交易品及未分类商品	**COMMODITIES AND TRANSACTIONS NOT CLASSIFIED ACCORDING TO KIND**	**1.69**	**27.67**	**5.24**	**51.24**
98章 特殊交易品及未分类商品	Commodities and transactions not classified according to kind	1.69	27.67	5.24	51.24

6-21 对台湾地区进出口商品分类金额

Value of Exports and Imports from Taiwan Province by HS

单位：亿美元

Unit: USD100 million

商品分类	HS Section and Division	2010 出口 Exports	2010 进口 Imports	2011 出口 Exports	2011 进口 Imports
总　　额	**Total**	**296.74**	**1157.39**	**351.09**	**1249.09**
第一类　活动物；动物产品	**LIVE ANIMALS；ANIMAL PRODUCTS**	**4.44**	**0.44**	**6.53**	**0.83**
01章　活动物	Live animals		0.01	0.01	0.01
02章　肉及食用杂碎	Meat and edible meat offal		0.01		0.04
03章　鱼、甲壳动物、软体动物及其他水生无脊椎动物	Fish and crustaceans molluscs and other aquatic invertebrates	3.53	0.18	4.90	0.48
04章　乳品；蛋品；天然蜂蜜；其他食用动物产品	Dairy produce；birds' eggs；natural honey；edible products of animal origin，not elsewhere specified or included		0.04	0.00	0.05
05章　其他动物产品	Products of animal origin，not elsewhere specified or included	0.91	0.20	1.62	0.24
第二类　植物产品	**VEGETABLE PRODUCTS**	**2.95**	**0.44**	**3.20**	**0.56**
06章　活树及其他活植物；鳞茎、根及类似品；插花及装饰用簇叶	Live tree and other plants；bulbs，roots and the like；cut flowers and ornamental foliage		0.04	0.00	0.07
07章　食用蔬菜、根及块茎	Edible vegetables and certain roots and tubers	0.61	0.02	0.67	0.04
08章　食用水果及坚果；甜瓜或柑桔属水果的果皮	Edible fruit and nuts；peel of citrus fruit or melons	0.24	0.20	0.33	0.25
09章　咖啡、茶、马黛茶及调味香料	Coffee，tea，mate and spices	0.15	0.08	0.21	0.12
10章　谷物	Cereals	0.15	0.00	0.22	0.00
11章　制粉工业产品；麦芽；淀粉；菊粉；面筋	Products of the milling industry；malt；starches；inulin；wheat gluten	0.38	0.01	0.27	0.01
12章　含油子仁及果实；杂项子仁及果实；工业用或药用植物；稻草、秸秆及饲料	Oil seeds and oleaginous fruits；miscellaneous grains，seeds and fruit；industrial or medicinal plants；straw and fodder	1.24	0.02	1.28	0.03
13章　虫胶；树胶、树脂及其他植物液、汁	Lac；gums，resins and other vegetable saps and extracts	0.12	0.03	0.16	0.01
14章　编结用植物材料；其他植物产品	Vegetable plaiting materials；vegetable products not elsewhere specified or included	0.05	0.04	0.06	0.03
第三类　动、植物油、脂及其分解产品；精制的食用油脂；动、植物蜡	**ANIMAL OR VEGETABLE FATS AND OILS AND THEIR CLEAVAGE PRODUCTS；PREPARED EDIBLE FATS；ANIMAL OR VEGETABLE WAXES**	**0.06**	**0.16**	**0.04**	**0.20**
15章　动、植物油、脂及其分解产品；精制的食用油脂；动、植物蜡	Animal or vegetable fats and oils and their cleavage products；prepared edible fats；animal or vegetable waxes	0.06	0.16	0.04	0.20
第四类　食品；饮料、酒及醋；烟草、烟草及烟草代用品的制品	**PREPARED FOODSTUFFS；BEVERAGES, SPIRITS AND VINEGAR；TOBACCO AND MANUFACTURED TOBACCO SUBSTITUTES**	**3.84**	**1.31**	**4.87**	**1.76**
16章　肉、鱼、甲壳动物、软体动物及其他水生无脊椎动物的制品	Preparations of meat，of fish or of crustaceans，molluscs or other aquatic invertebrates	2.37	0.03	2.80	0.06
17章　糖及糖食	Sugars and sugar confectionery	0.10	0.06	0.14	0.08
18章　可可及可可制品	Cocoa and cocoa preparations	0.03	0.01	0.06	0.02
19章　谷物、粮食粉、淀粉或乳的制品；糕饼点心	Preparations of cereals，flour，starch or milk；pastry-cooks' products	0.06	0.22	0.07	0.41

6-21 续表 1 Continued 1

单位：亿美元

Unit: USD100 million

商品分类	HS Section and Division	2010 出口 Exports	2010 进口 Imports	2011 出口 Exports	2011 进口 Imports
20章 蔬菜、水果、坚果或植物其他部分的制品	Preparations of vegetables, fruit，nuts or other parts of plants	0.47	0.07	0.84	0.06
21章 杂项食品	Miscellaneous edible preparations	0.25	0.37	0.26	0.51
22章 饮料、酒及醋	Beverages，spirits and vinegar	0.35	0.42	0.36	0.45
23章 食品工业的残渣及废料；配制的动物饲料	Residues and waste from the food industries；prepared animal fodder	0.20	0.12	0.28	0.15
24章 烟草及烟草代用品的制品	Tobacco and manufactured tobacco substitutes	0.01	0.01	0.06	0.01
第五类 矿产品	**MINERAL PRODUCTS**	**8.63**	**8.89**	**7.91**	**10.07**
25章 盐；硫磺；泥土及石料；石膏料、石灰及水泥	Salt；sulphur；earths and stone；plastering materials，lime and cement	2.38	0.53	1.90	0.45
26章 矿砂、矿渣及矿灰	Ores，slag and ash	0.04	0.22	0.16	0.28
27章 矿物燃料、矿物油及其蒸馏产品；沥青物质；矿物蜡	Mineral fuels，mineral oils and products of their distillation; bituminous substances; mineral waxes	6.21	8.14	5.85	9.34
第六类 化学工业及其相关工业的产品	**PRODUCTS OF THE CHEMICAL OR INDUSTRIES ALLIED**	**39.00**	**106.08**	**46.77**	**126.85**
28章 无机化学品；贵金属、稀土金属、放射性元素及其同位素的有机及无机化合物	Inorganic chemicals；organic or inorganic compounds of precious metals，of rare- earth metals, of radioactive elements or of isotopes	5.67	3.94	6.45	5.91
29章 有机化学品	Organic chemicals	12.01	77.38	16.31	93.10
30章 药品	Pharmaceutical products	0.22	0.76	0.30	0.92
31章 肥料	Fertilizers	1.01	0.03	0.85	0.00
32章 鞣料浸膏及染料浸膏；鞣酸及其衍生物；染料、颜料及其他着色料；油漆及清漆；油灰及其他类似胶粘剂；墨水、油墨	Tanning or dyeing extracts；tannins and their derivatives；dyes，pigments and other colouring matter；paints and varnishes；putty and other mastics；inks	1.82	5.64	2.31	5.34
33章 精油及香膏； 芳香料制品及化妆盥洗品	Essential oils and retinoid；perfumery，cosmetic or toilet preparations	0.95	0.52	1.14	0.58
34章 肥皂、有机表面活性剂、洗涤剂、润滑剂、人造蜡、调制蜡、光洁剂、蜡烛及类似品、塑型用膏、“牙科用蜡”及牙科用熟石膏制剂	Soap，organic surface-active agents，washing preparations，lubricating preparations，artificial waxes，prepared waxes，polishing or scouring preparations，candles and similar articles，modelling pastes，“dental waxes” and dental preparations with a basis of plast	0.76	1.57	0.83	1.61
35章 蛋白类物质；改性淀粉；胶；酶	Albuminoidal substances；modified starches；glues；enzymes	0.65	2.48	0.76	2.72
36章 炸药；烟火制品；火柴；引火合金；易燃材料制品	Explosives；pyrotechnic products；matches；pyrophoric alloys；certain combustible preparations	0.18	0.00	0.15	0.00
37章 照相及电影用品	Photographic or cinematographic goods	0.76	1.01	0.87	1.19
38章 杂项化学产品	Miscellaneous chemical products	14.98	12.74	16.78	15.48
第七类 塑料及其制品，橡胶及其制品	**PLASTICS AND ARTICLES THEREOF RUBBER AND ARTICLES THEREOF**	**8.39**	**108.19**	**10.48**	**110.54**
39章 塑料及其制品	Plastics and articles thereof	6.87	103.65	8.72	105.42
40章 橡胶及其制品	Rubber and articles thereof	1.51	4.55	1.77	5.12
第八类 生皮、皮革、毛皮及其制品；鞍具及挽具；旅行用品、手提包及类似品；动物肠线（蚕胶丝除外）制品	**RAW HIDES AND SKINS，LEATHER，FUR SKINS AND ARTICLES THEREOF；SADDLERY AND HARNESS；TRAVEL GOODS，HANDBAGS AND SIMILAR CONTAINERS；ARTICLES OF ANIMAL GUT(OTHER THAN SILK-WORM GUT)**	**0.97**	**4.36**	**1.63**	**3.67**
41章 生皮(毛皮除外)及皮革	Raw hides and skins(other than fur skins) and leather	0.04	4.29	0.04	3.60

6-21 续表 2 Continued 2

单位：亿美元
Unit: USD100 million

商品分类	HS Section and Division	2010 出口 Exports	2010 进口 Imports	2011 出口 Exports	2011 进口 Imports
42章 皮革制品；鞍具及挽具；旅行用品、手提包及类似容器；动物肠线(蚕胶丝除外)制品	Articles of leather; saddlery and harness; travel goods, hand bags and similar containers; articles of animal gut (other than silk-worm gut)	0.93	0.06	1.58	0.07
43章 毛皮、人造毛皮及其制品	Fur skins and artificial fur; manufactures thereof		0.01	0.00	0.00
第九类 木及木制品；木炭；软木及软木制品；稻草、秸秆、针茅或其他编结材料制品；篮筐及柳条编结品	**WOOD AND ARTICLES OF WOOD; WOOD CHAR-COAL; CORK AND ARTICLES OF CORK; MANUFACTURES OF STRAW, OF ESPARTO OR OF OTHER PLAITING MATERIALS; BASKET WARE AND WICKERWORK**	**1.50**	**0.21**	**1.93**	**0.24**
44章 木及木制品；木炭	Wood and articles of wood; wood charcoal	1.36	0.18	1.79	0.21
45章 软木及软木制品	Cork and articles of cork	0.01		0.01	0.00
46章 稻草、秸秆、针茅或其他编结材料制品；篮筐及柳条编结品	Manufactures of straw, of esparto or of other plaiting Materials; basket ware and wickerwork	0.14	0.03	0.14	0.03
第十类 木浆及其他纤维状纤维素浆；纸及纸板的废碎品；纸、纸板及其制品	**PULP OF WOOD OR OF OTHER FIBROUS CELLULOSIC MATERIAL; WASTE AND SCRAP OF PAPER OR PAPERBOARD; PAPER AND PAPERBOARD AND ARTICLES THEREOF**	**3.24**	**5.25**	**3.87**	**5.52**
47章 木浆及其他纤维状纤维素浆；纸及纸板的废碎品	Pulp of wood or of other fibrous cellulosic material; waste and scrap of paper or paperboard	0.03	0.30	0.15	0.19
48章 纸及纸板；纸浆、纸或纸板制品	Paper and paperboard; articles of paper pulp, of paper or paperboard	2.97	4.05	3.49	4.20
49章 书籍、报纸、印刷图画及其他印制品；手稿、打字稿及设计图纸	Printed books, newspapers, pictures and other products of the printing industry; manuscripts, typescripts and plans	0.24	0.90	0.23	1.13
第十一类 纺织原料及纺织制品	**TEXTILES AND TEXTILE ARTICLES**	**10.84**	**31.13**	**13.80**	**33.16**
50章 蚕丝	Silk	0.02	0.01	0.02	0.01
51章 羊毛、动物细毛或粗毛；马毛纱线及其机织物	Wool, fine or coarse animal hair; horsehair yarn and woven fabric	0.11	0.09	0.13	0.10
52章 棉花	Cotton	0.51	3.44	0.67	4.19
53章 其他植物纺织纤维；纸纱线及其机织物	Other vegetable textile fibres; paper yarn and woven fabrics of paper yarn	0.03	0.01	0.04	0.02
54章 化学纤维长丝	Man-made filaments	0.96	11.58	1.12	11.95
55章 化学纤维短纤	Man-made short fibres	0.54	3.67	0.68	3.77
56章 絮胎、毡呢及无纺织物；特种纱线；线、绳、索、缆及其制品	Wadding, felt and nonwoven; special yarns; twine, cordage, ropes and cables and articles thereof	0.51	1.29	0.72	1.35
57章 地毯及纺织材料的其他铺地制品	Carpets and other textile floor coverings	0.25	0.02	0.30	0.02
58章 特种机织物；簇绒织物；花边；装饰毯；装饰带；刺绣品	Special woven fabrics; tufted textile fabrics; lace; tapestries; trimmings; embroidery	0.24	1.10	0.27	1.16
59章 浸渍、涂布、包覆或层压的纺织物；工业用纺织制品	Impregnated, coated, covered or laminated textile fabrics; textile articles of a kind suitable for industrial use	0.56	3.98	0.78	4.01
60章 针织物及钩编织物	Knitted or crocheted fabrics	0.09	5.40	0.08	5.91
61章 针织或钩编的服装及衣着附件	Articles of apparel and clothing accessories, knitted or crocheted	3.93	0.20	4.91	0.25
62章 非针织或非钩编的服装及衣着附件	Articles of apparel and clothing accessories, not knitted or crocheted	1.85	0.10	2.48	0.16

6-21 续表 3 Continued 3

单位：亿美元
Unit: USD100 million

商品分类	HS Section and Division	2010 出口 Exports	2010 进口 Imports	2011 出口 Exports	2011 进口 Imports
63章 其他纺织制成品；成套物品；旧衣着及旧纺织品；碎织物	Other made up textile articles；sets；worn clothing and worn textile articles；rags articles；rags	1.25	0.24	1.61	0.27
第十二类 鞋、帽、伞、杖、鞭及其零件；已加工的羽毛及其制品；人造花；人发制品	**FOOTWEAR，HEADGEAR，UMBRELLAS，SUN UMBRELLAS，WALKING-STICKS，SEAT-STICKS，WHIPS，RIDING-CROPS AND PARTS THEREOF；PREPARED FEATHERS AND ARTICLES MADE THEREWITH；ARTIFICIAL FLOWERS；ARTICLES OF HUMAN HAIR**	**1.93**	**0.42**	**2.35**	**0.43**
64章 鞋靴、护腿和类似品及其零件	Footwear，gaiters and the like；parts of such articles	1.34	0.35	1.68	0.34
65章 帽类及其零件	Headgear and parts thereof	0.10	0.02	0.12	0.03
66章 雨伞、阳伞、手杖、鞭子、马鞭及其零件	Umbrellas，sun umbrellas，walking-sticks，seat-sticks，whips，riding-crops and parts thereof	0.38	0.03	0.42	0.04
67章 已加工羽毛、羽绒及其制品；人造花；人发制品	Prepared feathers and down and articles made of feathers or of down；artificial flowers；articles of human hair	0.12	0.02	0.13	0.02
第十三类 石料、石膏、水泥、石棉、云母及类似材料的制品；陶瓷产品；玻璃及其制品	**ARTICLES OF STONE，PLASTER，CEMENT，ASBESTOS，MICA OR SIMILAR MATERIALS；CERAMIC PRODUCTS；GLASS AND GLASSWARE**	**3.92**	**12.33**	**5.00**	**16.18**
68章 石料、石膏、水泥、石棉、云母及类似材料的制品	Articles of stone，plaster，cement，asbestos，mica or similar materials；ceramic products；glass and glassware	1.73	0.88	2.04	1.07
69章 陶瓷产品	Ceramic products	0.83	0.22	1.23	0.30
70章 玻璃及其制品	Glass and glassware	1.36	11.24	1.74	14.81
第十四类 天然或养殖珍珠、宝石或半宝石、贵金属、包贵金属及其制品；仿首饰；硬币	**NATURAL OR CULTURED PEARLS，PRECIOUS OR SEMI-PRECIOUS STONES，PRECIOUS METALS，METALS CLAD WITH PRECIOUS METAL AND STONES，PRECIOUS METALS，METALS CLAD WITH PRECIOUS METAL AND ARTICLES THEREOF；IMITATION JEWELLERY；COIN**	**1.48**	**1.92**	**1.76**	**2.86**
71章 天然或养殖珍珠、宝石或半宝石、贵金属、包贵金属及其制品；仿首饰；硬币	Natural or cultured pearls，precious or semi-precious stones，precious metals，metals clad with precious metal and articles thereof；imitation jewellery；coin	1.48	1.92	1.76	2.86
第十五类 贱金属及其制品	**BASE METALS AND ARTICLES OF BASE METAL**	**26.12**	**66.22**	**39.26**	**67.47**
72章 钢铁	Iron and steel	11.33	25.37	22.55	24.28
73章 钢铁制品	Articles of iron or steel	3.94	5.54	5.67	5.44
74章 铜及其制品	Copper and articles thereof	2.80	25.22	3.36	25.82
75章 镍及其制品	Nickel and articles thereof	2.13	0.33	0.97	1.16
76章 铝及其制品	Aluminium and articles thereof	1.90	4.10	2.33	4.37
78章 铅及其制品	Lead and articles thereof	0.48	0.05	0.58	0.02
79章 锌及其制品	Zinc and articles thereof	0.49	0.40	0.08	0.23
80章 锡及其制品	Tin and articles thereof	0.13	0.49	0.16	0.61
81章 其他贱金属、金属陶瓷及其制品	Other base metals；cermets；articles thereof	0.91	0.45	1.24	0.74
82章 贱金属工具、器具、利口器、餐匙、餐叉及其零件	Tools，implements，cutlery，spoons and forks，of base metal；parts thereof of base metal	1.32	2.50	1.49	2.96
83章 贱金属杂项制品	Miscellaneous articles of base metal	0.68	1.77	0.82	1.84

6-21 续表 4 Continued 4

单位：亿美元
Unit: USD100 million

商品分类	HS Section and Division	2010 出口 Exports	2010 进口 Imports	2011 出口 Exports	2011 进口 Imports
第十六类 机器、机械器具、电气设备及其零件；录音机及放声机、电视图像、声音的录制和重放设备及其零件、附件	**MACHINERY AND MECHANICAL APPLIANCES; ELECTRICAL EQUIPMENT; PARTS THEREOF; SOUND RECORDERS AND REPRODUCERS, TELEVISION IMAGE AND SOUND RECORDERS AND REPRODUCERS; AND PARTS AND ACCESSORIES OF RECORDERS AND REPRODUCERS; AND PARTS AND ACCESSORIES OF SUCH ARTICLES**	**145.46**	**597.48**	**161.44**	**669.30**
84章 核反应堆、锅炉、机器、机械器具及其零件	Nuclear reactors, boilers, machinery and mechanical appliances; parts thereof	43.52	88.55	45.68	98.77
85章 电机、电气设备及其零件；录音机及放声机、电视图像、声音的录制和重放设备及其零件、附件	Electrical machinery and equipment and parts thereof; sound recorders and reproducers, television image and sound recorders and reproducers, and parts and accessories of such articles	101.94	508.93	115.76	570.53
第十七类 车辆、航空器、船舶及有关运输设备	**VEHICLES, AIRCRAFT, VESSELS AND ASSOCIATED TRANSPORT EQUIPMENT**	**7.37**	**3.04**	**9.58**	**4.48**
86章 铁道及电车道机车、车辆及其零件；铁道及电车轨道固定装置及其零件、附件；各种机械(包括电动机械)交通信号设备	Railway or tramway locomotives, rolling-stock and parts thereof; railway or tramway track fixtures and fittings and parts thereof; mechanical(including electro-mechanical) traffic signalling equipment of all kinds	1.16	0.01	2.71	0.01
87章 车辆及其零件、附件，但铁道及电车道车辆除外	Vehicles other than railway or tramway rolling-stock, and parts and accessories thereof	6.13	2.95	6.79	3.96
88章 航空器、航天器及其零件	Aircraft, spacecraft, and parts thereof	0.02		0.01	0.01
89章 船舶及浮动结构体	Ships, boats and floating structures	0.05	0.09	0.08	0.50
第十八类 光学、照相、电影、计量、检验、医疗或外科用仪器及设备、精密仪器及设备；钟表；乐器；上述物品的零件、附件	**OPTICAL, PHOTOGRAPHIC, CINEMATOGRAPHIC, MEASURING, CHECKING, PRECISION, MEDICAL OR SURGICAL INSTRUMENTS AND APPARATUS; CLOCKS AND WATCHES; MUSICAL INSTRUMENTS; PARTS AND ACCESSORIES THEREOF**	**20.27**	**203.56**	**23.34**	**191.02**
90章 光学、照相、电影、计量、检验、医疗或外科用仪器及设备、精密仪器及设备；上述物品的零件、附件	Optical, photographic, cinematographic, measuring, checking, precision medical or surgical instruments and apparatus; parts and accessories thereof	20.04	203.30	23.05	190.72
91章 钟表及其零件	Clocks and watches and parts thereof	0.09	0.11	0.11	0.12
92章 乐器及其零件、附件	Musical instruments; parts and accessories of such articles	0.14	0.16	0.18	0.18
第十九类 武器、弹药及其零件、附件	**ARMS AND AMMUNITION; PARTS AND ACCESSORIES THEREOF**			**0.00**	**0.00**
93章 武器、弹药及其零件、附件	Arms and ammunition; parts and accessories thereof			0.00	0.00
第二十类 杂项制品	**MISCELLANEOUS MANUFACTURED ARTICLES**	**5.82**	**5.92**	**6.79**	**3.86**
94章 家具；寝具、褥垫、弹簧床垫、软坐垫及类似的填充制品；未列名灯具及照明装置；发光标志、发光名牌及类似品；活动房屋	Furniture; bedding, mattresses, mattress supports, cushions and similar stuffed furnishings; lamps and lighting fittings, not elsewhere specified or included; illuminated signs, illuminated	3.22	3.62	3.98	1.35
95章 玩具、游戏品、运动用品及其零件、附件	Toys, games and sports requisites; parts and accessories thereof	1.59	1.46	1.56	1.67
96章 杂项制品	Miscellaneous manufactured articles	1.00	0.84	1.24	0.84
第二十一类 艺术品、收藏品及古物	**WORKS OF ART, COLLECTORS' PIECES AND ANTIQUES**	**0.01**		**0.00**	**0.04**
97章 艺术品、收藏品及古物	Works of art, collectors' pieces and antiques	0.01		0.00	0.04
第二十二类 特殊交易品及未分类商品	**COMMODITIES AND TRANSACTIONS NOT CLASSIFIED ACCORDING TO KIND**	**0.50**	**0.03**	**0.54**	**0.05**
98章 特殊交易品及未分类商品	Commodities and transactions not classified according to kind	0.50	0.03	0.54	0.05

6-22 对日本进出口商品分类金额

Value of Exports and Imports from Japan by HS

单位：亿美元

Unit: USD100 million

商品分类	HS Section and Division	2010 出口 Exports	2010 进口 Imports	2011 出口 Exports	2011 进口 Imports
总 额	**Total**	**1210.43**	**1767.36**	**1482.71**	**1945.64**
第一类 活动物；动物产品	**LIVE ANIMALS；ANIMAL PRODUCTS**	**17.96**	**3.10**	**22.91**	**1.63**
01章 活动物	Live animals	0.07	0.03	0.06	0.04
02章 肉及食用杂碎	Meat and edible meat offal	0.00		0.00	
03章 鱼、甲壳动物、软体动物及其他水生无脊椎动物	Fish and crustaceans molluscs and other aquatic invertebrates	15.32	2.99	19.45	1.52
04章 乳品；蛋品；天然蜂蜜；其他食用动物产品	Dairy produce；birds' eggs；natural honey；edible products of animal origin，not elsewhere specified or included	0.96	0.01	0.97	0.00
05章 其他动物产品	Products of animal origin，not elsewhere specified or included	1.61	0.08	2.43	0.06
第二类 植物产品	**VEGETABLE PRODUCTS**	**21.72**	**0.60**	**25.24**	**0.56**
06章 活树及其他活植物；鳞茎、根及类似品；插花及装饰用簇叶	Live tree and other plants；bulbs，roots and the like；cut flowers and ornamental foliage	0.79	0.06	0.89	0.03
07章 食用蔬菜、根及块茎	Edible vegetables and certain roots and tubers	11.91	0.01	14.05	0.01
08章 食用水果及坚果；甜瓜或柑桔属水果的果皮	Edible fruit and nuts；peel of citrus fruit or melons	1.64	0.09	1.81	0.04
09章 咖啡、茶、马黛茶及调味香料	Coffee，tea，mate and spices	1.73	0.05	1.94	0.02
10章 谷物	Cereals	0.97	0.01	0.67	0.00
11章 制粉工业产品；麦芽；淀粉；菊粉；面筋	Products of the milling industry；malt；starches；inulin；wheat gluten	0.30	0.03	0.43	0.01
12章 含油子仁及果实；杂项子仁及果实；工业用或药用植物；稻草、秸秆及饲料	Oil seeds and oleaginous fruits；miscellaneous grains，seeds and fruit；industrial or medicinal plants；straw and fodder	3.05	0.33	3.93	0.41
13章 虫胶；树胶、树脂及其他植物液、汁	Lac；gums，resins and other vegetable saps and extracts	1.17	0.03	1.31	0.05
14章 编结用植物材料；其他植物产品	Vegetable plaiting materials；vegetable products not elsewhere specified or included	0.17		0.21	0.00
第三类 动、植物油、脂及其分解产品；精制的食用油脂；动、植物蜡	**ANIMAL OR VEGETABLE FATS AND OILS AND THEIR CLEAVAGE PRODUCTS；PREPARED EDIBLE FATS；ANIMAL OR VEGETABLE WAXES**	**0.26**	**0.10**	**0.31**	**0.07**
15章 动、植物油、脂及其分解产品；精制的食用油脂；动、植物蜡	Animal or vegetable fats and oils and their cleavage products；prepared edible fats；animal or vegetable waxes	0.26	0.10	0.31	0.07
第四类 食品；饮料、酒及醋；烟草、烟草及烟草代用品的制品	**PREPARED FOODSTUFFS；BEVERAGES, SPIRITS AND VINEGAR；TOBACCO AND MANUFACTURED TOBACCO SUBSTITUTES**	**50.18**	**1.84**	**60.04**	**1.00**
16章 肉、鱼、甲壳动物、软体动物及其他水生无脊椎动物的制品	Preparations of meat，of fish or of crustaceans，molluscs or other aquatic invertebrates	26.28	0.05	33.21	0.03
17章 糖及糖食	Sugars and sugar confectionery	0.12	0.07	0.19	0.04
18章 可可及可可制品	Cocoa and cocoa preparations	0.04	0.05	0.09	0.02
19章 谷物、粮食粉、淀粉或乳的制品；糕饼点心	Preparations of cereals，flour，starch or milk；pastry-cooks' products	2.36	0.29	2.80	0.06

6-22 续表 1 Continued 1

单位：亿美元
Unit: USD100 million

商品分类	HS Section and Division	2010 出口 Exports	2010 进口 Imports	2011 出口 Exports	2011 进口 Imports
20章 蔬菜、水果、坚果或植物其他部分的制品	Preparations of vegetables, fruit, nuts or other parts of plants	12.89	0.03	16.56	0.01
21章 杂项食品	Miscellaneous edible preparations	1.97	1.03	2.28	0.64
22章 饮料、酒及醋	Beverages, spirits and vinegar	0.46	0.21	0.53	0.12
23章 食品工业的残渣及废料；配制的动物饲料	Residues and waste from the food industries; prepared animal fodder	5.79	0.10	4.11	0.05
24章 烟草及烟草代用品的制品	Tobacco and manufactured tobacco substitutes	0.26	0.02	0.26	0.03
第五类 矿产品	**MINERAL PRODUCTS**	**25.98**	**25.95**	**37.78**	**27.87**
25章 盐；硫磺；泥土及石料；石膏料、石灰及水泥	Salt; sulphur; earths and stone; plastering materials, lime and cement	5.06	2.55	6.16	3.62
26章 矿砂、矿渣及矿灰	Ores, slag and ash	0.60	0.14	0.75	0.19
27章 矿物燃料、矿物油及其蒸馏产品；沥青物质；矿物蜡	Mineral fuels, mineral oils and products of their distillation; bituminous substances; mineral waxes	20.32	23.25	30.87	24.06
第六类 化学工业及其相关工业的产品	**PRODUCTS OF THE CHEMICAL OR INDUSTRIES ALLIED**	**67.96**	**148.45**	**98.15**	**168.49**
28章 无机化学品；贵金属、稀土金属、放射性元素及其同位素的有机及无机化合物	Inorganic chemicals; organic or inorganic compounds of precious metals, of rare- earth metals, of radioactive elements or of isotopes	24.30	9.84	40.44	9.34
29章 有机化学品	Organic chemicals	22.71	68.99	29.53	80.01
30章 药品	Pharmaceutical products	2.21	3.74	2.61	4.33
31章 肥料	Fertilizers	1.49	0.04	2.06	0.04
32章 鞣料浸膏及染料浸膏；鞣酸及其衍生物；染料、颜料及其他着色料；油漆及清漆；油灰及其他类似胶粘剂；墨水、油墨	Tanning or dyeing extracts; tannins and their derivatives; dyes, pigments and other colouring matter; paints and varnishes; putty and other mastics; inks	2.22	10.63	2.87	11.10
33章 精油及香膏； 芳香料制品及化妆盥洗品	Essential oils and retinoid; perfumery, cosmetic or toilet preparations	2.24	3.14	2.84	4.12
34章 肥皂、有机表面活性剂、洗涤剂、润滑剂、人造蜡、调制蜡、光洁剂、蜡烛及类似品、塑型用膏、"牙科用蜡"及牙科用熟石膏制剂	Soap, organic surface-active agents, washing preparations, lubricating preparations, artificial waxes, prepared waxes, polishing or scouring preparations, candles and similar articles, modelling pastes, "dental waxes" and dental preparations with a basis of plast	1.38	7.02	2.00	8.21
35章 蛋白类物质；改性淀粉；胶；酶	Albuminoidal substances; modified starches; glues; enzymes	1.29	6.50	1.56	7.83
36章 炸药；烟火制品；火柴；引火合金；易燃材料制品	Explosives; pyrotechnic products; matches; pyrophoric alloys; certain combustible preparations	0.17	0.30	0.19	0.27
37章 照相及电影用品	Photographic or cinematographic goods	0.47	9.06	0.53	10.48
38章 杂项化学产品	Miscellaneous chemical products	9.49	29.18	13.53	32.75
第七类 塑料及其制品，橡胶及其制品	**PLASTICS AND ARTICLES THEREOF RUBBER AND ARTICLES THEREOF**	**33.78**	**123.82**	**43.70**	**134.79**
39章 塑料及其制品	Plastics and articles thereof	29.20	105.53	37.49	113.87
40章 橡胶及其制品	Rubber and articles thereof	4.59	18.29	6.21	20.91
第八类 生皮、皮革、毛皮及其制品；鞍具及挽具；旅行用品、手提包及类似品；动物肠线（蚕胶丝除外）制品	**RAW HIDES AND SKINS, LEATHER, FUR SKINS AND ARTICLES THEREOF; SADDLERY AND HARNESS; TRAVEL GOODS, HANDBAGS AND SIMILAR CONTAINERS; ARTICLES OF ANIMAL GUT(OTHER THAN SILK-WORM GUT)**	**17.50**	**0.94**	**19.45**	**0.81**
41章 生皮(毛皮除外)及皮革	Raw hides and skins(other than fur skins) and leather	0.06	0.72	0.08	0.59

6-22 续表 2 Continued 2

单位：亿美元
Unit: USD100 million

商品分类	HS Section and Division	2010 出口 Exports	2010 进口 Imports	2011 出口 Exports	2011 进口 Imports
42章 皮革制品；鞍具及挽具；旅行用品、手提包及类似容器；动物肠线(蚕胶丝除外)制品	Articles of leather；saddlery and harness；travel goods，hand bags and similar containers；articles of animal gut (other than silk-worm gut)	16.51	0.21	18.29	0.21
43章 毛皮、人造毛皮及其制品	Fur skins and artificial fur；manufactures thereof	0.94	0.01	1.08	0.01
第九类 木及木制品；木炭；软木及软木制品；稻草，秸秆、针茅或其他编结材料制品；篮筐及柳条编结品	**WOOD AND ARTICLES OF WOOD；WOOD CHAR-COAL；CORK AND ARTICLES OF CORK；MANUFACTURES OF STRAW，OF ESPARTO OR OF OTHER PLAITING MATERIALS；BASKET WARE AND WICKERWORK**	**14.76**	**0.30**	**18.29**	**0.30**
44章 木及木制品；木炭	Wood and articles of wood；wood charcoal	12.28	0.29	14.80	0.30
45章 软木及软木制品	Cork and articles of cork	0.01		0.01	0.00
46章 稻草、秸秆、针茅或其他编结材料制品；篮筐及柳条编结品	Manufactures of straw，of esparto or of other plaiting Materials；basket ware and wickerwork	2.46		3.48	0.00
第十类 木浆及其他纤维状纤维素浆；纸及纸板的废碎品；纸、纸板及其制品	**PULP OF WOOD OR OF OTHER FIBROUS CELLULOSIC MATERIAL；WASTE AND SCRAP OF PAPER OR PAPERBOARD；PAPER AND PAPERBOARD AND ARTICLES THEREOF**	**10.35**	**21.94**	**13.80**	**22.19**
47章 木浆及其他纤维状纤维素浆；纸及纸板的废碎品	Pulp of wood or of other fibrous cellulosic material；waste and scrap of paper or paperboard	0.12	9.71	0.19	10.79
48章 纸及纸板；纸浆、纸或纸板制品	Paper and paperboard；articles of paper pulp，of paper or paperboard	9.19	8.52	12.47	8.17
49章 书籍、报纸、印刷图画及其他印制品；手稿、打字稿及设计图纸	Printed books，newspapers，pictures and other products of the printing industry；manuscripts，typescripts and plans	1.04	3.70	1.14	3.23
第十一类 纺织原料及纺织制品	**TEXTILES AND TEXTILE ARTICLES**	**217.68**	**35.78**	**263.32**	**41.26**
50章 蚕丝	Silk	1.01	0.13	1.21	0.20
51章 羊毛、动物细毛或粗毛；马毛纱线及其机织物	Wool，fine or coarse animal hair；horsehair yarn and woven fabric	1.76	2.11	2.76	2.35
52章 棉花	Cotton	2.47	3.92	3.10	4.27
53章 其他植物纺织纤维；纸纱线及其机织物	Other vegetable textile fibres；paper yarn and woven fabrics of paper yarn	0.32	0.13	0.45	0.15
54章 化学纤维长丝	Man-made filaments	1.49	8.65	2.18	9.49
55章 化学纤维短纤	Man-made short fibres	1.41	6.83	1.84	8.92
56章 絮胎、毡呢及无纺织物；特种纱线；线、绳、索、缆及其制品	Wadding，felt and nonwoven；special yarns；twine，cordage，ropes and cables and articles thereof	2.44	3.06	3.22	3.39
57章 地毯及纺织材料的其他铺地制品	Carpets and other textile floor coverings	3.81	0.11	4.24	0.10
58章 特种机织物；簇绒织物；花边；装饰毯；装饰带；刺绣品	Special woven fabrics；tufted textile fabrics；lace；tapestries；trimmings；embroidery	0.68	1.78	0.70	1.91
59章 浸渍、涂布、包覆或层压的纺织物；工业用纺织制品	Impregnated，coated，covered or laminated textile fabrics；textile articles of a kind suitable for industrial use	1.25	3.76	1.61	4.12
60章 针织物及钩编织物	Knitted or crocheted fabrics	0.28	3.88	0.35	4.71
61章 针织或钩编的服装及衣着附件	Articles of apparel and clothing accessories，Knitted or crocheted	93.50	0.40	109.37	0.51
62章 非针织或非钩编的服装及衣着附件	Articles of apparel and clothing accessories，not knitted or crocheted	83.91	0.76	102.84	0.85

6-22 续表 3 Continued 3

单位：亿美元
Unit: USD100 million

商品分类	HS Section and Division	2010 出口 Exports	2010 进口 Imports	2011 出口 Exports	2011 进口 Imports
63章 其他纺织制成品；成套物品；旧衣着及旧纺织品；碎织物	Other made up textile articles; sets; worn clothing and worn textile articles; rags articles; rags	23.34	0.26	29.45	0.30
第十二类 鞋、帽、伞、杖、鞭及其零件；已加工的羽毛及其制品；人造花；人发制品	**FOOTWEAR, HEADGEAR, UMBRELLAS, SUN UMBRELLAS, WALKING-STICKS, SEAT-STICKS, WHIPS, RIDING-CROPS AND PARTS THEREOF; PREPARED FEATHERS AND ARTICLES MADE THEREWITH; ARTIFICIAL FLOWERS; ARTICLES OF HUMAN HAIR**	**28.22**	**0.58**	**31.80**	**0.59**
64章 鞋靴、护腿和类似品及其零件	Footwear, gaiters and the like; parts of such articles	22.74	0.23	25.37	0.21
65章 帽类及其零件	Headgear and parts thereof	2.08	0.02	2.61	0.02
66章 雨伞、阳伞、手杖、鞭子、马鞭及其零件	Umbrellas, sun umbrellas, walking-sticks, seat-sticks, whips, riding-crops and parts thereof	1.79	0.00	2.17	0.00
67章 已加工羽毛、羽绒及其制品；人造花；人发制品	Prepared feathers and down and articles made of feathers or of down; artificial flowers; articles of human hair	1.61	0.33	1.66	0.35
第十三类 石料、石膏、水泥、石棉、云母及类似材料的制品；陶瓷产品；玻璃及其制品	**ARTICLES OF STONE, PLASTER, CEMENT, ASBESTOS, MICA OR SIMILAR MATERIALS; CERAMIC PRODUCTS; GLASS AND GLASSWARE**	**17.30**	**17.88**	**21.68**	**21.78**
68章 石料、石膏、水泥、石棉、云母及类似材料的制品	Articles of stone, plaster, cement, asbestos, mica or similar materials; ceramic products; glass and glassware	6.87	4.15	8.07	5.34
69章 陶瓷产品	Ceramic products	4.94	1.28	6.09	1.62
70章 玻璃及其制品	Glass and glassware	5.49	12.44	7.51	14.83
第十四类 天然或养殖珍珠、宝石或半宝石、贵金属、包贵金属及其制品；仿首饰；硬币	**NATURAL OR CULTURED PEARLS, PRECIOUS OR SEMI-PRECIOUS STONES, PRECIOUS METALS, METALS CLAD WITH PRECIOUS METAL AND STONES, PRECIOUS METALS, METALS CLAD WITH PRECIOUS METAL AND ARTICLES THEREOF; IMITATION JEWELLERY; COIN**	**2.03**	**12.87**	**1.98**	**15.81**
71章 天然或养殖珍珠、宝石或半宝石、贵金属、包贵金属及其制品；仿首饰；硬币	Natural or cultured pearls, precious or semi-precious stones, precious metals, metals clad with precious metal and articles thereof; imitation jewellery; coin	2.03	12.87	1.98	15.81
第十五类 贱金属及其制品	**BASE METALS AND ARTICLES OF BASE METAL**	**67.60**	**196.44**	**102.42**	**208.40**
72章 钢铁	Iron and steel	17.26	101.25	31.70	108.18
73章 钢铁制品	Articles of iron or steel	21.64	26.27	32.13	28.36
74章 铜及其制品	Copper and articles thereof	2.41	39.25	5.12	40.37
75章 镍及其制品	Nickel and articles thereof	0.83	3.55	1.09	3.85
76章 铝及其制品	Aluminium and articles thereof	12.39	9.93	17.00	10.18
78章 铅及其制品	Lead and articles thereof	0.16	0.25	0.26	0.23
79章 锌及其制品	Zinc and articles thereof	0.16	0.81	0.58	0.60
80章 锡及其制品	Tin and articles thereof	0.16	0.70	0.10	0.74
81章 其他贱金属、金属陶瓷及其制品	Other base metals; cermets; articles thereof	4.85	3.51	5.42	3.16
82章 贱金属工具、器具、利口器、餐匙、餐叉及其零件	Tools, implements, cutlery, spoons and forks, of base metal; parts thereof of base metal	3.56	7.79	4.23	9.34
83章 贱金属杂项制品	Miscellaneous articles of base metal	4.18	3.14	4.78	3.39

6-22 续表 4 Continued 4

单位：亿美元
Unit: USD100 million

商品分类	HS Section and Division	2010 出口 Exports	2010 进口 Imports	2011 出口 Exports	2011 进口 Imports
第十六类 机器、机械器具、电气设备及其零件；录音机及放声机、电视图像、声音的录制和重放设备及其零件、附件	**MACHINERY AND MECHANICAL APPLIANCES；ELECTRICAL EQUIPMENT；PARTS THEREOF；SOUND RECORDERS AND REPRODUCERS，TELEVISION IMAGE AND SOUND RECORDERS AND REPRODUCERS；AND PARTS AND ACCESSORIES OF RECORDERS AND REPRODUCERS；AND PARTS AND ACCESSORIES OF SUCH ARTICLES**	**473.92**	**848.19**	**539.71**	**938.22**
84章 核反应堆、锅炉、机器、机械器具及其零件	Nuclear reactors，boilers，machinery and mechanical appliances；parts thereof	203.72	398.05	237.64	457.73
85章 电机、电气设备及其零件；录音机及放声机、电视图像、声音的录制和重放设备及其零件、附件	Electrical machinery and equipment and parts thereof；sound recorders and reproducers，television image and sound recorders and reproducers，and parts and accessories of such articles	270.19	450.14	302.08	480.49
第十七类 车辆、航空器、船舶及有关运输设备	**VEHICLES，AIRCRAFT，VESSELS AND ASSOCIATED TRANSPORT EQUIPMENT**	**34.94**	**167.17**	**38.82**	**180.25**
86章 铁道及电车道机车、车辆及其零件；铁道及电车轨道固定装置及其零件、附件；各种机械(包括电动机械)交通信号设备	Railway or tramway locomotives，rolling-stock and parts thereof；railway or tramway track fixtures and fittings and parts thereof；mechanical(including electro-mechanical) traffic signalling equipment of all kinds	1.50	4.55	3.20	4.75
87章 车辆及其零件、附件，但铁道及电车道车辆除外	Vehicles other than railway or tramway rolling-stock，and parts and accessories thereof	28.55	154.64	33.32	167.66
88章 航空器、航天器及其零件	Aircraft，spacecraft，and parts thereof	0.49	0.09	0.24	0.19
89章 船舶及浮动结构体	Ships，boats and floating structures	4.39	7.89	2.06	7.65
第十八类 光学、照相、电影、计量、检验、医疗或外科用仪器及设备、精密仪器及设备；钟表；乐器；上述物品的零件、附件	**OPTICAL，PHOTOGRAPHIC，CINEMATOGRAPHIC，MEASURING，CHECKING，PRECISION，MEDICAL OR SURGICAL INSTRUMENTS AND APPARATUS；CLOCKS AND WATCHES；MUSICAL INSTRUMENTS；PARTS AND ACCESSORIES THEREOF**	**41.86**	**147.05**	**53.36**	**168.03**
90章 光学、照相、电影、计量、检验、医疗或外科用仪器及设备、精密仪器及设备；上述物品的零件、附件	Optical，photographic，cinematographic，measuring，checking，precision medical or surgical instruments and apparatus；parts and accessories thereof	38.36	142.37	49.90	162.27
91章 钟表及其零件	Clocks and watches and parts thereof	2.70	3.71	2.51	4.52
92章 乐器及其零件、附件	Musical instruments；parts and accessories of such articles	0.79	0.97	**0.95**	**1.24**
第十九类 武器、弹药及其零件、附件	**ARMS AND AMMUNITION；PARTS AND ACCESSORIES THEREOF**			**0.00**	**0.00**
93章 武器、弹药及其零件、附件	Arms and ammunition；parts and accessories thereof			0.00	0.00
第二十类 杂项制品	**MISCELLANEOUS MANUFACTURED ARTICLES**	**57.51**	**9.56**	**78.53**	**10.65**
94章 家具；寝具、褥垫、弹簧床垫、软坐垫及类似的填充制品；未列名灯具及照明装置；发光标志、发光名牌及类似品；活动房屋	Furniture；bedding，mattresses，mattress supports，cushions and similar stuffed furnishings；lamps and lighting fittings，not elsewhere specified or included；illuminated signs，illuminated	32.88	4.59	42.96	4.80
95章 玩具、游戏品、运动用品及其零件、附件	Toys，games and sports requisites；parts and accessories thereof	18.65	1.17	28.70	1.76
96章 杂项制品	Miscellaneous manufactured articles	5.98	3.80	6.87	4.09
第二十一类 艺术品、收藏品及古物	**WORKS OF ART，COLLECTORS' PIECES AND ANTIQUES**	**0.38**	**0.01**	**1.27**	**0.01**
97章 艺术品、收藏品及古物	Works of art，collectors' pieces and antiques	0.38	0.01	1.27	0.01
第二十二类 特殊交易品及未分类商品	**COMMODITIES AND TRANSACTIONS NOT CLASSIFIED ACCORDING TO KIND**	**8.56**	**4.81**	**10.14**	**2.94**
98章 特殊交易品及未分类商品	Commodities and transactions not classified according to kind	8.56	4.81	10.14	2.94

6-23 对欧洲联盟进出口商品分类金额

Value of Exports to and Imports from EU by HS

单位：亿美元

Unit: USD100 million

商品分类	HS Section and Division	2010		2011	
		出口 Exports	进口 Imports	出口 Exports	进口 Imports
总额	**Total**	**3075.54**	**1672.91**	**3559.75**	**2111.58**
第一类 活动物；动物产品	**LIVE ANIMALS；ANIMAL PRODUCTS**	**24.99**	**12.37**	**30.01**	**15.43**
01章 活动物	Live animals	0.04	0.16	0.03	0.23
02章 肉及食用杂碎	Meat and edible meat offal	0.29	5.36	0.31	6.88
03章 鱼、甲壳动物、软体动物及其他水生无脊椎动物	Fish and crustaceans molluscs and other aquatic invertebrates	18.19	2.39	20.97	2.14
04章 乳品；蛋品；天然蜂蜜；其他食用动物产品	Dairy produce；birds' eggs；natural honey；edible products of animal origin，not elsewhere specified or included	0.92	3.08	1.10	4.68
05章 其他动物产品	Products of animal origin，not elsewhere specified or included	5.55	1.38	7.61	1.51
第二类 植物产品	**VEGETABLE PRODUCTS**	**19.40**	**4.14**	**23.22**	**3.82**
06章 活树及其他活植物；鳞茎、根及类似品；插花及装饰用簇叶	Live tree and other plants；bulbs，roots and the like；cut flowers and ornamental foliage	0.44	0.57	0.45	0.71
07章 食用蔬菜、根及块茎	Edible vegetables and certain roots and tubers	7.46	0.03	8.71	0.06
08章 食用水果及坚果；甜瓜或柑桔属水果的果皮	Edible fruit and nuts；peel of citrus fruit or melons	3.08	0.47	3.48	0.60
09章 咖啡、茶、马黛茶及调味香料	Coffee，tea，mate and spices	2.23	0.13	2.80	0.16
10章 谷物	Cereals	0.12	1.25	0.18	0.88
11章 制粉工业产品；麦芽；淀粉；菊粉；面筋	Products of the milling industry；malt；starches；inulin；wheat gluten	0.09	0.78	0.22	0.36
12章 含油子仁及果实；杂项子仁及果实；工业用或药用植物；稻草、秸秆及饲料	Oil seeds and oleaginous fruits；miscellaneous grains，seeds and fruit；industrial or medicinal plants；straw and fodder	4.17	0.58	4.67	0.65
13章 虫胶；树胶、树脂及其他植物液、汁	Lac；gums，resins and other vegetable saps and extracts	1.60	0.32	2.39	0.41
14章 编结用植物材料；其他植物产品	Vegetable plaiting materials；vegetable products not elsewhere specified or included	0.20	0.01	0.33	0.01
第三类 动、植物油、脂及其分解产品；精制的食用油脂；动、植物蜡	**ANIMAL OR VEGETABLE FATS AND OILS AND THEIR CLEAVAGE PRODUCTS；PREPARED EDIBLE FATS；ANIMAL OR VEGETABLE WAXES**	**0.51**	**1.09**	**0.84**	**1.71**
15章 动、植物油、脂及其分解产品；精制的食用油脂；动、植物蜡	Animal or vegetable fats and oils and their cleavage products；prepared edible fats；animal or vegetable waxes	0.51	1.09	0.84	1.71
第四类 食品；饮料、酒及醋；烟草、烟草及烟草代用品的制品	**PREPARED FOODSTUFFS；BEVERAGES, SPIRITS AND VINEGAR；TOBACCO AND MANUFACTURED TOBACCO SUBSTITUTES**	**20.46**	**18.85**	**24.09**	**31.29**
16章 肉、鱼、甲壳动物、软体动物及其他水生无脊椎动物的制品	Preparations of meat，of fish or of crustaceans，molluscs or other aquatic invertebrates	3.16	0.02	4.21	0.02
17章 糖及糖食	Sugars and sugar confectionery	0.69	0.29	0.79	0.29
18章 可可及可可制品	Cocoa and cocoa preparations	0.54	1.23	0.66	1.84
19章 谷物、粮食粉、淀粉或乳的制品；糕饼点心	Preparations of cereals，flour，starch or milk；pastry-cooks' products	1.21	2.35	1.57	5.03

6-23 续表 1 Continued 1

单位：亿美元
Unit: USD100 million

商品分类	HS Section and Division	2010		2011	
		出 口 Exports	进 口 Imports	出 口 Exports	进 口 Imports
20章 蔬菜、水果、坚果或植物其他部分的制品	Preparations of vegetables, fruit，nuts or other parts of plants	9.20	0.47	10.87	0.60
21章 杂项食品	Miscellaneous edible preparations	0.89	1.71	1.17	2.76
22章 饮料、酒及醋	Beverages，spirits and vinegar	0.32	12.04	0.43	19.55
23章 食品工业的残渣及废料；配制的动物饲料	Residues and waste from the food industries；prepared animal fodder	2.22	0.65	2.49	0.85
24章 烟草及烟草代用品的制品	Tobacco and manufactured tobacco substitutes	2.22	0.09	1.91	0.33
第五类 矿产品	**MINERAL PRODUCTS**	**20.85**	**26.85**	**27.29**	**42.86**
25章 盐；硫磺；泥土及石料；石膏料、石灰及水泥	Salt；sulphur；earths and stone；plastering materials，lime and cement	5.73	5.45	5.49	7.08
26章 矿砂、矿渣及矿灰	Ores，slag and ash	1.57	8.32	0.86	13.00
27章 矿物燃料、矿物油及其蒸馏产品；沥青物质；矿物蜡	Mineral fuels，mineral oils and products of their distillation; bituminous substances; mineral waxes	13.55	13.08	20.93	22.79
第六类 化学工业及其相关工业的产品	**PRODUCTS OF THE CHEMICAL OR INDUSTRIES ALLIED**	**135.46**	**152.62**	**164.79**	**193.90**
28章 无机化学品；贵金属、稀土金属、放射性元素及其同位素的有机及无机化合物	Inorganic chemicals；organic or inorganic compounds of precious metals，of rare- earth metals, of radioactive elements or of isotopes	15.32	12.00	22.34	14.38
29章 有机化学品	Organic chemicals	69.72	44.41	85.06	52.88
30章 药品	Pharmaceutical products	14.97	43.59	14.87	63.35
31章 肥料	Fertilizers	0.04	1.97	0.08	2.27
32章 鞣料浸膏及染料浸膏；鞣酸及其衍生物；染料、颜料及其他着色料；油漆及清漆；油灰及其他类似胶粘剂；墨水、油墨	Tanning or dyeing extracts；tannins and their derivatives；dyes，pigments and other colouring matter；paints and varnishes； putty and other mastics；inks	7.34	8.89	10.39	9.46
33章 精油及香膏； 芳香料制品及化妆盥洗品	Essential oils and retinoid；perfumery，cosmetic or toilet preparations	5.50	5.63	6.34	7.59
34章 肥皂、有机表面活性剂、洗涤剂、润滑剂、人造蜡、调制蜡、光洁剂、蜡烛及类似品、塑型用膏、"牙科用蜡"及牙科用熟石膏制剂	Soap，organic surface-active agents，washing preparations，lubricating preparations，artificial waxes，prepared waxes，polishing or scouring preparations，candles and similar articles，modelling pastes，"dental waxes" and dental preparations with a basis of plast	3.55	7.65	4.11	8.98
35章 蛋白类物质；改性淀粉；胶；酶	Albuminoidal substances；modified starches；glues；enzymes	1.84	3.80	2.26	5.00
36章 炸药；烟火制品；火柴；引火合金；易燃材料制品	Explosives；pyrotechnic products；matches；pyrophoric alloys；certain combustible preparations	2.15	0.02	2.49	0.04
37章 照相及电影用品	Photographic or cinematographic goods	1.11	2.84	1.10	2.67
38章 杂项化学产品	Miscellaneous chemical products	13.92	21.81	15.76	27.28
第七类 塑料及其制品，橡胶及其制品	**PLASTICS AND ARTICLES THEREOF RUBBER AND ARTICLES THEREOF**	**77.80**	**89.05**	**107.93**	**100.66**
39章 塑料及其制品	Plastics and articles thereof	53.54	70.29	70.62	77.70
40章 橡胶及其制品	Rubber and articles thereof	24.26	18.76	37.31	22.96
第八类 生皮、皮革、毛皮及其制品；鞍具及挽具；旅行用品、手提包及类似品；动物肠线(蚕胶丝除外)制品	**RAW HIDES AND SKINS，LEATHER，FUR SKINS AND ARTICLES THEREOF；SADDLERY AND HARNESS；TRAVEL GOODS，HANDBAGS AND SIMILAR CONTAINERS；ARTICLES OF ANIMAL GUT(OTHER THAN SILK-WORM GUT)**	**58.40**	**23.63**	**80.75**	**30.90**
41章 生皮(毛皮除外)及皮革	Raw hides and skins(other than fur skins) and leather	1.11	12.19	1.04	14.13

6-23 续表 2 Continued 2

单位：亿美元
Unit: USD100 million

商品分类	HS Section and Division	2010 出口 Exports	2010 进口 Imports	2011 出口 Exports	2011 进口 Imports
42章 皮革制品；鞍具及挽具；旅行用品、手提包及类似容器；动物肠线(蚕胶丝除外)制品	Articles of leather；saddlery and harness；travel goods，hand bags and similar containers；articles of animal gut (other than silk-worm gut)	54.86	7.16	76.51	11.67
43章 毛皮、人造毛皮及其制品	Fur skins and artificial fur；manufactures thereof	2.43	4.28	3.20	5.10
第九类 木及木制品；木炭；软木及软木制品；稻草，秸秆、针茅或其他编结材料制品；篮筐及柳条编结品	**WOOD AND ARTICLES OF WOOD；WOOD CHAR-COAL；CORK AND ARTICLES OF CORK；MANUFACTURES OF STRAW，OF ESPARTO OR OF OTHER PLAITING MATERIALS；BASKET WARE AND WICKERWORK**	**27.05**	**4.86**	**29.61**	**8.35**
44章 木及木制品；木炭	Wood and articles of wood；wood charcoal	21.55	4.45	23.73	7.89
45章 软木及软木制品	Cork and articles of cork	0.04	0.40	0.04	0.44
46章 稻草、秸秆、针茅或其他编结材料制品；篮筐及柳条编结品	Manufactures of straw，of esparto or of other plaiting Materials；basket ware and wickerwork	5.46	0.01	5.841215	0.01596
第十类 木浆及其他纤维状纤维素浆；纸及纸板的废碎品；纸、纸板及其制品	**PULP OF WOOD OR OF OTHER FIBROUS CELLULOSIC MATERIAL；WASTE AND SCRAP OF PAPER OR PAPERBOARD；PAPER AND PAPERBOARD AND ARTICLES THEREOF**	**19.46**	**35.73**	**25.22**	**48.07**
47章 木浆及其他纤维状纤维素浆；纸及纸板的废碎品	Pulp of wood or of other fibrous cellulosic material；waste and scrap of paper or paperboard	0.57	21.29	0.74	31.40
48章 纸及纸板；纸浆、纸或纸板制品	Paper and paperboard；articles of paper pulp，of paper or paperboard	12.98	11.64	17.24	13.47
49章 书籍、报纸、印刷图画及其他印制品；手稿、打字稿及设计图纸	Printed books，newspapers，pictures and other products of the printing industry；manuscripts，typescripts and plans	5.91	2.81	7.24	3.21
第十一类 纺织原料及纺织制品	**TEXTILES AND TEXTILE ARTICLES**	**426.76**	**24.79**	**517.31**	**35.86**
50章 蚕丝	Silk	3.07	0.15	3.99	0.18
51章 羊毛、动物细毛或粗毛；马毛纱线及其机织物	Wool，fine or coarse animal hair；horsehair yarn and woven fabric	6.07	3.45	9.30	4.76
52章 棉花	Cotton	6.96	1.03	8.67	2.31
53章 其他植物纺织纤维；纸纱线及其机织物	Other vegetable textile fibres；paper yarn and woven fabrics of paper yarn	1.52	2.41	1.69	3.49
54章 化学纤维长丝	Man-made filaments	11.50	2.27	16.24	2.48
55章 化学纤维短纤	Man-made short fibres	6.86	3.50	8.58	4.74
56章 絮胎、毡呢及无纺织物；特种纱线；线、绳、索、缆及其制品	Wadding，felt and nonwoven；special yarns；twine，cordage，ropes and cables and articles thereof	3.78	1.93	5.00	2.21
57章 地毯及纺织材料的其他铺地制品	Carpets and other textile floor coverings	3.30	0.27	3.40	0.27
58章 特种机织物；簇绒织物；花边；装饰毯；装饰带；刺绣品	Special woven fabrics；tufted textile fabrics；lace；tapestries；trimmings；embroidery	4.12	0.44	4.93	0.47
59章 浸渍、涂布、包覆或层压的纺织物；工业用纺织制品	Impregnated，coated，covered or laminated textile fabrics；textile articles of a kind suitable for industrial use	5.25	2.67	7.42	3.22
60章 针织物及钩编织物	Knitted or crocheted fabrics	5.75	0.73	6.35	0.86
61章 针织或钩编的服装及衣着附件	Articles of apparel and clothing accessories，Knitted or crocheted	162.45	1.57	200.06	2.77
62章 非针织或非钩编的服装及衣着附件	Articles of apparel and clothing accessories，not knitted or crocheted	164.68	4.05	195.23	7.66

单位：亿美元
Unit: USD100 million

商品分类	HS Section and Division	2010 出 口 Exports	2010 进 口 Imports	2011 出 口 Exports	2011 进 口 Imports
63章 其他纺织制成品；成套物品；旧衣着及旧纺织品；碎织物	Other made up textile articles；sets；worn clothing and worn textile articles；rags articles；rags	41.44	0.32	46.46	0.44
第十二类 鞋、帽、伞、杖、鞭及其零件；已加工的羽毛及其制品；人造花；人发制品	**FOOTWEAR，HEADGEAR，UMBRELLAS，SUN UMBRELLAS，WALKING-STICKS，SEAT-STICKS，WHIPS，RIDING-CROPS AND PARTS THEREOF；PREPARED FEATHERS AND ARTICLES MADE THEREWITH；ARTIFICIAL FLOWERS；ARTICLES OF HUMAN HAIR**	**84.60**	**2.92**	**109.24**	**5.08**
64章 鞋靴、护腿和类似品及其零件	Footwear，gaiters and the like；parts of such articles	65.73	2.84	82.73	4.94
65章 帽类及其零件	Headgear and parts thereof	8.27	0.06	10.28	0.08
66章 雨伞、阳伞、手杖、鞭子、马鞭及其零件	Umbrellas，sun umbrellas，walking-sticks，seat-sticks，whips，riding-crops and parts thereof	5.65	0.01	7.15	0.01
67章 已加工羽毛、羽绒及其制品；人造花；人发制品	Prepared feathers and down and articles made of feathers or of down；artificial flowers；articles of human hair	4.96	0.02	9.09	0.03
第十三类 石料、石膏、水泥、石棉、云母及类似材料的制品；陶瓷产品；玻璃及其制品	**ARTICLES OF STONE，PLASTER，CEMENT，ASBESTOS，MICA OR SIMILAR MATERIALS；CERAMIC PRODUCTS；GLASS AND GLASSWARE**	**50.78**	**10.56**	**62.22**	**13.36**
68章 石料、石膏、水泥、石棉、云母及类似材料的制品	Articles of stone，plaster，cement，asbestos，mica or similar materials；ceramic products；glass and glassware	10.10	2.22	13.93	3.03
69章 陶瓷产品	Ceramic products	21.41	2.10	26.38	2.74
70章 玻璃及其制品	Glass and glassware	19.27	6.24	21.91	7.59
第十四类 天然或养殖珍珠、宝石或半宝石、贵金属、包贵金属及其制品；仿首饰；硬币	**NATURAL OR CULTURED PEARLS，PRECIOUS OR SEMI-PRECIOUS STONES，PRECIOUS METALS，METALS CLAD WITH PRECIOUS METAL AND STONES，PRECIOUS METALS，METALS CLAD WITH PRECIOUS METAL AND ARTICLES THEREOF；IMITATION JEWELLERY；COIN**	**12.20**	**23.97**	**14.55**	**30.69**
71章 天然或养殖珍珠、宝石或半宝石、贵金属、包贵金属及其制品；仿首饰；硬币	Natural or cultured pearls，precious or semi-precious stones，precious metals，metals clad with precious metal and articles thereof；imitation jewellery；coin	12.20	23.97	14.55	30.69
第十五类 贱金属及其制品	**BASE METALS AND ARTICLES OF BASE METAL**	**175.46**	**161.28**	**235.02**	**193.67**
72章 钢铁	Iron and steel	29.24	21.28	48.86	27.29
73章 钢铁制品	Articles of iron or steel	62.75	27.76	77.82	32.16
74章 铜及其制品	Copper and articles thereof	6.40	73.17	7.26	91.41
75章 镍及其制品	Nickel and articles thereof	0.65	4.03	0.90	4.03
76章 铝及其制品	Aluminium and articles thereof	22.36	20.46	32.18	20.55
78章 铅及其制品	Lead and articles thereof	0.02	0.05	0.03	0.14
79章 锌及其制品	Zinc and articles thereof	0.37	0.53	0.38	0.44
80章 锡及其制品	Tin and articles thereof	0.40	0.04	0.45	0.05
81章 其他贱金属、金属陶瓷及其制品	Other base metals；cermets；articles thereof	9.83	1.36	12.40	1.87
82章 贱金属工具、器具、利口器、餐匙、餐叉及其零件	Tools，implements，cutlery，spoons and forks，of base metal；parts thereof of base metal	21.53	7.89	27.16	10.02
83章 贱金属杂项制品	Miscellaneous articles of base metal	21.90	4.72	27.60	5.71

6-23 续表 4 Continued 4

单位：亿美元
Unit: USD100 million

商品分类	HS Section and Division	2010 出口 Exports	2010 进口 Imports	2011 出口 Exports	2011 进口 Imports
第十六类 机器、机械器具、电气设备及其零件；录音机及放声机、电视图像、声音的录制和重放设备及其零件、附件	**MACHINERY AND MECHANICAL APPLIANCES；ELECTRICAL EQUIPMENT；PARTS THEREOF；SOUND RECORDERS AND REPRODUCERS，TELEVISION IMAGE AND SOUND RECORDERS AND REPRODUCERS；AND PARTS AND CCESSORIES OF RECORDERS AND EPRODUCERS；AND PARTS AND ACCESSORIES OF SUCH ARTICLES**	**1429.50**	**653.99**	**1553.17**	**785.14**
84章 核反应堆、锅炉、机器、机械器具及其零件	Nuclear reactors，boilers，machinery and mechanical appliances；parts thereof	694.64	430.90	739.13	538.28
85章 电机、电气设备及其零件；录音机及放声机、电视图像、声音的录制和重放设备及其零件、附件	Electrical machinery and equipment and parts thereof；sound recorders and reproducers，television image and sound recorders and reproducers，and parts and accessories of such articles	734.85	223.09	814.04	246.86
第十七类 车辆、航空器、船舶及有关运输设备	**VEHICLES，AIRCRAFT，VESSELS AND ASSOCIATED TRANSPORT EQUIPMENT**	**176.39**	**313.69**	**191.00**	**424.72**
86章 铁道及电车道机车、车辆及其零件；铁道及电车轨道固定装置及其零件、附件；各种机械(包括电动机械)交通信号设备	Railway or tramway locomotives，rolling-stock and parts thereof；railway or tramway track fixtures and fittings and parts thereof；mechanical(including electro- mechanical) traffic signalling equipment of all kinds	17.13	12.35	32.72	12.68
87章 车辆及其零件、附件，但铁道及电车道车辆除外	Vehicles other than railway or tramway rolling-stock，and parts and accessories thereof	56.58	238.41	65.42	341.12
88章 航空器、航天器及其零件	Aircraft，spacecraft，and parts thereof	2.83	58.85	3.30	66.61
89章 船舶及浮动结构体	Ships，boats and floating structures	99.84	4.09	89.56	4.31
第十八类 光学、照相、电影、计量、检验、医疗或外科用仪器及设备、精密仪器及设备；钟表；乐器；上述物品的零件、附件	**OPTICAL，PHOTOGRAPHIC，CINEMATOGRAPHIC，MEASURING，CHECKING，PRECISION，MEDICAL OR SURGICAL INSTRUMENTS AND APPARATUS；CLOCKS AND WATCHES；MUSICAL INSTRUMENTS；PARTS AND ACCESSORIES THEREOF**	**92.58**	**100.43**	**104.13**	**131.28**
90章 光学、照相、电影、计量、检验、医疗或外科用仪器及设备、精密仪器及设备；上述物品的零件、附件	Optical，photographic，cinematographic，measuring，checking，precision medical or surgical instruments and apparatus；parts and accessories thereof	84.58	99.88	94.92	130.48
91章 钟表及其零件	Clocks and watches and parts thereof	3.93	0.25	4.95	0.46
92章 乐器及其零件、附件	Musical instruments；parts and accessories of such articles	4.07	0.30	4.27	0.35
第十九类 武器、弹药及其零件、附件	**ARMS AND AMMUNITION；PARTS AND ACCESSORIES THEREOF**	**0.12**	**0.02**	**0.17**	**0.06**
93章 武器、弹药及其零件、附件	Arms and ammunition；parts and accessories thereof	0.12	0.02	0.17	0.06
第二十类 杂项制品	**MISCELLANEOUS MANUFACTURED ARTICLES**	**221.89**	**11.60**	**257.74**	**14.25**
94章 家具；寝具、褥垫、弹簧床垫、软坐垫及类似的填充制品；未列名灯具及照明装置；发光标志、发光名牌及类似品；活动房屋	Furniture；bedding，mattresses，mattress supports，cushions and similar stuffed furnishings；lamps and lighting fittings，not elsewhere specified or included；illuminated signs，illuminated	128.97	9.66	146.94	11.97
95章 玩具、游戏品、运动用品及其零件、附件	Toys，games and sports requisites；parts and accessories thereof	75.64	0.73	90.52	0.86
96章 杂项制品	Miscellaneous manufactured articles	17.28	1.21	20.29	1.42
第二十一类 艺术品、收藏品及古物	**WORKS OF ART，COLLECTORS' PIECES AND ANTIQUES**	**0.37**	**0.11**	**0.70**	**0.13**
97章 艺术品、收藏品及古物	Works of art，collectors' pieces and antiques	0.37	0.11	0.70	0.13
第二十二类 特殊交易品及未分类商品	**COMMODITIES AND TRANSACTIONS NOT CLASSIFIED ACCORDING TO KIND**	**0.52**	**0.35**	**0.72**	**0.33**
98章 特殊交易品及未分类商品	Commodities and transactions not classified according to kind	0.52	0.35	0.72	0.33

6-24 对美国进出口商品分类金额

Value of Exports and Imports from United States by HS

单位：亿美元
Unit: USD100 million

商品分类	HS Section and Division	2010 出口 Exports	2010 进口 Imports	2011 出口 Exports	2011 进口 Imports
总　额	**Total**	**2832.87**	**1020.99**	**3244.53**	**1221.07**
第一类　活动物；动物产品	**LIVE ANIMALS；ANIMAL PRODUCTS**	**19.63**	**14.76**	**20.73**	**29.55**
01章　活动物	Live animals	0.20	0.34	0.19	0.54
02章　肉及食用杂碎	Meat and edible meat offal	0.05	4.05	0.04	13.59
03章　鱼、甲壳动物、软体动物及其他水生无脊椎动物	Fish and crustaceans molluscs and other aquatic invertebrates	16.92	7.20	17.81	11.27
04章　乳品；蛋品；天然蜂蜜；其他食用动物产品	Dairy produce；birds' eggs；natural honey；edible products of animal origin，not elsewhere specified or included	0.08	1.79	0.12	2.93
05章　其他动物产品	Products of animal origin，not elsewhere specified or included	2.37	1.37	2.57	1.21
第二类　植物产品	**VEGETABLE PRODUCTS**	**9.89**	**123.63**	**11.78**	**141.55**
06章　活树及其他活植物；鳞茎、根及类似品；插花及装饰用簇叶	Live tree and other plants；bulbs，roots and the like；cut flowers and ornamental foliage	0.13	0.05	0.16	0.05
07章　食用蔬菜、根及块茎	Edible vegetables and certain roots and tubers	5.13	0.38	5.84	0.30
08章　食用水果及坚果；甜瓜或柑桔属水果的果皮	Edible fruit and nuts；peel of citrus fruit or melons	1.09	3.85	1.21	5.00
09章　咖啡、茶、马黛茶及调味香料	Coffee，tea，mate and spices	1.71	0.11	1.86	0.14
10章　谷物	Cereals	0.00	3.80	0.01	7.16
11章　制粉工业产品；麦芽；淀粉；菊粉；面筋	Products of the milling industry；malt；starches；inulin；wheat gluten	0.13	0.06	0.17	0.17
12章　含油子仁及果实；杂项子仁及果实；工业用或药用植物；稻草、秸秆及饲料	Oil seeds and oleaginous fruits；miscellaneous grains，seeds and fruit；industrial or medicinal plants；straw and fodder	0.84	114.99	1.08	128.03
13章　虫胶；树胶、树脂及其他植物液、汁	Lac；gums，resins and other vegetable saps and extracts	0.79	0.21	1.37	0.29
14章　编结用植物材料；其他植物产品	Vegetable plaiting materials；vegetable products not elsewhere specified or included	0.08	0.18	0.08	0.42
第三类　动、植物油、脂及其分解产品；精制的食用油脂；动、植物蜡	**ANIMAL OR VEGETABLE FATS AND OILS AND THEIR CLEAVAGE PRODUCTS；PREPARED EDIBLE FATS；ANIMAL OR VEGETABLE WAXES**	**0.57**	**2.80**	**0.76**	**3.21**
15章　动、植物油、脂及其分解产品；精制的食用油脂；动、植物蜡	Animal or vegetable fats and oils and their cleavage products；prepared edible fats；animal or vegetable waxes	0.57	2.80	0.76	3.21
第四类　食品；饮料、酒及醋；烟草、烟草及烟草代用品的制品	**PREPARED FOODSTUFFS；BEVERAGES, SPIRITS AND VINEGAR；TOBACCO AND MANUFACTURED TOBACCO SUBSTITUTES**	**26.90**	**15.57**	**32.87**	**15.37**
16章　肉、鱼、甲壳动物、软体动物及其他水生无脊椎动物的制品	Preparations of meat，of fish or of crustaceans，molluscs or other aquatic invertebrates	8.55	0.04	10.58	0.07
17章　糖及糖食	Sugars and sugar confectionery	1.48	0.40	1.77	0.67
18章　可可及可可制品	Cocoa and cocoa preparations	0.08	0.33	0.07	0.53
19章　谷物、粮食粉、淀粉或乳的制品；糕饼点心	Preparations of cereals，flour，starch or milk；pastry-cooks' products	1.17	0.34	1.36	0.65

6-24 续表 1 Continued 1

单位：亿美元
Unit: USD100 million

商品分类	HS Section and Division	2010 出口 Exports	2010 进口 Imports	2011 出口 Exports	2011 进口 Imports
20章 蔬菜、水果、坚果或植物其他部分的制品	Preparations of vegetables, fruit，nuts or other parts of plants	9.77	1.70	12.04	1.81
21章 杂项食品	Miscellaneous edible preparations	1.28	1.32	1.75	1.66
22章 饮料、酒及醋	Beverages，spirits and vinegar	0.22	0.48	0.32	0.73
23章 食品工业的残渣及废料；配制的动物饲料	Residues and waste from the food industries；prepared animal fodder	4.27	9.42	4.93	8.06
24章 烟草及烟草代用品的制品	Tobacco and manufactured tobacco substitutes	0.07	1.55	0.06	1.18
第五类 矿产品	**MINERAL PRODUCTS**	**12.27**	**33.35**	**15.60**	**43.24**
25章 盐；硫磺；泥土及石料；石膏料、石灰及水泥	Salt；sulphur；earths and stone；plastering materials，lime and cement	3.35	2.52	4.80	2.59
26章 矿砂、矿渣及矿灰	Ores，slag and ash	0.24	14.40	0.12	17.33
27章 矿物燃料、矿物油及其蒸馏产品；沥青物质；矿物蜡	Mineral fuels，mineral oils and products of their distillation; bituminous substances; mineral waxes	8.68	16.43	10.67	23.32
第六类 化学工业及其相关工业的产品	**PRODUCTS OF THE CHEMICAL OR INDUSTRIES ALLIED**	**91.55**	**109.07**	**115.96**	**125.70**
28章 无机化学品；贵金属、稀土金属、放射性元素及其同位素的有机及无机化合物	Inorganic chemicals；organic or inorganic compounds of precious metals，of rare- earth metals, of radioactive elements or of isotopes	11.34	16.03	20.46	16.79
29章 有机化学品	Organic chemicals	44.80	35.07	55.32	39.99
30章 药品	Pharmaceutical products	9.40	10.48	9.17	14.19
31章 肥料	Fertilizers	3.13	1.23	1.36	0.59
32章 鞣料浸膏及染料浸膏；鞣酸及其衍生物；染料、颜料及其他着色料；油漆及清漆；油灰及其他类似胶粘剂；墨水、油墨	Tanning or dyeing extracts；tannins and their derivatives；dyes，pigments and other colouring matter；paints and varnishes；putty and other mastics；inks	3.60	4.09	4.54	4.32
33章 精油及香膏；芳香料制品及化妆盥洗品	Essential oils and retinoid；perfumery，cosmetic or toilet preparations	5.90	2.42	6.92	2.62
34章 肥皂、有机表面活性剂、洗涤剂、润滑剂、人造蜡、调制蜡、光洁剂、蜡烛及类似品、塑型用膏、"牙科用蜡"及牙科用熟石膏制剂	Soap，organic surface-active agents，washing preparations，lubricating preparations，artificial waxes，prepared waxes，polishing or scouring preparations，candles and similar articles，modelling pastes，"dental waxes" and dental preparations with a basis of plast	2.33	5.52	3.08	6.77
35章 蛋白类物质；改性淀粉；胶；酶	Albuminoidal substances；modified starches；glues；enzymes	2.05	3.45	2.34	3.82
36章 炸药；烟火制品；火柴；引火合金；易燃材料制品	Explosives；pyrotechnic products；matches；pyrophoric alloys；certain combustible preparations	1.80	0.34	2.10	0.41
37章 照相及电影用品	Photographic or cinematographic goods	0.64	4.29	0.62	4.41
38章 杂项化学产品	Miscellaneous chemical products	6.54	26.14	10.06	31.78
第七类 塑料及其制品，橡胶及其制品	**PLASTICS AND ARTICLES THEREOF RUBBER AND ARTICLES THEREOF**	**104.82**	**73.88**	**134.06**	**80.14**
39章 塑料及其制品	Plastics and articles thereof	73.98	62.98	94.62	66.76
40章 橡胶及其制品	Rubber and articles thereof	30.84	10.90	39.44	13.38
第八类 生皮、皮革、毛皮及其制品；鞍具及挽具；旅行用品、手提包及类似品；动物肠线（蚕胶丝除外）制品	**RAW HIDES AND SKINS，LEATHER，FUR SKINS AND ARTICLES THEREOF；SADDLERY AND HARNESS；TRAVEL GOODS，HANDBAGS AND SIMILAR CONTAINERS；ARTICLES OF ANIMAL GUT(OTHER THAN SILK-WORM GUT)**	**55.93**	**11.06**	**71.61**	**14.26**
41章 生皮(毛皮除外)及皮革	Raw hides and skins(other than fur skins) and leather	0.19	10.79	0.18	13.87

6-24 续表 2 Continued 2

单位：亿美元
Unit: USD100 million

商品分类	HS Section and Division	2010 出口 Exports	2010 进口 Imports	2011 出口 Exports	2011 进口 Imports
42章 皮革制品；鞍具及挽具；旅行用品、手提包及类似容器；动物肠线(蚕胶丝除外)制品	Articles of leather；saddlery and harness；travel goods，hand bags and similar containers；articles of animal gut (other than silk-worm gut)	55.45	0.06	71.04	0.12
43章 毛皮、人造毛皮及其制品	Fur skins and artificial fur；manufactures thereof	0.29	0.22	0.40	0.28
第九类 木及木制品；木炭；软木及软木制品；稻草、秸秆、针茅或其他编结材料制品；篮筐及柳条编结品	**WOOD AND ARTICLES OF WOOD；WOOD CHAR-COAL；CORK AND ARTICLES OF CORK；MANUFACTURES OF STRAW，OF ESPARTO OR OF OTHER PLAITING MATERIALS；BASKET WARE AND WICKERWORK**	**27.66**	**11.87**	**28.43**	**20.33**
44章 木及木制品；木炭	Wood and articles of wood；wood charcoal	24.44	11.86	24.77	20.32
45章 软木及软木制品	Cork and articles of cork	0.04	0.01	0.05	0.00
46章 稻草、秸秆、针茅或其他编结材料制品；篮筐及柳条编结品	Manufactures of straw，of esparto or of other plaiting Materials；basket ware and wickerwork	3.18	0.00	3.61	0.00
第十类 木浆及其他纤维状纤维素浆；纸及纸板的废碎品；纸、纸板及其制品	**PULP OF WOOD OR OF OTHER FIBROUS CELLULOSIC MATERIAL；WASTE AND SCRAP OF PAPER OR PAPERBOARD；PAPER AND PAPERBOARD AND ARTICLES THEREOF**	**24.37**	**44.97**	**30.78**	**59.14**
47章 木浆及其他纤维状纤维素浆；纸及纸板的废碎品	Pulp of wood or of other fibrous cellulosic material；waste and scrap of paper or paperboard	0.08	35.19	0.19	46.60
48章 纸及纸板；纸浆、纸或纸板制品	Paper and paperboard；articles of paper pulp，of paper or paperboard	15.78	7.28	21.64	9.31
49章 书籍、报纸、印刷图画及其他印制品；手稿、打字稿及设计图纸	Printed books，newspapers，pictures and other products of the printing industry；manuscripts，typescripts and plans	8.51	2.49	8.94	3.23
第十一类 纺织原料及纺织制品	**TEXTILES AND TEXTILE ARTICLES**	**314.41**	**30.58**	**350.45**	**41.77**
50章 蚕丝	Silk	0.36	0.00	0.47	0.01
51章 羊毛、动物细毛或粗毛；马毛纱线及其机织物	Wool，fine or coarse animal hair；horsehair yarn and woven fabric	0.26	0.17	0.46	0.12
52章 棉花	Cotton	2.92	20.44	2.93	30.18
53章 其他植物纺织纤维；纸纱线及其机织物	Other vegetable textile fibres；paper yarn and woven fabrics of paper yarn	0.23	0.00	0.33	0.00
54章 化学纤维长丝	Man-made filaments	3.13	1.02	4.39	1.19
55章 化学纤维短纤	Man-made short fibres	4.26	4.70	5.37	5.82
56章 絮胎、毡呢及无纺织物；特种纱线；线、绳、索、缆及其制品	Wadding，felt and nonwoven；special yarns；twine，cordage，ropes and cables and articles thereof	3.69	2.20	4.63	2.22
57章 地毯及纺织材料的其他铺地制品	Carpets and other textile floor coverings	3.30	0.23	4.45	0.24
58章 特种机织物；簇绒织物；花边；装饰毯；装饰带；刺绣品	Special woven fabrics；tufted textile fabrics；lace；tapestries；trimmings；embroidery	2.96	0.19	3.69	0.17
59章 浸渍、涂布、包覆或层压的纺织物；工业用纺织制品	Impregnated，coated，covered or laminated textile fabrics；textile articles of a kind suitable for industrial use	3.42	0.97	4.25	1.04
60章 针织物及钩编织物	Knitted or crocheted fabrics	4.53	0.19	5.55	0.19
61章 针织或钩编的服装及衣着附件	Articles of apparel and clothing accessories，Knitted or crocheted	112.45	0.10	132.13	0.10
62章 非针织或非钩编的服装及衣着附件	Articles of apparel and clothing accessories，not knitted or crocheted	116.32	0.11	122.43	0.13

6-24 续表 3 Continued 3

单位：亿美元
Unit: USD100 million

商品分类	HS Section and Division	2010 出口 Exports	2010 进口 Imports	2011 出口 Exports	2011 进口 Imports
63章 其他纺织制成品；成套物品；旧衣着及旧纺织品；碎织物	Other made up textile articles；sets；worn clothing and worn textile articles；rags articles；rags	56.60	0.26	59.37	0.35
第十二类 鞋、帽、伞、杖、鞭及其零件；已加工的羽毛及其制品；人造花；人发制品	**FOOTWEAR，HEADGEAR，UMBRELLAS，SUN UMBRELLAS，WALKING-STICKS，SEAT-STICKS，WHIPS，RIDING-CROPS AND PARTS THEREOF；PREPARED FEATHERS AND ARTICLES MADE THEREWITH；ARTIFICIAL FLOWERS；ARTICLES OF HUMAN HAIR**	**133.20**	**0.92**	**149.89**	**0.91**
64章 鞋靴、护腿和类似品及其零件	Footwear，gaiters and the like；parts of such articles	109.94	0.86	119.35	0.83
65章 帽类及其零件	Headgear and parts thereof	8.03	0.01	10.19	0.01
66章 雨伞、阳伞、手杖、鞭子、马鞭及其零件	Umbrellas，sun umbrellas，walking-sticks，seat-sticks，whips，riding-crops and parts thereof	3.30	0.00	3.91	0.00
67章 已加工羽毛、羽绒及其制品；人造花；人发制品	Prepared feathers and down and articles made of feathers or of down；artificial flowers；articles of human hair	11.93	0.05	16.45	0.07
第十三类 石料、石膏、水泥、石棉、云母及类似材料的制品；陶瓷产品；玻璃及其制品	**ARTICLES OF STONE，PLASTER，CEMENT，ASBESTOS，MICA OR SIMILAR MATERIALS；CERAMIC PRODUCTS；GLASS AND GLASSWARE**	**38.38**	**8.82**	**52.46**	**12.46**
68章 石料、石膏、水泥、石棉、云母及类似材料的制品	Articles of stone，plaster，cement，asbestos，mica or similar materials；ceramic products；glass and glassware	5.34	1.33	8.76	1.52
69章 陶瓷产品	Ceramic products	17.78	0.83	24.70	1.11
70章 玻璃及其制品	Glass and glassware	15.26	6.66	19.01	9.82
第十四类 天然或养殖珍珠、宝石或半宝石、贵金属、包贵金属及其制品；仿首饰；硬币	**NATURAL OR CULTURED PEARLS，PRECIOUS OR SEMI-PRECIOUS STONES，PRECIOUS METALS，METALS CLAD WITH PRECIOUS METAL AND STONES，PRECIOUS METALS，METALS CLAD WITH PRECIOUS METAL AND ARTICLES THEREOF；IMITATION JEWELLERY；COIN**	**20.53**	**2.59**	**21.79**	**4.40**
71章 天然或养殖珍珠、宝石或半宝石、贵金属、包贵金属及其制品；仿首饰；硬币	Natural or cultured pearls，precious or semi-precious stones，precious metals，metals clad with precious metal and articles thereof；imitation jewellery；coin	20.53	2.59	21.79	4.40
第十五类 贱金属及其制品	**BASE METALS AND ARTICLES OF BASE METAL**	**150.18**	**65.13**	**178.61**	**83.52**
72章 钢铁	Iron and steel	9.58	9.39	15.11	17.07
73章 钢铁制品	Articles of iron or steel	62.98	9.39	80.00	10.37
74章 铜及其制品	Copper and articles thereof	4.61	25.24	4.77	30.77
75章 镍及其制品	Nickel and articles thereof	0.56	1.73	0.63	2.00
76章 铝及其制品	Aluminium and articles thereof	25.19	12.65	19.08	15.63
78章 铅及其制品	Lead and articles thereof	0.01	0.03	0.01	0.02
79章 锌及其制品	Zinc and articles thereof	0.39	0.43	0.30	0.42
80章 锡及其制品	Tin and articles thereof	0.26	0.08	0.15	0.06
81章 其他贱金属、金属陶瓷及其制品	Other base metals；cermets；articles thereof	4.51	1.87	5.83	1.71
82章 贱金属工具、器具、利口器、餐匙、餐叉及其零件	Tools，implements，cutlery，spoons and forks，of base metal；parts thereof of base metal	20.36	2.96	24.99	3.72
83章 贱金属杂项制品	Miscellaneous articles of base metal	21.73	1.35	27.75	1.73

6-24 续表 4 Continued 4

单位：亿美元

Unit: USD100 million

商品分类	HS Section and Division	2010 出口 Exports	2010 进口 Imports	2011 出口 Exports	2011 进口 Imports
第十六类 机器、机械器具、电气设备及其零件；录音机及放声机、电视图像、声音的录制和重放设备及其零件、附件	**MACHINERY AND MECHANICAL APPLIANCES; ELECTRICAL EQUIPMENT; PARTS THEREOF; SOUND RECORDERS AND REPRODUCERS, TELEVISION IMAGE AND SOUND RECORDERS AND REPRODUCERS; AND PARTS AND CCESSORIES OF RECORDERS AND EPRODUCERS; AND PARTS AND ACCESSORIES OF SUCH ARTICLES**	**1328.67**	**287.10**	**1499.80**	**294.39**
84章 核反应堆、锅炉、机器、机械器具及其零件	Nuclear reactors, boilers, machinery and mechanical appliances; parts thereof	716.40	135.59	820.18	155.27
85章 电机、电气设备及其零件；录音机及放声机、电视图像、声音的录制和重放设备及其零件、附件	Electrical machinery and equipment and parts thereof; sound recorders and reproducers, television image and sound recorders and reproducers, and parts and accessories of such articles	612.27	151.51	679.62	139.12
第十七类 车辆、航空器、船舶及有关运输设备	**VEHICLES, AIRCRAFT, VESSELS AND ASSOCIATED TRANSPORT EQUIPMENT**	**104.37**	**104.29**	**126.29**	**123.96**
86章 铁道及电车道机车、车辆及其零件；铁道及电车轨道固定装置及其零件、附件；各种机械(包括电动机械)交通信号设备	Railway or tramway locomotives, rolling-stock and parts thereof; railway or tramway track fixtures and fittings and parts thereof; mechanical(including electro-mechanical) traffic signalling equipment of all kinds	25.56	2.51	31.84	1.49
87章 车辆及其零件、附件，但铁道及电车道车辆除外	Vehicles other than railway or tramway rolling-stock, and parts and accessories thereof	73.04	42.76	85.27	67.04
88章 航空器、航天器及其零件	Aircraft, spacecraft, and parts thereof	4.19	58.77	5.24	54.97
89章 船舶及浮动结构体	Ships, boats and floating structures	1.59	0.26	3.94	0.46
第十八类 光学、照相、电影、计量、检验、医疗或外科用仪器及设备、精密仪器及设备；钟表；乐器；上述物品的零件、附件	**OPTICAL, PHOTOGRAPHIC, CINEMATOGRAPHIC, MEASURING, CHECKING, PRECISION, MEDICAL OR SURGICAL INSTRUMENTS AND APPARATUS; CLOCKS AND WATCHES; MUSICAL INSTRUMENTS; PARTS AND ACCESSORIES THEREOF**	**76.57**	**70.06**	**82.32**	**83.42**
90章 光学、照相、电影、计量、检验、医疗或外科用仪器及设备、精密仪器及设备；上述物品的零件、附件	Optical, photographic, cinematographic, measuring, checking, precision medical or surgical instruments and apparatus; parts and accessories thereof	68.18	69.90	72.50	83.26
91章 钟表及其零件	Clocks and watches and parts thereof	4.40	0.06	5.58	0.06
92章 乐器及其零件、附件	Musical instruments; parts and accessories of such articles	3.98	0.10	4.25	0.11
第十九类 武器、弹药及其零件、附件	**ARMS AND AMMUNITION; PARTS AND ACCESSORIES THEREOF**	**0.61**	**0.01**	**0.70**	**0.00**
93章 武器、弹药及其零件、附件	Arms and ammunition; parts and accessories thereof	0.61	0.01	0.70	0.00
第二十类 杂项制品	**MISCELLANEOUS MANUFACTURED ARTICLES**	**290.47**	**3.04**	**316.97**	**3.52**
94章 家具；寝具、褥垫、弹簧床垫、软坐垫及类似的填充制品；未列名灯具及照明装置；发光标志、发光名牌及类似品；活动房屋	Furniture; bedding, mattresses, mattress supports, cushions and similar stuffed furnishings; lamps and lighting fittings, not elsewhere specified or included; illuminated signs, illuminated	159.13	1.72	175.13	2.45
95章 玩具、游戏品、运动用品及其零件、附件	Toys, games and sports requisites; parts and accessories thereof	114.54	0.76	123.27	0.61
96章 杂项制品	Miscellaneous manufactured articles	16.79	0.55	18.57	0.46
第二十一类 艺术品、收藏品及古物	**WORKS OF ART, COLLECTORS' PIECES AND ANTIQUES**	**0.39**	**0.04**	**0.99**	**0.07**
97章 艺术品、收藏品及古物	Works of art, collectors' pieces and antiques	0.39	0.04	0.99	0.07
第二十二类 特殊交易品及未分类商品	**COMMODITIES AND TRANSACTIONS NOT CLASSIFIED ACCORDING TO KIND**	**1.51**	**7.46**	**1.68**	**40.17**
98章 特殊交易品及未分类商品	Commodities and transactions not classified according to kind		0.00	1.68	40.17

6-25 我国同各国(地区)海关进出口总额

China's Foreign Trade with Related Countries and Territories

单位：万美元
Unit: USD 10000

国别(地区)	Region	2010 出口总额 Exports	2010 进口总额 Imports	2011 出口总额 Exports	2011 进口总额 Imports
总　计	**Total**	**157775432**	**139624401**	**189838089**	**174348356**
亚洲	**Asia**	**73195484**	**83495623**	**89903809**	**100408463**
阿富汗	Afghanistan	17527	368	23001	440
巴林	Bahrain	79950	25191	88001	32584
孟加拉国	Bangladesh	678882	26888	781057	44864
不丹	Bhutan	159	1	1738	8
文莱	Brunei	36761	66433	74439	56682
缅甸	Myanmar	347552	96655	482150	167990
柬埔寨	Cambodia	134734	9363	231481	18430
塞浦路斯	Cyprus	134779	1721	112341	2626
朝鲜	Korea DPR	227728	119454	316473	247677
中国香港	Hong Kong, China	21830205	1226042	26798308	1549243
印度	India	4091496	2084625	5053709	2337115
印度尼西亚	Indonesia	2195357	2079672	2921724	3133738
伊朗	Iran	1109199	1829908	1476209	3034131
伊拉克	Iraq	358977	627519	382465	1044363
以色列	Israel	503705	260739	674080	303770
日本	Japan	12104349	17673610	14827049	19456352
约旦	Jordan	188890	16471	251272	25672
科威特	Kuwait	184859	670836	212841	917520
老挝	Laos	48362	60149	47627	82461
黎巴嫩	Lebanon	131945	2728	145839	2592
中国澳门	Macao, China	214080	12355	235527	16227
马来西亚	Malaysia	2380204	5044680	2788598	6213671
马尔代夫	Maldives	6348	5	9712	14
蒙古	Mongolia	144976	255206	273164	370107
尼泊尔	Nepal	73126	1142	118123	1386
阿曼	Oman	94450	977923	99818	1487649
巴基斯坦	Pakistan	693760	173102	843971	211862
巴勒斯坦	Palestine	2601	36	4782	104
菲律宾	Philippines	1154026	1622197	1425538	1799166
卡塔尔	Qatar	85544	245584	119876	469431
沙特阿拉伯	Saudi Arabia	1036644	3282905	1484971	4946754
新加坡	Singapore	3234723	2472875	3557013	2813992
韩国	Korea Rep.	6876626	13834885	8292006	16270629
斯里兰卡	Sri Lanka	199485	10228	298872	15289
叙利亚	Syria	244297	4029	242024	2616
泰国	Thailand	1974108	3319594	2569475	3903910
土耳其	Turkey	1194204	316854	1561357	312376
阿联酋	United Arab Emirates	2123534	445155	2681285	830637
也门共和国	Republic of Yemen	122386	277908	110428	313570
越南	Vietnam	2310154	698454	2909014	1111770
中华人民共和国	P. R. China		10687906		12261441
中国台湾	Taiwan, China	2967449	11573865	3510894	12490866
东帝汶	Timor Leste	4283	25	7043	174
哈萨克	Kazakhstan	932007	1112845	956653	1539470
吉尔吉斯	Kirghizia	412751	7212	487829	9816

6-25 续表 1 Continued 1

单位：万美元

Unit: USD 10000

国 别（地 区）	Region	2010 出口总额 Exports	2010 进口总额 Imports	2011 出口总额 Exports	2011 进口总额 Imports
塔吉克	Tadzhikistan	137650	5606	199678	7223
土库曼	Turkmenistan	52512	104452	78416	469317
乌兹别克	Uzbekistan	118102	130224	135924	80737
亚洲其他国家(地区)	Other Countries (Regions) in Asia	38		11	
非洲	**Africa**	**5995405**	**6709196**	**7308303**	**9323987**
阿尔及利亚	Algeria	400000	117732	447188	196054
安哥拉	Angola	200387	2281554	278416	2492218
贝宁	Benin	227368	12565	287468	17648
博茨瓦那	Botswana	36950	5337	61616	10067
布隆迪	Burundi	3336	346	4254	1375
喀麦隆	Cameroon	54079	46090	87411	66295
加那利群岛	Canary Is.	295		237	
佛得角	Cape Verde	3434	1	4975	1
中非	Central Africa	2286	2516	1427	2814
塞卜泰(休达)	Ceuta	18		9	
乍得	Chad	30849	49580	9480	26532
科摩罗	Comoros	1335	2	819	1
刚果(布)	Congo	35371	312238	48943	467216
吉布提	Djibouti	44406	69	50885	18
埃及	Egypt	604097	91793	728324	151834
赤道几内亚	Eq. Guinea	45624	59866	26632	167295
埃塞俄比亚	Ethiopia	120962	27397	88536	29209
加蓬	Gabon	20581	96977	26991	57816
冈比亚	Gambia	18678	1500	29099	5419
加纳	Ghana	193288	12338	310995	36319
几内亚	Guinea	42135	5500	63017	1557
几内亚比绍	Guinea-Bissau	943	386	1485	410
科特迪瓦共和国	Cote d'lvoire	54852	11053	54063	16210
肯尼亚	Kenya	178630	3921	236878	5969
利比里亚	Liberia	439688	2248	496669	4124
利比亚	Libya	206131	451562	72038	206358
马达加斯加	Madagascar	39679	10549	50338	10340
马拉维	Malawi	8008	3148	11210	4604
马里	Mali	22969	7041	29773	14960
毛里塔尼亚	Mauritania	28497	97213	38627	151045
毛里求斯	Mauritius	39329	1010	49693	969
摩洛哥	Morocco	248477	45273	304265	47670
莫桑比克	Mozambique	49639	20110	70025	25724
纳米比亚	Namibia	22954	48150	28226	22448
尼日尔	Niger	27215	17	14217	211
尼日利亚	Nigeria	669684	107162	920408	158379
留尼汪	Reunion	12856	18	14318	3
卢旺达	Rwanda	4999	3867	6665	7813
圣多美和普林西比	Sao Tome & Principe	205	1	179	0
塞内加尔	Senegal	49832	5116	68036	6871
塞舌尔	Seychelles	1486	1	3501	32
塞拉利昂	Sierra Leone	9835	1077	22483	2799
索马里	Somalia	7223	170	9121	580
南非	South Africa	1079986	1490324	1336231	3210791
西撒哈拉	Western Sahara	3	0		2

6-25 续表 2 Continued 2

单位：万美元

Unit: USD 10000

国 别（地 区）	Region	2010		2011	
		出口总额 Exports	进口总额 Imports	出口总额 Exports	进口总额 Imports
苏丹	Sudan	195077	667592	199460	954155
坦桑尼亚	Tanzania	125313	40704	165363	48989
多哥	Togo	133311	6170	183141	7657
突尼斯	Tunisia	99489	12491	111259	21946
乌干达	Uganda	25753	2657	35938	4027
布基纳法索	Burkina Faso	4796	12109	5562	18241
刚果(金)	Congo DR	47341	250893	82668	316053
赞比亚	Zambia	30168	258385	61734	277190
津巴布韦	Zimbabwe	31586	24570	41028	46409
莱索托	Lesotho	5936	453	7311	741
梅利利亚	Melilla	376		394	
斯威士兰	Swaziland	2897	250	3069	34
厄立特里亚	Eritrea	3880	105	14816	87
马约特岛	Mayotte	682		1121	
南苏丹共和国	Republic of South Sudan			132	
非洲其他国家(地区)	Other Countries (Regions) in Africa	200	2	133	461
欧洲	**Europe**	**35518797**	**21787012**	**41357108**	**28717489**
比利时	Belgium	1430211	783974	1897361	1013115
丹麦	Denmark	518470	264576	644659	281345
英国	United Kingdom	3876704	1130519	4412166	1455681
德国	Germany	6804718	7426122	7640005	9274397
法国	France	2765139	1710546	2999885	2206330
爱尔兰	Ireland	199206	341262	216609	369944
意大利	Italy	3113944	1400680	3369281	1757666
卢森堡	Luxembourg	98746	25787	159505	30923
荷兰	Netherlands	4970423	647897	5949949	866030
希腊	Greece	395889	39078	394937	35361
葡萄牙	Portugal	251332	75444	280143	116179
西班牙	Spain	1817572	623638	1972125	755155
阿尔巴尼亚	Albania	19928	14777	28148	15453
安道尔	Andorra	337	3	562	15
奥地利	Austria	185433	422961	222682	476136
保加利亚	Bulgaria	66091	32300	100562	45928
芬兰	Finland	549894	401948	664037	454082
直布罗陀	Gibraltar	585		2875	2
匈牙利	Hungary	651831	219770	680602	245222
冰岛	Iceland	7101	4140	7658	7560
列支敦士登	Liechtenstein	772	6894	1332	7891
马耳他	Malta	184491	56934	232959	85173
摩纳哥	Monaco	1447	1092	2273	1265
挪威	Norway	283632	323059	378587	362191
波兰	Poland	943831	169661	1093955	204798
罗马尼亚	Romania	300446	75613	345378	94625
圣马力诺	San Marino	551	19	183	30
瑞典	Sweden	570886	590786	656686	711688
瑞士	Switzerland	303115	1703924	370023	2720833
爱沙尼亚	Estonia	67674	18191	113085	20542
拉脱维亚	Latvia	79416	3889	119295	6344
立陶宛	Lithuania	98234	4215	133510	8761
格鲁吉亚	Georgia	27493	4525	76107	3811

6-25 续表 3 Continued 3

单位：万美元

Unit: USD 10000

国 别（地 区）	Region	2010		2011	
		出口总额 Exports	进口总额 Imports	出口总额 Exports	进口总额 Imports
亚美尼亚	Armenia	11713	4676	13572	3463
阿塞拜疆	Azerbaijan	84616	8655	89262	19372
白俄罗斯	Byelorussia	79561	47610	70513	59849
摩尔多瓦	Moldavia	8052	671	9749	1283
俄罗斯	Russia	2961207	2592104	3890352	4036987
乌克兰	Ukraine	556383	216320	714708	326247
斯洛文尼亚	Slovenia	138556	17657	167537	20204
克罗地亚	Croatia	134373	5089	154093	7953
捷克	Czech	712152	172801	766941	231793
斯洛伐克	Slovak	195848	179056	251260	345735
马其顿	Macedonia	5278	9176	9181	15431
波黑	Bosnia & Herzegovina	3759	1760	4143	2989
梵蒂冈城国	Vatican City State	0	2		1
法罗群岛	Faroe Islands	147	1394	41	2713
塞尔维亚	Serbia	34502	5512	39635	7789
黑山	Montenegro	7108	307	8998	1206
拉丁美洲	**Latin America**	**9179803**	**9184164**	**12171930**	**11966820**
安提瓜和巴布达	Antigua and Barbuda	80616	5	65677	5
阿根廷	Argentina	611576	680413	850251	625683
阿鲁巴岛	Aruba	1162	14	1769	3
巴哈马	Bahamas	62781	15	55014	6290
巴巴多斯	Barbados	7136	381	14386	671
伯利兹	Belize	4032	25	4949	290
玻利维亚	Bolivia	17298	18909	38454	27345
博内尔	Bonaire	3		3	
巴西	Brazil	2446050	3812538	3183663	5239449
开曼群岛	Cayman Is.	1360	32	2954	9
智利	Chile	802463	1795308	1081673	2056856
哥伦比亚	Colombia	381996	210336	583884	239477
多米尼克	Dominica	4089	253	2649	40
哥斯达黎加	Costa Rica	68804	310685	88452	384403
古巴	Cuba	106690	76461	104365	90405
库腊索岛	Curacao	1561	3	2009	12
多米尼加共和国	Dominica Rep.	90434	13074	96739	28688
厄瓜多尔	Ecuador	149561	50716	222361	57989
法属圭亚那	French Guyana	678	1	1286	0
格林纳达	Granada	511	1	591	0
瓜德罗普岛	Guadeloupe	3089	2	3840	0
危地马拉	Guatemala	101847	3606	125397	2334
圭亚那	Guyana	8347	1728	13261	1453
海地	Haiti	25576	595	30364	737
洪都拉斯	Honduras	32214	9383	42185	14668
牙买加	Jamaica	23562	371	37091	397
马提尼克岛	Martinique	2382	2	2652	106
墨西哥	Mexico	1787265	688747	2397588	936858
蒙特塞拉特	Montserrat	1	2	2	8
尼加拉瓜	Nicaragua	29955	712	42203	2437
巴拿马	Panama	1195828	2529	1455581	4286
巴拉圭	Paraguay	105060	4587	124805	4449
秘鲁	Peru	354967	638490	465328	785671
波多黎各	Puerto Rico	49432	64835	55710	104308
萨巴	Saba	0		27	0

单位：万美元
Unit: USD 10000

国 别（地 区）	Region	2010 出口总额 Exports	2010 进口总额 Imports	2011 出口总额 Exports	2011 进口总额 Imports
圣卢西亚	Saint Lucia	812	12	1015	29
圣马丁岛	Saint Martin Is.	280		343	0
圣文森特和格林纳丁斯	Saint Vincent & Grenadines	7372	2	7794	2
萨尔瓦多	El Salvador	36517	751	44999	638
苏里南	Surinam	11395	1323	13618	1590
特立尼达和多巴哥	Trinidad and Tobago	29106	10807	28656	34011
特克斯和凯科斯群岛	Turks & Caicos Is.	42		40	
乌拉圭	Uruguay	147758	115184	200153	141342
委内瑞拉	Venezuela	364859	671288	652189	1173822
英属维尔京群岛	Virgin Is. (E)	14180	3	15544	3
圣其茨-尼维斯	St. Kitts-Nevis	267	30	438	48
荷属安地列斯群岛	Andreas Is. (N)	8844		9925	8
拉美其他国家(地区)	Other Countries (Regions) in Latin America	55		49	
北美洲	**North America**	**30584271**	**11707703**	**35007506**	**14434694**
加拿大	Canada	2221613	1492375	2526610	2216995
美国	United States	28328655	10209873	32445336	12212891
格陵兰	Greenland	52	5455	54	4806
百慕大群岛	Bermuda	33937		35502	0
北美洲其他国家(地区)	Other Countries (Regions) in North America	14		5	2
大洋洲及太平洋群岛	**Oceanic and Pacific Islands**	**3301671**	**6601798**	**4089432**	**8892733**
澳大利亚	Australia	2722026	6112205	3390994	8267315
库克群岛	Cook Islands	374	115	497	74
斐济	Fiji	12764	95	17119	122
盖比群岛	Gambier Is.	35		20	
瑙鲁	Nauru	2		18	1
新喀里多尼亚	New Caledonia (Fr)	40716	5673	13516	8085
瓦努阿图	Vanuatu	2260	66	13386	239
新西兰	New Zealand	276450	376292	373669	498132
诺福克岛	Norfolk Islands	22	1	36	
巴布亚新几内亚	Papua New Guinea	35250	77715	45302	81522
社会群岛	Society Is.	329		345	
所罗门群岛	Solomon Is.	2841	28705	3068	34881
汤加	Tonga	975	1	1328	5
土布艾群岛	Tubai Islands			6	
萨摩亚	Samoa	7005	2	3782	3
基里巴斯	Kiribati	1139	1	1308	9
图瓦卢	Tuvalu	842		1494	0
密克罗尼西亚联邦	Micronesia Commonwealth	382	286	341	162
马绍尔群岛共和国	Marshall. Is.	194603	524	219007	1654
帕劳共和国	Republic of Palau	197	3	119	1
法属波利尼西亚	Polynesia (F)	3161	110	3813	529
瓦利斯和浮图纳	Wallis and Futuna	28		56	
大洋洲其他国家(地区)	Other Countries (Regions) in Oceanic	270	4	209	1
国别（地区）不详	**Others**		**138905**		**604171**
东南亚国家联盟	**ASEAN**	**13815981**	**15470072**	**17007061**	**19301809**
欧洲联盟	**EU**	**31121916**	**16837024**	**35597453**	**21115780**
亚太经济合作组织	**APEC**	**96553858**	**94283322**	**116290911**	**112154686**

6-26 主要出口商品数量和金额

Major Export Commodities in Quantity and Value

单位：万美元
Unit: USD 10000

商品	Commodities	单位	Unit	数量 Quantity 2010	数量 Quantity 2011	金额 Value 2010	金额 Value 2011
活猪(种猪除外)	Live Hogs	万头	10000 head	172	156	33854	45205
活家禽	Live Poultry	万只	10000 head	696	723	2610	2862
牛肉	Beef	万吨	10000 tn	2	2	10909	11959
猪肉	Pork	万吨	10000 tn	11	8	33201	32610
冻鸡	Frozen Chicken	万吨	10000 tn	10	11	20828	26823
水海产品	Aquatic Products	万吨	10000 tn	243	288	880218	1098377
鲜蛋	Fresh Eggs	百万个	million pc.	1298	1285	9789	12107
谷物及谷物粉	Cereals and Cereals Flour	万吨	10000 tn	120	116	66066	75346
#稻谷和大米	Rice	万吨	10000 tn	62	52	41868	42698
玉米	Maize	万吨	10000 tn	13	14	3335	4658
蔬菜	Vegetables	万吨	10000 tn	655	772	798093	934993
#鲜或冷藏蔬菜	Fresh Vegetables	万吨	10000 tn	421	505	377180	397112
橘、橙	Mandarins and Oranges	吨	tn	814322	792721	52098	63686
苹果	Apples	吨	tn	1122953	1034635	83163	91433
松子仁	Pine nut Kernels	吨	tn	7027	9633	15928	15390
大豆	Soybean	万吨	10000 tn	16	21	11825	16154
花生及花生仁	Peanuts	万吨	10000 tn	19	17	24176	25977
食用植物油(含棕榈油)	Edible Vegetable Oil	吨	tn	92461	121602	12262	20804
食糖	Sugar	吨	tn	94348	59389	6386	5128
天然蜂蜜	Natural Honey	吨	tn	101138	99894	18251	20147
茶叶	Tea	吨	tn	302525	322580	78412	96510
辣椒干	Dried Chillies	吨	tn	44535	63107	11500	17954
猪肉罐头	Canned Pork	吨	tn	41932	45108	10604	12567
蘑菇罐头	Canned Mushroom	吨	tn	329621	326575	46185	55514
啤酒	Beer	万升	10000 liters	19410	22091	11234	13068
肠衣	Casings	吨	tn	74961	86443	82930	109991
填充用羽毛及羽绒	Feathers and Dawn for Stuffing	吨	tn	32087	32796	36676	55204
药材	Medical Materials	吨	tn	226056	196620	63177	73847
烤烟	Flue-cured Tobacco	吨	tn	90784	103496	43862	47757

6-26 续表 1 Continued 1

单位：万美元
Unit: USD 10000

商　品	Commodities	单 位	Unit	数量 Quantity 2010	2011	金额 Value 2010	2011
纸烟	Cigarette	万条	10000 items	9841	11490	31154	37684
锯材	Wood Sawn	万立方米	10000 cu.m	53	54	34043	35895
生丝	Raw Silk	吨	tn	8509	7122	33885	36672
山羊绒	Cashmere	吨	tn	2740	2492	21963	25818
棉花	Cotton	吨	tn	6453	25698	921	7873
天然石墨	Natural Graphite	万吨	10000 tn	59	44	20719	36518
天然碳酸镁及氧化镁	Magnesian Ores	万吨	10000 tn	249	207	66157	66223
萤石(氟石)	Fluorite	万吨	10000 tn	60	72	133811	25684
天然硫酸钡(重晶石)	Barite	万吨	10000 tn	257	289	17467	24191
滑石	Talcum	万吨	10000 tn	59	67	11804	15668
氧化铝	Aluminium Oxide	吨	tn	57040	76280	3424	5351
煤	Coal	万吨	10000 tn	1903	1466	225222	271685
焦炭及半焦炭	Coke and Semi-coke	万吨	10000 tn	335	330	139267	148735
原油	Crude Oil	万吨	10000 tn	303	252	165115	190701
成品油	Petroleum Products Refined	万吨	10000 tn	2688	2570	1704404	2076603
石蜡	Paraffin Wax	万吨	10000 tn	52	45	69200	64106
仲钨酸铵	Tungstate	吨	tn	5475	5136	10936	18217
氧化锌及过氧化锌	Zinc Oxide and Zinc Peroxide	吨	tn	16581	17608	2724	3298
合成有机染料	Synthetic Organic Dyestuffs	吨	tn	272830	243532	117598	118018
医药品	Medical and Pharmaceutical Products	吨	tn	686782	758139	1070482	1183326
#中式成药	Medicaments of Chinese Type	吨	tn	13910	14693	19621	23305
医用敷料	Pharmaceutical Goods	吨	tn	157116	171515	94998	126082
洗衣粉	Detergent	吨	tn	294172	348534	18396	24940
烟花、爆竹	Fireworks and Firecrackers	吨	tn	301104	327232	55346	65686
松香及树脂酸	Resin and Resin Acids	吨	tn	249802	231153	48675	59334
新的充气橡胶轮胎	Rubber Tyres	万条	10000 pc.	36962	39733	1038816	1476221
纸及纸板(未切成形的)	Paper and Paperboard in Rolls	万吨	10000 tn	380	450	379120	516390
棉纱线	Cotton Yarn	吨	tn	525104	392909	225100	225621
丝织物	Silk and Satins			-	-	99883	106734
棉机织物	Cotton Cloth			-	-	1138650	1395850
亚麻及苎麻机织物	Flax or Ramie Cloth	万米	10000 m	25593	25978	61049	74931
合成短纤与棉混纺机织物	Polyester Cotton Cloth	万米	10000 m	250072	255738	230696	302182
地毯	Carpets	万平方米	10 000 sq.m	56690	56237	195635	232365

6-26 续表 2 Continued 2

单位：万美元

Unit: USD 10000

商 品	Commodities	单 位	Unit	数量 Quantity 2010	数量 Quantity 2011	金额 Value 2010	金额 Value 2011
塑料编织袋	Bags of PP or PE Strip	万条	10001 pc.	567830	629812	81819	96981
水泥及水泥熟料	Cement	万吨	10000 tn	1616	1061	72307	62035
平板玻璃	Plate Glass	万平方米	10000 sq.m	17398	18726	65232	75084
玻璃制品	Glass Products	吨	tn	3129206	3278792	459447	560051
家用陶瓷器皿	Porcelain and Pottery Ware for Household Use	万吨	10000 tn	189	178	243680	269604
生铁及镜铁	Pig Iron and Spiegel	万吨	10000 tn	71	87	30300	44098
钢坯及粗锻件	Billet and Crude Forgings	万吨	10000 tn	14		8130	487
钢材	Rolled Steel	万吨	10000 tn	4256	4888	3681932	5126622
未锻造的铜及铜合金	Unwrought Copper an its Alloys	吨	tn	39538	156516	31077	149085
铜材	Rolled Copper	吨	tn	508580	500347	387185	452588
未锻造的铝及及铝合金	Unwrought Aluminium and its Alloys	吨	tn	754378	766122	907844	178906
铝材	Rolled Aluminium	万吨	10000 tn	218	300	754283	1036168
未锻造的锌及锌合金	Zinc and Zinc Alloys	吨	tn	43395	48369	10174	11565
未锻造的锡及锡合金	Tin and Tin Alloys	吨	tn	714	1227	1840	3822
未锻造的锑、粉末及废碎料	Antimony	吨	tn	5173	5062	3991	6632
未锻造的锰	Manganese	吨	tn	102890	56386	29441	20177
钢铁或铜制标准紧固件	Nails, Bolts,etc	万吨	10000 tn	225	260	356410	476615
手用或机用工具	Hand Tools and Tools for Machines	万吨	10000 tn	135	152	565095	723236
电扇	Fans	万台	10000 set	52118	54785	299302	355818
纺织机械及零件	Textile Machinery					175657	224832
缝纫机(包括工业用)	Sewing Machines (Including Industrial Use)	万台	10000 set	1191	1280	110271	134610
金属加工机床	Machine Tools	万台	10000 set	761	762	185298	241808
电子计算器	Electric calculator	万台	10000 set	37446	36936	75183	66510
自动数据处理设备及其部件	Automatic Data Processing Machines and Components	万台	10000 set	166724	183427	16395299	17628484
自动数据处理设备的零件	Parts for Auto Data Processing Equipment	万吨	10000 tn	96	94	3068759	2992993
轴承	Bearings	万套	10000 pc.	409997	483970	236074	329290
电动机及发电机	Electric Motors and Generators	万台	10000 set	352969	337146	730494	879038
静止式变流器	Static Converters	万个	10000 pc.	317405	334308	1289088	1465404
原电池	Primary Cells and Batteries	万个	10000 pc.	25476	27453	167143	193759
蓄电池	Electric Accumulators	万个	10000 pc.	256168	240516	648601	713612
电话机	Telephone Sets	万台	10000 set	90395	100627	4892662	6480456
收音设备(包括收录音组合机及整套散件)	Radio Sets(Including Sound Recording Apparatus)	万台	10000 set	25731	27029	381149	425888

6-26 续表 3 Continued 3

单位：万美元
Unit: USD 10000

商品	Commodities	单位	Unit	数量 Quantity		金额 Value	
				2010	2011	2010	2011
电视机(包括整套散件)	TV Sets	万台	10000 set	6723	6570	1484633	1367114
电容器	Electrical Capacitors	吨	tn	89661	91636	304393	370372
通断保护电路装置及零件	Electrical apparatus for switching or protecting electrical circuits					1476597	1760578
二极管及类似半导体器件	Semi Conductors	百万个	million pc.	295486	312236	3025275	3357723
电线和电缆	Insulated Wire or Cable			174	180	1288856	1489047
集装箱	Containers	万个	10000 unit	250	324	723167	1140401
汽车(包括整套散件)	Motor Vehicles	万辆	10000 unit	54	82	619530	993816
汽车零件	Parts of Motor Vehicles					1865240	2297522
自行车	Bicycles	万辆	10000 unit	5816	5572	261210	290455
船舶	Ships	艘	unit	2034908	2850743	3920256	4180513
照相机	Cameras	万架	10000 set	12850	11398	717004	657079
医疗仪器及器械	Medical Instruments and Appliances					550190	652500
手表	Wrist Watches	万只	10000 pc.	67138	68175	142098	158917
日用钟	Clocks	万只	10000 set	43163	40817	85457	97499
家具及其零件	Furniture					3298649	3794178
非针织钩编织物服装	Garments (Excluding Knitwear and Crochet)					4916935	5736320
针织或钩编的服装	Garments, Knitted or Crocheted					5969974	7151789
皮面鞋	Leather Shoes	万双	10000 pair	100179	91208	1044897	1094792
橡胶或塑料底纺织材料为面的鞋	Cloth Shoes With Outer of Rubber or Artificial Plastic Materials(including Gym Shoes)	万双	10000 pair	179274	185862	563721	708435
塑料制品	Plastic Articles	万吨	10000 tn	743	7950725	795	2346825
玩具	Toys					1007583	1082621
足球、篮球、排球	Footballs、Basketballs and Volleyballs	万个	10000 pc.	22691	19384	44215	43161
伞	Umbrellas	万把	10000 pc.	50163	53506	217513	256561
竹编结品	Bamboo Products	吨	tn	39775	39171	14601	20058
藤编结品	Rattan Products	吨	tn	18689	16142	12050	11485
草编结品	Straw Products	吨	tn	35675	28653	16783	16965
柳编结品	Wickerwork	吨	tn	88320	69452	41918	45695
机电产品	**Mechanical and Electrical Products**					**93343405**	**108558926**
高新技术产品	**High and New-technology Products**					**49241392**	**54878832**

6-27 主要进口商品数量和金额

Major Import Commodities in Quantity and Value

单位：万美元

Unit: USD 10000

商品	Commodities	单位	Unit	数量 Quantity		金额 Value	
				2010	2011	2010	2011
谷物及谷物粉	Cereals and Cereals Flour	万吨	10000 tn	571	545	152726	204380
#玉米	Maize	万吨	10000 tn	157	175	36795	57842
小麦	Wheat	万吨	10000 tn	123	126	31584	42369
稻谷和大米	Rice	万吨	10000 tn	39	60	27136	40764
大豆	Soybean	万吨	10000 tn	5480	5264	2508123	2983418
食用植物油(含棕榈油)	Edible Vegetable Oil	万吨	10000 tn	687	657	602672	771400
食糖	Sugar	万吨	10000 tn	177	292	90578	194340
天然橡胶(包括胶乳)	Natural Rubber	万吨	10000 tn	186	210	566688	937982
合成橡胶(包括胶乳)	Synthetic Rubber	万吨	10000 tn	157	144	426976	536174
原木	Logs	万立方米	10000 cu.m	3435	4233	607109	827313
锯材	Wood Sawn	万立方米	10000 cu.m	1476	2156	386864	571189
纸浆	Paper Pulp	万吨	10000 tn	1137	1445	881779	1193963
羊毛及毛条	Wool and Wool Tops	万吨	10000 tn	33	33	204299	292468
棉花	Cotton, not Carded or Combed	万吨	10000 tn	284	336	565586	946874
纺织用合成纤维	Synthetic Fiber Suitable for Spinning	万吨	10000 tn	37	35	94468	111691
#聚酯纤维	Polyester Fiber	万吨	10000 tn	14	12	22627	23841
聚丙烯腈纤维	Polyacrylonitrile Fiber	万吨	10000 tn	20	20	55681	67875
铁矿砂及其精矿	Iron Ore	万吨	10000 tn	61863	68608	7942701	11240654
锰矿砂及其精矿	Manganese Ores	万吨	10000 tn	1158	1297	280505	267456
铜矿砂及其精矿	Copper Ores	万吨	10000 tn	647	638	1267856	1551814
铬矿砂及其精矿	Chromium Ores	万吨	10000 tn	866	944	239809	266379
氧化铝	Aluminium Oxide	万吨	10000 tn	431	188	149856	77781
煤	Coal	万吨	10000 tn	16478	18240	1693208	2091139
原油	Crude Oil	万吨	10000 tn	23931	25378	13515109	19666447
成品油	Petroleum Products Refined	万吨	10000 tn	3688	4060	2234302	3269870
乙二醇	Ethylene Glycol	万吨	10000 tn	664	727	570771	852313
对苯二甲酸	Terephthalic Acid	万吨	10000 tn	664	653	624556	823876
己内酰胺	CPL	万吨	10000 tn	63	63	156025	205904
医药品	Pharmaceutical Products	吨	tn	75423	85887	804051	1130809
肥料(自然吨)	Fertilizer	万吨	10000 tn	718	795	259650	346512

6-27 续表 Continued

单位：万美元
Unit: USD 10000

商　　品	Commodities	单 位	Unit	数量 Quantity		金额 Value	
				2010	2011	2010	2011
#尿素	Urea	吨	tn	13256	2064	304	146
氮、磷、钾复合肥	Compound Fertilizers of Nitrogen, Phosphor and Kalium	万吨	10000 tn	108	102	44586	53191
磷酸氢二胺	Diammonium Phosphate	万吨	10000 tn	42	9	15768	5857
氯化钾	Potassium Chloride	万吨	10000 tn	524	640	184057	269132
初级形状的聚乙烯	Polyethylene in primary Forms	万吨	10000 tn	488	499	647723	734388
初级形状的聚丙烯	Polypropylene in Primary Forms	万吨	10000 tn	387	378	517517	587485
初级形状的苯乙烯聚合物	Polystyrene in Primary Forms	万吨	10000 tn	370	332	667416	677267
#ABS树脂	A BS Copolymers	万吨	10000 tn	217	185	421611	411996
初级形状的聚氯乙烯	Polyvinyl Chloride in Primary Forms	万吨	10000 tn	151	132	162469	159486
聚酯切片	Slices or Chips of Polyethylene Terephthalate	万吨	10000 tn	24	20	33464	35010
农药	Pesticides	吨	tn	50701	52890	42127	48870
纸及纸板(未切成形的)	Paper and Paperboard	万吨	10000 tn	331	328	369641	407612
钢材	Rolled Steel	万吨	10000 tn	1643	1558	2011247	2157592
未锻造的铜及铜合金	Copper and Copper Alloys	万吨	10000 tn	338	329	2513646	2897640
铜材	Rolled Copper	万吨	10000 tn	91	78	760015	782835
未锻造的铝及铝合金	Aluminium and Aluminium Alloys	万吨	10000 tn	36	33	80071	82796
铝材	Rolled Aluminium	万吨	10000 tn	59	58	312549	359278
蒸汽锅炉及过热水锅炉	Boilers	台	set	384	493	7052	8798
制冷设备用压缩机	Compressors for Refrigerating Equipment	万台	10000 set	1339	1307	106683	113409
金属加工机床	Machine Tools	台	set	114496	115227	942439	1324022
阀门	Valves	万套	10000 set	29047	39154	521701	632195
自动数据处理设备及其部件	Automatic Data Processing Machines	万台	10000 set	73451	72989	2928068	3167522
自动数据处理设备的零件	Parts of Automatic Data Processing Machines	吨	tn	160408	167061	1865617	1670557
电话机	Line Telephonic or Telegraphic Switching Apparatus	万台	10000 set	2070	1144	117689	132295
收音设备(包括收录音组合机及整套散件)	Sound Recording Apparatus	万台	10000 set	152	212	26506	23275
电视机(包括整套散件)	TV Sets	万台	10000 set	3	2	1217	1008
电视显像管	Cathode-ray TV Picture Tube	万只	10000 set	390	265	11392	7376
汽车(包括整套散件)	Motor Vehicles and Chassis	辆	unit	810085	1035557	3058333	4309235
#小轿车(包括整套散件)	Cars	辆	unit	343653	410270	1414774	1863024
货车(包括整套散件)	Trucks	辆	unit	13350	18034	100482	149232
自卸车(包括整套散件)	Dump Trucks	辆	unit	184	242	19030	25827
装有引擎的汽车底盘	Chassis with Engines	台	unit	1817	1888	8128	9087
汽车零件	Parts of Motor Vehicles					1863746	2209146
飞机	Aircraft	架	unit	344	421	1087038	1164924
船舶	Ships	艘	unit	3347	6352	87588	78323
医疗仪器及器械	Medical Instruments and Appliances	台	set			463623	596485
机电产品	**Mechanical and Electrical Products**					**66031255**	**75328917**
高新技术产品	**High and New-technology Products**					**41267310**	**46299236**

6-28 各地区进出口总额(按境内目的地、货源地分)

Import and Export Value by Region in Border According to Destination or Source of Goods

单位：万美元

Unit: USD 10000

地区	Region	2010		2011	
		出口 Exports	进口 Imports	出口 Exports	进口 Imports
全国	**Total**	**157775432**	**139624401**	**189838089**	**174348356**
北京	Beijing	3071739	7997701	3162521	9767537
天津	Tianjin	3777104	5384080	4506675	6661314
河北	Hebei	2797361	3407879	3585170	4829853
山西	Shanxi	674098	711888	768475	853751
内蒙古	Inner Mongolia	435699	732504	604497	877843
辽宁	Liaoning	4294283	5234898	5114215	6180929
吉林	Jilin	450650	1251663	543392	1761819
黑龙江	Heilongjiang	850565	983337	924669	1691503
上海	Shanghai	17325476	19218854	19852912	23462036
江苏	Jiangsu	28144865	21733393	32443897	25680505
浙江	Zhejiang	20094364	8630644	23900740	11239927
安徽	Anhui	1092705	1245302	1572974	1460084
福建	Fujian	6661874	4393092	8071660	5385761
江西	Jiangxi	1180726	914590	1664959	1134068
山东	Shandong	11030066	11485962	13449250	15006329
河南	Henan	1219428	782100	2167255	1391505
湖北	Hubei	1390998	1211904	1907825	1467144
湖南	Hunan	857759	703078	1096948	913356
广东	Guangdong	46717701	36682916	56321600	44357796
广西	Guangxi	652451	1302430	859064	2373051
海南	Hainan	216204	820851	223310	1121595
重庆	Chongqing	699445	483487	1495691	952264
四川	Sichuan	1240290	1389346	2163358	1847803
贵州	Guizhou	201561	144275	263411	228545
云南	Yunnan	510789	522467	620874	604853
西藏	Tibet	53797	5150	94546	15664
陕西	Shaanxi	563479	606888	676818	731531
甘肃	Gansu	127497	611312	156986	625760
青海	Qinghai	31765	50042	33953	42215
宁夏	Ningxia	155225	101506	201306	79616
新疆	Xinjiang	1255468	880863	1389141	1602401

6-29 各地区进出口总额(按经营单位所在地分)

Import and Export Value by Location of Importers and Exporters

单位：万美元
Unit: USD 10000

地 区	Region	2010		2011	
		出口 Exports	进口 Imports	出口 Exports	进口 Imports
全 国	**Total**	**157775432**	**139624401**	**189838089**	**174348356**
北 京	Beijing	5543621	24628534	5899715	33055883
天 津	Tianjin	3748483	4461522	4448194	5889423
河 北	Hebei	2255644	1950393	2856985	2503099
山 西	Shanxi	470282	787341	542512	931793
内蒙古	Inner Mongolia	333443	539532	468697	724393
辽 宁	Liaoning	4309871	3761344	5104236	4499350
吉 林	Jilin	447585	1236933	499772	1706322
黑龙江	Heilongjiang	1628079	923463	1767299	2084969
上 海	Shanghai	18071398	18823667	20967384	22787477
江 苏	Jiangsu	27053869	19526027	31259006	22699084
浙 江	Zhejiang	18046478	7306987	21634949	9302827
安 徽	Anhui	1241289	1186048	1708264	1422661
福 建	Fujian	7149313	3729016	9283778	5068465
江 西	Jiangxi	1341606	820311	2187606	959275
山 东	Shandong	10422560	8493069	12571257	11017351
河 南	Henan	1052937	730214	1923991	1338267
湖 北	Hubei	1444180	1149032	1953460	1405233
湖 南	Hunan	795599	670040	990380	903997
广 东	Guangdong	45319116	33170496	53192657	38154076
广 西	Guangxi	960307	813583	1245776	1089821
海 南	Hainan	232033	632825	254162	1021442
重 庆	Chongqing	748894	493814	1983165	937599
四 川	Sichuan	1884063	1385324	2902729	1869688
贵 州	Guizhou	192018	122662	298509	190249
云 南	Yunnan	760577	582435	947245	655632
西 藏	Tibet	77103	6504	118285	17552
陕 西	Shaanxi	620822	589347	703503	761225
甘 肃	Gansu	163779	576517	215878	656980
青 海	Qinghai	46620	32276	66182	26199
宁 夏	Ningxia	117000	78999	159943	68632
新 疆	Xinjiang	1296865	416146	1682572	599395

6-30 外商投资企业出口额

Exports of Foreign-funded Enterprises

单位：万美元

Unit: USD 10000

年 份 Year	合计 Total	中外合资经营企业 Equity Joint Venture	中外合作经营企业 Contractual Joint Venture	外商独资经营企业 Wholly Foreignowned Enterprises
1980	824	824		
1981	3235	3022		213
1982	5287	2925		2362
1983	33036	3815		29221
1984	6894	5994		900
1985	29670	21825		7845
1986	58203	47865		10338
1987	120809	103793		17016
1988	245642	215391		30251
1989	491320	343596	79470	68254
1990	781379	526405	132135	122839
1991	1204725	769116	188447	247162
1992	1735619	1046465	261462	427692
1993	2523717	1411653	387817	724247
1994	3471297	1807458	535529	1128310
1995	4687587	2268886	679095	1739606
1996	6150636	2975031	794900	2380705
1997	7489986	3468059	898836	3123091
1998	8096189	3557015	872930	3666244
1999	8862766	3712097	814642	4336027
2000	11944121	5031107	992921	5920093
2001	13321810	5407673	1017667	6896470
2002	16998509	6207651	1169507	9621351
2003	24030598	8101382	1324353	14604863
2004	33859184	10962004	1478119	21419061
2005	44418252	13598693	1566396	29253163
2006	56377905	16372461	1771238	38234206
2007	69537077	19875818	1811744	47849515
2008	79049270	22674411	1833782	54541078
2009	67207409	18232943	1458524	47515943
2010	86222882	23758160	1647020	60817702
2011	99522704	27301423	1766749	70454532

注：1989年以前合资与合作数据未分开。

Note: Figures of equity joint venture before 1989 include contractual joint ventures.

6-31 外商投资企业进口额

Imports of Foreign-funded Enterprises

单位：万美元
Unit: USD 10000

年 份 Year	合计 Total	中外合资经营企业 Equity Joint Venture	中外合作经营企业 Contractual Joint Venture	外商独资经营企业 Wholly Foreignowned Enterprises
1980	3441	3412		29
1981	11087	10089		998
1982	27642	23999		3643
1983	28801	6159		22642
1984	39921	11720		28201
1985	206410	188594		17816
1986	243031	223568		19463
1987	312218	289851		22367
1988	574671	534534		40137
1989	879617	653242	142478	83897
1990	1230633	885345	177366	167922
1991	1690700	1140857	245268	304575
1992	2637070	1720559	381398	535113
1993	4183320	2590434	703739	889147
1994	5293418	2988082	920002	1385334
1995	6294271	3481818	901023	1911430
1996	7560380	4109442	929004	2521934
1997	7772135	4019173	913914	2839048
1998	7671749	3744447	795342	3131960
1999	8588361	4112889	690888	3784584
2000	11727269	5433175	851674	5442420
2001	12584296	5635689	773729	6174878
2002	16025439	6079503	840325	9105611
2003	23186398	8081936	995078	14109384
2004	32444849	10914713	1072630	20457506
2005	38745612	11834619	958539	25952453
2006	47248045	13552683	992681	32702680
2007	55979304	15495775	885985	39597544
2008	61942848	18128172	880413	42934264
2009	54540486	15886071	663684	37990732
2010	75485663	20978710	2385128	52121824
2011	86467170	25581427	856855	60028888

注：1989年以前合资与合作数据未分开。
Note: Figures of equity joint venture before 1989 include contractual joint ventures.

6-32 各地区外商投资企业进出口额

Exports and Imports of Foreign-funded Enterprises by Region in Border

单位：万美元
Unit: USD 10000

地区	Region	2010 出口 Exports	2010 进口 Imports	2011 出口 Exports	2011 进口 Imports
全国	**Total**	**86222882**	**73838642**	**99522704**	**86467170**
北京	Beijing	2215220	4767708	2164526	5515230
天津	Tianjin	2643785	3237114	3085243	4028020
河北	Hebei	921579	829336	1017219	1004985
山西	Shanxi	87993	132577	90781	173721
内蒙古	Inner Mongolia	95974	65089	143589	102676
辽宁	Liaoning	2063953	1835245	2322010	2276754
吉林	Jilin	127753	632749	144656	774700
黑龙江	Heilongjiang	69866	41386	69932	43750
上海	Shanghai	12593270	12398571	14237994	14994885
江苏	Jiangsu	19231357	15489004	21519202	17011920
浙江	Zhejiang	5813714	3425985	6528698	4263893
安徽	Anhui	325294	486645	435117	593444
福建	Fujian	3495247	2338411	3912418	2955698
江西	Jiangxi	499473	693601	597155	755844
山东	Shandong	5656323	3976182	6372487	4371314
河南	Henan	255577	196405	836757	661127
湖北	Hubei	569511	535923	760056	649937
湖南	Hunan	129164	181044	190455	264784
广东	Guangdong	28184708	20264452	32479001	22509584
广西	Guangxi	203314	288994	264683	429845
海南	Hainan	127682	496020	117261	888932
重庆	Chongqing	165096	310610	685554	657117
四川	Sichuan	444301	834136	1207356	1128085
贵州	Guizhou	10528	6920	13793	8608
云南	Yunnan	33003	31497	36048	38857
西藏	Tibet	3	546	2	37
陕西	Shaanxi	215667	290458	236559	326395
甘肃	Gansu	9750	4676	10782	3088
青海	Qinghai	984	12483	1727	2201
宁夏	Ningxia	14930	17228	22413	17678
新疆	Xinjiang	17864	17645	19230	14061

6-33 各地区中外合资企业进出口额

Exports and Imports of Equity Joint Ventures by Region in Border

单位：万美元
Unit: USD 10000

地区	Region	2010 出口 Exports	2010 进口 Imports	2011 出口 Exports	2011 进口 Imports
全国	**Total**	**23758160**	**20978710**	**27301423**	**25581427**
北京	Beijing	1474416	1070613	1365922	1185970
天津	Tianjin	1206706	1394890	1408778	1801897
河北	Hebei	527021	389971	542066	459846
山西	Shanxi	43404	101322	43759	134700
内蒙古	Inner Mongolia	37805	49428	73773	76193
辽宁	Liaoning	1078269	1016764	1114860	1298668
吉林	Jilin	67349	549689	64313	681900
黑龙江	Heilongjiang	49242	23152	50849	20537
上海	Shanghai	1911393	2035215	2162393	2377403
江苏	Jiangsu	3792107	3742667	4694219	4443146
浙江	Zhejiang	3175909	1562761	3590569	2195818
安徽	Anhui	156799	282349	205884	362274
福建	Fujian	801749	568720	935812	1020530
江西	Jiangxi	170415	533567	219109	543918
山东	Shandong	2672182	1843135	3101719	2026013
河南	Henan	152993	136433	227998	197712
湖北	Hubei	390486	431114	562039	551296
湖南	Hunan	58938	115874	83561	173635
广东	Guangdong	5474709	4002622	6308962	4334844
广西	Guangxi	65845	87020	89580	156909
海南	Hainan	69200	482563	66204	870688
重庆	Chongqing	101361	232955	120441	312657
四川	Sichuan	100460	171236	114659	208289
贵州	Guizhou	4204	4828	7743	6237
云南	Yunnan	15623	13129	14933	18240
西藏	Tibet	3	546		35
陕西	Shaanxi	97550	98056	89907	97877
甘肃	Gansu	6095	4035	7114	2409
青海	Qinghai	979	12380	1727	2084
宁夏	Ningxia	9665	9113	16279	9399
新疆	Xinjiang	15284	12566	16250	10302

6-34 各地区中外合作企业进出口额

Exports and Imports of Contractual Joint Ventures by Region in Border

单位：万美元

Unit: USD 10000

地区	Region	2010 出口 Exports	2010 进口 Imports	2011 出口 Exports	2011 进口 Imports
全国	**Total**	**1647020**	**738108**	**1766749**	**856855**
北京	Beijing	7838	6104	10259	7038
天津	Tianjin	25426	30743	24870	24195
河北	Hebei	18393	45044	18210	54880
山西	Shanxi	1740	1485	2753	258
内蒙古	Inner Mongolia	108	0	111	
辽宁	Liaoning	48375	11500	49415	14549
吉林	Jilin	5772	1159	5185	1619
黑龙江	Heilongjiang	197	69	250	27
上海	Shanghai	249976	172477	270410	200762
江苏	Jiangsu	86372	83739	115524	151515
浙江	Zhejiang	54800	18673	59022	21732
安徽	Anhui	4587	4642	4482	981
福建	Fujian	16161	15983	19119	20209
江西	Jiangxi	2344	670	1706	457
山东	Shandong	45012	22474	53287	24705
河南	Henan	1034	3198	630	2183
湖北	Hubei	1636	26	2074	907
湖南	Hunan	162	367	197	1708
广东	Guangdong	1028752	315025	1088566	324640
广西	Guangxi	2910	73	3192	220
海南	Hainan	41643	2105	33707	1612
重庆	Chongqing	163	17	535	177
四川	Sichuan	770	863	996	1772
贵州	Guizhou	266	186	357	343
云南	Yunnan	1666	1	1160	241
西藏	Tibet				
陕西	Shaanxi	256	219	340	60
甘肃	Gansu				
青海	Qinghai		103		57
宁夏	Ningxia	662	1	299	
新疆	Xinjiang		1163	92	10

6-35 各地区外商独资企业进出口额

Exports and Imports of Wholly Foreign-owned Enterprises by Region in Border

单位：万美元

Unit: USD 10000

地区	Region	2010 出口 Exports	2010 进口 Imports	2011 出口 Exports	2011 进口 Imports
全国	**Total**	**60817702**	**52121824**	**70454532**	**60028888**
北京	Beijing	732966	3690991	788344	4322222
天津	Tianjin	1411652	1811481	1651595	2201929
河北	Hebei	376164	394321	456943	490259
山西	Shanxi	42849	29770	44269	38763
内蒙古	Inner Mongolia	58061	15661	69705	26484
辽宁	Liaoning	937309	806981	1157735	963537
吉林	Jilin	54632	81900	75157	91181
黑龙江	Heilongjiang	20427	18166	18833	23187
上海	Shanghai	10401902	10190879	11805190	12416720
江苏	Jiangsu	15352878	11662598	16709459	12417259
浙江	Zhejiang	2583006	1844551	2879107	2046343
安徽	Anhui	163908	199654	224751	230189
福建	Fujian	2677338	1753708	2957487	1914959
江西	Jiangxi	326714	159365	376340	211469
山东	Shandong	2939129	2110574	3217481	2320596
河南	Henan	101550	56775	608130	461232
湖北	Hubei	177390	104783	195943	97734
湖南	Hunan	70063	64803	106697	89440
广东	Guangdong	21681247	15946806	25081473	17850100
广西	Guangxi	134560	201902	171911	272716
海南	Hainan	16838	11352	17349	16633
重庆	Chongqing	63571	77638	564578	344283
四川	Sichuan	343071	662037	1091702	918025
贵州	Guizhou	6058	1906	5693	2027
云南	Yunnan	15714	18367	19955	20376
西藏	Tibet			2	2
陕西	Shaanxi	117861	192184	146312	228458
甘肃	Gansu	3655	640	3668	679
青海	Qinghai	5			59
宁夏	Ningxia	4603	8114	5835	8278
新疆	Xinjiang	2580	3916	2888	3749

6-36 经济特区中外合资企业进出口额

Exports and Imports of Equity Joint Ventures in Special Economic Zone

单位：万美元

Unit: USD 10000

地 区	Region	2010		2011	
		出口 Exports	进口 Imports	出口 Exports	进口 Imports
合 计	**Total**	**2431302**	**2418250**	**3098786**	**3086103**
深 圳	Shenzhen	1963966	1571302	2269440	1461878
珠 海	Zhuhai	182686	242255	293309	383962
汕 头	Shantou	33695	17620	89987	29750
厦 门	Xiamen	181755	105701	379847	339825
海 南	Hainan	69200	481373	66204	870688

6-37 经济特区中外合作企业进出口额

Exports and Imports of Contractual Joint Ventures in Special Economic Zone

单位：万美元

Unit: USD 10000

地 区	Region	2010		2011	
		出口 Exports	进口 Imports	出口 Exports	进口 Imports
合 计	**Total**	**562148**	**91697**	**622480**	**89742**
深 圳	Shenzhen	473552	61235	536778	52852
珠 海	Zhuhai	33970	11825	12158	10663
汕 头	Shantou	6133	2132	27668	4868
厦 门	Xiamen	6849	14401	12168	19747
海 南	Hainan	41643	2105	33707	1612

6-38 经济特区外商独资企业进出口额

Exports and Imports of Wholly Foreign-owned Enterprises in Special Economic Zone

单位：万美元

Unit: USD 10000

地 区	Region	2010		2011	
		出口 Exports	进口 Imports	出口 Exports	进口 Imports
合 计	**Total**	**11751191**	**8978267**	**14300173**	**10483556**
深 圳	Shenzhen	9640079	7434170	11039511	8098583
珠 海	Zhuhai	1443658	1012812	1558204	1069687
汕 头	Shantou	77861	69240	110686	80167
厦 门	Xiamen	572755	450685	1574422	1218487
海 南	Hainan	16839	11361	17349	16633

外资篇

FOREIGN CAPITAL

第 7 篇

7-1 利用外资合同金额

Contractual Amount of Foreign Capital

单位:亿美元

Unit: USD 100 million

年份 Year	总计 Total		对外借款 Foreign Loans		外商直接投资 Direct Foreign Investment		外商其他投资 Other Foreign Investment
	项目(个) Number of Contracts (unit)	金额 Amount	项目(个) Number of Contracts (unit)	金额 Amount	项目(个) Number of Contracts (unit)	金额 Amount	金额 Amount
1979-2011	**740036**	**16616.22**	**1683**	**1385.38**	**710641**	**14794.01**	**436.80**
1979-1982	947	194.96	27	135.49	920	49.58	9.89
1983	690	36.15	52	15.13	638	19.17	1.85
1984	2204	50.15	38	19.16	2166	28.75	2.24
1985	3145	102.69	72	35.34	3073	63.33	4.02
1986	1551	122.33	53	84.07	1498	33.30	4.96
1987	2289	121.36	56	78.17	2233	37.09	6.10
1988	6063	160.04	118	98.13	5945	52.97	8.94
1989	5909	114.79	130	51.85	5779	56.00	6.94
1990	7371	120.86	98	50.99	7273	65.96	3.91
1991	13086	195.83	108	71.61	12978	119.77	4.45
1992	48858	694.39	94	107.03	48764	581.24	6.12
1993	83595	1232.73	158	113.06	83437	1114.36	5.31
1994	47646	937.56	97	106.68	47549	826.80	4.08
1995	37184	1032.05	173	112.88	37011	912.82	6.35
1996	24673	816.10	117	79.62	24556	732.76	3.71
1997	21138	610.58	137	58.72	21001	510.03	41.82
1998	19850	632.01	51	83.85	19799	521.02	27.14
1999	17022	520.09	104	83.60	16918	412.23	24.26
2000	22347	711.30			22347	623.80	87.50
2001	26140	719.76			26140	691.95	27.81
2002	34171	847.51			34171	827.68	19.82
2003	41081	1169.01			41081	1150.69	18.32
2004	43664	1565.88			43664	1534.79	31.09
2005	44001	1925.93			44001	1890.65	35.28
2006	41473	1982.16			41473	1937.27	44.89
2007	37871				37871		
2008	27514				27514		
2009	23435				23435		
2010	27406				27406		
2011	27712				27712		

注：本数据来自商务部，从2007年起商务部不公布合同外资金额。

Note: Ministry of Commerce did not issue the Relative Data since 2007.

7-2 实际利用外资额

Amount of Foreign Capital Used

单位:亿美元

Unit: USD 100 million

年 份 Year	总 计 Total	对外借款 Foreign Loans	外商直接投资 Foreign Direct Investment	外商其他投资 Other Foreign Investment
1979-2011	**13681.41**	**1471.57**	**11643.92**	**565.93**
1979-1982	130.60	106.90	17.69	6.01
1983	22.61	10.65	9.16	2.80
1984	28.66	12.86	14.19	1.61
1985	47.60	25.06	19.56	2.98
1986	76.28	50.14	22.44	3.70
1987	84.52	58.05	23.14	3.33
1988	102.26	64.87	31.94	5.45
1989	100.60	62.86	33.92	3.81
1990	102.89	65.34	34.87	2.68
1991	115.54	68.88	43.66	3.00
1992	192.03	79.11	110.08	2.84
1993	389.60	111.89	275.15	2.56
1994	432.13	92.67	337.67	1.79
1995	481.33	103.27	375.21	2.85
1996	548.05	126.69	417.26	4.10
1997	644.08	120.21	452.57	71.30
1998	585.57	110.00	454.63	20.94
1999	526.59	102.12	403.19	21.28
2000	593.56	100.00	407.15	86.41
2001	496.72		468.78	27.94
2002	550.11		527.43	22.68
2003	561.40		535.05	26.35
2004	640.72		606.30	34.43
2005	638.05		603.25	34.80
2006	670.76		630.21	40.55
2007	783.39		747.68	35.72
2008	952.53		923.95	28.58
2009	918.04		900.33	17.71
2010	1088.21		1057.35	30.86
2011	1176.98		1160.11	16.87

7-3 分方式外商投资
Foreign Direct and Other Investment by Form

单位：亿美元
unit: USD 100 million

方 式	Form	2009 项目(个) Nunber of Contracts (Unit)	2009 金 额 Amount	2010 项目(个) Nunber of Contracts (Unit)	2010 金 额 Amount	2011 项目(个) Nunber of Contracts (Unit)	2011 金 额 Amount
总 计	**Total**	**23435**	**918.04**	**27406**	**1088.21**	**27712**	**1176.98**
一、外商直接投资	**Direct Foreign Investment**	**23435**	**900.33**	**27406**	**1057.35**	**27712**	**1160.11**
合资经营	Equity Joint Venture	4283	172.73	4970	224.98	5005	214.15
合作经营	Contractual Joint Venture	390	20.34	300	16.16	284	17.57
独资经营	Wholly Foreign-owned Enterprise	18741	686.82	22085	809.75	22388	912.05
外商投资股份制企业	FDI Share- holding Inc.	21	20.44	51	6.46	35	16.34
合作开发	Joint Exploration						
其他	Other						
二、外商其他投资	**Other Foreign Investment**		**17.71**		**30.86**		**16.87**
对外发行股票	Shares Issued to Foreign Countries		1.62		16.64		9.39
国际租赁	International Leasing		2.30		3.00		
补偿贸易	Compensation Trade		0.13		0.45		0.54
加工装配	Processing Assembly		13.66		10.78		6.94

7-4 外商直接投资行业分布
Foreign Direct Investment by Sector

单位：万美元
Unit:USD 10000

行 业	Sector	合同项目(个) Number of Contracts (unit)	实际使用金 额 Actually Utilized Value
总 计	**Total**	**27712**	**11601100**
农、林、牧、渔业	Agriculture,Forestry,Animal Husbandry and Fishing	865	200888
农业	Agriculture	566	87192
采矿业	Mining	87	61279
石油和天然气开采业	Petroleum and Natural Gas Mining	14	25748
制造业	Manufacturing	11114	5210054
纺织业	Textile	336	153898
化学原料及化学制品制造业	Chemistry Raw Material and Chemical Product Manufacturing	410	373665
医药制造业	Medicine Manufacturing	119	117738
通用设备制造业	General Purpose Equipment Manufacturing	1010	319916
专用设备制造业	Special Purpose Equipment Manufacturing	779	380974
通信设备、计算机及其他电子设备制造业	Communication Facility, Computer and other Electronic Installation Manufacturing	1360	730753
电力、燃气及水的生产和供应业	Production and Distribution of Electricity ,Gas and Water	214	211843
建筑业	Construction	215	91694
交通运输、仓储和邮政业	Transport, Storage and Post	413	319079
信息传输、计算机服务和软件业	Information Transmission, Computer Services and Software	993	269918
批发和零售业	Wholesale and Retail Trade	7259	842455
住宿和餐饮业	Hotel and Restaurants	513	84289
旅游饭店	Traveling Hotel	7	35419
金融业	Financial Intermediation	156	190970
房地产业	Real Estate	466	2688152
房地产开发经营	Property Development Management	327	2615433
租赁和商务服务业	Leasing and Business Services	3518	838247
科学研究、技术服务和地质勘查业	Scientific Research, Technical Service and Geologic Prospecting	1357	245781
水利、环境和公共设施管理业	Management of Water Conservancy, Environment and Public Facilities	151	86427
居民服务和其他服务业	Services to Households and Other Services	212	188357
教育	Education	15	395
卫生、社会保障和社会福利业	Health, Social Security and Social Welfare	11	7751
文化、体育和娱乐业	Culture, Sports and Entertainment	152	63455
公共管理和社会组织	Public Management and Social Organizations	1	66
国际组织	International organizations		

7-5 分国别(地区)外商实际投资

Utilization of Foreign Direct and Other Investment by Country or Region

单位：万美元

Unit: USD 10000

国别(地区)	Country/Region	2010			2011		
		外商直接投资合同项目 Number of FDI Contracts (Unit)	外商直接投资 Foreign Direct Investment	外商其他投资 Other Foreign Investment	外商直接投资合同项目 Number of FDI Contracts (Unit)	外商直接投资 Foreign Direct Investment	外商其他投资 Other Foreign Investment
总　计	**Total**	**27406**	**10573235**	**308622**	**27712**	**11600985**	**168745**
亚洲	**Asia**	**21559**	**7759215**	**243721**	**21778**	**8951427**	**105239**
阿富汗	Afghanistan	4	1240		15	76	
巴林	Bahrain		105		5		
孟加拉国	Bangladesh	10	18		7	495	
文莱	Brunei	63	30956		58	25582	
缅甸	Myanmar	5	352		9	1021	
柬埔寨	Cambodia	8	1035		4	1737	
塞浦路斯	Cyprus	8	1756		15	667	
朝鲜	Korea DPR	17	1122		14	84	
中国香港	Hong Kong, China	13070	6056677	67314	13889	7050016	78795
印度	India	90	4931		130	4217	
印度尼西亚	Indonesia	40	7684		46	4607	
伊朗	Iran	61	1786		74	787	
伊拉克	Iraq	15	212		20	99	
以色列	Israel	20	2596		29	4394	1468
日本	Japan	1762	408372	163597	1859	632963	24976
约旦	Jordan	22	640		13	631	
科威特	Kuwait	1	47		2	25	
老挝	LaoPDR	4	945			588	
黎巴嫩	Lebanon	19	249		22	215	
中国澳门	Macao, China	274	65524	44	283	68043	
马来西亚	Malaysia	229	29433		213	35828	
蒙古	Mongolia	9	325		6		
尼泊尔	Nepal	3	25		5		
阿曼	Oman		5		1		
巴基斯坦	Pakistan	33	570		33	971	
巴勒斯坦	Palestine	5	6		4	80	
菲律宾	Philippines	40	13806	150	52	11185	
卡塔尔	Qatar	4	51		1	73	
沙特阿拉伯	Saudi Arabia	11	48397		13	2394	
新加坡	Singapore	781	542820	500	740	609681	
韩国	Korea	1695	269217	100	1375	255107	
斯里兰卡	Sri Lanka	4	143		2	68	
叙利亚	Syria	24	810		23	89	
泰国	Thailand	40	5134		47	10120	
土耳其	Turkey	42	986		43	1485	
阿联酋	United Arab Emirates	34	11003		38	7140	
也门共和国	Yemen Rep.	14	2079		28	888	
越南	Vietnam	7	203		5	129	
中国台湾	Taiwan, China	3072	247574	12016	2639	218343	
哈萨克斯坦	Kazakhstan	10	155		7	1127	
吉尔吉斯斯坦	Kirghizia	4			3		
塔吉克斯坦	Tadzhikistan		7		1		
土库曼斯坦	Turkmenistan				1		
乌兹别克斯坦	Uzbekstan	3			3	457	
亚洲其他	Oth.Asia.nes	2	219		1	15	
非洲	**Africa**	**551**	**127992**		**513**	**164091**	
阿尔及利亚	Algeria	6	40		10	29	

7-5 续表 1 Continued 1

单位：万美元

Unit: USD 10000

国别(地区)	Country/Region	2010			2011		
		外商直接投资合同项目 Number of FDI Contracts(Unit)	外商直接投资 Foreign Direct Investment	外商其他投资 Other Foreign Investment	外商直接投资合同项目 Number of FDI Contracts(Unit)	外商直接投资 Foreign Direct Investment	外商其他投资 Other Foreign Investment
安哥拉	Angola	1	295		8	303	
贝宁	Benin				1		
博茨瓦纳	Botswana	2				170	
布隆迪	Burundi				1		
喀麦隆	Cameroon	5	87		6	21	
刚果	Congo	1			4	11	
埃及	Egypt	11	803		16	552	
赤道几内亚	Eq. Guinea	1				215	
埃塞俄比亚	Ethiopia	3	85		1		
加蓬	Gabon						
冈比亚	Gambia	1			1	60	
加纳	Ghana	5	62		7		
几内亚	Guinea	5	456		5	97	
几内亚(比绍)	Guinea Bissau	1	225		1	302	
科特迪瓦	Cote d'Ivoire	1					
肯尼亚	Kenya	2	48		1	235	
利比里亚	Liberia		18			5	
利比亚	Libya	3	5		1	121	
马拉维	Malawi	1					
马里	Mali	11			6	26	
毛里求斯	Mauritius	102	92884		89	113921	
摩洛哥	Morocco	2	7		1	4	
纳米比亚	Namibia	3	875				
尼日尔	Niger		310		2		
尼日利亚	Nigeria	21	500		17	1999	
塞内加尔	Senegal		40		2		
塞舌尔	Seychelles	317	22837		296	43333	
塞拉利昂	Sierra Leone	3	45		5	44	
索马里	Somalia				2		
南非	S. Africa	32	6647		17	1323	
苏丹	Sudan	1			3	255	
坦桑尼亚	Tanzania	1	8		1		
突尼斯	Tunisia	2	683		4	185	
乌干达	Uganda	1	18		1	488	
赞比亚	Zambia	2	407		1	1	
津巴布韦	Zimbabwe		39		2	66	
厄立特里亚	Eritrea	1					
莱索托	Lesotho				1		
非洲其他国家	Oth. Afr. Nes	3	568			325	
欧洲	**Europe**	**1780**	**592183**	**5475**	**1856**	**587654**	**1689**
比利时	Belgium	37	3838		29	12101	
丹麦	Denmark	67	36537	1508	43	18021	
英国	United Kingdom	278	71032		246	58152	
德国	Germany	364	88840	2017	458	112896	
法国	France	183	123820		188	76853	1353
爱尔兰	Ireland	27	6638		21	13091	
意大利	Italy	181	39609		214	38779	
卢森堡	Luxembourg	22	24550		34	51450	
荷兰	Netherlands	117	91449	1887	121	76137	
希腊	Greece	7	451		6	215	
葡萄牙	Portugal	2	1058		7	1334	

单位：万美元

Unit: USD 10000

国别(地区)	Country/Region	2010 外商直接投资合同项目 Number of FDI Contracts (Unit)	2010 外商直接投资 Foreign Direct Investment	2010 外商其他投资 Other Foreign Investment	2011 外商直接投资合同项目 Number of FDI Contracts (Unit)	2011 外商直接投资 Foreign Direct Investment	2011 外商其他投资 Other Foreign Investment
西班牙	Spain	110	25449		99	27070	336
奥地利	Austria	41	12531	63	44	10478	
保加利亚	Bulgaria	7	1837		2	1441	
芬兰	Finland	24	6452		27	5949	
匈牙利	Hungary	13	2369		6	1309	
冰岛	Iceland	2	6		1	4	
列支敦士登	Liechtenstein	1	212			200	
马耳他	Malta	1	5		2	170	
摩纳哥	Monaco		4				
挪威	Norway	24	3847		27	1290	
波兰	Poland	11	1243		11	701	
罗马尼亚	Romania	4	404		9	517	
圣马力诺	San Marino		211				
瑞典	Sweden	67	16105		60	17502	
瑞士	Switzerland	77	26130		97	55474	
爱沙尼亚	Estonia	2	22			4	
拉脱维亚	Latvia	2			1	200	
立陶宛	Lithuania	1	39		2	30	
格鲁吉亚	Georgia				2		
亚美尼亚	Armenia				4	24	
阿塞拜疆	Azerbaijan	1			4		
白俄罗斯	Belarus	2	10		4	664	
摩尔多瓦	Moldavia				3		
俄罗斯	Russia	59	3497		51	3102	
乌克兰	Ukraine	15	790		7	622	
斯洛文尼亚	Slovenia	5	69		3	410	
克罗地亚	Croatia	4	50		4	15	
捷克	Czech	11	748		15	732	
斯洛伐克	Slovak	6	32		2	486	
欧洲其他国家	Oth. Eur. Nes	5	2299		2	231	
拉丁美洲	**Latin America**	**992**	**1352563**	**9732**	**981**	**1250460**	**43191**
安提瓜和巴布达	Antigua and Barbuda					218	
阿根廷	Argentina	7	94		7	732	
巴哈马	Bahamas		5592			3961	
巴巴多斯	Barbados	15	35584		6	31005	
伯利兹	Belize	12	1673		13	2133	
玻利维亚	Bolivia	2	460			189	
巴西	Brazil	26	5725		26	4304	
开曼群岛	Cayman Is.	109	249880		135	224196	
智利	Chile	8	146		6	1679	
哥伦比亚	Colombia		5		4	1	
哥斯达黎加	Costa Rica	6	10			22	
多米尼克	Dominica	1	274		1	134	
古巴	Cuba		727			2300	
多米尼加共和国	Dominican Rep.		50			6	
厄瓜多尔	Ecuador	1	203		1	3	
圭亚那	Guyana	1					
洪都拉斯	Honduras	1	301			260	
牙买加	Jamaica	1	20				
墨西哥	Mexico	13	1525		4	453	

7-5 续表 3 Continued 3

单位：万美元

Unit: USD 10000

国别(地区)	Country/Region	2010 外商直接投资合同项目 Number of FDI Contracts (Unit)	2010 外商直接投资 Foreign Direct Investment	2010 外商其他投资 Other Foreign Investment	2011 外商直接投资合同项目 Number of FDI Contracts (Unit)	2011 外商直接投资 Foreign Direct Investment	2011 外商其他投资 Other Foreign Investment
巴拿马	Panama	11	2481	50	11	3845	
巴拉圭	Paraguay		234		1		
秘鲁	Peru	4	2		2	87	
圣文森特和格林纳丁斯	SaintVincent & Grenadines		246			13	
苏里南	Suriname	2					
特立尼达和多巴哥	Trinidad and Tobago	1			1		
特克斯和凯科斯群岛	Turks & Caicos Is.		164		1	495	
乌拉圭	Uruguay	1	132			63	
委内瑞拉	Venezuela	3	358		1	209	
维尔京群岛	Virgin Is.	761	1044734	9682	758	972495	43191
圣其茨--尼维斯	St. Kitts-Nevis	1	418		3	263	
拉美洲其他国家	Oth. L. Amer. Nes	5	1525			1394	
北美洲	**North America**	**1909**	**401372**	**663**	**1822**	**358156**	**1627**
加拿大	Canada	390	63485		378	46832	
美国	United States	1502	301734	663	1426	236932	1627
百慕大	Bermuda	16	35963		14	74362	
北美洲其他国家	Oth. N. Amer. nes	1	190		4	30	
大洋洲及太平洋岛屿	**Oceania and Pacific Is.**	**835**	**232777**	**5915**	**855**	**261998**	**230**
澳大利亚	Australia	316	32501	115	280	30953	230
库克群岛	Cook Is.		300		1	150	
瓦努阿图	Vanuatu	1	2997			1002	
新西兰	New Zealand	87	14229		72	7422	
巴布亚新几内亚	Papua New Guinea				1		
社会群岛	Society Is.				1		
所罗门群岛	Slomon Islands				1		
萨摩亚	Samoa	409	177333	5800	476	207623	
图瓦卢	Tuvalu	1					
马绍尔群岛	Marshall Is.	15	3031		17	6370	
其他太平洋岛屿	Oth. Pacific Is.	4	1555		4	2331	
大洋州其他国家	Oth. Ocean. Nes	2	831		2	6147	
其他	**Others**	**336**	**107133**	**43116**	**97**	**27199**	**16769**
东南亚国家联盟	**Association of Southeast Asian Nations**	**1217**	**632368**	**650**	**1174**	**700478**	
欧洲联盟	**European Union**	**1587**	**554642**	**5475**	**1665**	**516217**	**1689**

注：1. 东南亚国家联盟包括：文莱、缅甸、柬埔寨、印度尼西亚、老挝、马来西亚、菲律宾、新加坡、泰国、越南。
2. 欧洲联盟包括：比利时、丹麦、英国、德国、法国、爱尔兰、意大利、卢森堡、荷兰、希腊、葡萄牙、西班牙、奥地利、芬兰、塞浦路斯、匈牙利、马耳他、波兰、爱沙尼亚、拉脱维亚、立陶宛、斯洛文尼亚、捷克、斯洛伐克、保加利亚、罗马尼亚。

a) Association of Southeast Asian Nations include Brunei, Myanmar,Cambodia,Indonesia,Laos,Malaysia,Philippines,Singapore,Thailand,Vietnam

b) European Union include Belgium,Denmark,United Kingdom,Germany,France,Ireland,Italy,Luxembourg,Netherlands,Greece,Portugal,Spain, Austria,Finland,Sweden,Cyprus,Hungary,Malta,Poland,Estonia,Latvia,Lithuania,Slovenia,Czech,Slovak.

7-6 历年外商投资企业登记概况

Status of Registered Enterprises with Foreign Capital

年份 Year	企业数(户) Number of Enterprise(unit)		投资总额 (万美元) Total Investment (USD 10000)	注册资本(万美元) Registered Capital(USD 10000)	
	小计 Subtotal	#法人企业 Corporation Enterprises		小计 Subtotal	#外方 Foreign Partner
1980	7	7	470	432	179
1981	82	82	13248	11411	6646
1982	330	330	65085	60697	44201
1983	616	616	176747	143037	89589
1984	1999	1999	434644	325086	207109
1985	4912	4912	1641154	834410	508846
1986	6524	6524	2140438	1163741	582717
1987	8546	8546	2641308	1466820	827307
1988	13747	13747	3780628	2154354	1169072
1989	18968	18968	4690829	2759003	1501813
1990	25389	25389	5457370	3304208	1866511
1991	37215	37215	7178332	4465808	2577358
1992	84371	84371	17845550	11598693	6866484
1993	167507	167507	38238877	24563127	15018236
1994	206096	206096	49072446	31227534	19631486
1995	233564	233564	63900854	39912302	25688422
1996	240447	240447	71532202	44148483	28979610
1997	235681	235681	75347010	45981372	30298675
1998	227807	227807	77422942	46728674	31371224
1999	212436	212436	77856752	46354938	31668255
2000	203208	203208	82467505	48394975	33719912
2001	202306	202306	87501079	50579271	35968275
2002	208056	208056	98189328	55211904	40199985
2003	226373	226373	111735062	62264052	46577863
2004	242284	242284	131118108	72848575	55799291
2005	260000	260000	146399267	81203319	63193522
2006	274863	274863	170756477	94647381	74062533
2007	286232	286232	210878940	115541864	92114807
2008	434937	288069	232413047	130055348	103885057
2009	434248	283734	249996531	140348130	113694532
2010	445244	288088	270593108	157384290	125896928
2011	446487	288856	299312402	172942962	138102850

注：本数据来源于国家工商管理总局，从2008年起企业户数包含分支机构.

Note: Data in this table are from fhe Stats Administration for Industry & Commerce. The number of enterprise includes branch Since 2008.

7-7 年末登记外商投资企业行业分布情况
Registered Foreign-funded Enterprises by Sector at the Year-end

行业	Sector	企业数(户) Number of Enterprises(unit)		投资额(万美元) Total Investment (USD 10000)	注册资本(万美元) Registered Capital (USD 10000)	
		小计 Subtotal	#法人企业 Corporation Enterprises		小计 Subtotal	#外方 Foreign Partner
合计	**Total**	**446487**	**288856**	**299312402**	**172942962**	**138102850**
农、林、牧、渔业	Agriculture,Forestry,Animal Husbandry and Fishing	6993	6253	3749831	2325575	2019830
采矿业	Mining	991	779	1654890	1020532	703458
制造业	Manufacturing	181017	167350	155948735	85487062	68954351
电力、燃气及水的生产和供应业	Production and Distribution of Electricity, Gas and Water	3920	2376	14755570	6131969	3684128
建筑业	Construction	4812	3284	7125076	4703030	2434569
交通运输、仓储和邮政业	Transport, Storage and Post	10494	5611	10783636	5999771	3377306
信息传输、计算机服务和软件业	Information Transmission, Computer Services and Software	57836	8373	9122081	5642732	5405196
批发和零售业	Wholesale and Retail Trade	73163	35715	12951400	7499495	6498174
住宿和餐饮业	Hotel and Restaurants	17481	5363	3780549	2094894	1673437
金融业	Financial Intermediation	6442	532	5362344	4979308	3341329
房地产业	Real Estate	17826	12240	39985086	24662095	21047607
租赁和商务服务业	Leasing and Business Services	37491	21236	16013294	12265938	10821098
科学研究、技术服务和地质勘查业	Scientific Research, Technical Service and Geologic Prospecting	16212	14084	11399406	6427671	5383134
水利、环境和公共设施管理业	Management of Water Conservancy, Environment and Public Facilities	1021	904	1927560	1041566	880736
居民服务和其他服务业	Services to Households and Other Services	5001	2273	1017221	603241	495011
教育	Education	318	181	95196	54764	44476
卫生、社会保障和社会福利业	Health, Social Security and Social Welfare	229	174	290163	143820	104236
文化、体育和娱乐业	Culture, Sports and Entertainment	2276	1836	1922050	1174913	836152
其他	Others	2964	292	1428312	684585	398623

7-8 各地区年末登记的外商投资企业数及投资额

Number and Investment of Registered Enterprise with Foreign Capital by Region or Department at the Year-end

地区、部门	Region/Department	企业数(户) Number of Enterprise(unit) 小计 Subtotal 2010	2011	#法人企业 Corporation Enterprises 2010	2011	投资总额(万美元) Total Investment (USD 10000) 2010	2011
总计	**Total**	**445244**	**446487**	**288088**	**288856**	**270593108**	**299312402**
一、地区合计	**Subtotal of Regions**	**445004**	**446265**	**287848**	**288634**	**259517282**	**287958122**
北京	Beijing	24853	25672	14894	15187	11920582	13436427
天津	Tianjin	12918	11850	9755	8691	10962359	11480637
河北	Hebei	9531	8817	3094	3002	4034793	4569978
山西	Shanxi	3665	3849	683	667	2292888	3189867
内蒙古	Inner Mongolia	3693	3601	840	862	2324266	2551906
辽宁	Liaoning	18377	18164	12018	11793	14761522	16596914
吉林	Jilin	4309	4327	2014	1958	2225871	2325302
黑龙江	Heilongjiang	5814	5426	2192	2035	1961743	2094112
上海	Shanghai	55666	58993	39319	41566	33938487	37735308
江苏	Jiangsu	51666	52959	39208	40189	50810645	57285081
浙江	Zhejiang	28769	29288	21655	21994	18323307	20191886
安徽	Anhui	5633	5427	2546	2482	3032426	3288412
福建	Fujian	23463	23727	17886	17830	12483059	13689837
江西	Jiangxi	7574	6926	5297	5372	4391746	4908056
山东	Shandong	29486	28915	18143	17514	12452325	14337447
河南	Henan	10254	10404	2459	2467	3786593	4235283
湖北	Hubei	7486	7473	3716	3903	4286443	5189566
湖南	Hunan	5410	5257	2621	2294	3240643	3495844
广东	Guangdong	93756	97084	71525	73290	42126023	45246597
广西	Guangxi	5327	4650	2248	2174	2797309	2994209
海南	Hainan	4171	2960	2571	1916	2588588	2206628
重庆	Chongqing	4827	3985	1725	1967	3488453	4519372
四川	Sichuan	12050	10026	5744	3610	5438332	5741932
贵州	Guizhou	1936	2029	603	639	413190	568147
云南	Yunnan	3833	3919	1962	2013	1794854	2064109
西藏	Tibet	264	298	77	79	53384	72594
陕西	Shaanxi	5378	5765	1851	1969	1804363	1988763
甘肃	Gansu	2116	2177	399	381	628872	639371
青海	Qinghai	499	471	136	123	234915	314360
宁夏	Ningxia	529	579	165	175	396404	439928
新疆	Xinjiang	1751	1247	502	492	522898	560249
二、部门合计	**Subtotal of Departments**	**240**	**222**	**240**	**222**	**11075826**	**11354280**

7-9 各地区外商投资企业年末注册资本

Registered Capital of Foreign-funded Enterprise by Region or Department at the Year-end

单位：万美元

Unit: USD 10000

地区、部门	Region/Department	注册资本 Registered Capital		外方注册资本 Registered Foreign Capital	
		2010	2011	2010	2011
总　计	**Total**	**157384290**	**172942962**	**125896928**	**138102850**
一、地区合计	**Subtotal of Regions**	**149772285**	**164852725**	**121155641**	**133031686**
北　京	Beijing	7147714	8032655	5786105	6464873
天　津	Tianjin	6204418	6476447	5211169	5440348
河　北	Hebei	2166286	2415585	1587362	1771862
山　西	Shanxi	1112846	1395097	693317	839670
内蒙古	Inner Mongolia	1223998	1356084	910119	1051053
辽　宁	Liaoning	9753520	10576958	8015075	8648935
吉　林	Jilin	1229942	1301736	842608	874430
黑龙江	Heilongjiang	1204598	1224659	907078	923126
上　海	Shanghai	20091861	22623157	16397635	18412901
江　苏	Jiangsu	27389936	30500878	23255036	26116704
浙　江	Zhejiang	10694168	11700019	8251436	9124313
安　徽	Anhui	1734905	1843327	1293032	1371944
福　建	Fujian	6935845	7538621	5944640	6408865
江　西	Jiangxi	2813573	3128470	2429580	2698940
山　东	Shandong	7286501	8174865	5449514	6161527
河　南	Henan	2053528	2252199	1486607	1626160
湖　北	Hubei	2431398	2931743	1813262	2148624
湖　南	Hunan	1611111	1829534	1146054	1354017
广　东	Guangdong	24949349	26847527	20908496	22068228
广　西	Guangxi	1547765	1608168	1248178	1304664
海　南	Hainan	1454529	1311822	982566	855096
重　庆	Chongqing	2035000	2572875	1567031	2015652
四　川	Sichuan	3345699	3444371	2593373	2591803
贵　州	Guizhou	250965	323144	186006	254362
云　南	Yunnan	1045035	1211051	777522	920674
西　藏	Tibet	29569	45730	25743	30602
陕　西	Shaanxi	1101224	1210792	830587	907597
甘　肃	Gansu	276599	285703	185949	190615
青　海	Qinghai	138897	148794	86451	85992
宁　夏	Ningxia	178526	212998	97285	123569
新　疆	Xinjiang	332979	327717	246825	244538
二、部门合计	**Subtotal of Departments**	**7612005**	**8090237**	**4741287**	**5071164**

7-10 分国别(地区)外商投资企业年末登记数及投资额

Number and Investment of Registered Enterprises with Foreign Capital by Country or Region at the Year-end

国别(地区)	Country/Region	企业数(户) Number of Enterprise (unit)		投资总额(万美元) Total Investment (USD 10000)	
		2010	2011	2010	2011
总　计	**Total**	**288088**	**288856**	**270593108**	**299312402**
亚洲	**Asia**	**209580**	**211692**	**180155982**	**204502045**
阿富汗	Afghanistan	26	47	8053	3541
巴林	Bahrain	8	11	2308	1316
孟加拉国	Bangladesh	50	48	17698	14394
不丹	Bhutan	3	2	651	584
文莱	Brunei	1388	1351	580521	621608
缅甸	Myanmar	83	83	22520	28213
柬埔寨	Kampuchea	60	55	70836	57748
塞浦路斯	Cyprus	80	92	186591	184501
朝鲜	Korea DPR	115	103	10881	10854
中国香港	Hong Kong, China	119235	122317	126730416	145616038
印度	India	356	447	135507	144660
印度尼西亚	Indonesia	632	614	579754	546181
伊朗	Iran	207	251	73195	36927
伊拉克	Iraq	45	70	2223	7874
以色列	Israel	153	168	57814	82711
日本	Japan	22307	22790	17291670	19478699
约旦	Jordan	101	108	6130	6445
科威特	Kuwait	20	20	1333	2175
老挝	Laos	18	16	12030	11120
黎巴嫩	Lebanon	74	89	6171	5620
中国澳门	Macao, China	4642	4466	1781641	1765123
马来西亚	Malaysia	1872	1840	1495746	1716667
蒙古	Mongolia	46	49	19181	18386
尼泊尔	Nepal	40	44	1524	1575
阿曼	Oman	3	4	202	217
巴基斯坦	Pakistan	135	188	14703	17033
巴勒斯坦	Palestine	18	19	602	614
菲律宾	Philippines	973	998	470140	490942
卡塔尔	Qatar	6	6	1037	1038
沙特阿拉伯	Saudi Arabia	81	83	879087	874214
新加坡	Singapore	8677	8729	11745900	13558510
韩国	Korea	19099	18082	8393700	9505918
斯里兰卡	Sri Lanka	16	17	5927	1810
叙利亚	Syria	79	102	7758	6070
泰国	Thailand	832	789	709283	707851
土耳其	Turkey	178	211	38863	50872
阿联酋	United Arab Emirates	342	348	186585	187066
也门共和国	Yemen	92	112	5132	3191
越南	Vietnam	53	50	7331	8749
中国台湾	Taiwan, China	25913	25470	6633456	6896547
哈萨克	Kazakhstan	113	101	28410	22310
吉尔吉斯	Kirghizia	19	20	2820	2835
塔吉克	Tadzhikistan	3	5	25	61
土库曼	Turkmenistan	1	2	15	38
乌兹别克	Uzbekistan	16	18	2325	2348
亚洲其他国家(地区)	Oth. Asia. Nes	1370	1257	1928284	1800851

7-10 续表 1 Continued 1

国别(地区)	Country/Region	企业数 (户) Number of Enterprise (unit)		投资总额 (万美元) Total Investment (USD 10000)	
		2010	2011	2010	2011
非洲	**Africa**	**3398**	**3688**	**4003617**	**4029365**
阿尔及利亚	Algeria	39	48	5735	6737
安哥拉	Angola	13	15	2572	5425
贝宁	Benin	4	5	2768	2778
博茨瓦那	Botswana	9	5	3986	923
布隆迪	Burundi	1	2	30	330
喀麦隆	Cameroon	17	20	877	1144
佛得角	Cape Verde	6	5	2336	1916
中非	Central African	6	5	9295	9188
乍得	Chad	10	6	714	631
科摩罗	Comoros	1		197	
刚果	Congo	1	2	40	55
吉布提	Djibouti	4	4	431	431
埃及	Egypt	89	94	21734	19167
赤道几内亚	Eq.Guinea	3	3	716	716
埃塞俄比亚	Ethiopia	16	13	918	846
加蓬	Gabon	7	7	4985	4985
冈比亚	Gambia	8	9	5117	5825
加纳	Ghana	11	15	5643	5719
几内亚	Guinea	10	16	2033	2154
几内亚(比绍)	Guinea Bissau	4	5	3042	5422
科特迪瓦共和国	Coted'Lvoire	3	2	112	87
肯尼亚	Kenya	11	13	2383	2764
利比里亚	Liberia	23	20	20639	17629
利比亚	Libya	22	21	12518	12512
马达加斯加	Madagascar	19	18	7301	4279
马拉维	Malawi	2	2	48	48
马里	Mali	13	17	195	315
毛里塔尼亚	Mauritania	6	5	12625	12625
毛里求斯	Mauritius	1833	1844	3349579	3223783
摩洛哥	Morocco	10	8	1006	1051
纳米比亚	Namibia	12	11	2282	2082
尼日尔	Niger	3	5	2486	2486
尼日利亚	Nigeria	96	100	31272	32463
卢旺达	Rwanda	1	1	10	10
塞内加尔	Senegalese	5	5	63	263
塞舌尔	Seychelles	657	934	306927	461708
塞拉利昂	Sierra Leone	12	15	1612	2240
索马里	Somalia	7	10	504	533
南非	S.Africa	302	271	117382	107531
苏丹	Sudan	11	14	1145	1164
坦桑尼亚	Tanzania	11	10	1149	1143
多哥	Togo	6	7	441	442
突尼斯	Tunisia	11	14	7922	7721
乌干达	Uganda	9	8	668	1368
布基纳法索	Burkina Faso	2	2	302	302
民主刚果	Gongo DR	1	2	147	20
赞比亚	Zambia	20	20	18845	23198
津巴布韦	Zimbabwe	5	6	1390	1590
莱索托	Lesotho	1	1	71	71
厄立特里亚	Eritrea	2	3	21	1612
非洲其他国家(地区)	Oth. Afr. Nes	23	20	29404	31933

国别(地区)	Country/Region	企业数 (户) Number of Enterprise (unit)		投资总额 (万美元) Total Investment (USD 10000)	
		2010	2011	2010	2011
欧洲	**Europe**	**19606**	**19924**	**23213886**	**25450515**
比利时	Belgium	385	376	256807	258957
丹麦	Denmark	434	459	448898	587490
英国	United Kingdom	3337	3296	3836070	4010968
德国	Germany	4125	4271	6781093	7491111
法国	France	2070	2115	3434211	3869329
爱尔兰	Ireland	146	157	145061	195616
意大利	Italy	2115	2133	1182798	1229824
卢森堡	Luxembourg	233	246	577013	677133
荷兰	Netherlands	1522	1562	3151914	3373564
希腊	Greece	50	55	18828	21209
葡萄牙	Portugal	80	77	36193	45547
西班牙	Spain	972	994	548796	595926
阿尔巴尼亚	Albania	8	8	257	257
安道尔	Andorra	2	2	108	108
奥地利	Austria	440	455	389574	424436
保加利亚	Bulgaria	35	32	11161	13532
芬兰	Finland	244	251	207597	219631
直布罗陀	Gibraltar	9	7	1055	951
匈牙利	Hungary	229	216	71444	64220
冰岛	Iceland	15	13	4303	4108
列支敦士登	Liechtenstein	18	19	3480	4140
马耳他	Malta	12	13	7521	6321
摩纳哥	Monaco	5	5	711	711
挪威	Norway	212	222	104877	88432
波兰	Poland	111	111	33476	28582
罗马尼亚	Romania	135	124	39769	37161
圣马力诺	San Marino	2	2	1127	1127
瑞典	Sweden	642	682	530159	636500
瑞士	Switzerland	869	929	940546	1158339
爱沙尼亚	Estonia	7	4	1219	44
拉脱维亚	Latvia	4	5	2799	2800
立陶宛	Lithuania	11	10	1003	989
格鲁吉亚	Georgia	3	4	136	138
亚美尼亚	Armenia	2	3	12143	12162
阿塞拜疆	Azerbaijan	16	14	1502	1602
白俄罗斯	Byelorussia	25	23	4636	4489
摩尔多瓦	Moldavia		1		150
俄罗斯	Russia	671	664	132541	128714
乌克兰	Ukraine	59	58	12855	10731
南斯拉夫	Yugoslavia	12	11	2285	1769
斯洛文尼亚	Slovenia	19	20	3998	4413
克罗地亚	Croatia	8	9	5353	5358
捷克	Czech Rep.	142	131	55575	64319
斯洛伐克	Slovak Rep.	29	24	9652	8679
波黑	Bosnia & Herzegovina	2	2	63	63
欧洲其他国家(地区)	Oth. Euo. Nes	139	109	203281	158865
拉丁美洲	**Latin America**	**17738**	**17447**	**38196439**	**38748652**
安提瓜和巴布达	Antigua & Barbuda	1	1	100	100
阿根廷	Argentina	95	98	29741	27628
阿鲁巴岛	Afrubs.Is	2	2	484	484
巴哈马	Bahamas	105	101	179509	151941
巴巴多斯	Barbados	290	277	1235307	1279071
伯利兹	Belize	114	124	65027	79034
玻利维亚	Bolivia	33	24	5779	4334
巴西	Brazil	190	192	125824	132456

国别(地区)	Country/Region	企业数(户) Number of Enterprise (unit)		投资总额(万美元) Total Investment (USD 10000)	
		2010	2011	2010	2011
开曼群岛	Cayman Is.	1967	1962	6095951	6692168
智利	Chile	77	74	13318	14695
哥伦比亚	Colombia	14	15	6109	6098
多米尼克	Dominica	11	10	12279	3474
哥斯达黎加	Costa Rica	11	9	842	886
古巴	Cuba	8	8	29730	33653
多米尼加共和国	Dominican Rep.	16	16	6167	6562
厄瓜多尔	Ecuador	13	14	994	1034
格林纳达	Grenada	2	2	5061	5061
危地马拉	Guatemala	5	5	424	424
圭亚那	Guyana	1	1	13	13
海地	Haiti	1	1	22	22
洪都拉斯	Honduras	23	19	19088	18054
牙买加	Jamaica	10	10	1350	2370
马提尼克岛	Martinique	2	2	34	34
墨西哥	Mexico	72	61	35005	25908
巴拿马	Panama	164	164	142201	149784
巴拉圭	Paraguay	16	16	9142	8026
秘鲁	Peru	30	22	6697	6807
波多黎各	Puerto Rico	1	1	14	14
圣文森特和格林纳丁斯	Saint Vincent & Grenadines	10	9	14278	14178
萨尔瓦多	Salvador	2	2	34	34
苏里南	Suriname	10	8	5728	4720
特立尼达和多巴哥	Trinidad & Tobago	3	4	2156	2166
特克斯和凯科斯群岛	Turks & Caicos Is.	8	9	2020	3846
乌拉圭	Uruguay	11	11	4430	4480
委内瑞拉	Venezuela	43	43	5217	14594
维尔京群岛	Br. Virgin Is.	14074	13840	29683498	29777404
圣其茨--尼维斯	St. Kitts-Nevis	11	8	7963	6107
拉丁美洲其他国家(地区)	Oth. L. Amer. Nes	292	282	444903	270989
北美洲	**North America**	**26458**	**25581**	**16509609**	**17620884**
加拿大	Canada	4494	4387	1827153	1866760
美国	United States	21617	20855	13377119	14175308
格陵兰	Greenland	3	3	1423	1423
百慕大	Bermuda	281	282	1215923	1450630
北美洲其他国家(地区)	Oth.N.Amer.nes	63	54	87992	126764
大洋洲及太平洋岛屿	**Oceania and Pacific Is.**	**8695**	**8842**	**6150867**	**6548316**
澳大利亚	Australia	3473	3413	1622920	1712313
库克群岛	Cook Is.	20	19	25631	18273
斐济	Fiji	11	10	471	441
瑙鲁	Nauru	4	3	568	437
新喀里多尼亚	New Caledonia	3	2	867	810
瓦努阿图	Vanuatu	18	17	10333	18458
新西兰	New Zealand	733	718	389294	320548
巴布亚新几内亚	Papua New Guinea	3	2	1048	1020
社会群岛	Society Is.		1		10
所罗门群岛	Solomon Is.	1	1	45	45
汤加	Tonga	7	6	1256	1158
土布艾群岛	TubaiIS.	2		190	
萨摩亚	Samoa	3772	3899	3387631	3731641
基里巴斯	Kiribati	3	2	25230	15230
图瓦卢	Tuvalu	2	2	249	249
马绍尔群岛	Marshall Is.	88	89	110465	107246
大洋洲其他国家(地区)	Other Countries (Regions) in Oceanic	555	658	574669	620438
其他	**Others**	**2613**	**1682**	**2362709**	**2412624**

7-11 分国别(地区)外商投资企业年末注册资本

Registered Capital of Foreign-funded Enterprise by Country or Region at the Year-end

单位：万美元

Unit: USD 10000

国别(地区)	Country/Region	注册资本 Registered Capital		外方注册资本 Registered Foreign Capital	
		2010	2011	2010	2011
总　　计	**Total**	**157384290**	**172942962**	**125896928**	**138102850**
亚洲	**Asia**	**107453686**	**120673156**	**85607980**	**96452931**
阿富汗	Afghanistan	6153	2386	5021	1806
巴林	Bahrain	1362	1022	985	841
孟加拉国	Bangladesh	14082	11298	13533	10819
不丹	Bhutan	390	342	115	90
文莱	Brunei	362525	376825	348812	359736
缅甸	Myanmar	13996	16593	10298	11174
柬埔寨	Kampuchea	39788	33789	29183	25262
塞浦路斯	Cyprus	110821	104129	38490	31884
朝鲜	Korea DPR	7516	7575	4526	4289
中国香港	Hong Kong, China	76446669	87413308	60371155	69571017
印度	India	71080	76658	63414	69421
印度尼西亚	Indonesia	354585	342379	240394	225713
伊朗	Iran	46325	26148	38435	19437
伊拉克	Iraq	1647	5010	1508	4331
以色列	Israel	31347	56345	17357	36151
日本	Japan	9823593	10967049	7773758	8708132
约旦	Jordan	4536	4464	4371	4184
科威特	Kuwait	1128	1958	767	1286
老挝	Laos	9409	8499	6320	5720
黎巴嫩	Lebanon	4193	3982	2959	2696
中国澳门	Macao, China	1158507	1181772	962662	1004887
马来西亚	Malaysia	750780	873509	642380	681755
蒙古	Mongolia	11128	11271	8500	8215
尼泊尔	Nepal	1432	1483	995	1048
阿曼	Oman	182	197	170	185
巴基斯坦	Pakistan	11407	12597	8598	9403
巴勒斯坦	Palestine	521	535	390	404
菲律宾	Philippines	302057	318280	275980	291558
卡塔尔	Qatar	578	579	493	494
沙特阿拉伯	Saudi Arabia	309160	306747	165208	162678
新加坡	Singapore	6687844	7345984	5426722	6076864
韩国	Korea	4717944	5029380	4013319	4076057
斯里兰卡	Sri Lanka	2691	1189	1427	911
叙利亚	Syria	6452	4554	5856	4023
泰国	Thailand	442950	437007	356291	343956
土耳其	Turkey	24558	32444	21501	29277
阿联酋	United Arab Emirates	106111	107746	88374	90270
也门共和国	Yemen Rep.	3934	2720	3827	2662
越南	Vietnam	5335	7259	4046	5781
中国台湾	Taiwan, China	4436058	4503619	3855523	3855079

7-11 续表 1 continued 1

单位: 万美元

Unit: USD 10000

国别(地区)	Country/Region	注册资本 Registered Capital		外方注册资本 Registered Foreign Capital	
		2010	2011	2010	2011
哈萨克	Kazakhstan	21524	18487	17373	15123
吉尔吉斯	Kirghizia	2089	2125	1703	1752
塔吉克	Tadzhikistan	25	52	20	45
土库曼斯坦	Turkmenistan	15	38	15	38
乌兹别克	Uzbekistan	1265	1288	1176	1181
亚洲其他国家(地区)	Oth. Asia. Nes	1097995	1012534	774033	695296
非洲	**Africa**	**2091447**	**2191597**	**1723344**	**1815992**
阿尔及利亚	Algeria	5221	5922	4811	5297
安哥拉	Angola	2226	5114	1978	5065
贝宁	Benin	1760	1770	1470	1480
博茨瓦那	Botswana	3146	506	2866	221
布隆迪	Burundi	30	330	30	330
喀麦隆	Cameroon	761	950	733	921
佛得角	Cape Verde	1603	1393	1485	1275
中非	Central African	4988	4881	4988	4881
乍得	Chad	462	393	456	393
科摩罗	Comoros	197		49	
刚果	Congo	40	55	16	31
吉布提	Djibouti	431	431	431	431
埃及	Egypt	11557	10579	10174	9778
赤道几内亚	Eq.Guinea	709	709	482	482
埃塞俄比亚	Ethiopia	878	806	878	806
加蓬	Gabon	2232	2232	1604	1604
冈比亚	Gambia	2477	3015	1946	2484
加纳	Ghana	2530	2597	2124	2177
几内亚	Guinea	1494	1615	1193	1314
几内亚(比绍)	Guinea Bissau	2185	3915	1797	3289
科特迪瓦	Coted'Lvoirc	99	74	84	74
肯尼亚	Kenya	1334	1715	1012	1393
利比里亚	Liberia	10894	7890	7500	4353
利比亚	Libya	6025	6020	3667	3662
马达加斯加	Madagascar	6901	3879	6500	3478
马拉维	Malawi	35	35	35	35
马里	Mali	168	288	168	288
毛里塔尼亚	Mauritania	4923	4579	4579	4579
毛里求斯	Mauritius	1697968	1716480	1389221	1408978
摩洛哥	Morocco	761	949	257	562
纳米比亚	Namibia	1373	1173	1248	1048
尼日尔	Niger	1531	1531	1004	1004
尼日利亚	Nigeria	20587	20893	17815	17799
卢旺达	Rwanda	7	7	4	4
塞内加尔	Senegal	52	199	52	199
塞舌尔	Seychelles	178790	267791	153708	231784

单位：万美元
Unit: USD 10000

国别(地区)	Country/Region	注册资本 Registered Capital		外方注册资本 Registered Foreign Capital	
		2010	2011	2010	2011
塞拉利昂	Sierra Leone	1175	1803	431	659
索马里	Somalia	466	495	440	469
南非	S.Africa	84473	73456	70872	62161
苏丹	Sudan	678	697	408	420
坦桑尼亚	Tanzania	779	773	659	653
多哥	Togo	345	346	141	142
突尼斯	Tunisia	3306	3167	2591	2452
乌干达	Uganda	585	1291	357	1156
布基纳法索	Burkina Faso	257	257	257	257
民主刚果	Gongo DR	117	20	35	20
赞比亚	Zambia	5860	9213	5491	8789
津巴布韦	Zimbabwe	940	1140	415	615
莱索托	Lesotho	50	50	50	50
厄立特里亚	Eritrea	21	669	21	537
非洲其他国家(地区)	Oth. Afr. Nes	16019	17505	14809	16112
欧洲	**Europe**	**12234445**	**13319473**	**9460159**	**10267844**
比利时	Belgium	144475	144896	102698	104657
丹麦	Denmark	251601	331727	229315	307591
英国	United Kingdom	2258124	2308998	1712868	1731776
德国	Germany	3159246	3556731	2419146	2656326
法国	France	1838733	2026050	1340498	1487334
爱尔兰	Ireland	65629	91059	62562	87093
意大利	Italy	687088	711821	496618	511201
卢森堡	Luxembourg	272786	314375	202910	238976
荷兰	Netherlands	1599556	1712055	1258078	1363523
希腊	Greece	12756	14483	7884	9632
葡萄牙	Portugal	17733	22029	12349	15328
西班牙	Spain	315201	339124	255910	279158
阿尔巴尼亚	Albania	250	250	195	195
安道尔	Andorra	102	102	55	55
奥地利	Austria	191464	208892	158307	178208
保加利亚	Bulgaria	7588	8265	6846	7576
芬兰	Finland	102346	108060	85072	91577
直布罗陀	Gibraltar	960	880	935	855
匈牙利	Hungary	42846	38748	34160	30529
冰岛	Iceland	3021	2881	2890	2750
列支敦士登	Liechtenstein	1959	2289	1220	1550
马耳他	Malta	3125	2877	2166	2154
摩纳哥	Monaco	533	533	191	191
挪威	Norway	57343	48684	49167	40847
波兰	Poland	22569	21421	14356	13513
罗马尼亚	Romania	25087	21305	18308	13784
圣马力诺	San Marino	775	775	775	775

单位：万美元
Unit: USD 10000

国别(地区)	Country/Region	注册资本 Registered Capital		外方注册资本 Registered Foreign Capital	
		2010	2011	2010	2011
瑞典	Sweden	327441	389102	284900	338755
瑞士	Switzerland	522624	622744	463377	543511
爱沙尼亚	Estonia	644	41	506	40
拉脱维亚	Latvia	1235	1236	1225	1226
立陶宛	Lithuania	941	931	894	884
格鲁吉亚	Georgia	124	126	44	46
亚美尼亚	Armenia	4107	4126	1649	1668
阿塞拜疆	Azerbaijan	925	1003	548	632
白俄罗斯	Byelorussia	3130	3008	1500	1460
摩尔多瓦	Moldavia		117		47
俄罗斯	Russia	89312	86516	58352	59286
乌克兰	Ukraine	11028	9647	8398	7073
南斯拉夫	Yugoslavia	1683	1167	1120	983
斯洛文尼亚	Slovenia	2482	2712	2177	2404
克罗地亚	Croatia	4555	4560	4114	4125
捷克	Czech	34323	40934	26318	28185
斯洛伐克	Slovak	4725	4267	3797	3478
波黑	Bosnia & Herzegovina	63	63	28	28
欧洲其他国家(地区)	Oth. Euo. Nes	142207	107864	125734	96860
拉丁美洲	**Latin America**	**20722430**	**20883214**	**17663330**	**17605477**
安提瓜和巴布达	Antigua & Barbuda	100	100		
阿根廷	Argentina	20743	19561	15554	14368
阿鲁巴岛	Aruba Is.	354	354	318	318
巴哈马	Bahamas	96860	77757	68258	52227
巴巴多斯	Barbados	650142	694569	537225	537075
伯利兹	Belize	39093	45104	34823	41589
玻利维亚	Bolivia	3818	2946	3286	2443
巴西	Brazil	76425	75624	51625	54862
开曼群岛	Cayman Is.	3051995	3409527	2797923	3063274
智利	Chile	10742	9718	9186	6919
哥伦比亚	Colombia	2912	2905	2895	2888
多米尼克	Dominica	5668	2822	5368	2522
哥斯达黎加	Costa Rica	704	794	628	546
古巴	Cuba	14550	18548	8076	9208
多米尼加共和国	Dominican Rep.	3842	4722	3323	4597
厄瓜多尔	Ecuador	866	906	803	813
格林纳达	Grenada	1715	1715	1715	1715
危地马拉	Guatemala	397	397	368	368
圭亚那	Guyana	13	13	13	13
海地	Haiti	22	22	22	22
洪都拉斯	Honduras	11081	10052	10520	9491
牙买加	Jamaica	1083	1628	968	1518

7-11 续表 4 continued 4

单位：万美元
Unit: USD 10000

国别(地区)	Country/Region	注册资本 Registered Capital		外方注册资本 Registered Foreign Capital	
		2010	2011	2010	2011
马提尼克岛	Martinique	30	30	30	30
墨西哥	Mexico	23945	17366	22028	15891
巴拿马	Panama	78068	83730	64062	71131
巴拉圭	Paraguay	6202	5796	4491	4071
秘鲁	Peru	3899	4079	3116	3387
波多黎各	Puerto Rico	10	10	10	10
圣文森特和格林纳丁斯	Saint Vincent & Grenadines	11918	11818	7809	7709
萨尔瓦多	El Salvador	30	30	30	30
苏里南	Suriname	3706	3200	2926	2770
特立尼达和多巴哥	Trinidad & Tobago	1132	1142	1102	1112
特克斯和凯科斯群岛	Turks & Caicos Is.	1917	3277	1474	2027
乌拉圭	Uruguay	1802	1852	1437	1468
委内瑞拉	Venezuela	3892	9914	3403	9425
维尔京群岛	Virgin Is.	16310815	16218770	13731336	13548324
圣其茨--尼维斯	St. Kitts-Nevis	4461	3372	4339	2836
拉丁美洲其他国家(地区)	Oth. Amer. Nes	277478	139043	262840	128480
北美洲	**North America**	**9854411**	**10569003**	**7416459**	**7792133**
加拿大	Canada	1112075	1127260	810208	834176
美国	United States	7997392	8561545	5981869	6198105
格陵兰	Greenland	872	872	250	250
百慕大	Bermuda	681874	791129	563498	673866
北美洲其他国家(地区)	Oth.N.Amer.nes	62199	88198	60634	85736
大洋洲及太平洋岛屿	**Oceania and Pacific Is.**	**3519978**	**3746135**	**3015898**	**3179630**
澳大利亚	Australia	966380	1044970	722711	737114
库克群岛	Cook Is.	11356	8856	11056	8556
斐济	Fiji	392	362	222	212
瑙鲁	Nauru	488	357	453	335
新喀里多尼亚	New Caledonia	497	447	472	422
瓦努阿图	Vanuatu	5967	14514	3912	12611
新西兰	New Zealand	271828	205776	176383	156097
巴布亚新几内亚	Papua New Guinea	560	540	503	498
社会群岛	Society Is.		10		10
所罗门群岛	Solomon Is.	45	45	45	45
汤加	Tonga	1097	999	705	606
土布艾群岛	TubaiIS.	190		135	
萨摩亚	Samoa	1828215	2013710	1710989	1856690
基里巴斯	Kiribati	9470	5170	9408	5108
图瓦卢	Tuvalu	249	249	144	144
马绍尔群岛	Marshall Is.	68466	72916	59671	64459
大洋洲其他国家(地区)	Other Countries (Regions) in Oceania	354778	377215	319089	336723
其他	**Others**	**1507894**	**1560383**	**1009758**	**988843**

对外合作篇

INTERNATIONAL COOPERATION

第 8 篇

8-1 对外经济合作概况

Foreign Economic Cooperation

年 份 Year	对外承包工程 Foreign Engineering Projects 合同数 （份） Contract Number (unit)	合同金额 （亿美元） Contract Value (USD 100 million)	完成营业额 （亿美元） Turnover (USD 100 million)	年末在外人数 （万人） Persons Abroad by the End of Year (10000 person)	对外劳务合作 Foreign Labour Services 派出劳务人数 （万人） Dispatched Labor (10000 person)	年末在外人数 （万人） Persons Abroad by the End of Year (10000 person)
1979	27	0.33				
1980	138	1.40	1.23			
1981	250	2.76				
1982	195	3.46	1.00			
1983	280	7.99	1.89			
1984	344	15.38	4.94	2.19		2.76
1985	465	11.16	6.63	3.06		2.49
1986	486	11.89	8.19	2.74		1.90
1987	616	16.48	11.14	3.13		3.19
1988	642	18.13	12.53	3.00		3.98
1989	776	22.12	14.84	2.40		4.31
1990	920	26.04	16.44	2.18		3.61
1991	1171	36.09	19.70	2.15		6.83
1992	1164	65.85	24.03	2.54		10.56
1993	1393	68.00	36.68	3.42		13.09
1994	1702	79.88	48.83	3.83		18.43
1995	1558	96.72	51.08	3.84		22.59
1996	1634	102.73	58.21	3.88		24.66
1997	2085	113.56	60.36	4.78		28.55
1998	2322	117.73	77.69	6.11		29.08
1999	2527	130.02	85.22	5.53		32.65
2000	2597	149.43	83.79	5.56		36.93
2001	5836	164.55	88.99	6.00		41.47
2002	4036	178.91	111.94	7.85		41.04
2003	3708	209.30	138.37	9.40		42.97
2004	6694	276.98	174.68	11.47	17.30	41.94
2005	9502	342.16	217.63	14.48	18.34	41.87
2006	12996	716.48	299.93	19.86	21.48	47.52
2007	6282	853.45	406.43	23.60	21.49	50.51
2008	5411	1130.15	566.12	27.16	22.49	46.71
2009	7280	1336.82	777.06	32.69	18.01	45.03
2010	9544	1430.92	921.70	37.65	18.68	47.01
2011	6381	1423.32	1034.24	32.40	20.91	48.84

注：自2011年起，商务部不再公布对外劳务合作项下合同数、合同金额以及完成营业额数据。

8-2 分国别(地区)对外承包工程合同数量及金额

Contracts Signed for Foreign Engineering Projects by Country or Region

国别(地区)	Country/Region	2010		2011	
		合同(份) Nunber of Contracts (Unit)	金额(万美元) Contract Value (USD 10000)	合同(份) Nunber of Contracts (Unit)	金额(万美元) Contract Value (USD 10000)
合　计	**Total**	**9544**	**13436696**	**6381**	**14233229**
亚 洲	**Asia**	**3425**	**7107407**	**2838**	**6968663**
阿富汗	Afghanistan	3	544	4	6315
巴林	Bahrain	3	2344	1	205
孟加拉国	Bangladesh	64	133829	48	58615
文莱	Brunei	12	14241	8	19952
缅甸	Myanmar	264	349435	111	370243
柬埔寨	Cambodia	73	134365	81	50467
塞浦路斯	Cyprus			1	340
朝鲜	Korea DPR		772	12	462
中国香港	Hong Kong, China	77	294065	94	449436
印度	India	240	1017482	227	1406451
印度尼西亚	Indonesia	282	868315	243	342264
伊朗	Iran	178	129355	166	295686
伊拉克	Iran	57	172055	72	196622
以色列	Israel	3	79	2	19512
日本	Japan	137	22857	156	27962
约旦	Jordan	2	5989	2	26
科威特	Kuwait	30	144087	24	155334
老挝	Laos	43	83457	42	300054
黎巴嫩	Lebanon	1	2066		
中国澳门	Macao, China	15	116920	19	81560
马来西亚	Malaysia	87	169055	40	296439
马尔代夫	Maldives	3	7168	4	1630
蒙古	Mongolia	77	142562	93	84011
尼泊尔	Nepal	18	24090	22	23299
阿曼	Oman	28	12040	20	25590
巴基斯坦	Pakistan	94	142748	67	309571
菲律宾	Philippines	103	153546	107	62379
卡塔尔	Qatar	34	82975	15	190517
沙特阿拉伯	Saudi Arabia	105	662743	141	451254
新加坡	Singapore	244	205105	147	229331
韩国	Korea	101	19001	116	20004
斯里兰卡	Sri Lanka	38	255909	30	152563
叙利亚	Syria	119	15747	45	29986
泰国	Thailand	62	72513	78	171661
土耳其	Turkey	66	266071	67	258679
阿联酋	United Arab Emirates	76	207510	60	105577
也门共和国	Yemen Rep.	29	31796	19	29880
越南	Vietnam	221	440557	167	303007
中国台湾	Taiwan, China	31	5931	15	4961
东帝汶	Timor Leste	8	4075	14	5926
哈萨克斯坦	Kazakhstan	303	239655	190	258468
吉尔吉斯斯坦	Kirghizia	16	15358	10	7167
塔吉克斯坦	Tadzhikistan	9	11713	11	16886
土库曼斯坦	Turkmenistan	30	368822	20	77496
乌兹别克斯坦	Uzbekistan	39	58460	27	70875

8-2 续表 1 Continued 1

国别(地区)	Country/Region	2010 合同(份) Nunber of Contracts (Unit)	2010 金额(万美元) Contract Value (USD 10000)	2011 合同(份) Nunber of Contracts (Unit)	2011 金额(万美元) Contract Value (USD 10000)
非洲	**Africa**	**2490**	**3834435**	**2503**	**4576706**
阿尔及利亚	Algeria	173	470994	108	645847
安哥拉	Angola	315	357979	312	442570
贝宁	Benin	10	3697	9	6535
博茨瓦纳	Botswana	25	177454	31	61360
布隆迪	Burundi	2	491	3	3117
喀麦隆	Cameroon	54	122611	93	148757
佛得角	Cape Verde	3	2209	6	954
中非	Central African	4	16348	5	6295
乍得	Chad	126	81959	38	170267
科摩罗	Comoros	3	3000	5	1311
刚果(布)	Congo	24	181799	39	87197
吉布提	Djibouti	2	919	6	3217
埃及	Egypt	26	57438	21	127033
赤道几内亚	Eq. Guinea	59	128028	47	114090
埃塞俄比亚	Ethiopia	51	118238	143	601060
加蓬	Gabon	21	83624	24	60294
冈比亚	Gambia	2	545		68
加纳	Ghana	44	86307	48	157001
几内亚	Guinea	22	9517	39	132732
几内亚(比绍)	Guinca Bissau	5	2432	9	3114
科特迪瓦	Cote d'Ivoire	18	16504	7	14642
肯尼亚	Kenya	134	106952	80	117373
利比里亚	Liberia	19	3355	33	7631
利比亚	Libya	74	187195	14	77222
马达加斯加	Madagascar	31	10355	24	14876
马拉维	Malawi	28	29343	13	1810
马里	Mali	37	26415	25	54830
毛里塔尼亚	Mauritania	19	87637	16	15380
毛里求斯	Mauritius	18	13689	25	24174
摩洛哥	Morocco	32	86232	22	32103
莫桑比克	Mozambique	40	50661	35	44187
纳米比亚	Namibia	32	18279	21	22601
尼日尔	Niger	80	31061	38	44634
尼日利亚	Nigeria	189	368952	230	348431
卢旺达	Rwanda	14	20660	12	4554
圣多美和普林西比	Sao Tome and Principe				
塞内加尔	Senegal	24	37179	22	27574
塞舌尔	Seychelles	9	1359	12	5442
塞拉利昂	Sierra Leone	7	15872	14	15488
索马里	Somali			1	5
南非	S. Africa	22	38788	33	47538
苏丹	Sudan	254	363397	234	197698
坦桑尼亚	Tanzania	76	185584	55	96992
多哥	Togo	12	8667	8	23116
突尼斯	Tunisia	13	15840	9	6333
乌干达	Uganda	32	7597	29	99680
布基纳法索	Burkina Faso	2	782	2	51
刚果(金)	Congo DR	37	43123	40	190765
赞比亚	Zambia	176	102989	311	201199
津巴布韦	Zimbabwe	79	34467	131	39639
莱索托	Lesotho	7	1498	11	10942
斯威士兰	Swaziland			2	10
厄立特里亚	Eritrea	4	14414	5	11299
南苏丹共和国	Republic of South Sudan			3	5668

国别(地区)	Country/Region	2010		2011	
		合同 (份) Nunber of Contracts (Unit)	金额 (万美元) Contract Value (USD 10000)	合同 (份) Nunber of Contracts (Unit)	金额 (万美元) Contract Value (USD 10000)
欧洲	**Europe**	**1892**	**586541**	**302**	**718509**
比利时	Belgium	461	11543	5	2264
丹麦	Denmark	9	160	1	499
英国	United Kingdom	29	22818	15	44140
德国	Germany	127	37229	18	46987
法国	France	440	65592	46	84874
爱尔兰	Ireland	3	62	1	20
意大利	Italy	75	7449	10	10341
卢森堡	Luxembourg	2	49		
荷兰	Netherlands	47	13944	8	11453
希腊	Greece	6	5587	6	8166
葡萄牙	Portugal	70	5226	5	4319
西班牙	Spain	190	28390	10	21798
阿尔巴尼亚	Albania	1	270	2	111
奥地利	Austria	23	2402	5	4252
保加利亚	Bulgaria	7	16351	5	1729
芬兰	Finland	1	72		688
匈牙利	Hungary	12	2902	5	4124
冰岛	Iceland	1	11		
马耳他	Malta			1	4
挪威	Norway	3	45		
波兰	Poland	167	1648	5	1490
罗马尼亚	Romania	31	4727	6	7266
瑞典	Sweden	7	2018	8	3438
瑞士	Switaerland	5	3531	1	736
爱沙尼亚	Estonia	1	66	2	4643
立陶宛	Lithuania	1	5	1	128
格鲁吉亚	Georgia	11	32109	9	14617
亚美尼亚	Armenia			3	8109
阿塞拜疆	Azerbaijan	24	45060	16	32648
白俄罗斯	Byelorussia	18	108292	12	199540
摩尔多瓦	Moldavia	2	252	1	4
俄罗斯	Russia	77	113442	80	137761
乌克兰	Ukraine	6	17902	6	15372
斯洛文尼亚	Slovenia	1	3		
捷克	Czech Rep.	9	4846	5	3284
斯洛伐克	Slovakia	23	5680		898
马其顿共和国	Macedonia,FYR		60	1	4
波黑	Bosnia and Hercegovina			1	41624
塞尔维亚	Serbia	1	26080	2	1178
黑山	Montenegro	1	718		

8-2 续表 3 Continued 3

国别(地区)	Country/Region	2010		2011	
		合 同 (份) Nunber of Contracts (Unit)	金 额 (万美元) Contract Value (USD 10000)	合 同 (份) Nunber of Contracts (Unit)	金 额 (万美元) Contract Value (USD 10000)
拉丁美洲	**Latin America**	**879**	**1581374**	**412**	**1667191**
安提瓜和巴布达	Antigua Barbuda	2	184	5	4636
阿根廷	Argentina	209	239952	27	32396
巴哈马	Bahamas	6	8965	2	202602
巴巴多斯	Barbados	1	302	3	583
伯利兹	Belize	1	27		
玻利维亚	Bolivia	3	165	13	33996
巴西	Brazil	193	258479	76	214805
智利	Chile	22	15773	14	30126
哥伦比亚	Colombia	22	14092	27	26354
多米尼克	Dominica	7	4260	1	4036
哥斯达黎加	CostaRica	3	1186	9	9757
古巴	Cuba	89	19600	14	464332
多米尼加共和国	Dominican Rep.			14	1473
厄瓜多尔	Ecuador	19	307744	24	67985
格林纳达	Grenada	4	1388	1	96
危地马拉	Guatemala	2	45013	4	944
圭亚那	Guyana	1	147	3	14646
海地	Haiti	1	441		
洪都拉斯	Honduras	1	381	1	5050
牙买加	Jamaica	3	14630	5	20670
墨西哥	Mexico	44	32861	26	86765
尼加拉瓜	Nicaragua			3	87
巴拿马	Panama	2	4689	6	3155
巴拉圭	Paraguay	2	37	2	21
秘鲁	Peru	43	32286	32	13420
圣文森特和格林纳丁斯	saintVincent&Grenadines		952		588
苏里南	Suriname	3	1594	5	5538
特立尼达和多巴哥	Trinidad & Tobago		4643	3	5178
乌拉圭	Uruguay	12	3596	15	211
委内瑞拉	Venezuela	184	567987	77	417741
北美洲	**North America**	**648**	**105151**	**178**	**132608**
加拿大	Canada	17	4555	17	18705
美国	United States	630	100359	159	113830
格陵兰	Greenland			1	62
百慕大	Bermuda	1	237		
北美洲其他国家(地区)	Oth. N.Amer. nes			1	11
大洋洲及太平洋岛屿	**Oceania and Pacific Is.**	**208**	**220184**	**146**	**169316**
澳大利亚	Australia	75	159443	83	118238
库克群岛	Cook Islands		2400		
斐济	Fiji	7	10914	3	1828
新喀里多尼亚	NewCaledonia	1	3476		5476
瓦努阿图	Vanuatu	3	927		
新西兰	New Zealand	88	5073	25	9235
巴布亚新几内亚	Papua New Guinea	31	29752	32	33821
汤加	Tonga	1	4662	2	674
萨摩亚	Samoa	2	3537	1	44
其他	**Others**	**2**	**1604**	**2**	**236**

8-3 分国别(地区)对外承包工程营业额

Turnover of Foreign Engineering Projects by Country or Region

单位：万美元

Unit: USD 10000

国别(地区)	Country/Region	2008	2009	2010	2011
合　计	**Total**	**5661168**	**7770611**	**9217025**	**10342448**
亚洲	**Asia**	**2890266**	**3981117**	**4265811**	**5102172**
阿富汗	Afghanistan	4076	3449	3766	5805
巴林	Bahrain	3478	6853	8873	1519
孟加拉国	Bangladesh	25545	33862	35500	207304
不丹	Bhutan	18			
文莱	Brunei	66	1953	3843	4377
缅甸	Myanmar	68278	83030	133316	144684
柬埔寨	Cambodia	35977	39782	64818	82530
塞浦路斯	Cyprus	677	5170	4338	4005
朝鲜	Korea DPR	3349	1801	3018	5610
中国香港	Hong Kong, China	168569	179860	159148	197255
印度	India	420856	579396	525532	744166
印度尼西亚	Indonesia	223671	264688	351773	345935
伊朗	Iran	111434	210376	186068	215792
伊拉克	Iraq	9575	35313	67165	177328
以色列	Israel	11863	7055	149	244
日本	Japan	21280	18349	25781	24092
约旦	Jordan	13508	33527	11006	25339
科威特	Kuwait	11307	21018	40754	65926
老挝	Laos	22530	41294	57310	98918
黎巴嫩	Lebanon			3743	1739
中国澳门	Macao, China	87900	53413	113538	50157
马来西亚	Malaysia	75669	115398	130840	214546
马尔代夫	Maldives	1250	1322	825	5395
蒙古	Mongolia	25847	50991	25124	65442
尼泊尔	Nepal	10761	5417	6667	19143
阿曼	Oman	16367	27113	45627	58892
巴基斯坦	Pakistan	191586	173330	210848	237277
巴勒斯坦	Palestine		7409		
菲律宾	Philippines	39463	56423	177258	128502
卡塔尔	Qatar	41980	42364	104330	112918
沙特阿拉伯	Saudi Arabia	245371	359158	322705	435846
新加坡	Singapore	132048	199893	226734	252784
韩国	Korea	24969	61318	9871	21088
斯里兰卡	Sri Lanka	38501	68569	76868	125715
叙利亚	Syria	11614	20343	20143	11946
泰国	Thailand	48238	52682	46165	66845
土耳其	Turkey	80812	123207	81928	84201
阿联酋	United Arab Emirates	210954	354167	297160	193825
也门共和国	Yemen Rep.	43758	46047	37252	30225
越南	Vietnam	192343	237106	310961	319342
中国台湾	Taiwan, China	9624	4624	16515	3580
东帝汶	East Timor	1723	1352	5362	12529
哈萨克斯坦	Kazakhstan	95943	140555	146447	124237
吉尔吉斯斯坦	Kirghizia	12344	8704	15611	20874
塔吉克斯坦	Tadzhikistan	44481	33537	26459	22792
土库曼斯坦	Turkmenistan	31299	93323	73770	96045
乌兹别克斯坦	Uzbekistan	18149	75826	50042	34916
亚洲其他国家	Oth.Asia.nes	1215	750	860	542

8-3 续表 1 Continued 1

单位：万美元
Unit: USD 10000

国别(地区)	Country/Region	2008	2009	2010	2011
非洲	**Africa**	**1974905**	**2809899**	**3583027**	**3612187**
阿尔及利亚	Algeria	420227	587726	494736	405255
安哥拉	Angola	322203	486189	496407	634417
贝宁	Benin	2030	2830	2524	4076
博茨瓦纳	Botswana	40518	60471	158497	156632
布隆迪	Burundi	1269	563	1435	2456
喀麦隆	Cameroon	6222	12211	13308	33738
佛得角	Cape Verde	431	1739	1061	1531
中非	Central African	2404	3462	3663	12242
乍得	Chad	13075	44511	147476	92371
科摩罗	Comoros	476	1008	1977	2410
刚果(布)	Congo	62925	85864	107768	94131
吉布提	Djibouti	1732	6923	2060	3850
埃及	Egypt	51379	79735	116881	102372
赤道几内亚	Eq.Guinea	71239	133518	174836	180158
埃塞俄比亚	Ethiopia	98252	119583	154966	180874
加蓬	Gabon	1553	19712	28583	40591
冈比亚	Gambia	526	121	150	292
加纳	Ghana	38806	46048	77077	86269
几内亚	Guinea	7150	7399	12759	13246
几内亚(比绍)	Guinea Bissau	3439	5607	3284	1666
科特迪瓦	Cote d'Ivoire	1475	2083	4673	2651
肯尼亚	Kenya	38693	57076	88512	139053
利比里亚	Liberia	3546	4724	10038	7852
利比亚	Libya	74118	191251	344930	80423
马达加斯加	Madagascar	21402	15349	11883	12256
马拉维	Malawi	895	4847	11555	16651
马里	Mali	16325	26743	38860	53685
毛里塔尼亚	Mauritania	5619	19075	18586	26474
毛里求斯	Mauritius	7546	7803	13618	20557
摩洛哥	Morocco	28043	51100	59041	38135
莫桑比克	Mozambique	10012	32187	38760	22824
纳米比亚	Namibia	7484	14934	10567	11018
尼日尔	Niger	2217	32948	89407	55891
尼日利亚	Nigeria	161353	200352	292981	345969
卢旺达	Rwanda	4551	8142	14173	12950
圣多美和普林西比	Sao Tome & Principe	116	43	25	36
塞内加尔	Senegal	14004	14703	20492	35309
塞舌尔	Seychelles	3968	4384	3064	2316
塞拉利昂	Sierra Leone	2804	2664	3688	7998
索马里	Somalia	10	19		5
南非	S. Africa	24731	11818	36690	44594
苏丹	Sudan	262174	207843	233696	273502
坦桑尼亚	Tanzania	41688	54320	81153	98119
多哥	Togo	2888	3886	5296	8408
突尼斯	Tunisia	5353	5318	14802	9581
乌干达	Uganda	15373	18902	15152	31578
布基纳法索	Burkina Faso	28029	23	389	135
刚果(金)	Congo DR	28029	62974	62767	78418
赞比亚	Zambia	21792	35361	40412	74817
津巴布韦	Zimbabwe	15888	6509	13805	39891

8-3 续表 2 Continued 2

单位：万美元

Unit: USD 10000

国别(地区)	Country/Region	2008	2009	2010	2011
莱索托	Lesotho	3275	4014	1905	2379
斯威士兰	Swaziland				5
厄立特里亚	Eritrea	3677	3284	2659	9700
南苏丹	Republic of South Sudan				430
欧洲	**Europe**	**329932**	**317464**	**498723**	**460042**
比利时	Belgium	19298	7345	11322	2197
丹麦	Denmark	491	4414	241	420
英国	United Kingdom	17487	28525	43241	24078
德国	Germany	41682	45887	34556	30255
法国	France	37861	20319	46848	86753
爱尔兰	Ireland	580	201	11	29
意大利	Italy	3389	10678	7790	8263
卢森堡	Luxembourg			44	
荷兰	Netherlands	2685	10332	11927	9868
希腊	Greece	32311	3970	3333	5491
葡萄牙	Portugal	1080	5083	4377	2595
西班牙	Spain	11406	16109	22156	7984
阿尔巴尼亚	Albania	5063	8639	1945	2268
奥地利	Austria	514	1059	1788	3765
保加利亚	Bulgaria	933	406	13209	2307
芬兰	Finland	370	53	105	82
匈牙利	Hungary	2690	6503	4429	5647
冰岛	Iceland	712	474	1410	1684
马耳他	Malta	486			4
挪威	Norway	6659	1059	3529	10
波兰	Poland	1239	3362	5898	3369
罗马尼亚	Romania	6595	5460	5727	5416
瑞典	Sweden	1564	519	1291	1487
瑞士	Switzerland	436	235	366	1897
拉脱维亚	Latvia	301			
爱沙尼亚	Estonia			66	
立陶宛	Lithuania		27	6	128
格鲁吉亚	Georgia	2385	426	3925	18617
亚美尼亚	Armenia	42	1831	1136	3836
阿塞拜疆	Azerbaijan	6411	12509	55097	25586
白俄罗斯	Belorussia	7444	8327	48876	40511
摩尔多瓦	Moldavia	132		284	25
俄罗斯	Russia	99637	88382	143128	139797
乌克兰	Ukraine	16346	22114	12915	15866
斯洛文尼亚	Slovenia	172	202	3	
克罗地亚	Croatia	30			
捷克	Czech Rep.	1241	2569	6468	3753
斯洛伐克	Slovak	46	114	75	880
马其顿共和国	Macedonia,FYR			57	4
波斯尼亚-黑塞哥维那	Bosnia&Hercegovina	70			56
塞尔维亚	Serbia	144	303	426	5114
黑山	Montenegro		28	718	
拉丁美洲	**Latin America**	**299547**	**364418**	**627449**	**791669**
安提瓜和巴布达	Antigua & Barbuda	193	844	3423	397
阿根廷	Argentina	10810	18058	10470	19279

8-3 续表 3 Continued 3

单位：万美元

Unit: USD 10000

国别(地区)	Country/Region	2008	2009	2010	2011
巴哈马	Bahamas	536	1291	2292	14126
巴巴多斯	Barbados	1755	1560	1180	843
伯利兹	Belize	3634	2597	926	
玻利维亚	Bolivia	150	111	205	29645
巴西	Brazil	93145	111156	101997	143868
智利	Chile	2961	8218	6888	19471
哥伦比亚	Colombia	10532	6928	8093	8567
多米尼克	Dominica			1720	4568
哥斯达黎加	Costa Rica		3283	5330	2479
古巴	Cuba	5306	4698	6991	9194
多米尼加共和国	Republic of Dominica	104	1002		133
厄瓜多尔	Ecuador	10754	22247	21886	53853
格林纳达	Grenade	1074	164	700	513
危地马拉	Guatemala	39	2200	8484	9200
圭亚那	Guyana	932	1395	688	2411
海地	Haiti				441
洪都拉斯	Honduras			84	1454
牙买加	Jamaica	4660	9776	16178	32356
墨西哥	Mexico	52329	16557	39047	36620
尼加拉瓜	Nicaragua				87
巴拿马	Panama	187	7	3837	6748
巴拉圭	Paraguay			37	21
秘鲁	Peru	7527	18967	11071	21108
波多黎各	Puerto Rico		2281		
圣文森特和格林纳丁斯	Saint Vincent & Grenadines	1170	404	466	618
苏里南	Suriname	1737	7711	8121	6522
特立尼达和多巴哥	Trinidad & Tobago	10274	27538	16097	7921
特克斯和凯科斯岛	Turks & Caicos Is.	2320	309		
乌拉圭	Uruguay		2269	3277	1079
委内瑞拉	Venezuela	77418	92847	347961	358147
北美洲	**North America**	**58825**	**93595**	**88832**	**142232**
加拿大	Canada	4363	10123	5025	16484
美国	United States	54462	83472	83607	125204
格陵兰	Greenland				5
百慕大	Bermuda			200	28
北美洲其他国家(地区)	Oth.N.Amer.nes				511
大洋洲及太平洋岛屿	**Oceania and Pacific Is.**	**106830**	**200578**	**153039**	**232265**
澳大利亚	Australia	65370	112396	93323	94474
库克群岛	Cook Islands	153	1604	120	15
斐济	Fiji	1904	5774	14166	13664
新喀里多尼亚	NewCaledonia	40	8714	12762	5710
瓦努阿图	Vanuatu	266	127	1087	678
新西兰	New Zealand	4386	3642	2884	3826
巴布亚新几内亚	Papua New Guinea	31752	63591	20157	100171
汤加	Tonga	800	2310	5390	9806
萨摩亚	Samoa	935	1469	3119	3531
密克罗尼西亚	Micronesia	945	510	31	390
法属波利尼西亚	FrenchPolynesia	279	441		
其他	**Others**	**863**	**3540**	**144**	**1881**
国境内	**Domestic Projects**				

8-4 分国别(地区)年末在境外从事承包工程人员

Personnel Abroad for Engineering Projects Classified by Country or Region at the Year-end

单位：人

Unit: person

国别(地区)	Country/Region	2008	2009	2010	2011
合　　计	**Total**	**271613**	**326861**	**376510**	**324018**
亚洲	**Asia**	**126997**	**142741**	**157113**	**150496**
阿富汗	Afghanistan	109	222	209	521
巴林	Bahrain	281	265	82	21
孟加拉国	Bangladesh	1695	1522	1592	1885
文莱	Brunei		3	135	233
缅甸	Myanmar	6081	7976	17450	16012
柬埔寨	Cambodia	1944	1845	4268	5082
塞浦路斯	Cyprus	6	231	301	59
朝鲜	Korea DPR	426	474	664	148
中国香港	Hongkong,China	375	449	412	2054
印度	India	3343	3114	5408	4363
印度尼西亚	Indonesia	4984	5153	5389	6677
伊朗	Iran	938	1365	2246	2537
伊拉克	Iraq	1540	1932	3798	4310
以色列	Israel	839	691	90	90
日本	Japan	570	463	497	104
约旦	Jordan	898	1060	911	408
科威特	Kuwait	1860	1135	1366	3061
老挝	Laos	1735	2607	2581	7011
黎巴嫩	Lebanon	3	1	3	
中国澳门	Macao,China	899	2091	1038	440
马来西亚	Malaysia	2914	2940	3914	5220
马尔代夫	Maldives	75	88	59	272
蒙古	Mongolia	3627	4776	4596	7727
尼泊尔	Nepal	585	722	1014	878
阿曼	Oman	1921	1165	999	805
巴基斯坦	Pakistan	8187	8573	6079	4395
巴勒斯坦	Palestine		62		
菲律宾	Philippines	414	381	453	832
卡塔尔	Qatar	2785	3700	5252	5097
沙特阿拉伯	Saudi Arabia	12638	16472	18422	24363
新加坡	Singapore	22158	20808	20709	12666
韩国	Korea	623	628	697	130
斯里兰卡	Sri Lanka	1156	2455	2743	3624
叙利亚	Syria	159	1349	1942	329
泰国	Thailand	524	587	543	418
土耳其	Turkey	911	1232	1237	1481
阿联酋	United Arab Emirates	21894	24162	19591	9621
也门共和国	Yemen Rep.	1896	1325	896	738
越南	Vietnam	7118	7337	9354	9358
中国台湾	Taiwan,China	71	4	22	7
东帝汶	Timor Leste	232	242	310	511
哈萨克斯坦	Kazakhstan	3448	4854	3451	2511
吉尔吉斯斯坦	Kirghizia	316	306	919	582

8-4 续表 1　Continued 1

单位：人
Unit: person

国别(地区)	Country/Region	2008	2009	2010	2011
塔吉克斯坦	Tadzhikistan	2700	2073	2730	1413
土库曼斯坦	Turkmenistan	456	1059	1971	1526
乌兹别克斯坦	Uzbekstan	460	1639	770	976
亚洲其他国家	Oth.Asia.Nes	1203	1203		
非洲	**Africa**	**118605**	**161336**	**195584**	**152038**
阿尔及利亚	Algeria	37378	46039	40625	31858
安哥拉	Angola	19927	25620	25925	33159
贝宁	Benin	243	292	268	326
博茨瓦纳	Botswana	1712	1969	2539	3129
布隆迪	Burundi	68	121	108	236
喀麦隆	Cameroon	533	690	607	1036
佛得角	Cape Verde	117	132	376	339
中非	Central African	278	346	795	293
乍得	Chad	261	754	5739	2521
科摩罗	Comoros	39	40	215	164
刚果(布)	Congo	3096	3670	4231	3467
吉布提	Djibouti	250	285	167	211
埃及	Egypt	290	539	1762	1015
赤道几内亚	Eq. Guinea	4188	5209	7091	9779
埃塞俄比亚	Ethiopia	4029	5104	7311	5463
加蓬	Gabon	358	664	1352	1531
冈比亚	Gambia	233	179	157	22
加纳	Ghana	1417	1575	2137	2287
几内亚	Guinea	611	572	594	576
几内亚(比绍)	Guinea bissau	500	640	567	455
科特迪瓦	Cote d'Ivoire	156	196	272	146
肯尼亚	Kenya	1001	1442	1531	2257
利比里亚	Liberia	178	175	169	195
利比亚	Libya	4921	21595	40080	1
马达加斯加	Madagascar	904	762	1243	446
马拉维	Malawi	45	227	541	571
马里	Mali	520	670	947	1358
毛里塔尼亚	Mauritania	406	873	1109	1424
毛里求斯	Mauritius	748	765	1082	1790
摩洛哥	Morocco	1036	1042	1127	1437
莫桑比克	Mozambique	593	1561	1324	1068
纳米比亚	Namibia	567	539	406	323
尼日尔	Niger	178	1003	2408	2716
尼日利亚	Nigeria	2682	3573	6173	6747
卢旺达	Rwanda	205	248	471	426
圣多美和普林西比	Sao Tome & Principe	17	17	17	17
塞内加尔	Senegal	417	575	985	1726
塞舌尔	Seychelles	533	420	547	387

8-4 续表 2 Continued 2

单位：人
Unit: Person

国别(地区)	Country/Region	2008	2009	2010	2011
塞拉利昂	Sierra Leone	341	386	391	428
索马里	Somalia	12	12	12	
南非	S. Africa	1329	1453	1069	1076
苏丹	Sudan	20274	20455	20108	15119
坦桑尼亚	Tanzania	1515	2114	2692	4141
多哥	Togo	142	122	212	288
突尼斯	Tunisia	153	288	288	159
乌干达	Uganda	1013	1909	1568	1487
布基纳法索	Burkina Faso			1	3
刚果(金)	Congo DR	994	1935	2449	3033
赞比亚	Zambia	1749	1959	2935	3894
津巴布韦	Zimbabwe	146	208	526	1009
莱索托	Lesotho	215	146	137	141
厄立特里亚	Eritrea	78	226	198	210
南苏丹共和国	Republic of South Sudan				148
欧洲	**Europe**	**10688**	**8939**	**8810**	**7606**
比利时	Belgium	5	5	17	37
丹麦	Denmark	8	8	8	
英国	United Kingdom	130	157	134	79
德国	Germany	128	256	316	337
法国	France	47	138	265	254
爱尔兰	Ireland		1	1	
意大利	Italy			12	17
荷兰	Netherlands				1
希腊	Greece	131	131	131	
葡萄牙	Portugal			55	
西班牙	Spain	1315	1321	1057	1048
阿尔巴尼亚	Albania	393	635	154	4
奥地利	Austria	38	38	38	44
保加利亚	Bulgaria			32	37
芬兰	Finland				18
匈牙利	Hungary	76	29	41	27
冰岛	Iceland		53	30	
挪威	Norway			1	
波兰	Poland	66	255	301	32
罗马尼亚	Romania	383	29	24	40
瑞典	Sweden	11	142	142	137
瑞士	Switzerland	102	287	111	126
立陶宛	Lithuania				3
格鲁吉亚	Georgia	15	16	96	752
亚美尼亚	Armenia		325	520	124
阿塞拜疆	Azerbaijan	89	395	693	538
白俄罗斯	Byelorussia	35	47	219	464
摩尔多瓦	Moldavia				1
俄罗斯	Russia	7561	4439	4148	3233
乌克兰	Ukraine	58	99	99	99
塞尔维亚和黑山	Serbia and Montenegro	60	96		
克罗地亚	Croatia	5	5	5	
斯洛伐克	Slovak			1	
波斯尼亚-黑塞哥维那	Bosnia&Hercegovina	32	32	32	32
塞尔维亚	Serbia			127	122

8-4 续表 3 Continued 3

单位：人
Unit: Person

国别(地区)	Country/Region	2008	2009	2010	2011
拉丁美洲	**Latin America**	**11316**	**10187**	**10570**	**8908**
安提瓜和巴布达	Antigua Barbuda	27	68	63	66
阿根廷	Argentina	2088	2038	2137	735
巴哈马	Bahama	95	376	330	11
巴巴多斯	Barbados	271	135	109	48
伯利兹	Belize	302	231	22	2
玻利维亚	Bolivia	13	6	2	
巴西	Brazil	665	657	683	500
智利	Chile	273		39	11
哥伦比亚	Colombia		7	6	201
多米尼克	Dominica	3	5	5	175
哥斯达黎加	CostaRica	4	690	63	145
古巴	Cuba	310	334	430	349
厄瓜多尔	Ecuador	422	187	253	653
格林纳达	Grenade	188	37	62	92
危地马拉	Guatemala		13	38	51
圭亚那	Guyana	145	166	126	126
海地	Haiti			2	28
洪都拉斯	Honduras				94
牙买加	Jamaica	366	430	399	131
墨西哥	Mexico	2564	223	676	155
秘鲁	Peru	540	386	430	572
圣卢西亚	Saint Lucia	9	9	9	7
圣文森特和格林纳丁斯	Saint Vincent & Grenadines	65	69	69	
苏里南	Suriname	617	659	803	582
特立尼达和多巴哥	Trinidad & Tobago	1296	2109	1744	1332
特克斯和凯科斯岛	Turks and Caicos Island	182	15	15	
乌拉圭	Uruguay	3	3	3	3
委内瑞拉	Venezuela	868	1334	2052	2839
北美洲	**North America**	**2615**	**785**	**742**	**461**
加拿大	Canada	60	42	109	108
美国	United States	2555	743	633	350
格陵兰	Greenland				3
大洋洲及太平洋岛屿	**Oceania and Pacific Is.**	**1381**	**2862**	**3680**	**4491**
澳大利亚	Australia	208	199	337	684
库克群岛	Cook Islands	14	45	45	
斐济	Fiji	263	380	548	726
新喀里多尼亚	NewCaledonia			638	1392
瓦努阿图	Vanuatu	35	16	33	58
新西兰	New Zealand	45	80	162	204
巴布亚新几内亚	Papua New Guinea	599	1879	1238	1013
汤加	Tonga	57	70	243	301
萨摩亚	Samoa	88	122	416	105
密克罗尼西亚	Micronesia	72	71	20	8
其他	**Others**	**11**	**11**	**11**	**18**

8-5 分国别(地区)年末在境外从事劳务合作人员

Personnel Abroad for Labour Services Classified by Country or Region at the Year-end

单位：人
Unit: person

国别(地区)	Country/Region	2008	2009	2010	2011
合　计	**Total**	**467110**	**450277**	**470095**	**488409**
亚洲	**Asia**	**398612**	**385257**	**397694**	**420443**
巴林	Bahrain	59	49	42	6
孟加拉国	Bangladesh	374	509	228	247
不丹	Bhutan			1	1
文莱	Brunei	7	3		
缅甸	Myanmar	61	91	103	502
柬埔寨	Cambodia	3026	2115	1632	1165
塞浦路斯	Cyprus	118	126	149	166
朝鲜	Korea DPR	1082	1032	1001	37
中国香港	Hong Kong, China	19859	19103	20640	21992
印度	India	94	327	449	373
印度尼西亚	Indonesia	698	558	529	597
伊拉克	Iraq				31
以色列	Israel	2393	1665	793	499
日本	Japan	159140	161942	171747	177560
约旦	Jordan	7839	6429	5546	4325
科威特	Kuwait	1030	633	645	1245
老挝	Laos	664	982	843	928
黎巴嫩	Lebanon			6	6
中国澳门	Macao, China	53399	47908	47913	58103
马来西亚	Malaysia	3130	2587	2615	3065
马尔代夫	Maldives	53	50	10	28
蒙古	Mongolia	1687	1605	1506	2798
尼泊尔	Nepal	8	8	3	61
阿曼	Oman	122	88	82	56
巴基斯坦	Pakistan	50	7	359	365
菲律宾	Philippines	179	181	102	115
卡塔尔	Qatar	2215	1912	2095	1587
沙特阿拉伯	Saudi Arabia	3607	4426	4835	6243
新加坡	Singapore	66126	62856	65410	71463
韩国	Korea	39028	36592	38229	40941
斯里兰卡	Sri Lanka	79	75	60	62
泰国	Thailand	1420	598	908	1086
土耳其	Turkey	367	125	270	269
阿联酋	United Arab Emirates	7559	9904	8993	7196
也门共和国	Yemen Rep.	230	50	15	
越南	Vietnam	8527	6794	5828	5266
中国台湾	Taiwan, China	12675	12595	12789	10851
东帝汶	East Timor	1	1	18	15
哈萨克	Kazakhstan	1318	1166	849	922
吉尔吉斯	Kirghizia	307	85	93	94
塔吉克	Tadzhikistan	80	80	81	96
乌兹别克	Uzbekistan	1		1	81
亚洲其他国家	Oth.Asia.nes			276	

8-5 续表 1 Continued 1

单位：人
Unit: person

国别(地区)	Country/Region	2008	2009	2010	2011
非洲	**Africa**	**21231**	**26020**	**34380**	**29041**
阿尔及利亚	Algeria	2417	3592	4583	4704
安哥拉	Angola	3538	5452	6708	8534
贝宁	Benin	126	94	90	73
博茨瓦纳	Botswana	104	93	114	109
布隆迪	Burundi	2	2	2	13
喀麦隆	Cameroon			26	27
佛得角	Cape Verde	9		15	651
乍得	Chad		21	31	36
科摩罗	Comoros	2		2	
刚果(布)	Congo	362	881	1025	705
吉布提	Djibouti	60	2	34	2
埃及	Egypt	125	107	106	67
赤道几内亚	Eq. Guinea	217	151	1148	1126
埃塞俄比亚	Ethiopia	111	528	274	212
加蓬	Gabon	228	183	214	274
加纳	Ghana	4	4	16	81
几内亚	Guinea	102	96	36	41
几内亚(比绍)	Guinea bissau	34	31		
科特迪瓦	Cote d' Ivoire		1	9	14
肯尼亚	Kenya	36	24	156	114
利比里亚	Liberia	790	669	708	684
利比亚	Libya	970	2560	6664	
马达加斯加	Madagascar	324	330	314	212
马拉维	Malawi			38	
马里	Mali	91	65	69	74
毛里塔尼亚	Mauritania	496	529	535	476
毛里求斯	Mauritius	6245	5667	5454	4931
摩洛哥	Morocco	301	321	184	179
莫桑比克	Mozambique	64	56	228	139
纳米比亚	Namibia	94	66	4	4
尼日尔	Niger		5		13
尼日利亚	Nigeria	1707	1694	2223	2315
卢旺达	Rwanda	8	8	57	69
塞内加尔	Senegal	30	30	30	32
塞舌尔	Seychelles	93	54	56	68
塞拉利昂	Sierra Leone	108	82	65	59
南非	S. Africa	688	756	848	850
苏丹	Sudan	61	83	187	138
坦桑尼亚	Tanzania	82	137	186	329
多哥	Togo	81	109	149	53
突尼斯	Tunisia			4	6
乌干达	Uganda	41	37	144	100
刚果(金)	Congo DR	10	10	17	27

8-5 续表 2 Continued 2

单位：人

Unit: person

国别(地区)	Country/Region	2008	2009	2010	2011
赞比亚	Zambia	70	216	215	516
津巴布韦	Zimbabwe	18	20	21	28
莱索托	Lesotho	906	569	581	522
斯威士兰	Swaziland	317	403	427	177
厄立特里亚	Eritrea	159	282	383	256
南苏丹共和国	Republic of South Sudan				1
欧洲	**Europe**	**33444**	**26632**	**26466**	**27421**
丹麦	Denmark	127	57	119	7
英国	United Kingdom	1178	1202	1135	1027
德国	Germany	4321	4529	4878	4978
法国	France	43	41	62	61
爱尔兰	Ireland	198	177	173	174
意大利	Italy	7	10	97	143
荷兰	Netherlands	1262	1474	1858	2176
希腊	Greece	416	542	447	332
西班牙	Spain	45	18		
阿尔巴尼亚	Albania	6	6		
芬兰	Finland	154	173	173	25
匈牙利	Hungary	4	4	4	4
马耳他	Malta	173	211	209	201
摩纳哥	Monaco		12	25	3
挪威	Norway	276	212	219	260
波兰	Poland	342	191	182	138
罗马尼亚	Romania	677	280	15	15
瑞典	Sweden		4	21	29
瑞士	Switzerland	2	2	2	2
爱沙尼亚	Estonia		40		
立陶宛	Lithuania	101	51	55	53
格鲁吉亚	Georgia	64			
阿塞拜疆	Azerbaijan	1	1	1	1
白俄罗斯	Belorussia	398	292	13	209
俄罗斯	Russia	23532	17018	16661	17527
乌克兰	Ukraine	94	65	61	37
斯洛文尼亚	Slovenia	3	5	9	13
捷克	Czech	20	12	12	4
斯洛伐克	Slovakia		3	3	1
塞尔维亚	Serbia			32	1
拉丁美洲	**Latin America**	**5076**	**3983**	**4379**	**4341**
安提瓜和巴布达	Antigua & Barbuda	9	12	20	
阿根廷	Argentina	210	88	90	95

8-5 续表 3 Continued 3

单位：人
Unit: person

国别(地区)	Country/Region	2008	2009	2010	2011
巴哈马	Bahamas				286
巴巴多斯	Barbados	24	27	8	16
伯利兹	Belize	55	8	73	73
巴西	Brazil	78	175	184	123
智利	Chile	120	101	343	387
古巴	Cuba		2		
厄瓜多尔	Ecuador	2	2	2	2
洪都拉斯	Honduras	24	24	24	18
牙买加	Jamaica	29	122	125	15
墨西哥	Mexico	796	313	297	289
尼加拉瓜	Nicaragua	383	315	196	49
巴拿马	Panama	1638	1327	1502	1426
秘鲁	Peru	79	79	82	82
圣卢西亚	Saint Lucia	48	48	48	48
圣文森特和格林纳丁斯	Saint Vincent & Grenadines	177	321	292	246
萨尔瓦多	El Salvador	4			
苏里南	Suriname	17			
特立尼达和多巴哥	Trinidad & Tobago	1274	879	932	963
特克斯和凯科斯岛	Turks and Caicos Island	73	57	57	57
委内瑞拉	Venezuela	36	39	42	111
英属维尔京群岛	Virgin Is.(E)		44	62	55
北美洲	**North America**	**5144**	**4387**	**3726**	**3172**
加拿大	Canada	976	912	536	492
美国	United States	4168	3475	3190	2672
北美洲其他国家(地区)	Oth. N.Amer. nes				8
大洋洲及太平洋岛屿	**Oceania and Pacific Is.**	**2809**	**3727**	**3179**	**3742**
澳大利亚	Australia	579	1144	952	906
库克群岛	Cook Is.	2	2		
斐济	Fiji	526	776	471	871
新喀里多尼亚	New Caledonia				54
瓦努阿图	Vanuatu		353	444	581
新西兰	New Zealand	200	222	182	206
萨摩亚	Samoa	1402	1130	1037	1037
密克罗尼西亚	Micronesia	100	73		23
马绍尔群岛	Marshall Is.		27	93	64
其它	**Others**	**794**	**271**	**271**	**249**

8-6 各地区签订对外承包工程合同数量及金额

Contracts Signed for Foreign Engineering Projects by Region

公司	Region/ Corporation	2010		2011	
		合同（份） Nunber of Contracts (Unit)	金额（万美元） Contract Value (USD 10000)	合同（份） Nunber of Contracts (Unit)	金额（万美元） Contract Value (USD 10000)
总计	**Total**	**9544**	**13436696**	**6381**	**14233229**
一、专业公司	**National Specialized International Cooperation Companies**	**2120**	**6134452**	**1213**	**6435235**
二、地方公司	**Provincial and Civil International Cooperation Companies**	**7424**	**7302244**	**5168**	**7797994**
北京	Beijing	170	251114	230	261088
天津	Tianjin	74	173753	92	194390
河北	Hebei	190	294596	215	328230
山西	Shanxi	1	47517	71	41821
内蒙古	Inner Mongolia	3	681		
辽宁	Liaoning	137	172372	159	197637
吉林	Jilin	9	38178	4	7605
黑龙江	Heilongjiang	22	17601	43	41254
上海	Shanghai	3397	1010276	567	1234673
江苏	Jiangsu	967	544726	891	588537
浙江	Zhejiang	337	241543	601	257437
安徽	Anhui	42	151147	58	193661
福建	Fujian	21	8607	35	49016
江西	Jiangxi	102	135697	135	144191
山东	Shandong	257	1008411	289	864453
河南	Henan	156	237489	241	230318
湖北	Hubei	64	765531	69	631308
湖南	Hunan	28	62645	64	39747
广东	Guangdong	605	986740	528	1343526
广西	Guangxi	38	61019	20	55061
海南	Hainan	2	1916	4	493
重庆	Chongqing	20	79035	28	16748
四川	Sichuan	544	684878	577	745344
贵州	Guizhou	24	32431	25	29649
云南	Yunnan	24	106102	47	112125
陕西	Shaanxi	96	88786	69	83517
甘肃	Gansu	31	41084	44	54691
青海	Qinghai			1	1225
宁夏	Ningxia	2	3003	5	3262
新疆	Xinjiang	54	46948	54	39840
新疆兵团	Xinjiang Bingtuan	7	8418	2	7147

8-7 各地区对外承包工程营业额

Turnover of Foreign Engineering Projects by Region

单位：万美元

Unit: USD 10000

公 司	Region/Corporation	2008	2009	2010	2011
总 计	**Total**	**5661168**	**7770611**	**9217025**	**10342448**
一、专业公司	**National Specialized International Cooperation Co.**	**1986483**	**2815679**	**3468478**	**3516149**
二、地方公司	**Provincial and Civil International Cooperation Companies**	**3674685**	**4954932**	**5748547**	**6826299**
北 京	Beijing	130849	184997	222514	248098
天 津	Tianjin	97155	208566	245205	299081
河 北	Hebei	155593	287157	285351	243603
山 西	Shanxi	51954	114297	71999	69676
内蒙古	Inner Mongolia	2523	1692	3159	
辽 宁	Liaoning	84560	157858	132250	150798
吉 林	Jiling	18393	23469	26364	29510
黑龙江	Heilongjiang	56920	78633	105093	109161
上 海	Shanghai	490707	665664	689616	594113
江 苏	Jiangsu	388434	435771	516738	600106
浙 江	Zhejiang	170495	222269	275057	289942
安 徽	Anhui	107879	149363	192716	236706
福 建	Fujian	13295	17478	23531	50373
江 西	Jiangxi	52213	71143	104334	158503
山 东	Shandong	262351	425362	523767	747265
河 南	Henan	119376	159823	207085	291264
湖 北	Hubei	153456	275913	381301	406741
湖 南	Hunan	57230	54785	109065	145987
广 东	Guangdong	686045	758799	820815	1134158
广 西	Guangxi	23397	43495	56429	65296
海 南	Hainan	3558	2173	825	1382
重 庆	Chongqing	16654	17576	35987	41770
四 川	Sichuan	251852	335622	399299	498692
贵 州	Guizhou	31064	28287	22003	30015
云 南	Yunnan	59870	73755	99194	114468
陕 西	Shaanxi	77989	62543	81022	136256
甘 肃	Gansu	30247	28332	22403	29664
青 海	Qinghai				4633
宁 夏	Ningxia	1147	1461	1711	1841
新 疆	Xingjiang	63070	44621	62945	63209
新疆兵团	Xinjiang Bingtuan	16409	24028	30769	33988

8-8 各地区年末在境外从事承包工程人数

Personnel Abroad for Foreign Engineering Projects Classified by Region at the Year-end

单位：人

Unit: Person

公 司	Region/Corporation	2008	2009	2010	2011
总　计	**Total**	**271613**	**326861**	**376510**	**324018**
一、专业公司	**National Specialized International Cooperation Co.**	**81995**	**99086**	**114409**	**80415**
二、地方公司	**Provincial and Civil International Cooperation Companies**	**189618**	**227775**	**262101**	**243603**
北　京	Beijing	6337	11783	17145	12414
天　津	Tianjin	2657	6172	5911	8860
河　北	Hebei	8057	10642	8791	5503
山　西	Shanxi	3682	5066	4943	4983
内蒙古	Inner Mongolia	2003	2028	362	263
辽　宁	Liaoning	10355	6946	7374	6733
吉　林	Jiling	4724	8325	9500	2709
黑龙江	Heilongjiang	3966	2943	3152	1893
上　海	Shanghai	7270	8178	9430	7559
江　苏	Jiangsu	34945	36739	36285	35415
浙　江	Zhejiang	15456	14578	18485	10120
安　徽	Anhui	10969	15054	11727	14190
福　建	Fujian	419	223	367	571
江　西	Jiangxi	4185	6289	7467	7375
山　东	Shandong	17967	23621	26176	26925
河　南	Henan	9216	11028	16349	19013
湖　北	Hubei	9145	15995	21968	16575
湖　南	Hunan	2350	3187	3989	3897
广　东	Guangdong	886	2105	4554	4017
广　西	Guangxi	5242	6281	5526	3979
海　南	Hainan	24	4	2	6
重　庆	Chongqing	330	1508	2220	2390
四　川	Sichuan	9851	11511	11249	9658
贵　州	Guizhou	874	1649	1789	1926
云　南	Yunnan	7341	8126	14560	22740
陕　西	Shaanxi	4852	2414	3959	5701
甘　肃	Gansu	1742	846	824	1746
青　海	Qinghai				387
宁　夏	Ningxia	141	175	265	220
新　疆	Xingjiang	2444	2059	3077	3134
新疆兵团	Xinjiang Bingtuan	2188	2300	4655	2701

8-9 各地区年末在境外从事劳务合作人数

Personnel Abroad for Foreign Labour Services Classified by Region at the Year-end

单位：人

Unit: Person

公　司	Region/Corporation	2008	2009	2010	2011
总　计	**Total**	**467110**	**450277**	**470095**	**488409**
一、专业公司	**National Specialized International Cooperation Co.**	**26728**	**27909**	**28195**	**28418**
二、地方公司	**Provincial and Civil International Cooperation Companies**	**440382**	**422368**	**441900**	**459252**
北　京	Beijing	5056	5316	5354	5428
天　津	Tianjin	7963	6618	6772	7224
河　北	Hebei	6543	4385	4533	3370
山　西	Shanxi	1339	1047	1204	951
内蒙古	Inner Mongolia	3662	4108	4344	5510
辽　宁	Liaoning	40850	31345	34074	36529
吉　林	Jiling	43679	50647	57066	60643
黑龙江	Heilongjiang	11035	9080	9733	9422
上　海	Shanghai	20165	17893	17417	15932
江　苏	Jiangsu	66240	62991	60051	53839
浙　江	Zhejiang	8860	8904	7776	5616
安　徽	Anhui	10057	9005	8509	6711
福　建	Fujian	37312	27840	23873	27030
江　西	Jiangxi	7198	6966	7148	6160
山　东	Shandong	72580	72612	75737	81741
河　南	Henan	27359	31295	39707	45180
湖　北	Hubei	6239	6249	7510	6898
湖　南	Hunan	14158	14568	16381	18681
广　东	Guangdong	33691	33124	33901	38621
广　西	Guangxi	559	846	432	415
海　南	Hainan				
重　庆	Chongqing	1701	1631	1846	1971
四　川	Sichuan	8925	9754	10734	12123
贵　州	Guizhou				12
云　南	Yunnan	665	1534	2629	3566
西　藏	Tibet				
陕　西	Shaanxi	4126	4155	4594	5076
甘　肃	Gansu	76	33	87	277
青　海	Qinghai			51	24
宁　夏	Ningxia	238	412	427	302
新　疆	Xingjiang				
新疆兵团	Xinjiang Bingtuan	106	10	10	
三、其他	**Others**				**739**

注：该表中其他指中韩雇佣制劳务合作。

Note: In this table, "others" refers to china and South Korea employment system for foreign labour services.

旅游篇

TOURISM

第 9 篇

9-1 历年入境游客
Visitor Arrivals

单位:万人次
Unit: 10000 person-times

年 份 Year	合 计 Total	#入境过夜游客 Overnight Tourists	外国人 Foreigners	港澳台同胞* Compatriot*	#台湾同胞 Taiwan Province
1978	180.92	71.60	22.96	156.15	
1979	420.39	152.90	36.24	382.06	
1980	570.25	350.00	52.91	513.90	
1981	776.71	376.70	67.52	705.31	
1982	792.43	392.40	76.45	711.70	
1983	947.70	379.10	87.25	856.41	
1984	1285.22	514.10	113.43	1167.04	
1985	1783.31	713.30	137.05	1637.78	
1986	2281.95	900.10	148.23	2126.90	
1987	2690.23	1076.00	172.78	2508.74	
1988	3169.48	1236.10	184.22	2977.33	43.77
1989	2450.14	936.10	146.10	2297.19	54.10
1990	2746.18	1048.40	174.73	2562.34	94.80
1991	3334.98	1246.40	271.01	3050.62	94.66
1992	3811.49	1651.20	400.64	3394.34	131.78
1993	4152.69	1898.20	465.59	3670.49	152.70
1994	4368.45	2107.00	518.21	3838.72	139.02
1995	4638.65	2003.40	588.67	4038.40	153.23
1996	5112.75	2276.50	674.43	4422.86	173.39
1997	5758.79	2377.00	742.80	5006.09	211.76
1998	6347.84	2507.29	710.77	5625.00	217.46
1999	7279.56	2704.66	843.23	6425.52	258.46
2000	8344.39	3122.88	1016.04	7320.80	310.86
2001	8901.29	3316.67	1122.64	7778.65	344.20
2002	9790.83	3680.26	1343.95	8446.88	366.06
2003	9166.21	3297.05	1140.29	8025.92	273.19
2004	10903.82	4176.14	1693.25	9210.57	368.53
2005	12029.23	4680.90	2025.51	10003.71	410.92
2006	12494.21	4991.34	2221.03	10273.19	441.35
2007	13187.33	5471.98	2610.97	10576.36	462.79
2008	13002.74	5304.92	2432.53	10570.21	438.56
2009	12647.59	5087.52	2193.75	10453.84	448.40
2010	13376.22	5566.45	2612.69	10763.53	514.06
2011	13542.35	5758.07	2711.20	10831.15	526.30

注：港澳台同胞来自香港特别行政区、澳门特别行政区和台湾省(下同)。
Note: Compatriot From Hong Kong, Macao and Taiwan Province.(next the same)

9-2 历年入境游客增长速度

Growth Rates of Visitor Arrivals

单位：%

unit: %

年份 Year	合计 Total	#入境过夜游客 Overnight Tourists	外国人 Foreigners	港澳台同胞 Compatriot	#台湾同胞 Taiwan Province
1979	132.4	113.5	57.8	144.7	
1980	35.6	128.9	46.0	34.5	
1981	36.2	7.6	27.6	37.2	
1982	2.0	4.2	13.2	0.9	
1983	19.6	-3.4	14.1	20.3	
1984	35.6	35.6	30.0	36.3	
1985	38.8	38.7	20.8	40.3	
1986	28.0	26.2	8.2	29.9	
1987	17.9	19.5	16.6	18.0	
1988	17.8	14.9	6.6	18.7	
1989	-22.7	-24.3	-20.7	-22.8	23.6
1990	12.1	12.0	19.6	11.5	75.2
1991	21.4	18.9	55.1	19.1	-0.1
1992	14.3	32.5	47.8	11.3	39.2
1993	9.0	15.0	16.2	8.1	15.9
1994	5.2	11.0	11.3	4.6	-9.0
1995	6.2	-4.9	13.6	5.2	10.2
1996	10.2	13.6	14.6	9.5	13.2
1997	12.6	4.4	10.1	13.2	22.1
1998	10.2	5.5	-4.3	12.4	2.7
1999	14.7	7.9	18.6	14.2	18.9
2000	14.6	15.5	20.5	13.9	20.3
2001	6.7	6.2	10.5	6.3	10.7
2002	10.0	11.0	19.7	8.6	6.4
2003	-6.4	-10.4	-15.2	-5.0	-25.4
2004	19.0	26.7	48.5	14.8	34.9
2005	10.3	12.1	19.6	8.6	11.5
2006	3.9	6.6	9.7	2.7	7.4
2007	5.5	9.6	17.6	3.0	4.9
2008	-1.4	-3.1	-6.8	-0.1	-5.2
2009	-2.7	-4.1	-9.8	-1.1	2.2
2010	5.8	9.4	19.1	3.0	14.6
2011	1.2	3.4	3.8	0.6	2.4

9-3 历年入境过夜游客和国际旅游(外汇)收入

International Tourism Receipts and Tourist Arrivals

年份 Year	入境过夜游客 (万人次) Tourist Arrivals (10000 person-time)	入境过夜游客 增速(%) Growth Rates (%)	入境过夜游客 居世界位次 Rank	旅游(外汇)收入 合计(亿美元) Tourism Receipts (USD 100 Million)	旅游(外汇) 收入增速(%) Growth Rates (%)	旅游(外汇)收入 居世界位次 Rank
1978	71.60			2.63		
1979	152.90	113.5		4.49	70.7	
1980	350.00	128.9	18	6.17	37.4	34
1981	376.70	7.6	17	7.85	27.2	34
1982	392.40	4.2	16	8.43	7.4	29
1983	379.10	-3.4	16	9.41	11.6	26
1984	514.10	35.6	14	11.31	20.2	21
1985	713.30	38.7	13	12.50	10.5	21
1986	900.10	26.2	12	15.31	22.5	22
1987	1076.00	19.5	12	18.62	21.6	26
1988	1236.10	14.9	10	22.47	20.7	26
1989	936.10	-24.3	12	18.60	17.2	27
1990	1048.40	12.0	11	22.18	19.2	25
1991	1246.40	18.9	12	28.45	28.3	21
1992	1651.20	32.5	9	39.47	38.7	17
1993	1898.20	15.0	7	46.83	18.6	15
1994	2107.00	11.0	6	73.23	56.4	10
1995	2003.40	-4.9	8	87.33	19.3	10
1996	2276.50	13.6	6	102.00	16.8	9
1997	2377.00	4.4	6	120.74	18.4	8
1998	2507.29	5.5	6	126.02	4.4	7
1999	2704.66	7.9	5	140.99	11.9	7
2000	3122.88	15.5	5	162.24	15.1	7
2001	3316.67	6.2	5	177.92	9.7	5
2002	3680.26	11.0	5	203.85	14.6	5
2003	3297.05	-10.4	5	174.06	-14.6	7
2004	4176.14	26.7	4	257.39	47.9	7
2005	4680.90	12.1	4	292.96	13.8	6
2006	4991.34	6.6	4	339.49	15.9	5
2007	5471.98	9.6	4	419.19	23.5	5
2008	5304.92	-3.1	4	408.43	-2.6	5
2009	5087.52	-4.1	4	396.75	-2.9	5
2010	5566.45	9.4	3	458.14	15.5	4
2011	5758.07	3.4	3	484.64	5.8	4

9-4 入境外国游客分组构成

Foreign Visitor Arrivals by Sex, Age, Purpose and Mode of Transport

单位：万人次

Unit: 10000 person-time

项　目	Item	2010		2011	
		人次数 person-time	比重 structure (%)	人次数 person-time	比重 structure (%)
总　计	**Total**	**2612.69**	**100.0**	**2711.20**	**100.0**
按性别分	**By Sex**				
男	Male	1678.88	64.3	1745.41	64.4
女	Female	933.81	35.7	965.79	35.6
按年龄分	**By Age**				
14岁及以下	Under 14	109.44	4.2	111.94	4.1
15～24岁	15～24	203.09	7.8	212.44	7.8
25～44岁	25～44	1171.31	44.8	1227.62	45.3
45～64岁	46～64	965.20	36.9	992.28	36.6
65岁以上	Over 65	163.65	6.3	166.92	6.2
按事由分	**By Purpose**				
会议/商务	Meeting/Business	619.67	23.7	632.64	23.3
观光/休闲	Sightseeing/Leisure	1238.20	47.4	1221.82	45.1
探亲/访友	Visiting Relatives and Friends	9.10	0.3	10.99	0.4
服务员工	Work and Crew	246.27	9.4	269.39	9.9
其他	Others	499.44	19.1	576.35	21.3
按入境方式分	**By Mode Of Transport**				
船舶	Sea	273.64	10.5	283.21	10.4
飞机	Air	1543.78	59.1	1607.41	59.3
火车	Rail	60.76	2.3	67.56	2.5
汽车	Motor	341.91	13.1	366.59	13.5
徒步	Foot	392.61	15.0	386.42	14.3

9-5 按国籍分入境外国游客

Foreign Visitor Arrivals by Nationality

单位：人次

Unit: person-time

国　籍	Nationality	2008	2009	2010	2011
总　计	**Total**	**24325337**	**21937480**	**26126885**	**27111971**
亚洲	**Asia**	**14551042**	**13779346**	**16178640**	**16623150**
#阿富汗	Afghanistan	12230	15519	11809	11695
巴林	Bahrain	3959	3792	3839	3222
孟加拉国	Bangladesh	31352	32281	41648	47661
不丹	Bhutan	261	282	569	597
文莱	Brunei	7594	7538	10051	9449
缅甸	Myanmar	508995	607737	493400	191038
柬埔寨	Cambodia	18548	20104	24265	26534
塞浦路斯	Cyprus	2926	2884	3569	3229
朝鲜	Korea DPR	101824	105607	116382	152300
印度	India	436625	448942	549321	606474
印度尼西亚	Indonesia	426251	469044	573409	608675
伊朗	Iran	68025	87636	116999	125077
伊拉克	Iraq	10624	19234	22246	19289
以色列	Israel	68349	73008	83384	82234
日本	Japan	3446117	3317459	3731200	3658169
约旦	Jordan	21018	22661	25343	27568
科威特	Kuwait	6215	6948	7746	8303
老挝	Laos	8754	9674	11927	14186
黎巴嫩	Lebanon	19050	20186	22251	22854
马来西亚	Malaysia	1040494	1059004	1245160	1245092
马尔代夫	Maldives	1373	1330	2025	2623
蒙古	Mongolia	705270	576696	794386	994181
尼泊尔	Nepal	21726	23272	30796	31944
阿曼	Oman	3423	3619	4739	4630
巴基斯坦	Pakistan	72854	81491	87320	92518
巴勒斯坦	Palestine	4146	5050	6886	6336
菲律宾	Philippines	795255	748943	828284	894309
卡塔尔	Qatar	2086	1876	2940	2431
沙特阿拉伯	Saudi Arabia	13649	19030	27223	34635
新加坡	Singapore	875826	889538	1003658	1062993
韩国	Korea	3960392	3197538	4076392	4185398
斯里兰卡	Sri Lanka	24360	23574	30852	38013
叙利亚	Syria	16879	19745	21029	18473
泰国	Thailand	554275	541830	635539	608044
土耳其	Turkey	60360	64362	84460	98787
阿联酋	United Arab Emirates	4936	5256	8816	9041
也门共和国	Yemen Rep.	17666	19375	21661	18351
越南	Vietnam	743521	828630	919991	1006468
哈萨克斯坦	Kazakhstan	300732	279875	380312	506215
吉尔吉斯	Kirghizia	43493	32787	35444	47633

9-5 续表 1 Continued 1

单位：人次
Unit: person-time

国　籍	Nationality	2008	2009	2010	2011
塔吉克斯坦	Tadzhikistan	22123	17480	23398	26441
土库曼斯坦	Turkmenistan	9160	11647	14836	15590
乌兹别克斯坦	Uzbekistan	57974	49534	42575	54038
非洲	**Africa**	**378401**	**401159**	**463550**	**488774**
#阿尔及利亚	Algeria	20243	24893	25776	27982
安哥拉	Angola	9667	14519	17140	18595
贝宁	Benin	3970	3887	4694	4993
博茨瓦纳	Botswana	1357	1643	2367	2545
布隆迪	Burundi	793	727	934	1298
喀麦隆	Cameroon	6265	6886	6871	7052
佛得角	Cape Verde	706	609	670	616
中非	Central African	256	327	375	426
乍得	Chad	624	685	824	808
科摩罗	Comoros	418	443	733	781
刚果(布)	Congo(B)	4528	4409	4408	5111
吉布提	Djibouti	444	378	449	545
埃及	Egypt	44716	49665	59119	60880
赤道几内亚	Eq.Guinea	434	407	669	709
埃塞俄比亚	Ethiopia	11292	11952	14776	18561
加蓬	Gabon	1018	811	1118	1063
冈比亚	Gambia	1681	1874	2167	2100
加纳	Ghana	17160	14657	17152	19767
几内亚	Guinea	8030	8005	9068	9868
几内亚(比绍)	Guinea Bissau	1544	1837	1355	1248
科特迪瓦	Cote d'Ivoire	2570	2445	2886	2301
肯尼亚	Kenya	11656	11169	13051	15158
利比里亚	Liberia	1151	1029	1428	2079
利比亚	Libya	9764	11051	12956	3414
马达加斯加	Madagascar	4485	6308	8377	9392
马拉维	Malawi	908	1017	1426	1645
马里	Mali	14293	12230	14389	15038
毛里塔尼亚	Mauritania	1552	1661	1854	2069
毛里求斯	Mauritius	14734	15084	17465	18289
摩洛哥	Morocco	11756	12434	14034	13810
莫桑比克	Mozambique	1473	1732	2280	3195
纳米比亚	Namibia	801	892	1327	1438
尼日尔	Niger	5090	5457	6465	6890
尼日利亚	Nigeria	43515	50567	41372	45440
留尼汪	Reunion	20	8	4	5
卢旺达	Rwanda	1163	1086	1536	1799
圣多美和普林西比	Sao Tome & Principe	68	70	74	62
塞内加尔	Senegal	4811	5625	7484	8026

9-5 续表 2 Continued 2

单位：人次

Unit: person-time

国 籍	Nationality	2008	2009	2010	2011
塞舌尔	Seychelles	1157	1145	1346	1385
塞拉利昂	Sierra Leone	1165	1172	1279	1585
索马里	Somalia	489	564	709	951
南非	S.Africa	54251	50783	64477	67354
苏丹	Sudan	9052	9928	11475	11944
坦桑尼亚	Tanzania	10898	13429	15246	16441
多哥	Togo	2712	2765	3111	3103
突尼斯	Tunisia	8674	8141	10625	8640
乌干达	Uganda	6464	7742	10821	14456
布基纳法索	Burkina Faso	1910	1960	2463	2350
民主刚果	Congo DR	6484	6853	10491	12080
赞比亚	Zambia	3079	2888	4256	4813
津巴布韦	Zimbabwe	6017	4361	6888	7072
莱索托	Lesotho	422	343	474	555
斯威士兰	Swaziland	211	186	254	309
厄立特里亚	Eritrea	444	403	560	659
欧洲	**Europe**	**6123325**	**4591144**	**5697871**	**5937810**
#比利时	Belgium	61398	60770	76249	70400
丹麦	Denmark	81033	77340	86718	84637
英国	United Kingdom	551523	528786	574963	595697
德国	Germany	528858	518533	608621	637015
法国	France	429967	424770	512734	493132
爱尔兰	Ireland	35128	31221	36164	37596
意大利	Italy	194362	191357	229233	235041
卢森堡	Luxembourg	2451	2446	4471	2692
荷兰	Netherlands	180891	166884	189128	197530
希腊	Greece	34445	32060	34690	32652
葡萄牙	Portugal	43917	43634	47678	47033
西班牙	Spain	112224	114485	138255	139876
阿尔巴尼亚	Albania	2883	2586	2740	2638
安道尔	Andorra	123	128	120	167
奥地利	Austria	56273	48413	67288	66922
保加利亚	Bulgaria	15856	13846	16421	17556
芬兰	Finland	70577	60906	69226	65288
匈牙利	Hungary	17490	13626	15791	16289
冰岛	Iceland	4156	2686	3056	3009
列支敦士登	Liechtenstein	256	251	378	300
马耳他	Malta	1725	1563	1934	1833
摩纳哥	Monaco	144	118	237	88
挪威	Norway	49449	47653	53500	51428

9-5 续表 3 Continued 3

单位：人次
Unit: person-time

国　籍	Nationality	2008	2009	2010	2011
波兰	Poland	60958	53718	62109	67986
罗马尼亚	Romania	32168	27760	33214	36290
圣马力诺	San Marino	206	145	290	199
瑞典	Sweden	137686	125771	154513	170137
瑞士	Switzerland	63412	62579	74296	75294
爱沙尼亚	Estonia	4811	4226	4726	4511
拉脱维亚	Latvia	5970	5066	5708	5747
立陶宛	Lithuania	6646	5821	7000	7508
格鲁吉亚	Georgia	6308	5178	5355	6719
亚美尼亚	Armenia	4364	3528	4684	5347
阿塞拜疆	Azerbaijan	17453	15122	18605	18202
白俄罗斯	Byelorussia	8701	7458	10914	10939
摩尔多瓦	Moldavia	2195	1759	2442	2794
俄罗斯	Russia	3123415	1742973	2370313	2536302
乌克兰	Ukraine	105556	86553	105711	120248
南斯拉夫	Yugoslavia	8302	2835	179	71
斯洛文尼亚	Slovenia	5386	4969	5536	5685
克罗地亚	Croatia	18449	16072	16159	16355
捷克	Czech	17345	15768	19483	20285
斯洛伐克	Slovak	8069	7329	9028	9183
波黑	Bosnia & Hercegovina	1555	1118	1567	1390
拉丁美洲	**Latin America**	**260262**	**231011**	**300472**	**336867**
#安提瓜和巴布达	Antigua & Barbuda	173	201	268	223
阿根廷	Argentina	19158	16767	23084	25656
阿鲁巴岛	Aruba	20	5	11	41
巴哈马	Bahamas	651	401	586	623
巴巴多斯	Barbados	363	266	595	329
伯利兹	Belize	4002	3474	3186	3225
玻利维亚	Bolivia	3451	4083	5252	6470
巴西	Brazil	74656	63676	85050	97912
开曼群岛	Cayman Is	12	11	17	27
智利	Chile	13014	12245	15927	17763
哥伦比亚	Colombia	21186	20441	26870	31792
哥斯达黎加	Costa Rica	4568	4111	5084	5451
古巴	Cuba	3632	2391	2705	2433
多米尼加共和国	Dominican Rep.	2818	2593	3036	2943
厄瓜多尔	Ecuador	5159	4893	6271	7211
法属圭亚那	French Guyana	2	15		1
格林纳达	Grenada	183	174	181	189
危地马拉	Guatemala	1924	1637	2135	2350
圭亚那	Guyana	715	782	761	837

9-5 续表 4 Continued 4

单位：人次

Unit: person-time

国　　籍	Nationality	2008	2009	2010	2011
海地	Haiti	304	203	270	336
洪都拉斯	Honduras	2648	2459	2780	2709
牙买加	Jamaica	3258	3627	3978	4612
墨西哥	Mexico	48920	32298	49351	53720
尼加拉瓜	Nicaragua	445	467	599	526
巴拿马	Panama	5627	5830	7655	7806
巴拉圭	Paraguay	1142	1119	1673	1535
秘鲁	Peru	10537	10910	12798	14190
波多黎各	Puerto Rico	7	14	11	8
圣卢西亚	Saint Lucia	80	81	126	96
圣文森特和格林纳丁斯	S. Vinc. & Grenadines	210	261	160	100
萨尔瓦多	El Salvador	1074	860	987	1120
苏里南	Suriname	2287	2658	2637	2944
特立尼达和多巴哥	Trinidad & Tobago	2330	2225	2286	
特克斯和凯科斯群岛	Turks & Caicos Is.	1	3	2	
乌拉圭	Uruguay	2616	2641	3540	3784
委内瑞拉	Venezuela	22006	26079	29578	34821
维尔京群岛	Virgin Is.	3	1	1	2
北美洲	**North America**	**2321185**	**2260179**	**2694925**	**2864166**
加拿大	Canada	534712	550333	685304	747981
美国	United States	1786448	1709813	2009595	2116144
格陵兰	Greenland		1		
百慕大	Bermuda	25	32	26	41
大洋洲及太平洋群岛	**Oceania and Pacific Islands**	**688826**	**672432**	**789331**	**859310**
#澳大利亚	Australia	571534	561542	661342	726184
库克群岛	Cook Is.	1	2		
斐济	Fiji	2061	2398	3342	3207
瑙鲁	Nauru	1454	1046	852	650
瓦努阿图	Vanuatu	397	390	463	503
新西兰	New Zealand	105184	100438	116052	120898
巴布亚新几内亚	Papua New Guinea	905	1228	1514	1301
所罗门群岛	Solomon Is.	328	334	560	600
汤加	Tonga	1345	1183	1139	1379
萨摩亚	Samoa	276	241	399	425
基里巴斯	Kiribati	2908	1988	2289	2652
图瓦卢	Tuvalu	1577	1137	740	856
密克罗尼西亚	Micronesia	248	203	232	228
马绍尔群岛	Marshall Is.	314	249	336	368
贝劳共和国	Palau	42	37	60	39
国际组织及其他人员	**Others**	**2296**	**2209**	**2096**	**1894**

9-6 国际旅游外汇收入构成

Breakdown of International Tourism Receipts

单位：亿美元

Unit: USD 100 million

指　标	Item	2008	2009	2010	2011
总　计	**Total**	**408.43**	**396.75**	**458.14**	**484.64**
一、商品收入	**Commodities**	**124.07**	**127.63**	**157.05**	**154.54**
1.商品销售	Shopping	85.34	91.49	115.90	118.56
2.餐饮	Food and Beverage	38.73	36.14	41.15	35.98
二、劳务收入	**Services**	**284.36**	**269.12**	**301.09**	**330.09**
1.长途交通	Long-Distance Transportation	124.87	117.41	130.91	151.17
民航	Air	90.47	85.84	98.08	114.70
铁路	Rail	13.46	12.77	12.47	14.06
汽车	Motor	10.47	9.58	10.81	14.06
轮船	Sea	10.47	9.22	9.56	8.35
2.游览	Sightseeing	22.02	20.80	21.07	25.32
3.住宿	Accommodation	48.60	44.34	51.95	50.98
4.娱乐	Entertainment	29.70	28.82	31.72	34.66
5.邮电通讯	Communication	10.02	9.55	14.60	10.36
6.市内交通	Local Transportation	13.55	13.29	10.68	16.19
7.其他服务	Others	35.60	34.91	40.15	41.41

9-7 各地区国际旅游(外汇)收入

International Tourism Receipts by Locality

单位：亿美元

Unit: USD 100 million

地 区	Region	2008	2009	2010	2011
北 京	Beijing	44.59	43.57	50.45	54.16
天 津	Tianjin	10.01	11.83	14.20	17.56
河 北	Hebei	2.74	3.08	3.51	4.48
山 西	Shanxi	3.01	3.78	4.65	5.67
内蒙古	Inner Mongolia	5.77	5.58	6.02	6.71
辽 宁	Liaoning	15.26	18.56	22.59	27.13
吉 林	Jilin	2.11	2.43	3.05	3.85
黑龙江	Heilongjiang	8.70	6.39	7.63	9.18
上 海	Shanghai	49.72	47.44	63.41	57.51
江 苏	Jiangsu	38.80	40.16	47.83	56.53
浙 江	Zhejiang	30.24	32.24	39.30	45.42
安 徽	Anhui	4.54	5.66	7.09	11.79
福 建	Fujian	23.94	25.99	29.78	36.34
江 西	Jiangxi	2.52	2.90	3.46	4.15
山 东	Shandong	13.91	17.65	21.55	25.51
河 南	Henan	3.74	4.33	4.99	5.49
湖 北	Hubei	4.43	5.10	7.51	9.40
湖 南	Hunan	6.17	6.73	9.06	10.14
广 东	Guangdong	91.75	100.28	123.83	139.06
广 西	Guangxi	6.02	6.43	8.06	10.52
海 南	Hainan	3.14	2.77	3.22	3.76
重 庆	Chongqing	4.50	5.37	7.03	9.68
四 川	Sichuan	1.54	2.89	3.54	5.94
贵 州	Guizhou	1.17	1.10	1.30	1.35
云 南	Yunnan	10.08	11.72	13.24	16.09
西 藏	Tibet	0.31	0.79	1.04	1.30
陕 西	Shaanxi	6.60	7.71	10.16	12.95
甘 肃	Gansu	0.16	0.13	0.15	0.17
青 海	Qinghai	0.10	0.15	0.20	0.27
宁 夏	Ningxia	0.03	0.04	0.06	0.06
新 疆	Xinjiang	1.36	1.37	1.85	4.65

9-8 各地区接待入境过夜游客情况

International Tourists by Region

地区	Region	人数（万人次）Tourist Arrivals (10000 person-time) 2010	2011	#外国人 Foreigners 2010	2011	人天数（万人天）Tourist Arrivals Night (10000 person-night) 2010	2011	#外国人 Foreigners 2010	2011
北京	Beijing	490.07	520.40	421.63	447.41	2050.52	2186.37	1813.26	1931.84
天津	Tianjin	166.07	73.06	153.05	63.58	680.51	855.07	567.40	707.69
河北	Hebei	97.74	114.14	85.31	98.27	225.60	282.85	199.81	241.84
山西	Shanxi	130.29	155.32	82.09	98.25	244.56	293.63	151.79	184.84
内蒙古	Inner Mongolia	142.80	151.52	140.02	147.64	335.67	378.94	325.33	364.33
辽宁	Liaoning	361.80	405.33	307.01	339.41	1109.54	1310.98	957.77	1125.70
吉林	Jilin	82.01	99.32	72.16	85.49	172.51	216.42	152.62	181.98
黑龙江	Heilongjiang	172.42	206.52	164.83	197.84	376.98	460.93	363.45	441.08
上海	Shanghai	733.72	668.61	593.12	554.99	2577.82	2284.81	2075.17	1888.08
江苏	Jiangsu	653.55	737.33	473.50	537.91	2743.37	3105.77	1966.85	2226.28
浙江	Zhejiang	684.71	773.69	447.41	515.04	1860.71	2135.54	1267.16	1481.44
安徽	Anhui	198.42	262.87	117.40	151.75	389.81	696.88	243.11	413.55
福建	Fujian	368.14	427.42	115.27	140.02	1592.33	1850.82	676.08	790.11
江西	Jiangxi	113.97	135.83	39.92	43.98	222.02	276.19	76.86	92.44
山东	Shandong	366.79	424.23	277.87	312.33	1088.02	1265.99	844.06	931.71
河南	Henan	146.84	168.29	96.09	104.29	290.29	367.14	186.84	238.20
湖北	Hubei	181.74	213.52	138.55	160.11	375.07	459.63	286.80	349.41
湖南	Hunan	189.87	227.63	103.30	119.80	473.20	527.97	329.15	302.83
广东	Guangdong	3140.93	3331.63	733.28	749.34	6934.77	7484.55	1881.15	2015.54
广西	Guangxi	250.24	302.79	141.39	171.48	435.10	540.04	257.48	315.36
海南	Hainan	66.33	81.43	47.40	56.16	181.07	212.16	148.68	171.79
重庆	Chongqing	137.02	186.40	103.96	132.61	418.23	563.20	328.60	413.34
四川	Sichuan	104.93	163.97	74.97	113.73	198.19	312.04	144.01	223.13
贵州	Guizhou	50.01	58.51	18.61	23.62	71.39	81.22	29.32	33.79
云南	Yunnan	329.15	395.38	231.23	281.00	615.20	750.13	421.37	526.18
西藏	Tibet	22.83	27.08	21.41	24.90	58.45	69.32	55.07	64.44
陕西	Shaanxi	212.17	270.41	155.24	189.91	556.80	718.49	400.01	519.35
甘肃	Gansu	7.02	9.11	4.99	5.47	10.15	11.33	7.59	7.16
青海	Qinghai	4.67	5.17	3.39	4.11	13.58	16.91	10.08	14.03
宁夏	Ningxia	1.80	1.95	1.29	1.37	3.86	3.89	2.63	2.93
新疆	Xinjiang	50.94	56.37	45.44	48.77	106.96	170.00	97.59	150.79

9-9 各地区入境过夜游客人均天花费额

Average Daily Per Capita Expenditure of International Tourists by Region

单位：美元/人天

Unit: USD/night per capita

地区	Region	人均天花费 Average Expenditure		外国人 Foreigners		香港同胞 Hongkong SAR	
		2010	2011	2010	2011	2010	2011
北京	Beijing	245.49	247.78	248.65	242.68	237.35	287.52
天津	Tianjin	199.10	197.64	197.14	190.77	203.45	219.60
河北	Hebei	158.20	163.56	157.66	162.59	156.40	170.37
山西	Shanxi	172.25	174.12	171.62	171.88	175.83	179.30
内蒙古	Inner Mongolia	183.43	181.02	183.28	182.41	188.54	181.58
辽宁	Liaoning	203.64	204.49	203.53	204.42	206.32	196.92
吉林	Jilin	176.34	177.90	177.51	177.38	173.48	192.25
黑龙江	Heilongjiang	190.69	188.79	200.11	201.25	190.18	162.85
上海	Shanghai	245.08	251.81	244.24	249.14	240.18	266.80
江苏	Jiangsu	209.58	213.82	205.92	213.12	225.27	216.21
浙江	Zhejiang	209.12	208.53	206.87	208.84	229.22	205.30
安徽	Anhui	180.97	178.37	175.50	180.33	179.82	152.36
福建	Fujian	190.27	197.39	194.30	199.55	180.54	187.79
江西	Jiangxi	159.86	156.64	155.08	165.71	168.13	133.33
山东	Shandong	201.19	203.50	197.87	206.20	214.76	193.01
河南	Henan	154.73	152.84	155.43	156.01	147.64	144.43
湖北	Hubei	192.84	195.36	197.92	196.12	186.17	190.84
湖南	Hunan	189.69	188.24	189.77	189.78	191.47	178.01
广东	Guangdong	165.54	169.08	169.50	182.61	156.05	143.15
广西	Guangxi	184.23	188.11	182.88	188.70	186.33	183.56
海南	Hainan	173.31	176.69	176.52	184.86	171.27	150.60
重庆	Chongqing	173.25	176.39	171.93	169.45	178.38	199.46
四川	Sichuan	175.45	176.69	173.49	180.53	177.99	167.48
贵州	Guizhou	171.76	168.68	164.25	171.14	184.05	190.99
云南	Yunnan	182.31	186.59	178.25	189.31	197.89	183.52
西藏	Tibet	176.56	180.33	177.32	179.96	160.14	205.07
陕西	Shaanxi	186.20	188.30	188.30	196.34	185.26	131.13
甘肃	Gansu	153.32	157.30	164.91	157.42	132.09	126.37
青海	Qinghai	149.46	151.63	149.34	151.69	134.28	124.67
宁夏	Ningxia	155.13	159.31	155.00	153.99	145.12	159.80
新疆	Xinjiang	170.66	174.74	173.05	174.74	152.05	-

单位：美元/人天

Unit: USD/night per capita

地 区	Region	澳门同胞 Macao SAR		台湾同胞 Taiwan Province	
		2010	2011	2010	2011
北 京	Beijing	255.14	255.09	204.77	271.17
天 津	Tianjin	232.83	313.57	210.51	211.50
河 北	Hebei	153.73	179.01	172.68	164.19
山 西	Shanxi	177.09	181.01	172.01	178.71
内蒙古	Inner Mongolia	178.27	116.02	182.95	173.69
辽 宁	Liaoning	201.09	218.86	202.77	209.35
吉 林	Jilin	174.87	194.28	165.08	165.24
黑龙江	Heilongjiang	230.76	258.44	129.06	120.78
上 海	Shanghai	235.07	296.09	263.15	261.00
江 苏	Jiangsu	236.77	227.56	209.06	213.39
浙 江	Zhejiang	208.33	185.40	213.95	215.26
安 徽	Anhui	239.96	171.30	192.42	167.41
福 建	Fujian	170.02	223.94	189.70	194.64
江 西	Jiangxi	165.40	163.18	165.87	143.52
山 东	Shandong	206.54	200.54	209.76	200.48
河 南	Henan	154.03	129.51	145.40	135.43
湖 北	Hubei	183.22	185.27	190.39	202.38
湖 南	Hunan	199.92	178.41	181.91	159.20
广 东	Guangdong	159.08	138.86	168.36	167.97
广 西	Guangxi	179.79	193.10	191.79	188.00
海 南	Hainan	165.21	113.81	146.81	140.41
重 庆	Chongqing	182.76	234.85	172.65	190.23
四 川	Sichuan	186.64	174.76	181.75	168.45
贵 州	Guizhou	180.79	146.95	203.13	147.84
云 南	Yunnan	202.47	160.69	199.19	179.10
西 藏	Tibet	175.94	135.07	186.97	188.01
陕 西	Shaanxi	134.61	152.84	164.86	138.59
甘 肃	Gansu	102.87	184.04	61.01	152.12
青 海	Qinghai	131.03	150.44	164.54	196.32
宁 夏	Ningxia	220.72	181.45	160.17	268.17
新 疆	Xinjiang	150.23	-	179.04	-

9-10 主要城市接待入境过夜游客情况
International Tourists to Major Cities

单位：万人次
Unit: 10000 person-time

城市	City	合计 Total 2010	合计 Total 2011	外国人 Foreigner 2010	外国人 Foreigner 2011
北京	Beijing	490.07	520.40	421.63	447.41
天津	Tianjin	166.07	73.06	153.05	63.58
沈阳	Shenyang	55.03	60.49	46.09	49.89
大连	Dalian	116.60	117.00	104.73	103.81
长春	Changchun	24.98	30.16	21.98	24.80
哈尔滨	Harbin	26.36	27.72	21.18	23.59
上海	Shanghai	733.72	668.61	593.12	554.99
南京	Nanjing	130.88	150.66	86.80	99.92
无锡	Wuxi	79.16	90.83	55.66	66.26
苏州	Suzhou	207.53	232.63	147.23	167.03
杭州	Hangzhou	275.71	306.31	187.85	210.82
宁波	Ningbo	95.17	107.39	53.89	60.87
黄山	Huangshan	105.03	131.36	59.86	76.31
厦门	Xiamen	155.19	179.92	51.11	61.81
济南	Jinan	23.10	28.99	15.33	19.37
青岛	Qingdao	108.05	115.64	82.66	80.74
武汉	Wuhan	92.79	115.91	70.17	88.70
广州	Guangzhou	814.79	778.69	294.44	276.27
深圳	Shenzhen	1020.60	1104.55	167.58	171.20
珠海	Zhuhai	325.14	320.84	56.73	58.17
中山	Zhongshang	48.06	60.81	13.48	11.45
桂林	Guilin	148.62	164.39	89.75	103.72
海口	Haikou	13.29	14.68	7.45	7.67
三亚	Sanya	41.59	52.89	32.45	42.12
重庆	Chongqing	137.02	186.40	103.96	132.61
成都	Chengdu	73.20	121.61	54.22	89.54
昆明	Kunming	86.06	100.40	66.64	77.20
西安	Xi'an	84.18	100.23	73.21	88.63

9-10 续表 Continued

单位：万人次

Unit: 10000 person-time

城 市	City	香港 Hongkong		澳门 Macao		台湾 Taiwan	
		2010	2011	2010	2011	2010	2011
北 京	Beijing	40.33	43.42	1.33	1.29	26.79	28.28
天 津	Tianjin	4.85	4.41	0.81	0.24	7.36	4.83
沈 阳	Shengyang	3.63	4.66	0.28	0.29	5.03	5.65
大 连	Dalian	5.42	6.03	0.16	0.17	6.29	6.99
长 春	Changchun	1.97	2.76	0.08	0.12	0.96	2.48
哈尔滨	Harbin	2.34	2.14	0.16	0.09	2.69	1.90
上 海	Shanghai	62.40	47.95	4.00	2.42	74.20	63.25
南 京	Nanjing	17.10	19.74	1.10	1.26	25.88	29.74
无 锡	Wuxi	8.45	10.91	0.45	0.39	14.61	13.27
苏 州	Suzhou	13.56	15.11	0.90	0.93	45.85	49.56
杭 州	Hangzhou	33.26	36.03	2.21	3.07	52.39	56.38
宁 波	Ningbo	15.83	17.07	5.24	5.48	20.20	23.98
黄 山	Huangshan	15.05	19.33	1.16	1.56	28.95	34.16
厦 门	Xiamen	15.59	16.63	0.56	0.62	87.93	100.86
济 南	Jinan	4.56	5.51	0.08	0.11	3.12	3.99
青 岛	Qingdao	11.34	17.36	2.81	3.90	11.24	13.63
武 汉	Wuhan	12.23	12.99	0.26	0.19	10.14	14.04
广 州	Guangzhou	418.34	402.69	45.68	46.21	56.33	53.51
深 圳	Shenzhen	801.73	881.83	4.84	5.05	46.45	46.48
珠 海	Zhuhai	107.48	121.63	74.22	71.76	86.71	69.28
中 山	Zhongshang	24.35	33.79	6.39	10.19	3.84	5.38
桂 林	Guilin	17.67	20.11	2.40	0.75	38.80	39.81
海 口	Haikou	2.32	2.85	0.09	0.11	3.43	4.05
三 亚	Sanya	6.91	7.53	0.30	0.46	1.93	2.79
重 庆	Chongqing	17.51	28.38	0.46	0.86	15.10	24.55
成 都	Chengdu	9.43	15.37	0.90	1.78	8.66	14.95
昆 明	Kunming	6.06	7.67	0.19	0.27	13.18	15.27
西 安	Xi'an	5.21	5.43	0.35	0.36	5.41	5.82

9-11 历年国内旅游情况
Major Statistics of Domestic Tourism

年 份	国内游客(亿人次) Domestic Travelers (100 million person-time)	城镇居民 Urban Residents	农村居民 Rural Residents	旅游总花费(亿元) Tourism Earnings (100 million yuan)	城镇居民 Urban Residents	农村居民 Rural Residents	人均花费(元) Average Expenditure Per Capita (yuan)	城镇居民 Urban Residents	农村居民 Rural Residents
1994	5.24	2.05	3.19	1023.51	848.21	175.30	195.33	414.67	54.88
1995	6.29	2.46	3.83	1375.70	1140.10	235.60	218.71	464.02	61.47
1996	6.40	2.56	3.83	1638.38	1368.36	270.02	256.20	534.10	70.45
1997	6.44	2.59	3.85	2112.70	1515.10	560.87	328.06	599.80	145.68
1998	6.95	2.50	4.45	2391.18	1515.10	876.05	345.00	607.00	197.00
1999	7.19	2.84	4.35	2831.92	1748.23	1083.69	394.00	614.80	249.50
2000	7.44	3.29	4.15	3175.54	2235.30	940.28	426.60	678.60	226.60
2001	7.84	3.75	4.09	3522.40	2651.70	870.70	449.50	708.30	212.70
2002	8.78	3.85	4.93	3878.36	2848.09	1030.27	441.80	739.70	209.10
2003	8.70	3.51	5.19	3442.27	2404.08	1038.19	395.70	684.90	200.00
2004	11.02	4.59	6.43	4710.70	3359.00	1351.70	427.50	731.80	210.20
2005	12.12	4.96	7.16	5285.90	3656.10	1629.70	436.10	737.10	227.60
2006	13.94	5.76	8.18	6229.74	4414.74	1815.00	446.90	766.40	221.90
2007	16.10	6.12	9.98	7770.60	5550.40	2220.20	482.60	906.90	222.50
2008	17.12	7.03	10.09	8749.30	5971.75	2777.55	511.03	849.36	275.28
2009	19.02	9.03	9.99	10183.69	7233.79	2949.90	535.40	801.10	295.30
2010	21.03	10.65	10.38	12579.77	9403.81	3175.96	598.20	883.00	306.00
2011	26.41	16.87	9.54	19305.39	14808.61	4496.78	731.00	877.80	471.40

附录Ⅰ　简要说明和主要统计指标解释

一、国内贸易部分

（一）主要内容

这一部分主要反映中国国内消费品市场、批发和零售业、住宿和餐饮业的发展变化情况。主要内容包括限额以上批发和零售业的基本情况、商品流转情况和财务状况，限额以上住宿和餐饮业的基本情况、经营情况和财务状况，社会消费品零售总额，商品交易市场成交情况，连锁零售业、餐饮业经营情况等。

（二）统计范围

1．批发和零售业、住宿和餐饮业：限额以上批发和零售业、住宿和餐饮业法人企业和个体户。统计限额标准为：批发业，年主营业务收入2000万元及以上；零售业，年主营业务收入500万元及以上；住宿和餐饮业，年主营业务收入200万元及以上。

2．社会消费品零售总额：从事商品零售活动或提供餐饮服务的法人企业、产业活动单位和个体户。

3．商品交易市场：年商品成交额在亿元及以上的商品交易市场。

4．连锁经营情况：零售业连锁总店（总部）、餐饮业连锁总店（总部）。

（三）资料来源

国家统计局贸易外经司根据《批发和零售业统计报表制度》、《住宿和餐饮业统计报表制度》进行搜集和加工整理而得。

（四）统计调查方法

限额以上批发和零售业、住宿和餐饮业单位（包括法人企业、产业活动单位和个体户，下同）、商品交易市场以及连锁总店（总部）采用全面调查方法，限额以下批发和零售业、住宿和餐饮业单位采用抽样调查方法。

（五）主要指标解释

1．批发和零售业

批发业　指批发商向批发、零售单位及其他企事业、机关单位批量销售生活用品和生产资料的活动，以及从事进出口贸易和贸易经纪与代理的活动。批发商可以对所批发的货物拥有所有权，并以本单位、公司的名义进行交易活动；也可以不拥有货物的所有权，而以中介身份做代理销售商。

零售业　指百货商店、超级市场、专门零售商店、品牌专卖店、售货摊等主要面向最终消费者（如居民等）的销售活动。包括以互联网、邮政、电话、售货机等方式的销售活动，还包括在同地点，后面加工生产，前面销售的店铺（如前店后厂的面包房）。

商品购进额　指从本企业以外的单位和个人购进（包括从国外直接进口）作为转卖或加工后转卖的商品金额（含增值税）。商品包括：（1）从工农业生产者、批发和零售业企业、住宿和餐饮业企业、出版社或报社的出版发行部门和其他服务业企业购进的商品；（2）从机关团体、事业单位购进的商品；（3）从海关、市场管理部门购进的缉私和没收的商品；（4）从居民收购的废旧商品等，不包括：（1）企业为本单位自身经营用，不是作为转卖而购进的商品，如材料物资、包装物、低值易耗品、办公用品等；（2）未通过买卖行为而收入的商品，如接受其他部门移交的商品、借入的商品、收入代其他单位保管的商品、其他单位赠送的样品、加工回收的成品等；（3）经本单位介绍，由买卖双方直接结算，本单位只收取手续费的业务；（4）

销售退回和买方拒付货款的商品；（5）商品溢余。

商品销售额 指对本单位以外的单位和个人出售的商品金额（包括售给本单位消费用的商品，含增值税）。商品包括（1）售给城乡居民和社会集团消费用的商品；（2）售给农业、工业、建筑业、运输邮电业、服务业、公用事业等国民经济各行业用于生产、经营用的商品，包括售予批发和零售业作为转卖或加工后转卖的商品；（3）对国（境）外直接出口的商品，不包括：（1）未通过买卖行为付出的商品，如随机构变动移交给其他企业单位的商品、借出的商品、归还受其他单位委托代保管的商品、付出的加工原料和赠送给其他单位的样品等；（2）经本单位介绍，由买卖双方直接结算，本单位只收取手续费的业务；（3）购货退回的商品；（4）商品损耗和损失；（5）出售本单位自用的废旧物资。

商品库存额 指报告期末各种登记注册类型的批发和零售业企业(单位)已取得所有权的商品。它反映批发和零售业企业(单位)的商品库存情况和对市场商品供应的保证程度。商品库存包括：(1)存放在批发和零售业经营单位(如门市部、批发站、经营处)仓库、货场、货柜和货架中的商品；(2)挑选、整理、包装中的商品；(3)已记入购进而尚未运到本单位的商品，即发货单或银行承兑凭证已到而货未到的商品；(4)寄放他处的商品，如因购货方拒绝承付而暂时存放在购货方的商品和已办完加工成品收回手续而未提回的商品；(5)委托其他单位代销(未作销售或调出)尚未售出的商品；(6)代其他单位购进尚未交付的商品。不包括所有权不属于本单位的商品、委托外单位加工生产尚未收回成品的商品、外贸企业代理其他单位从国外进口尚未付给订货单位的商品、代国家物资储备部门保管的商品等。

2．住宿和餐饮业

住宿业 指有偿为顾客提供临时住宿的服务活动。不包括：提供长期住宿场所的活动（如出租房屋、公寓等）。

餐饮业 指在一定场所，对食物进行现场烹饪、调制，并出售给顾客主要供现场消费的服务活动。

营业额 指住宿和餐饮业法人企业（单位）在经营活动中因提供服务或销售商品等取得的收入。包括：客房收入、餐费收入、商品销售额和其他收入。

客房收入 指住宿和餐饮业法人企业（单位）在经营活动中因提供住宿服务取得的收入。

餐费收入 指住宿和餐饮业法人企业（单位）因为顾客提供就餐服务取得的收入，包括经烹饪、调制加工后出售的各种食品，如主食、炒菜、凉拌菜等的收入。

3．商品交易市场

商品交易市场 指经有关部门和组织批准设立，有固定场所、设施，有经营管理部门和监管人员，若干市场经营者入内，常年或实际开业三个月以上，集中、公开、独立地进行生活消费品、生产资料等现货商品交易以及提供相关服务的交易场所，包括各类消费品市场、生产资料市场等。

商品交易市场成交额 指商品交易市场内所有摊位的全年商品成交的总金额。

4．连锁经营

连锁总店（总部） 负责连锁企业资源（商号、商誉、经营模式、服务标准、管理模式等等）的开发、配置、控制或使用等功能的企业核心管理机构。连锁经营是指经营同类商品或服务，使用统一商号的若干店铺，在同一总店（总部）的管理下，采取统一采购或特许经营等方式,实现规模效益的组织形式，包括直营连锁、特许连锁和自愿连锁三种形式。

直营连锁 指连锁店铺由连锁公司全资或控股开设，在总部的直接控制下，开展统一经营的连锁经营形式。

特许连锁 指拥有注册商标、企业标志、专利、专有技术等经营资源的企业（特许人），以合同形式将其拥有的经营资源许可其他经营者（被特许人）使用，被特许人按合同约定在统一的经营模式下开展经营，并向特许人支付特许经营费用的连锁经营形式。

自愿连锁 指若干个店铺或企业自愿组合起来，在不改变各自资产所有权关系的情况下，以同一个品牌形象面对消费者，以共同进货为纽带开展的连锁经营形式。

5. 社会消费品零售总额

社会消费品零售总额 指企业（单位、个体户）通过交易直接售给个人、社会集团非生产、非经营用的实物商品金额，以及提供餐饮服务所取得的收入金额。个人包括城乡居民和入境人员，社会集团包括机关、社会团体、部队、学校、企事业单位、居委会或村委会等。

二、对外经济贸易和旅游部分

（一）对外贸易

1. **主要内容**：包括进出口货物的品种、数量、金额、国别（地区）、经营单位、贸易方式、关别等项目。

2. **统计范围**：对外贸易统计范围是按照联合国国际贸易统计原则制定的，即凡能引起中华人民共和国关境内物质资源存量增加或减少的进出口货物，除制度另有规定者外，均列入该项统计。

3. **资料来源**：对外贸易统计资料来源于海关总署，调查方法是全面调查，统计依据是中国各地海关对进出口货物执行实际监管的《进出口货物报送单》。需要说明的是：1979 年及以前为外贸业务统计数字，来源于原对外贸易经济合作部；1980 年及以后为海关进出口统计数字，来源于海关总署。

4. **商品分类**：列入海关统计范围的进出口货物均根据《中华人民共和国海关统计商品目录》进行归类统计。该目录是以海关合作理事会制定的《商品名称和编码协调制度》（HS）为基础编制的。本年鉴也列出按联合国《国际贸易标准分类》（SITC）进行调整的分类表。

5. **进出口国别（地区）**：进口货物统计原产地，出口货物统计最终目的地。原产地是指进口货物生产、开采或加工制造的国家（地区），对经过两个以上国家（地区）加工制造的进口货物，则以最后一个对货物进行经济上可以视为实质性加工的国家（地区）作为该货物的原产地；最终目的地是指出口货物已知的消费、使用或进一步加工制造的国家（地区），包括直接使用或进行加工的国家（地区），最终目的地不能确定时，按货物出口时尽可能预知的最后运往的国家（地区）统计。

6. **主要指标解释**

进出口总额 指实际进出我国国境的货物总金额。包括中国对外贸易实际进出口货物，通过中国关境的转口贸易货物，加工贸易进出口货物，租赁期一年及以上的租赁贸易货物，外商投资企业进出口货物，国家间和国际组织无偿援助的物资，以及华侨、港澳台同胞和外籍华人的捐赠品；不包括未通过中国关境的转口贸易货物，租赁期在一年以下的进出境货物，暂时进出口尚需复运出进口的货物，进出境运输工具添装的燃料和食品以及经过中国领土的直接过境货物。我国规定出口货物按离岸价格（FOB）统计，进口货物按到岸价格（CIF）统计。

商品经营单位所在地进、出口额 指所有在所在地海关注册登记的有进出口经营权的企业实际进、出口额之和。

（二）利用外资

1. **主要内容**：包括对外借款、外商直接投资和外商其他投资、外商投资企业登记注册情况。

2. **统计范围**：凡经工商行政管理机关核准登记，在中华人民共和国境内所有利用外资的单位和部门，经批准设立的中外合资经营企业、合作经营企业、外资企业、外商投资股份制企业、合作开发项目等具有法人资格的独立核算企业（包括港澳台地区投资企业），在华从事经营活动的外国及港澳台地区企业及外国公司在中国境内设立的分支机构。

3. **资料来源**：利用外资统计资料主要来自商务部，其中外商投资企业的登记注册情况资料来源于国家工商行政管理总局，调查方法是全面调查。需要说明的是：利用外资统计 1985 年及以前为政府统计部门的调查汇总数，1986 年及以后全部来源于对外贸易经济合作部（现为商务部）。2000 年以后利用外资统计中不含对外借款数。

4．主要指标解释

利用外资 指我国政府、部门、企业和其它经济组织通过对外借款、吸收外商直接投资以及其它方式筹措的境外现汇、技术、设备等。

利用外资项目数 指依法批准的外国政府、国际金融组织的贷款项目个数、外商投资企业个数以及海洋石油合作勘探开发合同个数（其它方式签订的利用外资协议只汇总金额，未计算项目个数）。

协议外资金额 指对已正式签订或批准的协议规定的可供我国使用的贷款金额和应由外商提供的项目投资。

利用外资的国家（地区） 指外资来源或投资者的法人注册地所在的国家和地区。除政府贷款按贷款国家名称统计外，其它方式吸收的外资按外国公司、企业或其它经济组织以其法人的注册所在地国家（地区）统计。

实际使用外资金额 指批准的合同外资金额的实际执行数，外国投资者根据批准外商投资企业的合同（章程）的规定，实际缴付的出资额和企业投资总额内外国投资者以自己的境外自有资金实际直接向企业提供的贷款。

（三）对外经济合作

1．主要内容：包括对外承包工程、对外劳务合作、对外设计咨询的合同数、合同金额、完成营业额和按国别、地区分的对外经济合作完成营业额等。

2．统计范围：对外承包工程、对外劳务合作、对外设计咨询。该制度统计单位是经各级商务主管部门批准的从事对外承包和劳务合作业务并具有法人地位的对外承包劳务企业。

3．资料来源：对外经济合作统计资料来自商务部，调查方法是全面调查。

4．主要指标解释

对外承包工程 包括各对外承包公司以招标议标承包方式承揽的下列业务（1）承包国外工程建设项目；（2）承包我国对外经援项目；（3）承包我国驻外机构的工程建设项目；（4）承包我国境内利用外资进行建设的工程项目；（5）与外国承包公司合营或联合承包工程项目时我国公司分包部分；（6）对外承包兼营的房屋开发业务。对外承包工程的营业额是以货币表现的本期内完成的对外承包工程的工作量，包括以前年度签订的合同和本年度新签订的合同在报告期完成的工作量。

对外劳务合作 指以收取工资的形式向业主或承包商提供技术和劳动服务的活动。我国对外承包公司在境外开办的合营企业，中国公司同时又提供劳务的，其劳务部分也纳人劳务合作统计。劳务合作营业额按报告期内向雇主提交的结算数（包括工资、加班费和奖金等）统计。

对外承包工程合同额 指对外承包公司签订的承包工程合同工作量，即在报告期内，我国各个对外承包公司同有关国家和地区签订的由我方承建的建设工程的合同项目和金额，既有对外承包总包工程，也有分包、转包工程（包括新建、扩建、改建、大修等项目）和单项工程项目的合同金额。对外承包工程合同额表明我国各个对外承包公司在有关国家和地区将要承建的工程规模和工作量。

对外劳务合作合同额 指对外承包公司签订的劳务合作合同工作量，即在报告期内，我国各个承包公司同有关国家和地区签订的对该国家（地区）派出我方劳务人员向国外业主提供劳务和技术服务的合同金额。劳务合作合同额表明我国各个对外承包公司在有关国家和地区将要承担的劳务合作规模和工作量。

对外承包工程营业额 指对外承包公司完成承包工程的工作量，即在报告期内，我国各个承包公司完成境外所承包的建设工程的工程量、工作量或实物量的货币表现。完成全部项目的“营业额”，指合同最终结算金额。完成在建项目的“营业额”，指完成工程量、工作量或实物量的预算值，可以按工程预算定额和费用标准计算，也可以按合同总金额乘以报告期内完成的工程量、工作量的百分比计算。

对外劳务合作营业额 指对外承包公司完成劳务合作的工作量，即在报告期内，我国各个承包公司向有关国家（地区）的建设工程和企业所派劳务人员提供劳务和技术服务实际完成的工作量的货币表现。全部完成劳务和技术服务项目的“营业额”，指合同最终结算金额。在计算劳务合作营业额时，一般按合同总金额乘以报告期内完成工作量进度百分比的方法计算。

（四）旅游

1．主要内容：包括旅行社、星级饭店基本情况，入境、出境旅游人数、国内居民旅游人数，以及国际、国内旅游收入等。

2．统计范围：旅行社、星级饭店和旅游者。

3．资料来源：旅游业有关资料主要根据公安部和国家旅游局的资料编制而成。旅游数据中的国际、国内旅游收入和国内出游人数等指标采取抽样调查方法，其余数据均为全面调查统计取得。

4．指标解释

游客 指任何为休闲、娱乐、观光、度假、探亲访友、就医疗养、购物、参加会议或从事经济、文化、体育、宗教活动，离开常住国（或常住地）到其他国家（或地方），其连续停留时间不超过12个月，并且在其他国家（或其他地方）的主要目的不是通过所从事的活动获取报酬的人。游客不包括因工作或学习在两地有规律往返的人，按出游时间分为旅游者（过夜游客）和一日游游客（不过夜游客）。

入境旅客 指报告期内来中国（大陆）观光、度假、探亲访友、就医疗养、购物、参加会议或从事经济、文化、体育、宗教活动的外国人、港澳台同胞等游客（即入境旅游人数）。统计时，入境游客按每入境一次统计1人次。入境旅游人数包括入境（过夜）旅游者和入境一日游游客。

国内游客 指报告期内在中国（大陆)观光游览、度假、探亲访友、就医疗养、购物、参加会议或从事经济、文化、体育、宗教活动的中国（大陆)居民，其出游的目的不是通过所从事的活动谋取报酬。统计时，国内游客按每出游一次统计1人次。

出境人数（出境游客） 指中国（大陆）公民因公或因私出境前往其他国家、中国香港特别行政区、澳门特别行政区和台湾省观光、度假、探亲访友、就医疗养、购物、参加会议或从事经济、文化、体育、宗教活动的人数（即出境游客）。统计时，出境游客按每出境一次统计1人次。

旅游收入 指游客（入境游客和国内游客）在旅游过程中（由游客或游客的代表为游客）支付的一切旅游支出就是国家（省、区、市)的旅游收入。旅游支出应包括（过夜）旅游者和一日游游客在整个游程中行、游、住、食、购、娱，以及为亲友、家人购买纪念品、礼品等方面的旅游支出，不包括为商业目的购物、购买房、地、车、船等资本性或交易性的投资、馈赠亲友的现金及给公共机构的捐赠。旅游收入包括国际旅游（外汇)收入和国内旅游收入。

(1)国际旅游（外汇)收入入境旅游者在中国（大陆）境内旅行、游览过程中用于交通、参观游览、住宿、餐饮、购物、娱乐等全部花费。

(2)国内旅游收入指国内旅游者在国内旅行、游览过程中用于交通、参观游览、住宿、餐饮、购物、娱乐等全部花费。

（五）其他

1．国际收支平衡表：由国家外汇管理局依据国际货币基金组织编写的《国际收支统计手册》第五版编制。

2．历年人民币对美元、日元、港币的年平均汇价：资料来源于国家外汇管理局，各年的年平均汇价是根据当年国家外汇管理局公布的每日汇价进行加权平均计算而得出的。

3．黄金和国家外汇储备：资料来源于国家外汇管理局。

APPENDIX Ⅰ Brief Introduction and Explanatory Notes on Main Statistical Indicators

Domestic Trade

Ⅰ Main Content

Data reflect the development and change of China's domestic consumer goods market, wholesale and retail trades, hotels and catering services. Main contents include basic condition, circulation of commodities and financial status of wholesale and retail trades above designated size; basic condition, business and financial status of hotels and catering services above designated size; total retail sales of consumer goods; turnover of huge commodity exchange markets; development of chain stores of retail trades and catering service, etc.

Ⅱ Coverage of Statistics

1. Wholesale and retail trades, hotels and catering services: corporation enterprises, establishments and getihus of wholesale and retail trades, hotels and catering services above the designated size.

The designated size of wholesale and retail trades, hotels and catering services is defined as follows: wholesale trade, with annual revenue from principal business over 20 million yuan; retail trade, with annual revenue from principle business over 5 million yuan; hotels and catering services, with annual revenue from principal business over 2 million yuan.

2. Total retail sales of consumer goods: corporation enterprises, establishments and getihus engaged in commodity retail activities or providing catering services.

3. Commodity exchange markets: the commodity markets with an annual transaction over 100 million.

4. Chain stores: Chain stores of retail trades and catering services.

Ⅲ Sources of Data

Data are collected and processed in accordance with the statistical reporting scheme on wholesale and retail trades, hotels and catering services by the Department of Trade and External Economic Relations of the National Bureau of Statistics.

Ⅳ Survey Methodology

Data of all enterprises of wholesale and retail trades, hotels and catering services above the designated size (Including corporation enterprises, establishments and getihus, the same below), commodity exchange markets and chain head stores (headquarter) are collected through comprehensive reporting systems. Data of enterprises below the designated size are according to sampling surveys.

Ⅴ Explanatory Notes on Main Statistical Indicators

1. Wholesale and Retail Trades

Wholesale Trade refers to the activities of wholesaler selling at wholesale commodities for daily use and capital goods to enterprises of wholesale and retail trades and other enterprises, institutions and government offices, including the activities of wholesaler engaged in import and export and acting as a trade agent. The wholesaler may have the right of ownership over the commodities of wholesale and trade in the name of its own's or a company, the wholesaler may not have the right of ownership, only acts an agent.

Retail Trade refers to the activities of department store, supermarket, franchised store, brand store, retail stall and on-the-spot-making-selling store selling commodities to the final consumers (citizens) by any means including internet, post, telephone, sales machine.

Total Purchases of Commodities refers to the total value of purchases of commodities by enterprises (establishments) from other establishments or individuals (including direct import from abroad) for the purpose of re-selling, either with or without further processing of the commodities purchased. The commodities include: (1) commodities purchased from agricultural and industrial producer, wholesaler, retailer, publishing house and other service business; (2) commodities purchased from institutions and government departments; (3) confiscated goods purchased from the customs authorities or market management agencies; (4) second-hand goods and wastes purchased from residents; The commodities exclude 1 commodities purchased by enterprises (establishments) for use in their own business operation, commodities obtained without buying or selling procedures such as materials, consumable goods of low value, office appliances ,etc. 2 received goods without trading, such as goods handed over from others, borrowed goods, preserved goods for others, donated goods from others, processed and retrieved goods, etc. 3. goods of direct settlement between buyer and seller with handling fees introduced by others, 4. goods returned or refused to pay by the buyer, 5. excessive goods.

Total Sales of Commodities refers to value of commodities sold by the establishments to other establishments and individuals (including goods sold for self consumption, including the value-added tax). The commodities include: (1) commodities sold to urban and rural residents and social groups for their consumption; (2) commodities sold to establishments in all industries for their production and operation, including agriculture, industry, construction, transportation, post and telecommunications, catering services, and public utility including commodities sold to wholesale and retail establishments for re-selling, with or without further processing; and (3) commodities for direct export to abroad. Excluded are (1) extended commodities without trading, such as goods handed over to other enterprises and institutions because of the change of organizations, lent goods, returned goods preserved for others, extended processing materials and samples donated to others, (2) goods of direct settlement between buyer and seller with handling fees introduced by others, (3) goods returned after purchase, (4) damaged and spoiled goods, (5) waste and used goods of self use.

Total Stock of Commodities refers to total commodities possessed by wholesaler and retailer of various types of registration status at the end of the reference period, reflecting the commodity stock level of various wholesaler and retailer and the potential for market supply. It includes: (1) commodities located in storage, garages, counters, and shelves of operating places (such as sale stores, wholesale centres, and operating offices); (2) commodities in the process of being selected, sorted, and packed; (3) commodities not arrived but recorded as purchase in the account, i.e. commodities not arrived but payment receipts for the commodities from the sellers or the banks arrived; (4) commodities deposited in other places rather than places mentioned above, for instance: commodities in the hold of purchasers temporarily due to the refusal of payment and commodities not taken back after going through the formalities; (5) commodities entrusted to other units to sell but not sold yet; (6) commodities purchased for other units but not delivered yet. Commodities not included as stock are those not owned by the enterprises (units), commodities on commission for processing but not yet delivered, imported commodities of agency of foreign trade enterprise but not yet delivered to ordering units and finally those put in stock on behalf of the state material reserves units.

2. Hotels and Catering Services

Hotel Services refers to the activities of enterprises providing paid services of lodging to the customer, excluding the activities of providing long period of services of lodging (such as leased house and apartments), which are shown in 7210 (Development and operation of real estate).

Catering Services refers to the activities of enterprises providing on-the-spot services of selling food cooked and prepared to the customer in certain sites.

Business Revenue refers to revenue received from providing services or selling commodities by enterprises and establishments engaged in hotels and catering services, including income from hotels, from catering services, from selling of commodities and from other services.

Income from hotels refers to income of enterprises and establishments engaged in hotels and catering services by providing lodging services.

Income from catering services refers to income of enterprises and establishments engaged in hotels and catering services by providing catering services, including selling of cooked or prepared foods, such as staple food, cooked dishes, or cold dishes.

3. Commodity Exchange Markets

The commodity Exchange markets refers to the markets approved and managed by related departments, where there are fixed sites, facilities, managers and administration offices, where there are a certain number of traders to operate for three month and above or all the year, where the commodities including the articles for daily consumption and capital goods and services are traded in a centralized, independent and open way., Such market includes markets of daily goods and market of capital goods, etc.

Volume of Transaction at Large Commodity Markets with Transaction Value over 100 Million Yuan refers to the commodity markets with an annual transaction of over 100 million.

4. Chain stores

Chain Head Stores (headquarter) refers to the core leading stores responsible for development, allocation, administration and unitization of resources (name of stores, brand of stores, operation model, service standard, management way, ect.) of chain stores. Chain stores refers to the stores engaged in providing homogeneous commodities or services, with the central leadership of head store and guided by common policies, conduct centralized purchase and distributed selling of commodities, in order to gain better efficiency through standardized operation. The chain stores include regular chain stores, franchise chain stores and voluntary chain stores.

Regular Chain store refers to chain stores that are invested or controlled by the headquarters. They operate under direct and unified management from the headquarters.

Franchise chain store refers to the chain stores (franchisees) which are franchised with operation resources such as trade marks, names, patent and operation know-how by the franchisors in form of contract and pay the operation fees to the franchisors.

Voluntary chain store refers the stores operate jointly on the voluntary bases while maintaining their status of independent legal entities with full ownership of their assets. They sell goods of same brand from same channel of resource to the consumers.

5. Total Retail Sales of Consumer Goods

Total retail sales of consumer goods refers to the revenue of non-productive, non-operating physical goods sold to individuals and social groups directly through transaction or the income of catering services provided by corporation enterprises (establishments, getihus). Individuals include urban and rural residents and persons entering the country. Social groups include government agencies, social organizations, army, schools, enterprises and institutions, neighborhood or village committee, etc.

Foreign Trade, External Economic Transaction and Tourism

I. Foreign Trade

1.Data on foreign trade include: varieties of imports and exports, amount (weight), value, countries (regions), imports and exports corporations, mode of trade, types of tariffs and so on.

2.The scope of foreign trade statistics are designed according to United Nations' principles on international trade statistics, that is: all imports or exports that will lead to stock changes of material resources with the territory of People's Republic of China; excluding goods by escape clause.

3.Sources of data on foreign trade are from the General Administration of Customs of the People's Republic of China through a comprehensive reporting system. Special notice: Data in the years prior to 1980 were statistical data of foreign trade and came from the former Ministry of Foreign Trade and Economic Cooperation. Since 1980, the data have been compiled from the statistical data of customs on imports and exports and come from the General Administration of Customs.

4.Import and export commodity classification: commodity imported and exported are classified according to the *Commodity Classification for China's Customs Statistics*, which is based on the *Harmonized Commodity*

Description and Coding System (HS), with some modifications to meet China's special need. The yearbook also displays the figures adjusted according to *UN Standard International Trade Classification (SITC).*

5. Trading partner: the country (region) of origin is recorded for imports while the country (region) of final destination for exports.

The country of origin refers to the country or region where the import goods have been grown, mined or manufactured. If two or more countries (regions) were involved in the manufacture of the products, the place where the last substantial working or processing was carried out will be recorded as the country (region) of origin. However, commodities whose nature or states have not been substantially changed will not be considered as having been processed or remanufactured.

The country of final destination refers to the country or region where the export goods are to be consumed, utilized or further processed or manufactured. In instance where the country of final destination can not be ascertained, the exports will be credited to the final country (region) dispatched to as known at the time of exportation.

6.Explanatory notes on main statistical indicators

Total Value of Imports and Exports refers to the real value of commodities imported and exported across the border of China. It includes goods from abroad entering customs warehouses, bonded areas or special economic zones (SEZ) and goods leaving above mentioned areas to aboard; goods for inward or out ward processing or assembling and subsequent re-exportation or re-importation; goods on lease for one year or more; goods imported or exported by foreign invested enterprises; international aid or donations, etc. They do not cover temporary imports or exports; goods on lease for less than one year; travellers' personal effects; ship's and aircraft's bunkers and stores obtained abroad; monetary gold and coins being legal tender; goods in transit through China. In accordance with the stipulation of the Chinese government, imports are calculated at CIF, while exports are calculated at FOB.

Import Export Value by Location of China's Foreign Trade Managing Units refers to actual value of imports and exports carried out by corporations which have been registered by the local Customs house and are vested with right to run import export business.

II. Foreign Capitals

1.Data on foreign capitals include: foreign loans, foreign direct investments and other foreign investments, and the basic condition of registration of foreign funded enterprises.

2. The scope of foreign capitals: all the units and departments which have utilized foreign capital and all the Sino-foreign joint ventures, Sino-foreign cooperative enterprises, ventures exclusively with foreign investment, foreign-funded stock companies, Sino-foreign cooperative development projects and other corporate enterprises (including the enterprises funded by the entrepreneurs from Hong Kong, Macao and Taiwan) with independent accounting system which have been approved by the Chinese government to set up in the boundary of the People's Republic of China.

3.Sources of data on foreign capitals: data on utilization of foreign capitals are from Ministry of Commerce, of which, data on basic condition of registration of foreign funded enterprises are from State Administration for Industry and Commerce through comprehensive reporting system. Special notice: data on utilization of foreign capitals before 1985 were survey results from governmental statistical agencies, since 1986 all data are from Ministry of Commerce (formerly MOFTEC). Data on utilization of foreign capitals since 2000 do not include foreign loans.

4.Explanatory notes on main statistical indicators

Utilization of foreign capital refers to loans, direct foreign investments, commodity credits and other funds used by domestic institutions that are supplied from abroad and from Hong Kong, Macao and Taiwan.

Agreement number of utilization of foreign capital refers to the project numbers of the loans from the foreign governments and international monetary organization, the numbers of the enterprises with foreign investment and the contract numbers of the joint exploitation on offshore oil which are all approved according to law. The agreements of utilization of foreign capital, which are signed in other ways, are only collected into total amount without project numbers.

Agreement amount of utilization of foreign capital refers to the amount of the loans provided for China to use and the project investments supplied by the foreign businessmen in terms of the approved or signed agreements.

Country (region) of foreign capital refers to the country and region where the investor registers as a juridical Person and the foreign capital and investment comes. In the statistic classification, as the other ways in absorbing foreign investment, country (region) refers to the place where the foreign companies, enterprises and other economic organization register as juridical persons, except government loans just in terms of the name of the country.

Foreign capital actually used refers to the amount which has been actually used according to the agreements and contracts, including cash, materials and invisible capital such as labour service and technology which both parties agree to take as investment.

III. Foreign Economic Cooperation

1.Data on foreign economic cooperation include: contracted projects, labour services cooperation, design and consultation services, contracted volume, complete business turnover, business turnover by countries (regions) and so on.

2.The scope of foreign economic cooperation: the statistics cover contracted projects, labour services cooperation and design and consultation service with foreign countries (regions). The statistical unit in the scheme is the corporate enterprise engaged in contracted projects and labour services cooperation with foreign countries and has been approved by the department of commerce at various levels.

3.Sources of data on foreign economic cooperation: data on foreign economic cooperation are from Ministry of Commerce through a comprehensive reporting system.

4.Explanatory notes on main statistical indicators

Engineering projects refer to projects undertaken by Chinese contractors (project contracting companies) through bidding process. They include: (1) overseas civil engineering construction projects financed by foreign investors; (2) overseas projects financed by the Chinese government through its foreign aid programs; (3) construction projects of Chinese diplomatic missions, trade offices and other institutions stationed abroad; (4) construction projects in China financed by foreign investment; (5) sub contracted projects to be taken by Chinese contractors through a joint umbrella project with foreign contractors; (6) housing development projects. The business income from international contracting is the work of contracted projects completed during the reference period expressed in value terms, including completed work on projects signed in previous years.

Labour service refers to the activities of providing technology and labour services to employers or contractors in forms of collecting salary and wage. Labour services provided by contractual joint ventures of Chinese international contracting corporations, should be taken in statistics of service cooperation with foreign countries. The business income of labour service cooperation is the income of wages and salaries and other expense collected from the employers during the reference Period.

Contractual value of engineering projects refers to the amount of foreign construction projects undertaken by Chinese contractors. The projects and sum of money that are signed by international economic and technical corporations with related nations and regions, including the overall contracted foreign construction projects, the separately contracted projects and the transferred contracted projects (including the newly construction projects, the extension projects, the reconstruction projects and the overhaul projects), and the contracted sum of money of each individual project, contractual volume of engineering projects shows the scale and amount of work of the contracted projects made by each international contracting corporation with selected nations and regions, during the reporting Period.

Contractual value of labour service refers to the contracted amount of work of labour service signed by international economic and technical corporations. That is to say the contracted sums of money are made by providing labour and technique service to foreign employers. Contractual value of labour services shows the scale of labour service and the amount of work will undertake by each international economic and technical corporation, during the reporting period.

Turnover of engineering projects refers to the amount of work that has been completed by the international economic and technical corporations. That is to say the accomplished amount of projects and work, and the physical quantity are reflected in the form of money, during the reporting Period. The total completed turnover of the projects refers to the final settling accounts of the contract. The finished turnover of projects under construction refers to the estimated value of the finished amount of projects and work, and the physical quantity, it can be calculated according to the budget quota and cost standard of the projects, or use the contracted volume time the percentage of the finished amount of projects and work, during the reporting Period.

Turnover of labour service refers to the amount of work of service cooperation with foreign countries completed by the international economic and technical corporations. That is to say the real completed amount of labour and technique service provided to foreign employers in the form of money, by each international economic and technical corporation, during the reporting period. The turnover of the total completed labour and technique service projects refers to the final settling accounts of the contract. While calculating the turnover of the labour service, it is common to use the total contracted volume time the Percentage of the progress of the Amount of work.

IV. Tourism

1.Main Contents: the basic conditions of travel agencies and star-rated hotels; number of international tourists and Chinese residents going abroad, number of domestic tourists and income from international and domestic tourism.

2.Scope of Statistics: data in this chapter cover travel agencies, star-rated hotels and tourists.

3.Sources of Data: the data on tourism are from the Ministry of Public Security and State Tourism Administration. The data on tourism are from the comprehensive reporting form system except those on the earnings from international and domestic tourism and number of domestic tourists going abroad from sample surveys

4.Explanatory notes on main statistical indicators

Visitors refers to any person who travels to a country (or place) other than that of his or her residence for a period not exceeding 12 months for leisure, entertainment, sightseeing, holiday, visiting relatives or friends, medical care, shopping, meeting, or taking part in economic, cultural, sports or religious activities, where the main purpose of the travel is not for remuneration. A visitor does not refer to any person who commutes between two places regularly for career or education. According to the length of stay, visitors are classified as tourists (i.e., overnight visitors) and same day visitors (non overnight visitors).

International visitors (Inbound Visitor Arrivals) refer to foreigners or compatriots from Hong Kong, Macao and Taiwan who come to China within the reporting time frame for sightseeing, holiday, visiting friends and relatives, medical care, shopping, meeting, or taking part in economic, cultural, sports or religious activities. Each time of entry is recorded as one time of arrival, and tne total sum makes up the inbound visitor arrivals. Inbound visitor arrivals (international visitors) include inbound (overnight) tourists and inbound same day visitors.

Domestic visitors refer to Chinese nationals who travel within the country within the reporting time frame for sightseeing, holiday, visiting friends and relatives, medical care, meeting, or taking part in economic, cultural, sports or religious activities. Their purposes of travel are not for remuneration from the activities afore mentioned. Each time of their travel is recorded as one person time. Domestic visitors include domestic (overnight) tourists and domestic same day visitors.

Outbound visitors refer to a Chinese (mainland) citizen who departs from China to a foreign country (or region) for leisure, entertainment, sightseeing, holiday, visiting relatives or friends, medical care, shopping, meeting, or taking part in economic, cultural, sports or religious activities. Each time of departure is recorded as one person time. Outbound visitors include outbound (overnight) tourists and outbound same day visitors.

Tourism receipts refer to all the expenditures made by visitors (inbound visitors and domestic visitors) or by representatives of the visitors in the course of their travel constitute the tourism receipts of a country (province, region, city). Tourism expenditures of visitors should include expenses made by (overnight) tourists and same day visitors throughout their travel on transport, tours, lodging, food, shopping, entertainment, and souvenirs and gifts for friends and relatives. Tourism expenditures do not include purchases of goods, real estate, house, motor vehicle, water vessel for commercial purposes, neither include capital nor transactional investments, cash given to friends and relatives, donations to public organizations. Tourism receipts include international tourism(foreign exchange) receipts and domestic tourism receipts.

1) International Tourism (foreign exchange) Receipts refer to the total expenditure made by inbound tourists within the territory of China (the mainland) in their course of travel on transport, tours and sightseeing, lodging, food and beverage, shopping, entertainment and etc.

2) Domestic Tourism Receipts refer to the total expenditure made by domestic tourists within the territory of China (the mainland) in their course of travel on transport, tours and sightseeing, lodging, food and beverage, shopping, entertainment and etc.

V. Others

1.The Balance of Payments Table is compiled by the State Administration of Foreign Exchanges in accordance with the 5th edition of the *Manual on Balance of Payments* prepared by the International Monetary Fund.

2.The average exchange rates of RMB yuan to US dollar, Japanese yen and Hong Kong dollar over the years come from the State Administration of Exchange Control. The annual average exchange rate is calculated as the weighted mean of the daily exchange rates provided by the State Administration of Foreign Exchange in the year.

3. The data on gold and foreign exchange reserves are also from the State Administration of Foreign Exchange.

附录Ⅱ　英文缩略语及符号

APPENDIX Ⅱ Abbreviations and Symbols in English

APEC	Asia-Pacific Economic Cooperation
ASEAN	Association of Southeast Asian Nations
Co, Ltd	Corporation Limited
Corp	Corporation
DPR	Democratic People's Republic
EU	European Union
FR	Federal Republic
IMF	International Monetary Fund
Is	Islands
No	Number of items
Prov	Province
RMB	Renminbi Yuan
SDR	Special Drawing Rights
USD	Dollar of United States of America
USSR	Union of Soviet Socialist Republics